Susanne Elsen
Die Ökonomie des Gemeinwesens

W0176631

Übergangs- und Bewältigungsforschung

Studien zu Sozialpädagogik und Erwachsenenbildung

Herausgegeben von
Lothar Böhnisch, Jörg Knoll, Wolfgang Schröer
und Christian von Wolffersdorff

Susanne Elsen

Die Ökonomie
des Gemeinwesens

Sozialpolitik und Soziale Arbeit im Kontext
von gesellschaftlicher Wertschöpfung und -verteilung

Juventa Verlag Weinheim und München 2007

Die Autorin

Susanne Elsen, Jg. 1953, Prof. Dr. phil., ist Dekanin der Fakultät für angewandte Sozialwissenschaften an der Fachhochschule München und Leiterin des europäischen Masterstudiengangs „Gemeinwesenentwicklung, Quartiermanagement und Lokale Ökonomie", (Master of Community Development) (www.macd.fhm.edu)

Ihre Arbeitsschwerpunkte sind Sozialökonomische Entwicklung des Gemeinwesens, nachhaltige Stadt- und Regionalentwicklung, Gestaltung neuer Wohn- und Lebensformen, lokale Selbstorganisation, Ansätze der Bearbeitung sozialer Problem im internationalen Raum sowie Zivilgesellschaft und soziale Entwicklung.

Die vorliegende Arbeit wurde im Dezember 2006 unter dem Titel „Die soziale Ökonomie des Gemeinwesens" an der Fakultät für Erziehungswissenschaften der Universität Dresden als Habilitationsschrift angenommen.

Bibliografische Information der Deutschen Nationalbibliothek

Die Deutsche Nationalbibliothek verzeichnet diese Publikation in der Deutschen Nationalbibliografie; detaillierte bibliografische Daten sind im Internet über http://dnb.d-nb.de abrufbar.

© 2007 Juventa Verlag Weinheim und München
Umschlaggestaltung: Atelier Warminski, 63654 Büdingen
Umschlagabbildung: August Macke, Gartenrestaurant, 1912
Druck nach Typoskript
Printed in Germany

ISBN 978-3-7799-1928-5

Vorwort

Nach mehrjähriger Erfahrung in der Praxisentwicklung, Forschung und Lehre der Gemeinwesenarbeit im Kontext lokaler Sozialpolitik und Sozialer Arbeit, stellte ich mir seit Ende der 1980er Jahre immer mehr die Frage, wie und nach welchen Kriterien angesichts steigender Arbeitslosigkeit, Armut und sozialer Ausgrenzung, eigenständige ökonomische Lösungen mit sozialer Zielsetzung in den lebensweltlichen Kontexten benachteiligter und armer Menschen entwickelt werden können. In den aktuellen Analysen, Erklärungen und Handlungsansätzen der eigenen Disziplin und Profession im deutschsprachigen Raum fand ich keine Antworten auf diese Fragen.

Den Hintergrund meiner Schrift zur „Gemeinwesenökonomie"[1] bildete die Spurensuche nach solchen Ansätzen im Feld alternativökonomischer Gegenentwürfe, in der alternativen Arbeitsmarktpolitik, in der internationalen Diskussion und Praxis des Communitywork und den Diskussionen um nachhaltige Entwicklung.

Aus heutiger Perspektive waren die folgenden Erkenntnisse von zentraler Bedeutung:

1. Es bedarf angesichts der neuen, weit reichenden sozialen und ökologischen Risiken und Fragen, der Theorie und Praxis einer sozialen Ökonomie des Gemeinwesens und der Integration dieses Ansatzes in das disziplinäre und professionelle Selbstverständnis und die Forschung und Lehre der Sozialen Arbeit.

2. Gemeinwesenarbeit bezieht in der internationalen Diskussion und Praxis, im Gegensatz zum deutschsprachigen Raum, seit mindestens 15 Jahren zunehmend lokales, bedarfsorientiertes Wirtschaften ein, und auch im Verständnis der fachtheoretischen Wurzeln wurde Wirtschaften als zentraler Lebensbereich nicht ausgeblendet. Im deutschsprachigen Raum reduziert sich das Verhältnis von Gemeinwesenarbeit zum Wirtschaftssystem auf flankierende Beschäftigungspolitik, die Sicherung von Employability oder die Sicherung „weicher Standortfaktoren".

3. Es gibt aus dem Kontext sozialer Bewegungen in einer an Organisationsfähigkeit gewinnenden kritischen Zivilgesellschaft in vielen Weltregionen differenzierte Diskurse und konkrete sozialökonomische Gegenentwürfe zu der zunehmend destruktiven dominanten Ökonomie. Diese sind, wie die historischen Vorläufer Robert Owens oder der Rochdaler

---

1 Elsen, Susanne (1998): Gemeinwesenökonomie – eine Antwort auf Arbeitslosigkeit, Armut und soziale Ausgrenzung? Neuwied.

Pioniere,[2] als Ansätze einer am Gemeinwesen orientierten Ökonomie zu betrachten.

4. Gemeinwesenarbeit in Deutschland nimmt in ihrer etatistischen Orientierung soziale Bewegungen als sozialpolitisch gestaltende und korrigierende Kräfte kaum wahr. Die kritische Zivilgesellschaft wäre unter den gegebenen Bedingungen sowohl Ziel als auch Voraussetzung der Arbeit in und am Gemeinwesen. Erforderlich sind eine stärkere Positionierung der Gemeinwesenarbeit im zivilgesellschaftlichen Kontext und eine Zusammenführung der sozialen Strömungen, die zentrale Fragen des Gemeinwesens betreffen.

In der vorliegenden Schrift greife ich diese Fragestellungen und Überlegungen wieder auf und erweitere die Perspektive um aktuelle internationale Diskurse sowie Beispiele für die wachsende Zahl lokaler Gegenentwürfe, die sich seit ca. zehn Jahren in der zivilen Weltgesellschaft herausbilden, die deutlich an Organisationsfähigkeit und Reflexivität gewonnen hat. Immer noch existieren die Diskurse und Ansätze weitgehend unverbunden nebeneinander. Sie sind, wie ich darstellen werde, Bausteine für die Konstruktion einer Ökonomie des Gemeinwesens, die ich hier als Diskussionsentwurf konzipiere.

Ich danke allen Freundinnen und Freunden, Kolleginnen und Kollegen, Studentinnen und Studenten, die mit mir diskutieren und streiten, Projekte planen und umsetzen und die Vision von der Möglichkeit der lebensdienlichen Gestaltung des Gemeinwesens in ihrer Arbeit Wirklichkeit werden lassen.

Juli 2006
Susanne Elsen

---

2 Vordenker einer genossenschaftlichen Ökonomie des Gemeinwesens. Vgl. Elsen, Susanne (1998): a.a.O., S. 64-75.

Inhalt

Einführung

Die aktuellen Fachdiskurse um die Verbindungen zwischen Sozialer Arbeit und Ökonomie beschränken sich meist auf die Anforderungen an eine marktorientierte Gestaltung Sozialer Dienste und die Frage der Anwendung betriebswirtschaftlicher Instrumente und Maßstäbe im Sozial- und Gesundheitswesen. Die umfassende ökonomische Perspektive aber, die Perspektive auf die Schöpfung und Verteilung von Werten in den Gesellschaften und die Verortung von Sozialpolitik und Sozialer Arbeit in diesem Kontext, wird ausgeblendet. Ein zweiter aktueller Diskursstrang spannt sich um die freiwillige soziale Verantwortungsübernahme von Unternehmen, ohne dabei die Auswirkungen der strukturellen Verantwortungslosigkeit sozial ungebundenen Wirtschaftens in den freien Märkten grundsätzlich zu thematisieren.

Es ist von zentraler Bedeutung, dass sich Soziale Arbeit mit den fehlerhaften Prämissen, Mythen, Menschen- und Gesellschaftsbildern der dominanten Ökonomie sowie mit den verschiedenen Positionen sozial eingebundenen Wirtschaftens in Theorie und Praxis auseinandersetzt und ihre eigene Position sowie die Rechte ihrer Anspruchsberechtigten in einer eigenständigen Ökonomie des Sozialen vertritt. Aus sozialer Perspektive ist Wirtschaften von den Bedürfnissen der Menschen und Gemeinwesen aus zu denken. Es geht um Lebensqualität, um die gerechte Verteilung der erarbeiteten Werte, um selbst bestimmtes Leben und den Umgang mit der Natur.[1]

Soziale Arbeit steht auf der Seite derer, die in wirtschaftlichen Tauschprozessen aufgrund von Ressourcenrestriktionen benachteiligt oder ausgeschlossen sind. Die Übernahme der Marktlogik bedeutet den Abschied von den normativen und fachtheoretischen Prämissen und eigenen fachhistorischen Errungenschaften der Disziplin und Profession, welche moralischen Codierungen und den Kriterien der Verteilungsgerechtigkeit und gesellschaftlichen Teilhabe folgt. Soziale Arbeit gibt damit die Verteidigung und Weiterentwicklung der historisch erwirkten sozialen Rechte von Menschen und die Ansprüche lebensdienlichen Wirtschaftens auf. Mit diesem Verzicht wird sie offen für jedwede Instrumentalisierung.

Während die zentralen Fragen der Sozialen Arbeit – Verteilungsgerechtigkeit, die soziale Gestaltung der Lebensverhältnisse und die Teilhabe aller Menschen, unabhängig von ihrer Kaufkraft – der Marktlogik geopfert zu werden drohen, ist es bemerkenswert, dass gerade im Kontext der Wirt-

---

1 Wendt, Wolf Rainer (2000): Bewirtschaftung des Sozialen. In: Elsen, Susanne/ Lange Dietrich/Wallimann, Isidor (Hrsg.): Soziale Arbeit und Ökonomie. Neuwied, S. 67.

schaftswissenschaften selbst die Kritik am Reduktionismus einer reinen Marktwirtschaft und an den destruktiven Folgen sozial ungebundenen Wirtschaftens wächst und dass in neuen Ansätzen Ökonomie wieder mehr oder weniger konsequent aus der Perspektive ihrer Einbindung in das Gesellschaftssystem und in ihrer Verantwortung für die sozialen und ökologischen Folgen wirtschaftlichen Handels betrachtet wird.

Neben solchen Rückbesinnungen auf eingebundene Ökonomien lässt sich feststellen, dass in Fachdiskursen unterschiedlicher Disziplinen sowie in Konzepten und Strategien der nachhaltigen Entwicklung, die Herausbildung oder Erhaltung sozialökonomischer Komplementär- und Alternativstrukturen an Bedeutung gewinnen. Auch gesellschaftskritische Positionen in der Sozialen Arbeit scheinen diese Entwicklungen in Theorie und Praxis jedoch kaum als Anknüpfungspunkte für die zukunftsfähige soziale Gestaltung der Weltgesellschaft zur Kenntnis zu nehmen.

Der ökonomische Imperialismus, die Vereinnahmung aller Lebensbereiche durch den Markt, hat längst die Soziale Arbeit erreicht und ihre AkteurInnen scheinen in Sprachlosigkeit zu erstarren, wenn „ökonomische" gegen fachtheoretische und ethische Argumente angeführt werden. Mehr noch, sie eignen sich die in Praxis und Ausbildung dominierenden Terminologien, Instrumente und Sichtweisen dessen unkritisch an, was als „die Ökonomie" bezeichnet wird, eine einzelbetriebswirtschaftliche Sichtweise, die auf fehlerhaften Prämissen und einer falschen Kosten-Nutzen-Sicht beruht. Diese Ökonomie ist nicht nur gleichgültig gegenüber den Erfordernissen von Menschen und Gemeinwesen, sondern sie externalisiert die sozialen und ökologischen Folgen ihres Systems, welches immer ausschließlicher der reinen Profitlogik folgt. Sie blendet die destruktiven Folgen ebenso aus wie die sozialen, politischen und ökologischen Voraussetzungen ihres Agierens als „ökonomieexterne Belange".

Auf der Tatsache der Externalisierung der sozialen Voraussetzungen und Folgen des Marktes basierten nicht zuletzt Sozialpolitik und Soziale Arbeit in den modernen Wohlfahrtsstaaten. Doch der historische Kompromiss, der die Reproduktion der Arbeitskraft und ein Mindestmaß an gesellschaftlichem Frieden als Voraussetzung für die Entfaltung der kapitalistischen Industriegesellschaften sicherte, scheint mit dem Siegeszug der Globalisierung neoliberaler Prägung und der Machtentfaltung der sozial ungebundenen transnationalen Konzerne keine ausreichende Legitimationsgrundlage mehr zu haben.

Die Erhaltung überflüssiger Arbeitskräfte ist aus der Perspektive einer globalisierten freien Marktwirtschaft mit einem unerschöpflichen Angebot an Arbeitskräften, die im weltweiten Wettbewerb den Verkauf ihrer Arbeitskraft nicht mehr an Konditionen knüpfen können, nicht rational. Die Erhaltung des gesellschaftlichen Friedens hingegen lässt sich wirksamer und kostengünstiger mit den Existenzängsten der Menschen im globalen Verdrängungswettbewerb um die Standorte für sozial ungebundene Unternehmen sichern. Sozialstaat und Soziale Arbeit behindern nach neoliberaler Lesart die Wohlfahrtsproduktion der freien Märkte, die letztendlich allen dienen sollen.

Gestaltende Soziale Arbeit muss unter diesen Bedingungen über die Verteidigung historisch erwirkter Sozialer Rechte und die soziale Flankierung des Marktes hinausgehen und eigenständige sozialökonomische Komplementär- und Alternativstrukturen in der zivilen Gesellschaft verteidigen und schaffen. Angesichts der unten dargestellten neuen Formen der Plünderung und Enteignung der Gemeinwesen, der neuen Angriffe auf soziale, ökologische und wirtschaftliche Menschenrechte und der Zerstörungen der natürlichen Lebensgrundlagen durch die sozial entbettete Wirtschaftsweise, gewinnen lebensdienliche Gegenentwürfe aus sozialpolitischer Perspektive an Bedeutung. Nie waren soziale Risiken umfassender und die Gefährdung von Menschen, Gemeinwesen und fundamentalen Grundlagen des Lebens durch ein lebensfeindliches Wirtschaftssystem so weit reichend. Sozialpolitische Fragen sind heute hoch komplex. Sie implizieren die Erfordernisse nachhaltiger Entwicklung und der sozialen Gestaltung der Weltgesellschaft.

Es geht in der vorliegenden Schrift darum, auf der Basis der Analyse der veränderten sozialökonomischen Bedingungen Anknüpfungspunkte für die Konzeption zukunftsfähiger Alternativen zu entwickeln, vorhandene Ansätze als Zukunftsmodelle einer Ökonomie des Gemeinwesens wahrzunehmen und diese in einer gestaltenden Sozialpolitik zu berücksichtigen. Solche Anknüpfungspunkte finden sich in traditionellen oder neuen Komplementärund Alternativstrukturen der zivilen Weltgesellschaft, die in Verbindung mit neuen sozialen Bewegungen an Organisationsfähigkeit gewinnt.

Deutlich wahrnehmbar tritt die dritte gesellschaftliche Kraft, die Kraft der neuen sozialen Bewegungen, seit ca. zehn Jahren in allen Weltregionen in die Öffentlichkeit, um fundamentale Lebensrechte von Menschen und Gemeinwesen zu verteidigen und nachhaltige Alternativen zu entwickeln. Wie die sozialen Bewegungen des 19. und frühen 20. Jahrhunderts haben sie eine antikapitalistische und kollektive Ausrichtung[2] und sind als neue sozialpolitisch gestaltende und begrenzende Kräfte zu erkennen.

Die praktischen Ansätze der Wiedergewinnung oder Erhaltung der sozialökonomischen Handlungsfähigkeit der Gemeinwesen, von denen insbesondere in den Kapiteln fünf, sechs und sieben die Rede sein wird, gehen über die sozialpolitische Flankierung des Marktes hinaus und bilden Komplementär- und Alternativstrukturen zum sozial entbetteten Markt. Sie enthalten die Idee der Ökonomie des Gemeinwesens und lassen diese konkret werden.

---

2 Böhnisch, Lothar/Schröer, Wolfgang (2002): Die soziale Bürgergesellschaft. Weinheim, München, S. 14f.

Die Ökonomie des Gemeinwesens geht von der untrennbaren Einheit der Nutzung, Herstellung und Verteilung der materiellen Lebensgrundlagen und der Gestaltung der sozialkulturellen Lebenszusammenhänge aus. Es handelt sich nicht um eine einheitliche wirtschaftswissenschaftliche Position. „Gemeinwesenökonomie" ist vielmehr ein normatives und zugleich in vielfältigen Ausprägungen historisch[3] und aktuell weltweit vorfindbares reales Phänomen. Dabei zeigt sich, dass der Begriff „Gemeinwesen" Ziele, Koordinationsprinzipien und Grenzen dieser sozialen Ökonomie impliziert. Mit den Ansprüchen des Gemeinwesens an lebensdienliche Organisationsformen ist sie zwingend ein Gegenentwurf zur dominanten neoklassischen Ökonomie in Theorie und Praxis.

Viel stärker als bisher ist unter den Folgen der Globalisierung neoliberaler Prägung und der Änderung der Erwerbsarbeitsstrukturen im Kontext sozialpolitischer Überlegungen die Idee des Gemeinwesens als Ort aktiver Teilhabe und Integration, kollektiver Selbstorganisation und nachhaltiger Entwicklung zu betrachten, ohne die sozialbürgerschaftlichen Ansprüche Einzelner aufzugeben. Sozialökonomische Selbstorganisation im Gemeinwesen birgt Lebensmöglichkeiten, welche die Gesellschaften angesichts schwieriger Zukunftsfragen brauchen werden.

Diese Optionen eigenständiger Entwicklung gilt es auch mit Hilfe sozialpolitischer Instrumente herzustellen und zu gestalten.[4] Bisherige sozialstaatliche Absicherungen setzen am freigesetzten und isolierten Individuum an. Die in der Sozial-, Wirtschafts- und Arbeitsmarktpolitik erkennbare Ignoranz gegenüber kooperativen und gemeinschaftlichen Handlungsansätzen, z.B. genossenschaftlichen Gründungen mit beschäftigungsorientierten und sozialen Zielsetzungen, und die Fixierung auf individualisierte Ursachenerklärungen und Interventionen hat tief liegende historische Wurzeln. Solidarische und diversifizierte Lebens- und Nutzungsformen werden systematisch abgewehrt und als Bedrohung partikularer Interessen wahrgenommen.[5] Plurale und solidarische Formen der Sozialökonomie aber bergen Potenziale der nachhaltigen sozialen Entwicklung und sie weisen den Weg in eine andere Moderne jenseits der Zerstörung der ökologischen, kulturellen und sozialen Lebensgrundlagen.

---

3 Zur Ideengeschichte der Gemeinwesenökonomie: Elsen, Susanne (1998): Gemeinwesenökonomie. Neuwied, S. 64f.
4 Lutz, Ronald (Hrsg.) (2005): Befreiende Sozialarbeit. Oldenburg 2005, S. 18.
5 Altner, Günther (2004): Ein Wert an sich. Vielfalt und Nachhaltigkeit. In: Politische Ökologie, Heft 91-92, S. 19.

1. Entgrenzungen der Ökonomie und die sozialökonomische Entwicklung des Gemeinwesens

Der Wirtschaftshistoriker Karl Polanyi beschrieb vor 60 Jahren den Prozess der „Entbettung" des Wirtschaftssystems aus seinem gesellschaftlichen Zusammenhang und die Ausweitung der ökonomischen Rationalität auf alle Bereiche und Weltregionen. Der Marktmechanismus produziere, so Polanyi, „die Wahnvorstellung vom ökonomischen Determinismus als allgemeinem, für die gesamte Menschheit gültigem Gesetz. (...) Es kam nach unseren Begriffen dazu, dass das ökonomische System nicht mehr in die gesellschaftlichen Verhältnisse eingebettet war, sondern diese Verhältnisse nunmehr im ökonomischen System eingebettet waren."[1] Polanyi zeichnet nach, wie sich dieser Prozess der Unterwerfung in allen gesellschaftlichen Institutionen und im Denken der Menschen vollzog. „Es war fast unmöglich, der fälschlichen Schlussfolgerung zu entgehen, dass, da der ,ökonomische' Mensch der ,reale' Mensch war, somit auch das ökonomische System die ,reale' Gesellschaft darstelle."[2]

Die aktuelle Transformation von gesellschaftlichen Sektoren, die der Wettbewerbs- und Profitlogik des Marktes bisher nicht oder nur teilweise unterlagen und der massive Abbau sozialer Rechte werfen immer deutlicher die Frage nach der Befriedigung der Grundbedürfnisse jener Menschen auf, die nicht über die nötige Kaufkraft verfügen. Mit der sozialen Entbettung des Marktes und der Entgrenzung seiner Logik durchdringt das Profit- und Wettbewerbsdenken zunehmend alle gesellschaftlichen Bereiche. Helmut Dubiel beschreibt die Ausweitung dieses kulturellen Musters, welches in den Anfängen der bürgerlichen Gesellschaft auf die ökonomische Sphäre begrenzt war.[3] Die Entgrenzung aber lasse auch die normativen Fundamente, die die Marktwirtschaft selber lange stützten, nicht unbeschädigt. Jürgen Habermas merkt dazu an: „Heute sind eher die Staaten in Märkte als die Volkswirtschaften in staatliche Grenzen eingebettet."[4] Oskar Negt zur

---

1 Polanyi, Karl (1979): Ökonomie und Gesellschaft. Frankfurt am Main, S. 141.
2 Ebd., S. 141-142.
3 Dubiel, Helmut (1991): Die Ökologie der gesellschaftlichen Moral. In: Müller-Doom, Stefan (Hrsg.): Jenseits der Utopie. Frankfurt am Main, S. 126.
4 Habermas, Jürgen (2000): Euroskepsis, Markteuropa. In: Ulrich, Peter/Maak, Thomas (Hrsg.): Die Wirtschaft in der Gesellschaft. Bern, Stuttgart, Wien, S. 154.

Entgrenzung des Wirtschaftssystems: „Idealtypisch betrachtet haben wir es mit einer Welt als Börse zu tun."[5]

Nicht „der Markt"[6] ist das Problem, sondern seine Darstellung als „die Ökonomie" und die von Polanyi beschriebene Verabsolutierung des Marktmechanismus als Koordinationsprinzip des Wirtschaftens und zunehmend der ganzen Gesellschaft. Diese Verabsolutierung bezeichnet Pierre Bourdieu als „Ökonomismus", „der das Feld des Sozialen, einen mehrdimensionalen Raum, auf das Feld des Ökonomischen verkürzt."[7] Es sei eine Weltanschauung, die „einer nahezu grenzenlosen Ökonomisierung unserer Lebensformen, der Gesellschaft und der Politik das Wort redet.

Der St. Galler Wirtschaftsethiker Peter Ulrich kommentiert dies in vergleichbarer Weise: Der Ökonomismus ist wohl *die* Großideologie der Gegenwart."[8] Er nennt drei Erscheinungsformen: Erstens die Herauslösung einer vermeintlich autonomen ökonomischen Frage aus ihrem Zusammenhang, um sie als Erkenntnisobjekt einer autonomen Ökonomik von einem ökonomischen Standpunkt aus „wertfrei" zu analysieren; zweitens die Verabsolutierung des (monetären) Kosten/Nutzen-Denkens und drittens die normative Überhöhung des Marktes als gesellschaftliches Koordinationsprinzip schlechthin.[9]

Ulrich unterscheidet die empirische und die normative Variante ökonomistischer Legitimationen: „Der harte (globale) Wettbewerb zwingt uns (...) (Sachzwangthese), aber es dient letztlich dem Wohl aller (marktmetaphysische Gemeinwohlfiktion)."[10] Es gibt keine absoluten Sachzwänge außerhalb von Naturgesetzen. Erst das, was dieser unterstellte Sachzwang fordert, nämlich die vollkommene Deregulierung und Wettbewerbsintensivierung, schafft den Zwang zur Selbstbehauptung. Das Prinzip des freien Marktes ist höchst parteilich für die Kapitalverwertungsinteressen. Dass diese Parteilichkeit selten gesehen wird, liegt daran, dass aus der angeblich unpersönlichen Funktionsweise des Marktes fälschlicherweise auf unparteiliche Ergebnisse geschlossen wird.[11] Die Vorstellung, Wirtschaft sei ein autonomes System, ist absurd, denn jedes Wirtschaftssystem ist abhängig von natürlichen, sozialen und kulturellen Ressourcen. Es ist Teil des gesellschaftlichen

---

5 Negt, Oskar (2001): Arbeit und menschliche Würde. Göttingen, S. 308.
6 Es gibt eine Vielzahl von Märkten, marktförmiges Wirtschaften ist nur eine von zahlreichen Varianten.
7 Bourdieu, Pierre (1985): Sozialer Raum und „Klassen". Frankfurt am Main, S. 9.
8 Ulrich, Peter (2002): Der entzauberte Markt. Freiburg, Basel, Wien, S. 35.
9 Ulrich, Peter (1997): Integrative Wirtschaftsethik. Bern, Stuttgart, Wien, S. 127-128.
10 Ulrich, Peter (2002): a.a.O., S. 36.
11 Vgl. ebd., S. 39.

Systems und des historischen Prozesses[12] und es steht in ständiger Wechselwirkung mit den natürlichen Lebensgrundlagen.

Die so genannten freien Märkte sind auch nicht vorstellbar ohne die politischen Systeme, die ihre Befreiung von gesellschaftlicher Verantwortung und die Erschließung weiterer gesellschaftlicher Bereiche oder Regionen für die marktförmige Aneignung ermöglichen. Der Wirtschaftswissenschaftler John Kenneth Galbraith bezeichnet die Darstellungen der Unabhängigkeit des wirtschaftlichen Sektors von Staat und Politik als „Ammenmärchen".[13] Er weist nach, wie z.b. Großunternehmen mit ihrer praktisch uneingeschränkten Macht ihren Einfluss auf Politik und Staat ausdehnen und wie Privatwirtschaft „im Krieg wie im Frieden (...) ureigene Aufgaben des Staates"[14] übernimmt.

Die Hoffnungen auf die Steigerung des globalen Wohlstandes durch die Schaffung von Voraussetzungen zugunsten der Kapitalverwertungsbedingungen in freien Märkten ist in den vergangenen Jahrzehnten vielfach entkräftet worden. Dennoch setzen die Regierungen ihre für das mobile Großkapital parteiliche Politik der Strukturanpassung fort. Staaten und Regionen treten mit dem Versprechen hoher Zinsen auf Investitionen und niedriger Inflation in einen selbstzerstörerischen Wettbewerb. Das politische Repertoire der „Strukturanpassung" besteht in der Senkung oder Streichung von Unternehmenssteuern, der Deregulierung der Arbeitsmärkte, der Privatisierung öffentlichen Eigentums, der Untergrabung der Möglichkeiten pluralen und lokalen Wirtschaftens, der Stabilisierung der nationalen Währung, einer restriktiven Haushaltspolitik und der Absicherung der Renditen auf produktive Investitionen. Mit der Austrocknung der Staatsfinanzen durch Steuergeschenke und dem Zwang zur Finanzierung wachsender öffentlicher Ausgaben durch Nettokreditaufnahmen ist die weitere Erpressbarkeit der Staaten gesichert. Weniger die nationalen Parlamente und Regierungen legen heute die politischen Rahmenbedingungen fest, als die über 40.000 multinationalen Konzerne, die den Lauf der Welt bestimmen.[15]

Als Eingriffsvariablen dieser Standortpolitik bieten sich die Faktoren an, auf die die politischen Akteure der jeweiligen Standorte einwirken können: Löhne, Lohnnebenkosten, Konsumsteuern, Arbeitsbedingungen, Sozial- und Umweltstandards.[16] Angesetzt wird an der Ausgaben-, nicht aber an der

---

12 Vgl. Polanyi, Karl (1995): The great Transformation. 3. Auflage, Frankfurt am Main, S. 75.
13 Galbraith, John Kenneth (2005): Die Ökonomie des unschuldigen Betrugs. München, S. 69.
14 Ebd., S. 72.
15 Vgl. Roth, Jürgen (1997): Absturz. Das Ende unseres Wohlstands. München, Zürich, S. 26.
16 Im Zeitraum von 1980 bis 1995 stiegen z.B. in Deutschland die Steuern auf abhängige Arbeit um 76 Prozent. Hinzu kommt die Erhöhung der Mehrwertsteuer, die

Einnahmeseite. Fehlende, respektive falsch verteilte staatliche Einnahmen jedoch sind das Problem. Insbesondere der umlagefinanzierte Sozialstaat gerät in immer größere Finanzierungsprobleme. Die öffentlichen Einnahmen gingen in Deutschland 2004 um ca. drei Milliarden Euro zurück, die öffentlichen Ausgaben um zwei Milliarden Euro. Das Defizit der öffentlichen Haushalte sank aber nicht wie geplant auf 1,5 Prozent, sondern stieg auf 3,9 Prozent.[17]

Die historische Errungenschaft des Sozialstaates ist der Rechtsanspruch auf soziale Absicherung in Notzeiten und auf Zugang zu den Voraussetzungen, die jedem Gesellschaftsmitglied ein sozialkulturelles Existenzminimum gewährleisten. Nicht weniger als diese historische Errungenschaft steht unter den skizzierten Entwicklungen ökonomischer Entgrenzung zur Disposition. Die Rede von der „Globalisierung" als Legitimation von Sozialabbau und Mittel der Durchsetzung neuer Verwertungsbedingungen für menschliche Arbeitskraft bietet den neoliberalen Protagonisten der Weltherrschaft des „freien" Marktes die Legitimationsbasis, sich hinter „Sachzwängen" zu verstecken, die wie Naturgesetze erscheinen und „Strukturanpassungen" erzwingen, um „Standorte" zu erhalten.

Während das international mobile Kapital sich den Anforderungen nach Umverteilung zur Finanzierung von öffentlicher Infrastruktur und Sozialstaat entziehen kann, ist dies den BürgerInnen sowie den territorial gebundenen, kleinen und mittleren Unternehmen nicht möglich. Sie geraten zusätzlich unter Wettbewerbsdruck, was die Stabilität insbesondere der Beschäftigung gefährdet. Doch auch die transnationalen Konzerne sind mittlerweile selbst zu Spielbällen des entfesselten Finanzmarktes geworden,[18] denn dieser entscheidet über das Ausscheiden oder Weiterkommen in der nächsten Runde des globalen Konkurrenzkampfes. Die Angst vor einer Übernahme und der Wettbewerbsdruck lassen die Beteiligten einzig in die Richtung der Kriterienerfüllung größtmöglichen Wachstums und Gewinnmaximierung streben. Durch Fusionen und spekulative Finanzgeschäfte gibt es kein Wachstum der realen Wirtschaft, sondern einen wachsenden Druck zur Kostensenkung zur Erzielung hoher Kapitalerträge. Insbesondere kleine und mittelständische Unternehmen vermögen sich unter diesem Konkurrenzdruck nicht mehr über Wasser zu halten. Die Anzahl der Unternehmensinsolvenzen lag 2001 in Deutschland bei 32.400 und 2002 bei über 43.000.[19]

---

insbesondere ärmere Haushalte stark belastet. Vgl. Duchrow, Ulrich/Hinkelammert, F.J. (2002): Leben ist mehr als Kapital. Oberursel, S. 114.

17 Arbeitsgruppe Altern. Wirtschaftspolitik (2005): Memorandum 2005. Köln, S. 20.

18 Soros, George (2000): Die Krise des globalen Kapitalismus. Frankfurt am Main, S. 140.

19 Der Spiegel vom 22.4. 2002.

Die Folgen in Form öffentlicher Armut, die ihrerseits den Druck auf der politischen Ebene und die Privatisierungstendenzen fördern, zeigen sich in Deutschland insbesondere in den Kommunen, denen die Kosten für öffentliche Infrastruktur ebenso aufgebürdet werden wie die zur Existenzsicherung der wachsenden Zahl der Menschen, die aus dem Erwerbsarbeitssystem ausgegrenzt werden.[20]

Die Staaten benötigen zur Sicherung von Einnahmen für gesellschaftliche Belange ein Instrumentarium der progressiven Besteuerung und zur Austrocknung von Schlupflöchern, die Kapitalbesitzern nützlich sind. Von zentraler Bedeutung sind Forderungen nach Besteuerung von Spekulationsgewinnen und Überlegungen zu alternativen Finanzierungsquellen von Sozialleistungen, die nicht einseitig an den Faktor Arbeit gebunden sind. Überlegungen zu einer Devisentransaktionssteuer und zu Kapitalverkehrskontrollen sind seit zwei Jahrzehnten in der Diskussion.

Die politische Macht des Staates ist unter den Bedingungen der globalen Entgrenzung der Märkte notweniger denn je, reicht aber nicht aus, um gesellschaftliche Teilhabe und Zugang zu den lebensnotwendigen Ressourcen für alle BürgerInnen zu sichern und die Marktinteressen zu begrenzen. Es bedarf direkter demokratischer Kontrollen und Formen der nachhaltigen Aneignung und Bewirtschaftung derjenigen Güter, die für das Leben und Zusammenleben in den Gemeinwesen notwendig sind.

Der entgrenzte Markt erfordert das Gegengewicht sozial eingebundenen Wirtschaftens im lokalen und regionalen Raum, plurale sozialökonomische Entwürfe nach Kriterien der Ökonomie des Gemeinwesens und eine „Marktwirtschaft von unten".[21] Beide Ansätze beruhen auf Selbstorganisation, die es strukturell zu stärken gilt.[22]

Die gesellschaftliche Teilhabe aller Menschen unabhängig von ihrer Kaukraft und ihrer Nützlichkeit für die Interessen des Marktes, und die Erhaltung der Lebensbedingungen in den Gemeinwesen erfordern eine gestaltende Sozialpolitik die über Umverteilung hinausgeht und sozialproduktive Selbstorganisation mit dem Ziel nachhaltiger Entwicklung fördert.

Es gibt „gegenwärtig keine andere Alternative als die der ökonomischen Selbstorganisation auf freiwillig-kollektiver Basis, die – verbunden mit politischen, sozialen, ökologischen und kulturellen Zielsetzungen – als einzige

---

20 Nach der unternehmensfreundlichen Steuerreform fehlten den deutschen Kommunen im Jahr 2002 60 bis 70 Prozent der Einnahmen aus der Gewerbesteuer.
21 Gemeint ist die Stärkung einer Marktwirtschaft, die nicht durch Monopole und Finanzjongleure dominiert wird.
22 Hamm, Bernd/Neumann, Ingo (1996): Siedlungs-, Umwelt- und Planungssoziologie. Opladen, S. 359.

demokratiegesellschaftliche Zukunftsoption denkbar ist."[23] Und diese Bewegungen gewinnen derzeit weltweit an Organisationskraft. Der französische Soziologe Jean-Louis Laville[24] spricht von einem Aufschwung neuer assoziativer und netzwerkartiger Bewegungen, die wirtschaftliche und politische Entscheidungen beeinflussen. Das assoziative Leben nehme in allen Weltregionen immer mehr zu. Der gemeinsame Nenner sei der der Verweigerung. In den Entwicklungsländern gehe mit dieser Formierung des assoziativen Lebens die Herausbildung sozialstaatlicher Strukturen einher. Laville fordert dazu auf, die Zivilgesellschaft nicht nur als Opposition zum politisch regelnden Staat zu sehen, sondern zu erkennen, dass eine Komplementarität zwischen beiden existiere. Die Organisationen der Zivilgesellschaft sollten in Beziehung treten mit den Institutionen des sozialen Rechtes und der Öffentlichkeit.

Doch sozialökonomische Selbstorganisation rührt in den Wohlfahrtsstaaten an den Grundfesten der Arbeitsteilung von marktwirtschaftlichem System und Sozialer Sicherung[25] und in den Industrie- und Transformationsstaaten drohen die noch vorhandenen Residuen sozialökonomischer Selbstorganisation den destruktiven Übergriffen und Begehrlichkeiten des entbetteten Marktes zum Opfer zu fallen. Die Stärkung sozialökonomischer Selbstorganisation erfordert die Öffnung und Neugewichtung des gesellschaftlichen Institutionengefüges von Markt, Staat und ziviler Gesellschaft, die Zulassung neuer AkteurInnen und lebensweltlich eingebundene Lösungskonstruktionen jenseits sektoraler Trennungen.

1.1 Die Ausweitung der Akkumulation und die Enteignung des Gemeinwesens

Wo wirtschaftliches Handeln sich von den sozialen, politischen und kulturellen Lebensverhältnissen ablöst und sich diese Lebensverhältnisse und ihre sozialen Institutionen selbst den Forderungen des sozial losgelösten Marktes unterwerfen, wuchern gewalttätige Realabstraktionen. Die Ausweitung des Marktes folgt der Suche nach Möglichkeiten lukrativer Kapitalanlagen. Die jüngste Eroberungswelle betrifft Lebensgüter und gar Elemente des Lebens. In jüngster Zeit stützt es sich auf öffentliche Dienste, Infrastrukturen und die Patentierung von genetischem Material sowie auf die Aneignung intellektueller und kultureller Eigentumsrechte.

Die derzeitige Privatisierungswelle bedeutet eine Ausweitung der Akkumulation des Kapitals in neue geographische, soziale, kulturelle und wirt-

---

23 Bauer, Rudolph (2000): Chancen ökonomischer Selbstorganisation. In: Elsen, Susanne/Lange, Dietrich/Wallimann, Isidor (Hrsg.): Soziale Arbeit und Ökonomie. Neuwied, S. 175.

24 Laville, Jean-Louis/Sainsaulieu, Renaud (1997): Sociologie de l'association. Paris.

25 Vgl. Bauer, Rudolph (2000): a.a.O., S. 158f.

schaftliche Bereiche. Sie ist verbunden mit der Entrechtung von Menschen und einer folgenschweren Plünderung des Gemeinwesens.[26] David Harvey begründet die Suche des Kapitals nach profitablen Investitionsmöglichkeiten mit der Vermeidung von Überakkumulationskrisen.[27] Es gehe darum, ungenutztes und überschüssiges Geldkapital profitträchtig anzulegen. Die Möglichkeiten dafür seien begrenzt. Derzeit suche das Kapital lukrative Anlagemöglichkeiten insbesondere in den Sektoren Umwelt – Wasser als lebensnotwendige und knappe Ressource – sowie in den Bereichen Soziales, Gesundheit und Bildung.

Das WTO-Vertragswerk „General Agreement on Trade in Services" (GATS) dient der Öffnung der Märkte in gleicher Weise wie das GATT im Bereich des Handels mit Gütern.[28] Das Abkommen umfasst Telekommunikation, Wasser- und Energieversorgung, Transport, Banken und Versicherungen, Kindergarten, Schulbildung, Universitäts- und Berufsausbildung, Erwachsenenbildung, medizinische Dienstleistungen, Krankenhausdienstleistungen, soziale Dienstleistungen, Erholung, Kultur, Sport, Museen und sonstige kulturelle Dienstleistungen. Die Begehrlichkeiten kommerzieller Anbieter und Investoren richten sich auf diesen Sektor, der in der Zeit sinkender Renditen in anderen Sektoren dauerhafte Profite verspricht, denn der Handel mit Dienstleistungen gilt als einer der lukrativsten und dynamischsten Wachstumsbereiche der Weltwirtschaft. Wird aber die Daseinsvorsorge zur kommerziellen Ware, so stellt sich die Frage nach dem Zugang für alle Mitglieder der Gesellschaft, unabhängig von ihrer Kaufkraft. Zudem besteht die Gefahr, dass die Angebote nicht an den Bedürfnissen möglichst aller Gesellschaftsmitglieder, sondern an den Prioritäten des Marktes orientiert sind.

Als geradezu surreal erscheinen die Bemühungen transnationaler Konzerne, biologische Elemente und Mechanismen von Pflanzen, Tieren und Menschen zu patentieren, diese Patente rechtlich abzusichern, deren Alternativen zu unterbinden und/oder gentechnisch zu verhindern und dadurch z.B. die vollkommene Kontrolle über die grundlegenden Nahrungsressourcen weltweit zu gewinnen. Dies gefährdet die Existenz der Bauern der armen Weltregionen, aber auch der Industrieländer und zerstört die Biodiversität, historisch-kulturelles Wissen und die traditionellen Praktiken der Generierung und des Tauschs von Saatgut, einer Praxis, die bis heute die Ernährung von ca. 1,4 Milliarden Menschen weltweit sichert.[29] Mit Hilfe des WTO-Abkommens über handelsbezogene Rechte geistigen Eigentums „TRIPS"

---

26 Zeller, Christian (Hrsg.) (2004): Die globale Enteignungsökonomie. Münster.
27 Harvey, David (1999): The Limits to Capital. 2nd edition, Oxford.
28 Vgl. Fritz, Thomas/Scherrer, Christoph (2002): GATS: Zu wessen Diensten? Hamburg.
29 Bauer, Andreas/Potthof, Christoph: Keim ohne Leben. In: Süddeutsche Zeitung vom 11. Mai 2006, S. 2.

(Trade Related Intellectual Property Rights) erwerben z.b. transnationale Konzerne Eigentumsrechte über pflanzliches, menschliches und tierisches Leben und können damit Menschen weltweit zu Tributpflichtigen machen. Besonders folgenschwer ist die kommerzielle Nutzung der so genannten Terminator-Technologie, die die Keimfähigkeit von Saatgut verhindert.[30] Entwicklungsorganisationen, soziale Bewegungen, insbesondere der indigenen Völker, die Ethikkommission der Welternährungsorganisation der Vereinten Nationen und die UN-Konvention über die biologische Vielfalt bemühen sich seit der Anmeldung des Patents auf sterile Pflanzen im Jahr 1998 um die Durchsetzung eines Moratoriums.

Durch Privilegien von Großkonzernen werden natürliche Lebensgrundlagen enteignet und zerstört, das Grundrecht auf Nahrung weltweit gefährdet und das so genannte Landwirteprivileg auf den bäuerlichen Nachbau unterbunden. Es gibt kein deutlicheres Beispiel für die rechtlich geschützte Enteignung und Entrechtung von Menschen und Gemeinwesen, die Schwäche und Unfähigkeit begrenzender politischer Kräfte und die neue Komplexität sozialpolitischer Fragen. Andererseits verdeutlicht es die Bedeutung der neuen, global vernetzten, zivilgesellschaftlichen Begrenzungsmacht und der lokalen, sozialökonomischen Alternativen.

Die Umwandlung von Eigentumsrechten ist Voraussetzung für diese neuen Formen der Enteignung. Die Abschaffung von Eigentumsformen, die der Privatisierung aus Profitinteressen entgegenstehen, z.B. Nutzungseigentum, aber auch demokratischer Unternehmensformen, ist Teil des umfassenden Programms der Privatisierung. In ihrem Privatisierungswahn berauben sich die Staaten zunehmend der Möglichkeiten nachhaltiger Bewirtschaftung öffentlicher Güter.[31]

Nicht ohne Gründe geraten derzeit Unternehmen der sozialen Wirtschaft – Genossenschaften, Vereine, soziale Betriebe –, die nicht primär profitorientiert arbeiten und der demokratischen Kontrolle ihrer Stakeholder unterliegen, unter verstärkten Druck. Diese Unternehmen widersetzen sich der Möglichkeit vollständiger Kommerzialisierung der Bereiche, in denen sie agieren – was insbesondere vor dem Hintergrund der Transformation des gesamten Bildungs-, Gesundheits- und Sozialbereiches sowie der öffentlichen Infrastruktur von hoher politischer Bedeutung ist.

Die Organisation der Belange des Gemeinwesens erfordert Lösungen jenseits der Profitlogik, wenn alle Gesellschaftsmitglieder Zugang haben sollen. In der Auseinandersetzung über nachhaltige Alternativen der Organisa-

---

30 Dies betrifft Reis, Mais, Weizen und Baumwolle; angewendet wird das Verfahren u.a. von den Firmen BASF, Bayer, Monsanto, Syngenta, Du Pont, Delta & Pine.
31 Die letzten Bestände öffentlichen Wohnraums werden derzeit privatisiert, was längerfristig fatale Folgen bezogen auf die Versorgung der Gruppen haben wird, die auf bezahlbaren und sicheren Wohnraum angewiesen sind.

tion von Belangen des Gemeinwesens, die hier im Zentrum stehen, geht es nicht um eine einfache (Rück-) Verstaatlichung öffentlicher Güter und Leistungen, sondern um gesellschaftliche Restrukturierung durch Formen der Vergesellschaftung politischer Steuerung, Kontrolle und sozialökonomischer Zugangssicherung. Sozialökonomische Assoziationen und Multistakeholderkonstruktionen privater und öffentlicher Akteure sind in vielen Bereichen ernst zu nehmende Alternativen, die die Kontrolle über Ressourcen sichern und Optionen öffnen können.[32]

1.1.1 Die Entwertung der lebendigen Arbeit

Die Entwertung menschlicher Arbeit, die Verhinderung alternativer, nichtmarktförmiger, aber gesellschaftlich sinnvoller Tätigkeit und der zunehmend repressive Umgang mit denjenigen Menschen, denen der Zugang zum Arbeitsmarkt verweigert wird, ist die folgenschwerste Praxis des derzeit dominierenden Wirtschaftssystems, gestützt durch eine staatliche Politik, die ihre Gestaltungs- und Begrenzungsfunktion willfährig aufgegeben hat. Diese absurde Praxis ist ein Anschlag auf die körperliche und seelisch-geistige Integrität und die Unversehrtheit der davon betroffenen Menschen. Sie bedingt die Verschwendung und Zerstörung der sozialproduktiven Potenziale von Menschen und Gemeinwesen.

Die tiefen Verunsicherungen und Unterwerfungszwänge, die der stets drohende Arbeitsplatzverlust erzeugt, führen zu Existenzangst und Anpassung an die Arbeits- und Lebensbedingungen, die der Markt diktiert. Der Abbau der sozialen Sicherung und wachsende öffentliche Armut verstärken diese Unsicherheiten. Angst war und ist das wirksamste Manipulationsmittel jedweder Herrschaft. Sie zeitigt fatale gesellschaftliche Folgen. „Gesellschaftsordnungen, in denen ein günstiger Nährboden für Existenzängste besteht und das Klima von zerstörten Hoffnungen und gebrochenen Lebensperspektiven bestimmt ist, produzieren autoritätsgebundenes Mitläufertum und verführen dazu, Ersatzschuldige für die Misere zu suchen."[33] Die Erfolge von rechten Populisten und der Diskurs um „innere Sicherheit" sowie die neue Kriminalpolitik gegen die Armen stehen in diesem Zusammenhang.[34]

Die Lohnquoten sinken und in nahezu allen OECD-Ländern hat die Erwerbsarbeit einen geringer werdenden Anteil am Volkseinkommen. Täglich werden in Europa 50.000 Menschen arbeitslos.[35] Der Faktor Arbeit wird nicht nur zunehmend überflüssig, sondern Arbeit behindert als Kostenfaktor

32 Novy, Klaus (1986): Renaissance der Genossenschaften. In: Berger, Johannes/Domeyer, Volker/Funder, Maria/Voigt-Weber, Lore (Hrsg.): Selbstverwaltete Betriebe in der Marktwirtschaft. Bielefeld, S. 91.
33 Ebd., S. 17.
34 Vgl. Cornel, Heinz (Hrsg.) (2002): Neue Kriminalpolitik und Soziale Arbeit. Baden-Baden.
35 Vgl. Negt, Oskar (2001): a.a.O., S. 9.

wirtschaftlichen Erfolg nach Maßstäben der Shareholder. Claus Offe verwies bereits 1984 auf „Anhaltspunkte für die objektiv abnehmende Determinationskraft von Arbeit, Produktion und Erwerb für die Gesellschaftsverfassung und die Gesellschaftsentwicklung im Ganzen."[36] Dennoch wird an der Fiktion der Erwerbsarbeitsgesellschaft festgehalten.

Die Produktivität pro Arbeitsstunde hat sich im Zeitraum zwischen 1970 und 1995 in nahezu allen europäischen Ländern mehr als verdoppelt[37] und in den Vereinigten Staaten nahm sie alleine im letzten Quartal des Jahres 2003 um 9,4 Prozent zu. Intelligente Technologien können mittlerweile sowohl körperliche als auch geistige Arbeitskraft ersetzen.[38] „Es wird ständig nach Wegen gesucht, durch noch billigere und effizientere Technologien Lohnkosten zu drücken oder menschliche Arbeitskraft gänzlich überflüssig zu machen."[39] Nach vorsichtigen Schätzungen der Internationalen Arbeitsorganisation IAO waren 1999 weltweit eine Milliarde Menschen, d.h. ein Drittel der arbeitsfähigen Weltbevölkerung, arbeitslos.[40]

Paradox erscheinen unter diesen Bedingungen die deutschen Arbeitsmarktreformen, die unter dem Begriff „Hartz IV" firmieren.[41] Diese „Reform" weist die gesellschaftliche Verantwortung für die Bewältigung von Arbeitslosigkeit zurück und zwingt die Betroffenen, den Zustand, durch den sie der Gesellschaft zur Last fallen, um jeden Preis zu beenden. In bislang nicht da gewesener Weise erhöht das Gesetz den Druck auf die Arbeitslosen. Der Wegfall der Arbeitslosenhilfe bedeutet bereits den Zwang zur Unterbietung der Konditionen zur Annahme von Tätigkeiten, auch solcher, die nichts mit gesicherten Arbeitsstandards zu tun haben. Hinzu kommt die Drohung wieterer Kürzungen des Arbeitslosengeldes II bei Weigerung der Annahme irgendeiner Arbeit, auch der so genannten „Ein-Euro-Jobs". Mit dem „Optimierungs- und Fortentwicklungsgesetz"[42] werden Kontrolle und Repression noch weiter erhöht.

Durch die erhöhte Disziplinierung und den Zwang zur Annahme jeder Arbeit zu jedem Preis kommt es zu einer weiteren Verschiebung der gesellschaftlichen Macht- und Verteilungsverhältnisse zugunsten der Reichen und der Privatwirtschaft. Explizites Ziel ist die Einführung eines Niedriglohnsektors und um dies durchzusetzen, müssen die unzeitgemäßen Basti-

---

36 Offe, Claus (1984): Arbeit als soziologische Schlüsselkategorie. In: Offe, Claus (Hrsg.): Arbeitsgesellschaft – Strukturprobleme und Zukunftsperspektiven. Frankfurt am Main, S. 20.
37 Vgl. Bonß, Wolfgang (1998): Das Ende der Normalität. In: Politische Ökologie, 16. Jahrgang, Nr. 54, Mai/Juni 1998, S. 35.
38 Vgl. Rifkin, Jeremy: Arbeitskraft des Menschen ohne Zukunft. In: Süddeutsche Zeitung vom 23. Dezember 2003.
39 Ebd.
40 Vgl. Handelsblatt vom 15. März 1999.
41 Hartz IV steht für „Viertes Gesetz für moderne Dienstleistungen am Arbeitsmarkt".
42 Bovensiepen, Nina: Falsch gerechnet. In: Süddeutsche Zeitung vom 19.5. 2006, S. 2.

onen des Sozialstaates weiter eingerissen werden. Die ökonomische Umverteilung von unten nach oben und die soziale Polarisierung sollen durch politische Entrechtung abgesichert werden.[43] Diese „aktivierende Sozialpolitik" missbraucht das Arbeits- und Leistungsethos gegen die, die vom Zugang zu den Möglichkeiten von Arbeit und Leistung ausgeschlossen werden und knüpft deren Anspruch auf soziale Sicherung an Gegenleistungen.

Erwerbsarbeit ist nach wie vor die Grundlage der Existenzsicherung, sie stiftet Sinn, strukturiert den Tag, ist Grundlage der Statuszuweisung, Quelle von Würde und Anerkennung, an ihr orientieren sich Erziehung, Bildung, Lebensphasen und Lebensentwürfe. Gerade der scheinbar untrennbare Zusammenhang zwischen Erwerbsarbeit, individueller Entwicklung und sozialer Teilhabe verleiht der Erwerbsarbeit trotz oder gerade wegen ihrer Knappheit eine so zentrale Rolle. Hannah Arendts kulturgeschichtliche Analyse geht der Frage nach, wie in der Neuzeit die Erwerbsarbeit zunehmend verherrlicht und in der gesellschaftlichen Werte- und Zielhierarchie immer weiter nach oben gerückt wurde, bis die Gesellschaft in eine „Arbeitsgesellschaft" transformiert war. In den 1950er Jahren prognostizierte sie, dass dieser gesellschaftliche Sieg der Arbeit zum Fluch werde, wenn der Arbeitsgesellschaft die Arbeit ausgehe: „Was könnte verhängnisvoller sein?"[44]

Alle gesellschaftlichen Institutionen haben sich zwar um die Erwerbsarbeit herum organisiert, doch das für die Arbeitsgesellschaft funktionale Verhältnis von Mensch und Erwerbsarbeit war und ist nicht naturgegeben. Es wird im Prozess der generativen Reproduktion stets und immer neu erzeugt. Inzwischen „hat sich ein neues System etabliert, und zwar eines, das die ‚Arbeit' massenweise abschafft. Es zwingt alle, gegen alle um die immer weniger werdende ‚Arbeit' zu kämpfen, und stellt dadurch die schlimmsten Formen von Herrschaft, Unterwerfung und Ausbeutung wieder her. Aber nicht die Abschaffung der ‚Arbeit' dürfen wir diesem System vorwerfen, sondern dass es eben diese ‚Arbeit' deren Normen, Würde und allgemeine Zugänglichkeit es abschafft, weiterhin als Pflicht eines jeden, als verbindliche Norm und unersetzliche Grundlage unserer Rechte und unserer Würde postuliert."[45]

Der epochale Wandel, der als „Krise des Arbeitsmarktes" verharmlost wird, verlangt nicht weniger als einen grundlegenden personalen, politischen, ökonomischen und kulturellen Orientierungswandel, in dessen Zentrum der Abschied von der alternativlosen Fixierung auf marktvermittelte Erwerbsarbeit steht. Die von der Arbeitgeberseite formulierten politischen „Lösungen" dienen einzig der Erhöhung des Drucks auf Arbeitslose und Arbeit-

43 Vgl. Arbeitsgruppe Alternative Wirtschaftspolitik (2005): a.a.O., S. 17-19.
44 Arendt, Hannah (2001): Vita activa oder vom tätigen Leben. 12. Auflage, München, S. 13.
45 Gorz, André (2000): Arbeit zwischen Misere und Utopie. Frankfurt am Main, S. 9.

nehmerInnen sowie der weiteren Deregulierung des Arbeitsmarktes[46]. Mit dem Abbau der Sozialleistungen wird die Pflicht zur Arbeit um jeden Preis verschärft, eine absurde Entwicklung, die nicht nur Opfer zu Tätern macht, sondern auch den Blick auf die dringend notwendigen sozialökonomischen Alternativen verstellt. Die dramatische Verschlechterung der soziokulturellen und ökonomischen Lebensbedingungen erwerbsloser Menschen erzwingt geradezu Formen sozialökonomischer Selbsthilfe jenseits von reinen Profitbetrieben und reinen Idealvereinigungen.

Es gibt keine einfache Antwort auf die komplexe Frage der Zukunft der Arbeit. Es gibt aber die zwingende Notwendigkeit, die vielen Antworten, die in den vergangenen Jahrzehnten gesucht und gefunden wurden, endlich zur Kenntnis zu nehmen. Die Erhaltung und Erschließung der Pluralität ökonomischer Tätigkeiten auch jenseits marktvermittelter Erwerbsarbeit und eine bewusste Stärkung der Vielfalt der Ökonomien, die der sozialen Integration, Bedarfsdeckung und Existenzsicherung der lokalen Bevölkerung und der Zukunftsfähigkeit der Gemeinwesen dienen, ist eine vorrangige gesellschaftspolitische Aufgabe.

1.1.2 Die Zerstörung der natürlichen Lebensgrundlagen

Das westliche Modell von „Massenproduktion und Massenkonsum, Staatsfinanzierung und sozialer Sicherung aus Erwerbsarbeit, privater Aneignung von Gewinnen und Sozialisierung der Verluste ist geradezu angewiesen auf eine immer höhere Steigerung des Verbrauchs natürlicher Ressourcen (...). Alleine durch die zunehmende Menge des Stoffdurchsatzes werden uns schließlich entscheidende Lebensgrundlagen entzogen."[47] Vor 36 Jahren veröffentlichte Dennis Meadows den Bericht „Die Grenzen des Wachstums."[48] Meadows verdeutlichte auf der Basis von 13 Szenarien, dass industrielles Wachstum eher das Problem als die Lösung der Versorgung der wachsenden Weltbevölkerung darstellt.

Heute wird immer deutlicher, dass das westliche Wachstumsmodell aufgrund der physischen Grenzen der Ausbeutbarkeit und Belastbarkeit des Planeten keine Zukunft hat. Insbesondere fossile Energiereserven, auf denen die gesamte industrielle Produktion beruht, werden knapp. Die Produktion wird nicht nur teuer, sondern ärmere Länder werden sich Öl nicht mehr leisten können und damit von der Entwicklung weiter abgehängt. Der Kampf um knappe lebenswichtige Ressourcen ist bereits heute Ursache für

---

46 Beispiele sind das Lohnabstandsgebot und der Niedriglohnbereich, die Zusammenlegung von Arbeitslosengeld und Sozialhilfe, die Abschaffung der Arbeitslosenhilfe, die Zumutbarkeitsregelung etc.; vgl. Elsen, Susanne (1999): Kombilohnmodell – vor Risiken und Nebenwirkungen wird gewarnt. In: Rote Revue, Nr.3/1999, 77. Jahrgang, S. 24f.
47 Hamm, Bernd (2006): Die soziale Struktur der Globalisierung. Berlin, S. 48.
48 Meadows, Dennis (1972): Die Grenzen des Wachstums. Stuttgart.

Konflikte zwischen Völkern und für Kriege, z.b. in Ruanda. Längst diskutieren Kräfte in Wissenschaft, Politik und Technik die zivilisatorischen Szenarien im bevorstehenden Zeitalter der Knappheit.[49]

Der globale Wohlstand – gemessen am Bruttoinlandsprodukt (BIP) – hat
zwar in den vergangenen 50 Jahren um das Siebenfache zugenommen.[50]
Der Indikator für tatsächlichen Wohlstand zeigt aber aufgrund der sozialen
und ökologischen Schäden stagnierende bzw. abnehmende Werte.[51] Die Industrieländer sind von 25 Prozent der Weltbevölkerung bewohnt und ver-
brauchen 75 Prozent der Rohstoffe. Die boomenden Schwellenländer werden in kurzer Zeit ihren Anteil am Ressourcenverbrauch erhöhen. Die Globalisierung hat zu einer gewaltigen Zunahme von Waren- und Stoffströmen
geführt und die globale Wirtschaft wächst weiter. Die damit verbundene be-
schleunigte Umweltzerstörung bedroht die Lebenschancen von Millionen
von Menschen und treibt sie in die Migration oder in die Armutsmilieus der
ausufernden Städte.[52]

Weltweit scheint zwar die Einsicht zu wachsen, dass es zum ökologischen
Kollaps kommen wird, doch ernsthafte Konsequenzen und mehr als symbolische Politik sind unter den gegebenen Machtverhältnissen seitens staatlicher Organe kaum zu erwarten. Zivilgesellschaftliche Bewegungen gegen
ökologischen Raubbau und sozialökonomische Assoziationen hingegen gewinnen als korrigierende und begrenzende Kräfte für eine zukunftsfähige
Entwicklung weltweit an Bedeutung.

1.2 Die Ökonomie des Sozialen und sozial-ökonomische Wohlfahrtsproduktion

Im ursprünglichen Verständnis ist die Bewältigung von Problemen, die
Menschen in ihrem Leben und Zusammenleben haben, eine genuin ökonomische Angelegenheit. Gegenstand der Ökonomik nach diesem Verständnis

---

49 Dobkowski, Michael N./Wallimann, Isidor (1998): The Coming Age of Scarcity.
   Preventing Mass Death and Genocide in the Twenty-first Century. Syracuse, New
   York.
50 Das Bruttoinlandsprodukt ist ein Wertmaßstab für die gesamte wirtschaftliche
   Leistung einer Volkswirtschaft innerhalb eines bestimmten Zeitraums.
51 Vgl. Martin, Hans-Peter/Schumann, Harald: Der Feind sind wir selbst. In: Spiegel
   spezial, 4/1994.
52 Nach einer Studie des Umweltprogramms der Vereinten Nationen UNEP befinden
   sich 35 Prozent der weltweiten Landflächen in Wüstenbildung. Der Prozess bedroht
   insbesondere den Tropen- und Subtropengürtel, wo 850 Millionen Menschen leben.
   Weitere Szenarien befassen sich mit den Folgen der Erderwärmung, die in abseh-
   barer Zeit zum Schmelzen der Pole und zum Anstieg des Meeresspiegels führt.
   Gerade in den ärmsten Küstenanrainerstaaten in Afrika, Lateinamerika und Asien leben ca. 85 Prozent der Bevölkerung am Meer. Vgl. Daly, Herman E. (1999): Wirtschaft jenseits von Wachstum. Salzburg, München.

sind Fragen des richtigen Haushaltens, der pfleglichen Verwaltung des Zusammenlebens und der Sorge für das „ganze Haus". Die Geschäfte in der modernen Marktwirtschaft abstrahieren von diesen Belangen.[53] Das BIP als herkömmliches Messinstrument volkswirtschaftlicher Entwicklung unterschlägt z.b. die Kosten, die die Volkswirtschaft verursacht: die Bilanz der sozialen Asymmetrie im Binnen- wie im Weltmarkt, die ökologischen Schäden, die Vernichtung existenzsichernder Arbeit, die Situation von Frauen, Jugendlichen, Kindern und Alten oder die von Kranken und Aus-der-Bahn-Geworfenen.[54]

Ihrer nimmt sich in besonderer Weise die Soziale Arbeit an. Aus der Perspektive der Ökonomie des Sozialen wäre Wirtschaften vornehmlich in seiner reproduktiven Funktion zu betrachten, von den Bedürfnissen von Menschen und Gemeinwesen aus zu denken. Es geht um Lebensqualität, die gerechte Verteilung erarbeiteter Werte, selbstbestimmtes Leben und den Umgang mit der Natur,[55] um Wohlfahrtsproduktion also.[56] Die Ökonomie des Sozialen überwindet die Trennungen zwischen der Marktökonomie und den sozialen Ökonomien der Lebenswelt und integriert die ausgegrenzten und abgewerteten Bereiche und Akteure der gesellschaftlichen Wohlfahrtsproduktion.

Der Wirtschaftswissenschaftler und Nobelpreisträger Amartya Sen definiert Wohlfahrt als Wohlbefinden (well-being) und als Handlungsfähigkeit (agency), welche von Handlungsmöglichkeiten (capability) abhängig sind. Diese Voraussetzungen der Wohlfahrt finden im entgrenzten Markt keine Berücksichtigung. Nach den Vorstellungen der neoklassischen Ökonomik ist der Markt die Koordinationsform, die primär für die Entstehung und Mehrung gesellschaftlicher Wohlfahrt verantwortlich ist.[57] Ein Eingreifen des Staates in das Marktgeschehen ist nur gerechtfertigt zur Verhinderung von Monopolmacht, wenn negative externe Effekte zu stark werden oder um VerbraucherInnen vor den Gefahren zu schützen.

Die VertreterInnen der verschiedenen Ansätze sozial eingebundenen Wirtschaftens gehen über diese minimalen Regelungen hinaus und schreiben dem Staat die Zuständigkeit für die Sicherung eines Mindestmaßes an Wohlfahrt seiner BürgerInnen zu. Aus der Perspektive der Ökonomie des Sozialen ist der Staat selbst Wohlfahrtsproduzent, denn er stellt über Steu-

---

53 Wendt, Wolf-Rainer (2000): Bewirtschaftung des Sozialen in Humandiensten. In: Elsen, Susanne/Lange, Dietrich/Wallimann, Isidor (Hrsg.): Soziale Arbeit und Ökonomie. Neuwied, S. 59.

54 Negt, Oskar (2001): a.a.O., S. 318.

55 Wendt, Wolf Rainer (2000): a.a.O., S. 67.

56 Alice Salomon definiert Wohlfahrtsproduktion als oberstes Ziel aller wirtschaftlichen Aktivitäten und die Wohlfahrtspflege als nachgeordnete und korrigierende Tätigkeit.

57 Vgl. Biesecker, Adelheid/Kesting, Stefan (2003): Mikroökonomik. München, Wien, S. 413.

ermittel öffentliche Güter bereit und ist durch soziale Leistungen für die Wohlfahrt seiner BürgerInnen verantwortlich. Er hat auch die Funktion, Regeln in Prozessen der Wohlfahrtsproduktion im Markt zu setzen und auf deren Einhaltung zu achten.

Gesellschaftliche Wohlfahrtsproduktion hat verschiedene Quellen. Das ökonomische System – und in ihm der Markt – ist nur eine neben anderen Quellen der Wohlfahrtsproduktion in verschiedenen gesellschaftlichen Bereichen. Soziale Arbeit selbst ist Wohlfahrtsproduzentin und auf ein unreduziertes Verständnis von Wirtschaften in allen Lebensbereichen angewiesen, denn sie befasst sich mit dem breiten Spektrum der Bewältigung sozialer Probleme. Es ist von sozialer Seite eine besondere Art der „Ökonomisierung" notwendig, deren Maßstäbe nicht kurzfristige Kostenersparnis oder Gewinnmaximierung, sondern soziale Teilhabe, Gerechtigkeit und sozialproduktive Integration sind.

Die Annahme, dass die gesellschaftliche Entwicklung möglichst ungehindert den freien Märkten zu überlassen sei, da diese die Werte erzeugen, die dann verteilt werden, ist verhängnisvoll, weil freie Märkte auch „Negativwerte" (soziale und ökologische Kosten) erzeugen, Wertbildung in anderen gesellschaftlichen Bereichen jedoch nicht anerkennen, weil sie sich monetär nicht ausdrücken lässt.[58]

Marktwirtschaft setzt die ständige Reproduktion und Regeneration der Humanpotenziale und der sozialen Grundlagen des Zusammenlebens bereits voraus. Die damit verbundenen Vorgänge der Wohlfahrtsproduktion vollziehen sich überwiegend in den horizontalen Formen der zivilen Vergesellschaftung. Vielfältige Formen der Eigenarbeit, des nicht-monetären Tauschs der Hilfen auf Gegenseitigkeit, des bürgerschaftlichen Engagements, der Subsistenzwirtschaft, Schattenwirtschaft und Kooperativökonomie, der Nachbarschaftshilfe und der Gemeinwesenökonomie erweitern das Bild um ein breites Spektrum sozialproduktiv tätiger AkteurInnen im Kontext „gemischter Wohlfahrtsproduktion"[59].

Dieses Verständnis der Ökonomie des Sozialen ist weit entfernt von der Ökonomisierung des Sozialen im Sinne der Übernahme betriebswirtschaftlicher Logik. Die lebensweltlich eingebundenen Formen sozialökonomischer Wohlfahrtsproduktion gehen über die sozialpolitische Flankierung des Marktes weit hinaus und bilden Komplementärstrukturen und Alternativen zum sozial entbetteten Markt. Es geht also nicht darum, durch Marktorientierung der Sozialpolitik und Sozialen Arbeit Lösungen für die „Krise des Wohlfahrtsstaates" zu suchen, sondern auf der Basis der Analyse der

---

58 Reifner, Udo (1994): Social Investment. In: Mayer, Jörg (Hrsg.): Eigenständige städtische Ökonomie. Loccumer Protokolle 27/94, S. 328.
59 Kauffmann, Franz-Xaver (1997): Herausforderungen des Sozialstaats. Frankfurt am Main, S. 106.

veränderten sozialökonomischen Bedingungen zukunftsfähige Alternativen zu entwickeln, vorhandene Ansätze als Zukunftsmodelle wahrzunehmen und diesen Entwicklungsbedarf auch in der Ausbildung der Sozialen Arbeit zu berücksichtigen.

Die Ökonomie des Sozialen zielt in einem umfassenden Verständnis also nicht nur auf die Kompensation von Staats- und Marktversagen, sondern beruht auf einer eigenen Handlungslogik der Integration sozialer und ökologischer Ziele in wirtschaftliches Handeln, welches sozial eingebunden ist. Wirtschaften wird verstanden als zentraler Bestandteil des sozialen Lebens im Gemeinwesen. Der Begriff „Gemeinwesen" steht für die Untrennbarkeit von Lebensverhältnissen, Handlungsvollzügen und gemeinen Lebensgrundlagen und er rekurriert auf horizontale Formen der Vergesellschaftung. Die neuen Aufgabenstellungen Sozialer Arbeit im Gemeinwesen erfordern eine Stärkung und Überschreitung der Reproduktionssphäre und die Erschließung von Ansätzen nachhaltiger Existenzsicherung durch sozialproduktive Formen.

1.2.1 Die politische Regulierung der Marktkräfte

Die Geschichte der bürgerlichen Gesellschaft ist geprägt von ständigen Versuchen, die Kapitallogik mit politischen Zivilisierungsmauern zu umfrieden, die die Lebenswelten vor den Übergriffen der Ökonomie schützen sollten. In der von Karl Polanyi beschriebenen Herauslösung der Wirtschaft aus der Gesellschaft ist einer der Gründe für die Bildung des Staates aus der Gesellschaft als nachgeordnetes Regulationssystem zu sehen.[60] Die politischen Regulierungen in den Wohlfahrtsstaaten zielten darauf, die Wirkungskräfte des sich formierenden Weltmarktes durch die Organisation der Gesellschaften in ihren territorialen Einheiten abzufedern. Die Globalisierung neoliberaler Prägung eröffnet den weltweit mobilen und sozial ungebundenen Konzernen die Möglichkeit der Überwindung dieser Grenzen mit ihren territorialen Rückbindungs-, Schutz- und Orientierungsfunktionen. „Der universelle Wohlfahrtsstaat der Nachkriegszeit wird in dem Maße funktionsunfähig, wie internationaler Kostendruck die Entwicklung der nationalen Wirtschaftssysteme beeinflusst, neue globale Risiken zu neuen Forderungen an den Staat führen und soziale Herausforderungen die gesellschaftlichen Grundlagen des Keynsianischen Wohlfahrtsstaates verändern."[61] Gleichzeitig wird der zweite Wall brüchig, dem es gelang, den

---

60 Altvater, Elmar/Mahnkopf, Birgit (2004): Grenzen der Globalisierung. 6. Auflage, Münster, S. 95.
61 Dahme, Heinz-Jürgen/Wohlfahrt, Norbert (2003): Aktivierungspolitik und der Umbau des Sozialstaates. In: Dahme, Heinz-Jürgen/Otto, Hans-Uwe/Trube, Achim/ Wohlfahrt, Norbert (Hrsg.): Soziale Arbeit für den aktivierenden Staat. Opladen, S. 78.

Markt zu umfrieden: Die Organisationen der Arbeitnehmerinteressen werden erpressbar und geschwächt.

Der Staat als Vertreter des Gemeinwohls ist gleichwohl in der Pflicht, den Interessen des Gemeinwesens Geltung zu verschaffen: Dies kann nur durch die gesellschaftliche Einbindung und politische Begrenzung des Marktes geschehen. Die Befreiung der Marktkräfte von sozial begrenzenden und umverteilenden Regeln „unterminiert den demokratischen politischen Prozess, und die Ineffizienz des politischen Prozesses ist ein gewichtiges Argument zugunsten des Marktfundamentalismus (...). Der Marktfundamentalismus hat den Aufstieg des kapitalistischen Weltsystems erleichtert, was wiederum die Fähigkeit der Staaten mindert, ihren Bürgern soziale Sicherheit zu gewährleisten – eine weitere Demonstration, dass die Politik versagt hat, zumindest soweit es jene Bürger betrifft, die auf gesellschaftlich gewährte Sicherheit angewiesen sind."[62] Ist ein Staat aber unfähig, seine begrenzenden, verteilenden, gestaltenden und Macht ausgleichenden Funktionen wahrzunehmen, ist dies als Staatsversagen zu bezeichnen.

Deregulierung und Liberalisierung würden eigentlich bedeuten, dass mehr gesellschaftliche Verantwortung bei den Nutznießern dieser staatlichen Zurückhaltung läge. Doch die Gefahren der entfesselten Marktkräfte sind nicht durch freiwillige „Corporate Social Responsibility" zu begrenzen. Die Bedeutung der einbindenden und Macht begrenzenden Aufgabe des Staates gegenüber dem Markt wächst unter den Bedingungen der Globalisierung. Neuartige „Instanzen müssten eine Ordnungspolitik der internationalen Wirtschaftsbeziehungen in die Wege leiten, die weltweit noch durchzusetzenden ökologischen und sozialen Ansprüchen genügt."[63] Würden sich die Regierungen abstimmen, könnte es ihnen gelingen, das letztlich für alle Länder schädliche Agieren der transnationalen Konzerne durch Regeln zu begrenzen.

Mehr als die Hälfte der 100 größten wirtschaftlichen Einheiten sind mittlerweile Konzerne, nicht Volkswirtschaften. Mitsubishi, General Motors oder Ford sind jeweils größer als die Volkswirtschaften Dänemarks, Norwegens oder Finnlands, Südafrikas, Neuseelands oder Thailands.[64] „Die globalisierte Weltwirtschaft braucht eine neue Weltwirtschaftsordnung."[65] Diese aber erfordert die Stärkung der Einfluss- und Kontrollmöglichkeiten der BürgerInnen insbesondere in den Bereichen, in denen sie selbst betroffen sind und in denen bürgerschaftliche Begrenzungs- und Gestaltungsmacht wirksam

---

62 Soros, George (2000): Die Krise des globalen Kapitalismus. Frankfurt am Main.
63 Castel, Robert (2005): Die Stärkung des Sozialen. Hamburg, S. 91.
64 Vgl. Mander, Jerry (2000): Gegen die steigende Flut. In: Mander, Jerry/Goldsmith, Edward (Hrsg.): Schwarzbuch Globalisierung. München, S. 20.
65 Lafontaine, Oskar (1997): Internationale Zusammenarbeit im Zeitalter der Globalisierung. In: Möhring-Hesse, Matthias/Emunds, Bernhard/Schroeder, Wolfgang (Hrsg.): Wohlstand trotz alledem. Alternativen zur Standortpolitik. München, S. 270.

werden kann. Dieses Projekt wäre mit einer massiven Ausweitung von Demokratie in Wirtschaft und Gesellschaft verbunden.

Johan Galtung stellt die Frage der Begrenzung der Marktmacht aus der Perspektive der Zukunft der Menscherechte und betont: „Wenn die Staaten nicht mehr in der Lage sein sollten, ihre sozialen Sicherungsnetze aufrecht zu erhalten und Grundbedürfnisse nicht mehr befriedigt werden, werden heftige Gegenreaktionen von Seiten der dritten Säule der modernen Gesellschaft, der bürgerlichen Gesellschaft, die Folge sein. Sie wird gegen das Kapital intervenieren, falls sich ein ausgebluteter Staat außerstande zeigt, als Korrektiv und Gestalter zu wirken."[66] Potenziale der Gegenmacht verortet er insbesondere bei den VerbraucherInnen, weniger bei den Beschäftigten, die durch die prekären Arbeitsbedingungen in ihren Handlungs- und Organisationsmöglichkeiten geschwächt sind. Auch eine noch weitere Tendenz hin zur reinen Geldwirtschaft und weg von der produzierenden Wirtschaft sei vorstellbar, bis es entweder zu einem Zusammenbruch käme oder bis die KonsumentInnen begännen, ihre eigenen Unternehmen im lokalen Kontext zu organisieren.

1.2.2 Redistributive Sozialpolitik und sozialökonomische Grundrechte

Das wohlfahrtsstaatliche Projekt ist unauflösbar mit marktvermittelter Erwerbsarbeit und mit Nationalstaaten verknüpft, die mit den Einrichtungen des Wohlfahrtsstaates den Horizont der Arbeitsgesellschaft absteckten[67] und die externalisierten sozialen Folgen des Wirtschaftssystems kompensierten. Diese Komplementarität zum Wirtschaftssystem lässt dessen Funktionsweise unangetastet. „Wirtschaftliche Leistungsorganisationen haben das Recht, ‚menschliche Kostenfaktoren' (…) auf das System der sozialen Sicherungen (…) abzuschieben. (…). Kompensation gilt nach wie vor als Zentrum der Sozialstaatlichkeit, weil sie die Gleichgültigkeit der Wirtschaft (...) gegenüber der Natur und der Arbeitskraft zulässt und gleichzeitig im Sinne von ‚Auffangen' und Reparatur Natur und Arbeit vor den Folgen dieser Gleichgültigkeit in gewissen (immer eingeschränkten) Maßen schützt."[68]

Kapital ist im höchsten Maße mobil und strebte schon immer über alle Grenzen nach den besten Anlagemöglichkeiten. Die Wohlfahrtsstaaten in ihren territorialen Grenzen neigen unter diesen Voraussetzungen dazu, insbesondere den wenig mobilen Faktor Arbeit zu belasten und den durch Ar-

---

66 Galtung, Johan (2000): Die Zukunft der Menschenrechte. Frankfurt, New York, S. 61.

67 Altvater, Elmar/Mahnkopf, Birgit (2004): a.a.O., S. 496.

68 Lange, Dietrich (2000): Wirtschaftlichkeit und Soziale Arbeit. In: Elsen, Susanne/ Lange, Dietrich/Wallimann, Isidor (Hrsg.): Soziale Arbeit und Ökonomie. Neuwied, S. 84.

beitslosigkeit wachsenden Bedarf an Umverteilung innerhalb der schrumpfenden „Arbeitsgesellschaft" zu organisieren.

Jürgen Habermas kommentierte diese Situation des Sozialstaates vor zwanzig Jahren wie folgt: „In einer Situation, in der (…) wirtschaftliche Stagnation, steigende Arbeitslosigkeit und die Krise öffentlicher Haushalte (…) mit den Kosten des Wohlfahrtsstaates in Verbindung gebracht werden können, machen sich die strukturellen Beschränkungen fühlbar, unter denen der sozialstaatliche Kompromiss gefunden und aufrechterhalten worden ist."[69] In einer solchen Situation gerät der Sozialstaat in die Gefahr, seine gesellschaftliche Basis zu verlieren, da die (noch) erwerbstätigen Beitragszahler sich gegen die Anspruchsberechtigten stellen und damit dem Sozialstaat die legitimatorische Basis entziehen. Wenn unter den gegebenen Bedingungen das Sozialstaatsprojekt seinen zentralen Bezugspunkt, die Arbeit verliere, könne es nicht mehr um die Einfriedung einer zur Norm erhobenen Vollzeitbeschäftigung gehen. Arbeit und Sozialstaatlichkeit sind also in ein neues Verhältnis zu bringen.

„Ein solches Projekt dürfte sich nicht einmal darin erschöpfen, durch Einführung eines garantierten Mindesteinkommens den Bann zu brechen, den der Arbeitsmarkt über die Lebensgeschichte aller Arbeitsfähigen verhängt – auch über das wachsende und immer weiter ausgegrenzte Potenzial derer, die nur noch in Reserve stehen. Dieser Schritt wäre revolutionär, aber nicht revolutionär genug."[70] Habermas führt kritisch aus, dass die Anwälte des sozialstaatlichen Projektes immer nur in eine Richtung geblickt haben: „Im Vordergrund stand die Aufgabe, die naturwüchsige ökonomische Macht zu disziplinieren und die zerstörerischen Auswirkungen eines krisenhaften ökonomischen Wachstums von der Lebenswelt der abhängig Arbeitenden abzuwenden."[71] Ziel war der Ausgleich von Ungleichheiten und die Stiftung von Spielräumen für individuelle Selbstverwirklichung. Unbeachtet seien unterdessen die rechtlich-administrativen Mittel der Umsetzung der sozialstaatlichen Programme geblieben, mit denen eine Praxis der Tatbestandsvereinzelung, der Normalisierung und Kontrolle verknüpft sei, eine Praxis, die die Anspruchsberechtigten vereinzele, reglementiere, überwache und zur Passivität und Anpassung zwinge. Habermas betont, dass es keine Alternative zur Aufrechterhaltung und zum Ausbau des Sozialstaates gebe, doch dass es einer innovativen Kombination von administrativer Macht und intelligenter Selbstbeschränkung bedürfe, um die destruktiven Wirkungen des interventionistischen Staates auf die Lebenswelten einzudämmen.

Er verweist dabei auf das sozialinnovative Potenzial des kommunikativ strukturierten Feldes der Lebenswelt. Gesellschaften verfügen Habermas

---

69 Habermas, Jürgen (1985): Die Neue Unübersichtlichkeit. Frankfurt am Main, S. 149.
70 Ebd., S. 157.
71 Ebd., S. 150.

zufolge über drei Möglichkeiten der Steuerung: Geld, Macht und Solidarität, die in eine neue Balance gebracht werden müssten. Die Eigendynamik basisnaher, selbstorganisierter Formen in den Lebenswelten berge die Kraft, Übergriffe der dominanten Subsysteme Markt und Staat einzudämmen. „In diesem Zusammenhang kommen dualwirtschaftliche Konzepte und Vorschläge zur Entkoppelung von sozialer Sicherung und Beschäftigung ins Spiel."[72] Die Entfaltung von Lebensformen, welche die betroffenen Bürgerinnen und Bürger „selbst in die Lage versetzen könnten, konkrete Möglichkeiten eines besseren und weniger gefährdeten Lebens nach eigenen Bedürfnissen und Einsichten aus eigener Initiative zu verwirklichen"[73], erfordere die Stärkung der kommunikativ strukturierten Zusammenhänge der Lebenswelt, die das Potenzial der Selbstorganisation implizieren. Voraussetzung für die Erschließung dieser Potenziale sind die erforderlichen materiellen und symbolischen Ressourcen, die ein Mindestmaß an Sicherheit für eine nachhaltig eigenständige Lebensführung bieten.

In der Diskussion um die Zukunft des Sozialstaates geht es, wie der Wirtschaftsethiker Peter Ulrich[74] feststellt, um mehr als nur Finanzierungsfragen, nämlich um zwei grundverschiedene Gesellschaftsmodelle: Auf der einen Seite stünde das Modell des autoritär-karitativen „Sozialpolizeistaates", der BürgerInnen, die im marktwirtschaftlichen Selbstbehauptungswettbewerb nicht mithalten können, als unmündig betrachte, sie zur „Einlösung ihrer BürgerInnenpflichten" aktiviere, ihr Fehlverhalten sanktioniere und sie einer weit reichenden administrativen Kontrolle unterziehe. Auf der anderen Seite stünde ein Gesellschaftsmodell, welches angesichts der Entfaltung der Produktivkräfte einerseits und den Erfordernissen nachhaltiger Entwicklung andererseits die Voraussetzungen für die Emanzipation der Menschen in Form erweiterter Teilhaberechte einlöse. Voraussetzungen dafür lägen in der Realisierung von Prinzipien der Verteilungsgerechtigkeit als Grundlage umfassender gesellschaftlicher Teilhabe, verbunden mit der sozialen Überschreitung und Begrenzung der Marktkräfte. Hierzu gehört eine Sozialpolitik, die die demokratische Selbstorganisation sozialökonomischer Belange ermöglicht und fördert.

Peter Ulrich erweitert die Menschen- und Bürgerrechte um sozialökonomische Existenz- und Teilhaberechte, die sozialökonomische Existenzgrundlagen und Lebensbedingungen umfassen und impliziert ökologische Menschenrechte, die den Zugang zu lebensnotwendigen natürlichen Ressourcen wie Wasser, Luft, Schutz vor Immissionen etc. beinhalten.

Interessant ist diese Position, weil das Recht auf diese Lebensgrundlagen nicht als Gewährung kompensatorischer Mittel oder negative Freiheit im

---

72 Ebd., S. 156.
73 Ebd., S. 161.
74 Ulrich, Peter (1998): Neue Wirtschaftsbürgerrechte. In: Widerspruch. 18. Jahrgang/ Heft 35, Juli 1998, S. 110.

Sinn von Abwesenheit äußerer Zwänge, sondern als positive Freiheitsrechte definiert werden, die die Verfügung über reale Handlungsoptionen beinhalten.[75] Es handelt sich um sozialökonomische und ökologische Handlungs- und Interaktionsrechte, die der Entfaltung der grundlegenden humanen Fähigkeiten und der Führung eines selbstbestimmten Lebens dienen und diese umfassen sozialproduktive Teilhaberechte, sei es im Markt oder auch in wirtschaftlichen Formen jenseits des Marktes.

Diese rechtliche Grundlage gestaltender Sozialpolitik ist, wie alle Errungenschaften der Sozialpolitik, nicht ohne Konfliktszenarien gegenüber den dominanten Systemen Staat und Markt durchzusetzen. Der französische Soziologe Robert Castels kommentiert dies wie folgt: „Der Rückgriff auf das Recht ist bis heute die einzige Lösung, um philanthropische oder paternalistische Praktiken von Behörden oder Sozialarbeitern zu überwinden (...). Das Recht schafft (...) einen Anspruch, weil es sich dabei um eine kollektive, gesetzlich verankerte Garantie handelt, die die gleichberechtigte Zugehörigkeit jedes einzelnen zur Gesellschaft – ungeachtet seiner besonderen Lebenssituation – anerkennt. Dies berechtigt ihn zur Teilhabe am gesellschaftlichen Eigentum und zum Genuss der wesentlichen Vorrechte der Bürgerschaft."[76] Castels Forderung tangiert unweigerlich die gesellschaftliche Schlüsselkategorie der Eigentumsformen:

1. Zugang ebenso wie Enteignung können nur stattfinden auf der Basis spezifischer Eigentumsrechte. Eigentum ist die zentrale gesellschaftliche Institution, die Individuen und Gemeinschaften absichert und vor Lebensrisiken schützt. Eigentum aber ist keineswegs auf exklusives Privateigentum zu beschränken, sondern der Begriff umfasst verschiedene Formen, die den Zugang nicht auf die Besitzenden beschränken. Die Umwandlung von pluralen Eigentumsformen in exklusives Privateigentum bildet den Kern der Enteignung von Menschen und Gemeinwesen.

2. Der Sozialstaat sicherte denen, die nicht über Privateigentum verfügten, das „Eigentum zur Existenzsicherung"[77] zu, denn die Trennlinie zwischen Eigentümern und Nichteigentümern schlägt um in eine Kluft zwischen Staatsbürgern mit und Staatsbürgern ohne Rechte, wobei dabei auch das Recht zu verstehen ist, in bürgerlicher und sozialer Sicherheit zu leben.[78]

Die Entwicklung der modernen Erwerbsarbeitsgesellschaften hängt eng mit der Herausbildung der sozialen Sicherungssysteme zusammen. Nicht nur das Einreißen der Sicherungssysteme, sondern der Kern der Erwerbsarbeitsgesellschaft selber erzeugt nun tief greifende Unsicherheit. Castel spricht

---

75 Vgl. Ulrich, Peter (1997): a.a.O., S. 263.
76 Castel, Robert (2005): a.a.O., S. 114.
77 Castel, Robert (2005): a.a.O., S. 41.
78 Ebd., S. 39.

von einer neuen Generation sozialer Risiken, die die Ausgegrenzten zu einer Ansammlung von Individuen mache, die nichts gemeinsam hätten als denselben Mangel. Daraus resultieren Orientierungslosigkeit und wachsende Zukunftsunsicherheit, die sich nicht nur da entladen, wo sie in konzentrierter Form auftreten, sondern sie speisen auch Ressentiments zwischen unterschiedlichen Gruppen, die am unteren Ende der sozialen Leiter leben einerseits und Unsicherheiten in bürgerlichen Milieus andererseits.

Die von Castel skizzierte soziale Dimension der neuen Unsicherheit verweist auf die Frage, wie sich Risikoabsicherung und Gewährleistung von Teilhabe kollektiv, nicht individuell herstellen lassen. Individuelle Absicherung und die individuelle ökonomische Selbsthilfe der freien „ArbeitskraftunternehmerInnen" sind Teil des Programms der neuen aktivierenden Sozialpolitik. Kollektive Formen aber, die durch die Bündelung der Kräfte Besitzloser sozialökonomisch und sozialkulturell tragfähig werden könnten, sind nicht erwünscht.

Die Verteidigung grundlegender Lebensgüter und -rechte gegen die Transformation in kommerzielle Waren ebenso wie die Verteidigung des Rechtes auf freie Assoziation und Kooperation von Bürgerinnen und Bürgern zur Sicherung der Grundlagen des Lebens und Zusammenlebens im Gemeinwesen ist ein Erfordernis von hoher Relevanz.

1.2.3 Demokratisierung von Wirtschaft und Gesellschaft als Voraussetzung sozialökonomischer Gemeinwesenentwicklung

Das liberal republikanische Gesellschaftskonzept definiert die Rechte der BürgerInnen im politischen, sozialen, wirtschaftlichen und ökologischen Kontext. „Bürger sind weder bloß Staatsbürger (citoyen) noch bloß Besitzbürger (bourgeois), sondern autonome und zugleich sozial integrierte Gesellschaftsmitglieder."[79] Der Bürgerstatus ist unabhängig von den sozialökonomischen Lebensbedingungen zu bestimmen und zu gewährleisten. „Citizenship ist ein nicht ökonomischer Begriff. Er definiert die Stellung der Menschen unabhängig vom relativen Wert ihres Beitrags zum Wirtschaftsprozess."[80]

Diese Vorstellung setzt die Souveränität von BürgerInnen gegenüber verschiedenen Formen von Macht, auch wirtschaftlicher Verfügungsmacht voraus. Bürgerfreiheit hätte danach Vorrang gegenüber Wirtschaftsfreiheit.[81] Die Realisierung von Freiheiten erfordert ein Mindestmaß an Zukunftssicherheit und beruht für die Besitzlosen auf der Zuteilung eines Min-

---

79 Ulrich, Peter (1997): Integrative Wirtschaftsethik. Bern, Stuttgart, Wien, S. 261.
80 Dahrendorf, Rolf (1995): Über den Bürgerstatus. In: Brink, B. van den/Reijen, W. van (Hrsg.): Bürgergesellschaft, Recht und Demokratie. Frankfurt am Main. S. 33.
81 Ulrich, Peter (1997): a.a.O., S. 262.

destmaßes an materiellen Ressourcen, am Zugang zu öffentlichen Gütern und Grundrechten.

Rolf Dahrendorf: „Die grundlegenden Menschen- und Bürgerrechte sind für Menschen jedoch kaum von Bedeutung, wenn sie aus Gründen, über die sie keine Gewalt haben, nicht fähig sind, von ihnen Gebrauch zu machen. Daher sind diese grundlegenden Rechte in ihrer Wirksamkeit an eine ganze Reihe von Rahmenbedingungen geknüpft, die gegeben sein müssen, damit die Menschen auch fähig sind, von diesen Rechten Gebrauch zu machen."[82] Soziale Ungleichheit und der Mangel an Ressourcen implizieren die Ungleichheit in der Chance, seine Rechte zu verstehen, zu benutzen und zu verteidigen.[83]

Soziale Sicherung wurde zum Grundrecht vor dem Hintergrund der Tatsache, dass moderne Gesellschaften aus Individuen bestehen, die weder in sich selbst noch in ihrem Umfeld die Ressourcen finden, die sie zuverlässig absichern.[84] Der BürgerInnenstatus impliziert nicht nur ein Recht auf Teilhabe am gesellschaftlichen Wohlstand in Form von Absicherung, sondern Entscheidungsfreiheit.

- SozialbürgerInnen sind teilnahme- und anspruchsberechtigt im sozialen Sicherungssystem. Sie von aktiver Teilhabe auszuschließen und zu wohlfahrtsstaatlichen Objekten zu degradieren, macht aus ihnen BürgerInnen zweiter Klasse.[85] Objekthafte Fürsorge ist mit diesem Verständnis ebenso wenig kompatibel wie der Zwang zum Erbringen von Gegenleistungen für Versorgungsansprüche. Gestaltende Sozialpolitik hätte die Aufgabe, Betroffenen nicht nur die materiellen Mittel zur Verfügung zu stellen, die sie benötigen, um ihre sozialen BürgerInnenrechte wieder zu erlangen, sondern kollektive Selbstorganisation zu ermöglichen. Robert Castel spricht von „Integrationskollektiven", die sich zusammenschließen und über eigene Finanzmittel und Entscheidungsbefugnisse verfügen.[86]
- WirtschaftsbürgerInnen sind zugleich Wirtschaftssubjekte und moralische Personen, die ihre staatsbürgerschaftliche Verantwortung im Wirtschaftskontext nicht abstreifen, sondern auch dort „an der ,Res publica', der öffentlichen Sache des gerechten Zusammenlebens Anteil nehmen."[87] Gleichzeitig impliziert dieser Status auch das Recht sozialökonomischer

82 Dahrendorf, Rolf (1992): Moralität, Institutionen und die Bürgergesellschaft. In: Merkur, Nr. 7, S. 557f.
83 Narr, Wolf-Dieter/Roth, Roland (1998): Menschenrechte und globaler Kapitalismus. In: Widerspruch, 18. Jahrgang, Heft 35, Juli 1998, S. 116.
84 Castel, Robert (2005): a.a.O., S. 8-10.
85 Wendt, Wolf Rainer (1996): Bürgerschaft und zivile Gesellschaft. In: Wendt, Wolf Rainer (Hrsg.): Zivilgesellschaft und soziales Handeln. Freiburg, S. 18.
86 Castel, Robert (2005): a.a.O., S. 110.
87 Ulrich, Peter (2002): a.a.O., S. 102.

Selbstorganisation und der Organisation von Widerstand gegen die Übergriffe des Marktes auf essenzielle Lebensinteressen.

Der Sozialstaat ist Voraussetzung, „soll der Bürgerstatus den ‚Krieg' nicht desaströs verlieren. Dazu zählen z.b. die vielfältigen Formen einer ‚sozialen Ökonomie' (...) und kräftige Elemente eines sozialpolitischen Garantismus. Zusammen mit einer verfassungspolitischen Stärkung der kommunalen Ebene (vor allem in der Organisations- und Finanzverfassung) und dem Ausbau direktdemokratischer Beteiligungsformen könnte Bürgerschaftliches Engagement in einer Weise gestärkt werden, dass die Rede von einer ‚Bürgergesellschaft' an Seriosität gewinnt."[88]

Ohne die Kompetenzen und Ressourcen des Staatsapparates kann die Bürgergesellschaft nicht gedacht werden, sie reicht jedoch weit über die gewohnten Strukturelemente des Sozialstaats hinaus. Daraus ergibt sich auch im Sozialbereich die Notwendigkeit, neue Formen der politischen Beteiligung und der Organisation ökonomischer Belange zu erproben.[89]

Bürgergesellschaftliche Diskussionen finden sich in Verbindung mit Fragen der Neugestaltung sozialer Sicherung und sozialer Integration seit den 1980er Jahren vermehrt auch im deutschsprachigen Raum.[90] Nicht die umfassenden Teilhaberechte und deren materielle und symbolische Voraussetzungen stehen jedoch dabei im Zentrum, sondern die Einbindung in lokale Gemeinschaften durch „bürgerschaftliches Engagement". Intendiert wird eine „Aufwertung" des klassischen Ehrenamtes (Deutschland) oder der Freiwilligenarbeit (Schweiz), die sich auf unbezahlte Tätigkeiten im sozialen Bereich beschränken. Bürgerschaftliches Engagement im Sinne politischer, ökologischer und sozialökonomischer Initiativen von BürgerInnen, die in konfliktreichen Prozessen agieren, passen nicht zu dieser Vorstellung des bürgerschaftlich harmonisierten Gemeinwesens.

Sozialökonomische Ansätze im Gemeinwesen ermöglichen sozialproduktives bürgerschaftliches Engagement auch benachteiligter Menschen zugunsten eigener und gemeinsamer Belange. Ein so verstandenes bürgerschaftliches Engagement, welches in Verbindung mit wohnungs-, sozial- und arbeitsmarktpolitischen Mitteln und Kreditfinanzierungen steht, vermag auch Disparitäten der Lebenschancen in einem Quartier nachhaltig zu beeinflussen. Solche Ansätze erfordern jedoch Machtausgleich auf verschiedenen Ebenen, nicht nur im lokalen Gemeinwesen, und sind ohne Konfliktszena-

---

88 Roth, Roland (2000): Bürgerschaftliches Engagement – Formen, Bedingungen, Perspektiven. In: Zimmer, Annette/Nährlich, Stefan (Hrsg.): Engagierte Bürgerschaft. Opladen, S. 43.
89 Vgl. Butterwegge, Christoph (2001): Wohlfahrtsstaat im Wandel. 3. Auflage, Opladen, S. 223.
90 Vgl. Böhnisch, Lothar/Schröer, Wolfgang (2002): Die soziale Bürgergesellschaft. Weinheim, München.

rien kaum vorstellbar, da sie tradierte gesellschaftliche Zuständigkeiten hinterfragen, Ressourcenströme verändern und mächtige Interessenkonstellationen tangieren.

Die aktive Teilhabe von BürgerInnen setzt die Ausweitung gesellschaftlicher Beteiligungsmöglichkeiten und die Demokratisierung auch wirtschaftlicher Prozesse voraus, denn „das jeweilige Allgemeine einer Gesellschaft und die Teilhabe/Teilnahme aller an diesen diversen Allgemeinheiten ist nicht auf einen Bereich der Gesellschaft zu separieren."[91] Die Potenziale von BürgerInnen brauchen eine experimentierfreudige und offene Politik und ebensolche Wirtschafts- und Verwaltungsstrukturen.

Ein Modell radikaler Demokratie auf kommunaler Ebene ist das partizipative Budget, welches die Stadtverwaltung im brasilianischen Porto Alegre 1989 einführte. Die Arbeiterpartei hatte die Wahlen gewonnen und fand eine nahezu leere Stadtkasse vor. In dieser Mangelsituation entwickelte die Stadtverwaltung in Zusammenarbeit mit lokalen Basisorganisationen das partizipative Budget. „Wir fingen an, den Mangel transparent zu verwalten", so der Stadtpolitiker Luciano Brunet.[92] Die Bevölkerung wurde nach den Prioritäten befragt, nach denen die knappen Mittel verteilt werden sollten und in den folgenden Jahren wurde diese Vorgehensweise institutionalisiert. Zwei Drittel des Stadthaushaltes sind für fixe Kosten gebunden. Über das verfügbare Drittel bestimmen die BürgerInnen von 16 Bezirken in offenen Versammlungen jeweils ab. In gleicher Weise entscheiden Bürgerinnen und Bürger in fünf bereichsspezifischen Foren über die Investitionen der Stadt und erarbeiten Investitionspläne auf der Basis des Budgets, welches im Herbst vom Stadtparlament veröffentlicht wird.

Die demokratische Haushaltspolitik von Porto Alegre hat in vielen Städten Brasiliens Nachahmer und bei der UNO Aufmerksamkeit erregt, denn sie ist mit beträchtlichen positiven Effekten verbunden. Durch die öffentlichen Ausschreibungen aller Investitionen wird viel Geld gespart, Korruption und Vetternwirtschaft sind so gut wie unmöglich und die Bürgerinnen und Bürger schlagen oft auch findige und kostengünstige Lösungen vor.[93]

Die Forderung demokratischer Teilhabe heißt einerseits Zurückdrängen staatlich-institutioneller Eingriffe, Kontrollen und Reglementierungen gegenüber bürgerschaftlicher Selbstorganisation, auf der anderen Seite die Erweiterung individueller und kollektiver Freiräume zum Aufbau neuer Strukturen dezentraler Kontrolle, Steuerung und Gestaltung.[94] Dabei geht es um die Stärkung und Demokratisierung, nicht um das Ersetzen politischer Re-

---

91 Narr, Wolf-Dieter/Roth, Roland (1996): Wider die verhängnisvolle neue Bescheidenheit. In: PROKLA, Heft 103, 1996, S. 298.
92 die tageszeitung vom 31. Januar 2002.
93 Kessler, Wolfgang (2002): Weltbeben. Oberursel, S. 103.
94 Cantzen, Rolf (1997): Weniger Staat, mehr Gesellschaft. Grafenau, S. 92f.

gulierungen. Die Aneignung neuer Freiräume und die politische Steuerung „von unten" enthält sich nicht einer Einmischung in wirtschaftliche Belange, denn gerade hier bedarf es einerseits effektiver Kontrolle und Steuerung und andererseits der Generierung neuer, zivilgesellschaftlich verankerter Lösungen der sozialen Ökonomie.

Praktische Ansätze konsequenter Demokratisierung staatlicher Strukturen bieten aktive Nachbarschaften, Bürgerinitiativen, Selbsthilfegruppen und Alternativbetriebe und deren Vernetzung untereinander. Als gesellschaftliche Basiseinheiten in den Kommunen lassen sich Nachbarschaften und Quartiersräte konstituieren, die die Interessen überschaubarer Einheiten vertreten und direkte Mitsprache ermöglichen. Selbstorganisation ist nach Ulrich Beck die Wiederaneignung wirtschaftlicher, kommunaler und politischer Tätigkeiten durch freie gesellschaftliche Kräfte.[95]

Die Organe der Volksvertretung geraten in allen westlichen Demokratien unter Druck. Politik tut sich immer schwerer, Antworten auf die vielschichtigen Probleme zu finden und die Sorgen und Unsicherheiten der BürgerInnen finden keine Adressaten, da Machtstrukturen und Ursachenzusammenhänge zu unpersönlich, unsichtbar, undurchschaubar und unbeeinflussbar erscheinen. Während politische Parteien mit einem generalistischen Anspruch auftreten müssen, gleichwohl aber in ihrem Aktionsradius an Landesgrenzen enden, orientieren sich Bürgervereinigungen und soziale Bewegungen an einem bestimmten gesellschaftlichen Problem (one issue) und können damit auch grenzüberschreitend tätig werden.

Lokale Lösungsstrategien „von unten" finden sich seit Anfang der1980er Jahre in europäischen und nationalen Förderprogrammen für städtische und ländliche Krisenregionen. Sie sind Hoffnungsträger für einen effektiven und synergetischen Mitteleinsatz und für die Aktivierung der „endogenen Potenziale" in Form freiwilligen bürgerschaftlichen Engagements. Die Einbeziehung relevanter Akteure und sektorübergreifendes Agieren der zuständigen Ressorts auf Verwaltungs- und Politikebene sollen umfassende, gebietsspezifische Lösungen ermöglichen.

Diese neuen Ansätze der Sozialpolitik vollziehen sich in einem stark veränderten politischen Kontext. Die neoliberale Modernisierungspolitik instrumentalisiert lokale Selbstorganisationsformen, um die gegenläufige Entwicklung zwischen fortschreitendem Sozialabbau und zunehmender Verarmung zu bremsen. Die lokale Fixierung sozialer Strategien und die Mobilisierung nichtstaatlicher Ressourcen sind Teil dieser Politik. Zivilgesellschaft wird quasi „von oben" organisiert, um lokale Gemeinschaften wieder für die Lösung ihrer sozialen Belange in die Verantwortung zu nehmen. Angesichts der Brüche in den Normalitätskonstruktionen, die zunehmend weniger auf gesamtstaatlicher Ebene gesichert werden, kann eine sozial-

---

95 Beck, Ulrich (1993): Die Erfindung des Politischen. Frankfurt am Main, S. 216.

bzw. nahräumliche Orientierung der Sozialen Arbeit als Reaktion auf die Beobachtung einer räumlichen Allokation sozialer Ungleichheit verstanden werden.[96]

Auch diese Sozialprogramme gehen zwar davon aus, dass die Folgen des Neoliberalismus den sozialen Frieden bedrohen, sie stellen jedoch die neoliberalen Fundamente keineswegs in Frage und erheben nicht den Anspruch der gerechten Umverteilung materieller Ressourcen. Sie fungieren als Starthilfe für eine sich selbst regulierende Zivilgesellschaft, und zwar sowohl auf der Ebene der sozialräumlichen Einheiten als auch der Individuen.[97] Die Zivilgesellschaft aber erzeugt nicht aus sich heraus annähernd gleiche und gerechte Lebensverhältnisse für alle. Unter den Folgen der neoliberalen Globalisierung erhöhen sich vielmehr die Potenziale der „unzivilen" Gesellschaft.

Überlokal verursachte Probleme lassen sich nur sehr begrenzt lokal erreichen. Machtblind wäre, wer im Kontext der neuen Sozialprogramme, die als Antworten auf kumulierende Probleme in städtischen und ländlichen Räumen entwickelt wurden, die Konfliktpotenziale ignorieren würde, die im Machtgefälle zwischen den „relevanten Akteuren" bestehen. Diese erfordern Strategien des Machtausgleiches als Voraussetzung.

Erfolgreiche neuere Modelle des Community-Development in USA beruhen, über die Beschaffung der Ressourcen für bauliche und beschäftigungswirksame Maßnahmen hinaus, auf zwei strategischen Aspekten: zum einen auf der Beachtung des Prinzips der „representative bureaucracy", also einer Verwaltung, in deren MitarbeiterInnenstab sich die Zusammensetzung der örtlichen Bevölkerung widerspiegelt; zum anderen auf dem Ansatz des „political empowerment", das im eigentlichen Sinne auf die Befähigung bzw. Ermächtigung der bislang Ohnmächtigen angelegt ist, indem insbesondere lokale Selbstorganisationen der Bewohnerinnen und Bewohner entwickelt werden.[98] Beides weist über die gängige Praxis in Deutschland, auch der Modellprogramme zur Förderung sozialer Stadt- und Regionalentwicklung hinaus. Perspektivisch zielt der Ansatz auf „community control", also die weitgehende Einflussnahme der örtlichen Bevölkerung auf stadtteilrelevante Planungs- und Entscheidungsprozesse, auf lokale Demokratie.

Kooperative Lösungen auf lokaler Ebene setzen die Verbesserung des Informationsflusses zwischen Unternehmen, Politik, Verwaltung, Hochschu-

---

96 Otto, Hans-Uwe/Ziegler, Holger (2004): Sozialraum und sozialer Ausschluss. In: neue praxis 3/2004, S. 133.

97 Lanz, Stefan (2000): Der Staat verordnet die Zivilgesellschaft. In: Widersprüche, Heft 78, Dez. 2000, S. 49.

98 Staubach, Reiner (1995): Kleine Schritte gegen Ausgrenzung. In: Bischoff, Ariane/ Selle, Klaus/Sinning, Heidi (Hrsg.): Informieren, Beteiligen, Kooperieren. Dortmund.

len, Forschungseinrichtungen und Bürgerinnen und Bürgern voraus. Information als Voraussetzung von Partizipation ist eine kulturspezifische Frage. Die gleiche Behandlung „relevanter Akteure" fördert in partizipativen Entwicklungen die vorhandene Ungleichheit. Wenn wirklich alle gesellschaftlichen Gruppierungen einbezogen werden sollen, müssen die artikulationsschwachen Menschen im Gemeinwesen abgeholt werden, denn sie haben gelernt, dass ihre Kompetenzen, Wünsche und Meinungen nicht gefragt sind. Wichtigste Voraussetzung ist die Herstellung und Kultivierung einer lokalen Öffentlichkeit, in der Gemeinsames als solches erkannt und bearbeitet wird. Auch für diese Fragestellung finden sich in historischen Wurzeln der Gemeinwesenarbeit aktuelle Anregungen. Es ist z.B. die Idee des Settlements, eines offenen bürgerschaftlichen Kristallisationspunktes und Impulsgebers im Gemeinwesen, welche richtungweisend ist.

„Wohlfahrtsstaatlichkeit ist ein Synonym für soziale Demokratie, die ohne umfassende Möglichkeiten zur politischen Partizipation der Bürgerinnen und Bürger undenkbar wäre. Die tradierten Formen eines patriarchalisch-autoritär strukturierten Sozialsystems gehören der Vergangenheit an. Daher wird jede Wirtschafts- und Gesellschaftspolitik der sozialen Fragmentierung und Mobilität Rechnung tragen, aber auch den Wunsch der Menschen berücksichtigen müssen, in einem weit höhere Maße als zuvor mitzureden, mitzubestimmen und sich selbst zu organisieren."[99]

1.3 Gemeinwesenökonomie als Laboratorium einer anderen Modernisierung

Die sozialökonomische Entwicklung des Gemeinwesens wirft die Frage nach einer Ökonomie auf, die von der untrennbaren Einheit der Nutzung, Herstellung und Verteilung der materiellen Lebensgrundlagen und der Gestaltung der sozialkulturellen Lebenszusammenhänge ausgeht. Eine solche Ökonomie kann nur aus ihrer Verankerung in der Lebenswelt entstehen, denn ihr Ausgangspunkt sind konkrete Bedürfnisse von Menschen im sozialen Kontext. Sie ist verortet jenseits der sektoralen Trennung sozialer, kultureller und ökonomischer Belange und bezieht transversal alle relevanten Lebenszusammenhänge ein. Diese Tatsache wirft grundsätzliche Fragen auf verschiedenen Ebenen auf:

Die hoch spezialisierte Organisation des Lebens, der Produktion, Distribution und sozialen Versorgung in den Industriegesellschaften hat Menschen in den funktional abgegrenzten Handlungsbereichen für transversale Verbindungen und Alternativen disqualifiziert. Die einseitige Rationalität von Spezialisierungen versperrt den Blick auf weitere Zusammenhänge. Integrierendes Denken und Handeln, die Zusammensicht von Ursachen und

---

99 Butterwegge, Christoph (2001): a.a.O., S. 223.

Wirkungen und die Konstruktion neuer Verbindungen von Ökonomie, Sozialem und Ökologie sind deshalb die zentralen Erfordernisse nachhaltiger Entwicklung. Die komplexen Aufgabenstellungen zukunftsfähiger Entwicklung erfordern die Aufhebung von Sichtweisen systemspezifischer, zweckrationaler Eindeutigkeiten und die Schaffung von Synergie durch neue Verknüpfungen. Es geht um inhaltliche Neuzuschnitte, die Mehrdeutigkeiten, Ambivalenzen, Grenzüberschreitungen und verzahnte Organisationsmuster zulassen und ermöglichen.

Die modernisierungstheoretische Analyse von Ulrich Beck verweist auf gesellschaftliche Entwicklungsoptionen und real stattfindende gesellschaftliche Bewegungen, die für die Sozialpolitik und Soziale Arbeit als gestaltende Elemente zukunftsfähiger Gesellschaften von hoher Relevanz sind: Funktionale Differenzierung, verbunden mit linearer Rationalitätssteigerung und immer weiterer Abgrenzung von Teilsystemen, kennzeichnet den Entwicklungsprozess moderner Gesellschaften. Die Trennung von Funktionsbereichen und Handlungslogiken, verbunden mit den jeweiligen Expertokratien, ermöglicht zwar die Reduktion von Komplexität, aber sie schafft auch die Trennung funktionsspezifischen Handelns von seinen Voraussetzungen und Folgen. Die Herausbildung und Abgrenzungen immer weiterer Teilsysteme fördert eindeutige Zuordnungen und Handlungslogiken aber auch die Abwertung, Marginalisierung, Verhinderung oder Einvernahme pluraler und uneindeutiger Logiken, wie sie z.B. lebensweltliche Ökonomien repräsentieren. Diese Entwicklungslogik bezeichnet Ulrich Beck als „autistisch".

Funktionale Koordinationen, Vernetzungen, Synthesen und Abstimmungen seien, so Beck, Charakteristika der reflexiven Moderne, die sich in Folge der ökologischen und sozialen Krisen herausbilde. Nicht die weitere funktionale Differenzierung und Abgrenzung von Teilsystemen, sondern neue Verbindungen und Verschmelzungen stünden für diese andere Moderne jenseits des „entweder – oder". Beck fragt: „Kommt es nicht überall zu Realexperimenten des ‚und'?"[100] Die Herausbildung neuer Verknüpfungen von Handlungsfeldern, Logiken und Akteuren, von Formen des „sowohl als auch" lassen sich in Politik, Ökonomie und Sozialbereich beobachten.

Die Diskussion um den „Dritten Sektor" spiegelt den Versuch der Erhaltung trennscharfer Grenzziehungen zwischen Lebensbereichen und Handlungssphären durch die Einführung einer dritten Kategorie für all das, was nicht Staat oder Markt zuzuordnen ist, aber auch nicht der Lebenswelt. Als Negativabgrenzung werden dem „Ditten Sektor" also Organisationen zugewiesen, die weder eindeutig dem Markt noch dem Staat zuzuordnen sind.[101] In

---

100 Beck, Ulrich (1993): a.a.O., S, 78.
101 Die Diskussion wird mit erheblicher Verspätung seit den 1990er Jahren auch im deutschsprachigen Raum geführt. Vgl. Seibel, Wolfgang (1994): Funktionaler Di-

hierarchischer Struktur werden die Säulen Staat und Markt ins Zentrum gestellt und uneindeutige Handlungslogiken werden dem untergeordnet.

Die typischen Uneindeutigkeiten der Handlungslogiken und Rationalitätskriterien des „Dritten Sektors", z.b. nicht primär profitorientiertes Wirtschaften, finden sich jedoch nicht nur in den Organisationsformen, die diesem Sektor nach der Definition zugeordnet werden. Innerhalb der Sektoren werden sie jedoch marginalisiert oder negiert. Dennoch: Ökonomische Handlungsfelder wurden und werden nicht nur aus der Logik des Marktmechanismus und durch AkteurInnen des Marktes erschlossen und politische Steuerungs-, Planungs- und Entwicklungsaufgaben waren und sind zunehmend ohne Einbindung in die Lebenswelten weder tragfähig noch sinnvoll. Diese Uneindeutigkeiten korrigieren, ergänzen und stabilisieren damit gleichzeitig die sektoral abgegrenzten Gebilde. Erst wenn zivile Selbstorganisation als eigenständige Komplementär- oder Alternativstruktur oder als Gegenentwurf auftritt, werden die sektoralen Grenzen explizit hinterfragt.

In der Mischlogik des „Dritten Sektor" oder des „intermediären Bereiches" ist das sozialökonomische Entwicklungspotenzial zu verorten, welches lebensweltliche Formen generieren. Die Uneindeutigkeiten aus der Perspektive der dominanten Systeme, zum Beispiel wirtschaftliches Handeln mit sozialer Zielsetzung, resultieren aus dem lebensweltlichen Kontext und den Koordinationsformen, die Entgrenzungen und Entdifferenzierungen innerhalb und zwischen funktional differenzierten Bereichen und jenseits von ihnen erzeugen. Lebensweltliche Fragen und Nöte, die Koordination von Handeln durch die Steuerungsressourcen Kommunikation, Kooperation und Sozialkapital, sprengen die Eindeutigkeiten der Systemlogiken durch die innovative Kraft des extrafunktionalen Engagements.

Eckart Pankoke setzt sich mit der zentralen Frage des Enthusiasmus in freiem gesellschaftlichen Engagement auseinander und zitiert eine Notiz Friedrich Schillers: „Bürgerlicher Enthousiasmus. Geistiger Enthousiasmus. Ein Ideal zu realisieren ist Grundlage jedes Menschen der der Freude fähig ist. Ist dieses Ideal in der Wirklichkeit hervorzubringen, d.h. in den Dingen die da sind vorhanden, so ist der Mensch in politischer Begeisterung."[102]

Die Extrafunktionalität des freien Engagements gewinnt selbst eine neue Funktion. Sie steht für eine Offenheit jenseits funktionalistischer Organisationssysteme, mischt die Rationalitäten der Systemlogiken auf und erzeugt neue Kombinationen und lebensnahere Möglichkeiten. Eingespielte Abgrenzungen von privat/öffentlich, politisch/sozial, kulturell/ökonomisch[103]

---

lettantismus. Erfolgreich scheiternde Organisationen im „Dritten Sektor" zwischen Staat und Markt. Baden-Baden, S. 23.
102 Pankoke, Eckart (1994): Zwischen Enthusiasmus und Dilettantismus. In: Vogt, Ludgera/Zingerle, Arnold (Hrsg.): Ehre. Frankfurt am Main, S. 156.
103 Roth, Roland (2000): a.a.O., S. 33.

werden durch lebensweltliche Formen der Entgrenzung, Aneignung und Einmischung herausgefordert.

Die unten dargestellten Prozesse der Einmischung sozialer Bewegungen, in Formen der Assoziation und sozialökonomischen Selbstorganisation sind Grenzüberschreitungen aus der Lebenswelt in den politischen und ökonomischen Sektor. Sie bewirken auch eine Entmonopolisierung von Sektoren und Sachverstand und das Eindringen neuer AkteurInnen und lebensweltlicher Logiken in die Systeme Staat und Markt.

Genossenschaftsgründungen als sozialökonomische Unternehmen, die aus lebensweltlichen Zusammenhängen resultieren, spiegeln solche sozialökonomische Transformationsprozesse in Industrie-, Transformations- und Entwicklungsländern. Sie verdeutlichen die Möglichkeiten, die aus dem prozesshaften Agieren an den Nahtstellen von Markt, Staat und Zivilgesellschaft resultieren. Die Durchlässigkeit der Nahtstellen und die Resilienz der Mischlogiken des intermediären Bereiches sind für die Entwicklung und Stabilisierung sozialökonomischer Ansätze von zentraler Bedeutung.

Der gegenwärtig weltweite Aufbruch assoziativer und netzwerkartiger Strukturen im sozialökonomischen Bereich lässt verschiedene Deutungen zu: Es handelt sich einerseits um die Übertragung partizipativer Demokratie auch auf den ökonomischen, nicht nur den politischen Sektor, und um Konsequenzen verantwortlicher Bürgerinnen und Bürger aus ihrer Erkenntnis, dass die Abhängigkeiten und Schwächen des politischen und die Übergriffe und Verantwortungslosigkeiten des wirtschaftlichen Systems, Grenzsetzungen und nachhaltige Alternativen erfordern. Auf der anderen Seite lässt sich das Zusammenspiel der von Beck[104] und Beck-Gernsheim[105] angeführten Folgen der Modernisierung, verbunden mit den Dimensionen der Individualisierung, verdeutlichen. Die Herauslösung aus traditionellen Bindungen, Herrschafts- und Versorgungsstrukturen, der Verlust traditioneller normativer Sicherheiten ist auch Ursache für die Suche nach neuen Formen sozialer Einbindung.

Die unten dargestellten Parallel- und Komplementärökonomien sind Beispiele für die hybriden Organisationsformen, die transversal zu gesellschaftlichen Bereichen sowohl soziale und ökologische, als auch ökonomische Ziele verfolgen, im ökonomischen System agieren, aber Teil der organisierten Zivilgesellschaft sind. In der lebensweltlichen Durchdringung liegt das Potenzial des Neuen. Das Neue ist nicht einseitig spezialisiert und von Experten dominiert. Es sind mehrdimensionale, spezifische und synergetische Ansätze als Antworten auf komplexe Probleme.

---

104 Beck, Ulrich (1986): Risikogesellschaft. Auf dem Weg in eine andere Moderne. Frankfurt am Main.
105 Beck-Gernsheim, Elisabeth (1993): Individualisierung. In: Keupp, Heiner (Hrsg.): Zugänge zum Subjekt. Frankfurt am Main, S. 132f.

Neben den aus reiner Not, also mangels Alternative entstehenden „Volks-Ökonomien" gilt es die Varianten zu beachten, die reflexiv als Alternativen zu den Verwerfungen oder als verantwortlicher Schritt in Richtung nachhaltige Gesellschaft entwickelt werden. Es sind andere als rein besitzorientierte Motive, die die Akteurinnen und Akteure dieser „Flickenteppichwirtschaft" prägen, jener Wirtschaftsform, deren Herausbildung die Modernisierungstheoretiker Hans van der Loo und Willem van Reijen als Gegenentwürfe zur Marktwirtschaft in der nachindustriellen Gesellschaft und als Experimentallabore einer neuen, von Laien in Verbindung mit sozialen Bewegungen organisierten lokalen Ökonomie beschreiben.[106] Diese „LaienunternehmerInnen" sind Teil der von Jürgen Habermas beschriebenen „antiproduktivistischen Allianz", der „Dissidenz von Wachstumskritikern", die die vitalen Grundlagen der Lebenswelten gegen die Eigendynamiken der durch administrative Macht und Geld gesteuerten Subsysteme mittels basisnaher und selbstorganisierter Formen stärken wollen.[107] Sie verfügen über das kritische Bewusstsein, welches sie auch zu Verbündeten einer sozialökonomischen Innovation mit und zugunsten sozial Benachteiligter macht.

Anschlussfähig an dieses „Neue" ist „das Alte", vormoderne Varianten einer pluralen Ökonomie, die in peripheren Weltregionen vor der vollkommenen Durchdringung durch die Marktwirtschaft oder in den Ökonomien der Armut überlebt haben.[108] Diese Residuen vormodernen Wirtschaftens treten durch die globale Vernetzung der sozialen Bewegungen seit wenigen Jahren gegen die neoliberale Enteignung aus ihrem Schattendasein und erfahren sich als Gegenentwürfe. Die Entwicklungen verlaufen in offenen Prozessen und die Formen sind plural: Informelle Ökonomien formieren und stabilisieren sich in der Zivilgesellschaft und bewegen sich in den lokalen Markt, um dort integriert zu werden. Unternehmen, die im Weltmarkt nicht mehr bestehen können, transformieren sich als beschäftigungsorientierte Mitarbeiterbetriebe im „Dritten Sektor". Öffentliche Aufgaben werden durch genossenschaftliche Lösungen transformiert und erhalten. Die AkteurInnen beider Entstehungskontexte, der vormodernen wie der neuen, erwarten keine Lösung aus den „Kathedralen der Macht in Wirtschaft, Wissenschaft und Staat."[109] Sie haben diese vielmehr als Teil der Problemursachen erkannt.

Ein besonderes Potenzial für die sozialökonomische Entwicklung des Gemeinwesens bieten genossenschaftliche Ökonomien. Sie sind die klassischen Alternativen zur Systemrationalität kapitalistischer Verwertung. Sie

---

106 Vgl. van der Loo, Hans/van Reijen, Willem (1992): Modernisierung. München, S. 245.

107 Vgl. Habermas, Jürgen (1985): a.a.O., S. 156.

108 Dazu gehören beispielsweise die Ökonomien der indigenen Gemeinschaften im Regenwald.

109 Beck, Ulrich (1993): a.a.O., S. 158.

sind nicht zu verstehen als Rückfall vor die Moderne, sondern vielmehr als Vorgriff auf Wege in eine andere Moderne.[110] Dies verdeutlichen Beispiele aus Industrie-, Entwicklungs- und Transformationsländern:

- Die Vergenossenschaftlichung sozialer und gesundheitlicher Dienste ist in Transformations- und Entwicklungsländern Substitut für familiäre Leistungen, die infolge von Traditionsverlusten und veränderten Wohn-, Arbeits- und Lebensformen nicht mehr selbstverständlich sind. Insbesondere Frauen suchen neue kollektive Formen zur Organisation des traditionell familienbezogenen Careworks.

- Die Vergenossenschaftlichungen öffentlicher Dienste in den Bereichen Bildung, Gesundheit und Soziales substituieren in Industrieländern öffentliche Anbieter. Es handelt sich bei den Sozial-, Gesundheits- und Bildungsgenossenschaften zwar um Re-Privatisierung öffentlicher Leistungen, da sich der Staat aus der Verantwortung für die Daseinsvorsorge zurückzieht, doch birgt diese Variante die Möglichkeit, eine rein kommerzielle Privatisierung durch bürgerschaftlich kontrollierte Organisationsmodelle zu verhindern und den Zugang für alle zu sichern. Das Modell ist jedoch zu denken als sozialpolitisches Instrument, welches die Partikularität kommunitärer Lösungen ausgleicht und den Zugang für alle BürgerInnen zum Ziel hat.

- Vergenossenschaftlichungen im ökonomischen Sektor haben unterschiedliche Funktionen: In Entwicklungs- und Transformationsländern können sie den Schritt vom informellen Sektor in den Markt bahnen. In Industrieländern ermöglichen sie, insbesondere arbeitsintensive Bereiche für lokale Märkte zu erschließen oder lokales Wirtschaften synergetisch zu organisieren. Sie sind zudem unter bestimmten Voraussetzungen in der Lage, herkömmliche Unternehmen durch genossenschaftliche Umwandlung zu stabilisieren und zu erhalten.

Die Auseinandersetzung mit diesem Potenzial erfordert den Abbau von Vorurteilen auch von Seiten der kritischen Linken und eine ernsthafte Auseinandersetzung mit Bedingungen des Scheiterns und des Erfolges kollektiver Ökonomien. Es lässt sich für die vergangenen 150 Jahre nachweisen, dass unkonventionelle, sozialökonomische Projekte der Selbstbestimmung und Selbstverwaltung nicht nur durch die Lobby der kapitalistischen Wirtschaftsweise, sondern auch von der Arbeiterbewegung sozialdemokratischer und orthodox marxistischer Prägung ausgegrenzt, aufgezehrt oder assimiliert wurden.

Auch wenn der Zusammenbruch der New Economy oder Meldungen von Massenentlassungen, Firmenschließungen, Fusionen, Übernahmen und Insolvenzen kapitalistischer Großunternehmen den Glauben an die heilenden

---

110 Vgl. Pankoke, Eckart (2000): Freie Assoziationen. In: Zimmer, Annette/Nährlich, Stefan (Hrsg.): Engagierte Bürgerschaft. Opladen, S. 189f.

Kräfte des Marktes erschüttern, scheint das kollektive Gedächtnis und die Vorstellungskraft auch kritischer gesellschaftlicher Kräfte die notwendigen sozialökonomischen Alternativen entweder als Option nicht wahrzunehmen oder mit Hinweis auf gescheiterte Versuche als untauglich zu verwerfen. Die empirische Tatsache der täglichen Zusammenbrüche kapitalistischer Unternehmen tritt gegenüber den immer noch strapazierten Beispielen des Scheiterns der Alternativen „Neue Heimat" oder „Coop" in den Hintergrund. Die strukturellen Ursachen des Scheiterns, aus denen Lehren gezogen werden könnten, werden hingegen kaum thematisiert.

Die Dimensionen der sozialökonomischen Selbstorganisation lassen sich zusammenfassend aus drei Perspektiven betrachten:[111]

1. Aus der Makroperspektive gerät die Herausbildung neuer gesellschaftlicher Teilbereiche, verbunden mit neuen Funktionen und Handlungslogiken in den Blick. Die Lösungskompetenz liegt insbesondere in der Durchlässigkeit von Nahtstellen zwischen zivilgesellschaftlichen Handlungslogiken und Organisationsformen und den Systemen Staat und Markt. Die innovativen Potenziale liegen in der Entdifferenzierung und Koordination von Handlungslogiken und Organisationsformen. Funktionale Differenzierung, die einseitige Spezialisierung und die Entfernung von lebensweltlichen Bezügen, weicht ganzheitlichen Perspektiven, die im ökonomischen, sozialen und politischen Bereich korrektive, ergänzende, erweiternde und pluralisierende Sichtweisen und Handlungsoptionen einbringen.

2. Aus der Mesoperspektive geraten die Handlungslogiken, die Resilienzen, Nahtstellen- und Mischkonstellationen von Assoziations- und Organisationsformen des intermediären Bereiches in den Blick. Das Handlungsfeld ermöglicht Partizipation, Innovation und Engagement innerhalb und aus lebensweltlichen Zusammenhängen und Belangen, die die AkteurInnen unmittelbar betreffen. Sozialökonomische Fragestellungen und Ansätze überschreiten die Nahtstellen zwischen Zivilgesellschaft, Staat und Markt.

3. Aus der Mikroperspektive stellt sich die Frage nach den Veränderungen von Motivationslagen und Rollen von Individuen und nach den Beziehungen zwischen den Subjekten im gesellschaftlichen Wandel. Es geht um Fragen der Individualisierung und Pluralisierung[112] und veränderten Vergesellschaftungsmodi.

---

111 Wex, Thomas (1995): Selbsthilfe und Gesellschaft. In: Engelhardt, Hans Dietrich/ Simeth, Angelika/Stark, Wolfgang (Hrsg.): Was Selbsthilfe leistet. Freiburg, S. 15f.
112 Beck, Ulrich (1986): a.a.O.

1.4 Soziale Bewegungen, Zivilgesellschaft und sozialökonomische Selbstorganisation

Die Konfliktpotenziale, die gesellschaftliche Innovationen und Alternativen generieren könnten, sind in den Kräften der sozialen Bewegungen zu finden, die begrenzend und gestaltend jenseits staatlicher Politik und kapitalistischer Ökonomie agieren und in die etablierten politischen und wirtschaftlichen Systeme hineinwirken. Ihre lokale Verankerung und gleichzeitig internationale Wirksamkeit hat eine neue Qualität. Aus dem Kontext neuer sozialer Bewegungen ist eine Vielzahl international agierender Organisationen entstanden, die transnational protestfähig sind, während gerade ihre lokale Orientierung ein hohes Mobilisierungspotenzial birgt und eine Quelle der Kritik an der derzeitigen wirtschaftlichen und politischen Praxis darstellt.[113]

Neue soziale Bewegungen sind investigativ tätige Aufklärer, „Wachhunde", die Verfehlungen skandalisieren und auf deren Ahndung pochen, Advokaten, die nicht artikulierbare Interessen vertreten, Experten, die Entscheidungen beeinflussen und moralische Unternehmer, die Güter und Leistungen erhalten oder verfügbar machen.[114] Die Nutzung des Internets hat die globale soziale Vernetzung gefördert.[115] Die politische Begrenzung der Märkte bedarf dieser unabhängigen Kraft, die ebenso grenzüberschreitend agiert wie das Kapital international verflochten ist und agiert.

Nicanor Perlas, Träger des alternativen Nobelpreises, setzt große Hoffnungen in diese Kraft der Zivilgesellschaft, die sich seit dem letzten Drittel des 20. Jahrhunderts lokal und global vernetzt Gehör verschafft habe und den unmittelbar erfahrenen Formen von Missbrauch, Ausbeutung und Zerstörung der Erde und der Menschheit entgegentrete. „In ihrer heutigen Form ist diese Zivilgesellschaft die wichtigste soziale Neuerung des 20. Jahrhunderts. Sie kommt an Bedeutung der Errichtung der Nationalstaaten zu Beginn des 17. Jahrhunderts oder dem Aufkommen moderner Marktwirtschaften im 18. Jahrhundert gleich."[116]

Perlas definiert Zivilgesellschaft als Strukturen der Vereinigungen und Kommunikationsformen, als eine der Dimensionen der umfassenden soziokulturellen Lebenswelt mit ihren spezifischen Rollen, Normen, Praktiken, Beziehungen und Kompetenzen. Die Praktiken und Normen der Zivilgesellschaft – Assoziation, Selbstorganisation und organisierte Kommunikation –

---

113 Vgl. Roth, Roland (2001): Soziale Bewegungen. In: Otto, Hans-Uwe/Thiersch, Hans (Hrsg.): Handbuch Sozialarbeit/Sozialpädagogik. Neuwied, S. 1669f.
114 Leggewie, Claus (2003): Die Globalisierung und ihre Gegner. München, S. 98.
115 Vgl. Fuchs, Christian (2001): Soziale Selbstorganisation im Informationsgesellschaftlichen Kapitalismus. Books on Demand.
116 Perlas, Nicanor (2000): Die Globalisierung gestalten. Zivilgesellschaft, Kulturkraft und Dreigliederung. Frankfurt am Main, S. 19.

sind nicht auf einzelne gesellschaftliche Sphären beschränkt und wirken im politischen, sozialen und wirtschaftlichen Bereich.[117] Die erstarkende Zivilgesellschaft sei, so Perlas, eine ausgleichende dritte Kraft. Er spricht von einer neuen Umverteilung der Macht zwischen Staat, Markt und Zivilgesellschaft. Diese Umverteilung deutet er als Prozess hin zu einer gesellschaftlichen Dreigliederung von Politik, Kultur und Wirtschaft, welche unter dem Einfluss der Globalisierung neoliberaler Prägung einseitig und verformt sei, dem Markt die Vorherrschaft einräume und die anderen Bereiche versklave.[118]

Was Perlas unter Dreigliederung versteht, bedeutet kein sektorales Gegeneinander, sondern eine integrierende Verbindung von Politik, Wirtschaft und Kultur durch das kritische Engagement von Bürgerinnen und Bürgern, die sich für die Belange der Gesellschaft und der Natur einsetzen. Sozial und ökologisch verantwortliches Wirtschaften sieht er als eine globale Kraft, die die soziale Dynamik der Dreigliederung verstärke. De facto sei die neue Dreigliederung durch den Aktivismus der Zivilgesellschaft weltweit wahrnehmbar, eine Reflexion und bewusste Darstellung dieses Prozesses stehe jedoch erst am Anfang. Durch eine bewusste Politik der gesellschaftlichen Dreigliederung kann sich, so Perlas, der politische Einfluss der Zivilgesellschaft entfalten.[119]

Neue zivilgesellschaftliche Akteure haben auch „die sozialpolitische Arena betreten. Ihre basis- und projektorientierte Praxis, ihre organisatorische Orientierung an vernetzten Strukturen und ihre Bereitschaft zu Protest und zivilem Ungehorsam rücken sie in die Nähe dessen, was wir von den neuen sozialen Bewegungen kennen.“[120] Aus sozialen Bewegungen bildete sich historisch das konfliktive Kraftfeld, aus dem heraus sich staatliche Sozialpolitik und professionelle Sozialarbeit entwickelten. „Soziale Bewegung ist ein mobilisierender kollektiver Akteur, der mit einer gewissen Kontinuität auf der Grundlage hoher symbolischer Integration und geringer Rollenspezifikation mittels variabler Organisations- und Aktionsformen das Ziel verfolgt, grundlegenderen sozialen Wandel herbeizuführen, zu verhindern oder rückgängig zu machen.“[121]

Die neuen Formen sozialökonomischer Selbstorganisation gegen Enteignung und Privatisierung oder für die Sicherung von Existenzgrundlagen können als Kampf um die grundlegenden Bürgerrechte sozialer, politischer, kultureller und ökonomischer Teilhabe verstanden werden. Ihre Zielsetzun-

117 Mit dieser Definition bezieht er sich u.a. auf: Cohen, Jean/Arato, Andrew (1994): Civil Society and Political Theory. Massachusetts.
118 Perlas, Nicanor (2000): a.a.O., S. 130.
119 Ebd., S. 140.
120 Roth, Roland (1997): Die Rückkehr des Sozialen. In: Forschungsjournal Neue Soziale Bewegungen, Heft 2/1997, S. 38.
121 Raschke, Joachim (1985): Soziale Bewegungen. Frankfurt, New York, S. 77.

gen reichen insofern über spezifische Gruppeninteressen hinaus und haben eine gesellschaftspolitische Dimension. Es handelt sich um echte soziale Selbsthilfe, da sie kollektiv geschieht und einen sozialen Entstehungshintergrund hat. Diese sozialökonomische Selbsthilfe und Selbstorganisation unterscheidet sich von der meist prekären Existenzgründung Einzelner. Sie verfolgt zudem primär soziale Ziele mit ökonomischen Mitteln.

Sozialökonomische Selbsthilfe ist immer politisch. Entscheidend „ist die Selbsttätigkeit der Menschen, ihre kollektive Aneignung von Rechten, Fähigkeiten, Kreativität, Ressourcen und Macht."[122] Sie bündeln ihre begrenzten Kräfte in assoziativen Formen und versuchen durch Kooperation den Zugang zu den eigenen und gemeinsamen Lebensgrundlagen nachhaltig zu sichern.

Alain Touraine betont die identitätsstiftende Bedeutung der neuen sozialen Bewegungen und ihr Verlangen nach sozialem Wandel. Sie gründen auf der Schaffung von Identität dort, wo heute keine besteht, und dieser Prozess fördert die Herausbildung kollektiver Handlungsfähigkeit.[123] Die seit den 1990er Jahren stattfindenden Formierungsprozesse sozialer Bewegungen für eine andere Globalisierung deuten darauf hin, dass diese politische Selbstkonstitution durchaus in die Entstehung neuer Subjekte der gesellschaftlichen Transformation münden kann. Diese Formierungsprozesse bilden das aktuelle Konfliktfeld gestaltender Sozialpolitik. Die Selbstformierung geht mit der Erkämpfung umfassender Bürgerrechte einher, die gleiche individuelle, politische, soziale, kulturelle und religiöse Rechte für alle in einem bestimmten Territorium lebenden Menschen beinhaltet.[124]

Der Kanadier Robert Campfens beschreibt die Wirkung sozialökonomischer Bewegungen in seiner internationalen Studie zum Community-Development: "Another trend witnessed in recent years is the spectacular rise of social and co-operative movements, many of them serve as agents of CD. Among the most numerous of these movements (...) are the myriade of apparently spontaneous, self managing local rural and urban organizations that seek to ensure their members' survival through co-operative production, distribution, and consumption. (...) these 'defensive' social movements do not explain the rise of all those social and co-operative movements, that exist to create change (...) These latter movements are often driven by the search for alternatives to the capitalist industrial models, to the state-controlled social programs, and to the centralized, hierarchical, top-down, institutionalized structures of decision-making. The alternatives these groups

---

122 Zeller, Christian (2004): Zur gesellschaftlichen Aneignung. In: Zeller, Christian (Hrsg.): Die globale Enteignungsökonomie. Münster, S. 312.
123 Touraine, Alain (1984): Le retour de l'acteur. Paris.
124 Zeller, Christian (2004): a.a.O., S. 310.

apply may take the form of redirecting the economy toward the community, the environment, and a sustainable future."[125]

Sozialökonomische Assoziationen eröffnen Möglichkeiten der Aneignung sozialer und ökonomischer Teilhabe, der Absicherung auf Gegenseitigkeit und der gemeinsamen Bewirtschaftung des gemeinen Eigenen. Dies verweist gleichzeitig auf die Grenzen und notwendigen sozialpolitischen Einbettungen wenn der Anspruch der Teilhabe aller Gültigkeit fordert.

1.5 Sozialökonomische Gemeinwesenarbeit als gestaltende Sozialpolitik

Die Neustrukturierung des Verhältnisses der bürgerschaftlichen Sphäre freien Engagements und kollektiver Selbstorganisation und des Sozialstaats sowie die Einbeziehung des Sozialpolitischen, bilden nach Böhnisch und Schröer den Kern des Konzeptes gestaltender Sozialstaatlichkeit. „Dahinter steht die Überlegung, dass es einer grundsätzlichen Neubelebung der Sozialpolitik bedarf, um eine Gegenwelt und damit soziales Spannungsverhältnis zur Entwicklung des digitalen Kapitalismus aufzubauen."[126] Sie beziehen sich damit nicht auf das institutionelle Leistungssystem, sondern auf den sozialstaatlichen Diskurs des Spannungsverhältnisses von Ökonomie und Sozialem, welches sich historisch als eigenständige Kraft entwickelte, die gesellschaftliche Räume des Konsenses und Konflikt eröffnete.[127] „Wenn wir den Kapitalismus zu Recht als andauernde Grundstruktur der Moderne erkennen (…), dann müssen wir auch den bleibenden weil historisch gesetzmäßigen Zwang zur Auseinandersetzung mit ihm vom Menschen her erkennen."[128]

Maßstab gestaltender Sozialpolitik wäre heute eine Weiterentwicklung in Richtung voller gesellschaftlicher Teilhabe[129] auf der Basis der Möglichkeiten der entfalteten Produktivkräfte, die weltweit wirksame Begrenzung der Übergriffe des Marktes und die Förderung bürgerschaftlicher Selbstorganisation in allen relevanten gesellschaftlichen Bereichen. Solange Sozialpolitik aber „als Politik der Herstellung von Arbeitsbereitschaft organisiert wird und mit jeder gefundenen Agenda erneut ein Missbrauchsverdacht institutionalisiert wird, bedeutet eine Veränderung hin zu strukturellen Regulierungen die Reproduktion des bekannten Musters von Unterversorgung, Aus-

---

125 Campfens, Robert (1999): Community-Development around the world. Toronto, Buffalo, London, S. 5.
126 Böhnisch, Lothar/Schröer, Wolfgang (2002): Die soziale Bürgergesellschaft. Weinheim, München, S. 184.
127 Ebd., S. 183.
128 Ebd., S. 146.
129 Butterwegge, Christoph (2001): a.a.O., S. 169.

schließung, Repression."[130] Hauptansatzpunkt sozialpolitischer Reformbemühungen sollte tatsächlich die Arbeitslosigkeit sein. Doch Arbeitslose und Arme müssen durch kollektive Selbstorganisation zu einer sozialen Bewegung werden können.[131] Keine der arbeitsmarktpolitischen Maßnahmen in Deutschland seit den 1970er Jahren zielte jedoch auf kooperative Selbsthilfe. Sie widerspricht zutiefst dem methodischen Individualismus der Neoklassik.

Individuelle Absicherung, Selbstsorge und Aneignung von Geld standen und stehen seit jeher hoch im Kurs. Gemeinschaftliche Bestrebungen indes, die eigene Lage zu verbessern, waren und sind nicht erwünscht. Der rote Faden der Verhinderung kollektiver Selbstorganisation durchwirkt Geschichte und Gegenwart. „Beschränkten sich die Bedürftigen auf wohltätige und andere systemneutrale Aktivitäten, z.B. in einer friendly society, waren sie, eine gewisse Überwachung vorausgesetzt, geduldet. Gesellschaftsbezogene Initiativen nahmen aber einen politischen Charakter an und bedrohten die bestehenden Macht- und Eigentumsverhältnisse."[132] Die Koalitions- und Versammlungsverbote des späten 18. und des 19. Jahrhunderts in England und Deutschland zwangen solche Vereinigungen in den Untergrund. Im Gegensatz zur Zeit der frühen Arbeiterbewegung fehlt heute die gemeinsame Alltagserfahrung der Produktionsbedingungen, die historisch zur Bildung von defensiven Bewegungen und kooperativer ökonomischer Selbsthilfe führten. Dies ist eine besondere Problematik für die wachsende Zahl der Opfer des ökonomischen Systems insbesondere in den westlichen Industriestaaten, deren soziale Problemlage individualisierend thematisiert und professionell bearbeitet wird. Scham und Rückzug, nicht aber Fähigkeiten zur Selbsthilfe und Selbstorganisation sind die intendierten Folgen.[133]

Die politische und rechtliche Ermöglichung sozialökonomischer Selbstorganisation oder deren sozialpolitische Förderung, wie sie beispielsweise in Italien praktiziert wird, scheint im etatistischen Deutschland nur schwer vorstellbar. Sie hätte auch in Italien nicht die dauerhafte Kraft entfalten können ohne das intensive Zusammenspiel von unterschiedlichen weltanschaulichen Organisationen der Zivilgesellschaft, die gemeinsam gegenüber dem wirtschaftlichen und politischen System durchsetzungsfähig wurden. Die Entwicklung der Genossenschaften mit sozialer Zielsetzung in Italien ist ein überzeugendes Beispiel für den Erfolg aktiver staatlicher Förderung sozialökonomischer Selbstorganisation als gestaltende Sozialpolitik. Diese

---

130 Cremer-Schäfer, Helga (2004): Nicht Person, nicht Struktur: In: Kessl, Fabian/ Otto, Hans-Uwe (Hrsg.): Soziale Arbeit und Soziales Kapital. Wiesbaden, S. 181.
131 Butterwegge, Christoph (2001): a.a.O., S. 221.
132 Wendt, Wolf Rainer (1995): Geschichte der Sozialen Arbeit. Stuttgart, S. 63.
133 Vgl. Munsch, Chantal (2003): Lokales Engagement und soziale Benachteiligung. In: Munsch, Chantal (Hrsg.): Sozial Benachteiligte engagieren sich doch. Weinheim, München.

Kooperativen nehmen soziale, bildungsspezifische und gesundheitsbezo-
gene Aufgaben wahr, verfolgen die Integration Benachteiligter ins Erwerbs-
leben oder kombinieren Dienstleistungen im sozialen und gesundheitlichen
Bereich mit Beschäftigungsintegration. Neben der teilweisen Entlastung in
den Bereichen Einkommenssteuer, Sozialabgaben und Beiträgen für Versicherungen und Pensionskassen, werden die Sozialgenossenschaften finanziell gefördert und verfügen über eine eigene kooperative Infrastruktur auf
regionaler und überregionaler Ebene.

Eine interessante Idee entwickeln Böhnisch und Schröer im Zusammenhang
mit den Möglichkeiten sozialproduktiven bürgerschaftlichen Engagements
im Alter. „Da alte Menschen nicht mehr in den Rollenzwängen der Arbeitsgesellschaft aber auch der Familie stehen, verfügen sie über experimentelle
Spielräume, die jüngeren nicht zur Verfügung stehen, und die aktiviert
werden können. Damit könnte dem Alter eine Bedeutung als Sozialgruppe
im Aufbau regionaler Sozialökonomien zukommen. (...) Warum sollten ältere Menschen nicht in der Lage sein, im ländlichen Raum Dienstleistungen
– vom Gemischtwarenladen bis zu sozialen Betreuungsangeboten – anzu-
bieten. Sie brauchen ihre Angebote und ihre Arbeit nicht zu rationalisieren,
im Gegenteil, sie könnten sozial gehaltvolle Dienstleistungen übernehmen.
(...) Der besondere Wert solcher regionaler Ökonomien besteht darin, dass
sich sowohl auf der Produzenten- wie auf der Konsumentenseite die Menschen einbringen und soziale Beziehungen knüpfen können. (...) Vom
neuen Alter her könnten auch Intergenerationenmodelle aufgebaut werden,
welche arbeitsteilig funktionieren und die sich inzwischen eingeschlichene
marktgesellschaftliche Generationenkonkurrenz überwinden helfen könnten."[134]

Ältere Menschen müssten finanziell abgesichert sein, um ihre Potenziale
einbringen zu können. Sie könnten zu Trägern sozialproduktiver Innovation
in der Bürgergesellschaft werden, haben dadurch die Möglichkeit, ihre im
Lebenslauf erworbenen beruflichen und sozialen Kompetenzen zu entfalten
und brauchen dabei auch Konflikte nicht zu scheuen. Um dieses Konzept
des sozialproduktiven Engagements im Alter zu realisieren, müsste die traditionelle Betreuungskultur des Alters sozialökonomischen Ermöglichungsstrukturen weichen.

Neue sozialökonomische Assoziationen sind in den westlichen Industriestaaten weitgehend getragen von organisationsfähigen Bürgerinnen und
Bürgern, die jedoch auch in solidarökonomischen Formen – z.B. in Sozialgenossenschaften – für und mit benachteiligten Menschen um deren Teilhaberechte kämpfen. Die Möglichkeiten der Selbsthilfe verlaufen entlang der
Demarkationslinien sozialer Ungleichheit und in den Wohlfahrtsstaaten stehen den Bemühungen um selbst bestimmte Teilhabe Benachteiligter auch

---

134 Böhnisch, Lothar/Schröer, Wolfgang (2002): a.a.O., S. 97.

die Eigeninteressen der Organisationen entgegen, die für sich in Anspruch nehmen, Interessenvertreter der Armen und Benachteiligten zu sein.

In den Transformations- und Entwicklungsländern zeigt sich eine wachsende überfamiliäre politische und ökonomische Organisationsfähigkeit der Armen und Ausgegrenzten. Der Reflexionskontext der globalisierungskritischen Gruppen und die schärfer werdenden Übergriffe und Enteignungen lassen gemeinsame Betroffenheitslagen deutlicher werden und stärken die Kohäsionskraft defensiver und pro-aktiver Bewegungen. Die aktuellen sozialökonomischen Alternativ- und Komplementärformen bewegen sich im Bereich von sechs Bastionen, auf die die kapitalistische Ökonomie Anspruch erhebt:

1. die generelle marktförmige Organisationsweise ökonomischer Belange,

2. die Verwertungsbedingungen von Arbeitskraft,

3. die Entscheidungsmacht über ökonomische Teilhabe oder Ausgrenzung,

4. die Verwertung und Bewirtschaftung öffentlicher, intellektueller und biologischer Güter,

5. die Bestimmung des Preises und der Logik des Geldes und

6. die Gestaltung des Sozialen als ökonomieexternes System zugunsten der ökonomischen Verwertungsbedingungen.

Assoziationen zeichnen sich durch die Prinzipien der Freiwilligkeit des Zusammenschlusses, der Solidarität und Gleichberechtigung ihrer Mitglieder aus. Als gemeinschaftsbasierte Organisationsformen sind sie jedoch auch ausschließend und nur im Kontext sozialer Politik als Zugewinn an Freiheitsgraden und existenzieller Sicherheit zu werten. Diese stellt Ressourcen zur Lebensbewältigung zur Verfügung, die von Menschen in ihre bereits aktiven Strategien einbezogen werden können, aber nicht müssen. Diese Ressourcen sind notwendig, reduziert werden müssen ihre Konditionalitäten und Zugangsbarrieren.

Gestaltende Sozialpolitik müsste von folgenden grundlegenden Prämissen ausgehen:

1. Sie verteidigt die sozialen und ökologischen Lebensinteressen und stellt diese über Eigentumsinteressen.

2. Sie ermöglicht sozialproduktive Teilhabe durch selbstorganisierte und gemeinschaftliche Aktivitäten sowie Teilhabe an sozialen Beziehungen in allen relevanten gesellschaftlichen Bereichen.

3. Das Soziale ist integraler Bestandteil sozialökonomischer Lösungen. Soziale Probleme werden nicht als der Ökonomie extern betrachtet und bearbeitet.

4. Öffentliche Aufgaben werden in pluralen und demokratischen Formen – z.B. in Multi-Stakeholder-Unternehmen – effektiv und synergetisch organisiert.

5. Soziale Kommunalpolitik nutzt materielle Ressourcen und Sozialkapital in sozialproduktiver Weise, generiert und bewirtschaftet materielle Ressourcen und Sozialkapital.

6. Sie eröffnet Lernmöglichkeiten und Möglichkeitsräume für das Experimentieren mit neuen Ansätzen gesellschaftlicher Problemlösung auch und insbesondere da, wo Menschen in Ausgrenzung leben. Erforderlich sind neue Organisationsformen insbesondere im Wirtschaftssystem, im Bildungssystem und im politisch-administrativen System.[135]

7. Sie orientiert sich an einer pluralen Ökonomie, die der Befriedigung menschlicher Bedürfnisse dient und die ökologischen Grenzen respektiert. Sie bedarf der Möglichkeit eigenständiger Ressourcengenerierung durch Agieren im Markt und in nicht-marktförmigen Ökonomien für soziale Zielsetzungen.

8. Vor dem Hintergrund von Massenarbeitslosigkeit ist die Entlastung der betroffenen Menschen von erpressenden Existenznöten durch eine garantierte Grundsicherung und vom entwürdigenden Zwang zur Arbeit als Gegenleistung für Transfergelder erforderlich. Die teilweise Entkoppelung von Erwerbsarbeit und Einkommen ist Basis für die Herausbildung neuer sozial eingebundener Ökonomien.

Heute, ebenso wie in der Zeit der sich formierenden Arbeiterbewegung, ist die Erfahrung und Reflexion gleicher Betroffenheitslagen und gemeinsamer Interessen Voraussetzung kollektiver Handlungsfähigkeit. Sie ist Böhnisch und Schröer zufolge Grundlage der historischen Bewegungsgesetzlichkeit des Sozialpolitischen, die unter den Bedingungen des entfesselten Kapitalismus und der tendenziellen Überflüssigkeit menschlicher Arbeitskraft neu herauszufordern ist.[136] Der neuen Enteignungsökonomie stehen in allen Weltregionen kollektive Akteure gegenüber, die grundlegende Lebensrechte zu verteidigen suchen und solche sozial eingebundene Ökonomien als Gegenentwürfe realisieren. Sie sind Teil einer neuen sozialen Politik von unten, die trotz heftiger Widerstände auf längere Dauer sozialen Wandel zeitigen wird.

---

135 Sommerfeld, Peter (2004): Sind gesellschaftliche Probleme gemeinschaftlich lösbar? In: Kessl, Fabian/Otto, Hans-Uwe (Hrsg.): Soziale Arbeit und Soziales Kapital. Wiesbaden, S. 247.

136 Böhnisch, Lothar/Schröer, Wolfgang (2002): a.a.O., S. 146.

2. Wirtschaft ohne Gesellschaft – Prämissen, Mythen, Menschenbilder

Der erste Schritt zur Rekonstruktion des Verhältnisses von Sozialer Arbeit und Ökonomie besteht in einer Auseinandersetzung mit den blinden Flecken und Fehlschlüssen der Wirtschaftswissenschaften und der daraus abgeleiteten Praxis. Wirtschaftswissenschaften gehen – wie andere Sozialwissenschaften – von bestimmten Vorannahmen aus. Sie grenzen damit ihren Gegenstand ein und treffen eine spezifische Auswahl wissenschaftlicher Fragestellungen ebenso wie der Methoden, die der Erkenntnisgewinnung dienen.

Die dominierende neoklassische Wirtschaftstheorie erhebt geradezu naturgesetzlichen Gültigkeitsanspruch, doch sie beruht auf unvollständigen und zum Teil falschen Prämissen. Die Bremer Wirtschaftswissenschaftlerin Adelheid Biesecker zeichnet diese „preanalytic visions" der „orthodoxen" Neoklassik nach[1]. Diese beruhe auf dem Naturbild der klassischen Mechanik, dem Menschenbild des Utilitarismus und der Vorstellung von Ökonomie als einem gegenüber Gesellschaft und Natur autonomen System.

Diese dominierende wirtschaftswissenschaftliche Position, deren Ideengebäude Wirtschaft, Gesellschaft und auch das System der Sozialen Arbeit immer tiefer und weiter durchdringt, geht von folgenden Annahmen aus:

- Marktwirtschaft ist Ökonomie schlechthin;
- Konkurrenz zwischen Marktakteuren ist das dominante ökonomische Koordinationsprinzip;
- rationale Individuen handeln eigennützig, ihren individuellen Nutzen maximierend und erfolgsorientiert;
- das freie, von staatlicher Reglementierung befreite Spiel der Marktkräfte ist Garant des Gemeinwohls;
- Ökonomie ist ein selbstreferenzielles System, welches alleine den Gesetzen des Marktes folgt;
- die natürlichen Lebensgrundlagen, die in ökonomischen Prozessen genutzt, umgewandelt und z.T. irreparabel zerstört werden, gelten als nutzbare Ressourcenbasis;
- menschliche Arbeitskraft unterliegt den Marktgesetzen.

---

1 Biesecker zitiert den österreichischen Wirtschaftswissenschaftler Joseph Alois Schumpeter (1883–1950), der diesen Begriff für die der Theoriebildung vorgelagerte Annahmen prägte: Biesecker, Adelheid/Kesting, Stefan (2003): Mikroökonomik. München, Wien, S. 2.

Als Erweiterungen und Korrektur in dieser Logik werden in der neueren Diskussion folgende Annahmen aufgegriffen:

- gesellschaftliche Lebensbedingungen werden unter dem Gesichtspunkt der Standortförderlichkeit betrachtet;
- „soziales Kapital" ist für die Erreichung wirtschaftlicher Ziele von Nutzen.

Die spezifischen Konstruktionen der Neoklassik bleiben keine Modellvorstellungen, sondern sie erzeugen und legitimieren Realitäten. Soziale, kulturelle und ökologische Folgen und Voraussetzungen wirtschaftlicher Aktivitäten gelten nach diesem Modell als „extern". Die Kosten für die Nutzung und Zerstörung dieser externen „Ressourcenbasis" gehen nicht in die Kostenrechnung ein. Die Kapitallogik, die Orientierung am höchsten zu erzielenden Gewinn, erhält durch diese Vorstellung ihre Durchsetzungsmacht gegen die Lebensinteressen von Menschen und Gemeinwesen, letztlich auch gegen die Grundlagen der Ökonomie selbst. Das Bewusstsein dafür, dass ein Wirtschaftssystem, welches seine sozialen und ökologischen Grundlagen ignoriert und irreparable Schäden erzeugt, scheint zwar auch innerhalb des Wirtschaftssystems selbst zu wachsen, doch ist die Macht der neoklassischen Idee und Praxis ungebrochen.

2.1 Die Denkfigur des „homo oeconomicus"

Im Zentrum der Neoklassik steht der „methodische Individualismus", die Vorstellung sozial isolierter, wirtschaftlich handelnder Akteure. Die zugrunde liegende Denkfigur des „homo oeconomicus" geht aus vom Individuum, welches seine eigenen Interessen im Konkurrenzkampf freier Marktkräfte verfolgt. Die Konkurrenz zwischen eigennützig handelnden Individuen erzeuge gleichzeitig die größtmögliche gesellschaftliche Wohlfahrt. Der Markt folge seiner eigenen Logik im Wettbewerb, von „unsichtbarer Hand" gesteuert. Dies ist in der neoklassischen Adaption die zentrale Aussage von Adam Smith, dem Begründer der klassischen Nationalökonomie.

Die neoklassische Adaption[2] von Adam Smiths „homo oeconomicus", die dieser 1776 in seinem Werk „Ursprung über die Natur und die Ursachen des Wohlstandes der Nationen"[3] darlegte, reißt diese Denkfigur aus ihrem historischen Kontext und lässt die Überlegungen aus Smiths grundlegenden Schriften zur „Theorie der ethischen Gefühle"[4] von 1759 außer Acht. Erst

---

2 Zur neoliberalen Umdeutung siehe Friedman, Milton (1981): The Invisible Hand in Economics and Politics. Money and Inflation. (Vortrag) Nankang, Taiwan, S. 7.

3 Vgl. Kaufmann, Franz-Xaver/Krüsselber, Hans-Günter (Hrsg.) (1984): Markt, Staat und Solidarität bei Adam Smith. Frankfurt, New York.

4 Smith, Adam (1759/1985): Theorie der ethischen Gefühle. Hrsg. v. Walther Eckstein, Hamburg.

so wird die Denkfigur des „homo oeconomicus" brauchbar als Kampfmittel gegen eine soziale Marktwirtschaft und damit gegen die soziale Einbindung des Wirtschaftssystems.[5]

1. Wird eine Denkfigur zu einer real vorfindbaren Erscheinung gemacht;

2. werden die moraltheoretischen Prämissen Smiths ignoriert;

3. wird wirtschaftliche Tätigkeit aus ihren Sozialbeziehungen gelöst;

4. wird das Eigeninteresse auf materielle Vorteilnahme reduziert;

5. werden ökonomische Transaktionen auf Kontraktlogik reduziert;

6. wird das Gemeinwohl der „unsichtbaren Hand" als Legitimation des Laisser-faire zugunsten des Marktes überlassen.

Zu 1.) Robert Hettlage setzt sich mit der Figur des „homo oeconomicus" als Idealtypus auseinander.[6] Ein konstruiertes, notwendig abstraktes Denkschema diene dazu, Realitäten in einer prinzipiellen Vorläufigkeit abzubilden und einer Überprüfung zu unterziehen. Einem solchen Modell werde ein reduziertes Menschen- und Gesellschaftsbild zugrunde gelegt. Dagegen sei solange nichts einzuwenden, als man sich in Modellwelten bewege, keine expliziten normativen Fragestellungen verfolge und nicht unterschwellig dennoch Angaben über die reale Welt machen wolle.[7] Beim „homo oeconomicus" handele es sich um eine von vielen möglichen Modellvorstellungen wirtschaftlichen Handelns, der jedoch ein Universalanspruch und eine empirische Vorfindbarkeit unterstellt werde. Hettlage argumentiert in Anlehnung an Max Weber[8], der Idealtypus werde „gewonnen durch einseitige Steigerung eines oder einiger Gesichtspunkte und durch den Zusammenschluss einer Fülle von (...) Einzelerscheinungen, die sich jenen einseitig herausgehobenen Gesichtspunkten fügen, in einem in sich einheitlichen Gedankenbild."[9] Das Handeln des „homo oeconomicus" werde „nun zum Instrumentarium und Leitbild einer allgemeinen Handlungstheorie mit Erklärungs- und Prognosecharakter erhoben. (...) Er gilt nicht mehr als heuristisches, jederzeit revidierbares Modell, sondern als universale geschichtliche Wirklichkeit, wenn nicht sogar als Ideal."[10]

---

5 Vgl. Afheldt, Horst (1996): Wohlstand für niemand? 2. Auflage, München, S. 158.

6 Vgl. Hettlage, Robert (1988): Wann kommt der „homo cooperativus"? In: Geschichte und Gegenwart. 7. Jahrgang, Heft 2, Juni 1988, S. 111-133.

7 Hettlage, Robert (1990): Die anthropologische Konzeption des Genossenschaftswesens in Theorie und Praxis. In: Laurinkari, Juhani (Hrsg.): Genossenschaftswesen. München, Wien, S. 27-49.

8 Weber, Max (1904): Die „Objektivität" sozialwissenschaftlicher und sozialpolitischer Erkenntnisse. In: Winckelmann, J. (Hrsg.): Max Weber: Soziologie. 4. Auflage, Stuttgart, S. 186.

9 Hettlage, Robert (1988): a.a.O., S. 112.

10 Ebd., S. 112.

Zu 2.) Adam Smith ist Moraltheoretiker.[11] In seinen Überlegungen über die gegenseitige Anteilnahme begründet er Solidarität mit der menschlichen Fähigkeit zur Empathie. Er verknüpft moralpsychologische und moralphilosophische Überlegungen, moralisches Gefühl und ethisch reflektierte Vernunft und benennt lange vor Kant „den universalistischen Standpunkt der Moral als den imaginären Standpunkt eines unbeteiligten und unparteilichen" Beobachters.[12] „Wir bemühen uns, unser Verhalten so zu prüfen, wie es unserer Ansicht nach irgendein anderer gerechter und unparteiischer Zuschauer prüfen würde."[13] Die rationale Reflexion von Handlungen unterliegt nach Smith dem Urteil eines „gerechten Richters" und Empathie ermöglicht den fiktiven Rollentausch durch affektives und reziprokes Nachempfinden der Situation des Gegenübers. Er begründet aus dem Zusammenhang der kritischen Selbstreflexion die Tugend der Selbstbeherrschung, die auf Pflichtgefühl, Schuldgefühl und Selbstachtung beruhe.

Zu 3.) Hettlage thematisiert die Tatsache, dass erst aufgrund der Selbstbezogenheit der Wirtschaftstheorie und des Negierens einer übergeordneten Normbildungsinstanz, Wirtschaft wertfrei gedacht und dargestellt werden kann und arbeitet die anthropologischen Prämissen der Neoklassik hinsichtlich ihrer Definition von „rationalem Handeln" heraus. „Wer über Rationalität des Handelns redet, macht implizit Aussagen über die Natur des Menschen, denn er nimmt Partei für eine bestimmte Vorstellung von Vernünftigkeit, Zweckmäßigkeit, Nutzen, Kalkulation, Rechenhaftigkeit."[14]

Der Wirtschaftshistoriker Karl Polanyi setzt sich dieser Rationalitätssicht entgegen: Das Tun des Menschen, so Polanyi, gilt nicht der Sicherung seines individuellen Interesses an materiellem Besitz, sondern der seines gesellschaftlichen Rangs, seiner gesellschaftlichen Ansprüche und Wertvorstellungen. Er schätzt materielle Güter nur insoweit, als sie diesem Zweck dienen."[15] Was ökonomisch als rational gilt, muss es nicht aus umfassenderer Perspektive sein. Menschliches Handeln folgt unterschiedlichen „Rationalitäten" und Motiven, es ist mehrdimensional, sowohl eigennützig als auch Normen und Werten verpflichtet, ziel- und erfolgs- ebenso wie verständigungsorientiert.[16]

Zu 4.) In der Annahme von eigennützigem Handeln im reduzierten Sinne der Erzielung und Maximierung materieller Vorteile um ihrer selbst Willen steckt eine kulturgeschichtlich schlechthin sinnlose Ziel-Mittel-Umkeh-

---

11 Vgl. Elsen, Susanne (1998): Gemeinwesenökonomie. Neuwied, S. 103.
12 Ulrich, Peter (1997): Integrative Wirtschaftsethik. Bern, Stuttgart, Wien, S. 63.
13 Smith, Adam (1759/1985): a.a.O., S. 167.
14 Hettlage, Robert (1990): a.a.O., S. 29.
15 Polanyi, Karl (1995): The great Transformation. 3. Auflage, Frankfurt am Main, S. 75.
16 Vgl. Habermas, Jürgen (1998): Theorie des Kommunikativen Handelns. 2 Bände, Frankfurt am Main.

rung.[17] Erst die Reduktion des Wertes wirtschaftlichen Handelns auf den rein monetären Gewinn ermöglicht die Vorstellung des „homo oeconomicus", der in der „Sachzwanglogik" des Marktes sich in wirtschaftlichen Transaktionen moralischer Werte enthält oder enthalten muss. Durch die gesetzte Norm der Gewinnmaximierung und den verschärften Wettbewerb deregulierter Märkte wird den Marktakteuren die Berücksichtigung normativer Gesichtspunkte verunmöglicht.[18]

Die Gleichsetzung von Erfolg mit monetärem Gewinn ist Grundlage falscher Wertschöpfungsmaßstäbe von Unternehmen und Volkswirtschaften. Sie ignoriert die sozialen und ökologischen Kosten des Wirtschaftens ebenso wie sie Rationalität, Zweckmäßigkeit, Vernünftigkeit, Nutzen etc. einseitig monetär definiert, auch dies mit einem Objektivitätsanspruch. Geld ist ein schlechter Maßstab für den Verbrauch und die Endlichkeit der Erdengüter, die im wirtschaftlichen Prozess der Umformung von Rohstoffen der Umwelt entnommen werden, denn es ist fast grenzenlos vermehrbar. Die Reduktion des „Erfolges" wirtschaftlichen Handelns auf das Wachstum der Gewinne von Anteilseignern und auf das Wachstum von Volkswirtschaften (nach Begriffen des Marktwertes von Waren und Dienstleistungen) ist, nach den Darstellungen des ehemaligen US-amerikanischen Arbeitsministers Robert Reich, Maßstab und Motor des neuen Kapitalismus nordamerikanischer Prägung. Doch durch eben dieses „Erfolgsstreben" würden die gesellschaftlichen Grundlagen zerstört, da es den Menschen Stabilität und Kontinuität, Ruhe und Sicherheit nimmt, die alle sozialen Bindungen zu einem bestimmten Maß erfordern.[19]

Zu 5.) Die Verallgemeinerung des Konkurrenzprinzips eigennutzorientierter Akteure in der Kontraktlogik des Marktes ignoriert, dass diese Annahme symmetrische Ausstattungs- und Austauschbedingungen voraussetzt. Alle Marktteilnehmer müssten die gleichen Zugangsvoraussetzungen haben. Das Spiel von Angebot und Nachfrage muss nach dieser Annahme funktionieren und jeder die von ihm verursachten Kosten selber tragen. Dieser ideale freie Markt existiert jedoch in Wirklichkeit nicht.[20] Die Unterstellung gleicher Marktzugangschancen negiert die Ausgrenzung all jener Menschen und Weltregionen, die innerhalb des Austausches keine verwertbaren Güter einbringen können oder deren eingebrachte Güter durch die Ressourcenüberlegenen zu Dumpingkonditionen vereinnahmt werden können. Die Erweiterung der Frage nach den Bedingungen von Konkurrenz um die Berücksichtigung der Belange ökologischer und sozialer Nachhaltigkeit bringt

---

17 Vgl. Ulrich, Peter (2002): Der entzauberte Markt. Freiburg, Basel, Wien, S. 57.
18 Vgl. ebd., S. 37.
19 Vgl. Reich, Robert (2002): The Future of Success. Wie wir morgen arbeiten werden. München, Zürich, S. 9f.
20 Vgl. Gasche, Urs/Guggenbühl, Hanspeter/Vontobel, Werner (1996): Das Geschwätz von der freien Marktwirtschaft. Zürich.

die nicht artikulationsfähigen Ansprüche der natürlichen Mitwelt sowie die der nächsten Generationen an die Tauschakte der Konkurrenzökonomie ein.[21]

2.2 Die „unsichtbare Hand" und wem sie in die Tasche greift

Der Zusammenhang von Eigennutzmaximierung im freien Wettbewerb und dem Gemeinwohl wird mit der „unsichtbaren Hand" erklärt, die Adam Smith als Bild zur Erklärung der Selbstregulierung im wirtschaftlichen Wettbewerbssystem heranzog.[22] Gerade dieses Bild des sich selbst regulierenden, freien Marktsystems wird als Begründung für Deregulierung und Liberalisierung durch die orthodoxe Neoklassik missbraucht.

„Das Konzept der ‚unsichtbaren Hand' umfasst bei Smith mehr und anderes als die Darstellung des bloßen Marktmechanismus mitsamt seiner Optimierungsoption. (...) Ebenso enthält die ‚unsichtbare Hand' bei Smith einen moralphilosophisch-teleologischen Überschuss, der mit dem Verweis auf den kapitalistischen Markt nicht aufgeht. Im Gegenteil, es könnte sich sogar zeigen, dass die freie Konkurrenz dieser ursprünglichen Absicht gar nicht so zuträglich ist, wie gemeinhin angenommen wird."[23] Die „unsichtbare Hand" wirkt in dieser Deutung nach Kriterien der gerechten Verteilung des Reichtums. Hinter der Denkfigur der „unsichtbaren Hand" steht also distributives Eingreifen in der moralischen Absicht, jenen Zustand wieder herzustellen, der nach dem Naturrecht als gleiches Recht aller auf Lebenserhalt rechtens wäre.[24]

Die Folgen der neoklassischen Adaption der „unsichtbaren Hand" sind fatal, denn die „unsichtbare Hand vermag nicht über Interessen zu wachen, auf die sie gar keinen Zugriff hat",[25] beispielsweise über die sozialökonomische Teilhabe aller Gesellschaftsmitglieder. Mit der Einführung des Programms der freien Märkte, mit Deregulierung, Privatisierung und Flexibili-

---

21 Vgl. Biesecker, Adelheid (1996): Kooperation, Netzwerk, Selbstorganisation. In: Biesecker, Adelheid/Grenzdörffer, Klaus (Hrsg.): Kooperation, Netzwerk, Selbstorganisation. Pfaffenweiler, S. 9f.

22 Smith, Adam: (1776/1993): Der Wohlstand der Nationen. Eine Untersuchung seiner Natur und seiner Ursachen. 6. Auflage, München, S. 371, vgl. Rüstow, Alexander (2001): Die Religion der Marktwirtschaft. Münster, S. 19.

23 Kittsteiner, Heinz-Dieter (1984): Ethik und Teleologie: Das Problem der „unsichtbaren Hand" bei Adam Smith. In: Kaufmann, Franz-Xaver/Krüsselberg, Hans-Günter (Hrsg.): Markt, Staat und Solidarität bei Adam Smith. Frankfurt am Main, New York, S. 42-43.

24 Vgl. ebd., S. 50.

25 Soros, George (2000): Die Krise des globalen Kapitalismus. Frankfurt am Main, S. 256.

sierung, nimmt die Armut insbesondere in den ärmsten Regionen der Welt nicht etwa ab, sondern zu.

Der frühere Chefökonom der Weltbank und Wirtschaftsnobelpreisträger Joseph Stiglitz ist heute einer der leidenschaftlichsten Verfechter eines regulatorischen Rahmens für die Entwicklung der Weltökonomie, die nicht dem freien Spiel der Marktkräfte überlassen werden dürfe.[26] Er weist insbesondere nach, dass die Forderungen nach wirtschaftspolitischen Deregulierungs- und Flexibilisierungsmaßnahmen, die der Internationale Währungsfonds (IWF) denjenigen Ländern stellte, die Zugänge zu den internationalen Kapitalmärkten suchten, dazu führten, dass „viele Menschen in Armut und viele Staaten ins soziale und politische Chaos gestürzt"[27] wurden.

2.3 Der Stellenwert der Ökonomie in der Gesellschaft

Die zentrale Frage in der Betrachtung des Verhältnisses von Wirtschaft und Gesellschaft stellt Karl Polanyi in seiner wirtschaftshistorischen Analyse: „Bis zu welchem Grad nimmt man an, dass der Gesellschaft ein von ihr getrenntes ökonomisches System unterliegt? Und inwieweit zeigt im gegenteiligen Fall die jeweilige Auffassung eine Vorstellung von der Gesellschaft als Ganzheit, in der die Wirtschaft bloß einen Aspekt darstellt?"[28] Sprechen wir also von einem angeblich wert- und interessenneutralen, marktwirtschaftlichen System, welches gleichsam in einem sozialen Vakuum nur seiner eigenen Funktionslogik folgt und sich dazu seiner eigenen Methoden bedient, oder von Wirtschaft *in* der Gesellschaft?

Polanyis Interesse gilt dem Stellenwert der Ökonomie in der Gesellschaft. Ökonomische Institutionen können prinzipiell eine separate Eigenexistenz haben, wie im Marktsystem, oder in nicht-ökonomische Institutionen eingebettet sein. Neben der Loslösung oder Einbettung der ökonomischen Institutionen ist mit den Fragen nach dem gesellschaftlichen Stellenwert der Ökonomie auch die Motivation der AkteurInnen verbunden.[29] Seine These von der Entbettung des ökonomischen Systems aus dem übergreifenden kulturellen und sozialen Zusammenhang und der Verselbstständigung der Ökonomie bis hin zu ihrer Vorherrschaft über die Gesellschaft, weist auch den Weg zur Herausbildung sozial eingebetteter Alternativen und zur Erhaltung nicht-marktförmiger Residuen,[30] die das „Ökonomische" in seinem

---

26 Vgl. Stiglitz, Joseph (2002): Die Schatten der Globalisierung. Berlin.
27 Ebd., S. 33.
28 Polanyi, Karl (1979): Ökonomie und Gesellschaft. Frankfurt am Main, S. 193.
29 Vgl. ebd., S. 193.
30 Diese dominieren in Form von Subsistenzwirtschaft, Kooperativ- und Familienökonomie die wirtschaftliche Tätigkeit in den armen und unterentwickelt gehaltenen Weltregionen oder haben sich da erhalten, wo Menschen in den Industrieländern die Teilhabe am Markt versagt wurde oder versagt wird.

ursprünglichen Sinne verfolgen, als „Vorsorge zur Befriedigung materieller Bedürfnisse."[31] Mit dieser Definition bezieht sich Polanyi auf Aristoteles,[32] der in seinen Beiträgen zur Ökonomie die Frage nach der sozialen Gerechtigkeit, dem „guten Leben", dem Glück der Menschen und der bestmöglichen Ordnung des Gemeinwesens stellt und der mit der „oikonomia" die Wurzeln der Wirtschaftswissenschaft legte.[33]

Polanyi betont, dass die neoklassische Wirtschaftstheorie ausschließlich auf den historischen Sonderfall der modernen Marktwirtschaft anwendbar sei.[34] In seinem Vergleich wirtschaftlicher Systeme hinterfragt er den Begriff „wirtschaftlich" und unterscheidet zwischen formeller und substanzieller Bedeutung. Die Grundeinsicht, von welcher auszugehen sei, liege in der Tatsache, dass die Bezeichnung „wirtschaftlich", auf menschliche Tätigkeit bezogen, eine Verbindung zweier voneinander unabhängiger Bedeutungen darstelle. In seiner sachlich-materiellen Bedeutung ist das Wort „wirtschaftlich" von der Abhängigkeit von Natur und Mensch hergeleitet, in welcher Menschen in Bezug auf ihren Lebensunterhalt stehen. Es gehe um „die gegenseitigen Einwirkungen zwischen dem Menschen einerseits und seiner naturhaften und gesellschaftlichen Umgebung andererseits. (...) In seiner formal-logischen Bedeutung leitet sich ‚wirtschaftlich' aus dem Charakter der Zweck-Mittel-Beziehung ab, wie in ‚Wirtschaftlichkeit' im Sinne von Sparsamkeit."[35]

Polanyi weist darauf hin, dass alleine die sachlich-materielle Bedeutung das Bezugssystem einer sozialwissenschaftlichen Untersuchung der Wirtschaft in Vergangenheit und Zukunft bilden könne und dass bei der Suche nach neuen Anfängen von dieser substantiellen Bedeutung des Begriffs ausgegangen werden müsse. Er verweist auf historische und anthropologische Forschungsergebnisse, die die Erkenntnis brachten, dass jedwede wirtschaftliche Tätigkeit des Menschen in ein normatives Regelwerk aus gesellschaftlichen Rechten und Pflichten, die auf Gegenseitigkeit beruhen, eingebettet ist. Traditionelle Formen sozial eingebetteter Ökonomie sind gekennzeichnet durch das Reziprozitätsprinzip und das Prinzip der Redistribution. Redistribution verknüpft das ökonomische System unmittelbar mit den Sozialbeziehungen, da es um die Frage der Verteilung erwirtschafteter Werte geht. Ein drittes Prinzip ist alternativ oder gleichzeitig mit den beiden ersten beobachtbar, das der nicht marktförmigen Haushaltung, der Produktion für den Eigenbedarf der Gemeinschaft.[36]

---

31 Polanyi, Karl (1979): a.a.O., S. 190.
32 Vgl. ebd., S. 149f.
33 Vgl. Koslowski, Peter (1993): Politik und Ökonomie bei Aristoteles. Tübingen.
34 Vgl. Polanyi, Karl (1979): a.a.O., S. 209f.
35 Ebd., S. 209-210.
36 Vgl. Polanyi, Karl (1995): a.a.O., S. 75f.

Insbesondere aus der sozialökonomischen Perspektive auf soziale Einbindung, (Re-) Pluralisierung und (Re-) Lokalisierung wirtschaftlichen Handelns, ist Polanyis Darstellungen bedeutend.

2.4 Ökonomie als gesellschaftsexternes System – orthodoxe Positionen

Die wirtschaftshistorische Analyse Polanyis zeichnet neben dem Verlauf der Herauslösung des ökonomischen Systems aus seiner sozialen und kulturellen Einbettung die Angleichung der menschlichen Werte und Vorstellungen an das marktwirtschaftliche System nach. Der Marktmechanismus transformiere alle Elemente wirtschaftlicher Tätigkeit in Waren. Da die Produktionsfaktoren von den Elementen der menschlichen Institutionen und der natürlichen Gegebenheit nicht getrennt werden könnten, sei ersichtlich, „dass die Marktwirtschaft eine Gesellschaft impliziert, deren Institutionen den Erfordernissen des Marktmechanismus unterworfen sind."[37]

Märkte waren, so Polanyi, niemals mehr als nur ein Teil des gesamten, pluralen Wirtschaftslebens und in der Regel war das Wirtschaftssystem in das Gesellschaftssystem integriert. Die Herauslösung der Wirtschaft aus der Gesellschaftsstruktur seit dem neunzehnten Jahrhundert befreite wirtschaftliche Motivationen von gesellschaftlicher Kontrolle. Der selbstregulierende Markt verstehe sich als ein ökonomisches System, welches ausschließlich von den Märkten selbst kontrolliert, geregelt und gesteuert wird.

Die Vorstellung des selbstregulierenden Marktes beruhe jedoch auf einer Reihe von Annahmen über Mensch, Natur, Staat und Politik: Der Mensch wird sich so verhalten, dass er einen maximalen Geldgewinn erzielen wird, Staat und Politik verhindern die Bildung von Märkten nicht und Einkommensbildung, die nicht durch Verkauf entstehe, sei nicht zulässig.[38] „Selbstregulierung bedeutet, dass die gesamte Produktion auf dem Markt zum Verkauf steht und dass alle Einkommen aus diesen Verkäufen entstehen. Dementsprechend gibt es Märkte für alle Wirtschaftsfaktoren, nicht nur für Güter (...), sondern auch für Arbeit, Boden und Geld."[39]

Die Einbeziehung von Boden und Arbeit in den Marktmechanismus bedeutet für Polanyi nichts anderes als die Gesellschaftssubstanz schlechthin den Gesetzen des Marktes unterzuordnen. Arbeit und Boden können, jedoch keine Waren sein, denn „Arbeit ist bloß eine andere Bezeichnung für menschliche Tätigkeit, die zum Leben an sich gehört, das seinerseits nicht zum Zwecke des Verkaufs, sondern zu gänzlich anderen Zwecken hervorgebracht wird; auch kann diese Tätigkeit nicht vom restlichen Leben abge-

---

37 Vgl. ebd., S. 244.
38 Vgl. ebd., S. 102-103.
39 Ebd., S. 106.

trennt, aufbewahrt oder flüssig gemacht werden. Boden ist nur eine andere Bezeichnung für Natur, die nicht vom Menschen produziert wird."[40] Arbeit aus den Aktivitäten des Lebens herauszulösen und sie dem Marktmechanismus zu unterwerfen, bedeute die Ersetzung der organisatorischen Seinsformen durch andere gesellschaftliche Organisationsformen. Polanyi bezeichnet sie als „atomistische und individualistische Form",[41] die mit Hilfe der Anwendung des Prinzips der Vertragsfreiheit befördert wird. „Dies bedeutete in der Praxis, dass die nicht vertraglich festgesetzten Formen, wie Verwandtschaft, Nachbarschaft, Beruf und Bekenntnis liquidiert werden mussten."[42] Polanyi schildert, wie in den Kolonialgebieten die Eingeborenen gezwungen wurden, ihren Lebensunterhalt durch den Verkauf ihrer Arbeitskraft zu bestreiten. Zu diesem Zweck mussten ihre traditionellen Institutionen und ihre Subsistenzwirtschaften zerstört werden.

Der Prozess der Enteignung weitet sich heute in bizarrer Weise aus und vereinnahmt nun über Patentrechte auch Lebewesen. Mit den Auflagen des IWF zur Einführung freier Märkte in Transformations- und Entwicklungsländern sind stets dieselben Ziele zugunsten der Finanzwirtschaft und der internationalen Konzerne verbunden[43] – die Umwandlung von Land in Ware und von kollektiven Eigentumsrechten in Privateigentum sowie die Zerstörung der Grundlagen alternativer Produktions- und Lebensformen.[44]

Intensiv setzt sich Polanyi mit dem Zusammenhang der Abschaffung der Rechte aus der Armengesetzgebung zur Durchsetzung der marktorientierten Arbeitsorganisation auseinander. Ebenso wie Selbstorganisationsformen und Subsistenzmöglichkeiten mussten die Rechte der Armen auf Existenzsicherung abgeschafft oder in Verbindung mit dem Zwang zum Verkauf der Arbeitskraft um jeden Preis, d.h. den Marktpreis, gebracht werden.

Das zweite Element, Grund und Boden, ist nach Polanyi „ein mit den Lebensumständen des Menschen untrennbar verwobenes Stück Natur."[45] Es „herauszunehmen und einen Markt daraus zu machen, war das vielleicht absurdeste Unterfangen unserer Vorfahren."[46] Boden sei dem Menschen Garant der Stetigkeit, Ort der Behausung und Bedingung physischer Sicherheit. Die Trennung des Bodens vom Menschen und die Gestaltung der Gesellschaft in der Weise, dass sie die Erfordernisse eines Immobilienmarktes befriedigt, war ein zentraler Aspekt der Herausbildung der Marktwirtschaft.

---

40 Ebd., S. 107.
41 Ebd., S. 224.
42 Ebd., S. 225.
43 Vgl. Stiglitz, Joseph (2002): a.a.O., Berlin.
44 Vgl. Zeller, Christian (Hrsg.) (2004): Die globale Enteignungsökonomie. Münster, S. 11.
45 Polanyi, Karl (1995): a.a.O., S. 243.
46 Ebd., S. 243.

Geradezu prophetisch sind in einer Zeit, in der menschliches, tierisches und pflanzliches Erbgut zur Ware geworden sind und die ökologischen Schäden des Raubbaus bedrohliche Ausmaße angenommen haben, Polanyis Aussagen bezüglich der Ausweitung des ökonomischen Raubbaus, der auch „die mit der Unverletzlichkeit des Bodens und seiner Ressourcen zusammenhängenden Schutz- und Sicherheitsfaktoren umfasst – wie die Lebenskraft und Zähigkeit der Bevölkerung, (...) ja sogar das Klima des Landes, das durch Abholzung der Wälder, durch Erosion und Sandverwehungen beeinträchtigt werden kann, alles Gegebenheiten, die letztlich auf dem Faktor Boden beruhen und die allesamt nicht dem Marktmechanismus von Angebot und Nachfrage unterworfen sind."[47]

Polanyi unterscheidet wirtschaftsgeschichtliche Phasen, in denen entweder gesellschafts- oder wirtschaftsbezogene Orientierungen dominieren, „von der Bedeutung des Ökonomischen als ‚Vorsorge zur Befriedigung materieller Bedürfnisse‘ bis zu jener ‚gewinnbringenden Tätigkeit‘ oder ‚geschäftsorientierten Einstellung.‘"[48] Adam Smith ordnet er den gesellschaftsbezogenen Positionen zu, da dieser das Wirtschaftsleben als nur einen Aspekt des nationalen Lebens angesehen habe. Mit Robert Malthus (1766–1834) und David Ricardo (1772–1823) entstand nach Polanyi das Verständnis eines separaten Systems, das dem ökonomischen Prinzip der formalen Rationalität unterworfen ist. Malthus und Ricardo forderten die Aufhebung der Armenrechtsgesetze, die – ebenso wie die gesetzliche Regelung der Niederlassung in England – der Herausbildung eines freien Arbeitsmarktes entgegenstünden. Die physische Freizügigkeit von Arbeitskräften wurde durch ein Niederlassungsgesetz mit Vorschriften zur Gemeindeleibeigenschaft von 1662 geregelt, welches erst 1795 gelockert wurde. Im selben Jahr wurde das Speenhamland-Gesetz eingeführt, ein Lohnzuschusssystem, welches, gekoppelt mit dem Brotpreis, die Existenz der Armen, unabhängig von ihren Einkünften, sichern sollte. Das Gesetz enthielt damit ein Recht auf Lebensunterhalt. 1834 wurde das Speenhamland-Gesetz aufgehoben, um einem auf reinem Wettbewerb beruhenden Arbeitsmarkt freien Lauf zu lassen.[49]

Die Schädlichkeit der Armenrechte wird bei Malthus mit Restriktionen der Natur erklärt. „Der Hunger würde die Armen zwingen, zu jedem Lohn zu arbeiten, und ihre Zahl würde durch die Menge der vorhandenen Nahrungsmittel geregelt."[50] Alle Maßnahmen, die Armen zu unterstützen und die Not zu lindern, seien zu verbieten, ebenso die Unterstützung von Kindern in Not

---

47 Ebd., S. 251.
48 Polanyi, Karl (1979): a.a.O., S. 193.
49 Polanyi, Karl (1995): a.a.O., S. 113f.
50 Ebd., S. 200.

und Elend, da deren Versorgung die Armen nur noch anreize, Kinder in die Welt zu setzen – jeder habe für seine eigenen Kinder zu sorgen.[51]

David Ricardo befasste sich mit der Frage, wie das Sozialprodukt einer Volkswirtschaft zwischen Grundherren, Kapitaleignern und Arbeitern verteilt ist. Die jeweiligen gesellschaftlichen Klassen personifizieren auf den Arbeits-, Boden- und Kapitalmärkten die Angebots- und Nachfragefaktoren. Er geht aus von einem „natürlichen" Lohnniveau, welches gerade ausreicht, damit die Arbeitsbevölkerung sich und ihre Arbeitskraft reproduziert. Alle Nichtarbeitseinkommen, also Grundrenten und Profite, hingen von der Differenz zwischen Jahresprodukt und der für die Produktion nötigen Güter ab. Die Grundrente steige, weil Böden und natürliche Ressourcen knapp würden und die Nachfrage durch die wachsende Bevölkerung steige. Dadurch komme es zu einem Fall der Profitrate. Diese aber bestimme das Tempo des Wirtschaftswachstums. Er betont, dass bessere Maschinen zu Arbeitslosigkeit führen könnten. Sie seien aber dennoch im Interesse der Arbeiter, da sie die Profitraten erhöhen, Kapitalbildung anregen und so neue Arbeitsplätze schaffen. Die Behinderung des technischen Wandels würde zu Kapitalflucht führen.[52]

Mit dem Lohngesetz, dem Gesetz der Bodenrente und des Wirtschaftswachstums bei steigendem Profit in Verbindung mit dem Bevölkerungsgesetz des Robert Malthus entstanden quasi naturgesetzliche Vorstellungen von Wirtschaft und Gesellschaft. Was die Wirtschaftstheorie konstruierte, wurde von der realen Ausweitung der Märkte begleitet und bestätigt.

Der Glaube an die selbstregulierenden Märkte und den Zusammenhang von Profitrate und Wirtschaftswachstum ist trotz der Unzulänglichkeiten des seiner sozialen und ökologischen Verantwortung enthobenen Marktsystems zweihundert Jahre später nahezu ungebrochen. Das ursprüngliche Ziel der klassischen Ökonomie, mit Hilfe freier Märkte dem Wohlstand der Nationen zu dienen, weicht im Neoliberalismus der Vorstellung, dass die Volkswirtschaft in einer liberalen Gesellschaft den individuellen Zielen der Akteure diene, die ihren Eigennutz maximieren.

Seit Beginn des Siegeszuges des Neoliberalismus in den achtziger Jahren des 20. Jahrhunderts greifen neoliberale Wirtschaftswissenschaftler die „Verzerrungen des Marktes durch staatliche Regulierung" an und machen diese für die Misserfolge und offensichtlichen Krisen verantwortlich. Grundsätze dieser Position formuliert Friedrich August von Hayek (1899–1992): Die Erhöhung der Bedürfnisbefriedigung oder die Maximierung des Sozialproduktes sind nicht die Ziele einer freien Marktwirtschaft. Diese ist vielmehr eine „spontane Ordnung", die keine konkreten Ziele hat. Soziale

51 Vgl. Turner, Michael (Hrsg.) (1986): Malthus and his Time. London.
52 Ricardo, David (1817/1972): Grundsätze der politischen Ökonomie und der Besteuerung. Hrsg. v. Fritz Neumark, Frankfurt am Main.

Gerechtigkeit kann nicht definiert werden. Die spontane Ordnung kann ein solches Ziel ihrem Wesen nach nicht haben. Bemühungen um „soziale Gerechtigkeit" müssten die spontane Ordnung des Marktes durch „eine totalitäre Ordnung" ersetzen. Für die, die am Markt unter einen gewissen Standard fallen, sollte außerhalb des Marktes ein Minimum an Sicherheit vorgesehen werden. Eine Korrektur des Marktergebnisses aber sei damit nicht gerechtfertigt.[53]

Hayek stellt sich damit den Ansprüchen sozialpolitischer Redistribution entgegen. Er greift massiv die Gewerkschaften an und äußert sich explizit gegen „unbeschränkte" Demokratie: „Monopolistische Praktiken, die heute das Funktionieren des Marktes bedrohen, sind seitens der Arbeiter viel gravierender als seitens der Unternehmer, und ob es gelingt, diese wieder zu beschränken, wird für die Erhaltung der Marktordnung entscheidender sein als irgendetwas sonst."[54] Der gesellschaftliche Zusammenhalt werde insbesondere durch die Sicherung der Eigentumsrechte gewährleistet.[55] Der „Egalitarismus" – gemeint ist der Wohlfahrtsstaat – sei das Ergebnis davon, dass es in einer unbeschränkten Demokratie notwendig sei, auch die Schlechtesten zu berücksichtigen. Demokratische Institutionen müssten vom Rechtsstaat im Zaum gehalten werden, um nicht eine „totalitäre Demokratie" entstehen zu lassen. Liberalismus und unbeschränkte Demokratie seien in dieser Sichtweise unvereinbar.[56]

Nach wie vor gilt das Gewinnprinzip als das „wertfreie" unternehmerische Formalziel im Dienste des Gemeinwohls. Es negiert nicht nur die soziale Verantwortung des Marktes, die über die reine Profitmaximierung hinausgeht und lehnt korrigierende Sozialpolitik als Verirrung ab, sondern negiert gleichermaßen die Tatsache, dass die Definition maßgeblicher „Wahrheiten" in der dominanten ökonomischen Lehrmeinung bestimmt sind von mächtigen ökonomischen, politischen und gesellschaftlichen Interessen.[57] Die moralische Pflicht des Unternehmens sei es, sich auf die langfristige Gewinnmaximierung zu konzentrieren, da die Verfolgung des unternehmerischen Eigeninteresses ganz von selber den größtmöglichen Beitrag zum Gemeinwohl erbringe. "The social responsibility of business is to increase its profits", so Milton Friedman.[58] Nach seiner Aussage ist die Ökonomie Mittel zum Zweck der individuellen Freiheit und auch wenn die freie Marktwirtschaft nicht das effizienteste System wäre, wolle er sie trotzdem

---

53 Hayek, Friedrich A. von (1969): Freiburger Studien. Gesammelte Aufsätze. Tübingen, S. 123.
54 Ebd., S. 125.
55 Vgl. ebd., S. 110.
56 Vgl. Hayek, Friedrich A. von (1979): Liberalismus. Tübingen.
57 Galbraith, John Kenneth (2005): Die Ökonomie des unschuldigen Betrugs. München, S. 13.
58 Dies ist die Überschrift zu einem Beitrag Milton Friedmans im New York Times Magazine vom 13. September 1970.

wegen der Werte, die sie repräsentiere: Wahlfreiheit, Herausforderung und Risiko.[59] Friedman, der in den sechziger und siebziger Jahren des 20. Jahrhunderts mit seinen libertären Forderungen nach Freigabe von Drogen oder Abschaffung von Abtreibungsverboten und Schulpflicht schockierte, bezeichnete den Sozialstaat als Monster, das nur den Bürokraten und Politikern nutze – sozialer Wohnungsbau, staatliche Altersversorgung und die Festsetzung eines Mindestlohns seien absurd.

Während er mit seinen radikalen Äußerungen bis in die 70er Jahre nur wenig ernst genommen wurde, eroberten seine Gedanken in den 1980er Jahren die ökonomische Definitionsmacht weltweit. Ronald Reagan, Margret Thatcher und Augusto Pinochet waren die ersten, die ihre Politik nach Friedmans Ideen ausrichteten. Die Entlassung der Märkte aus ihrer sozialen und ökologischen Verpflichtung fordert seitdem weltweit ihre sozialen und ökologischen Opfer.

Heinz Ries kommentiert die destruktiven Folgen der neoliberalen Ideologie und Praxis wie folgt: „Im totalen Markt wird jeder Mensch zum Verwertungsobjekt des anderen und die gesamte Natur wird der Verwertungslogik des Marktes unterworfen. (...) Ein Resultat des radikalen Freiheitsideals ist die Staatsfeindlichkeit und verbunden damit eine tief greifende antidemokratische Haltung, da jede Demokratie eine Machtbeschränkung beinhaltet. Das verzerrte Menschenbild zeigt verheerende Folgen, insbesondere für schwächere Menschen und darüber hinaus auch für die gesamte Kreatur.[60]

2.5 „Gemeinsinn" und neue Philanthropie

Die Implikationen der Idee der freien Märkte im Zusammenspiel mit der Denkfigur des homo oeconomicus erfahren seit dem Ende der Systemkonkurrenz eine massive Ausweitung auf die (Re-) Strukturierung der Sozialpolitik und die Legitimation der marktförmigen Globalisierung, an deren Ende sich so etwas wie ein globales Allgemeinwohl herauskristallieren soll. Vorher jedoch sei es erforderlich, Staat und Gesellschaft zu „modernisieren", um die nationale Konkurrenzfähigkeit zu stärken.[61] Sozialstaatliche Redistribution ist demnach „schlechthin Ursache der Krise und Hemmnis für ökonomisches Wachstum, Beschäftigung und Flexibilität".[62] Die auf

59 Vgl. Friedman, Milton (1984): Kapitalismus und Freiheit. Berlin, S. 98.
60 Ries, Heinz A. (2000): Vision für einen Stadtteil. In: Elsen, Susanne/Ries, Heinz A./ Löns, Nikola/Homfeldt, Hans-Günther (Hrsg.): Sozialen Wandel gestalten – Lernen für die Zivilgesellschaft. Neuwied, S. 130.
61 Vgl. Gray, John (1999): Die falsche Verheißung. Berlin.
62 Dahme, Heinz-Jürgen/Wohlfahrt, Norbert (2003): Aktivierungspolitik und der Umbau des Sozialstaates. In: Dahme, Heinz-Jürgen/Otto, Hans-Uwe/Trube, Achim/ Wohlfahrt, Norbert (Hrsg.): Soziale Arbeit für den aktivierenden Staat. Opladen, S. 84.

Verteilungsgerechtigkeit zielende makroökonomische Steuerung muss daher abgebaut werden und der Rechtsanspruch auf soziale Sicherung ist mit den Strukturanpassungen unvereinbar. Die Steuerungsmodi privatkapitalistischer Unternehmen sind auch im Bereich sozialer Dienste einzuführen und der „Versorgungsmentalität" von Bezugsberechtigten im Wohlfahrtssystem ist durch die konsequente Koppelung von Leistung und Gegenleistung entgegen zu wirken, um ihre „Beschäftigungsfähigkeit" wiederherzustellen. Sozialstaatliche Interventionen sind seit geraumer Zeit überwiegend beschäftigungspolitisch motiviert und zielen auf angebotsorientierte Politik, die die Senkung von Lohn- und Lohnnebenkosten sowie generell sozialstaatlicher Leistungen, im Blick hat. Alle, auch die Leistungsempfänger selber, stehen in der Pflicht, einen Beitrag zur Konsolidierung des „überforderten" Sozialstaates zu leisten.

In diesem Zusammenhang ist auch die aktuelle Diskussion um bürgerschaftliches Engagement, die aktive „Bürgergesellschaft", das neue Stiftungswesen und die soziale Verantwortung von Unternehmen zu sehen. Bemäntelt durch den Demokratiediskurs, lassen sich die einseitigen Intentionen nicht immer auf den ersten Blick erkennen. Die Gemeinwohlperspektive wird von der Idee des „Gemeinsinns" abgelöst. Nicht soziale, politische und ökonomische Grundrechte und sozialer Ausgleich, sondern „Bürgerpflichten" stehen im Zentrum. Die ökonomische Vertragslogik von Geben und Nehmen kehrt, ohne Berücksichtung von Machtgefälle und Ungleichheit, auch in die Sozialpolitik und die alltägliche Soziale Arbeit ein. Sozial benachteiligten Menschen werden insbesondere Verhaltens- und Persönlichkeitsdefizite – nicht mangelnde Chancen und Optionen – unterstellt.

Es sind maßgeblich nordamerikanische Kommunitarier, die seit den 1980er Jahren das „Anspruchsdenken" thematisieren, welches die Rechtsansprüche auf Sozialleistungen im Wohlfahrtsstaat erzeugt hätte.[63] Im Entwurf eines „kommunitaristischen Manifestes" wird die mangelnde Bereitschaft zur Übernahme von Eigenverantwortung und des Willens zur eigenen Lebensgestaltung beklagt, die auf den Ausbau der Wohlfahrtsstaaten zurück zu führen sei.[64] „Gemeinsinn" wird als Antwort auf die „Risiken und Chancen der modernen Gesellschaft" beschworen.[65] Gemeint ist die aktive Verantwortungsübernahme für die eigenen und die Belange des Gemeinwesens. Unberücksichtigt bleiben gesellschaftliche Risiken wie Massenarbeitslosigkeit, wachsende Armut, soziale Ausgrenzung und Polarisierung. Als Krisenphänomene werden insbesondere Trends zum Hedonismus, zur übertrie-

---

63 Der Kommunitarismus ist eine Bewegung, die für Entstaatlichung und die Stärkung wertgebundener Gemeinschaften eintritt.

64 Vgl. Guggenberger, Bernd (1997): Initiative für Bürgersinn. Entwurf eines kommunitaristischen Manifests. In: Die Neue Gesellschaft/Frankfurter Hefte 7/1997, S. 653.

65 Bertelsmann Forschungsgruppe Politik (Hrsg.) (2002): Gemeinsinn. Gütersloh.

benen Individualisierung, rückläufige Wahlbeteiligung und schwindendes Engagement in Kirchen und Gewerkschaften analysiert.[66]

Gemeinsinn ist jedoch kein Ersatz für den Wohlfahrtsstaat.[67] Wenn Gemeinsinn auf die soziale Integration aller Gesellschaftsmitglieder zielt, ist die Anspruchsberechtigung bedürftiger Menschen im Verteilungssystem eine Voraussetzung. Bedürftige zu Objekten wohlmeinenden bürgerschaftlichen Engagements oder neuen Mäzenatentums zu machen, ist ein Schritt zurück in vormoderne Verhältnisse. Ihnen, die keine Möglichkeiten haben, gesellschaftlich wirksam zu werden, wird damit ein weiteres Mal der Status der BürgerInnen streitig gemacht.[68]

Was könnte dem gemeinen Wohl und den Belangen der Schwächeren – lokal und global – unter den gegebenen Machtverhältnissen und ideologischen Durchdringungen Geltung verschaffen?[69]

Heute könnte es die Erkenntnis der Wohlhabenden sein, dass die, denen lokal und global der Zugang zu den Lebensgrundlagen verwehrt wird, sich ihr Recht verschaffen werden. Es könnte auch die Einsicht in die Tatsache sein, dass eine Gesellschaft nur einen gewissen Grad an Ungleichheit erträgt und die Zerstörung des Sozialen Kapitals die wirtschaftlichen und sozialen Grundlagen nachhaltig schädigt. Es könnte die Einsicht in die Zusammenhänge der globalen Wettbewerbswirtschaft sein, die heute die eine Person und/oder Region und morgen die andere zu Verlierern macht, die über keine eigenständig nutzbaren gemeinen Lebensgrundlagen mehr verfügen. Diese Einsichten freilich erfordern politisch verbindliche Regelungen jenseits von freiwilligen Arrangements und über die Grenzen von nationalen Territorien hinweg.

2.6 Die Sozialverträglichkeit der Wirtschaft in der aktuellen Diskussion

„Corporate Social Responsibility", das amerikanische Konzept des freiwilligen Gebens von Unternehmen, wird nun auch in Europa verbreitet. Geben bedeutet verzichten, mit anderen teilen, und setzt die Anerkennung des moralischen Codes „soziale Gerechtigkeit" voraus.[70] „Der Markt" kennt zwar diesen moralischen Code nicht, doch Marktakteure sind auch kleine und mittlere Unternehmerinnen und Unternehmer, sozial eingebundene Mitglie-

---

66 Vgl. ebd.
67 Vgl. Butterwegge, Christoph (2001): Wohlfahrtsstaat im Wandel. 3. Auflage, Opladen, S. 118.
68 Vgl. Elsen, Susanne (2000): Zivile Gesellschaft gestalten. In: Elsen, Susanne/Ries, Heinz u.a. (Hrsg.): Sozialen Wandel gestalten. Neuwied, S. 107.
69 Vgl. ebd., S. 258.
70 Vgl. Berking, Helmuth (1996): Zur Anthropologie des Gebens. Frankfurt am Main.

der eines Gemeinwesens also, die, wie Geschichte und Gegenwart zeigen, auch moralische Codes anerkennen, danach leben und handeln. Die Amerikanerin Hazel Henderson stellt fest, dass fünf bis zehn Prozent der Unternehmen heute zur schöpferischen Minderheit einer Privatwirtschaft bürgerlichen Anstands zu zählen ist. „Sie schwimmen gegen den Strom der konventionellen Wettbewerbswirtschaft mit vielen Verlierern. Die Nicht-‚Lehrbuch'-Investoren und Unternehmer laufen nicht der schnellen Mark nach, sie versuchen, ein weites Feld personaler und gesellschaftlicher Ziele zu optimieren.[71]

Es gibt eine lange Praxis gesellschaftlicher Verantwortungsübernahme sozial eingebundener Unternehmen, denn sie sind angewiesen auf eine enge Verbindung mit ihrer Umwelt. In der Diskussion um die soziale Verantwortung von Unternehmen finden diese meist kleinen und mittleren Unternehmen nur wenig Beachtung. Sie repräsentieren überwiegend eine Unternehmenskultur, die in persönlicher Interaktion mit Mitarbeitenden, Kunden, Lieferanten und regionaler Öffentlichkeit steht und sich der sozialen Verantwortung alleine deshalb kaum entziehen kann.

Von ihnen zu unterscheiden sind ungebundene, anonymisierte Großunternehmen, in denen die Interessen der Kapitaleigner dominieren. Es sind aber gerade diese, die heute von „Corporate Citizenship" als freiwilliger sozialer Verantwortungsübernahme von Unternehmen sprechen. Die Enquete-Kommission „Zukunft des Bürgerschaftlichen Engagements" des Deutschen Bundestages betont, dass unternehmerische Engagementförderung zusätzlich innovative soziale Ressourcen erschließe, aber kein Ausfallbürge für ein soziales Sicherungssystem sei.[72] Sie schaffe in Zeiten einer bisweilen ökonomistisch verengten Gesellschaftspolitik zusätzliche gesellschaftliche Wohlfahrtsgewinne und (unternehmens-) politische Gestaltungsräume.[73] Die Frage ist jedoch, wie diese Entwicklung „zur Ressource einer sozial gerechten und demokratischen Gesellschaft wird."[74]

---

71 Henderson, Hazel (1997): Macht beide Seiten zu Gewinnern! Oder Leben jenseits des globalen ökonomischen Krieges. In: Weizsäcker, Ernst Ulrich von (Hrsg.): Grenzen – los? Berlin, Basel, Boston, S. 366.

72 Die Enquete-Kommission arbeitete von Februar 2000 bis Februar 2002 mit elf Abgeordneten und elf Sachverständigen in drei Berichtsgruppen zum Verhältnis von Bürgerschaftlichem Engagement gegenüber Zivilgesellschaft, Erwerbsarbeit und Sozialstaat. Siehe auch: Enquete-Kommission „Zukunft des Bürgerschaftlichen Engagements" des Deutschen Bundestages (2000): Bericht Bürgerschaftliches Engagement. Opladen.

73 Vgl. Backhaus-Maul, Holger/Janowicz, Cedric/Mutz, Gerd (2001): Unternehmen in der Bürgergesellschaft. In: Blätter der Wohlfahrtspflege, 148. Jahrgang, Heft November/Dezember 2001.

74 Vgl. Böhnisch, Lothar/Schröer, Wolfgang (2002): Die soziale Bürgergesellschaft. Weinheim, München, S. 162.

Die Kommission stellt das unternehmerische bürgerschaftliche Engagement in den Begründungszusammenhang gesellschaftlicher Pluralisierungs- und Entgrenzungsprozesse, die in der industriellen Moderne getrennte Bereiche von „Arbeit und Leben – Wirtschaft und Gesellschaft" stärker zusammenwachsen ließen.[75] Dadurch unterscheide sich wirtschaftliches Handeln immer weniger von anderen Formen des sozialen Handelns. Eben dies ist das Problem, denn die Kommerzialisierung aller Lebensbereiche, die ökonomistische Durchdringung der Lebenswelt, hebt die Unterschiede auf und wirkt destruktiv auf die Lebenswelten, die das soziale Kapital der Gesellschaft bilden. Böhnisch und Schröer sehen in den Citizenship-Programmen „ein partielles Eindringen von Unternehmen in bisher sozialstaatlich reklamierte Bezirke."[76]

Silvia Staub-Bernasconi verweist darauf, dass die Soziale Arbeit wieder lernen müsse, was in ihren professionellen Anfängen die Regel war, nämlich dass die Wirtschaft Problemverursacherin ist und dass deshalb Wirtschaftsführer auch als Problemlöser angesprochen und in die Pflicht genommen werden müssen.[77] Mit Hilfe von einzelnen Projekten in der Sozialen Arbeit wird versucht, Begegnungen zwischen wirtschaftlichen Eliten und Bedürftigen zu erreichen. Modelle wie „switch" in München oder „SeitenWechsel" in der Schweiz vermitteln Führungskräften aus der Wirtschaft Einsatzmöglichkeiten in sozialen Einrichtungen und bieten ihnen praktische Erfahrungs- und Lernfelder. Den Führungskräften soll damit eine Auseinandersetzung mit sozialen Problemen aus der direkten Sicht der Betroffenen ermöglicht werden.

Doch mit Bewusstseinsbildung auf personeller Ebene kann kaum die strukturelle Verantwortungslosigkeit der transnationalen Konzerne beeinflusst werden. „Die Gefahren der entfesselten Marktkräfte werden mitnichten durch ein neues Wertebewusstsein der Akteure am Markt ausgeglichen." Darüber hinaus laufen solche Projekte Gefahr, die Lebenswelten Benachteiligter, Ausgegrenzter und Verelendeter zu missbrauchen, um über die Begegnung mit existenziellen Fragen am unteren Rand der Gesellschaft motivationale Kraft zu schöpfen.[78] Die fachlichen und ethischen Erfordernisse Sozialer Arbeit können bei solchen Begegnungen grob missachtet werden.

Wechselseitige Anerkennung als gleichwertige Menschen ist Voraussetzung jeder menschlichen Interaktion. Reziprozität würde bedeuten, dass der Wohnungslose prinzipiell Erfahrungen in der entgegengesetzten Lebenswelt machen kann. Die Wahloption haben jedoch nur die Privilegierten –

---

75 Vgl. Backhaus-Maul, Holger/Janowicz, Cedric/Mutz, Gerd (2001): a.a.O.
76 Böhnisch, Lothar/Schröer, Wolfgang (2002): a.a.O., S. 159.
77 Vgl. Staub-Bernasconi, Silvia (2000): Seitenwechsel. In: Elsen, Susanne/Lange, Dietrich/Wallimann, Isidor (Hrsg.): Soziale Arbeit und Ökonomie. Neuwied, S. 137.
78 Prantl, Heribert (2004): Zurück in die Wälder? In: Kursbuch, Heft 155, März 2004, S. 170.

ohne die explizite Zustimmung der Objekte, deren Lebenswelten als Erfahrungsräume geöffnet sind. Die Benachteiligten hingegen haben nicht nur diese Wahl nicht, sondern auch kein Recht, ihre Lebenswelt gegen fremde Blicke und Einblicke zu schützen.

Es ist nachvollziehbar, dass Böhnisch und Schroer solche Formen des bürgerschaftlichen Engagements als „säkularisiertes Almosenmodell" bezeichnen.[79] Wohlstand und Autonomie des Spenders basieren auf Armut und Abhängigkeit der Anderen und begründen die Selbstverpflichtung zur Wohltätigkeit. Auch der Anreiz zu privater Wohltätigkeit ist Teil dessen, was als „regressive Modernisierung" des Sozialstaates bezeichnet werden kann,[80] die Bedürftige wieder zu BittstellerInnen macht, ihre Rechtsansprüche durch mildtätige Gaben ersetzt und Mäzene an die Stelle gesamtgesellschaftlicher Verantwortung für das Soziale treten lässt. Die Wohlhabenden demonstrieren Verantwortung gegenüber den Benachteiligten. Diese müssen sich der Wohltaten als würdig erweisen und glaubhaft machen, dass sie sich bemühen, aus ihrer misslichen Lage zu kommen. Das frühmittelalterliche Barmherzigkeitsmotiv sei der „sozialpolitischen Postmoderne" durchaus nicht fremd, so Butterwegge.[81]

Die Selektion „wirklich Bedürftiger" und ihre Dankesverpflichtung sind Rückfälle in vordemokratische Gesellschaften, denn es war eine der großen Errungenschaften der Wohlfahrtsstaaten, den Rechtanspruch auf Hilfe in existenziellen Notfällen von Dankeserwartungen und der Pflicht zu Gegenleistungen zu trennen. Freiwilliges Geben verbindet partikulare Interessen mit ökonomischer Macht. Die individuell paternalistische Wohltätigkeit von Unternehmerinnen und Unternehmern tastet die antisoziale Grundstruktur des Konkurrenz- und Profitkapitalismus nicht an.[82] Seine soziale Korrektur und Zähmung wird nur auf der Basis von breitem und verbindlichem Konsens im sozialstaatlichen Modell gewährleistet.

Die „plumpe" Art, in der die neue „soziale Verantwortung" von Großunternehmen in Deutschland derzeit diskutiert wird, hat auch damit zu tun, dass in der arbeitsteiligen sozialen Marktwirtschaft die Verantwortung für „das Soziale" an den Staat delegiert wurde. Es wäre die logische Konsequenz der Hauptnutznießer des Sozialstaatsabbaus und des Endes der arbeitsteiligen sozialen Marktwirtschaft, soziale Verantwortung in wirtschaftliches Handeln zu integrieren und darüber hinaus sozialökonomische Ansätze zu fördern, um die Belange des Gemeinwesens zu organisieren. Als Ausfallbürge soll die Zivilgesellschaft zwar einspringen, aber eigenständige sozialökonomische Lösungen werden ihr verweigert. Es ist tatsächlich befremdlich, dass führende Industriemanager und Vertreter der Arbeitgeberverbände of-

---

79 Böhnisch, Lothar/Schröer, Wolfgang (2002): a.a.O., S. 46.
80 Butterwegge, Christoph (2001): a.a.O., S. 117.
81 Ebd., S. 117.
82 Vgl. Böhnisch, Lothar/Schöer, Wolfgang (2002): a.a.O., S. 16.

fen die Federführung für Reformen staatlicher Sozialpolitik übernehmen. Gleichzeitig wird die Unabhängigkeit des Marktes von Politik und Gesellschaft weiterhin propagiert.

Nahezu alle großen Unternehmen definieren „Codes of Conduct", mit denen sie sich Regeln zur Einhaltung sozialer und ökologischer Prinzipien auferlegen.[83] Daraus ist jedoch nicht zu schließen, dass sie diese in ihre Wertschöpfungsprozesse integrieren und in der Wertverteilung verlässlich berücksichtigen. So findet sich in der Einführung zum Geschäftsbericht 2000 des Baseler Chemiekonzerns Novartis unter der Überschrift „Wir bekennen uns zu gesellschaftlichen Verpflichtungen" folgende Einführung: „In den Stadtstaaten des alten Griechenlands und Roms war der Titel ‚Bürger' eine ehrenvolle Bezeichnung. Mit dieser Ehre einer gingen aber auch bestimmte Verantwortlichkeiten. Ähnlich ist es mit dem Konzept des Unternehmens als Bürger. Es bedeutet, in stärkerem Maße Verantwortung für die Entwicklungen unserer Welt zu übernehmen und Worte in Taten umzusetzen."[84] In die Alltagspraxis des Unternehmens sind diese Prämissen nicht eingedrungen und das ist auch kaum zu erwarten. In der Auseinandersetzung der weltweit führenden Pharmakonzerne mit der südafrikanischen Regierung um die Abgabe bezahlbarer Aids-Medikamente gehörte Novartis zu denen, die diese Forderung ablehnten.[85]

Der oft als Beispiel zitierte amerikanische Kapitalismus kennt durchaus eine andere Tradition. Private Hilfe und zivile Selbstorganisation waren immer eine Notwendigkeit und wurden alleine deswegen zugelassen. Corporate Citizenship ist weit verbreitet. Alexis de Tocqueville hat mit seiner Lehre vom „wohlverstandenen Interesse" eine plausible Erklärung dafür: „Amerikanische Moralisten behaupten nicht, dass man sich für seinen Nächsten aufopfern soll, weil es groß ist, so zu handeln, vielmehr erklären sie offen, dass solche Opfer dem ebenso nötig sind, der sie sich auferlegt, wie dem, der den unmittelbaren Nutzen hat."[86]

Die Chance der europäischen Staaten bestünde darin, zu einer gestaltenden Sozialpolitik „wohlverstandenen Interesses" zu finden und neue Elemente sozialer und ökonomischer Selbstorganisation mit sozialpolitischen Rechtsansprüchen zu verbinden. Mit Hilfe ökonomischer Mittel, Engagementbereitschaft und Kompetenzen, die sozialökonomischen Projekten u.a. durch Großunternehmen zur Verfügung gestellt werden, könnten gezielte Förderungen sozialer Innovationen im Gemeinwesen erreicht werden. Voraussetzung wäre jedoch die weitgehende Autonomie der Projekte.

---

83 Vgl. Werner, Klaus/Weiss, Hans (2001): Schwarzbuch Markenfirmen. Wien.
84 Ulrich, Peter (2002): a.a.O., S. 129.
85 Vgl. ebd., S. 131.
86 Tocqueville, Alexis de (1835/1994): a.a.O., S. 254.

Der Sprecher des Vorstandsstabes des Bundesverbandes der Volks- und Raiffeisenbanken formuliert, warum er die unternehmerische Investition in das soziale Kapital für unverzichtbar hält: „Es wäre falsch, bürgerschaftliches Engagement als reine PR-Aktion zu betrachten. Investitionen in Corporate Citizenship sind Investitionen in die Zukunft. Sie sind geeignet, das Verhältnis von Wirtschaft und Gesellschaft zu verbessern und Spannungen zwischen Arm und Reich abzubauen. Dies ist kein Selbstzweck, sondern eine nötige Voraussetzung für erfolgreiches Wirtschaften." [87] Er empfiehlt die Investition in Bürgerstiftungen, die in der Selbstverwaltung der Bürger-Innen stehen. Dies kommt der Idee der Bündelung von Ressourcen und Kompetenzen und ihrem gezielten, bürgerschaftlich kontrollierten Einsatz nahe. In der Praxis erweisen sich Bürgerstiftungen jedoch als nicht unproblematisch. Unter bestimmten Voraussetzungen könnten jedoch lokale Fonds und Bürgerbudgets durchaus einen Beitrag zur Entwicklung und Stabilisierung innovativer sozialökonomischer Lösungen im Gemeinwesen leisten.

Verbindliche und einklagbare Regeln, ökologische und soziale Mindeststandards, unabhängig von Nützlichkeitserwägungen und der jeweiligen Geschäftslage sind für die Zukunftsfähigkeit des Gemeinwesens unerlässlich. Mit der Macht der Konzerne über Arbeitslosigkeit als Bedrohungspotenzial, nicht nur über Arbeitsplätze als positive Anreize, scheint die Verbindlichkeit dieser Regeln in noch weitere Ferne zu rücken. Aber auch große, weltmarktorientierte Unternehmen können sich einen weiteren Legitimationsverlust aufgrund sozial und ökologisch verantwortungslosen Handelns im Zeitalter weltweiter Vernetzung des Informationsflusses von kritischen Kräften nicht leisten. Die zunehmend kritische zivile Öffentlichkeit konnte in den vergangenen Jahren einiges erreichen. Diese „dritte Kraft zwingt die Wirtschaft, ihre Verantwortung wahrzunehmen, wie es früher von Regierungen verlangt worden ist."[88]

Im Juli 2000 wurde auf Initiative des UN-Generalsekretärs Kofi A. Annan der „Global Compact"[89] formuliert und von rund fünfzig transnationalen Konzernen unterzeichnet. Neben den Vereinten Nationen und diesen Konzernen gehören der Initiative der Internationale Gewerkschaftsverband sowie große internationale Nichtregierungsorganisationen im Bereich des Umweltschutzes und der Menschenrechte an. Der „Global Compact" beinhaltet neun Prinzipien zu Menschenrechten, gerechten Arbeitsbedingungen und Umwelt. Sie sind sehr allgemein gefasst und deshalb wenig überprüfbar. Es fehlt zudem an Überwachungs- und Durchsetzungsmechanismen.

---

87 Kiefer, Rolf: Investition in soziales Kapital. In: Volksbanken und Raiffeisenbanken. Verlagsbeilage der Frankfurter Allgemeinen Zeitung vom 10. September 2002.
88 Henderson, Hazel (1997): a.a.O., S. 365.
89 Vgl. Ulrich, Peter (2002): a.a.O., S. 132-133.

Der Compact erscheint als Regulierungsinstrument oder als Verhaltensko-dex. Beides ist er nicht, denn sie beruhen auf Freiwilligkeit.

Bei allen Fragen weist diese Initiative aber ebenso wie die „Leitsätze für multinationale Unternehmen"[90] der OECD in die richtige Richtung. Die OECD-Leitsätze wurden in Kooperation zwischen NGOs, Regierungen, Unternehmen und Gewerkschaften erarbeitet. Sie beinhalten Standards für ein „gutes Geschäftsverhalten" in Ländern des Südens, die Ziele nachhalti-ger Entwicklung beinhalten und dem guten Ruf des Unternehmens dienen sollen. Die Richtlinien gelten immerhin für alle Unternehmen mit Sitz in den 33 OECD Unterzeichnerstaaten. Optimistisch betrachtet könnte man es als einen ersten Schritt zur gesellschaftlichen Rückbindung einer Ökonomie verstehen, die sich im Verlauf der vergangenen Jahrzehnte nicht nur der ge-sellschaftlichen Verantwortung entzog, sondern im Kampf gegen die Ge-sellschaft steht. Vielleicht ist die Hoffnung berechtigt, dass gute Parasiten ihren Wirt nicht töten, sondern die Koevolution suchen.[91]

---

90 www.oecd.org (letzter Zugriff am 15. Juli 2006).
91 Vgl. Henderson, Hazel (1997): a.a.O., S. 365.

3. Wirtschaften im gesellschaftlichen Zusammenhang – Die Rückbesinnung auf sozial eingebundenes Wirtschaften

Die Ökonomik, die Wissenschaft von der Wohlfahrtsproduktion und gesamtgesellschaftlichen Wertverteilung, bildete die wichtigste bezugsdisziplinäre Wurzel der Sozialen Arbeit.[1] Alice Salomon bezeichnete sie als Fachausbildung für die Soziale Arbeit. „Die Volkswirtschaftslehre ist an erste Stelle gerückt, weil sie die wesentlichste Voraussetzung für alles soziale Denken ist; für ein gerechtes Handeln gegen die Menschen, mit denen das Leben uns in Beziehung bringt."[2]

Deutlicher noch wird diese Sichtweise bei der österreichischen Nationalökonomin Ilse von Arlt (1876–1960), die einen explizit wissenschaftlichen Zugang zur Sozialpolitik und Sozialen Arbeit – Soziale Arbeit als angewandte Armutsforschung – entwickelte.[3] Arlt geht von der Frage der Befriedigung menschlicher Bedürfnisse bei knappen Ressourcen aus. Ihre Sichtweise auf die Volkswirtschaft leitet sie ab aus der Gestaltung von Volkswohlfahrt als übergeordnetem Ziel allen wirtschaftlichen Handelns, welches durch Wohlfahrtspflege nachrangig flankiert und korrigiert wird.

Die Auseinandersetzung der Sozialen Arbeit mit aktuellen sozialpolitisch relevanten Diskursen in der Wirtschaftswissenschaft wäre sehr wichtig, doch in den Curricula zur Ausbildung der Sozialen Arbeit haben sie keinen Platz. Jenseits der orthodoxen Neoklassik, die zwar immer noch dominiert und als „die Ökonomik" akzeptiert wird, gibt es eine Vielzahl wirtschaftswissenschaftlicher Positionen, die sich explizit gegen die Reduktionen und falschen Schlussfolgerungen der Neoklassik ebenso aussprechen wie gegen die daraus abgeleitete destruktive Praxis. Eine Auswahl dieser Positionen mit unterschiedlicher Relevanz für die Interessen der Sozialen Arbeit soll im Folgenden dargestellt werden.

---

1 Vgl. Labonté-Roset, Christine (2000): Ohne Nationalökonomie keine Sozialarbeit. In: Elsen, Susanne/Lange, Dietrich/Wallimann, Isidor (Hrsg.): Soziale Arbeit und Ökonomie. Neuwied, S. 27f.
2 Salomon, Alice (1997): Frauenemanzipation und soziale Verantwortung. Ausgewählte Schriften. Band 1. Neuwied, S. 38.
3 Vgl. Staub-Bernasconi, Silvia (2003): Enjoying Life on the Base of a Scientific Theory of Needs. In: Hering, Sabine/Waaldijk, Berteke (Hrsg.): History of Social Work in Europe (1900–1960). Opladen, S. 23f.

So wie sich schrittweise das Wirtschaftssystem aus einer gesellschaftlichen Einbettung herauslöste, trennte sich die Wirtschaftswissenschaft mit dem Siegeszug der Neoklassik aus ihrem umfassenden Kontext, der Sozialwissenschaft. Bis zur Jahrhundertwende vom 19. zum 20. Jahrhundert bildeten Sozialwissenschaften und Nationalökonomie überwiegend eine Einheit. Exemplarisch dafür stehen u. a. Gustav Schmoller, der Initiator des „Vereins für Sozialpolitik", Georg Simmel sowie Max und Alfred Weber. Max Webers Werk „Wirtschaft und Gesellschaft" verweist auf die unteilbare Verschränkung von Sozial- und Wirtschaftswissenschaft, noch deutlicher wird dies im ursprünglichen Titel des Werkes „Die Wirtschaft und die gesellschaftliche Ordnung der Mächte". Max Weber betonte 1904, dass Ökonomie stets „Sozialökonomie" sei und dass Sozialökonomie wiederum stets „Kulturwissenschaft" bedeute.[4]

An den zentralen sozialökonomischen Fragestellungen – Armut, Arbeit oder Zusammenhalt einer Gesellschaft – diskutiert z.B. der Wirtschaftswissenschaftler Mancur Olson die Bedeutung der Analysen aus wirtschafts- und sozialwissenschaftlicher Perspektive und stellt fest: „Gerade in Fällen wie diesen, wo die Methoden und Denkvoraussetzungen verschiedener Disziplinen zu scheinbar gegensätzlichen Schlussfolgerungen führen, wiegt das Fehlen eines ernsthaften ins einzelne gehenden Gedankenaustausches zwischen der Ökonomie und den anderen Sozialwissenschaften besonders schwer."[5]

Die Sozialwissenschaften waren bis zur Mitte des 20. Jahrhunderts viel weniger ausdifferenziert und die Betrachtung ökonomischer Fragen innerhalb der Sozialwissenschaft aus historischer, soziologischer, sozialpsychologischer oder politischer Perspektive verankerte die Ökonomie im umfassenden sozialwissenschaftlichen Kontext und machte sie zum Gegenstand unterschiedlicher sozialwissenschaftlicher Teildisziplinen. Die Herauslösung der Ökonomik aus den Sozialwissenschaften ist die eine, die Nichtbefassung der Sozialwissenschaften mit der Ökonomie die andere Seite dessen, was als „ökonomischer Imperialismus"[6] in den Sozialwissenschaften bezeichnet wird.

Seit ca. 20 Jahren geraten jedoch die reduktionistischen Vorstellungen der Neoklassik in die Kritik verschiedener wirtschaftswissenschaftlicher Positionen, die nach Korrektiven und Erweiterungen, aber auch nach umfassenden Alternativen suchen. Gemeinsam ist ihnen die Vorstellung von Wirtschaften als einem Teilbereich gesellschaftlichen Handels, der stets einge-

---

4 Weber, Max (1904/1973): Die „Objektivität" sozialwissenschaftlicher und sozial-politischer Erkenntnis. In: Weber, Max: Gesammelte Aufsätze zur Wirtschaftslehre. 9. Auflage, Tübingen, S. 146f.
5 Olson, Mancur (1991): Umfassende Ökonomie. Tübingen, S. 172-173.
6 Wex, Thomas (1995): Selbsthilfe und Gesellschaft. In: Engelhardt, Hans Dietrich/ Simeth, Angelika/Stark, Wolfgang (Hrsg.): Was Selbsthilfe leistet. Freiburg, S. 39.

bettet ist in die sozialen und kulturellen Werte und Normen einer Gesellschaft. Erweitere Ansätze relativieren z.b. die Vorstellung vom individuellen „homo oeconomicus" um Gemeinschaften oder das dominante Koordinationsprinzip Konkurrenz um Kooperation, ohne notwendigerweise das Ziel der materiellen Nutzenmaximierung aufzugeben.

Alternative Ansätze setzen an die Stelle der Rationalitätsvorstellungen und Koordinationsprinzipien der Neoklassik solche, die sich an sozialen und ökologischen Erfordernissen orientieren. Ihre Annahmen über wirtschaftliche AkteurInnen implizieren reflexive Verantwortungsübernahme gegenüber den sozialen und ökologischen Lebensgrundlagen und sozialen Gerechtigkeitsnormen. Diese Alternativen werden hier als neue Ansätze „lebensdienlichen Wirtschaftens" verstanden, die radikal mit der Kapitallogik brechen.

3.1 Institutionalisierte Handlungsmuster gesellschaftlich integrierten Wirtschaftens bei Karl Polanyi

Polanyis wirtschaftshistorische Analyse gilt den gesellschaftlich institutionalisierten Handlungsregeln, in die Wirtschaftssysteme eingebettet sind. Diese gesellschaftliche Einbettung bestimmt Ziele, Zwecke und Grenzen des Wirtschaftens sowie die Koordinationsprinzipien und Handlungsweisen der AkteurInnen im wirtschaftlichen Kontext, die ihrerseits auf die Gestaltung des Kontextes wirken. Nach Polanyis Auffassung ist Wirtschaft ein institutionalisierter Prozess, eine Folge von Bewegungen, die in gesellschaftliche Beziehungen eingebettet sind. Der Prozess und die Institutionen bilden zusammen die Ökonomie.[7]

Ökonomisch sinnvoll ist nach den Rationalitätskriterien eingebetteter Ökonomien, was dem gesellschaftlichen System, dessen Teil das Wirtschaftssystem ist, dient. Ökonomisches Handeln ist immer eingebunden in soziale Beziehungen und die Motivation handelnder AkteurInnen ist kontextabhängig. Ihre Motivationen lassen sich im ökonomischen Kontext nicht von denen in anderen gesellschaftlichen Kontexten abtrennen. „Ich trete ein für die Wiederherstellung jener Einheit der Motivationen, die den Menschen in seiner täglichen Tätigkeit als Produzent erfüllen sollte; für die Wiedereingliederung des ökonomischen Systems in die Gesellschaft."[8]

Polanyis Analyse basiert auf dem Zusammenspiel von vier grundlegenden Handlungsmustern der gesellschaftlichen Integration des Wirtschaftens: Reziprozität, Redistribution, Austausch und Haushaltung für den Eigenbedarf.

---

7 Vgl. Polanyi, Karl (1979): Ökonomie und Gesellschaft. Frankfurt am Main, S. 378.
8 Ebd., S. 143-144.

Reziprozität bezeichnet Bewegungen zwischen Gruppierungen in der Gesellschaft, die in einem symmetrischen Verhältnis zueinander stehen; Redistribution ist eine Bewegung in Richtung auf ein Verteilungszentrum und wieder aus ihm heraus; Austausch ist eine wechselseitige Bewegung in einem Marktsystem.[9]

Diese Integrationsformen bilden institutionalisierte Handlungsgrundlagen heraus. Reziprozität erfordert eine Basis symmetrisch angeordneter Gruppierungen; Redistribution ist auf ein gewisses Maß an Zentrizität angewiesen und Tausch basiert auf einem System preisbildender Märkte. Jedes einzelne der drei Grundmuster ist alleine oder zusammen mit anderen geeignet, Wirtschaften zu integrieren.[10] Aufgrund ihrer universellen historischen, zum Teil bis in die heutige Zeit reichenden Gültigkeit, sind sie für die Suche nach existierenden und zu schaffenden lebensdienlichen Formen von Interesse.

3.2 Neuere Institutionenökonomie und Sozialkapital

Von der Tatsache, dass ökonomisches Handeln in gesellschaftliche Institutionen eingebunden ist, geht auch die neuere Institutionenökonomie aus, sie bleibt jedoch gegenüber der Institutionenökonomie Polanyis im Utilitarismus der Neoklassik verhaftet. Wirtschaftssysteme sind nach den Vorstellungen der Institutionenökonomie im Sinne Polanyis gewachsene Kulturphänomene, deren Handlungszusammenhänge im geschichtlichen Prozess sozial konstruiert wurden. Diese Handlungszusammenhänge sind Resultate spezifischer sozialer Erwartungs- und Verhaltensregeln und wirken als institutioneller gesellschaftlicher Rahmen auf die jeweiligen Formen des Wirtschaftens.[11]

Unter „Institutionen" sind also generell Denkweisen und Handlungsmuster zu verstehen, die sich im Laufe eines historisch-gesellschaftlichen Prozesses niederschlagen und institutionalisieren. „Aufgrund ihrer Geschichtsbezogenheit sind Institutionen immer rückwärts gewandt, tragen die Vergangenheit in sich und entsprechen nicht den Erfordernissen der Zukunft."[12] Verlieren Institutionen mit gesellschaftlicher Entwicklung ihre instrumentelle Funktion, so erhalten sie schnell rein zeremoniellen Charakter, der gesellschaftlicher Entwicklung im Wege steht. „Gesellschaftliche Entwicklung ist nur möglich, wenn Institutionen dann, wenn sie beginnen, zeremoniell zu wirken, von neuen Institutionen abgelöst werden."[13] Bezogen auf

---

9 Vgl. ebd., S. 219.
10 Vgl. ebd., S. 388.
11 Biesecker, Adelheid/Kesting, Stefan (2003): Mikroökonomik. München, Wien, S. 184f.
12 Ebd., S. 119.
13 Ebd., S. 120.

die aktuelle historische Epoche könnte angenommen werden, dass die orthodoxe Auslegung und Praxis der Neoklassik historisch überkommen ist und entleerte Charakterzüge annimmt. Unter diesen Bedingungen bilden sich nach der Vorstellung der Institutionenökonomie veränderte Institutionen heraus, die anschlussfähig sein müssen an die alten Werte, jedoch ausreichend unabhängig, um instrumentelle Wirkung zu erzielen.

Neuere Institutionenökonomie ließe sich selbst mit dieser Darstellung gesellschaftlichen Wandels erklären. Sie bleibt den utilitaristischen Vorstellungen und Werten der Neoklassik verhaftet, erweitert jedoch die Perspektive des selbstreferenziellen Marktes um seine Bezüge zu sozialen Normen und Verhaltensregeln, die sich im Verhalten von Marktakteuren niederschlagen. Sie rekurriert auf Sozialkapital, welches in lebensweltlichen Bezügen erzeugt wird, jedoch für das ökonomische Kosten-Nutzen-Kalkül nutzbar gemacht werden kann. Die handelnden Subjekte sind sich der sozialen Kosten der Entgrenzung der Kapitallogik und des damit verbundenen Vertrauensverlustes bewusst und verhalten sich aus strategischen Gründen sozial verlässlich und kooperativ, denn der Schaden der sozialen Wirkungen der Kapitallogik ist nicht nur mittelbar, im sozialen und politischen, sondern unmittelbar auch im Wirtschaftssystem selbst nachweisbar. Vertrauen ist eine wichtige, wenn nicht gar die wichtigste Voraussetzung ökonomischer Transaktionen im weltwirtschaftlichen, regionalwirtschaftlichen und innerbetrieblichen Kontext.

Dies betont u.a. der Wirtschaftswissenschaftler Erik Händeler, der nachzuweisen sucht, dass im nächsten wirtschaftlichen Strukturzyklus nur diejenigen Regionen und Unternehmen über ausreichende Ressourcen zur Problemlösung verfügen, die ein kooperatives Klima schaffen.[14] Ein unkooperatives Klima führe hingegen dazu, dass die Unternehmen vom Markt verdrängt und der Wohlstand ihres Umfelds zurückfallen würde. Händeler bleibt damit in der Vorstellung der Neoklassik, relativiert jedoch die Vorstellung der gesellschaftsexternen Position der Ökonomie.

Die neue Institutionenökonomie beschäftigt sich mit Mess- und Kontrollkosten (Transaktionskosten) innerhalb und zwischen Unternehmen. Neben ökonomischen und vertragstheoretischen Perspektiven berücksichtigt sie die ökonomische Relevanz „weicher Faktoren" wie Würde, Fairness, Vertrauen und Moral, die als ökonomieexterne Faktoren wirtschaftliche Transaktionen sichern.[15] Die Raffgier rein eigennutzorientierter Marktakteure führe, so die Vertreter der Institutionenökonomie, zur Erhöhung der Transaktionskosten im ökonomischen System. Durch die sich ausbreitende reine Gewinnmaximierung schwinde die Vertrauensbasis in ökonomische Trans-

---

14 Händeler, Erik (2003): Die Geschichte der Zukunft. Moers, S. 242.
15 Exemplarisch für diese Position steht der amerikanische Wirtschaftswissenschaftler Oliver E. Williamson; vgl. Williamson, Oliver E. (1990): Die ökonomischen Institutionen des Kapitalismus. Tübingen.

aktionen, die dann überwacht, nachgebessert oder juristisch erstritten werden müssten. Reputation, Zuverlässigkeit, Ehrlichkeit und Fairness nehmen nach dieser Sichtweise die Form eines wirtschaftlichen Gutes an, „ein auf die Gegenwart abdiskontierbarer Wert an Zukunftseinkommen aus Reputation."[16]

3.3 Kooperatives Wirtschaften und die Denkfigur des „homo cooperativus"

Individuen handeln nicht isoliert, sondern sie sind in Gruppen, Netzwerke und sozialkulturelle Zusammenhänge integriert. Die Berücksichtigung dieser Tatsachen bedeutet noch nicht zwangsläufig eine Abkehr vom neoklassischen Primat des Eigennutzaxioms, denn die ökonomische Entscheidungslogik wird durchaus gewahrt, wenn z.b. spätere Vorteile erwartet werden. Eine gegenseitig desinteressierte Vernünftigkeit deutet auch Rücksichtnahme, Kooperation und Freundlichkeit „zu Zwecken der Lösungseindeutigkeit strikt individualistisch und ökonomistisch."[17]

Kooperation ist ein dominantes Koordinationsprinzip sozial eingebundenen Wirtschaftens. Die AkteurInnen sind mehr oder weniger stark eingebunden in Kooperationsbeziehungen untereinander, mit anderen ökonomischen Akteuren und ihrem sozialen Umfeld. Dies gilt sowohl für Alternativen zur Wettbewerbswirtschaft als auch für Versuche zur gemeinsamen Verbesserung der Wettbewerbsfähigkeit im Markt. Im zweiten Fall können die Rationalitätskriterien und das Menschenbild der Neoklassik weitgehend unberührt bleiben, müssen aber nicht.

Kooperatives Wirtschaften ist für die Entwicklung einer am Gemeinwesen orientierten Ökonomie von zentraler Bedeutung und Ansätze der Förderung „Lokaler Ökonomie" beruhen auf der Stärkung von kooperativen Strukturen insbesondere auf der Mesoebene zwischen Unternehmen und/oder mit deren lokalem und regionalem Umfeld. Nachhaltige Entwicklungen und die Erschließung endogener Potenziale erfordern die Berücksichtigung der kooperativen Dynamik des lokalen Raums. Die Akteure sind eingebunden in eine Vielzahl lebensweltlicher Handlungszusammenhänge und bringen diese Logiken in ihr Handeln ein. Aus diesem Grunde werden sowohl die Koordinationsprinzipien und der methodische Individualismus der Neoklassik, aber auch ihre Rationalitätsvorstellungen erweitert und relativiert.

---

16 Wieland, Josef (2000): Die neue Organisationsökonomik. In: Ortmann, Günther/Sydow, Jörg/Türk, Klaus (Hrsg.): Theorien der Organisation. 2. Auflage, Wiesbaden, S. 41.

17 Hettlage, Robert (1988): Wann kommt der „homo cooperativus? In: Geschichte und Gegenwart, 7. Jahrgang Heft 2, Juni 1988, S. 33.

Das normative Konzept der kooperativen Gemeinwesenökonomie setzt den neoklassischen Rationalitätskriterien explizit Alternativen entgegen. Ökonomisch rational ist, was die sozialen und ökologischen Lebensgrundlagen des Gemeinwesens nicht gefährdet und den Zugang aller Gesellschaftsmitglieder zu diesen Grundlagen gewährt. Koordinationsprinzip ist „verantwortliche Kooperation". Robert Hettlage bringt hier den „homo cooperativus" in die Diskussion, eine Denkfigur, die in Bezug auf genossenschaftliche Gemeinwesenökonomie relevant ist.[18]

Es besteht keineswegs Übereinstimmung darüber, was unter dem kooperativen Menschen in der Ökonomie zu verstehen sei, welche Motive ihn leiten und welche Merkmale er aufweise. Hettlage verweist auf zwei grundverschiedene Richtungen im Verständnis wirtschaftlicher Kooperation. Für die einen gelten die Prämissen des homo oeconomicus in strategisch-kooperativem Verhalten weiter, da eine andere als die Eigennutzprämisse als unrealistisch definiert wird. Andere gehen davon aus, dass ein grundsätzlich anderes anthropologisches Konzept für das Wirtschaftsgeschehen notwendig sei.[19]

Hettlage bezeichnet strategische Kooperationen, die nur solange eingegangen werden, wie sie vorteilhaft erscheinen, als „egoistische Kooperation". Gemeinsames Handeln erscheint unter dem Gesichtspunkt der Nutzenmaximierung als vorteilhafter. Um eigene Handlungsspielräume zu erweitern, bedient man sich der (vorläufigen) Zusammenarbeit mit anderen Wirtschaftssubjekten. Ein Kooperationsethos im Sinne von Verantwortungsübernahme für die Belange der Partner spielt keine Rolle.[20] Adelheid Biesecker bezeichnet den Begriff Kooperation für solche Zweckbündnisse als unpassend, da nicht nur das Eigennutzprinzip erhalten bleibt, sondern der Kooperationspartner Mittel zum Zweck eigener Nutzenmaximierung wird.[21]

Eine Gegenströmung zu dieser Sichtweise der Kooperation ist der genossenschaftliche Utopie-Ansatz, in dem insbesondere die nicht-wirtschaftlichen Werte im Zentrum stehen.[22] Auf der Suche nach realen Erscheinungsformen des homo cooperativus ist die Darstellung von Georg Draheim hilfreich, der den spezifischen Kooperationsgeist nicht voraussetzt, sondern ihn als Lernprozess im Verlauf von Kooperationshandlungen ent-

---

18 Vgl. Hettlage, Robert (1990): Die anthropologische Konzeption des Genossenschaftswesens in Theorie und Praxis. In: Laurinkari, Juhani (Hrsg.): Genossenschaftswesen. München, Wien, S. 38.
19 Vgl. ebd., S. 39.
20 Vgl. ebd.
21 Vgl. Biesecker, Adelheid (1994): Wir sind nicht zur Konkurrenz verdammt. In: Politische Ökologie, Sonderheft Nr. 6, September 1994, S. 29.
22 Vgl. Hettlage, Robert (1990): a.a.O., S. 42.

stehen sieht.[23] Die Eintragung ins Genossenschaftsregister mache aus Individualisten zwar noch keine Kooperativisten, aber aus einer gegebenen Kooperation resultierten Integrations- und Förderungswille sowie die Neigung zu gemeinsamer Selbsthilfe und zur Soziabilität.

Hettlage spricht der Denkfigur des homo cooperativus eine Leitbildfunktion zu, ohne die Schwierigkeiten der Realisierung zu verkennen. „Sie hält vorerst ganz unspezifisch in der Gesellschaft eine Idee lebendig, die ‚contrafaktisch' immer schon vorausgesetzt ist, damit Gesellschaft möglich bleibt."[24]

3.4 Sozialökonomik, Lebenswelt und kommunikatives Handeln

Vernünftiges Wirtschaften nach dem Verständnis der praktischen Sozialökonomik, die den Konzepten lebensdienlichen Wirtschaftens zugrunde liegt, folgt der normativen Logik der Intersubjektivität und setzt der Marktlogik die Logik der Lebenswelt entgegen. Grundlage ist das diskursethische Prinzip des kommunikativen Handelns nach Jürgen Habermas.[25] Nach Habermas strukturieren sich Gesellschaften in Lebenswelt und politisches und ökonomisches System. Steuerungsmodus des ökonomischen Systems ist Geld, der des politischen Systems administrative Macht. Lebenswelt steuert sich durch kommunikatives Handeln.[26] Die Entgrenzung der Systeme, insbesondere des ökonomischen Systems, führt zur immer stärkeren Durchdringung der Lebenswelt durch die Systemlogik. Gesellschaftliche Evolutionspotenziale liegen nach Habermas in der lebensweltlichen Logik, in der „sozialintegrativen Gewalt".[27]

Die Dichotomie zwischen System und Lebenswelt wird in den Ansätzen lebensdienlichen Wirtschaftens – insbesondere im Ansatz sorgenden Wirtschaftens und in der Solidarökonomie – weitgehend aufgehoben. Diese Ansätze resultieren aus konkreten Bedürfnissen und Problemen der Lebenswelten. In den diversen sozialökonomischen Ansätzen wirkt die lebensweltliche Logik des kommunikativen Handelns als Innovationspotenzial und als Medium der Einbindung wirtschaftlichen Handelns in die Lebenszusammenhänge.

---

23 Vgl. Draheim, Georg (1952): Die Genossenschaft als Unternehmenstyp. Göttingen, S. 44.
24 Hettlage, Robert (1988): a.a.O., S. 124.
25 Habermas, Jürgen (1998): Theorie des Kommunikativen Handelns. 2 Bände. Frankfurt am Main.
26 Elsen, Susanne (1998): Gemeinwesenökonomie. Neuwied, S. 107.
27 Habermas, Jürgen (1985): Die Neue Unübersichtlichkeit. Frankfurt am Main, S. 158.

In Peter Ulrichs Konzept lebensdienlichen Wirtschaftens spielt der kommunikative Prozess, der auf Intersubjektivität beruht, eine zentrale Rolle.[28] Neben dem sachorientierten Erfolg hat kommunikationsorientiertes Handeln den Verständigungsprozess zwischen den Handlungspartnern selbst zum Ziel. Gleichberechtigung und die (kontrafaktische) Abwesenheit von Macht sind Voraussetzung verständigungsorientierter Kommunikation und Kooperation. Ulrich betont, dass die Herausbildung einer lebensdienlichen Wirtschaftsform an bestimmte strukturelle Voraussetzungen gebunden ist, die der Zustimmung der Mehrzahl der Menschen bedürfe. Kollektive politische Entscheidungen über die Veränderung gesellschaftlich gewollter Lebensformen seien unumgänglich.

Ulrich unterscheidet zwischen drei Grundtypen rationaler Handlungsorientierung in ökonomischen Transaktionen, der instrumentellen, der strategischen und der kommunikativen. Während die beiden ersten ausschließlich erfolgsorientiert sind, ist der kommunikative Handlungstyp verständigungsorientiert. „Der Wechsel vom strategischen zum kommunikativen Rationalitätstyp (...) findet erst statt, wenn die Beteiligten eine verständigungsorientierte Einstellung entwickeln. Die anderen Personen, mit denen soziale Nutzeninterdependenz besteht, werden dann (...) als Subjekte mit legitimen ‚Ansprüchen' wahrgenommen."[29]

3.5 Nachhaltigkeit und das Menschenbild des „homo oecologicus"

Die Konzepte der ökologischen Ökonomik gehen von einem Mensch-Natur-Verhältnis aus, welches nicht nur der Endlichkeit der natürlichen Ressourcen („carrying capacity") als Lebensgrundlagen für Menschen – auch für zukünftige Generationen – Rechnung trägt, sondern die damit verbundene anthropozentrische Sichtweise relativiert und der natürlichen Mitwelt eine eigenständige Existenzberechtigung einräumt. Aus dieser Perspektive werden den Prinzipien der dominanten Ökonomie alternative Rationalitätskriterien, Koordinationsprinzipien und Menschenbilder gegenüber gestellt, denn in einer Wirtschaft, die Vorsorge für die Zukunft trägt, kommen notwendig andere Prinzipien des Umgangs mit Menschen, Dingen und Natur zum Tragen als in einer Wirtschaftsweise, die ihre eigenen Grundlagen aufbraucht.[30]

28 Vgl. Ulrich, Peter (1997): Integrative Wirtschaftsethik. Bern, Stuttgart, Wien.
29 Ebd., S. 84.
30 Vgl. Jochimsen, Maren/Knobloch, Ulrike/Seidl, Irmi (1994): Vorsorgendes Wirtschaften. In: Busch-Lüty, Christiane/Jochimsen, Maren/Knobloch, Ulrike/Seidl, Irmi (Hrsg.): Vorsorgendes Wirtschaften. Politische Ökologie, Sonderheft Nr. 6, September 1994, S. 6f.

Rational ist nach dieser Sichtweise wirtschaftliches Handeln, welches den drei Dimensionen der Nachhaltigkeit Rechnung trägt: Dem Erhalt der Evolutionsfähigkeit der natürlichen Mitwelt, dem Erhalt der Gesellschaft durch Partizipation, Gerechtigkeit und Demokratie und dem Erhalt der ökonomischen Wertschöpfungsfähigkeit bei der Orientierung an gesellschaftlichen Bedürfnissen.[31] Diesem Ansatz sind die ökologisch orientierte „Ökonomie der Wachstumsrücknahme" nach Herman Daly[32] und das offene sozialökologische Konzept des „vorsorgenden Wirtschaftens" zuzuordnen.

Daly plädiert für Wachstumsrücknahme, da dem wirtschaftlichen Wachstum immer größere Umwelteinbußen, kulturelle und soziale Schäden gegenüberstehen.[33] Die Ökonomie der Wachstumsrücknahme geht aus von einer Reduktion künstlicher Bedürfnisse, der Herstellung gerechter Verteilung und einer effektiveren Ressourcennutzung. Die Herausbildung einer „Ökonomie im statischen Zustand" bedeutet jedoch nach Daly keine Mangelwirtschaft. Der erste Schritt besteht in einer Relokalisierung und damit einer sozialen Einbindung des Wirtschaftens.

In der Diskussion des Verhältnisses von Wirtschaft, Gesellschaft und Ökosystem und den Überlegungen zur Herausbildung lebensdienlichen Wirtschaftens hat das Konzept „vorsorgendes Wirtschaften" einen um die versorgungswirtschaftliche und sozialökonomische Dimension sowie um die Frage der gerechten Teilhabe der Geschlechter erweiterten Anspruch. Als Gegenpole zu Wettbewerb, Nachsorge und der Orientierung an monetären Größen stellt das Konzept die Prinzipien Kooperation, Vorsorge und Orientierung am Lebensnotwendigen in den Vordergrund. Für das Prinzip Vorsorge sind Sorge, Verantwortung und Wohlbefinden die leitenden Begriffe.

Ökonomische Rationalität bemisst sich nach Kriterien der Verantwortung für andere, sich selbst, zukünftige Generationen und die natürliche Mitwelt. Koordinationsprinzip ist das von Adelheid Biesecker skizzierte Verständnis verantwortlicher Kooperation. Diese orientiert sich an den Bedürfnissen anderer Menschen und berücksichtigt die nicht artikulationsfähigen Belange zukünftiger Generationen und der natürlichen Umwelt, die nicht auf ihre Funktion als Ressourcenquelle für menschliche Bedürfnisse reduziert wird, sondern der eine eigenständige Existenzberechtigung eingeräumt wird.

---

31 Biesecker, Adelheid/Kesting, Stefan (2003): a.a.O., S. 190.
32 Daly, Herman E. (1999): Wirtschaft jenseits von Wachstum. Salzburg, München. Das Konzept von Daly wird in Punkt 3.6.4 weiter ausgeführt.
33 Vgl. Latouche, Serge (2003): Circulus virtuosus. In: Le Monde diplomatique. November 2003, S. 3.

3.6 Erweiterte wirtschaftswissenschaftliche Positionen integrierter Ökonomie

Nur wenige VertreterInnen der Wirtschaftswissenschaft befassen sich mit den zentralen sozialökonomischen und ökologischen Fragestellungen, doch es gibt sie. Sie „arbeiten für die Armen, die Entrechteten, die Marginalisierten, für die Rechte der Kinder oder künftiger Generationen, für Verbraucher und abhängig Beschäftigte, für die kulturelle und biologische Vielfalt oder eine gesunde Biosphäre dieses Planeten."[34] Im Schatten der dominanten Ökonomik haben in den vergangenen Jahren Wirtschaftswissenschaftlerinnen und Wirtschaftswissenschaftler Theorien sozialökonomischer und ökologischer Entwicklung und konkrete Handlungsansätze konzipiert, die von den Schwächen bzw. den destruktiven Folgen des Systems der selbstregulierenden Märkte ausgehen. Sie machen Unterversorgung und Armut, den Mangel an Selbstbestimmung und die ökologischen Zerstörungen zum Gegenstand ihrer Analysen und Lösungsansätze.

Die Kritik an der Alternativlosigkeit der neoklassischen Methode in den Lehrplänen der Universitäten führte im Jahr 2000 auf Druck von französischen StudentInnen der Wirtschaftswissenschaften zur Gründung der Gruppe „post-autistischer" Ökonomen, einem Zusammenschluss von mehr als sechshundert Wirtschaftswissenschaftlern aus aller Welt.[35] Sie fordern, die Ökonomik zu öffnen und die rigiden Vorstellungen vom menschlichen Verhalten zu überwinden. In die gleiche Richtung gehen Aktivitäten der Universität Kansas und der Internationalen Konföderation der Gesellschaften für den Pluralismus in der Ökonomie.[36] John K. Galbraith fordert in der neu entbrannten Auseinandersetzung mit den Vertretern der Neoklassik, die ihrerseits bestimmte Schwächen des Modells einräumen, die zentralen theoretischen Annahmen der Ökonomik grundsätzlich zu debattieren.

Bemerkenswert sind die experimentellen Ansätze des Kölner Ökonomen Axel Ockenfels, der Erfurter Ökonomin Bettina Rockenbach[37] oder des Schweizers Ernst Fehr[38]. Ockenfels hat an der Universität Köln ein Laboratorium für experimentelle Wirtschaftsforschung eingerichtet, um mit Hilfe von Laborversuchen zu realistischeren Annahmen über menschliches Verhalten in ökonomischen Kontexten zu gelangen und Wirtschaftswissenschaft dadurch weiterzuentwickeln.[39] Dieses Anliegen teilen Fehr und

---

34 Henderson, Hazel (1997): Macht beide Seiten zu Gewinnern! Oder Leben jenseits des globalen ökonomischen Krieges. In: Weizsäcker, Ernst Ulrich von (Hrsg.): Grenzen – los? Berlin, Basel, Boston, S. 354.
35 www.paecon.net (letzter Zugriff am 15. Juli 2006).
36 Süddeutsche Zeitung vom 3. April 2002, S. 25
37 Vgl. Science, Band 312, 2006, S. 108f.
38 Vgl. Fehr, Ernst/Schwarz, Gerhard (Hrsg.) (2002): Psychologische Grundlagen der Ökonomie. Zürich.
39 Der Mensch ist fair. In: Süddeutsche Zeitung vom 20./21. März 2004, S. 67.

Rockenbach, die den Nachweis zu erbringen suchen, dass Menschen im ökonomischen Kontext nicht einseitig individuell Eigennutz maximierend, sondern kooperativ und geleitet von Reziprozitäts- und Gerechtigkeitsnormen agieren.

Kritik kommt zum Teil sogar aus den Zentren der ökonomischen Macht. Insbesondere die kritische Insidersicht prominenter Akteure im Bereich internationaler Finanzgeschäfte und aus den Reihen der transnationalen Regime der Weltbank, des IWF und der WTO könnte zu einem Umdenken führen.[40]

3.6.1 Joseph Stiglitz – Re-Regulierung statt Deregulierung

Der Wirtschaftsnobelpreisträger Joseph Stiglitz war vor seiner politischen Karriere im Sachverständigenrat der US-Regierung und der Übernahme des Amtes als Vizepräsident und Chefökonom der Weltbank, Professor für Volkswirtschaftslehre in Yale, Stanford und Oxford. Sein Interesse an Entwicklungsproblemen ist nach eigenen Angaben auf seine Zeit als Gastdozent in Kenia zurückzuführen.[41]

Seine Beiträge zur Korrektur und Erweiterung der Prämissen und Mythen der Neoklassik sind insbesondere in seiner Grundsatzkritik an den volkswirtschaftlichen Standardmodellen[42] zu sehen, die sich für die Erklärung zentraler Probleme wie Rezession und Depression als unzureichend erwiesen. Diese vereinfachten Modelle postulierten etwa vollkommene Konkurrenz und Information, Gleichheit der Marktchancen also, ignorierten aber die Tatsache unvollkommener Märkte, die auf Asymmetrien beruhen sowie die sozialökonomischen Ungleichheiten, die bestimmten Menschen den Zugang zum Markt verwehren.

„Die Anwendung fehlerhafter Wirtschaftstheorien wäre nicht so problematisch, wenn das Ende des Kolonialismus und dann des Kommunismus dem IWF und der Weltbank nicht die Gelegenheit gegeben hätten, ihre ursprünglichen Zuständigkeiten und damit ihren Einflussbereich enorm auszuweiten."[43] Länder, die Zugang zu den internationalen Märkten suchten, müssten sich den wirtschaftspolitischen Weisungen von IWF und Weltbank fügen, „in denen sich ihre Ideologie der freien Marktwirtschaft widerspiegelt. Sie haben dadurch viele Menschen in Armut und viele Staaten ins soziale und politische Chaos gestürzt."[44]

---

40 Leggewie, Claus (2003): Die Globalisierung und ihre Gegner. München, S. 52.
41 Stiglitz, Joseph (2002): Die Schatten der Globalisierung. Berlin.
42 Ebd., S. 10.
43 Ebd., S. 33.
44 Ebd., S. 33.

Stiglitz plädiert heute vehement dafür, die Weltwirtschaft nicht dem freien Spiel der Kräfte zu überlassen, sondern einen internationalen regulatorischen Rahmen zu entwickeln, der es erlaubt, die Globalisierung so zu gestalten, „dass sie den größtmöglichen Nutzen für die größtmögliche Zahl der Menschen schafft."[45] Dafür sei es erforderlich, öffentliche Institutionen im internationalen Raum zu schaffen, die verbindliche Regeln ausarbeiten und kontrollieren. Er führt konkrete „mehrachsige" Reformschritte aus, zu denen Armutsbekämpfung, verbesserte soziale Sicherungssysteme, auch in den Industriestaaten sowie Finanzhilfen und Schuldenerlass für die Entwicklungsländer gehören.

Stiglitz analysiert das gestörte gesellschaftliche Gleichgewicht infolge von Liberalisierung und Deregulierung, welches in den vergangenen fünfzehn Jahren weltweit zu großen Problemen geführt habe.[46] Auch er setzt auf die begrenzende und ausgleichende Kraft der Zivilgesellschaft. Nicht nur die Risikoanfälligkeit der Wirtschaft sei erhöht, sondern gleichzeitig die Fähigkeit zur Kontrolle von Risiken untergraben worden. „Heute sind wir gefordert, das richtige Gleichgewicht zwischen Staat und Markt, zwischen kollektivem Handeln auf lokaler, nationaler und globaler Ebene sowie zwischen dem Handeln staatlicher und nichtstaatlicher Akteure zu finden."[47]

Stiglitz betont die Bedeutung kollektiven Handelns für eine zukunftsfähige demokratische Entwicklung. Nicht nur der Staat sei kollektiver Akteur. Nichtregierungsorganisationen spielten seit geraumer Zeit eine erhebliche Rolle, nicht nur weil sie Mitbestimmungsprozesse gewährleisteten, sondern weil sie in effizienter Weise wichtige Dienstleistungen im Gesundheits-, Sozial- und Bildungsbereich erbringen. Er würdigt auch die Verdienste der Protestbewegungen gegen die Globalisierung neoliberaler Prägung. „... die Proteste haben Regierungsvertreter und Wirtschaftswissenschaftler auf der ganzen Welt dazu veranlasst, über Alternativen zu diesen Grundsätzen (...) nachzudenken."[48]

Die Bedeutung kollektiver Selbstorganisation zur Bereitstellung öffentlicher Güter und zur alternativen Arbeitsorganisation wachse. Das Gewinnmotiv reiche, so Stiglitz, in einigen ökonomischen Bereichen eben nicht aus. Der Sektor der Selbstorganisation sei von Land zu Land unterschiedlich groß. Landwirtschaftliche Genossenschaften spielten beispielsweise seit Langem weltweit eine wichtige Rolle sowohl bei der Vergabe von Krediten als auch bei der Vermarktung der Produkte. Genossenschaften würden häufig deshalb aufgebaut, „weil Märkte versagt haben – entweder weil es keine gab oder weil sie von gewinnorientierten Firmen mit Monopolmacht beherrscht wurden, die die Landwirte ausbeuteten. Kurz, die Dichotomie Markt versus Staat

---

45 Ebd., S. 255.
46 Vgl. Stiglitz, Joseph (2004): Die Roaring Nineties. Berlin.
47 Ebd., S. 13.
48 Stiglitz, Joseph (2002): a.a.O., S. 34.

ist eine grobe Vereinfachung. Wir müssen über die Märkte hinausgehen. Wir müssen kollektiv handeln, und zwar in unterschiedlichster Weise. Marktgläubige haben nicht nur die Bedeutung von Märkten überbewertet; sie haben auch das Potenzial für nichtstaatliche Aktivitäten und die Notwendigkeit staatlicher Reglementierung unterschätzt."[49]

3.6.2 Amartya Sen – wirtschaftliche Entwicklung als Erweiterung menschlicher Freiheit

Der Bengale Amartya Sen lehrt als Wirtschaftswissenschaftler an der Universität Cambridge. Er ist einer der maßgeblichen Vertreter wirtschaftswissenschaftlicher Wohlfahrtstheorien und hatte starken Einfluss auf die Entwicklung des „Human Development Index" (HDI) der Vereinten Nationen. 1998 erhielt Sen den Wirtschaftsnobelpreis.

Obwohl er nicht mit Kritik an der Weltbank spart, wird er seit einigen Jahren angehört und hat dort ebenso wie bei den Vereinten Nationen Wirkung erzielt. Dies ist nicht zuletzt darauf zurückzuführen, dass er eine höchst schlüssige und überzeugende Argumentationsweise hat, die teilweise in Einklang mit den Vorstellungen der Neoklassik zu bringen ist. Nach seinem Verständnis sind jedoch Märkte eingebunden in gesellschaftliche Bedingungen. Die Teilhabe am Markt ist an Voraussetzungen gebunden. Damit stellt er implizit die im Neoliberalismus unterstellte Vertrags- und Tauschfreiheit in Frage und fokussiert die asymmetrischen Zugangsbedingungen. Explizit fordert er die sozialpolitischen Voraussetzungen für gerechten Tausch und gesellschaftliche Teilhabe.

„Generell gegen Märkte zu votieren wäre ungefähr so seltsam wie Gespräche zwischen Menschen abzulehnen. (...) Die Freiheit, Worte, Güter und Geschenke auszutauschen, muss nicht durch ihre günstigen, aber entfernten Wirkungen gerechtfertigt werden; sie gehört zu den Lebens- und Umgangsformen der Menschen in einer Gesellschaft. (...) Die positive Auswirkung des Marktmechanismus auf das Wirtschaftswachstum ist ohne Frage wichtig, doch diese Erwägung ist zweitrangig und greift erst, nachdem die unmittelbare Bedeutung der Freiheit – nämlich Worte, Güter, Geschenke auszutauschen – anerkannt worden ist."[50] So wie die Dinge aber lägen, würden der Mehrheit der Menschen elementare Rechte vorenthalten. Die Verweigerung der Freiheit am Arbeitsmarkt teilzunehmen, sei beispielsweise ein Mittel, um Menschen in Fesseln zu halten. Es sei wichtig, nicht nur dem Markt, sondern auch anderen wirtschaftlichen, politischen und sozialen Freiheiten Bedeutung für die Verbesserung menschlichen Lebens zuzumessen.

---

49 Stiglitz, Joseph (2004): a.a.O., S. 300-301.
50 Sen, Amartya (2000): Ökonomie für den Menschen. München, Wien, S. 17.

Die zentrale Frage zur Bestimmung von Wohlfahrt ist nach Sen die der Qualität des Lebens, welches jemand führen kann. Er unterscheidet zwischen Handlungsfähigkeiten und Handlungsmöglichkeiten als den beiden Aspekten von Handlungsfreiheit. Die Handlungsmöglichkeiten beziehen sich auf Voraussetzungen, die an die Lebensbedingungen gebunden sind. „Verwirklichungschancen sind also Ausdrucksformen der Freiheit: nämlich der substanziellen Freiheit, (…) unterschiedliche Lebensstile zu realisieren. (…) Beispielsweise kann ein wohlhabender Mensch, der fastet, in Bezug auf (…) Nahrung dieselbe Funktionsleistung wie eine bedürftige Person haben. (…) Der erste kann auf eine Weise wählen, ob er gut essen und gut genährt sein will, wie es dem zweiten verwehrt ist.“[51]

Sen definiert die Erweiterung von Freiheit als Zweck und wichtigstes Mittel der Entwicklung. Er stellt sich damit dem Verständnis von Entwicklung als quantitativem Wachstum des Bruttosozialproduktes oder als technologischem Fortschritt entgegen und fragt nach dem Zweck der Entwicklung.

Auf der Basis von empirischen Daten weist er den Zusammenhang von wirtschaftlicher, politischer und sozialer Tätigkeit sowie aufeinander einwirkender gesellschaftlicher Institutionen nach. Dabei fokussiert er die Funktionen und Verflechtungen der Wirkung von bestimmten instrumentellen Grundrechten auf die Erweiterung wesentlicher Freiheiten von Individuen. Der Zusammenhang von wirtschaftlicher Unfreiheit (Armut, Arbeitslosigkeit) und politischer Unfreiheit (Extremismus, Rassismus, etc.) etwa ist leicht nachvollziehbar. „Politische Freiheiten – in Gestalt von Meinungsfreiheit und freien Wahlen – tragen dazu bei, ökonomische Sicherheit zu fördern. Soziale Chancen – in Gestalt von Bildungs- und Gesundheitseinrichtungen – erleichtern die Teilhabe am ökonomischen Prozess. Wirtschaftliche Einrichtungen – in Gestalt der Chancen, am Handel und an der Produktion teilzunehmen – können sowohl persönlichen Wohlstand schaffen als auch die öffentlichen Mittel für soziale Einrichtungen reichlicher fließen lassen.“[52]

Bedeutsam ist sein Nachweis des Gewichtes politischer und sozialer Freiheiten und Institutionen für die gesellschaftliche, ökonomische und humane Entwicklung. In seinem freiheitszentrierten Verständnis der Ökonomie und des Entwicklungsprozesses orientiert sich Sen am handelnden Subjekt. „Räumt man ihnen angemessene soziale Chancen ein, sind Individuen in der Lage, ihr eigenes Schicksal erfolgreich zu gestalten und einander zu helfen. (…) es ist wirklich ein Gebot der Vernunft, die segensreiche Rolle freien und selbstständigen Handelns – ja sogar schöpferischer Ungeduld – anzuerkennen.“[53]

---

51 Ebd., S. 94.
52 Ebd., S. 22.
53 Ebd., S. 22-23.

Sens Darstellungen des Zusammenhangs essenzieller Freiheiten und gesellschaftlicher Institutionen für die Entwicklung hat einen hohen Erklärungswert für die Handlungs- und Forschungsfelder Gemeinwesenentwicklung, kollektive Selbstorganisation und Zivilgesellschaft. So lässt sich beispielsweise der Zusammenhang von politischen Freiheiten in Form partizipativer Demokratie und der Fähigkeit und Bereitschaft der Menschen zur Bewältigung von Ressourcenmangel und Krisensituationen (z.b. Naturkatastrophen) erklären. Politische Freiheiten stärken die Fähigkeit ziviler Selbsthilfe und Selbstorganisation.

3.6.3 Muhammad Yunus – die Kredit-Würde der Ärmsten

Muhammad Yunus wurde in Bangladesch geboren. Er studierte Wirtschaftswissenschaften und lehrte an der Vanderbilt University in Tennessee. 1976 kehrte er in sein Heimatland zurück und widmet sich seitdem der Realisierung einer Vision, die heute in 58 Ländern der Welt die Lebenschancen der Ärmsten verbessert. Muhammad Yunus hatte die Idee, eine Bank zu gründen, die bereit ist, die Kreditwürde der Ärmsten anzuerkennen und ihnen dadurch einen fairen und würdigen Zugang zu sozialökonomischer Teilhabe zu ermöglichen.

Yunus wurde Lernender und begab sich in die „Perspektive des Regenwurms", um die Dinge von unten und aus der Nähe zu betrachten und sie in allen Einzelheiten zu sehen.[54] Er kritisiert die akademischen Perspektiven aus der „Panoramasicht", die dazu führe, dass die traditionellen Universitäten längst den Boden der Realität des Lebens verlassen hätten und sich die Dinge vorstellten, statt sie zu sehen. Er führte Tiefeninterviews mit Familien in einem bengalischen Dorf durch und traf immer wieder auf die fatalen Folgen der Verschuldungsfalle. Die nüchterne Bilanz seiner Fallstudien im Dorf Jobra ist die, dass all das Elend in 42 der dörflichen Familien darauf zurückzuführen war, dass ihnen allen gemeinsam 27 US-Dollar fehlten. Er wählte zunächst die private Lösung, den EinwohnerInnen des Dorfes diesen Betrag zu leihen, erkannte jedoch, dass das Problem einer institutionellen Lösung bedarf. Damit war die Idee der Grameen-Bank geboren.

Die Analyse, die dieser Idee zugrunde liegt, ist so einfach wie stimmig: Mehr als zwei Milliarden Menschen müssen mit weniger als zwei Dollar pro Tag auskommen, mehr als eine Milliarde mit weniger als einem Dollar.[55] Viele von ihnen sind Analphabeten und damit auch der Willkür von Wucherern schutzlos ausgesetzt. In Yunus' Heimatland Bangladesch liegt die Analphabetenrate bei 90 Prozent. Millionen Menschen weltweit sind in

54 Yunus, Muhammad (1998): Grameen. Eine Bank für die Armen der Welt. Bergisch-Gladbach, S. 18.
55 Vgl. Waldert, Helmut (2001): Kleine Kredite für Kleine Leute. In: SKOLAST Zeitschrift der Südtiroler Hochschülerinnenschaft Bozen, Heft 1/2001, S. 69.

besonderen Lebenslagen oder auch nur zur Sicherung des Überlebens auf private Kreditgeber angewiesen, die ihre SchuldnerInnen nicht selten in lebenslanger, oft über Generationen anhaltender Schuldknechtschaft halten.[56] Keine kommerzielle Bank wäre bereit, den Ärmsten eine Alternative zu den Wucherern zu bieten. Die Armen sind aus ihrer Sicht nicht kreditwürdig, denn Kreditwürde bedeutet nicht, in der Lage zu sein, das geliehene Geld zurückzuzahlen, sondern der Bank Profite zu verschaffen. Yunus sieht keine Lösung in den „Entwicklungshilfe-Almosen" der Industieländer die Reichen reicher machten, während sie die Armen in unproduktive Lethargie stürzten. Deshalb müsse den Armen direkt geholfen werden.

Mit der Gründung der Grameen-Bank (Dorfbank) gelang Yunus ein Programm zur wirksamen Armutsbekämpfung in Verbindung mit einem Modell lebensnaher Volksbildung, welches von der unterentwickelten Welt bis in die entwickelte Welt reicht. Damit verwirklichte er die essenzielle Idee des Kredites, denn „credo" heißt nichts anderes als „vertrauen" oder „glauben". 90 Prozent der KreditnehmerInnen sind Frauen und dies ist auch so intendiert, denn verbunden mit dem Kreditprogramm ist die Idee der sozial-kulturellen Innovation durch die Förderung der Selbstorganisation, Bildung und Empowerment, die auf die Emanzipation von Frauen zielen. Die Bank arbeitet dezentral und gehört heute mit einem Anteil von 90 Prozent den KreditnehmerInnen selbst und nur noch zu einem geringen Teil dem Staat. Die Rückzahlungsquote der Kredite erstaunt jede kommerzielle Bank. Der Grund dafür liegt in der sozialen Einbindung der Kreditnehmerinnen in kleine Gruppen, die füreinander bürgen und miteinander lernen.

Überzeugend sind die Darstellungen der Erkenntnisse des Wirtschaftswissenschaftlers durch die Konfrontation mit der schreienden Armut in seinem Land. „Ich erinnere mich noch gut an die Begeisterung, mit der ich meinen Studenten vermittelte, welche ökonomischen Theorien Lösungen für alle Arten von ökonomischen Problemen bereithielten. (...) Dann ging mir blitzartig die Nutzlosigkeit meiner Lehrtätigkeit auf. Wozu nützte sie, wenn Menschen auf den Bürgersteigen und vor den Hauseingängen verhungerten? (...) Für die Armen schien der Hungertod die einzige Bestimmung zu sein. Wo war denn die Wirtschaftstheorie, die ihr wirkliches Leben berücksichtigte? (...) Ich wollte die Wirklichkeit verstehen, die das Leben eines Armen ausmacht, und die wahre Ökonomie entdecken, also die des wirklichen Lebens."[57] An anderer Stelle stellt er fest: „Mir scheint, dass die Armut dazu führt, dass nicht etwa nur einige Menschenrechte, sondern alle außer Kraft gesetzt werden. Denn unabhängig von den Erklärungen, die die Regierungen unterzeichnen, oder von dem, was sie in ihre großen Folianten

---

56 Arlacchi, Pino (2000): Ware Mensch. München, Zürich, S. 157.
57 Ebd., S. 17-18.

schreiben, besitzen die Armen überhaupt keine Rechte."[58] Armut sei eine Plage, die die Menschen bis in ihr tiefstes Inneres demütige.

Nach langen Auseinandersetzungen mit der Weltbank vermeldete Yunus im November 1993, dass er „endlich bis ins Innerste des Allerheiligsten der internationalen Geberländer vorgedrungen"[59] sei. Er wurde zur Welthungerkonferenz in die Washingtoner Zentrale der Weltbank eingeladen. Mittlerweile unterstützt die Weltbank das Mikrokreditsystem und das Jahr 2005 wurde zum internationalen Jahr der Mikrokredite erklärt. 1998 waren es 2,3 Milliarden US-Dollar, die an 2,3 Millionen arme Familien weltweit vergeben wurden. In vielen Regionen der armen und auch der reichen Welt wurden Grameen-Projekte realisiert.

Neben seinen Leistungen zur praktischen Lösung des Armutsproblems ist die Thematisierung der Armut als Problem der Wirtschaftswissenschaften sowie die Thematisierung von selbstständiger Arbeit als Strategie der Armutsbekämpfung ein besonderes Verdienst von Yunus. „Die Volkswirtschaften haben intensiv nach den Ursachen für den Reichtum der Nationen geforscht, ohne jemals nach einer Erklärung für die Armut zu suchen. (...) In zahlreichen Ländern der Dritten Welt lebt die überwiegende Mehrheit der Bevölkerung von selbstständiger Arbeit. Da die Wirtschaftswissenschaft über kein passendes Raster verfügt, in das sie das Phänomen einordnen kann, hat sie es in eine allumfassende Rumpelkammer geworfen, die sie als „Schattenwirtschaft" bezeichnet."[60] Je schneller diese Schattenwirtschaft verschwinde, desto besser ginge es den Volkswirtschaften, so die falsche Annahme. Yunus verweist mit Recht auf das kreative Potenzial dieser Kleinstexistenzen und erklärt: „Würde man hingegen darangehen, für selbstständige Tätigkeiten neue Bereiche zu erschließen und entsprechende Institutionen einzurichten, und zugleich die dafür erforderlichen politischen Rahmenbedingungen zu schaffen, wäre dies die beste Strategie, um die Arbeitslosigkeit und die Armut zu beseitigen."[61]

3.6.4 Herman Daly – Ökonomie der Wachstumsrücknahme

Der Wirtschaftswissenschaftler Herman Daly arbeitete bis 1994 für die Weltbank und lehrt an der Universität of Maryland. Im Zentrum der Arbeit von Herman Daly steht das Verhältnis von Wirtschaft, ökologischem System und gesellschaftlichem Wohlstand. Er ist Gründer der Internationalen Gesellschaft für Ökologische Ökonomie, die mit dem Alternativen Nobelpreis ausgezeichnet wurde. Wirtschaft ist nach seiner Vorstellung ein Teilsystem des Ökosystems und von Naturgesetzen nicht ausgenommen. Es

---

58 Ebd., S. 18.
59 Ebd., S. 28.
60 Ebd., S. 285-286.
61 Ebd., S. 285.

kann jedoch nicht auf ein Natursystem reduziert werden und es kann nicht „das gesamte Natursystem seiner Verwaltungsdomäne der effizienten Verteilung einverleiben."[62] Derzeit bestünde die dringende Notwendigkeit, der Ausbreitung des Subsystems Wirtschaft unter dem Regime des ökonomischen Imperialismus Einhalt zu gebieten.[63]

Daly vertritt eine Abkehr von der „Wachstumswirtschaft" und die schrittweise Herausbildung einer „Wirtschaft in stationärem Zustand" mit dem Ziel nachhaltiger Entwicklung. Als Wohlfahrtsindikator sei das „Bruttosozialprodukt" (BSP) vollkommen ungeeignet. Es berücksichtige nicht die Verteilung materiellen Reichtums in einem Land, den irreparablen Verbrauch, die Belastung und Zerstörung von natürlichen, sozialen, kulturellen und humanen Ressourcen im Wertschöpfungsprozess, die informellen Bereiche der Ökonomie oder auch die Produktion wohlfahrtsmindernder Güter und Dienstleistungen.

Mit Hilfe des von Daly und anderen entwickelten „Index of Sustainable Economic Welfare" (ISEW) lässt sich nachweisen, dass ein Zuwachs an Wohlstand durch Wirtschaftswachstum, selbst in den reichen Ländern, ein Mythos ist. Dieser Index korrigiert das BSP um die Kosten, die durch Umweltzerstörung und soziale Beschädigungen entstehen. Einerseits erweitert Daly die Wertmessung um das Abschreibungsprinzip, in dem der Verbrauch natürlicher Kapitalbestände erfasst wird und andererseits um die Aufnahme defensiver Ausgaben, die unerwünschte Nebeneffekte von Produktion und Konsum berücksichtigen, z.B. Kosten, die mit der Zunahme des Verkehrs, der räumlichen Konzentration und Verdichtung oder der Überentwicklung des Industriesystems (Schutz vor Sabotage und technischem Versagen, Unfälle, etc.) zusammenhängen.[64]

Legt man den ISEW als Wohlfahrtsmaß an, so zeigt sich, dass der gesamte Produktionszuwachs an Gütern und Dienstleistungen im Weltwirtschaftssystem seit ca. 20 Jahren und mehr erforderlich ist, um das System zu erhalten und die Schäden, die es erzeugt, zu kompensieren. Dem expandierenden Wirtschaftssystem stehen also immer größere soziale und kulturelle Schäden sowie Umwelteinbußen gegenüber. Es wird damit immer ineffizienter.[65] Die Zeitreihen des ISEW zeigen zudem in den vergangenen 15 bis 20 Jahren eine Verschlechterung der Einkommensverteilung durch die Abnahme der Lohnquote. Dies wirkt sich insbesondere auf die Menschen am unteren Ende der Einkommensskala aus. Auch wenn zur Anwendung des ISEW große methodische Probleme zu überwinden sind, ist dieser In-

---

62 Daly, Herman E. (1999): a.a.O., S. 30.
63 Vgl. ebd., S. 30.
64 Vgl. ebd., S. 137f.
65 Vgl. Douthwaite, Richard/Diefenbacher, Hans (1998): Jenseits der Globalisierung. Mainz, S. 39f.

dex ein wertvolles Angebot, die gängigen Vorstellungen von Wachstum und Wohlfahrt in Frage zu stellen.

Mit seiner Volkswirtschaftslehre nachhaltiger Entwicklung weist Daly nach, wie eine „Wirtschaft des Genug" funktioniert und welche politischen und gesellschaftlichen Rahmungen sie benötigt. Wachstum bedeutet eine physische Steigerung des Sach- und Energiedurchlaufes, der die wirtschaftlichen Aktivitäten von Produktion und Konsum aufrechterhält. Die Durchlaufmenge ist konstant, ihre Zuteilung zu verschiedenen Verwendungszwecken jedoch variabel. Eine „Wirtschaft im stationärem Zustand" kann sich entwickeln, aber nicht wachsen. Entwicklungen resultieren aus qualitativen Verbesserungen in der Verwendung einer gegebenen Durchlaufmenge. Die konstante Durchlaufmenge muss bis in die ferne Zukunft ökologisch nachhaltig sein.

Ausgangspunkt einer „Wirtschaft in stationärem Zustand" sind zwei bedeutsame Grenzen, an die die Wachstumswirtschaft stößt: Die biophysischen Wachstumsgrenzen, die durch Endlichkeit, Entropie und ökologische Interdependenz verursacht werden. „Das Wachstum des wirtschaftlichen Teilsystems ist beschränkt durch die vorgegebene Größe des umfassenden Ökosystems als Rohstoffquelle und als Lagerstätte für seine Abfälle und durch die komplexen ökologischen Zusammenhänge, die umso eher zerstört werden, je mehr das Ausmaß des ökonomischen Teilsystems (...) im Verhältnis zum gesamten Ökosystem wächst."[66] Die Wachstumsökonomie ignoriert diese Grenzen. Selbst wenn Wachstum weiterhin möglich wäre, ist es nach Daly aufgrund ethisch-sozialer Grenzen nicht mehr erstrebenswert.

Als Begründung führt Daly vier Thesen an: Wachstum, welches durch den Abbau geologischen Kapitals finanziert würde, könne aufgrund der Kosten, die den zukünftigen Generationen auferlegt werden, nicht erwünscht sein. Die Erwünschtheit von Wachstum, welches durch die Übernahme von Lebensraum und die Dezimierung und Ausrottung nichtmenschlicher Arten finanziert würde, sei beschränkt. Die Erwünschtheit von Wachstum (in den reichen Ländern) wird durch negative Auswirkungen auf die Wohlfahrt beschränkt. Wachstum trägt weniger zur Befriedigung absoluter Bedürfnisse und zum allgemeinen Wohlstand als zur relativen gesellschaftlichen Position Einzelner bei. Schließlich sei die Erwünschtheit von Wachstum „beschränkt durch die zersetzende Wirkung auf die moralischen Werte, die aus eben jenen Einstellungen resultiert, die Wachstum begünstigen, wie Glorifikation von Eigeninteresse."[67] Ökonomen seien aber ständig an Maximierung interessiert. In einer „Wirtschaft in stationärem Zustand" wird nach Daly das Leben selbst maximiert, „gemessen an kumulierenden Personen-Jahren, die jemals gelebt werden, in denen jederzeit ein Standard an Res-

---

66 Daly, Herman E. (1999): a.a.O., S. 55.
67 Ebd., S. 60.

sourcenverbrauch möglich ist, der für ein gutes Leben ausreicht."[68] Sie bemühe sich zudem um die Maximierung des Lebens aller Arten und verlangsame die Ausbeutung des geologischen Kapitals zugunsten künftiger Generationen.

Die Vorstellung einer Zukunft außerhalb des Wachstumsparadigmas ist allen sozialen und ökologischen Zerstörungen zum Trotz nur schwer vermittelbar. Noch immer scheinen hohe Wachstumsraten die Illusion zu nähren, Wachstum löse die Probleme, die es größtenteils selbst verursacht.[69] Wachstumsrücknahme ist ohne Zweifel der Kern nachhaltiger Entwicklung. Sie unterschiedslos allen Gesellschaften zu verordnen, egal ob sie am oder unter dem Existenzminimum leben oder im Wohlstand, ist nicht gerecht. Arme Gesellschaften haben ein zeitweiliges Recht auf „Wachstum", sofern darunter die Befriedigung individueller und gemeinsamer Grundbedürfnisse – Bildung, Wasser, Gesundheitsversorgung, etc. – zu verstehen ist. Wachstumsrücknahme könnte heißen, dass der Ressourcenverbrauch im Weltzusammenhang so umorganisiert wird, dass die armen Länder das zur Befriedigung ihrer Grundbedürfnisse nötige Wachstum erzielen können, während die reichen Länder sparsamer wirtschaften.

3.7 Neue Positionen lebensdienlicher Ökonomie

Konzepte lebensdienlichen Wirtschaftens setzen der marktradikalen Wachstumsökonomie eine umfassende Gegenposition entgegen.[70] Sie werden oft als illusionär, sozialromantisch oder weltfremd abgetan. Es ist jedoch notwendig, der marktradikalen Position radikale Gegenkonzepte der Lebensdienlichkeit entgegen zu setzen und insbesondere im praktischen Umsetzen zu zeigen, dass anderes Wirtschaften möglich ist.

Ansätze lebensdienlichen Wirtschaftens setzen auf die Re-Pluralisierung der Ökonomie und tragen dazu bei, Ökonomie in ihrem ursprünglichen und umfassenden Sinn in den Nischen in denen sie noch existiert zu erhalten und komplementär zum dominanten System wieder entstehen zu lassen und vorstellbar zu machen. „Es geht um eine Ökonomie, die nicht das Ökonomische verabsolutiert, sondern im ursprünglichen Sinn des Wortes ‚oikos' für das ‚Ganze Haus' sorgt ..."[71]

---

68 Ebd., S. 53.
69 Vgl. Harribey, Jean-Marie (2004): Das Gerede von der Nachhaltigkeit. In: Le Monde diplomatique, Juli 2004, S. 10.
70 Vgl. Ulrich, Peter (1997): Integrative Wirtschaftsethik. Bern, Stuttgart, Wien; Ulrich, Peter/Maak, Thomas (2000): Lebensdienliches Wirtschaften. In: Ulrich, Peter/ Maak, Thomas (Hrsg.): Die Wirtschaft in der Gesellschaft. Bern, Stuttgart, Wien; Ulrich, Peter (2002): Der entzauberte Markt. Freiburg, Basel, Wien.
71 Negt, Oskar (1995): Die Krise der Arbeitsgesellschaft. In: Aus Politik und Zeitgeschichte, B 15/1995, S. 6.

Lebensdienliche Ökonomie ist eingebunden in lebensweltliche Handlungszusammenhänge und koordiniert sich durch Kooperation und Kommunikation, was es unmöglich macht, dass Menschen ihr Handeln einseitig auf individuelle Profitmaximierung gegen die Interessen anderer, des Gemeinwesens oder der Natur zu reduzieren. Sie respektiert implizit – als endliche Ressourcenbasis – oder explizit – als eigenständig anspruchsberechtigtes System – die natürliche Mitwelt. Das Konzept der Sorgeökonomie und das umfassende Konzept sozialökologischen Handelns fragen explizit nach den Geschlechterverhältnissen in sozialökonomischen Kontexten sowie nach den nicht artikulationsfähigen Ansprüchen zukünftiger Generationen und der natürlichen Mitwelt.

3.7.1 Lebensdienliches Wirtschaften – Peter Ulrich

Der St. Galler Wirtschaftsethiker Peter Ulrich definiert „vernünftiges" Wirtschaften aus lebenspraktischer, nicht aus ökonomie-interner Sicht. Maßstab vernünftigen Wirtschaftens ist der umfassende Anspruch eines ganzheitlichen normativen Orientierungsrahmens.[72] Dieser impliziert zwei ethische Grundsatzfragen: Erstens die Frage nach dem Sinn wirtschaftlichen Handelns, was eine Vorstellung des guten Lebens voraussetzt und wiederum in der Frage mündet, wie wir leben möchten. Zweitens die Frage der Legitimation wirtschaftlichen Handelns, die auf einer Idee des gerechten Zusammenlebens basiert und zur Frage weiterführt, für wen wir Werte schaffen und wie wir diese verteilen.

Wirtschaften hat keinen reinen Selbstzweck, „sondern ist stets nur Mittel im Dienste höherer, buchstäblich vitaler Zwecke."[73] Bezogen auf die Realisierung lebensdienlicher Wirtschaftsformen unterscheidet er zwei Stufen: „Zunächst geht es – auf der Stufe einer Ökonomie des Lebensnotwendigen – um die Sicherung der (...) universal-humanen Lebensgrundlagen. (...) Auf einer fortgeschrittenen Stufe kann die Erweiterung der humanen Lebensfülle in den Vordergrund lebenspraktisch sinnvollen Wirtschaftens rücken."[74] Diese Stufe bezeichnet Ulrich als „Ökonomie der Lebensfülle".

Zur Klärung der Dimensionen lebensdienlichen Wirtschaftens dienen zwei Leitfragen: die Frage, ob das Wirtschaften dem guten Leben zuträglich ist und die Frage nach der Legitimation, dem gerechten Zusammenleben und der Zumutbarkeit des Wirtschaftens für alle. Der grundlegende Sinn des Wirtschaftens besteht in der Versorgung aller Menschen mit den notwendigen Lebensmitteln im weiteren Sinne. Was als „notwendig" zu gelten hat, ist kulturspezifisch zu definieren. Prinzipiell betreffen diese „Notwendigkeiten" alle Menschen und es besteht daher ein „universales moralisches

---

72 Ulrich, Peter (2002): a.a.O., S. 19.
73 Ulrich, Peter (1997): a.a.O., S. 208.
74 Ebd., S. 209.

Recht auf die Gewährung des Lebensnotwendigen. (...) Das verweist auf den Zusammenhang des elementaren Sinns des Wirtschaftens, eben der Sicherung der Lebensgrundlagen für jedermann, mit Grundrechts- und Gerechtigkeitsfragen."[75] Die höhere Stufe des Wirtschaftens, die Ökonomie der Lebensfülle, ist getragen von der Idee, die Menschen zu befreien für die wesentlichen Dinge des Lebens. „Sie beruht auf der ganzheitlichen Lebenskunst des Genug-haben-Könnens."[76] Die Legitimation lebensdienlichen Wirtschaftens basiert auf dem Primat der Ethik vor der Logik des Marktes.

3.7.2 Feministische Ökonomie – Sorgeökonomie

Seit Beginn der neunziger Jahre arbeiten feministische Ökonominnen an dem Konzept der Sorgeökonomie, welches nicht nur die Ökonomie als Einheit von Marktökonomie und Versorgungsökonomie betrachtet, sondern den Blick ausgehend von der Versorgungsökonomie auf die Marktökonomie richtet. Die sorgende Ökonomie wird als das Grundlegende angesehen, auf dem die Marktökonomie aufbaut.[77] Neben den in der Nachhaltigkeitsdiskussion dominierenden Fragestellungen nach Ressourcen und ökologischen Prozessen betont dieses Konzept die grundsätzliche Bedeutung fürsorgender und vorsorgender Tätigkeiten für jedes Wirtschaftssystem und für das menschliche Wohlbefinden. Zentral ist der Begriff des „Vorsorgens" für andere, für zukünftige Generationen, für sich selbst und die natürliche Mitwelt. Der Ansatz geht über die Begrenzung auf die Familienökonomie hinaus und nimmt die ganze Ökonomie in den Blick. Dies unterscheidet das Konzept von den bisher genannten, die zwar die ökologischen Grenzen der Marktökonomie, den Zugang für alle und die Frage seiner Voraussetzungen berücksichtigen, jedoch nicht die sozialökonomische Versorgungsbasis.

Die Protagonistinnen der Position sind überwiegend Wissenschaftlerinnen und Aktivistinnen im ökofeministischen Spektrum neuer sozialer Bewegungen, der Frauen-, Friedens- und Umweltbewegung.[78] Ausgangspunkt ist die Lebenssituation von Frauen, die überwiegend mit den grundlegenden Lebensbedingungen und den Erfordernissen der existenziellen Versorgung konfrontiert sind. Die „Orientierung am Lebensnotwendigen" kann anknüpfen an Klassifizierungen von Grund- und Luxusbedürfnissen. Es geht nicht um die Vorstellung einer asketischen Mangelwirtschaft, sondern um eine Abgrenzung gegenüber künstlich erzeugten Konsumbedürfnissen.

Christiane Busch-Lüty stellt das Konzept vorsorgendes Wirtschaften in den Kontext ihres Entwurfes einer Ökonomie als „Lebenswissenschaft". Dabei

75 Ebd., S. 211.
76 Ebd., S. 215.
77 Biesecker, Adelheid/Kesting, Stefan (2003): a.a.O., S. 168.
78 Mies, Maria/Shiva, Vandana (1995): Ökofeminismus. Zürich.

greift sie u.a. zurück auf die Überlegungen von Herman Daly und stellt fest: Es wird „höchste Zeit, dass ‚Leben‘ zur zentralen Kategorie (...) der Ökonomie wird, und zwar über den naturalistischen Lebensbegriff der Biologie hinausgehend als ganzheitlicher Begriff des ‚guten Lebens‘, der im Sinne des Nachhaltigkeits-Paradigmas ‚die Erhaltung der Gesundheit des Ganzen im naturgeschichtlichen und kulturellen Wandel‘ mit einschließt."[79] Erforderlich sei es, dass der Wirtschaftsprozess stärker dem Wesen lebendiger Strukturen im Sinne evolutionärer Kreativität entspräche und den Maßstab „evolutionärer Bewährung" begreifen lerne. Adaptive Lernprozesse im Zuge der Evolution böten Aufschlüsse über die Faktoren, die evolutionäre Bewährungsproben positiv beeinflussen. Zwei dieser Faktoren seien Voraussicht und Rückkoppelung. Voraussicht verhilft dazu, Irreversibilitäten zu vermeiden und Zukunftsoptionen offen zu halten. Je vielfältiger das Netz der Rückkoppelungen aus der Umgebung durch Anpassung und Kooperation sei, desto größer sei die Überlebenschance. In diesem Sinne sei auch die Einbeziehung lebensweltlicher Perspektiven für eine Ökonomie als Lebenswissenschaft wichtig und fruchtbar.

Das Konzept vorsorgendes Wirtschaften knüpft an verschiedene wissenschaftliche Diskussionen an. Dazu gehören der Subsistenzansatz, vertreten von Maria Mies, Claudia von Werlhof und Veronika Bennholdt-Thomsen,[80] die ökologische Ökonomie nach Daly und die integrative Wirtschaftsethik nach Peter Ulrich. Gemeinsam ist ihnen die „Ethik der Selbstsorge und der Sorge um die anderen, um andere Lebewesen und um alles, was des Schutzes und der Pflege bedarf."[81]

3.7.3 Sozial-ökologisches Wirtschaften – Adelheid Biesecker

Adelheid Biesecker war bis 2005 Professorin der Volkswirtschaftslehre an der Universität Bremen und integriert alle Dimensionen wirtschaftlichen Handelns in ihre umfassende Mikroökonomik sozial-ökologischen Wirtschaftens. Sie geht von folgenden Vorannahmen aus:

1. Menschen handeln als Individuen in sozialen Beziehungen gemäß verschiedener Rationalitäten, unter Anwendung unterschiedlicher Koordinationsmittel;

2. Natur ist ein globales und begrenztes Ökosystem;

3. der Gegenstandsbereich der Ökonomik umfasst Marktökonomie und Versorgungsökonomie als Einheit;

---

79 Busch-Lüty, Christiane (1994): Ökonomie als Lebenswissenschaft. In: Politische Ökologie, Sonderheft Nr. 6, September 1994, S. 16.
80 Vgl. Bennholdt-Thomsen, Veronika/Mies, Maria/Werlhof, Claudia von (1992): Frauen, die letzte Kolonie. 3. Auflage, Zürich.
81 Gorz, André (2000): Arbeit zwischen Misere und Utopie. Frankfurt am Main, S. 94.

4. das Ganze der Ökonomie ist eingebettet in die soziale Lebenswelt und beide in die natürliche Mitwelt, dies bestimmt die Grenzen der Ökonomie;

5. Ökonomie ist über die physische, die soziale und die kommerzielle Dimension zu analysieren.

Nach Biesecker versteht sich Mikroökonomik aus sozial-ökologischer Perspektive als „Wissenschaft vom ökonomischen Handeln (Produzieren, Verteilen, Verwenden, Rückführen) sozialer Individuen in institutionalisierten Handlungszusammenhängen der ‚eingebetteten Ökonomie', die sowohl aus der Markt- als auch aus der Versorgungsökonomie besteht und durch die Nonprofit-Ökonomie ergänzt wird. (...) Mikroökonomik (...) versteht sich als Handlungs- und Institutionentheorie."[82] Grundlage der Handlungstheorie bilden die Dimensionen der Nachhaltigkeit – die physische, die soziale und die ökonomische – die einander bedingen. Nachhaltiges Wirtschaften hat immer diese drei Dimensionen. Sie ist Ökonomie im weiteren Sinne, denn neben die herkömmliche einzige Dimension – die kommerzielle – tritt immer auch die soziale und die ökologische. Nachhaltiges Wirtschaften ist immer kooperativ und in seiner Handlungslogik plural. Neben Vertrag und Verhandlung, den Handlungstypen kommerzieller Ökonomie, treten die Handlungstypen Sorge und Vorsorge sowie verständigungsorientiertes Handeln.

Angesichts der Überlegungen zu Institutionen als historisch-prozessuale Handlungszusammenhänge sind vollkommen neue institutionelle Arrangements denkbar. Geht es um das Praktisch-Werden nachhaltigen Wirtschaftens in institutionalisierten Handlungszusammenhängen (Unternehmen, Haushalten, Märkten usw.), so wird deutlich, dass, Möglichkeiten der Institutionalisierung von vorsorgendem Handeln in den verschiedenen Handlungszusammenhängen der Ökonomie sowie in neuen institutionellen Arrangements (Partnerschaften, zivilgesellschaftliche Lösungen etc.) zu finden sind.[83]

Biesecker bezeichnet Ökonomie als einen Raum sozial-ökonomischen Handelns, innerhalb dessen im Verlauf der Herausbildung von Institutionen auch auf gesellschaftliche Verhältnisse Einfluss genommen werden kann. Der gesamte Raum umfasst die Marktökonomie und die Versorgungsökonomien, die ihrerseits jeweils neben den herkömmlichen Organisationsformen – Unternehmen und Märkten bzw. Haushalten – auch Kooperationen innerhalb und zwischen den beiden Bereichen umfassen und die Handlungstypen mischen. Kooperationen entstehen auch außerhalb beider Bereiche mit Nonprofit-Organisationen, die in Bieseckers Modell der Lebenswelt zugeordnet werden. „Kommt der Staat als Akteur in der Kooperation dazu,

---

82 Biesecker, Adelheid/Kesting, Stefan (2003): a.a.O., S. 20.
83 Ebd., S. 192.

sprechen wir von intermediären Einrichtungen. Sie entstehen als interaktive Zusammenhänge von Haushalten, Unternehmen und staatlichen Ebenen und weisen schon von daher systematisch eine Mischung" von Handlungstypen auf.[84]

Die Handlungsräume Markt, Politik, Lebenswelt und Versorgungsökonomien sind eingebunden in die natürliche Mitwelt. Biesecker bezieht sich auf den von Olk und Evers[85] geprägten Begriff des „Wohlfahrtspluralismus", der ausdrückt, dass Beiträge zur gesellschaftlichen Wohlfahrt in allen vier Handlungsräumen erbracht werden.[86] Den Handlungsräumen ordnet Biesecker spezifische institutionalisierte Handlungszusammenhänge zu, die die eingebettete Ökonomie als Raum sozial-ökologischen Handelns strukturieren: Mensch-Umwelt-Verhältnisse, Geschlechterverhältnisse und Eigentumsverhältnisse.

Das Konzept verdeutlicht die gegenseitige Durchdringung von Lebenswelt, familiären Einheiten, politischem System und Markt. Die prozessualen Veränderungen der Institutionen innerhalb und zwischen den Handlungsräumen dieser Gesamtheit sind im Konzept und in den real vorfindbaren Formen der Solidarökonomie nachzuvollziehen, die sich aus dem Bereich der Versorgungsökonomie, der Lebenswelt, des Marktes und der Politik generieren, in durchlässigen, kooperativen Strukturen agieren und so neue Mischformen entstehen lassen.

---

84 Ebd., S. 195.
85 Evers, Adalbert/Olk, Thomas (1996): Wohlfahrtspluralismus. Opladen.
86 Biesecker, Adelheid/Kesting, Stefan (2003): a.a.O., S. 196.

4. Elemente einer sozialen Ökonomie des Gemeinwesens und die reale Utopie der Gemeinwesenökonomie

Die sozialökonomische Entwicklung des Gemeinwesens wirft die Frage nach einer sozialen Ökonomie auf, die von der untrennbaren Einheit der Nutzung, Herstellung und Verteilung der materiellen Lebensgrundlagen und der Gestaltung der sozialkulturellen Lebenszusammenhänge ausgeht. Dabei zeigt sich, dass der Begriff „Gemeinwesen" Ziele, Koordinationsprinzipien und Grenzen dieser sozialen Ökonomie impliziert. „Gemeinwesen" bezieht sich auf das „Gemeine" im Gegensatz zum „Eigenen" im Sinne dessen, was „allen gehört"[1] und nicht privates Eigentum ist, auf das „gemeine Eigene", die gemeinsam nutzbaren Lebensgrundlagen und die gemeinsamen Belange. Der Begriff „Gemeinwesen" bezeichnet zudem Formen des menschlichen Zusammenarbeitens und -lebens, die über den Familienverband hinausgehen und der Organisation gemeinsamer Belange dienen.

Er bezieht sich ursprünglich auf horizontale Formen der Vergesellschaftung,[2] die auf Assoziation und Kooperation beruhen. Dieser Bezug des Gemeinwesenbegriffs zur Selbstvergesellschaftung setzt ihn auch in Distanz zum Staat, der im deutschen Sprachraum oft als „Gemeinwesen" bezeichnet wird. Horizontale Selbstvergesellschaftung beruht auf gemeinsamen Belangen, die durch Kommunikation und Intersubjektivität aufgegriffen und organisiert werden. Sie haben damit auch einen örtlichen Bezug und bilden den Kern der Zivilgesellschaft.

Der Begriff „Gemeinwesen" ist aufgrund der genanten Prämissen für Überlegungen zu einer sozialen Ökonomie von besonderer Bedeutung. Er impliziert die grundsätzlichen Kriterien und Voraussetzungen demokratischer und nachhaltiger sozialökonomischer Entwicklung.

Bei Karl Marx finden sich Begründungen der sozialkulturellen Dimension einer Ökonomie des Gemeinwesens. Seine frühen Analysen beziehen sich auf den Begriff „Gemeinwesen" und meinen die Zugehörigkeit sozialer Individuen, ihren Anteil an der Produktion des äußeren Gemeinwesens und ihr Teilsein am Gemeinwesen, ihren Bedürfnissen und Potenzialen, die an ihr inneres Gemeinwesen geknüpft sind. Seine Kritik gilt der als „Entfremdung" bezeichneten Abspaltung des Menschen von seinem wahren Gemein-

---

1 Jehle, Peter (2001): Gemeinwesen. In: Haug, Wolfgang Fritz (Hrsg.): Historisch-Kritisches Wörterbuch des Marxismus. Band 5. Hamburg, S. 189.
2 Vgl. ebd., S. 189.

wesen, von seinem menschlichen Wesen. Marx meint damit die Gesamtheit der Potenziale und Äußerungsformen des menschlichen Wesens, das innere Gemeinwesen. „Das menschliche Wesen ist das wahre Gemeinwesen der Menschen."[3] Von diesem Gemeinwesen, von der Entfaltung der Lebensmöglichkeiten, vom „Leben selbst" wird der Arbeiter in seinem materiellen Dasein durch „seine eigene Arbeit" getrennt".[4]

Einen direkten Anknüpfungspunkt einer zu entwickelnden Ökonomie des Gemeinwesens findet sich in der Marx'schen Metapher des „zu Hause" seins. Demnach ist der Arbeiter nur zu Hause, wenn er nicht arbeitet, und wenn er arbeitet, ist er nicht zu Hause. „Der Satz wurde Ziel feministischer Kritik, weil die eine Hälfte der Menschheit, die doch ‚zu Hause' arbeitet, spontan vergessen schien. Berücksichtigt man den metaphorischen Gehalt dieses ‚zu Hause', dann wird deutlich, dass es nicht nur um die Teilung der Arbeit in bezahlte und unbezahlte geht, sondern auch um die ‚Trennung von sinnlichem Genuss und Sinn des Lebens von der Arbeit' (Frigga Haug 1999, 191), mithin um die Perspektive, das ‚Zuhause zurück in die Arbeit' zu bringen und die verschiedenen Betätigungsfelder der gesellschaftlichen Arbeit unter beiden Geschlechtern neu zu verteilen."[5]

Für Marx ist der herrschaftskritische Sinn des Begriffs „Gemeinwesen" zentral. Er zielt auf die menschliche Emanzipation und unterscheidet zwischen der nur politischen Revolution, die „die Pfeiler des Hauses stehen lässt"[6] und das Gemeinwesen auf das Staatswesen reduziert, und der sozialen Revolution, die auf dem „Standpunkt des Ganzen" steht, weil die Menschen gegen das entmenschte Leben protestieren. „In der Trennung des Individuums vom Gemeinwesen erkennt Marx die gesellschaftlich verfügte Verhinderung der Aneignung des ‚menschlichen Wesens'."[7]

Wolf Rainer Wendt begründet in einer Schrift zur Gemeinwesenarbeit, warum die Verwendung des Marx'schen Verständnisses vom „Gemeinwesen" für die Überlegungen zu einer „neuen Gemeinwesenorientierung" Sinn macht: Der „Bruch von sozialen und ökonomischen Intentionen, von Natur und Produktionsweise (seien) augenfällig und seine ökosoziale Behebung so dringlich (...) wie in den Anfängen der Industrialisierung."[8] Auch Dieter Oelschlägel greift die Marx'sche Argumentation zur Begründung professioneller Gemeinwesenarbeit auf. „Soweit es überhaupt noch äußerlich sichtbare Gemeinwesen gibt, haben sie sich vom inneren, ‚wahren' Gemeinwesen entfremdet. Territoriale und funktionale Gemeinwesen sind die äuße-

---

3 Marx, Karl/Engels, Friedrich (1958): Werke (MEW), Band I. Berlin (DDR), S. 408.
4 Ebd., S. 408.
5 Jehle, Peter (2001): a.a.O., S. 200.
6 Marx, Karl/Engels, Friedrich (1958): a.a.O., S. 388.
7 Jehle, Peter (2001): a.a.O., S. 194.
8 Wendt, Wolf Rainer (1990): Gemeinwesen fängt beim einzelnen an. In: Mühlfeld, Claus u.a. (Hrsg.): Brennpunkte Sozialer Arbeit. Neuwied, S. 52.

ren durch den historischen Prozess der Entfremdung verkrüppelten Ausdrucksformen des inneren Gemeinwesens."[9] Es gelte, am äußeren Gemeinwesen zu arbeiten, um dem inneren Gemeinwesen, dem wahren menschlichen Wesen, zum Durchbruch zu verhelfen.

Bezogen auf die Fragestellung einer aktuellen Ökonomie des Gemeinwesens heißt dies, dass es um Bemühungen der sozialen, ökonomischen, ökologischen und kulturellen Wiederherstellung des inneren und des äußeren Gemeinwesens geht. Soll Wirtschaften wieder mit der Ganzheit des Gemeinwesens verbunden sein, werden wir neu lernen müssen, die Lebensgrundlagen erhaltend zu nutzen, das Erarbeitete gerecht zu teilen und selbstbestimmte Lebensentscheidungen zum Maßstab für wirtschaftliches Handeln zu nehmen. Die Ökonomie des Gemeinwesens greift damit den abgerissenen Faden des klassischen ökonomischen Denkens auf und rückt den Lebenszusammenhang der Menschen, ihre Lebenswelt, ins Zentrum der Betrachtungen.[10] Das Interesse an den Lebenserfordernissen des Gemeinwesens und die daran orientierte Normgebung bestimmen die Form, Ausgestaltung und Begrenzung ökonomischer Handlungen.[11]

Oskar Negt verweist auf den Ausgangspunkt „einer politischen Ökonomie des Gemeinwesens, aus der sich die kulturellen Einbindungen des ökonomischen Verhaltens, seine Grenzsetzungen und Zwecke ergeben."[12] Ausgangspunkt sei die Unfähigkeit der dominanten Ökonomie, die menschlichen Potenziale lebendiger Arbeit und des gesellschaftlichen Reichtums in eine vernünftige Organisation des Gemeinwesens einzubringen. Sie erzeuge Irrationalität, Verschwendung, Ungerechtigkeit und Chancenungleichheit. „Die Marktlogik mag vieles regeln, aber eine bestimmte Nachfrage kennt sie nicht: die Nachfrage nach dem Gemeinwesen."[13] Die Maßverhältnisse des Gemeinwesens stehen der Wirkungsweise des sozial entbetteten Marktprinzips diametral gegenüber. Je ungehemmter sich die Marktlogik ausbreiten kann, desto empfindlichere Störungen zeigen die Gemeinwesen.[14]

Es gehe um mehr als nur darum, den Widerspruch zwischen Ethik und Ökonomie zu diskutieren, auch wenn Kategorien der Ethik, Sinnfragen und Verantwortung eine bestimmende Rolle spielten. Die Ökonomie des Gemeinwesens ist nicht lokal begrenzt, sondern die Bewirtschaftung des Ganzen Hauses umfasst die Weltgesellschaft. Das alte deutsche Wort Gemein-

---

9 Oelschlägel, Dieter (1979): Gemeinwesenarbeit – eine Problemskizze. In: Jahrbuch der Sozialarbeit 3. Reinbek bei Hamburg, S. 390.
10 Ebd., S. 319.
11 Vgl. Elsen, Susanne (1998): Gemeinwesenökonomie. Neuwied, S. 78.
12 Negt, Oskar (2001): Arbeit und menschliche Würde. Göttingen, S. 405.
13 Ebd., S. 92.
14 Ebd., S. 92.

wesen erinnert im Zeitalter des globalen Kapitalismus an die Notwendigkeit konkreter Gestaltung eines „Gemeinen", das global verallgemeinerbar ist.[15]

4.1 Elemente einer Ökonomie des Gemeinwesens

Beispiele für die Rekonstruktion oder Erhaltung des Gemeinwesens finden sich weltweit da, wo Menschen sich gesellschaftlich sinnvolle und notwendige Arbeit im Gemeinwesen aneignen, wo sie Formen entwickeln, sich durch Subsistenzwirtschaft und Tausch den Kapitalzwängen teilweise zu entziehen, wo sie der Kommerzialisierung und Enteignung ihrer Lebensgrundlagen kooperative Alternativen entgegensetzen und wo sie solidarökonomische Varianten miteinander oder für und mit Menschen konstruieren, die der Solidarität bedürfen. Es sind kleine, kollektive, kooperativ und vernetzt agierende Komplementärstrukturen und Gegenentwürfe, die die Idee des Ganzen enthalten.

Die normativen Prämissen der Ökonomie des Gemeinwesens sind zugleich konkrete strategische Handlungsweisen:

• „Die gesellschaftlich am wenigsten kostspieligen Lösungen der kollektiven Probleme sind kollektive Lösungen."[16] Die Ökonomie des Gemeinwesens bezieht sich auf die gemeinschaftlichen Angelegenheiten von Menschen in ihren Lebenszusammenhängen und Beziehungen. Die Wiederherstellung des inneren und äußeren Gemeinwesens vollzieht sich durch gemeinsames Tun und gemeinsame Erfahrungen. Kooperation ist mehr als die strategische Bündelung der Kräfte. Sie beruht auf Intersubjektivität und erzeugt Zugehörigkeit und Verbundenheit durch sozialökonomische Transaktionen.

• Der Einsatz lebendiger Arbeit, nicht zur beliebigen Warenproduktion oder als Beschäftigungsprogramm, sondern als sozialproduktive Investition in das Gemeinwesen ist Ziel und Mittel. Kooperative Arbeit ist Mittel insbesondere mangels Kapital. Die Arbeit am äußeren Gemeinwesen, die Erschließung gesellschaftlich sinnvoller Tätigkeitsfelder ist dann als Gemeinwesenökonomie zu betrachten, wenn sie Möglichkeiten der Entfaltung des inneren Gemeinwesens beinhaltet. Menschen, die ihr inneres Gemeinwesen entfalten, werden nicht gegen die Belange des äußeren Gemeinwesens handeln.

• Der Ökonomie des Gemeinwesens liegt ein Verständnis von Solidarität zugrunde, welches über räumliche und zeitliche Bindung hinausweist und universelle Gültigkeit für die Weltgesellschaft beanspruchen kann. Es resultiert nicht nur aus Not oder Mitgefühl, sondern aus Einsicht in le-

---

15 Jehle, Peter (2001): a.a.O., S. 200.
16 Negt, Oskar (1997): Organisationsphantasie für kollektive Alternativen. In: Heckmann, Friedrich/Spoo, Eckart (Hrsg.): Wirtschaft von unten. Heilbronn, S. 21.

bensbedrohende und ungerechte Zusammenhänge und aus organisierter Gegenwehr. Eine so verstandene Solidarität ist nicht gebunden an primäre Kontakte in den Grenzen lebensweltlicher Kontexte, auch wenn der lokale Lebenszusammenhang für die Generierung von Solidarität von zentraler Bedeutung ist.[17] Solidarökonomien sind jedoch auch ohne die dauerhafte Wirkung und den Zufluss der Ressource Solidarität gar nicht überlebensfähig, da sie in ihrer Eigenlogik gegenüber den mächtigen Einflüssen des Marktes bestehen müssen.[18]

- Das gemeine Eigene und der gemeine Nutzen bilden die essenzielle Grundlage des Gemeinwesens. Der gemeine Nutzen gewährt Zugang zu den zentralen Arbeits- und Lebensvoraussetzungen. Er hat einen konkreten operativen Gebrauchswert, ist jedoch auch normativer Wert. Die Ökonomie des Gemeinwesens setzt differenzierte Eigentumsbegriffe voraus. Sie basiert insbesondere auf genossenschaftlichen und eigenwirtschaftlichen Eigentumsformen und erzeugt in solidarökonomischen Formen selbst zukunftsfähiges gesellschaftliches Eigentum.

- Der Begriff Gemeinwesen leitet sich von der Vorstellung der Gemeinschaft von Gleichen auf Gegenseitigkeit ab. Reziprozitätsnormen sind Gegenseitigkeits- und Gerechtigkeitsvorstellungen, welche die Tauschakte zwischen Menschen auf der Basis von Gleichheit bestimmen.

- Austausch- und Umwandlungsprozesse bestimmen die gesellschaftliche Wirklichkeit. Symmetrische Tauschbeziehungen werden den Prämissen der Marktlogik folgend unterstellt. Der Markt erzeugt jedoch wachsende Asymmetrie zwischen Menschen und ganzen Weltregionen aufgrund massiv unterschiedlicher Ausgangsbedingungen. Die Ökonomie des Gemeinwesens zielt auf die Herstellung symmetrischer Austauschbedingungen durch demokratische Spielregeln und redistributive Gerechtigkeitsnormen. Redistribution in modernen Sozialstaaten zielt auf die Korrektur ungleicher Verteilung von Gütern und Zugangschancen und damit auf die Begrenzung sozialer Ungleichheit. Sie impliziert eine Vorstellung von Verteilungsgerechtigkeit, die den Anspruch erhebt, erst durch eine gerechte Verteilung von Gütern Reziprozität und Äquivalenz in Tausch- und Vertragsbeziehungen zu ermöglichen.

Alle Wege zukunftsfähiger, sozialökonomischer Entwicklung weisen in die Gegenrichtung der entpersonalisierten, individualisierten, entgrenzten, spezialisierten und beschleunigten Kultur des modernen Kapitalismus. Zukunftsfähige Lösungen erfordern die direkte und personale, kollektive Beteiligung der Menschen vor Ort, sie sind nur als längerfristige Prozesse vor-

---

17 Vgl. Elsen, Susanne (1998): a.a.O., S. 95f.
18 Birkhölzer, Karl/Klein, Ansgar/Priller, Eckard/Zimmer, Annette (2005): Theorie, Funktionswandel und zivilgesellschaftliche Perspektiven des Dritten Sektors. In: Birkhölzer, Karl/Klein, Ansgar/Priller, Eckard/Zimmer, Annette (Hrsg.): Dritter Sektor/Drittes System. Wiesbaden, S. 10.

stellbar und sie beruhen auf der Zusammensicht der unterschiedlichen Problemdimensionen, nicht auf einseitigem Spezialistentum, sie brauchen eine Handlungsebene, die möglichst viele Lebensaspekte erfasst und Beteiligung ermöglicht. Da das konkrete Handeln eingebunden ist in die je spezifischen Lebenszusammenhänge und Beziehungsverhältnisse, hat es seinen Ort da, wo Menschen wohnen, Beziehungen aufbauen, Nachbarschaften in Anspruch nehmen, wo ihre Arbeits- und Lebenswelt eigene Zeitmaße und Raumkoordinaten hat.[19] Die Arbeit in und am Gemeinwesen ist verbunden mit längerfristigen Perspektiven, gewachsenen Beziehungen und Verantwortungen. Auch dies steht den Erfordernissen des modernen Kapitalismus entgegen, der flexible, steuerbare, jederzeit verfügbare und örtlich ungebundene Menschen braucht.[20]

Als „eigensinnig, auf autonome Urteilsfähigkeit und eigentümliche Lebensstile bedacht, die rebellische Elemente enthalten", charakterisiert Negt die Menschen der Zweiten Ökonomie, der Ökonomie des Gemeinwesens. Sie könnten sich kampfbereit zeigen, da sie erfahren, dass die politischen Machtverhältnisse gestört und die soziale Gerechtigkeit verletzt seien.[21] Negt spricht von Menschen, die die Kraft und die Fähigkeiten haben, aktiv Alternativen zu suchen. Es sind aber auch in wachsender Zahl Menschen in den Wohlfahrtsstaaten, die aufgrund von Arbeitslosigkeit und gesellschaftlicher Ausgrenzung keine Lebensperspektive haben und sich mangels individueller oder kollektiver Alternativen in Scham und Resignation zurückziehen. Sie sind weder eigensinnig noch reflexiv rebellisch, sondern mit der Wahrung ihrer personalen Integrität und der bloßen Existenzsicherung beschäftigt und benötigen überhaupt erst die Vorstellung von Alternativen zur lähmenden Fixierung auf marktvermittelte Erwerbsarbeit als einzige Möglichkeit der Existenzsicherung.

Die von Negt charakterisierten Menschen, die reflexiv Alternativen zum Bestehenden suchen, müssten auch die resignierten VerliererInnen im Blick haben. Über viele Jahrzehnte gab es zwischen den reflexiven, alternativökonomischen und ökologischen Bewegungen und den alternativ sozialen und sozialpolitischen Bewegungen und deren wenig artikulationsfähigen AdressatInnen kaum eine Berührung. Dies ändert sich seit ca. zehn Jahren, nachdem sozialökologisch orientierte Bewegungen insbesondere aus Asien und Lateinamerika die getrennten Diskurse und die Praxis verbinden, weiterentwickeln und im Weltsozialforum politikfähig machen.

---

19 Vgl. ebd., S. 91.
20 Vgl. Sennett, Richard (1998): Der flexible Mensch. Berlin, S. 189. Richard Sennett analysiert die gesellschaftlich atomisierende Wirkung der Kultur des modernen Kapitalismus, der Bindungslosigkeit voraussetzt, aber gleichzeitig unbeabsichtigt die Stärkung des Ortes und die Sehnsucht der Menschen nach lokaler Verwurzelung befördert.
21 Vgl. Negt, Oskar (2001): a.a.O., S. 322.

Negt betont, dass der Kampf zwischen der Ersten Ökonomie und der am Leben und Gemeinwesen orientierten Alternative sich nicht in individuellen Willensentscheidungen und den besseren Argumenten erschöpft. „Die Zweite Ökonomie zur Ersten zu machen, wäre Motiv und Ziel einer neuen Gesellschaftsreform. Sie ist überfällig, nicht zuletzt aus Kostengründen. Denn nichts ist teurer, als an überholten Verhältnissen festzuhalten. (...) Es ist eine politische Kampfsituation epochalen Ausmaßes, in der Koalitionspartner in allen gesellschaftlichen Schichten zu suchen und zu finden sind."[22] Negt weist auch die Richtung, in der „das Neue", das Zukunftsfähige zu suchen ist. Wir müssen es nicht erfinden, sondern es existierte stets und es entsteht derzeit weltweit neu. „Die Alternativen zum bestehenden System (sind) nicht in dem abstrakt-radikal Anderen zu suchen und zu finden (...), sondern auf der Unterseite der bestehenden Verhältnisse, in ihren konkreten Prägungen und ihren einzelnen Krisenherden. Die Potenziale des besseren Anderen bleiben gleichsam im Schattenbereich und fügen sich nicht zu einer kollektiven Gegenmacht zusammen."[23] Negt vertritt hier die Vorstellung, dass unter der dominanten Ersten Ökonomie komplementäre und alternative ökonomische Strukturen bestehen, die das Potenzial des „Neuen" enthalten. In diese Richtung scheinen sich derzeit auch die Netzwerke lokaler und regionaler Initiativen, die im Weltsozialforum an Organisationsfähigkeit gewonnen haben, zu orientieren.[24]

In den unterschiedlichen Diskursen, die teilweise unten angeführt werden, werden auch Schritte der Transformation hin zu einer Stärkung dieser Komplementärstrukturen ausgeführt:

1. Die Stärkung der zivilen Selbstorganisationspotenziale und die eigenständige Erschließung von Arbeit im lokalen Raum;

2. die tendenzielle lokale und regionale Abkoppelung von weltwirtschaftlichen Entwicklungen[25] durch Einbindung, Vernetzung und Kontrolle wirtschaftlicher Transaktionen sowie die Schaffung von sozialökonomischen Kreisläufen;

3. die Förderung, Neukonstruktion und Erhaltung der Pluralität wirtschaftlichen Handelns;

4. die Erhaltung und Neukonstruktion von Wirtschaftsformen, in denen der Faktor Arbeit die entscheidende Rolle spielt und in denen Kooperation als Koordinationsprinzip gilt;

5. das Entdecken, Fördern und Zulassen neuer wirtschaftlicher Akteure, die ganzheitliche Sichtweisen in das Wirtschaftsleben einbringen;

---

22 Ebd., S. 322.
23 Ebd., S. 405.
24 Vgl. Ziegler, Jean (2003): Die neuen Herrscher der Welt. München, S. 221f.
25 Vgl. Hamm, Bernd/Neumann, Ingo (1996): Siedlungs-, Umwelt- und Planungssoziologie. Opladen, S. 359.

6. die Erhaltung und Neukonstruktion von Wirtschaftsformen, die der Logik von Menschen und Gemeinwesen folgen und in denen Kapital dienende Funktion hat;

7. die Erhaltung und eigenständige Bewirtschaftung von Einrichtungen der Daseinsvorsorge, um ökonomische, kulturelle und soziale Teilhaberechte zu sichern.

Wirtschaften für das Gemeinwesen fragt nach der erhaltenden Nutzung und der Schaffung dessen, was Menschen zum Leben und Zusammenleben brauchen. Dazu gehören ein Dach über dem Kopf, genießbares Wasser, gesunde Nahrungsmittel, Grund und Boden, existenzsichernde Arbeit, Bildungssysteme, angemessene Infrastruktur und vieles mehr. Residuen einer derartigen Ökonomie leben teilweise in dualwirtschaftlichen oder alternativökonomischen Ansätzen und entstehen in neuen pluralen Formen da, wo Menschen für den globalisierten Arbeitsmarkt überflüssig werden oder wo sie nachhaltige Alternativen schaffen. Bezüglich ihrer Reichweite und Verbreitung in den westlichen Industrieländern sind Ansätze der „Zweiten Ökonomie", wie Oskar Negt sie bezeichnet, verschwindend gering. Ihre Bedeutung jedoch wächst.

Am beschädigten Gemeinwesen ist anzusetzen in einer Weise, die die ökonomische Krisenlösung mit dem personalen Wachstum von Menschen und der sozialkulturellen Gesundung des Gemeinwesens verbindet. „Eine politische Ökonomie des Gemeinwesens hat heute existentielle Bedeutung für die gewaltfreie Organisation einer zivilen Gesellschaft."[26] Auch wenn Mittel, Wege und Ziele vor dem Hintergrund der Beschädigungen des Gemeinwesens und der Erfordernisse sozialer und ökologischer Zukunftsfähigkeit plausibel erscheinen, ist zu bedenken, dass es sich bei diesen Vorstellungen um eine tief greifende Gesellschaftsreform handelt, deren Bausteine jedoch in existierenden Alternativen, Nischenökonomien und integrierten Märkten sowie in den noch immer teilweise gültigen Grundmustern integrierter Gesellschaften zu finden sind.

Die Hoffnung auf die Bereitschaft und Fähigkeit ziviler individueller und kollektiver Akteure, an diesem lebenswichtigen gesellschaftlichen Bauvorhaben mitzuarbeiten, ist aufgrund wachsenden Leidens an gesellschaftlichen Widersprüchen und schreiender Ungerechtigkeit gerechtfertigt. Noam Chomsky ermutigt dazu, die Existenzberechtigung der „privaten Tyranneien", die keiner Rechenschaftspflicht unterliegen und den größten Teil der einheimischen und internationalen Wirtschaft kontrollieren, zu hinterfragen und zu beseitigen und begründet dies mit den universal gültigen Ansprüchen der allgemeinen Erklärung der Menschenrechte.[27] Er beschreibt die weltweiten Angriffe der wirtschaftlichen Tyranneien auf grundlegende

---

26 Negt, Oskar (2001): a.a.O., S. 22.
27 Chomsky, Noam (2001): Die politische Ökonomie der Menschenrechte. Grafenau.

Menschenrechte und stellt mit der politischen Ökonomie der Menschenrechte die zentralen Prinzipien der französischen Revolution und der Aufklärung – Freiheit, Gleichheit und Geschwisterlichkeit – ins Zentrum. Dem Prinzip der „Freiheit zu Raub und Ausbeutung" stünden der Anspruch der Gleichheit und der Solidarität und die sozialen und politischen Freiheitsrechte im Wege.[28]

4.1.1 Der Wert lebendiger Arbeit

Laut Artikel 23, Satz 1 der Allgemeinen Erklärung der Menschenrechte, die im Dezember 1948 von der UNO-Generalversammlung verkündet wurde, hat jeder Mensch das Recht auf Arbeit, auf freie Berufswahl, auf angemessene und befriedigende Arbeitsbedingungen sowie auf Schutz gegen Arbeitslosigkeit." Die Antwort auf die Frage, wie Arbeit in die Lebenszusammenhänge eingebunden ist, wie humane Ressourcen berücksichtigt werden, entscheidet über die Qualität und Stabilität einer demokratischen Gesellschaftsordnung und einer sinnvoll gestalteten Weltgesellschaft. „Um die Gesellschaft zu verändern, muss man die Arbeit' verändern – und umgekehrt."[29] Die Erwerbsarbeit ist längst zu einem gesellschaftspolitischen Kampfplatz geworden.

Das wichtigste Konstruktionselement einer sozialen Ökonomie des Gemeinwesens liegt in der Bindung lebendiger Arbeit an das Ganze des Gemeinwesens. Die Ökonomie des Gemeinwesens versteht Arbeit unreduziert als gesellschaftliche Tätigkeit, die Nachbarschaftshilfe, Familienarbeit, Eigenarbeit, Tausch, Subsistenzwirtschaft, Kooperativarbeit, Erwerbsarbeit und Formen bürgerschaftlichen Engagements umfasst.

Während die benötigten Erwerbsarbeitsvolumina der weltmarktorientierten Ökonomie kontinuierlich schrumpfen, entsteht gleichzeitig im Sektor der für das Gemeinwesen notwendigen Arbeit ein wachsender Bedarf.[30] Es sind vor allem jene Bereiche, aus denen sich der Markt mangels Rentabilität unter verschärften Wettbewerbsbedingungen im Weltmarkt zurückzieht und die der Staat aufgrund wachsender öffentlicher Armut bei gleichzeitig steigendem Handlungsbedarf aufgibt, in denen Gegenwarts- und Zukunftsaufgaben unerledigt bleiben: Im vorsorgenden und nachsorgenden Umweltschutz, im sozialen und kulturellen Bereich, in der Sorge um die „alternde Gesellschaft", aber zunehmend auch in der nahräumlichen und bedarfsorientierten Versorgung mit lebensnotwendigen Gütern.

Nicht die Arbeit selbst, sondern die an den Kriterien der Profitabilität im Weltmarkt orientierte Erwerbsarbeit geht den Gesellschaften aus. Das zen-

---

28 Ebd., S. IV.
29 Gorz, André (2000): Arbeit zwischen Misere und Utopie. Frankfurt am Main, S. 142.
30 Vgl. Empfehlungen der EU Kommission/European Commission (1993): Local Development and Employment Initiatives. Brüssel/Luxemburg.

trale Problem unserer Gesellschaft liegt in einem politischen Rückstand gegenüber Entwicklungen, die sich längst vollzogen haben. Alle ökonomischen Rechte (volles Einkommen), sozialen Rechte (soziale Sicherung) und politischen Rechte (kollektive Handlung, Repräsentation und Organisation) sind an „Normalarbeitsverhältnisse" gebunden.[31]

Wenn einerseits Menschen und ganze Regionen für die globalisierte Ökonomie überflüssig geworden sind, auf der anderen Seite Tätigkeitsfelder in den lokalen und regionalen Gemeinwesen zu erschließen sind, gilt es, neue Formen der Verknüpfung von Arbeitskräftepotenzialen und ungedeckten Bedarfen zu entwickeln oder zuzulassen. Sozialökonomische Alternativen rücken immer deutlicher ins Zentrum des gesellschaftlichen Entwicklungsbedarfs. Der erste Schritt ist die Einsicht, nicht auf die Lösung durch Investoren oder Arbeitgeber zu warten, sondern Möglichkeiten zu fördern, dass sich Menschen in kooperativen Formen die Arbeit nehmen.[32]

Die auf das Gemeinwesen bezogene Tätigkeit geht über die „nützliche Arbeit", die Ökonomie des Lebensnotwendigen, hinaus. Je weniger Arbeit eine Gesellschaft braucht um das Lebensnotwendige zu sichern, desto mehr kann sich die Gestaltungskraft auf andere, höhere Tätigkeiten verlagern. Arbeitslosigkeit kann es nach André Gorz nur in den Gesellschaften geben, die diese Verlagerung, obwohl sie längst möglich wäre, aus politischen und kulturellen Gründen verhindern.[33] Nach seinen Vorstellungen müsste die kapitalfixierte Arbeit durch ganz andere Tätigkeitsformen ersetzt und ergänzt werden – durch Arbeit, die der Pflege der Umwelt, der Kunst und der Qualität des Zusammenlebens dient und Tätigkeiten, die keinen monetären Mehrwert schöpfen, nicht instrumentell rationalisierbar sind und jenseits der Lohnarbeitsgesellschaft liegen.

Ergänzend ist anzumerken, dass der Bereich der am Gemeinwesen orientierten Ökonomie durchaus monetären Wert schöpft und Gewinne erzielen kann. Gleichwohl agiert er nicht primär profitorientiert. Kapital hat dienende Funktion, es ist also Mittel und das primäre Ziel liegt nicht in der Kapitalmaximierung. Nicht die Frage der Gewinnerzielung, sondern die der Gewinnverwendung ist entscheidend.[34] In Verbünden und Kooperationen lassen sich spezifische Formen der Arbeitsorganisation, z.B. in lokalen Kooperativen entwickeln, die Synergien erzeugen und – ohne dominierende Fremdinteressen (private Gewinnmaximierung, Wettbewerbsfähigkeit im Weltmarkt etc.) – sozialökonomische Ziele (Existenzsicherung, Bedarfsdeckung, lokale Entwicklung) verfolgen können.

---

31 Vgl. Gorz, André (2000): a.a.O., S. 91.
32 Vgl. Grottian Peter/Narr, Wolf-Dieter/Roth, Roland (2003): Sich selbst eine Arbeit geben. In: Frankfurter Rundschau, 29.11.2003, S. 7.
33 Vgl. Gorz, André (1998): Enteignung und Wiederaneignung der Arbeit. In: Gewerkschaftliche Monatshefte, 49. Jahrgang, Heft Juni/Juli 1998, S. 349f.
34 Vgl. Elsen, Susanne (1998): a.a.O., S. 54f.

Es ist höchste Zeit, die ideologische Erwerbsarbeitszentrierung aufzugeben. Doch die Widerstände gegen Veränderungen seitens gesellschaftlicher Kräfte, nicht nur derjenigen, die von der Aufrechterhaltung der Ideologie profitieren, sind massiv. Ein derartiger kultureller Wandel erfordert den Abschied von Rollen, Orten und Identitäten, die Subjekte nicht aus sich selbst schöpfen mussten. Einen kulturellen Wandel dieser Art fürchten alle Gesellschaften, denn er erfordert von Menschen zu Subjekten zu werden, indem sie der Logik sozialer Herrschaft freie Selbstentwürfe entgegenstellen.[35]

In der Ökologie- und Frauenbewegung, der Bewegung der Alternativökonomie und der autonomen Arbeitsloseninitiativen kämpfen solche eigensinnigen Kräfte gegen die Einseitigkeit der Verwertungslogik und gegen die instrumentelle Vernunft. Gorz zitiert Anthony Giddens, der der Linken empfahl, Sozialismus über den Vorrang nicht-instrumenteller Tätigkeiten zu definieren.[36] Die Fixierung auf Erwerbsarbeit im Markt als einzige Quelle der Existenzsicherung und biographischen Perspektive verstellt auch den Blick auf die Tatsache, dass Marktökonomie nur eine Spielart der vielfältigen ökonomischen Systeme darstellt und Tätigkeiten jenseits des Marktes (Familienarbeit, Eigenarbeit, Nachbarschaftshilfe, etc.) auch in den Industrieländern ca. 55 Prozent der Lebensarbeitszeit bestimmen. Die Zeit ist reif, diese Vielfalt als Wert zu erkennen und zu fördern.[37] Dies ist eine gesellschaftspolitische Aufgabe von hoher Bedeutung, die neben vielen anderen Voraussetzungen einer teilweisen Entkoppelung von Existenzsicherung und Erwerbsarbeit bedarf.

Gorz nennt „Politiken", die mit der Erwerbsarbeitsfixierung brechen und die Weichen für eine multiaktive Tätigkeitsgesellschaft stellen. Er erwähnt die Notwendigkeit, exemplarische Versuche neuer Kooperations-, Tausch-, Solidaritäts- und Lebensformen zu entwickeln und zu zeigen, dass Alternativen möglich sind, damit sie möglich werden.[38] Darin liegt die übergreifende Bedeutung kleiner, situativer und spezifischer Ansätze, die oft im starken Gegenwind überleben müssen. Es gilt, die Räume und Mittel alternativer Gesellschaftlichkeit so stark wie möglich auszuweiten und die neuen Kooperations- und Lebensformen den Machtdispositiven von Staat und Kapital zu entziehen. Keine der erforderlichen Politiken, die Freiräume in Richtung einer multiaktiven Tätigkeitsgesellschaft ermöglichen, verursachen so hohe Einstiegskosten, dass nicht ihre Dynamik mit ausreichender Kraft in Gang gesetzt werden könnte. Zu den unabdingbaren Voraussetzungen zählt Gorz:

---

35 Vgl. Gorz, André (2000): a.a.O., S. 93.
36 Vgl. ebd., S. 95.
37 Vgl. Opielka, Michael (1997): Leitlinien einer sozialpolitischen Reform. In: Aus Politik und Zeitgeschichte, B 48-49/1997.
38 Vgl. Gorz, André (2000): a.a.O., S. 110.

1. Ein bedingungsloses garantiertes Grundeinkommen für alle Bürgerinnen und Bürger, um diesen die Wahlfreiheit auch als Alternative zu unwürdiger Arbeit zu geben,

2. die Umverteilung von Arbeit verbunden mit individueller und kollektiver Zeitsouveränität,

3. die aktive Förderung neuer Formen der Gesellschaftlichkeit in Kooperations- und Tauschverfahren.

Der deutsche Unternehmer Götz Werner plädiert seit Jahren für ein garantiertes Grundeinkommen, welches durch eine radikale Steuerreform möglich sei, um damit allen BürgerInnen den Freiraum zu eröffnen, den sie brauchen, um ihre Fähigkeiten in die Gesellschaft einbringen zu können.[39] Er stellt sich mit seinen Forderungen gegen die mit der Hartz IV-Politik verbundenen Repressionen. „Hat es unsere Gesellschaft nötig, auch nur einen Bürger durch das soziale Netz fallen zu lassen? (...) Das Grundeinkommen schafft (...) Freiraum. Viele gemeinwirtschaftliche und kulturelle Arbeitsaufgaben sind finanzierbar. Viele neue Initiativen werden entstehen. Viele Menschen werden den Sinn in ihrer Arbeit wieder entdecken...".[40] Damit öffnet er die sozialpolitische Diskussion für ein erweitertes Verständnis von Entrepreneurship als Fähigkeit, eigenständig im Sinne des Ganzen (Gemeinwesens) zu denken und zu handeln. Götz Werners' Verständnis verbindet die Diskussion des garantierten Bürgergeldes mit einem modernen Verständnis redistributiver Sozialpolitik und ist gerade als Position eines erfolgreichen deutschen Unternehmers bemerkenswert.

Nichts ist teurer als alternativlos an der marktvermittelten Erwerbsarbeit und den daraus abgeleiteten sozial- und arbeitsmarktpolitischen Programmen festzuhalten. Darüber hinaus müssen wir uns immer wieder klar machen, dass gerade Großunternehmen, die den größten gesellschaftlichen Schaden anrichten, nicht, nur kaum oder keine Steuern zahlen, sondern zudem im hohen Maße direkt oder indirekt subventioniert werden. Eine Politik der Förderung der sozialproduktiven menschlichen Arbeit ist eine Politik der Nachhaltigkeit. Gerade weil diese Vorstellungen nach der Einführung von Hartz IV als utopisch erscheinen, sollten die Möglichkeiten und Voraussetzungen einer sozial und ökonomisch nachhaltigen Gesellschaft in der Diskussion bleiben.

---

39 Götz Werner ist Gründer der Dm-Kette (Drogeriemarkt) mit heute 1642 Filialen und 23.000 MitarbeiterInnen. Darüber hinaus ist er außerordentlicher Professor für Entrepreneurship an der Universität Karlsruhe.

40 www.unternimm-die-zukunft.de (letzter Zugriff am 15. Juli 2006).

4.1.2 Nachhaltigkeit

Die Neuorganisation gesellschaftlicher Arbeit hat zentrale Bedeutung für die nachhaltige Entwicklung der Gemeinwesen. Das Konzept „Sustainability" bezeichnet eine Entwicklung, in der die Bedürfnisse heutiger Generationen befriedigt werden, ohne die Bedürfnisse kommender Generationen zu gefährden. Nachhaltige Entwicklung bedeutet, dass Gesellschaften ihre sozialen Beziehungen und ihre Wirtschaftsweise so organisieren, dass sie nicht auf Kosten anderer Menschen und Regionen leben.[41] Nachhaltigkeit setzt auf die physische Einheit von Produktion und Reproduktion als ökonomisches Prinzip. Ökonomische, sozial-kulturelle und ökologische Reproduktion bedingen sich gegenseitig als Determinanten im vernetzten System von Ökonomie, Ökologie und Gesellschaft; sie bilden insofern nur integrativ die konstituierenden Elemente einer als ganzheitliches Lebensprinzip zu verstehenden Nachhaltigkeit.[42]

Vieles spricht dafür, Ansätze der Bewältigung ökonomischer, kultureller, sozialer ökologischer und politischer Fragen in lokalen Gemeinwesen zu suchen: Lokales Handeln hat naturgemäß eine höchst begrenzte Reichweite. Doch in überschaubaren Grenzen lassen sich umfassende, spezifische und synergetische Modelle entwickeln, die unterschiedliche Zielebenen integrieren (ökonomische, soziale, politische, ökologische) und an denen möglichst alle gesellschaftlichen Gruppen lernend teilhaben können. Klein, territorial, vernetzt, prozesshaft, synergetisch, demokratisch und spezifisch, dies sind die Schlüsselbegriffe der Nachhaltigkeit. Verantwortliches lokales Handeln in globaler Verantwortung ist der Kern der Nachhaltigkeitsidee. Verantwortung setzt da ein, wo der Einzelne auf die Gestaltung einer Gesellschaft Einfluss nehmen kann. Sie ist an die sozialen, persönlichen und zeitlichen Dimensionen von Menschen an konkreten Orten gebunden. Ein weiterer Grund besteht darin, dass viele Menschen mangels Alternativen auf ihren lokalen Raum angewiesen sind. Lokale Gemeinwesen sind zentrale Orte der Lebensbewältigung, der sozialen Integration und zunehmend auch wieder der Existenzsicherung.

Zwei Prinzipien stehen im Zentrum aller Bemühungen um nachhaltige Lösungen: Suffizienz als das Ziel „Genug-für-Alle" lokal und global, und Effizienz als bestmögliche Nutzung knapper Ressourcen. Diese Prinzipien lassen sich auf alle Dimensionen der Nachhaltigkeit übertragen. Ökonomisch und ökologisch nachhaltiges Wirtschaften orientiert sich an einer erhaltenden Ressourcennutzung und höherer Ressourcenproduktivität. In lokalen und regionalen Einheiten erfordern diese Prinzipien die Schaffung kleinräumiger kooperativer Wirtschaftskreisläufe, in denen Stoffkreisläufe

---

41 Vgl. Elsen, Susanne (1998): a.a.O., S. 140.
42 Vgl. Busch-Lüty, Christiane (1994): Nachhaltige Entwicklung als Ziel. In: Biesecker, Adelheid (Hrsg.): Ökonomie als Raum sozialen Handelns. Bremen, S. 12.

geschlossen und der Ressourceneinsatz optimiert werden können. Lokal und regional eingebundene Wirtschaftskulturen bilden die Entwicklungsmilieus nachhaltigen Wirtschaftens, welches die sozialen und ökologischen Effekte in die Verantwortung wirtschaftlichen Handeln integriert. Damit nimmt nachhaltiges Wirtschaften eine gesamtgesellschaftliche (globale) Kosten-Nutzen-Sicht ein.

Für Soziale Nachhaltigkeit gelten die gleichen Prinzipien erhaltender Nutzung der menschlichen Potenziale und des „Sozialen Kapitals". Soziale Nachhaltigkeit bedeutet die aktive Teilhabe, Teilnahme und Teilgabe aller Gesellschaftsmitglieder in allen gesellschaftlichen Bereichen, also in Wirtschaft, Politik und Gesellschaft. Soziale Nachhaltigkeit ist mit den Prinzipien der Reziprozität und der redistributiven Gerechtigkeit verbunden.

Die Erschließung von Möglichkeiten zur aktiven Gestaltung ihrer Lebensorte durch die Menschen, die am stärksten auf ihr lokales Umfeld angewiesen sind (Frauen, Kinder, Alte, Jugendliche, Kranke und Behinderte, Arme und Arbeitslose), ist eine vorrangige Aufgabe nachhaltiger Sozialer Arbeit. Sie beruht auf gelebter Subsidiarität in Form sozialer Selbstorganisationsprozesse und der demokratischen Organisation sozialer Belange in überschaubaren Einheiten, in denen die Bedürfnisse, Sichtweisen und Kompetenzen der Beteiligten unmittelbar berücksichtigt werden. Garant sozialer Nachhaltigkeit ist das Identitätsprinzip von Betroffenen und Beteiligten, wie es idealtypisch in Sozialgenossenschaften realisiert wird.

Von besonderer Bedeutung für nachhaltige ökonomische, soziale und ökologische Nachhaltigkeit sind dabei Eigentumsformen, die kollektive und individuelle Nutzungsoptionen langfristig und demokratisch sichern.

4.1.3 Gemeinwohl und Eigennutz

Seit ihrem Beginn denkt die bürgerliche Nationalökonomie über das Verhältnis von privater Reichtumsbildung und öffentlichem Wohl nach. „Gemeinwohl, Volkswohlstand, Nationalreichtum, Wealth of Nations drücken stets mehr und anderes aus als die bloße Summe der Einzelinteressen und Privatreichtümer."[43] Oskar Negt stellt dar, wie im Verlaufe der Geschichte die Überzeugung, die Durchsetzung der Eigeninteressen – und sei es auch durch Untugenden – diene letztlich der Mehrung des Gemeinwohls, stets skeptischen Positionen gegenüber stand. Er zitiert aus Rousseaus Schrift „Discours sur les richesses" aus dem Jahr 1750: „Wie ist es möglich, sich zu bereichern, ohne dazu beizutragen, den anderen ärmer zu machen?"[44] Gemeint sind damit sowohl Einzelne als auch das Gesamtwohl des Volkes. Gemeinwohl ist dabei nicht gleich zu setzen mit der Summe individuellen

---

43 Negt, Oskar (2001): a.a.O., S. 316.
44 Ebd., S. 317.

Wohlergehens in einer Gesellschaft. „In unserer komplexen, interdependenten Welt bringt die Summe individuellen Wohlstands, die nur durch die Tyrannei des Marktes zustande kommt, jedoch häufig ein Gemeinübel hervor, das letztendlich auch die Befriedigung unserer eigenen Bedürfnisse durchlöchert."[45]

Seit dem späten Mittelalter bis ins 18. Jahrhundert ist „gemeiner Nutzen" der umfassende Begriff und Maßstab zur Begründung politisch begrenzenden Handelns. Er legitimiert die Organisationsform des Gemeinwesens und dient der Bereitstellung des „gemeinen Auskömmlichen" sowie der Begrenzung des Verbrauches, der über das Auskömmliche hinausgeht.[46] Peter Bickle weist in seiner sozialhistorischen Studie nach, dass grundlegende Normen des Zusammenlebens, wie z.B. der gemeine Nutzen, unabhängig von Regimen und über die Grenzen von Herrschaftsterritorien als in den Lebenswelten verankerte Regeln über viele Jahrhunderte Kontinuität wahrten.

Was heißt „gemeiner Nutzen", „Gemeinwohl" oder „gesellschaftliche Wohlfahrt" in der Zeit globalisierter Märkte? Es geht um die „gemeinen" Lebensvoraussetzungen, die der Wohlfahrt vieler Menschen über einen längeren Zeitraum dienen, ihre Existenz und gesellschaftliche Teilhabe sichern und global verallgemeinerbar sind. Gemeint ist der allgemeine Zugang zu natürlichen und sozialen Ressourcen und Grundgütern für alle, ohne die weder im Markt noch im Leben von Chancengleichheit die Rede sein kann. Es geht um eine öffentliche Infrastruktur, welche die Grundsicherung von Menschen im Bereich sozialer Sicherheit, Gesundheit, Bildung, Verkehr, Wasser- und Energieversorgung, Wohnen und Betätigungsmöglichkeiten leistet. Die Gewährleistung dieser Wohlfahrt ist mit dem Laisser-faire der reinen Marktwirtschaft nicht vereinbar, da es nur die Chancen der Starken befördert. Die Gemeinwohlperspektive bestimmt sich grundsätzlich von den schwächsten Gliedern des (lokalen und globalen) Gemeinwesens her. Wenn sie leben können, können alle leben.[47]

Amartya Sen nimmt in seiner Analyse die Perspektive der schwächsten Glieder des Gemeinwesens ein und entwickelt eine global verallgemeinerbare Vorstellung gemeiner Lebensvoraussetzungen.[48] Sen bezeichnet diese Voraussetzungen als substantielle Freiheiten, die die fundamentalen Verwirklichungschancen von Menschen bestimmen.[49] Wenn Sen von „sub-

---

45 Bellah, Robert, N./Madsen, Richard/Sullivan, William/Swindler, Anne/Tipton, Steven M. (1992): Gegen die Tyrannei des Marktes. In: Zahlmann, Christel (Hrsg.): Kommunitarismus in der Diskussion. Berlin, S. 62.

46 Vgl. Bickle, Peter (2000): Kommunalismus. Band I. München, S. 88f.

47 Vgl. Duchrow, Ulrich/Hinkelammert, Franz Josef (2002): Leben ist mehr als Kapital. Oberursel, S. 188.

48 Sen, Amartya (2000b): Ökonomie für den Menschen. München, Wien.

49 Vgl. ebd., S. 110f.

stantive freedom" spricht, versteht er darunter eine ganze Reihe von Zugangsvoraussetzungen.

Die Frage des Gemeinwohls ist nicht von gesellschaftlichen Gerechtigkeitsgrundsätzen zu trennen, die immer die Garantie von Grundrechten einerseits und einen gewissen sozialökonomischen Ausgleich andererseits erfordern.[50] John B. Cobb Jr. betont die Bedeutung des „common good" als Grundlage des Gemeinwesens. „Far more important to most people than what can be measured on an economic index is human community. To be an accepted and appreciated member of a healthy community is a primary requirement of human maturation and personal satisfaction."[51]

Heute wissen wir, dass die Wohlfahrt menschlicher Gesellschaften nicht zu trennen ist von der Erhaltung der Evolutionsfähigkeit des Ökosystems der Natur. Die Gemeinwohlperspektive vor dem Hintergrund dieses Wissens bedeutet „ein möglichst hohes Wohlfahrtsniveau für möglichst viele Generationen von Menschen auf der Erde durch das Befolgen von Nachhaltigkeitsregeln zu garantieren, die die Bedingungen der Koevolution beachten."[52]

4.1.4 Zugang und das Gemeine Eigene

Duchrow und Hinkelammert zeichnen die Lehre der Kirchenväter über das Privateigentum nach und entwickeln eine aktuelle „Eigentumsordnung von unten", die das Ziel hat, den Rechten des Lebens Vorrang vor denen des Kapitals einzuräumen.[53] Bei Aristoteles findet sich die wesentliche Differenzierung zwischen Gebrauchswert und Tauschwert bzw. zwischen Nutzungseigentum, welches dem praktischen Gebrauch des Einzelnen in Gemeinschaft dient und dem Eigentumserwerb um seiner selbst willen. Letzteres lehnt Aristoteles aufs schärfste ab.[54]

Eigentum wurde historisch „als Recht definiert, vom Gebrauch oder Genuss von bestimmten Dingen *nicht* ausgeschlossen werden zu können."[55] Die Unterscheidung von exklusivem und inklusivem Eigentum ist von zentraler Bedeutung.[56] Inklusives Eigentum, also öffentliches, genossenschaftliches oder Gemeineigentum schließt nicht aus, sondern ist Voraussetzung der

50 Vgl. Rawls, John (1979): Eine Theorie der Gerechtigkeit. Frankfurt am Main.
51 Cobb, John B. Jr. (2000): Economics for the Common Good. In: Ihmig, Harald (Hrsg.): Wochenmarkt und Weltmarkt. Bielefeld, S. 48.
52 Biesecker, Adelheid/Kesting, Stefan (2003): Mikroökonomik. München, Wien, S. 426f.
53 Vgl. ebd.
54 Vgl. Duchrow, Ulrich/Hinkelammert, Franz Josef (2002): a.a.O., S. 195.
55 Ries, Heinz (2001): Wohnen, Arbeiten, Teilhaben als Basis einer lokalen Ökonomie. In: Sahle, Rita/Scurrell, Babette (Hrsg.): Lokale Ökonomie. Freiburg, S. 48.
56 Vgl. ebd., S. 49.

Teilhabe aller, insbesondere der ökonomisch schwächeren Gesellschaftsmitglieder. Der „gemeine Nutzen" legitimierte über Jahrhunderte die Organisationsform territorialer Einheiten und bestimmte das konkrete Alltagsleben der Menschen. Die Angehörigen einer Gemeinde besaßen Nutzungsrechte an der Gemeinheit von Wald und Wiesen der Allmende. Immateriell waren sie im Besitz des sensus communis, des gemeinen Sinnes.[57] Die Weiterentwicklung des leitenden gesellschaftlichen Organisationsprinzips „gemeiner Nutzen" zum Wert des „Gemeinwohls" und von dort zu „Wohlfahrt" und Sozialstaat lässt sich historisch nachzeichnen. Viele sozialreformerische Bewegungen und ihre Vertreter, von Rousseau bis zu den frühen Sozialisten und der Lebens- und Bodenreformbewegung des 19. Jahrhunderts, setzen an der Idee des unverkäuflichen Treuhandeigentums an, welches Menschen in den Generationenverläufen als Lebensgrundlage dient.

Rechte am Gemeineigentum und daraus abgeleitete Rechte auf ökonomische Teilhabe gründen in einer Synthese der Teilhabe an Naturwertanteilen und an historischen Arbeitswertanteilen. Auf der Basis eines konkreten Niveaus gesellschaftlicher Arbeitsteilung wäre nach dieser Vorstellung ein kollektiv zu verantwortendes Maß an wirtschaftlichen Gütern sowie kultureller und sozialer Voraussetzungen zu bestimmen, die Zugangschancen für ein nachhaltig selbstbestimmtes Leben, politische Teilhabe und einen angemessenen Anteil am gesellschaftlich erarbeiteten Reichtum sichern.[58]

Die Gleichsetzung von Eigentum und veräußerbarem Privateigentum liegt in der Logik des dominanten Wirtschaftssystems. Die Übertragung dieser Eigentumsvorstellungen auf alle Weltregionen ist aus vielen Gründen problematisch. In Entwicklungs- und Transformationsländern würde z.B. die Einführung individuell zugeordneter Eigentumsrechte in den Bereichen, in denen traditionell wirtschaftlich und sozial effiziente Lösungen in Form von Gemeinschaftsgütern (Grundwasser, Bewässerungssysteme, etc.) entwickelt wurden, dazu führen, dass einer großen Zahl der Menschen der Zugang verwehrt würde. Gesellschaften, die in Clans und Großfamilien organisiert sind, würden durch die Zuordnung von Eigentumsrechten an diesen Gemeinschaftsgütern Schaden nehmen.

Oskar Negt weist für die Bundesrepublik Deutschland nach, wie sich in den vergangenen fünfzig Jahren eine Verschiebung vom Schutz der Würde des Menschen hin zum Schutz des (Privat-) Eigentums vollzogen hat. Auch wenn sich in keiner modernen Verfassung Eigentumsrechte als nackte Privatinteressen darstellen und mehr oder weniger in bestimmten Artikeln an Gemeinwohl gebunden sind, die Widersprüche zwischen Sollensvorschrif-

---

57 Wendt, Wolf Rainer (1986): Bürgerschaft und zivile Gesellschaft. In: Wendt, Wolf Rainer (Hrsg.): Zivilgesellschaft und soziales Handeln. Freiburg, S. 54.
58 Vgl. Maaser, Wolfgang (2003): Normative Diskurse der neuen Wohlfahrtspolitik. In: Dahme, Heinz-Jürgen/Otto, Hans-Uwe/Trube, Achim/Wohlfahrt, Norbert (Hrsg.): Soziale Arbeit für den aktivierenden Staat. Opladen, S. 25.

ten und gängiger Praxis sind in keinem anderen gesellschaftlichen Bereich deutlicher.[59] Wenn durch privates Eigentum Lebensrechte von Menschen tangiert werden und eindeutige rechtliche Regelungen fehlen, gewinnt die Eigentumsfrage mitunter an politischer Bedeutung. Negt führt das Beispiel Wohnen an. „Es ist das Minimum für die Existenz eines Menschen, ein Dach über dem Kopf zu haben (...). Ohne irgendetwas von Rechten gehört zu haben, könnte man meinen, dass dieses Minimum zu den ganz elementaren Rechten der Menschen gehören müsste."[60] Dem ist aber nicht so. Das Grundgesetz kennt zwar ein Recht auf Unverletzlichkeit der Wohnung, jedoch kein Recht auf Wohnung.

Eine Eigentumsordnung der Ökonomie des Gemeinwesens müsste ihre Wurzeln in elementaren Lebensvorgängen haben, in der irdischen „Substanz von Rechten – wohnen, atmen, die Sonne genießen usw. Rechte sind im raumzeitlich bestimmten Lebenszusammenhang verankert, oder es sind keine Rechte."[61] Peter Ulrich impliziert in die Kategorie der Menschen- und Bürgerrechte sozialökonomische Existenz- und Teilhaberechte, die sozialökonomische Existenzgrundlagen und Lebensbedingungen umfassen und erweitert sie um ökologische Menschenrechte, die den Zugang zu lebensnotwendigen, natürlichen Ressourcen wie Wasser, Luft, Schutz vor Immissionen etc. beinhalten. Diese lassen sich als sozialökonomische und ökologische Handlungs- und Interaktionsrechte verstehen, die der Entfaltung der grundlegenden humanen Fähigkeiten und der Führung eines selbstbestimmten Lebens dienen.[62]

Dieses Verständnis ist essenziell für die Ökonomie des Gemeinwesens. Sie stellt sich gegen die globale Enteignungsökonomie, auf deren räuberischem Mechanismus sich der Kapitalismus entfalteten konnte und die sich aktuell in vollkommen neue Bereiche ausweitet. Die Privatisierung öffentlicher Infrastruktur, des Bildungs- und Gesundheitswesens, die Patentierung von Genen und Lebewesen, stellen eine bislang unvorstellbare Ausplünderung von Menschen und Gemeinwesen dar. In diese Logik passt auch die kriegerische Geopolitik zur Kontrolle wertvoller Ressourcen wie Öl und Wasser.[63] Derzeit werden die Lebensgrundlagen weltweit in Privateigentum überführt (Wasserversorgung, Wohnraum, Boden, Infrastruktur etc.). Ganze Bevölkerungsteile, die über wenig Kaufkraft verfügen, werden von der Befriedigung grundlegender Bedürfnisse ausgeschlossen. Mit der Privatisierung der Einrichtungen der Daseinsvorsorge werden diese der demokratischen Kontrolle entzogen. Wenn das „gemeine Eigene" vermarktet ist, bleiben jedoch auch keine Optionen für eine Ökonomie des Gemeinwesens, sofern es

---

59 Vgl. Negt, Oskar (2001): a.a.O., S. 388.
60 Ebd.
61 Ebd., S. 392-393.
62 Vgl. Ulrich, Peter (1997): Integrative Wirtschaftsethik. Bern, Stuttgart, Wien, S. 263.
63 Vgl. Zeller, Christian (2004): Die globale Enteignungsökonomie. Münster, S. 9.

nicht gelingt, diese Formen der nicht legitimierten Enteignung rückgängig zu machen.

Die Alternative zur Privatisierung wäre jedoch nicht zwangsläufig die Verstaatlichung öffentlicher Dienste und Güter. Gerade zur kommerziellen Privatisierung wären lokale, bürgerschaftlich kontrollierte Unternehmen Möglichkeiten einer „Vergesellschaftung". Auch hier stellt sich die Frage der Eigentumsform, die den Zugang der Menschen unabhängig von ihrer Position im gesellschaftlichen Gefüge gewährleisten muss. Seit der Ausformulierung des Dienstleistungsabkommens GATS zur privatwirtschaftlichen Organisation öffentlicher Dienstleistungen – von der Wasser- und Energieversorgung, über Kindergärten, Schulen und Hochschulen bis zu den sozialen und gesundheitlichen Diensten ist diese Suche nach Alternativen von großer Bedeutung.[64] Die Gründung lokaler Genossenschaften und Bürgerfonds insbesondere im Sozial-, Gesundheits-, Schul- und Pflegebereich in Finnland, Italien und Japan ist eine Antwort der lokalen Bevölkerung auf die Privatisierung, Kommerzialisierung und Enteignung von öffentlichen Einrichtungen und Leistungen.[65] Auch hier zeigen sich die Fähigkeiten von Menschen zu wirtschaftlicher Selbstorganisation. BürgerInnen machen ihre sozialökonomischen und ökologischen Handlungs- und Interaktionsrechte selbstorganisiert geltend.

4.1.5 Reziprozität

Reziprozitätsnormen sind Gegenseitigkeits- und Gerechtigkeitsvorstellungen, welche die Tauschakte zwischen Menschen auf der Basis von Gleichheit bestimmen. Sie stellen nach den Analysen Karl Polanyis das zentrale Prinzip wirtschaftlichen Handelns in integrierten Gesellschaften dar, in denen ökonomische Transaktionen Teil des sozialen Lebenszusammenhangs sind.[66] Weil letztlich alle gesellschaftlichen Pflichten auf Gegenseitigkeit beruhen, dient ihre Erfüllung den Interessen des einzelnen am besten.[67] Reziprozität und die eigenbedarfliche Haushaltung in integrierten Gesellschaften garantierten den Lebenszusammenhang.

Reziprozitätsnormen beinhalten Grundregeln jeder Interaktion, die auf dem Wege der Sozialisation als Basis sozialen Verkehrs internalisiert werden. Sie sind essenzielle Voraussetzungen für Vertrauen und Basis des Sozialen Kapitals einer Gesellschaft. In ihnen kommt die unausgesprochene Erwartung zum Ausdruck, dass Geben von materiellen und nicht-materiellen Hil-

---

64 Vgl. Fritz, Thomas/Scherrer, Christoph (2002): GATS: Zu wessen Diensten? Hamburg.
65 Vgl. Göler von Ravensburg, Nicole (2003): Genossenschaften in der Erbringung Sozialer Dienste. In: Flieger, Burghard (Hrsg.): Sozialgenossenschaften. Neu-Ulm.
66 Vgl. Polanyi, Karl (1995): The Great Transformation. 3. Auflage, Frankfurt am Main.
67 Vgl. ebd., S. 75.

fen und Unterstützungen nicht einseitig ist, sondern dass Interaktionspartner darauf bedacht sind, annähernde Äquivalenz von Geben und Nehmen herzustellen. „Zahlungsmittel" reziproken Tauschs sind das generalisierte Medium Geld, sowie Dienstleistungen, Zuneigung, Anerkennung und Liebe.

Auch der Begriff „Community" leitet sich von der Vorstellung der Gemeinschaft der Gleichen auf Gegenseitigkeit ab. „Cum" steht in der Bedeutung von „zusammen, untereinander" und „munus" in der von „Geschenk".[68] Studien von Peter Blau verweisen darauf, dass asymmetrische Tauschbeziehungen soziale Hierarchien erzeugen und stabilisieren.[69] Wenn jemand nicht in der Lage ist, empfangene Leistungen und Gaben in einer angemessenen Weise zu entgelten, so wird er sich dem Gebenden unterordnen. Die einseitige Gabe ist ein Akt der Macht. Und „das Reich des Guten, die Gewalt des Guten besteht gerade darin, zu geben, ohne dass eine Gegenleistung möglich wäre. Das bedeutet, die Position Gottes einzunehmen. Oder die des Herren, der dem Sklaven – im Austausch gegen dessen Arbeit – das Leben gewährt (...). Daher hatte Gott dem Opfer Raum gegeben. In der traditionellen Ordnung gibt es immer die Möglichkeit, etwas in Form eines Opfers zurückzugeben, sei es Gott, der Natur oder sonst einer Instanz. Ebendies gewährleistet das symbolische Gleichgewicht der Wesen und Dinge."[70]

Eine der großen Errungenschaften moderner Wohlfahrtsstaaten besteht aber gerade in der teilweisen Entkoppelung von Hilfs- und Dankeserwartungen. Wohlfahrtsstaatlichkeit basiert auf generalisierter Reziprozität in Form entpersönlichter Solidarität.[71] Solidarität in diesem Sinne ist keine einseitige Hilfsmaßnahme, sondern sie ist mit der Überlegung der potenziellen eigenen Betroffenheit von bestimmten Lebensrisiken verbunden. In der personalisierenden und zuschreibenden Praxis der Gewährung sozialpolitischer Leistungen im „aktivierenden Staat" lebt die Herrschaftsausübung gegenüber den Bezugsberechtigten nicht weniger fort als in der aktuellen Forderung nach Gegenleistungen. Die Forderungen gegenüber den Geförderten demonstrieren die edukative und strafende Intention. Die Betonung von Pflichten in der „Wohlfahrtsgesellschaft" bringt ein höchst einseitiges Verständnis von Reziprozitätsnormen in die sozialpolitische Diskussion ein. Diese Diskussion um Gegenleistungen unterstellt vertragslogisch Gleichheit der Interaktionspartner. Sie bemäntelt dabei die asymmetrische Ausgangssituation, die mangelnden Handlungsoptionen und verweigerten Hand-

68 Vgl. Lietaer, Bernard A. (2002): Das Geld der Zukunft. München.
69 Vgl. Blau, Peter (1976): Konsultationen unter Kollegen. In: Conrad, Wolfgang/ Streeck, Wolfgang (Hrsg.): Elementare Soziologie. Opladen.
70 Baudrillard, Jean (2002): Der Terror und die Gegengabe. In: Le Monde diplomatique, November 2002, S. 15.
71 Vgl. Stegbauer, Christian (2002): Reziprozität. Wiesbaden.

lungsalternativen derer, die ihre Rechte als SozialbürgerInnen geltend machen.

Die Verletzung von Reziprozitätsnormen bezeichnet Silvia Staub-Bernasconi als Austauschproblem, welches aus asymmetrischen Austauschprozessen resultiert, die dauerhaft zum Nachteil eines Austauschpartners verlaufen.[72] Austauschbeziehungen beruhen auf Ressourcen, die in den Tauschprozess eingebracht werden können. Menschen, die unter materiellen und immateriellen Ressourcenrestriktionen leiden, haben in sozialen Austauschbeziehungen schlechte Chancen und riskieren im Austausch für eingebrachte Ressourcen keinen äquivalenten Gegenwert zu erzielen. Die (Wieder-) Herstellung von Symmetrie zwischen Nehmen und Geben, Gabe und Hingabe, Rechten und Pflichten im Sinne der Terms of Trade als weitgehend selbstregulierende soziale Austauschbeziehungen auf der Basis von Reziprozitätsnormen ist nach Staub-Bernasconi eine der zentralen Zielsetzungen Sozialer Arbeit.[73]

Die ethischen Prämissen der Diskursethik nach Jürgen Habermas erfordern die Fundierung der Sozialen Arbeit in der Anerkennung von Reziprozitätsnormen zwischen den Beteiligten im professionellen Hilfe- und Veränderungsprozess. Unabdingbare Voraussetzung Sozialer Arbeit, die mit ihren AdressatInnen soziale Prozesse einleiten möchte, ist die apriorische Unterstellung gegenseitiger Verständigungsbereitschaft und die kontrafaktische Akzeptanz des Postulats von Gleichheit. Reziprozitätserwartungen sind Bestandteile der Symmetrieerfordernisse jeder kommunikativen Alltagspraxis „in Form von allgemeinen und notwendigen Voraussetzungen kommunikativen Handelns. Ohne diese idealisierenden Unterstellungen kann niemand verständigungsorientiert handeln. Vor allem in der reziproken Anerkennung zurechnungsfähiger Subjekte, die ihr Handeln an solchen Geltungsansprüchen orientieren, sind die Ideen von Gerechtigkeit und Solidarität schon gegenwärtig."[74]

Die zumeist individualisierenden Diagnosen und Bearbeitungsweisen gesellschaftlicher Exklusionsfolgen, die Soziale Arbeit auf den Plan rufen, degradieren AdressatInnen zu Objekten, ohne dass in reziproker Anerkennung von AdressatIn und SozialarbeiterIn Ziele und Lösungswege entwickelt werden können. Mit dieser professionellen Haltung verstärkt Soziale Arbeit die Folgen systembedingter Exklusionseffekte. Eine diskursethisch fundierte Kultur der Sozialen Arbeit ist getragen vom Vertrauen in die „Fähigkeiten des Individuums, in eigener Kraft ein Mehr an Autonomie, Selbstverwirklichung und Lebenssouveränität zu erstreiten – und dies auch dort, wo das Lebensmanagement der Adressaten sozialer Hilfe unter einer Schicht

---

72 Staub-Bernasconi, Silvia (1995): Systemtheorie. Bern, Stuttgart, Wien.
73 Ebd., S. 182.
74 Habermas, Jürgen (1991): Erläuterungen zur Diskursethik. Frankfurt am Main, S. 71.

von Abhängigkeit, Resignation und ohnmächtiger Gegenwehr verschüttet ist."[75]

Politische und soziale Rechte etablierten sich als ausgleichende, fördernde und schützende Mittel gegen die Asymmetrien im Verhältnis von Individuen, staatlichen und wirtschaftlichen Institutionen. Die moderne Sozialpolitik etablierte sich mit dem Ziel der Überwindung oder zumindest Beschränkung sozialer Ungleichheit. Sie sollte „Verhältnisse gegenseitiger Anerkennung herbeiführen und unterstützen."[76] Der neue sozialpolitische Vertragsdiskurs setzt voraus, „dass unter den Bedingungen eines demokratischen und sozialen Rechtsstaates eine prinzipielle Symmetrie zwischen dem einzelnen Bürger und dem Staat bzw. der Gesellschaft gegeben ist. (...) Die vormals staats- und institutionenkritische Vertragsidee verwandelt sich nun in eine die Tugend betonende Pflichterwartung an das Individuum."[77]

Die Asymmetrie der Situation besteht gerade im Mangel sozialer und ökonomischer Handlungsmöglichkeiten derer, denen diese Erwartungen entgegengebracht werden. Ausgehend vom „Grundfähigkeitsansatz" nach Peter Ulrich[78] und Amartya Sens Forderung nach dem Grundrecht auf Entfaltung der humanen Fähigkeiten, ist die Verfügung über die notwendigen Ressourcen[79] unabdingbare Voraussetzung für ein selbstbestimmtes Leben. Erst unter den Bedingungen der Selbstbestimmung ist Reziprozität lebbar. Sie erfordert mehr als eine nachträgliche materielle Kompensation ungerechter Verteilungseffekte, die freilich unverzichtbar ist. BürgerInnen durch nachgeordnete soziale Sicherung zu befrieden, von aktiver Teilhabe auszuschließen und zu wohlfahrtsstaatlichen Objekten zu degradieren, macht aus ihnen BürgerInnen zweiter Klasse. Sie zu Gegenleistungen für die Inanspruchnahme sozialer Rechte zu zwingen, die weniger der Entfaltung ihrer Fähigkeiten als der Abschreckung und Bestrafung dienen, ist ein Rückfall in die Logik der Armenhäuser. Die stets mitschwingende Andeutung gesellschaftlichen Parasitismus erzeugt Scham und hilflose Wut der Erniedrigten und die Abkehr derer, die sich durch diese Andeutung ausgenützt oder in ihrer Sicherheit bedroht fühlen.

Die derzeit sich ausbreitende autoritative Sozialpolitik[80] vertritt die Idee einer sicheren Gesellschaftsordnung in einem „aktivierenden" Staat, der sich

75 Herriger, Norbert (2002): Empowerment in der Sozialen Arbeit. 2. Auflage, Stuttgart, Berlin, Köln, S. 71.
76 Opielka, Michael (2004): Sozialpolitik. Reinbek bei Hamburg.
77 Maaser, Wolfgang (2003): a.a.O., S. 22.
78 Ulrich, Peter (1997): a.a.O., S. 266.
79 Vgl. Sen, Amartya (1985): Commodities and Capabilities. Amsterdam.
80 Vgl. dazu: Mead, Lawrence M. (1986): Beyond Entitlement. The Social Obligations of Citizenship. New York sowie Rose, Nikolas (2000): Tod des Sozialen? In: Bröckling, Ulrich/Krasmann, Susanne/Lemke, Thomas (Hrsg.): Gouvernementalität der Gegenwart. Frankfurt am Main, S. 72f.

zur Durchsetzung seiner Ziele der obligatorischen Arbeit im gemeinnützigen Bereich oder in der Billiglohnarbeit jener bedient, die das kapitalistische System nicht zu verwerten weiß. Die von Jeremy Rifkin[81] und anderen geäußerte Vorstellung der Einführung obligatorischer Arbeit zur Integration der „Überflüssigen" im Dritten Sektor entwertet und funktionalisiert zudem diesen potenziellen gesellschaftlichen Innovationssektor zur Verwertungs- und Kontrollinstanz und macht ihn zum „Müllschlucker" systemischer Widersprüche.[82] Der Widersinn „pflichtmäßiger Freiwilligkeit" als Ausgleich für staatlich gewährte Existenzsicherung erzeugt zugleich ein Zweiklassensystem echter und verpflichteter Freiwilliger im „Dritten Sektor".[83]

Andererseits verfehlt nach Ansicht Ulrichs „eine bloß folgenkompensierende Sozialpolitik, die die Betroffenen mit staatlichen Transfergeldern ‚entschädigt', (...) die primäre soziale Aufgabe einer Volkswirtschaft, solange die Betroffenen nicht gleichzeitig aus ihrer ursächlichen ‚strukturellen' Passivität' befreit werden".[84] Die Ursachen liegen weniger in mangelnder Leistungsbereitschaft als in mangelnden Möglichkeiten, sich aus eigener Kraft zu versorgen. Das Ideal gleichberechtigter Gegenseitigkeitsbeziehungen in der Bürgergesellschaft erfordert die ursächliche „Emanzipation der Menschen aus gesellschaftlichen Verhältnissen und Strukturen, die Ungerechtigkeit erzeugen."[85] Sens Forderung nach dem Grundrecht auf Entfaltung der humanen Fähigkeiten beinhaltet neben den materiellen und rechtlichen Voraussetzungen auch die Ermächtigung der Menschen zur Entfaltung ihrer sozialökonomischen Grundfähigkeiten.

Ein zentraler Baustein gestaltender Wirtschafts- und Sozialpolitik, die sich an dieser Forderung orientiert, besteht in der aktiven Förderung sozialökonomischer Selbstorganisation, die lebensweltliche, sozial gerechtere Alternativen zu Billiglohnjobs und Pflichtarbeit als Gegenleistung für Sozialhilfebezug generieren kann. Die im Februar 2004 vorgelegte Empfehlung der Kommission der Europäischen Gemeinschaften über die Förderung von Genossenschaften, insbesondere im Bereich der kooperativen lokalen Arbeitsorganisation sowie der Daseinsvorsorge, könnte ein Schritt in diese Richtung sein.[86]

---

81 Vgl. Rifkin, Jeremy (1985): Das Ende der Arbeit und ihre Zukunft. Frankfurt, New York.
82 Vgl. Beck, Ulrich: Zivilgesellschaft light? In: Süddeutsche Zeitung vom 23./24. Juni 2001.
83 Vgl. Gorz, André (1997): a.a.O., S. 122.
84 Ulrich, Peter (1997): a.a.O., S. 213.
85 Ebd., S. 238.
86 Kommission der Europäischen Gemeinschaften: Mitteilung der Kommission an den Rat, das Europäische Parlament, den Europäischen Wirtschaftsrat und Sozialausschuss und den Ausschuss der Regionen über die Förderung der Genossenschaften in Europa. KOM (2004) 18 endg.

4.1.6 Redistribution und demokratische Verteilungsgerechtigkeit

Redistribution ist nach Polanyi neben Reziprozität oder in Verbindung mit dieser das zweite gesellschaftliche Integrationsprinzip. Redistribution verknüpft das ökonomische System mit den Sozialbeziehungen und bildet einen wesentlichen Teil des jeweiligen politischen Regimes.[87] Es kann Gültigkeit haben für kleine Gruppen, z.B. Clans oder Kooperativen, für ganze Volkswirtschaften oder auch für das Weltwirtschaftssystem, welches über eine neue internationale Finanzordnung durch Devisenumsatzbesteuerung[88] in Redistributionszusammenhänge eingebunden wird.

Amartya Sens Unterscheidung zwischen Fähigkeiten und tatsächlichen Möglichkeiten die eigenen Lebensziele verfolgen zu können, hebt ab auf die Unterschiede der Lebensbedingungen, die über die Handlungsfreiheiten von Menschen entscheiden.[89] Aus dieser Tatsache leitet Sen für alle Menschen gültige Wohlfahrtsmaßstäbe ab, die Vergleiche zulassen[90] und auch Forderungen einer gerechten Verteilung begründen.

Redistribution zielt auf die Korrektur ungleicher Verteilung von Gütern und Zugangschancen und damit auf die Begrenzung sozialer Ungleichheit. „Um politische Beteiligungsrechte wirksam wahrnehmen zu können, sind allen Bürgerinnen und Bürgern vergleichbare Lebenslagen zu sichern, eine Grundausstattung an Gütern, ein Mindestanteil am Volkseinkommen und am Volksvermögen."[91] Dies wäre Verteilungs-Gerechtigkeit, die den Anspruch erhebt, erst durch eine gerechte Verteilung von Gütern Reziprozität und Äquivalenz in Tausch- und Vertragsbeziehungen zu ermöglichen.[92] Distributionsgerechtigkeit ist Tauschgerechtigkeit also vorgelagert und übergeordnet. „Die Anerkennung der Personenwürde eines jeden, die Garantie bürgerlicher Freiheitsrechte, sozialer Grundrechte und politischer Beteiligungsrechte kann nicht auf den Prüfstand der Tauschgerechtigkeit gestellt werden, ob die Träger solcher Rechte diese auch durch ihr Leistungsvermögen, ihre Kaufkraft und ihren Leistungswillen verdient haben."[93]

Verteilungsdiskurse beziehen sich auf verschiedene Begründungen. Die liberal-soziale Variante betont die materiellen und immateriellen Voraussetzungen einer selbstständigen Lebensführung. Die sozial-liberale Verteilungstheorie argumentiert demokratietheoretisch und stellt die ökono-

---

87 Vgl. Polanyi, Karl (1995): a.a.O., S. 83.
88 Z.B. in Form der „Tobin-Steuer", einer nach dem Wirtschaftsnobelpreisträger James Tobin benannten Form der Besteuerung internationaler Devisentransaktionen.
89 Sen, Amartya (2000a): Der Lebensstandard. Hamburg, S. 63.
90 Einen solchen Vergleichsmaßstab bietet z.B. der von Sen u.a. entwickelte Human Development Index (HDI).
91 Hengsbach, Friedhelm (1999): Demokratische Verteilungsgerechtigkeit. In: Gewerkschaftliche Monatshefte, 50 Jahrgang, Heft 1/1999, S. 39.
92 Vgl. Maaser, Wolfgang (2003): a.a.O., S. 24.
93 Hengsbach, Friedhelm (1999): a.a.O., S. 39.

mischen Voraussetzungen allgemeiner gesellschaftlicher Beteiligung sowie öffentlicher Interessensvertretung in den Vordergrund.[94] Sie ist vom Gedanken des Rechts auf Teilhabe am historisch kollektiv erarbeiteten gesellschaftlichen Reichtum geprägt. Jedes arbeitsteilig erzeugte Produkt ist ein „Sozialprodukt", welches die Frage seiner gerechten Verteilung aufwirft. Ein „Sozialprodukt" ist danach ein Gemeingut, welches in Menschen-Maschinen-Organisations-Systemen in kollektiver Arbeit hergestellt wurde, an denen sich der direkte und indirekte Beitrag Einzelner nicht messen lässt.[95] Konzepte der Verteilungsgerechtigkeit, die ökonomische, kulturelle und soziale Teilhabe auf der Basis eines konkreten Niveaus gesellschaftlich erarbeiteten Reichtums fordern, scheinen unter den derzeitigen Verschärfungen des Verteilungsdiskurses geradezu abwegig, sie sind jedoch zentrale Elemente und Voraussetzung einer sozialen Ökonomie des Gemeinwesens und der Gestaltung zukunftsfähiger Gesellschaften.

Peter Ulrich greift in seiner Begründung eines universalen Rechtes auf Gewährung des Lebensnotwendigen gemäß der Bestimmung des kulturellen Existenzminimums in der jeweiligen Gesellschaft zurück auf den lebensdienlichen Sinn des Wirtschaftens – die Versorgung aller Menschen mit den notwendigen Lebensmitteln im weiteren Sinne.[96] Er verbindet Verteilungsgerechtigkeit mit Grundrechtsfragen und dem grundlegenden Sinn des Wirtschaftens. An dem Maß, in dem es einer Volkswirtschaft gelingt, Not mittels Versorgung aller Mitglieder mit hinreichenden „Lebensmitteln" zu verhindern, müsste sich ihr „Fortschritt" messen.[97]

Konsequent und weit reichend im Hinblick auf eine gesellschaftliche Transformation ist das Konzept des garantierten, ausreichenden und bedingungslosen Grundeinkommens nach André Gorz. Es soll denjenigen, die es beziehen, ermöglichen, unwürdige Arbeit und Arbeitsbedingungen abzulehnen und sich so aus den Zwängen des Arbeitsmarktes zu befreien. Es soll zudem einem sozialen Umfeld zugehören, in dem der Einzelne zwischen Nutz- und Tauschwert seiner Zeit entscheiden kann.[98] Das Konzept beinhaltet mehr Möglichkeiten zu Selbstgestaltung für Einzelne und Kollektive in einer multiaktiven Tätigkeitsgesellschaft, in der die politische, soziale und ökonomische Selbstorganisation eine zentrale Rolle spielt. Die Idee von André Gorz hat ihre Vorläufer in den Argumenten der französischen Distributisten vom Ende des 19. Jahrhunderts.

---

94 Maaser, Wolfgang (2003): S. 24-25.
95 Vgl. Passet, René (1996): La Sécu entre deux chaises. In: Transversales, No. 37, Januar/Februar 1996.
96 Vgl. Ulrich, Peter (1997): a.a.O., S. 210-211.
97 Vgl. ebd., S. 211.
98 Vgl. Gorz, André (2000): a.a.O., S. 115.

4.1.7 Solidarität

Es gibt gute Gründe für solidarisches Verhalten. Wer solidarisch handelt, tut dies durchaus unter Hintanstellen eigener Interessen – allerdings nur so lange, wie er selbst auf Solidarität rechnen kann. Solidarisch Handelnde setzen auf eine Gemeinschaft, in der das solidarische Handeln vieler Einzelner möglich ist. Schwierig wird die Tragfähigkeit der Idee der direkten Reziprozität in inter- und transnationalen „Solidargemeinschaften".[99]

Solidarität ist komplementäres Prinzip der Verteilungsgerechtigkeit. Léon Bourgeois (1851–1925), Linksdemokrat, französischer Ministerpräsident, Präsident des Völkerbundes und Friedensnobelpreisträger von 1920, entwickelte eine zukunftsweisende und universelle Theorie der sozialen Solidarität.[100] Nicht moralische Prinzipien, sondern wissenschaftsbasierte Aussagen über die wechselseitige Abhängigkeit und gesellschaftliche Kooperation sowie über die daraus resultierenden Verpflichtungen liegen seinem Ansatz zugrunde. Bourgeois geht von der „doctrine scientifique de la solidarité naturelle"[101], der in der Naturwissenschaft vorherrschenden Vorstellung wechselseitiger Abhängigkeit der Teile eines Organismus oder dem notwendigen Zusammenhang zwischen wirtschaftlichen Tätigkeiten in der Ökonomie aus. Menschen sind aufeinander angewiesen, nicht nur in physiologischer Hinsicht, sondern auch als Mitglieder sozialer, kultureller oder arbeitsteiliger ökonomischer Gemeinschaften. Die „solidarité naturelle" begründet die „solidarité sociale" und das Konzept der politischen Gesellschaft, so Bourgeois.[102] Die politische Gesellschaft, der Staat, basiert nicht auf abstraktem Recht, sondern auf der sozialen Kooperation der Bürgerinnen und Bürger. Mit der „doctrine de la solidarité sociale" werden die Ungleichheiten und Ungerechtigkeiten korrigiert, die die „solidarité naturelle", die natürlichen Abhängigkeiten, erzeugen. Gesellschaftliche Ungleichheiten sind nach Bourgeois soweit zu beseitigen, dass allen Bürgern grundsätzlich alle gesellschaftlichen Positionen offen stünden.

Auch die Grundsätze der Gerechtigkeit sind nicht abstrakter Art, sondern aus dem sozialen Zusammenhang zu definieren. Nicht als Nächstenliebe oder moralisch-religiöse Norm, sondern als objektiv bestehende Verpflichtung will Bourgeois die „solidarité sociale" verstanden wissen. Sie ist den Prinzipien von Recht und Freiheit vorgelagert. Mehr noch, Recht und Freiheit sind als Funktionen der Solidarität zu verstehen. „La solidarité est un fait antérieur à la liberté et à la justice et, par conséquent, ni la liberté, ni la justice ne peuvent se définir désormais sans tenir compte du fait de la soli-

---

99 Krätke, Michael (2002): Europäischer Wohlfahrtsstaat und transnationale Sozialpolitik. In: Widerspruch. 22. Jg., Heft 42, 1. Halbjahr 2002, S. 88f.
100 Vgl. Zoll, Rainer (2000): Was ist Solidarität heute? Frankfurt am Main.
101 Bourgeois, Léon (1912): Solidarité. Paris, S. 17f.
102 Vgl. Zürcher, Markus Daniel (1989): Solidarität, Anerkennung und Gemeinschaft. Tübingen, Basel, S. 62f.

darité; elles ne se peuvent définir qu'en fonction de la solidarité".[103] Bourgeois bezieht sein Konzept der sozialen Solidarität als Ausgleich und Korrektur von Ungerechtigkeit und Ungleichheit explizit auf den internationalen Zusammenhang. Er befürchtete, dass die staatlich unterschiedlichen sozialpolitischen Systeme im internationalen Konkurrenzkampf instrumentalisiert werden könnten und setzte sich für internationale sozialpolitische Standards ein.

Für ein räumlich und zeitlich entgrenztes, sozialpolitisch-universelles Verständnis von Solidarität und Gerechtigkeit sind die Überlegungen von Seyla Benhabib, einer Vertreterin der feministischen Moraltheorie, weiterführend. Benhabib spricht sich gegen ein rein kommunitäres, auf Freundschaft und Nähe basierendes Verständnis von Solidarität aus. „Eine mit demokratischer Selbstregierung vereinbare Solidarität kann nicht ohne universale Gerechtigkeit erreicht werden; komplexe, heterogene Gesellschaften, (...) können nicht allein auf Freundschaft basieren; nur ein System egalitärer Rechte kann das Band zwischen Bürgern stiften, das eine Vorbedingung von Solidarität ist; und schließlich tendieren Gemeinschaften dazu, sich über den Ausschluss von Differenz zu konstituieren."[104]

Ausgangspunkt für Reflexion und Handeln in Form eines „interaktiven Universalismus" ist für Benhabib die Differenz zwischen gesellschaftlichen Akteurinnen und Akteuren als „konkrete" und „verallgemeinerte Andere".[105] Die Kunstfigur des „verallgemeinerten Anderen" ist erforderlich, um zur Universalisierbarkeit von Solidarität zu gelangen. „Der Standpunkt des verallgemeinerten Anderen verlangt, dass wir jedes einzelne Individuum als ein rationales Wesen betrachten, das Anspruch auf die gleichen Rechte und Pflichten hat, die wir für uns selbst geltend machen möchten. Wenn wir diesen Standpunkt einnehmen, abstrahieren wir von der Individualität und konkreten Identität des Anderen."[106] Erst mit Hilfe der Figur des „konkreten Anderen" wird Solidarität möglich. Sie erkennt jedes Individuum mit seiner Geschichte, Identität, rationalen und emotionalen Verfassung an. Jeder verallgemeinerte Andere ist auch ein konkreter Anderer. Es ist erforderlich, die Würde des verallgemeinerten Anderen durch die Anerkennung der moralischen Identität des konkreten Anderen zu gewährleisten.[107] Solidarität bekommt aus Benhabibs Perspektive eine Basis, die in konkreter Differenz und abstrakter Gleichheit besteht.

---

103 Bourgeois, Léon (1901), zitiert nach Zürcher (1989): a.a.O., S. 66.
104 Benhabib, Seyla (1993): Demokratie und Differenz. In: Brumlik, Micha/Brunkhorst, Hauke (Hrsg.): Gemeinschaft und Gerechtigkeit. Frankfurt am Main, S. 115.
105 Benhabib, Seyla (1989): Der verallgemeinerte und der konkrete Andere. In: List, Elisabeth/Studer, Herlinde (Hrsg.): Denkverhältnisse, Feminismus und Kritik. Frankfurt am Main, S. 454f.
106 Ebd., S. 468.
107 Vgl. ebd., S. 476.

Für die soziale Ökonomie des Gemeinwesens und für Formen lokaler Selbstorganisation ist das sozialphilosophische Verständnis von Solidarität als Medium lebensweltlicher Steuerung von Bedeutung. „... die sozialintegrative Gewalt der Solidarität müsste sich gegen die ‚Gewalten' der beiden anderen Steuerungsressourcen, Geld und administrative Macht behaupten können."[108] Habermas geht davon aus, dass es unter den Einflüssen der neokonservativen Politik und der arbeitsgesellschaftlichen Veränderungen nicht nur der sozialen Zähmung der kapitalistischen Ökonomie, sondern auch der sozialen Bändigung des interventionistischen Staates bedürfe. Wenn sich die soziale Begrenzung und Inpflichtnahme nun auch gegen die politisch-administrative Macht richtet, „muss das erforderliche Reflexions- und Steuerungspotenzial woanders gesucht werden, und zwar in einem vollständig veränderten Verhältnis zwischen autonomen, selbstorganisierten Öffentlichkeiten einerseits, den über Geld und administrative Macht gesteuerten Handlungsbereichen andererseits."[109]

Nicht mehr der Erwerbsarbeitszusammenhang ist die solidaritätsstiftende Kraft. Solidarität steht als gesellschaftliche Ressource im kommunikativ strukturierten, lebensweltlichen Kontext. Dieser generiert Selbstorganisationsprozesse der Bürgerinnen und Bürger, die den beiden „Gewalten" ein Gegenwicht gegenüberstellen. Habermas zitiert zur Konkretisierung des innovativen Gehalts der lebensweltlichen Ressource Solidarität Claus Offes Modell verschiedener gesellschaftlicher Arenen, die einander überlagern. In der dritten Arena agieren unterhalb der politischen Eliten und der Vielfalt unterschiedlicher kollektiver Akteure, die Zugänge zu Produktions- und Kommunikationsmitteln suchen – beispielsweise Verbände – die Kräfte, die nicht unmittelbar um Geld oder Macht streiten. Ihnen geht es um die Unversehrtheit und Autonomie von Lebensstilen, um die Verteidigung von Traditionen und Rechten oder um die Veränderung überlieferter Lebensformen. Es sind lokale Initiativen, feministische oder ökologische Bewegungen. „Jedes Projekt, das die Gewichte zugunsten solidarischer Steuerungsleistungen verschieben möchte, muss die untere Arena gegenüber den beiden oberen mobilisieren."[110] Aus diesen Aktivitäten können sich autonome Öffentlichkeiten bilden, die untereinander in Kommunikation treten, sobald die Potenziale zur Selbstorganisation genutzt werden. „Formen der Selbstorganisation verstärken die kollektive Handlungsfähigkeit unterhalb einer Schwelle, an der sich die Organisationsziele von den Orientierungen (...) der Organisationsmitglieder ablösen und wo die Ziele vom Bestandserhaltungsinteresse verselbstständigter Organisationen abhängig werden."[111] Die „dritte Arena", die autonome Öffentlichkeit entspricht der heutigen Auffas-

---

108 Habermas, Jürgen (1985): Die neue Unübersichtlichkeit. Frankfurt am Main, S. 158.
109 Ebd., S. 156.
110 Ebd., S. 159.
111 Ebd., S. 160.

sung von einer Zivilgesellschaft als korrigierende und gestaltende dritte Kraft.

4.1.8 Verständige und verantwortliche Kooperation

Kooperation ebenso wie Reziprozität und Solidarität beruhen auf Vertrauen und erzeugen es zugleich. Vertrauen ist die Grundlage jeder sozialen Bindung, das soziale Kapital der Gesellschaften. Es entsteht in seiner elementaren Form aus der Erfahrung gegenseitiger Abhängigkeit.[112] Vertrauen, die Entwicklung von reziproker Verpflichtung und Loyalität brauchen Zeit und einen Ort. Konkurrenz, Kurzfristigkeit und die Forderung von Unabhängigkeit und Flexibilität wirken verhängnisvoll auf dieses gesellschaftliche Fundament.[113]

Arbeitsteilung und Kooperation zwischen Individuen bewirken nach Emile Durkheim den inneren Zusammenhalt in funktional differenzierten Gesellschaften.[114] Sowohl in der Erwerbsarbeitsgesellschaft als insbesondere auch im Lebenskontext der aus der Erwerbsarbeitsgesellschaft Ausgeschlossenen sind die essenziellen Erfahrungen von Kooperation und Gegenseitigkeit einer individualisierten Verteidigung des knappen Guts Erwerbsarbeit im Konkurrenzkampf oder der individuellen Verarbeitung seines Verlustes gewichen. Der Kontext der Lebenswelt gewinnt unter diesen Bedingungen an Bedeutung. André Gorz fordert als eine der zentralen Voraussetzung zur Neugestaltung einer aktiven Gesellschaft die Förderung von Möglichkeiten der Vereinigung und der Kooperation in Formen eigenständiger und selbstorganisierter, den Machtdispositiven von Kapital und Staat entzogenen Aktivitäten im lokalen Raum.[115]

Ein erweitertes Verständnis von Kooperation wirtschaftlicher Akteure liegt dem oben dargestellten Konzept vorsorgenden Wirtschaftens zugrunde. Es trägt den Erfordernissen gerechter Gesellschaft, lebensdienlicher Wirtschaft und nachhaltiger Entwicklung Rechnung. Adelheid Biesecker geht davon aus, dass die sozialen und natürlichen Kosten, die das Konkurrenzprinzip verursacht, die Suche nach einem anderen wirtschaftlichen Koordinationsprinzip erforderlich machen. Dieses schließe die Menschen, die im Wettbewerb nichts einzubringen haben, ebenso wie die natürliche Mitwelt und damit auch die nachfolgenden Generationen nicht aus. Ein solches Koordinationsprinzip trage der Erkenntnis Rechnung, dass Austauschbeziehungen nicht symmetrischer, sondern asymmetrischer Natur sind. Sie unterscheidet nach dem unterschiedlichen Gehalt von Ungleichheiten zwischen zwei verschiedenen Typen der Asymmetrie und den jeweils damit verbundenen Im-

---

112 Vgl. Elsen (1998): a.a.O., S. 101.
113 Vgl. Sennett, Richard (1998): a.a.O.
114 Vgl. Jonas, Friedrich (1969): Geschichte der Soziologie. Band III. Hamburg, S. 34.
115 Vgl. Gorz, André (2000): a.a.O., S. 111f.

plikationen für kooperatives Handeln: Der erste Ungleichheitstyp besteht in der unterschiedlichen Ressourcensituation und damit Macht der Gesellschaftsmitglieder. Diesem Machtgefälle, beispielsweise zwischen Manager und ArbeiterIn, HauseigentümerIn und MieterIn, etc. kann nach Biesecker nur mit Prinzipien der Fairness begegnet werden, um trotz bestehender Ungleichheit die Gleichberechtigung im Austauschprozess und damit je eigenständige Subjekte anzuerkennen.[116]

Biesecker erweitert den oben dargestellten Ansatz der verständigungsorientierten Kooperation um die Berücksichtigung der Belange derer, die sich am Diskurs nicht beteiligen können und integriert so die Erfordernisse nachhaltiger Entwicklung bzw. vorsorgenden Wirtschaftens. „Hinzukommen muss der Gedanke des Sorgens um Andere (zukünftige Generationen) bzw. des Vorsorgens dafür, dass die natürliche Mitwelt für sich selbst und als Lebensbedingung für diese Generationen gesund, d.h.: evolutionsfähig erhalten wird."[117] Biesecker spricht von „verantwortlicher Kooperation", die den Kern des weiblichen Wirtschaftens im Rahmen der Versorgungsökonomie bilde. Dieses Verständnis löst nicht nur die Begrenzung des Kooperationsbegriffes auf gegenseitige Vorteilnahme, sondern auch auf die unmittelbare Gegenseitigkeitsbeziehung auf, die im allgemeinen klare, lokalisierte Außengrenzen aufweist. Verantwortliche Kooperation impliziert Verantwortungsübernahme für die Weltgesellschaft und ihre natürlichen Lebensgrundlagen.

Diese Idee teilt Oskar Negt in seinem Beitrag „Gemeinwesenarbeit auf dem Weg zur Weltgesellschaft".[118] Nach seinem Verständnis wäre der räumlich und zeitlich entgrenzte Begriff verantwortlicher Kooperation mit dem Vertrauen in die Vernunftfähigkeit der Menschen zu begründen. Die individuelle Verantwortung setzt da ein, wo Gesellschaft unmittelbar beeinflusst werden kann. Doch diese Bindung von Handeln an einen Ort hat nichts Borniertes. Sie bezieht die Weltgesellschaft mit ein. Negt bezieht seine Überlegungen auf die „politische Ökonomie des Ganzen Hauses" und die öffentliche Vernunft, die „eine alternative Ökonomie aufnimmt, die im Kleinen die Idee des Ganzen enthält – oder um Spinoza zu zitieren; ‚Die ganze Idee des Meeres ist in einem Wassertropfen enthalten.' Die ganze Idee der Weltgesellschaft ist in jenen Wirklichkeitsbereichen enthalten, für die ich unmittelbar Verantwortung trage, weil die Wirkungen meines Handelns überprüfbar auf meine Entscheidungen zurückzuführen sind."[119]

---

116 Vgl. Biesecker, Adelheid (1996): Kooperation, Netzwerk, Selbstorganisation. In: Biesecker, Adelheid/Grenzdörffer, Klaus (Hrsg.): Kooperation, Netzwerk, Selbstorganisation. Pfaffenweiler, S. 11.
117 Ebd., S. 13.
118 Negt, Oskar (2001): a.a.O.
119 Ebd., S. 554-555.

4.1.9 Integrative Wirtschaftsethik

Die gängige wirtschaftsethische Debatte behandelt die immer lauter werdenden, vitalen Fragen an das dominante Wirtschaftssystem als „externe
Effekte". Diese Sichtweise entspricht nach Ulrich der „Zwei-Welten-Kon-
zeption" von Ethik einerseits und den „ökonomischen Systemzwängen" andererseits.[120]

Integrative Wirtschaftsethik im Sinne von Peter Ulrich geht aus von einer
Entzauberung der Vorstellung „wertfreier Sachlichkeit" neoliberaler Systemlogik. Die ökonomische Sachlogik, oder was als solche bezeichnet wird,
ist immer schon selbst hochgradig normativ. „Es macht folglich wenig
Sinn, ihr einfach eine andere, ‚sachfremde' ethische Normativität überstül-
pen zu wollen."[121] Integrative Wirtschaftsethik stellt sich drei Aufgaben:
Erstens die Kritik der „reinen" ökonomischen Vernunft und ihrer Steigerung zum Ökonomismus, zweitens die Klärung der Dimensionen lebensdienlichen Wirtschaftens und drittens die Bestimmung ihrer Kontexte.[122]

Wirtschaftsethik ist naturgemäß politische Ethik. Es geht um eine „vorbe-
haltlose Verständigung aller über die Grundlagen des politischen Zusammenlebens und damit die durch faktisch gegebene Markt- und Machtverhältnisse unbeeinträchtigte Entscheidung über die Regeln, denen man sich
unterwirft, ebenso wie über die Ziele, die man im Hinblick auf die Erfordernisse des guten und gerechten Zusammenlebens verfolgen will."[123]

Integrative Wirtschaftsethik ist nach Peter Ulrich dem Leitbild des republikanischen Liberalismus verpflichtet, der die Rechte von Bürgern vor die
des Marktes stellt. Der so verstandene Liberalismus fragt „nach den äußeren, also gesellschaftlichen und politischen Bedingungen der individuellen
Freiheit. Es geht (...) um die allgemeine Freiheit, d.h. die prinzipiell gleiche,
real lebbare Freiheit aller."[124] Hier setzt der „Grundfähigkeitsansatz" an,
den Peter Ulrich, ebenso wie Amartya Sen, in Erweiterung des „Grundbe-
dürfnisansatzes" vertritt.[125] Er zielt darauf, Menschenrechte an der Förderung der personellen Grundfähigkeiten und den entsprechenden soziostruk-
turellen Voraussetzungen fest zu machen, die es Menschen ermöglichen, eigenständige Lebensentwürfe zu realisieren.

Ulrich spricht von drei „Orten", an denen wirtschaftsethische Verantwortung konkret zurechenbar gemacht werden kann. Das sind erstens die wirt-

---

120 Vgl. Ulrich, Peter/Maak, Thomas (2000): Lebensdienliches Wirtschaften, in:
   Ulrich, Peter/Maak, Thomas (Hrsg.): Die Wirtschaft in der Gesellschaft. Bern,
   Stuttgart, Wien, S. 14.
121 Ulrich, Peter (2002): Der entzauberte Markt. Freiburg, Basel, Wien, S. 33.
122 Vgl. ebd., S. 34.
123 Ulrich, Peter/Maak, Thomas (2000): a.a.O., S. 20.
124 Ulrich, Peter (2002): a.a.O., S. 73.
125 Ulrich, Peter (1997): a.a.O., S. 266.

schaftlich handelnden Bürgerinnen und Bürger, zweitens die Unternehmen und drittens die Rahmenordnung des Marktes als Horizont einer Weltwirtschaftsethik. Bürgerinnen und Bürger sind nach dieser Sichtweise Wirtschaftssubjekte und moralisch urteilsfähige Personen. Ihre Beteiligung am volkswirtschaftlichen Prozess, als Arbeitskräfte, Steuerzahler und KonsumentInnen, lässt sich vom staatsbürgerlichen Verantwortungsbewusstsein nicht trennen. Ein Beispiel für den Erfolg solcher Entscheidungen sind die Kampagnen gegen ausbeuterische Kinderarbeit. Als Mitglieder komplex-arbeitsteiliger Organisationen und in bestimmtem Berufsrollen verpflichten sie sich zu betrieblichen oder professionellen „Ehrencodices" und setzen damit nicht selten ihren Platz in der Organisation aufs Spiel. Sie sind darüber hinaus Akteure der politischen Einbindung wirtschaftlichen Handelns in demokratische Prozesse.

Ulrich betont, dass die einzelnen WirtschaftsbürgerInnen berechtigt und befähigt sein sollen, Einspruch zu erheben, ohne dafür persönliche Nachteile befürchten zu müssen. Er entwirft seine Vorstellung vor dem Hintergrund einer republikanisch-liberalen Wirtschaftsbürgerethik, die zweistufig konzipiert ist. „Auf der Stufe der (marktbezogenen) Geschäftsethik geht es um die unmittelbare Geschäftsintegrität der Firma in ihrem Marktverhalten, d.h. um eine ethisch integrierte Erfolgsstrategie. (...) Auf der Stufe der (gesellschaftsbezogenen) republikanischen Unternehmensethik geht es darüber hinaus um ein Stück branchen-, ordnungs- und gesellschaftspolitischer Mitverantwortung für die Qualität und Legitimität der Rahmenbedingungen, unter denen sich die Unternehmensleitung die Aufgabe der verantwortungsvollen und erfolgreichen Führung überhaupt zumuten lassen will."[126]

Ulrich nennt zwei Formen halbherziger Unternehmensethik. Charakteristisch für beide Formen sei, dass jeweils nur ein unternehmensethischer „Ort der Moral" in Betracht gezogen werde, die Gewinnverwendung oder die Gewinnerzielung. Wenn nur die Gewinnverwendung als Ort der Moral verstanden werde, resultiere daraus eine karitative Unternehmensethik, die den gesamten Prozess der Erfolgserzielung ausblende. Gerade damit ein Unternehmen „Gutes" tun kann, muss es hohe Gewinne erzielen und nach strikt betriebswirtschaftlichen Maßgaben agieren. Anders dann, wenn nur die Gewinnerzielung als Ort unternehmerischer Moral betrachtet werde und Ethik strategischer Erfolgsfaktor werde. Die betriebswirtschaftlich-strategische Funktionalität, nicht der Eigenwert ethischer Aspekte stehe im Vordergrund. Dieses Konzept versagt nach Ulrich an der Stelle, wo sich das ethisch gebotene Verhalten nicht rechnet und unternehmensethisch begründete Selbstbegrenzung zur Geltung gebracht werden sollte.[127]

---

126 Ulrich, Peter (2002): a.a.O., S. 152f.
127 Vgl. ebd., S. 146f.

Der dritte „Ort", die Rahmenordnung für eine Weltwirtschaftspolitik, beruht vorrangig auf vitalpolitischen Grundsätzen, die eine Begrenzung der Marktkräfte nach ethischen Gesichtspunkten der Lebensdienlichkeit verfolgen. Ulrich bezieht sich bei diesen Ausführungen auf Alexander von Rüstows[128] Verständnis von „Vitalpolitik", „die alle Faktoren in Betracht zieht, von denen in Wirklichkeit Glück, Wohlbefinden und Zufriedenheit des Menschen abhängen."[129]

4.2 Die Vielfalt wirtschaftlichen Handelns und ihr evolutionäres Potenzial

Die Begriffe „lebensdienliche" oder „konviviale"[130] Ökonomie stehen für die Wahrnehmung und Wiedergewinnung der Vielfalt des Wirtschaftens im gesellschaftlichen Kontext und für eine Korrektur der Gleichsetzung von Markt und Ökonomie. Ökonomische Vielfalt ist Voraussetzung sozial- und wirtschaftskultureller Evolutionsfähigkeit. „Der Markt" und „seine spezifische Eigenlogik" wird vielfach als einzige Variante „der Ökonomie" dargestellt. Dies widerspricht der Tatsache, dass es innerhalb einer lokalen-, nationalen- und Weltwirtschaft sehr unterschiedliche Märkte und Teilökonomien mit je verschiedenen Eigenlogiken und insbesondere höchst unterschiedlichen Formen des Wirtschaftens außerhalb, neben, unterhalb und jenseits der marktförmigen Ökonomie gibt.

Die materiellen und immateriellen Grundlagen der Vielfalt wirtschaftlichen Handelns zu zerstören, sie zu diskriminieren und zu illegalisieren, sie aus dem historischen Gedächtnis zu tilgen, ist Teil des Programms der Verwertung und Unterwerfung von Mensch, Natur und Gesellschaft unter die Gesetze des Marktes. Es ist Teil der von Polanyi beschriebenen „großen Transformation". Luise Gubitzer stellt dar, wie im Laufe der Jahrhunderte die kapitalistischen Megainstitutionen die Menschen um Alternativen brachten. „In ihnen und durch sie wurden Produktion, Politik, die Willensbildung, die Versorgung der Menschen mit Nahrung und Energie, mit Wohnraum und Wissen, mit Kultur und Gesundheit organisiert."[131] Die „große Transformation" und die marktförmige Enteignung und Verwertung von Menschen und Lebensgrundlagen schreitet zwar voran, doch hat der kapitalistische Markt viele Menschen weltweit weder als Konsumenten noch als Produzenten erreicht oder sie aus seinem System ausgeschieden,

128 Alexander von Rüstow ist ein Kritiker des wirtschaftlichen Liberalismus, aber auch der Planwirtschaft und wird den Ordoliberalen zugeordnet. 1949 entwarf er die Idee des „Dritten Weges" zwischen Kapitalismus und Kommunismus, siehe auch: Rüstow, Alexander (2001): Die Religion der Marktwirtschaft. Münster.
129 Ulrich, Peter (2002): a.a.O., S. 173.
130 Vgl. Elsen, Susanne (1998): a.a.O., S. 147.
131 Gubitzer, Luise (1989): Geschichte der Selbstverwaltung. München, S. 11.

so dass sie häufig genug aus purer Not zu alternativen und durchaus nicht immer menschenwürdigeren Formen der Existenzsicherung gezwungen sind.

Es gilt, im Sinne Polanyis prinzipiell zu unterscheiden zwischen gesellschaftlich eingebundenen Märkten und solchen, die sich zwar gesellschaftlicher Ressourcen bedienen, sich jedoch gesellschaftlicher Rückbindung und Verantwortung entziehen. Art und Umfang der Integration regionaler Wirtschaftsstrukturen unterscheiden sich einerseits nach einem „modernen", dynamisch-expansiven Sektor, der geprägt ist von großbetrieblicher und industrieller Organisation, kapitalintensiver Technologie und einer Orientierung an internationalen Märkten, und andererseits nach einem „traditionellen" Sektor, der dominiert wird von Kleinbetrieben, handwerklicher Produktionsweise und einer Orientierung an der kleinräumigen Nahversorgung.[132] Es macht z.B. einen großen Unterschied, ob eine regionale Wirtschaftskultur plural- oder monostrukturiert ist, ob Bestände traditioneller Wirtschaftskulturen im Denken und Handeln der örtlichen Bevölkerung weiterleben.

Eine weitere Unterscheidung erlaubt das Konzept der Dualwirtschaft, welches die Frage nach formellem und informellem Wirtschaften in den Mittelpunkt stellt.[133] Handelt es sich um geldwirtschaftliche oder nicht-monetäre Systeme und welche Qualität und Reichweite hat gegebenenfalls das Geld? Hat es zeitlich und regional begrenzte oder unbegrenzte Gültigkeit? Ist das wirtschaftliche Handeln in formelle Unternehmensstrukturen integriert oder informeller Art? Wie ist die Arbeit organisiert?

Die amerikanische Zukunftsforscherin Hazel Henderson unterscheidet das Gesamtproduktionssystem von Industriegesellschaften generell in zwei Bereiche. In den konventionellen Erfassungen in Form des Bruttosozialproduktes findet nur der geldwirtschaftliche Typus des privatwirtschaftlichen Beitrags sowie des öffentlichen Beitrags Berücksichtigung. Dazu zählt sie auch den Bereich der unerlaubten Geldwirtschaft in Form von Steuerhinterziehung und Schwarzarbeit, der ca. 15 Prozent dieses Bereiches bestimmt. Der zweite, nicht geldlich erfasste, zivilgesellschaftliche Bereich der „sozial-gemeinschaftlichen Liebes-Ökonomie", bestehend aus sozialen Familien- und Nachbarschaftsstrukturen, gegenseitigen Hilfen, Eigenarbeit und Subsistenz, subventioniere den geldwirtschaftlichen Bereich.[134] Die „unsichtbare Hand", die den Markt so diskret regelt, hat riesige, unsichtbar gemachte Füße, bestehend aus der „unsichtbaren Ökonomie" überwiegend der Frauen der Welt und aus immer höheren sozialen und ökologischen Kosten

---

132 Vgl. Krätke, Stefan (1995): Stadt Raum Ökonomie. Basel, Boston, Berlin, S. 169.
133 Vgl. Elsen, Susanne (1998): a.a.O., S. 132f.
134 Vgl. Henderson, Hazel (1997): Macht beide Seiten zu Gewinnern! Oder Leben jenseits des globalen ökonomischen Krieges. In: Weizsäcker, Ernst Ulrich von (Hrsg.): Grenzen – los? Berlin, Basel, Boston, S. 348.

– beide sind immer schwieriger im Verborgenen zu halten.[135] Was Henderson als „Liebes-Ökonomie" bezeichnet, ist der unsichtbare Bereich des Gesamtproduktionssystems. Seine Bedeutung und seine Funktion der „Subventionierung" von Markt- und Staatswirtschaft wird ignoriert oder da, wo er mit Anspruch auf Eigenständigkeit selbstbewusst auftritt, behindert und sanktioniert.

Der Analyse der Wirtschaftsstrukturen sowohl in Industrie- als auch in „Drittweltländern" liegt das Konzept einer dualen Struktur der Trennung des formellen vom informellen Sektor zugrunde. Dem informellen Sektor werden so völlig unterschiedliche Bereiche wie Haushaltswirtschaft, Selbstversorgungswirtschaft, Selbsthilfeökonomie, Alternativökonomie und die Untergrundwirtschaft zugeordnet. Das weite Feld der informellen Ökonomie ist immer noch der Bereich, in dem Menschen weltweit ihre überwiegende Arbeitszeit verbringen und ihre Existenz sichern. Für Europa wird der Umfang informeller Arbeit auf ca. 40 Prozent des Bruttosozialproduktes und 55 Prozent der Lebensarbeitszeit geschätzt.[136] Bezogen auf die Bevölkerung der Länder der „Dritten Welt" ist festzustellen: „Zwischen 60 und 80 Prozent der Arbeiten in den Städten (...) fallen in diesen Bereich der informellen Ökonomie, und dies sogar in Gesellschaften, die nicht zu den ärmsten gehören. Wie ist es möglich, einen solchen Sektor als ,sekundär' zu bezeichnen?"[137]

Es gibt die unterschiedlichsten Versuche, den informellen Sektor zu fassen und nach Merkmalen zu definieren. Die International Labour Organization (ILO) benennt verschiedene Aspekte informeller Wirtschaftsaktivitäten, Arbeit für überwiegend lokale Märkte, Einsatz arbeitsintensiver Produktionsverfahren, geringe Größenordnung wirtschaftlicher Operationen, vorwiegend Familien- und Kleinstbetriebe, stellt jedoch fest, dass keine scharfe operationale Abgrenzung zum modernen unternehmerischen Sektor möglich sei.[138]

Vorsicht gegenüber der Romantisierung und Überschätzung des Potenzials, aber auch die sozial- und wirtschaftspolitischen Konsequenzen aus der Erkenntnis der möglichen positiven Wirkungen dieses Bereiches erscheinen angebracht. Es sollte nicht übersehen werden, dass das prekäre, ausbeuterische und kriminelle Segment der informellen Ökonomie – Menschenhandel, Schuldknechtschaft, Zwangsprostitution und anderes – insbesondere da wächst, wo der Marktmechanismus traditionelle Wirtschaftsformen und

---

135 Vgl. Hoogendijk, Willem (1996): Die Rückeroberung der Arbeit. In: Stiftung Bauhaus Dessau (Hrsg.): Wirtschaft von unten. Dessau, S. 27.

136 Vgl. Herlyn, Ulfert/Lakemann, Ulrich/Lettko, Barbara (1991): Armut und Milieu. Basel, Boston, Berlin.

137 Giddens, Anthony (1997): Jenseits von Links und Rechts. Frankfurt am Main, S. 226-227.

138 Vgl. Krätke, Stefan (1995): a.a.O., S. 170.

ihre materiellen Voraussetzungen und gesellschaftlichen Werte und Normen zerstört, jedoch keine Zugangschancen zum Markt und seinen Alternativen eröffnet. Nach Angaben des Kinderhilfswerks der Vereinten Nationen UNICEF werden beispielsweise jährlich mehr als 1,2 Millionen Jungen und Mädchen als Sklaven und Prostituierte verkauft. Millionen Schuldknechte arbeiten insbesondere auf dem indischen Subkontinent und in Lateinamerika ohne je unter dem Druck von Wucherzinsen wieder frei werden zu können.[139]

Armutsökonomie – die Ökonomie der Müllsammler, Schuhputzer, Bettler, fliegenden Händler etc. – wird seit geraumer Zeit auch in den westlichen Industrieländern sichtbar. William Goldsmith beschrieb bereits 1982 dieses Phänomen als „Bringing the Third World home".[140] Es handelt sich einerseits um Kleinstunternehmer, andererseits um prekär und z.T. unter menschenverachtenden Bedingungen arbeitende abhängig Beschäftigte in Produktionsstätten oder in privaten Haushalten. Krätke berichtet, dass z.B. die Bekleidungsindustrie in New York zu 80 Prozent der Schattenwirtschaft angehöre, und die Grenzen ihrer Arbeits- und Lebensbedingungen gegenüber den legal zu ausbeuterischen Bedingungen in Unternehmen Beschäftigten verschwimmt und nicht zuletzt dadurch die Schattenwirtschaft – insbesondere auch im kriminellen Bereich – blühen lässt.[141]

Dem informellen Sektor gehören völlig unterschiedliche Akteurinnen und Akteure mit ebenso unterschiedlichen Handlungsmotiven an. Es sind die Besitz- und Chancenlosen auf der einen, die vom Überdruss am Überfluss Geprägten auf der anderen Seite. Was aber macht – lässt man das ausbeuterische und kriminelle Segment beiseite – das Potenzial dieses Sektors für die Herausbildung einer zukunftsfähigeren Gesellschaft aus? Es zeigen sich bei allen Unterschieden folgende Gemeinsamkeiten:

1. Menschen eignen sich vorhandene Arbeit selbst an und warten nicht darauf, dass jemand ihnen Arbeit gibt.

2. Ausgangspunkt und Hauptressource ist lebendige Arbeit, nicht totes Kapital.

3. Ökonomischer Erfolg bemisst sich nicht am rein monetären Gewinn.

4. Kollektives, nicht individualistisches Handeln steht im Zentrum. Kooperation, nicht nur Wettbewerb, ist Koordinationsprinzip.

5. Wirtschaften ist Teil des alltäglichen Lebenszusammenhangs, es ist eingebunden in zivilgesellschaftliche Werte, Normen und Handlungskontexte.

6. Es ist ausgerichtet auf konkrete, überwiegend lokale Bedarfe.

---

139 Vgl. Arlacchi, Pino (2000): Ware Mensch. München.
140 Zit. nach Krätke, Stefan (1995): a.a.O., S. 168.
141 Vgl. Ehrenreich, Barbara (2001): Arbeit poor. München.

Anthony Giddens zitiert die Einschätzung von Serge Latouche, dass die „informelle Gesellschaft der Armen" nicht nur den Schuttabladeplatz der Moderne bilde, sondern mit Ausnahme der materiellen Vorteile reicher sei als der Konsumerismus und einen „Vorgriff auf eine andere Gesellschaft jenseits der Moderne" bilde. Die informelle Ökonomie beinhalte ein Repertoire an Strategien der Reaktion auf die Ausbreitung moderner Institutionen, Reaktionen von Menschen zwischen verloren gegangenen Traditionen und einer unerträglichen Moderne.[142]

Tatsächlich ist auch die Marktwirtschaft ohne informellen Bereich weder möglich noch sinnvoll. Die informelle Ökonomie ist Ursprung und Basis marktförmiger Ökonomien und die Übergänge vom einen in den anderen Bereich oder das Fortwirken der dem informellen Bereich eigenen zivilgesellschaftlichen Werte, Lebens-, Produktions- und Distributionsformen, insbesondere in kleinen und kleinsten Unternehmen, prägen den Alltag von Menschen weltweit. Diese Durchdringung ist erfahrbar in den Läden der MigrantInnen in deutschen Innenstädten, in den europäischen Ländern der südlichen Peripherie und im lebendigen Durcheinander von Leben und Arbeiten in Transformations- und Entwicklungsländern. Das „Ökonomische" ist (noch) nicht vom übrigen Leben abgetrennt. Soziales Kapital ist in diesen Ökonomien ein wirksamer Faktor. Anthony Giddens schildert beispielsweise, wie in den erfolgreichen asiatischen Ländern die Kluft zwischen Arm und Reich dadurch minimiert wird, dass den Ärmeren Mittel zur aktiven Verbesserung ihrer Lebenssituation verschafft werden. Die Ärmeren wiederum investierten in Familien- und Freundschaftsbande, in ihr soziales Kapital, was mit hoher Wahrscheinlichkeit über längere Sicht Rendite im Bereich ökonomischen Kapitals zeitigt.[143]

Es ist einleuchtend, dass zivilgesellschaftlich eingebundene Klein- und Mikrounternehmen, die oft von Familienverbänden betrieben werden, relativ stabile Existenzquellen bilden. Sie sind höchst flexibel und können auf veränderte Bedingungen in Angebot und Nachfrage schnell reagieren. Sie sind im Allgemeinen weder von monopolistischen Zulieferern noch von überlokaler Nachfrage abhängig. Hazel Henderson erwähnt, dass gerade die wirtschaftlichen AkteurInnen von Mikrounternehmen nicht primär geprägt sind vom Motiv der Profitmaximierung, sondern von dem der Selbsthilfe und der Befriedigung gesellschaftlicher Bedürfnisse.[144]

Überzeugend sind die personalen, politischen und ökonomischen Empowerment-Erfahrungen, die mit der Förderung kooperativer Mikrounternehmen, überwiegend von Frauen, durch die Grameen-Bank in den ärmsten Ländern gemacht werden. Es müsste jedoch untersucht werden, ob nicht durch die

---

142 Vgl. Giddens, Anthony (1997): a.a.O., S. 227.
143 Vgl. Giddens, Anthony (1997): a.a.O., S. 130.
144 Vgl. Henderson, Hazel (1997): a.a.O., S. 367.

Förderung von Marktfähigkeit traditionelle und möglicherweise auch zukunftsfähige Formen der Subsistenzwirtschaft abgewertet und aufgegeben werden. Günter Faltin und Jürgen Zimmer dokumentierten Mitte der 1990er Jahre die Kreativität und motivationale Potenz der „Unternehmen von unten", die in den Ländern der „Dritten Welt" nach dem „Asterix-Prinzip" agieren. Diese Kleinen könnten, so Faltin und Zimmer, bald in einem Markt, verstanden als Kultur des Wettbewerbs zu fairen Bedingungen, die größten sein. Die in die Krise geratenen reichen Industrieländer müssten diese innovativen unternehmerischen Fähigkeiten mühsam erst wieder erwerben.[145] Knapp zehn Jahre nach dieser Veröffentlichung hat Jürgen Zimmer gemeinsam mit anderen dem innovativen Entrepreneurship in Verbindung mit dem Ansatz der Community Education mit der „School for Life" für benachteiligte Kinder und Jugendliche im Norden Thailands einen Ort der konkreten Entwicklung gegeben.[146]

Was Faltin und Zimmer beschreiben, ist eine Marktwirtschaft „von unten", die nicht von Vorschriften geknebelt und von Monopolen oder Finanzjongleuren dominiert wird.[147] Es braucht in Transformations- und Drittweltländern nicht viel, um sie zu fördern. „Die Frage wird sein, wie sich in dieser „Marktwirtschaft von unten" – der eigentlichen Marktwirtschaft – vernünftige Bedingungen schaffen und erhalten lassen. Es gibt ausreichend gute Vorschläge für Regelungen, die nicht auf Konkurrenz aufbauen und nicht zu Ausbeutungsverhältnissen führen."[148]

Auch im Zentrum Europas gibt es diese Marktwirtschaft „von unten". Wirtschaftlich selbstständige Migranten zeichnen sich durch Anpassungsfähigkeit an neue gesellschaftliche Situationen und durch die Bereitschaft, schwierige Arbeits- und Existenzbedingungen zu bewältigen, aus.[149] Migrantenökonomien sind in vielfältige soziale, kulturelle und ökonomische Verflechtungen eingebunden, die die Grenzen der ethnischen Gemeinschaften längst überwunden haben. In den Städten haben die Einzelhandels-, Handwerks- und Dienstleistungsbetriebe der Geschäftsleute ausländischer Herkunft eine wichtige Versorgungsfunktion für die lokale Bevölkerung. 1999 arbeiteten in Deutschland 291.000 ausländische Selbstständige, davon 55.000 türkischstämmige. 73 Prozent der türkischen Unternehmen unterhielten regelmäßige Lieferbeziehungen zu deutschen Betrieben, 87 Prozent der regelmäßigen Kunden und 20 Prozent der Beschäftigten waren

---

145 Vgl. Faltin, Günter/Zimmer, Jürgen (1995): Reichtum von Unten. Berlin.
146 Die Ansätze wurden entwickelt an der Internationalen Akademie für innovative Pädagogik, Psychologie und Ökonomie (INA) an der Freien Universität Berlin, siehe auch www.school-for-life.org (letzter Zugriff am 15. Juli 2006).
147 Vgl. Soto, Hernando de (1992): Marktwirtschaft von unten. Die unsichtbare Revolution in Entwicklungsländern. Zürich.
148 Hamm, Bernd/Neumann, Ingo (1996): a.a.O., S. 359.
149 Vgl. Krätke, Stefan (1995): a.a.O., S. 172.

Deutsche. Was als ethnische oder Migrantenökonomie bezeichnet wird, ist also keine „Nischenökonomie" mehr.[150]

Informelle Ökonomien sind als Faktoren sozialökonomischer Innovation sozialpolitischer Lösungen im „Dritten Sektor" zu betrachten. „Bestände an informeller Ökonomie erweisen sich als krisenwirksames Potenzial, trotz Arbeitslosigkeit auf eine Normalisierung der Alltagssituation hinzuarbeiten."[151] Selbsthilfe, Hilfen auf Gegenseitigkeit und Nischenökonomien waren in den Milieus der gesellschaftlichen Verlierer stets notwendig. Residuen der ursprünglichen Vielfalt sozialproduktiver Zusammenhänge existierten immer da, wo Menschen die Teilhabe am Arbeitsmarkt verwehrt wurde oder wo eine solche Teilhabe nicht existenzsichernd war und ist. Restbestände überlebten in den dualwirtschaftlichen Nischen altindustrieller Räume[152] in Form von Gartenbau, Kleintierhaltung, handwerklicher Selbst- und Nachbarschaftshilfe, in armutsökonomischen, kooperativ- und alternativökonomischen Formen. Sie tragen zur Existenzsicherung bei, schaffen Sozialkapital, fördern und erhalten sozialproduktive Handlungsfähigkeit und wirken sinnstiftend. Die Hoffnung ruht also auf jenen Restbeständen des Wirtschaftens, welche die Durchdringung durch den Marktmechanismus (und die staatliche Planwirtschaft) überlebt haben. Es macht Sinn, an diesen Potenzialen in neuen Formen nachhaltiger Wirtschafts- und Sozialpolitik anzusetzen.

Ein Beispiel: Im Südwesten Deutschlands halten sich seit Generationen Menschen aus Armutsmilieus mit Schrotthandel. Im Gegensatz zu anderen kleinen Unternehmern kennen und nutzen sie weder die steuerlichen Möglichkeiten noch die Subventionen und Vergünstigungen, die kleinen und mittleren Unternehmen zustehen. Ihre Kräfte sind gebunden im alltäglichen Überlebenskampf. Für eine eigenständige Existenzgrundlage der betroffenen Gruppe brauchte es eine kooperative Infrastruktur, die Integration und Förderung im Rahmen städtischer Wertstoffkonzepte und die Erarbeitung abgestufter und anerkannter Ausbildungssysteme in Kooperation mit den Kammern.

Die Förderung der Schrotthändler als Fachleute im Wertstoffbereich wäre eine dankbare Aufgabe der lokalen Wirtschaftsförderung oder der Agenda 21-Prozesse. Akteure solcher Nischen werden jedoch als Marktteilnehmer kaum wahrgenommen. VertreterInnen ökologischer Initiativen haben im Allgemeinen soziale Notlagen kaum im Blick. Es gibt kaum Berührungen zwischen den ökologisch orientierten und den sozial engagierten Gruppen vor Ort, auch wenn die Nachhaltigkeitsprogrammatik immer Ökologie, So-

---

150 Vgl. Krummacher, Michael/Kulbach, Roderich/Waltz, Viktoria/Wohlfahrt, Norbert (2003): Soziale Stadt – Sozialraumentwicklung – Quartiersmanagement. Opladen, S. 121.

151 Dettling, Warnfried (1995): Politik und Lebenswelt. Gütersloh, S. 108.

152 Vgl. Elsen, Susanne (1998): a.a.O., S. 131f.

ziales und Ökonomie zusammen denkt. Die sozial engagierten Gruppen wiederum haben überwiegend die alten Modelle der Versorgung und Betreuung benachteiligter Gruppen im Blick.

Ein besonderes Potenzial zur Herausbildung lebensdienlichen Wirtschaftens bergen kooperativökonomische und genossenschaftliche Ökonomien. Wie zu zeigen sein wird, sind diese klassischen Alternativen zur Systemrationalität kapitalistischer Verwertung nicht als Rückfall vor die Moderne, sondern vielmehr als Vorgriff auf Wege in eine andere Moderne zu verstehen.[153] Die Auseinandersetzung mit diesem Potenzial erfordert den Abbau von Vorurteilen auch von Seiten der kritischen Linken und eine ernsthafte Auseinandersetzung mit Bedingungen des Scheiterns und des Erfolges kollektiver Ökonomien. Es lässt sich für die vergangenen 150 Jahre nachweisen, dass kollektivwirtschaftliche Projekte der Selbstbestimmung, Selbstregulierung und Selbstverwaltung nicht nur durch die Lobby der kapitalistischen Wirtschaftsweise, sondern auch von der Arbeiterbewegung sozialdemokratischer und orthodox marxistischer Prägung ausgegrenzt, aufgezehrt oder assimiliert wurden.

Neben den aus reiner Not, also mangels Alternative entstehenden „Volks-Ökonomien" gilt es, den Bereich der Varianten zu beachten, die reflexiv als Alternativen zu den Verwerfungen oder als verantwortlicher Schritt in Richtung nachhaltige Gesellschaft entwickelt werden. Es sind andere als rein besitzorientierte Motive, die die Akteurinnen und Akteure dieser „Flickenteppichwirtschaft" prägen, jener Wirtschaftsform, deren Herausbildung die Modernisierungstheoretiker Hans van der Loo und Willem van Reijen als Gegenentwürfe zur Marktwirtschaft in der nachindustriellen Gesellschaft und als Experimentallabore einer neuen, von Laien in Verbindung mit sozialen Bewegungen organisierten lokalen Ökonomie beschreiben.[154]

Sie verfügen über das kritische Bewusstsein, welches sie auch zu Verbündeten einer sozialökonomischen Innovation mit und zugunsten sozial Benachteiligter macht. Als Beispiel sei das „Netz Soziale Ökonomie", Basel genannt. Innerhalb dieses Netzwerkes arbeiten demokratische Kleinunternehmen, lokale soziale Bewegungen, Kirchen, die Ökologiebewegung, Vereine und Verbände, die Arbeitslosengewerkschaft und die Armutspartei mit dem Ziel der Förderung der Sozialen Ökonomie, der Armutsbekämpfung der nachhaltigen Entwicklung zusammen.[155]

---

153 Vgl. Pankoke, Eckart (2000): Freie Assoziationen. In: Zimmer, Annette/Nährlich, Stefan (Hrsg.): Engagierte Bürgerschaft. Opladen, S. 189f.
154 Vgl. van der Loo, Hans/van Reijen, Willem (1992): Modernisierung. München, S. 245.
155 Vgl. www.viavia.ch (letzter Zugriff am 15. Juli 2006).

4.3 Gemeinwesenökonomie – eine Alternative zum neoliberalen Modell

Aus der Perspektive der Sozialen Arbeit und der Vorstellung gestaltender Sozialpolitik kommt dem Konzept der Gemeinwesenökonomie[156] die größte Bedeutung zu. Gemeinwesenökonomie zielt auf sozialökonomische Teilhaberechte und damit auf Armutsbekämpfung und mehr Verteilungsgerechtigkeit. Sie ist von den grundlegenden humanen Bedürfnissen, den Erfordernissen des Gemeinwesens und den ökologischen Grenzen her zu denken. Ausgangssituationen sind soziale Probleme überwiegend benachteiligter und armen Menschen. Wirtschaften ist aus dieser Perspektive vornehmlich aus seiner reproduktiven Funktion für Menschen und Gemeinwesen zu betrachten.[157]

Es handelt sich nicht um eine einheitliche wirtschaftswissenschaftliche Position, „Gemeinwesenökonomie" ist vielmehr ein normatives und zugleich in vielfältigen Ausprägungen historisch und aktuell weltweit vorfindbares reales Phänomen. Ihre Geschichte als Gegenentwurf zur kapitalistischen Wirtschaftsweise lässt sich über fast zweihundert Jahre nachzeichnen, denn immer gab es Menschen, die der dominanten Ökonomie solche Entwürfe oder reale Utopien entgegensetzten und die ein Mehr an sozialer Gerechtigkeit und Verantwortung für das Gemeinwesen forderten. Gemeinwesenökonomie entstand und entsteht auch heute weltweit einerseits mangels anderer Möglichkeiten der Existenzsicherung und sozialökonomischen Teilhabe und/oder als expliziter und reflexiver Gegenentwurf zu den Übergriffen der globalisierten Marktwirtschaft. Der Begriff „Gemeinwesenökonomie" subsumiert in der internationalen Diskussion verschiedene Formen kooperativer ökonomischer Selbsthilfe[158] – z.B. Produktivgenossenschaften oder solidarische Hilfen von und mit Benachteiligten, wie Sozialgenossenschaften bzw. Solidargenossenschaften.[159]

Folgende Kriterien verbinden die verschiedenen Selbstdefinitionen dieser solidarökonomischen Bewegungen im internationalen Raum:

1. demokratische Unternehmenskultur (nominales Stimmrecht: one person, one vote),

2. inklusives Eigentum (Nutzungseigentum),

3. Bedarfswirtschaftliches Handeln (nicht primär profitorientiert),

---

156 Vgl. Elsen, Susanne (1998): a.a.O.
157 Wendt, Wolf-Rainer (2000): Bewirtschaftung des Sozialen in Humandiensten. In: Elsen, Susanne/Lange, Dietrich/Wallimann, Isidor (Hrsg.): Soziale Arbeit und Ökonomie. Neuwied, S. 67.
158 Z.B. Économia popular y solidaria, Community Economy, Économie Solidaire.
159 Zur Unterscheidung der Begriffe siehe: Flieger, Burghard (2003): Sozialgenossenschaften als Perspektive für den sozialen Sektor in Deutschland. In: Flieger, Burghard (Hrsg.): Sozialgenossenschaften. Neu-Ulm, S. 11-36.

4. Gewinnverwendung (Zweckbindung des Gewinns),
5. soziale Einbindung.

Gemeinwesenökonomien formieren sich in Assoziation und Selbstorganisation, der Zusammenschluss hat freiwilligen Charakter. Nach diesen Kriterien sind sie Organisationen der Zivilgesellschaft. Die Betonung der Solidarität als normatives und strategisches Element steht gegen die Dominanz der Gewinn- und Konkurrenzprinzipen. Akteure sind Menschen, die in Solidargemeinschaften handeln. Das Steuerungsmedium Solidarität (Sozialkapital) setzt in ökonomischen Transaktionsprozessen die extrafunktionale Engagementbereitschaft der beteiligten Akteure frei und generiert ganzheitliche Perspektiven.[160] Solidarität in diesen Kontexten ist als eine sozialproduktive Kraft zu sehen. Dieser Erkenntnis tragen seit ca. 20 Jahren staatliche Programme der integrierten Sozial- und Beschäftigungspolitik oder die Programmatik der OECD zur Förderung lokaler Ökonomien Rechnung.[161]

Es geht um die Wirkung des „Sozialen Kapitals". Pierre Bourdieu definiert Soziales Kapital als Aggregat tatsächlicher oder potenzieller Ressourcen, die mit der Verfügung über ein dauerhaftes Netzwerk von Beziehungen zusammenhängen. Der Wert des Sozialen Kapitals bemisst sich nach Umfang und Stabilität von Beziehungen, die auf Gegenseitigkeit und Anerkennung beruhen. Soziales Kapital ermöglicht die Akkumulation von kulturellem und materiellem Kapital, zementiert so aber auch soziale Ungleichheit.[162] Benachteiligte Menschen verfügen in ihren Verpflichtungsnetzwerken zwar über die verbindende Kraft des (bonding social capital),[163] über Binnenkohäsion, ein Kapital, welches jedoch keinen Tauschwert nach außen hat. Sozialökonomische Lösungen im Gemeinwesen tangieren politische und ökonomische Machtzentren und sind ohne brückenbildendes Sozialkapital (bridging social capital), die Verbindung zu organisationsfähigen und einflussreichen gesellschaftlichen Kräften, kaum realisierbar. Die soziale Benachteiligung wirkt gerade in dem Feld, in dem die Betroffenen durch Bündelung ihrer Kräfte nachhaltige Verbesserungen ihrer Lebenssituation verfolgen könnten. Deshalb ist die Förderung sozialökonomischer Selbstorganisation Benachteiligter eine sozialpolitische Aufgabe. Gemeinwesenökonomie ermöglicht die eigenständige, sozialproduktive Investition und Nutzung der Ressource Solidarität zugunsten des Gemeinwesens und der Belange seiner BewohnerInnen. Die Verteidigung der Ressourcen des Gemeinwesens und die eigenständige Arbeitsorganisation sind Gegenstände

160 Elsen, Susanne (1998): a.a.O., S. 95-122.
161 Elsen, Susanne (2005): „Lokale Ökonomie" als Strategie der Beschäftigungspolitik? In: Forum Sozial, Heft 2, 2005, S. 30f.
162 Vgl. Bourdieu, Pierre (1985): Sozialer Raum und Klassen. Frankfurt am Main.
163 Die Unterscheidungen verschiedener Funktionen Sozialen Kapitals stammen von Putnam, Robert D. (2001): Gesellschaft und Gemeinsinn. Gütersloh.

der Gemeinwesenökonomie, Ziele und Koordinationsprinzipien, die sich weitgehend von denen staatlicher Programme unterscheiden, auch wenn prozessuale Durchlässigkeiten zwischen Markt und lebensweltlichen Ökonomien möglich und erwünscht sind.

Gerade in den reichen westlichen Industrieländern wurden – mit Ausnahme der romanischen Länder – die Traditionen solidarische Ökonomie systematisch entwertet und zerstört, sie sind auch als Option aus dem kollektiven Gedächtnis getilgt und das Beharrungsvermögen der Institutionen in Wirtschaft, Politik und Gesellschaft lässt sozialökonomische Innovationen trotz des Drucks der Krise kaum zu. Auch wenn in den politischen Programmen von „Solidarökonomie" die Rede ist, wird deren Eigenlogik, die ihre Stärke bedingt, negiert, belächelt oder ganz einfach in der praktischen Umsetzung ignoriert. Es sind die gängigen Formen der Entwertung, Marginalisierung und Negierung von Pluralitäten und Abweichung von „Normalitäten" und Eindeutigkeiten, die Beck als Folge der institutionellen Logik der Ersten Moderne beschreibt.[164] Das Potenzial der Gemeinwesenökonomie liegt in ihrer lebensweltlichen Entgrenzung, die Wirtschaft, Kultur und Soziales integriert und prozessual offene, plurale Formen generiert.

Um die besonderen Potenziale der Gemeinwesenökonomie zu verstehen, muss die spezifisch deutsche Adaption überschritten und der erweiterte Begriff zur Kenntnis genommen werden, der in der europäischen Diskussion und der romanischen Praxis gebräuchlich ist. In dieser Tradition wird von einem eigenständigen Sektor der „Économie Sociale"[165] ausgegangen. Im romanischen Raum wird alternativ zum Begriff „Économie Sociale" – als Abgrenzung gegenüber der Versicherungswirtschaft und den traditionellen Wohlfahrtsverbänden – bei Kooperativen und ökonomischer Selbstorganisation von „Économie Solidaire" gesprochen.[166] Es handelt sich nicht nur um einen Sektor, der die Mängel und Fehler von Markt und Staat korrigiert, sondern um eine eigenständige Logik und Form wirtschaftlichen Handelns mit sozialen Zielsetzungen, wie sie insbesondere in genossenschaftlichen Lösungen vorfindbar ist. Der Sektor ist geprägt von den Handlungsprinzipien Freiwilligkeit, Solidarität, Kooperation, demokratische Organisation, Assoziation, Selbstorganisation und Gemeinwohlorientierung. Kapital hat dienende Funktion. Dieses Wirtschaften überschreitet die Grenzen von Staat und Markt und wurzelt in der Zivilgesellschaft. Er erzeugt gerade dadurch neue Möglichkeitsstrukturen und bedarfsgerechte Lösungen. Die Potenziale liegen in der erweiterten Handlungslogik des Agierens im interme-

---

164 Beck, Ulrich/Bonß, Wolfgang/Lau, Christoph (2004): Entgrenzung erzwingt Entscheidung. In: Beck, Ulrich/Lau, Christoph (Hrsg.): Entgrenzung und Entscheidung. Frankfurt am Main, S. 25f.
165 Die im Mai 1982 verabschiedete Charta der Économie Sociale umfasst sieben Artikel, die die Koordinationsprinzipien des Sektors konkretisieren.
166 Frankreich hat seit 1999 ein Staatssekretariat für diesen Sektor.

diären Raum sowie in der Wirkung des Engagements bürgerschaftlicher AkteurInnen für eigene und gemeinsame Belange.[167] Gerade in der genossenschaftlichen Arbeitsorganisation und in der bürgerschaftlichen Organisation und Kontrolle der Daseinsvorsorge liegen die Potenziale dieses Sektors zur Lösung struktureller und sozialer Probleme mit ökonomischen Mitteln maßgeblich im Beschäftigungsbereich.[168]

Deutlich wird die wachsende Bedeutung des solidarökonomischen Bereiches in den aktuellen Entwicklungen in Lateinamerika und den dort geführten Diskursen um die Bedeutung solidarischen Wirtschaftens für eine andere Moderne. Was heute weltweit wieder entsteht – oder immer bestand und derzeit stärker ins Bewusstsein gerät – ist einzureihen in die Tradition der „Volks-Wirtschaft" im Sinne der economia popular, die über Jahrhunderte komplementär und alternativ unter der dominanten Wirtschaftsform praktiziert wurde. Der solidarische Zusammenschluss einerseits und die Bewirtschaftung von Ressourcen andererseits bilden den Kern aller Formen assoziativer sozialökonomischer Selbsthilfe in der Geschichte und Gegenwart, die als Solidarökonomie zu bezeichnen sind. Beides – der solidarische Zusammenschluss und die gemeinsame Bewirtschaftung – sind zugleich Normen als auch konkrete praktische Handlungsoptionen der Selbsthilfe: Der Zusammenschluss als Bündelung von Kräften ist erforderlich, um ein gemeinsames sozialökonomisches Ziel zu erreichen, z.B. eine Produktivgenossenschaft zu gründen oder sozialökonomische Lebensgrundlagen gegen Übergriffe des Marktes im Zusammenhang von Privatisierungsprozessen zu verteidigen. Das sozialökonomische Ziel, welches durch Assoziation verfolgt wird, die kooperative Strategie und der Ressourcenmangel, der die Bündelung von Kräften erfordert, bedingen auch normative Werte, beispielsweise den Vorrang von Arbeit oder die „dienende Rolle" des Kapitals und den Nachrang des Profitinteresses. Die Aktivitäten sind zugleich Formen der reflexiven Aneignung demokratischer Rechte oder deren Verteidigung – nicht selten in konflikthaften Prozessen, die mit Empowerment-Erfahrungen[169] verbunden sind und das demokratische Bewusstsein stärken.

Die Bewirtschaftung von Ressourcen liegt in der Organisation der gemeinsamen Belange und im Sachziel begründet. Genossenschaftliche Ökonomien bewirtschaften beispielsweise gebundenes Nutzungseigentum. Das ist insbesondere in Bezug auf nachhaltige Entwicklung von hoher Relevanz. Die AkteurInnen sind eingebunden in die lebensweltlichen Kontexte, aus denen auch die gemeinsamen Belange resultieren. Sie haben ein Interesse

---

167 Elsen, Susanne (2004): Bürgerschaftliche Aneignung gegen die Enteignungsökonomie. In: SOZIALEXTRA, 28. Jg., Heft 7-8, 2004, S. 42-49.

168 Elsen, Susanne (2003): Lässt sich Gemeinwesenökonomie durch Genossenschaften aktivieren? In: Flieger, Burghard (Hrsg.): Sozialgenossenschaften. Neu-Ulm, S. 57-78.

169 Elsen, Susanne (2003): a.a.O., S. 57f.

daran, die sozialen, kulturellen und ökologischen Grundlagen, auch für die nächsten Generationen, nicht durch kurzfristige Profitinteressen aufs Spiel zu setzen.

Solidarität wirkt also innerhalb der Assoziation derer, die gemeinsame Belange verbindet, und kann das sozialproduktive Potenzial zugunsten der Beteiligten fördern. Die auf die Mitglieder der Assoziation bezogene Solidarität schließt aber auch aus und dies zeigt die realen Grenzen des Ansatzes. Die Erkenntnis globaler Abhängigkeitsverhältnisse und das gemeinsame Interesse an der Erhaltung der Lebensgrundlagen könnten (aber) dazu beitragen, die Tendenzen zur Partikularität und Abschließung solidarischer Verantwortung aufzulösen.[170]

4.3.1 Die Herausbildung einer Parallelökonomie im Gemeinwesen

Eine Gemeinsamkeit unterschiedlicher Analysen des derzeitigen sozialen, ökologischen und ökonomischen Wandels und der Möglichkeiten der Herausbildung nachhaltiger Alternativen besteht in der Einschätzung, dass es die vorhandenen Formen integrierten Wirtschaftens im Mikrobereich zu erhalten und zu erweitern gilt, ohne die Veränderungen im Makrobereich abzuwarten. Es wird davon ausgegangen, dass es zu einer allmählichen Koexistenz herkömmlicher und komplementärer Wirtschaftssysteme kommen könne.[171] Es geht also um die Herausbildung einer Parallelökonomie in der Hoffnung, dass die Zweite zur ersten Ökonomie wird. Das könnte durchaus eine reale Utopie sein, denn auch innerhalb des herkömmlichen ökonomischen Systems sind Akteure integrierten Wirtschaftens zu finden.

Dass es bei diesen Ansätzen um mehr geht als um Gesellschaftsspiele, zeigt das Beispiel Argentinien: Die ökonomische Selbstorganisationsfähigkeit der argentinischen Bevölkerung hat nach der Staatspleite im Dezember 2001, sozusagen über Nacht, eine Vielfalt ökonomischer Alternativen revitalisiert und neu konstruiert, die im ehemaligen Musterland der freien Marktwirtschaft eine diversifizierte und funktionierende „Volks-Ökonomie" entstehen ließ. Argentinien gilt als Labor zivilgesellschaftlicher Organisationsfähigkeit nach dem Kollaps der weltmarktorientierten Ökonomie und der Handlungsunfähigkeit des Staates. Die Entwicklung ist erstaunlich, da die Zivilgesellschaft dieses Land durch die lange Zeit der Entrechtung durch die Militärdiktatur zutiefst geschädigt ist. Das Beispiel Argentinien verdeutlicht, wie wichtig die sozialproduktive Handlungsfähigkeit der Bevölkerung und die Vielfalt ökonomischer Handlungsvarianten sind.

---

170 Elsen, Susanne (1998): a.a.O., S. 100.
171 Vgl. Douthwaite, Richard/Diefenbacher, Hans (1998): Jenseits der Globalisierung. Mainz.

Die immer noch wirksame Zurichtung der Lebenszusammenhänge für eine „Normalität" des Lebens, in dessen Zentrum die marktvermittelte Erwerbsarbeit steht, verhindert Möglichkeiten und Fähigkeiten zur Selbstorganisation und des Einübens in Verhaltensweisen, die zur Krisenbewältigung und zur Gestaltung zukunftsfähiger Gemeinwesen von zentraler Bedeutung sind.

4.3.2 Ansätze der Transformation

Die Analysen der ökonomischen, ökologischen und sozialen Entwicklungserfordernisse kommen in der Frage nach Schritten der nachhaltigen Transformation der Gesellschafts- und Wirtschaftssysteme zu vergleichbaren Ergebnissen. Im Zentrum steht die Förderung und Erhaltung des humanen und sozialen Kapitals und der Fähigkeiten individueller und kollektiver Akteure, plurale Formen der „Wirtschaft von unten" zu entwickeln. Analog zur Natur könnten aus vereinzelten Molekülen alternativer und komplementärer Ansätze Zellen entstehen und aus diesen Organe und Systeme. Mit Verknüpfungen entstehen in der gesellschaftlichen Qualität einzelner Ansätze auch andere Logiken. Ivan Illich[172] spricht von einer „konvivialen Gesellschaft" als Ziel nachindustrieller Volkswirtschaften, in denen es den Menschen gelungen ist, ihre Abhängigkeit vom Weltmarkt dadurch zu reduzieren, dass sie eine Infrastruktur einrichten und schützen, bei der Ressourcen hauptsächlich dazu dienen, Gebrauchswerte zu erhalten und herzustellen, um damit Bedürfnisse der lokalen Bevölkerung weitgehend befriedigen zu können. Dies bedeutet nicht lokale Autarkie, sondern eine gesicherte Ressourcenbasis der Gemeinwesen z.B. in Form von Nutzungseigentum an Gebäuden, Grund und Boden und einer kooperativen Infrastruktur sowie die Herausbildung lokaler Ökonomien in vernetzten regionalen Wirtschaftskulturen.

Folgende Handlungsprinzipien bilden den Kern aller Strategien zur Herausbildung nachhaltiger, komplementärer Wirtschafts- und Gesellschaftssysteme:

1. die Förderung der sozialen und ökonomischen Selbstorganisationspotenziale der Bevölkerung im lokalen wie globalen Kontext,

2. die Schaffung lokaler Wirtschaftskreisläufe in integrierten regionalen Wirtschaftskulturen,

3. die Suffizienz- und Effizienz-Perspektive in Hinblick auf den Umgang mit Ressourcen,

4. ein erweitertes Verständnis von Arbeit, welches alle Felder gesellschaftlicher Tätigkeit umfasst und diese Pluralität fördert.

---

172 Illich, Ivan (1978): Fortschrittsmythen. Reinbek bei Hamburg.

Als fünftes Prinzip zeichnen sich Tendenzen der Abkoppelung von den Unsicherheiten und Abhängigkeiten der monetarisierten Ökonomie in Form von Komplementär- und Alternativwährungen ab. Seit Mitte der 1990er Jahre und als Reaktionen auf die Entwicklungen der globalen Finanzmärkte gewinnen sie in den Industriestaaten als Möglichkeiten der Ressourcenkontrolle, der lokalen Wertschöpfung und tendenziellen Abkoppelung von den Prozessen und Krisen der Weltwirtschaft an Bedeutung.

Die Ausweitung von sozialökonomischen Handlungs- und Erfahrungsräumen ist der wahrscheinlich wichtigste Schritt der Transformation in den westlichen Industrieländern, denn die Enteignung von Selbstorganisationspotenzialen „reicht heute so weit, dass mit den materiellen Mitteln und den Fähigkeiten auch die Phantasien und Sensibilitäten zerstört wurden, sowie das Vertrauen zur eigenständigen Lebensgestaltung. D.h. die alten Formen wurden nicht durch neue ersetzt, sondern den Subjekten wurde die Fähigkeit zur Selbstbestimmung als Grundlage des sozialen Zusammenhangs ausgetrieben, bis sie als isolierte Untertanen und dann als Bürger eines Staates, als Gläubige einer Anstaltskirche, als abhängig Arbeitende eines Unternehmens ohne diese zentralisierten Institutionen gar nicht mehr lebensfähig waren."[173]

Die Enteignung von diesen Kompetenzen war vor mehr als 100 Jahren Voraussetzung für die Entfaltung des Industriekapitalismus. Besitz und Gebrauch aller Arbeitsmittel, der Arbeitszeit und der Erzeugnisse war den Arbeitgebern vorbehalten. Arbeit wurde zunehmend zum Tausch-, nicht zum Gebrauchswert. Dieser Prozess ging einher mit wachsender Arbeitsteilung, komplexeren und zunehmend undurchschaubaren Produktionsprozessen und einer immer engeren Spezialisierung des Wissens.[174] Einseitiges und parzelliertes Wissen ist für die Stabilität der Marktgesellschaft erforderlich. Relevantes Wissen im Sinne kollektiver Fähigkeiten zur aktiven Gestaltung von Lebenszusammenhängen ist in diesem Lehrplan nicht enthalten.[175] Doch auch im Bildungsbereich lässt sich feststellen, dass unter und neben dem Hauptstrom eines Bildungssystems, welches immer stärker für wirtschaftliche Belange funktionalisiert wird und selber zur Ware wird,[176] Parallelstrukturen in der schulischen und außerschulischen Bildung entstehen, die auf die Förderung der Selbstorganisationskräfte durch unkonventionelle Formen projektorientierten Lernens und die Entwicklung von kooperativen Unternehmensformen zielen.

173 Gubitzer, Luise (1989): a.a.O., S. 11.
174 Vgl. Gorz, André (1998): a.a.O., S. 349f.
175 Vgl. Schui, Herbert/Ptak, Ralf/Blankenburg, Stefanie u.a. (1997): Wollt Ihr den totalen Markt? Hamburg.
176 Vgl. Steinmetz, Bernd/Elsen, Susanne/Seibel, Friedrich Wilhelm (2004): Der Bologna-Prozess in Europa. Weimar.

André Gorz setzt an der Ausweitung und Förderung von Selbstversorgungs-möglichkeiten der Bevölkerung an und empfiehlt eine entsprechende Um-gestaltung der Städte mit dem Ziel, „eigenständige Aktivitäten, als selbstor-ganisierte, selbstverwaltete, als freiwillige und allen offen stehende" Mög-lichkeiten zu eröffnen.[177] Er entwickelt diese Vorstellungen als umfassendes gesellschaftspolitisches Programm, welches neben einer radikalen Umver-teilung gesellschaftlicher Arbeit, die teilweise Entkoppelung von Einkom-men und Erwerbsarbeit, eine Rücknahme der Ausweitung des Angebotes an Waren und marktförmigen Dienstleistungen impliziert. „Es geht dabei um künstlerische, politische, wissenschaftliche, ökosophische, sportliche, hand-werkliche und Beziehungsaktivitäten, Selbstversorgungs- und Reparaturar-beiten, Restaurierungsarbeiten des natürlichen und kulturellen Erbes, um die Gestaltung des Lebensraums."[178]

Oskar Negt spricht von der Notwendigkeit der Schaffung vollkommen neuer Arbeitsplätze, die auf die Wiederherstellung des beschädigten Ge-meinwesens gerichtet sind. Er versteht darunter „gegenständliche Tätigkeit in jenen Bereichen, auf deren kostenlose Zuarbeit Kapital und Markt ange-wiesen sind."[179] Auch ihm geht es nicht nur um Güterproduktion und Er-werbsarbeit, sondern um eine Vielfalt sinnstiftender Tätigkeiten im Ge-meinwesen, die autonome Gestaltungsräume und die Möglichkeit der Ent-faltung von Eigeninitiative, Unbotmäßigkeit und Kreativität erfordern. Dies sei der Ausweg aus der gegenwärtigen Kulturkrise.

Zu beobachten ist, dass sich das Reflexions- und Gestaltungspotenzial zivil-gesellschaftlicher Kräfte auf unkonventionelle Formen der Erschließung und Erhaltung von Tätigkeiten und Ressourcen im Gemeinwesen bezieht. Die derzeitigen Gründungen von Produktivgenossenschaften zur kooperati-ven Arbeitsorganisation, zahlreiche Versuche mit Komplementärwährungen und die Entstehung von Bürgerfonds als Alternativen zur Privatisierung von Einrichtungen und Leistungen der öffentlichen Daseinsvorsorge in Deutschland, weisen in diese Richtung.

Verschiedene Empfehlungen sowohl zur Schaffung der politischen Voraus-setzungen als auch zu unkonventioneller Aktivität der Bürgerinnen und Bürger jenseits des politisch Erlaubten zielen darauf, sich die Arbeit zu neh-men und nicht darauf zu warten, dass jemand kommt, um sie zu geben. Peter Grottian, Roland Roth und Wolf-Dieter Narr empfehlen eine „Dyna-misierung des Arbeitsmarktes von unten". Bürgerinnen und Bürger sollen sich entlang ihrer Interessen und Qualifikationen selbst eine Arbeit suchen oder schaffen. Sie breiten ein großes Spektrum möglicher Arbeitsfelder im Gemeinwesen aus – Ökologieassistenz, Behinderten- und Altenbetreuung,

---

177 Gorz, André (2000): a.a.O., S. 144-145.
178 Ebd.
179 Negt, Oskar (1997): a.a.O., S. 19.

Lehrerassistenz, etc. Die Entlohnung für diese Tätigkeiten solle eine „menschenrechtsgemäße Grundsicherung" für die Bürgerinnen und Bürger gewährleisten, um frei von existenziellen Ängsten leben zu können.[180]

4.3.3 Relokalisierung wirtschaftlichen Handelns

Es sind nicht nur die Erfordernisse der Nachhaltigkeit und der sozialen Integration, die für Ansätze der (Re-)Lokalisierung wirtschaftlicher Bereiche sprechen. Es ist insbesondere die Abhängigkeit von den Sachzwängen exportorientierter Wirtschaftsstrukturen und deren Krisenanfälligkeit. Beteiligen sich Unternehmen am überregionalen und internationalen Vertrieb, muss sich die Kostenstruktur immer stärker der Weltmarktkonkurrenz angleichen. Die eigenen Gestaltungs- und Entwicklungsmöglichkeiten nehmen genau so ab wie die Fähigkeiten, lokale Probleme in produktiver Weise selbst in die Hand zu nehmen.[181]

Die bewusste Stärkung kooperativer lokaler und regionaler Wirtschaftsstrukturen zielt auf eine größere Unabhängigkeit der Gemeinwesen vom weltwirtschaftlichen Prozess – „von seiner realen ebenso wie von seiner monetären Seite, statt dessen muss die sichere Basis wirtschaftlicher Entwicklung in der Befriedigung der Bedürfnisse der einheimischen Bevölkerung liegen."[182]

Der „globale Schutz des Lokalen"[183] verfolgt nicht die Ziele des alten Protektionismus, der einheimische Märkte schützt, während zugleich die anderen Märkte offen bleiben sollen. Lokalisierung bedeutet auch nicht die vollkommene Abschottung kleinräumiger Einheiten, sondern die Schaffung diversifizierter regionaler Wirtschaftskulturen mit inter- und intraregionalen Kooperationsbeziehungen und eine Stärkung der politischen Kontrolle der Gemeinwesen über ihre Märkte.

Nach den Vorstellungen des Milieukonzepts sind ökonomische Nahräume nicht beliebige wirtschaftliche Standorte, sondern spezifische Wirtschaftskulturen mit je eigenen Potenzialen und Defiziten.[184] Als soziale Räume verfügen sie über besondere Merkmalskombinationen sozialer, kultureller und wirtschaftlicher Besonderheiten, die diese Wirtschaftskulturen prä-

180 Grottian, Peter/Roth, Roland/Narr, Wolf-Dieter (2003): a.a.O.
181 Vgl. Ganzert, Christian/Burdick, Bernhard/Scherhorn, Gerhard (2004): Empathie, Verantwortlichkeit, Gemeinwohl. Wuppertal Institut für Klima, Umwelt, Energie. Wuppertal, Papers Nr. 142, Mai 2004.
182 Hamm, Bernd/Neumann, Ingo (1996): a.a.O., S. 359.
183 Hines, Colin/Lang, Tim (2002): Der neue globale Schutz des Lokalen. In: Mander, Jerry/Goldsmith, Edward (Hrsg.): Schwarzbuch Globalisierung. München, S. 463.
184 Vgl. Beywl, Wolfgang/Jäger, Wieland (1994b): Großbetriebliche Wirtschaftskultur im Niedergang? In: Beywl, Wolfgang/Jäger, Wieland (Hrsg.): Wirtschaftskulturen und Genossenschaften im vereinten Europa. Wiesbaden, S. 4.

gen.[185] Nachhaltige Entwicklung und die Erschließung der endogenen Potenziale erfordern die Berücksichtigung dieser spezifischen Dynamik des lokalen und regionalen Raums.

Horizontal integrierte und diversifizierte Wirtschaftskulturen können eher endogene Potenziale zur Gestaltung zukunftsfähiger sozialer und ökonomischer Lösungen mobilisieren als Monostrukturen. Die wertvollsten Konstruktionselemente liegen im sozialen Kapital, welches die Lebenszusammenhänge, auch die wirtschaftlichen, durchwirkt und integriert. Die Erhaltung, Stärkung und Wiederherstellung der sozialen und kulturellen Einbindung des Wirtschaftens und die Orientierung an den Bedürfnissen und Potenzialen der Menschen in lokalen Räumen sind die gemeinsamen Nenner vieler unterschiedlicher Ansätze zur Herausbildung unabhängiger Parallelwirtschaften, die von folgenden Prämissen ausgeht:

- von zentralen zu dezentralen Einheiten
- von der Einfalt zur Vielfalt
- vom Großen zum Kleinräumigen
- vom Spezialisierten und Entflochtenen zum Verflochtenen und zum Zusammenhang.

Relokalisierung wirtschaftlicher Handlungsvollzüge bedeutet einen vielschichtigen und weit reichenden Perspektivenwechsel. Sie verlangt neben der Änderung der wirtschaftlichen und politischen Rahmenbedingungen auch eine Wiederbelebung oder Erhaltung eines aufgeklärten und reflexiven lokalen Selbstbewusstseins. Doch wäre es falsch, die Voraussetzungen für nachhaltige, lokalisierte Ökonomien zu schaffen ohne gleichzeitig eine Vielzahl bereits existierender sozialer und ökologischer Nischen nutzbar zu machen, zu vernetzen und in diesem Prozess zu lernen. Nachhaltiges lokales Wirtschaften stellt einen Raum dar, in dem Erkennen, Verantwortungsübernahme und Handeln in einem Erfahrungszusammenhang verbunden sind. Richard Douthwaite und Hans Diefenbacher nennen drei Ansätze, die geeignet sind, eine allmähliche Relokalisierung des Wirtschaftens komplementär und alternativ zum herkömmlichen Wirtschaftssystem herauszubilden:

1. Die Nutzung lokaler Ressourcen zur Befriedigung der Bedürfnisse der örtlichen Bevölkerung.

2. Die regionale Bestimmung von Preisen, da Marktpreise nicht den Ausschlag dafür geben sollten, was in einzelnen Regionen produziert und auf den lokalen Markt getragen wird.

3. Weitmögliche Unabhängigkeit von importierten Inputs. Dies impliziert den Aufbau einer lokalen Währung, die Schaffung lokal unabhängiger

---

185 Vgl. ebd.

Bankensysteme, die Produktion erneuerbarer Energie und die Erzeugung von Gütern des täglichen Bedarfs.[186]

In seinem 1996 erschienen Buch „Short Circuit" beschreibt Douthwaite ein breites Spektrum konkreter Handlungsansätze. Er begründet sein Plädoyer für die Stärkung der lokalen Ökonomie mit der Sicherung der Gemeinwesen in einer unstabilen Welt.[187] Bewusste Relokalisierung ist, wie die unten dargestellten Beispiele zeigen, eine Möglichkeit, sich der Vorherrschaft des Kapitals zu verweigern. Die neuen Ansätze, z.B. die der brasilianischen Bewegung der Landlosen, können auch als Rückeroberung oder Neuerfindung des gemeinen Eigenen, der Almende oder commons gedeutet werden.[188]

• Relokalisierung ist ein soziales Erfordernis: Der weltwirtschaftlich orientierte Markt erfüllt die zentrale Funktion der Befriedigung grundlegender Bedürfnisse immer weniger.[189] Lokale Ökonomie dient der Befriedigung der Bedürfnisse der örtlichen Bevölkerung, ihrer Existenzsicherung und sozialen Integration, sie stärkt das soziale Kapital und stellt die Rekonstruktion des beschädigten Gemeinwesens in den Mittelpunkt.

• Relokalisierung ist ein ökologisches Erfordernis: Der Vertrag des Forums der Nichtregierungsorganisationen, der 1992 in Rio de Janeiro zu alternativen Wirtschaftsmodellen unterzeichnet wurde, betont neben der relativen Selbstversorgung von Regionen die Berücksichtigung der ökokulturellen Besonderheiten und der Diversität der Produktionssysteme und Technologien.[190]

• Relokalisierung des Wirtschaftens ist ein gesellschaftspolitisches Erfordernis. Thomas Jefferson vertrat die Ansicht, dass politisch selbstbestimmte Gemeinden auch wirtschaftlich weitgehend unabhängig sein müssten, zumindest was die Versorgung mit den alltäglichen Gütern angehe. In Mahatma Gandhis Philosophie ist das Prinzip „swadeshi" – einheimische Produkte, die aus den Ressourcen des eigenen Gebietes hergestellt werden – von zentraler Bedeutung.[191] Politische Gemeinwesen ohne eigene bedarfsorientierte, ökonomische Grundlage können leicht vollkommen handlungsunfähig werden. Auch die Idee der Bürgergesellschaft erfordert lokalisierte, demokratisch legitimierte ökonomische

---

186 Vgl. Douthwaite, Richard/Diefenbacher, Hans (1998): a.a.O.
187 Vgl. Douthwaite, Richard (1996): Short Circuit. Dublin.
188 Latouche, Serge (2005): Nachdenken über ökologische Utopien. In: Le Monde diplomatique, November 2005, S. 12-13.
189 Vgl. Goldsmith, Edward (2002): Das letzte Wort. In: Mander, Jerry/Goldsmith, Edward (Hrsg.): Schwarzbuch Globalisierung. 2. Auflage, München, S. 498.
190 Vgl. Gettkant, Andreas (1993): Nach dem Erdgipfel. Global verantwortliches Handeln für das 21. Jahrhundert. EINE Welt, Texte der Stiftung Entwicklung und Frieden, Bonn 1993, S. 259f.
191 Vgl. Goldsmith, Edward (2002): a.a.O., S. 495.

Strukturen, denn „Politik (...) und die Teilhabe/Teilnahme aller (...) ist nicht auf einen Bereich der Gesellschaft zu separieren."[192]

- Relokalisierung ist ein sozialpolitisches Erfordernis. Wenn Rechtsansprüche auf soziale Sicherung in Frage gestellt werden, während immer mehr Menschen ihre Arbeit verlieren, reden wir von der ganz akuten Gefahr von Elend und Hunger im großen Maßstab. Wir müssen also im Lokalen für Möglichkeiten der Existenzsicherung und sozialen Integration sorgen[193] ohne die Rechtsansprüche von Menschen auf die Absicherung der zentralen Lebensrisiken aufzugeben. Eine Neuorganisation sozialer Leistungen im lebensweltlichen Zusammenhang als Teil lokalisierten und integrierten Wirtschaftens, beispielsweise in Form von Produktiv-, Sozial- und Gesundheitsgenossenschaften, hat viele Gründe und ist eine der zentralen Aufgaben gestaltender Sozialpolitik.

Der globale Schutz des Lokalen verstößt jedoch gegen die verpflichtenden Regelwerke der WTO mit dem Ziel der Deregulierung, Privatisierung und Liberalisierung.[194] Den einzelnen Staaten müsste es erlaubt sein, ihre vitalen Interessen zu schützen und selbst zu entscheiden, wie sie ihr Territorium nutzen und sich z.B. gegen industrielle Nahrungsmittelproduktion wehren. Insbesondere gilt es, Selbstversorgungssysteme aufzubauen und abzusichern.[195] Doch gerade dies ist gegen die Interessen der transnationalen Konzerne und ihrer Lobbyorganisationen. So heißt es z.B. in einem Bericht der Weltbank (die die marktförmige Modernisierung der Landwirtschaft in den Entwicklungsländern vorantreibt) anerkennend, dass Kleinbauern in Afrika „ihre Ressourcen – Boden Kapital, Düngemittel und Wasser – hervorragend verwalten".[196] Im gleichen Bericht wird aber auch erklärt, warum diese Form des Wirtschaftens dennoch verdrängt und zerstört wird: weil „bäuerliche Subsistenzwirtschaft mit der Entwicklung des Marktes unvereinbar ist."[197]

Die in Ladakh lebende schwedische Autorin Helena Norberg-Hodge setzt sich seit vielen Jahren für die Stärkung und Erhaltung der Vielfalt eigenständiger lokaler und auf Gemeinschaften basierender Wirtschaftskulturen ein, die sich an der Versorgung der örtlichen Bevölkerung orientieren. Sie betont, dass es von großer Wichtigkeit sei, Wissenssysteme und wirtschaft-

---

192 Narr, Wolf-Dieter/Roth, Roland (1996): Wider die verhängnisvolle neue Bescheidenheit. In: PROKLA, Heft 103/1996, S. 298.

193 Vgl. Lüpke, Geseko von (2003): Die Alternativen. München, S. 257-258.

194 Vgl. das „Agreement on Trade Related Investment Measures" (TRIMs) von 1994. Insbesondere die „Meistbegünstigungsklausel" und die Klausel über die Inländerbehandlung stehen einem Schutz der regionalen Wirtschaft durch freiwillige Zusammenschlüsse benachteiligter Länder entgegen.

195 Vgl. Passet, René (2001): Plädoyer für eine humane Wirtschaftspolitik. In: Le Monde diplomatique. Februar 2001, S. 8.

196 Goldsmith, Edward (2002): a.a.O., S. 496.

197 Ebd.

liche Modelle zu unterstützen, die auf einem genauen Verständnis der verschiedenen Regionen und deren jeweilig einzigartigen klimatischen, kulturellen und ökologischen Gegebenheiten beruhen. Gerade weil es so viele Menschen gebe, müsse das Modell der Globalisierung, das mit Urbanisierung, großen und zentralen Systemen, hohem Ressourcenverbrauch und umweltschädlicher Produktion verbunden ist, aufgegeben werden. Dieses System versorge nur eine Minderheit mit Wohnung, Kleidung und Nahrung. Erforderlich seien kleine, diversifizierte, lokal angepasste Produktionsverfahren.

Die Bedeutung der Versorgung der eigenen Bevölkerung droht unter der dominierenden Weltmarktorientierung vernachlässigt zu werden. Chinas Politik zielte in den vergangenen Jahrzehnten auf eine 95-prozentige Selbstversorgung der eigenen Bevölkerung mit Getreideprodukten. Derzeit warnen chinesische Landwirte und Politiker vor einer Ernährungskrise, denn die Orientierung an der Ansiedlung von Großindustrie und die damit verbundene rasante Urbanisierung des Landes lässt die landwirtschaftlichen Nutzflächen zum Anbau von Reis und Weizen in einem Maße schrumpfen, dass die Versorgung nicht mehr gewährleistet werden kann.[198]

4.3.3.1 Politik für die Relokalisierung wirtschaftlichen Handelns „von unten"

Ansätze der Relokalisierung und Pluralisierung wirtschaftlichen Handelns sind nach Herman Daly[199] die wichtigsten Bausteine für eine Ökonomie, die sich von der Fixierung auf quantitatives Wachstum verabschiedet und in Formen erhaltender Ressourcennutzung zu nachhaltigem Wirtschaften übergeht. Voraussetzung ist ein Ausstieg aus dem Primat der Ökonomie vor allem in den Köpfen der Menschen.[200] Zu den Verfechtern der Wachstumsrücknahme gehört auch Karl Polanyi, der in den 1950er Jahren formulierte: „Heute stehen wir vor der lebenswichtigen Aufgabe der Wiederherstellung der Seinsfülle für den einzelnen, auch wenn dies eine technologisch weniger effiziente Gesellschaft bedeuten mag."[201]

Insbesondere die Relokalisierung der Landwirtschaft und die möglichst kleinräumige Vermarktung ist ein dringender Bedarf. Die sich immer noch ausbreitende industrielle und exportorientierte Landwirtschaft schädigt die Böden, zerstört die genetischen Grundlagen, führt zu Verarmung und Unterversorgung in vielen Weltregionen und setzt sie den Risiken extrem instabiler Weltmärkte aus. Dieses System ist auch deshalb nicht zukunfts-

---

198 Vgl. Yardley, Jim: A Global Supplier, China frets about feeding its own. In: The New York Times, May 10 2004, S. 6.
199 Daly, Herman E. (1999): Wirtschaft jenseits von Wachstum. Salzburg, München.
200 Vgl. Latouche, Serge (2003): a.a.O., S. 3.
201 Polanyi, Karl (1979): Ökonomie und Gesellschaft. Frankfurt am Main, S. 144.

fähig, weil es für Produktion, Verpackung und Transport einen enormen Energieverbrauch hat.

Laut einer neueren Umfrage sind 87 Prozent der Briten der Meinung, dass die lokale und regionale Wirtschaft das Recht haben müsse, sich gegen die multinationalen Konzerne zu schützen.[202]

Viele Gemeinschaften arbeiten weltweit im Sinne einer (re-) lokalisierten Ökonomie. Ein wirklicher Erfolg der zahlreichen Einzelinitiativen erfordert nach Norberg-Hodge jedoch einen Richtungswechsel der Politik auf nationaler und internationaler Ebene, die Politik müsse die gesamte Bandbreite öffentlicher Subventionen zur Stützung des dominanten Wirtschaftssystems überdenken – Verkehrsinfrastruktur, Forschungs- und Bildungswesen, Kommunikations- und Energiebereich etc. In nahezu allen Ländern würden Steuergesetze, Kreditpolitik und andere Regulierungen die kleinen Unternehmen benachteiligen. Norberg-Hodge unterscheidet Relokalisierungsstrategien für die Volkswirtschaften des Südens und des Nordens. Was für den Norden sinnvoll ist, muss für weniger industrialisierte Volkswirtschaften nicht von Nutzen sein. So kann die Einführung von Kleinkrediten beispielsweise geldlose Formen des Tauschs zerstören. Da Lokalisierung die Anpassung an die Gegebenheiten vor Ort bedeute, gebe es kein einheitliches Rezept. Besonders wichtig sind die Gründung von Banken und Kreditfonds auf Gemeindeebene, Kampagnen zum Kauf lokaler Produkte, lokale Tauschsysteme und komplementäre Währungen, Leihstellen für Gebrauchsgüter, Erzeuger-Verbraucher-Kooperationen, gemeinschaftsgestützte Landwirtschaft und Ansätze des Umdenkens im Bildungsbereich.[203]

Ulrich Duchrow empfiehlt staatliche Intervention in zwei Bereichen: erstens den Schutz nicht wettbewerbsfähiger einfacher Warenproduktion und zweitens die Verhinderung unproduktiven Kapitaleigentums. Es geht um die Konstituierung und Stabilisierung von Systemen der lokalen und regionalen Arbeitsteilung zur „einfachen Warenproduktion", die sich gegen das Diktat der Weltmarkt-Orientierung schützen. Auch Duchrow vertritt die Entstehung einer lokalen Basisökonomie, die den Kapital- und Wachstumszwängen entzogen ist und der Versorgung und Integration der lokalen Bevölkerung dient. „Sie stellt heute wohl die einzige realistische Möglichkeit dar, den Ausgegrenzten eine stabile Lebensgrundlage zurückzugeben."[204]

Auch der Utrechter Ökonom Willem Hoogendijk geht von der lokalen Selbstorganisation von Arbeit aus. In den schwarzen und grauen Arbeitssektoren der Arbeitslosen und Sozialhilfeberechtigten – in Nachbarschaftshilfen, Tausch, freiwilliger Arbeit, gemeinsamer Nutzung von Gebrauchs-

---

202 Vgl. Lüpke, Geseko von (2003): a.a.O., S. 11.
203 Vgl. Norberg-Hodge, Helena (2002): Richtungswechsel. In: Mander, Jerry/Goldsmith, Edward (Hrsg.): Schwarzbuch Globalisierung. 2. Aufl., München, S. 443f.
204 Duchrow, Ulrich/Hinkelammert, Franz Josef (2002): a.a.O., S. 183-184.

gütern – sieht er Vorläufer einer „Wirtschaft von unten". Als etablierte Formen nennt er die japanischen Produzenten/Verbraucher-Gemeinschaften, die eine neue Verbindung zwischen Agrarproduzenten und Stadtmenschen schaffen, oder Kreislaufbetriebe und Kooperativen. „Kommunale (...) Kooperativen können Formen sein, mit denen Bürger ihre Wirtschaft offizieller machen könnten, ohne sie an die Obrigkeit auszuliefern. Gemeinden müssen dazu gebracht werden, Gebäude und Grund für kooperative wirtschaftliche Tätigkeiten zur Verfügung zu stellen oder zu erwerben."[205]

Hoogendijk sieht die Aufgabe der Sozialen Arbeit darin, den Transformationsprozess aktiv zu gestalten, indem sie sich von der Fixierung auf Erwerbsarbeit weg und zu kreativer Produktion im Gemeinwesen hin orientiert, beispielsweise hin zur Altenhilfe, zur Anlage städtischer Gemüsegärten oder der Renovierung von Häusern. Zentral sei es, die Arbeit und die Einrichtungen allmählich in eine ökologische und dem Gemeinwohl zuträglichen Richtung zu lenken.

Ein politischer Richtungswechsel auf nationaler und internationaler Ebene mit dem Ziel einer Prioritätensetzung auf die Schaffung und Erhaltung von Ökonomien, die dem Gemeinwesen und seinen Menschen dienen, bedeutet einen tiefen und weit reichenden Bruch mit der gängigen Praxis, die ohne Widerstände kaum vorstellbar ist.

Der Koordinator von „Protect the Local, Globally" und Leiter der Wirtschaftsabteilung von Greenpeace, Colin Hines, tritt seit vielen Jahren für eine Politik der Lokalisierung ein.[206] Er geht davon aus, dass eine Politik der Lokalisierung die Kontrolle der Gemeinwesen über die Wirtschaft und den sozialen Zusammenhalt verstärke. Diese Politik besteht aus einer Reihe selbstverstärkender Maßnahmen, die im internationalen Wirtschaftssystem dem „globalen Schutz des Lokalen" dienen. Dazu gehören Einfuhr- und Ausfuhrquoten sowie Subventionen für klar begrenzte Zeiträume als Schutzmaßnahmen für einheimische Märkte, die demokratische Kontrolle transnationaler Konzerne, eine lokale Verankerung des Geldes durch lokal orientierte Banken und Kreditgenossenschaften, die Kontrolle von Kapitalströmen und vieles mehr.[207]

Ein evolutionärer Prozess mit dem Ziel der Gestaltung eines Richtungswechsels kann durch die Vernetzung und kooperative Verstärkung der konkreten Alternativen und Komplementärstrukturen auf regionaler und überregionaler Ebene beeinflusst werden. Sowohl in den Industrie-, als auch in den Transformations- und Entwicklungsländern ist das Aufhalten der Ausweitung ursprünglicher Akkumulation (der Aneignung von Boden und Arbeit durch Kapitalbesitzer) und moderner Formen der Erweiterung der kapi-

---

205 Hoogendijk, Willem (1996): a.a.O., S. 30.
206 Vgl. Hines, Colin/Lang, Tim (2002): a.a.O., S. 463.
207 Ebd., S. 465f.

talistischen Eigentums- und Produktionsverhältnisse (auf Einrichtungen der Daseinsvorsorge wie Wasser, Energie, Bildung, Gesundheit und Soziales) und die damit verbundene Erhaltung oder bürgerschaftliche Aneignung der ökonomischen und infrastrukturellen Produktions- und Lebensgrundlagen wichtigstes Ziel zukunftsfähiger Gesellschaften.

4.3.3.2 Programme zur Relokalisierung „von oben"

Die Forderung nach einer Reorganisation lokaler „Wirtschaft von unten" ist Konsequenz aus der Erkenntnis, dass vorhandene, als notwendig erachtete Arbeit im Gemeinwesen auf eine andere Weise und durch andere Akteure zu erschließen und zu organisieren ist als durch Staat und Markt. Dialogorientierte lokale Ansätze mit diesem Ziel haben auch den politischen und wirtschaftlichen Mainstream erreicht, und Wirtschaftsförderung beschränkt sich nicht mehr auf Ansiedlungspolitik und Standortmarketing. Sie nutzt vielmehr die Vorteile des territorialen Raums – Synergie, direkte Austauschbeziehungen und Kooperation – durch Strategien zur Förderung der spezifischen Wirtschaftskultur.[208] Entwicklungsstrategien sollen aktivierend und vernetzend wirken, kooperative Strukturen schaffen und lokale Selbstorganisationskräfte fördern, nicht jedoch die Herausbildung von Alternativen zum Markt.

Seit Anfang der 1990er Jahre tragen Programme zur Förderung beschäftigungswirksamer Strategien in städtischen und ländlichen Krisenregionen Europas[209] den Erfordernissen des Milieukonzepts Rechnung. Wirtschaftliches Handeln bleibt nicht mehr ausschließlich privaten Unternehmen überlassen, sondern Akteure aus dem öffentlichen Bereich, dem „Dritten Sektor" und der Bürgerschaft werden in Netzwerkstrukturen zur Stadt- und Regionalentwicklung eingebunden. Die Programme haben überwiegend arbeitsmarktpolitische Intentionen, basieren auf der Nutzung zivilgesellschaftlicher Potenziale und bedienen sich aktivierender Methoden der Bürgerbeteiligung.[210]

Eine weit reichende Empfehlung der Europäischen Kommission vom März 1995 beruht auf der Analyse gesellschaftlicher Veränderungen und nicht gedeckter Bedarfe insbesondere im Bereich der Dienstleistungen und der arbeitsintensiven Produktion. Sie geht aus von der Erkenntnis, "that there is a new form of convergence, the twin aspects being a 'bottom-up' move-

---

208 Vgl. Elsen, Susanne (2000): Über den Zusammenhang globaler und lokaler Entwicklungen. In: Elsen, Susanne/Lange, Dietrich/Wallimann, Isidor (Hrsg.): Soziale Arbeit und Ökonomie. Neuwied.

209 Hervorzuheben sind die Programme des damaligen Hessischen Ministeriums für Landesentwicklung, Wohnen, Landwirtschaft, Forsten und Naturschutz.

210 Die Umsetzung der Programme kommt oft einer Quadratur des Kreises nahe. Im lokalen Raum sollen arbeitsintensive, nicht profitable Handlungsfelder ohne öffentliche Subventionen insbesondere durch den Einsatz von benachteiligten Menschen organisiert werden. Vgl. Elsen, Susanne (2003): a.a.O., S. 64.

ment – illustrated by a range of local development initiatives creating jobs and attempting to meet consumers' needs – and a macroeconomic analysis of the policies initiated by certain central governments."[211] Horizontale und experimentelle Strategien zur Förderung der Selbstorganisationspotenziale im lokalen Umfeld, neue Bündnisse, Akteure und Handlungsfelder und die Verhinderungsstrukturen und Widerstände, die den lokalen Initiativen in den Mitgliedstaaten gegenüber stehen, werden in dem Papier ebenso diskutiert wie die Bedeutung intermediärer Instanzen.

Auf Initiative von Italien und Frankreich wurde 1982 im Rahmen der OECD das Programm LEED (Local Economic and Employment Development) implementiert, welches heute mehr als zwanzig OECD-Länder übernommen haben.[212] Das Programm zielt auf die Förderung von Beschäftigung und ökonomischer Entwicklung durch lokale Initiativen. Als Strategien werden folgende Ansätze empfohlen:

1. Dezentralisierung der Arbeitsmarktpolitik. Die Entwicklung integrierter politischer Handlungsansätze, die Arbeitsmarktpolitik mit Strategien der ökonomischen Entwicklung und der Sozialpolitik verbinden und die Schaffung von Partnerschaften zwischen Politik, Zivilgesellschaft und privatwirtschaftlichem Sektor.

2. Förderung von politischen Instrumenten zur Beschäftigungsförderung in Form von innovativem Entrepreneurship sowie von kleinen- und Mikrounternehmen auf lokaler Ebene.

3. Die Stärkung der sozialen Kohäsion auf lokaler Ebene mit dem Ziel, den Problemen der hohen Arbeitslosigkeit und der Exklusion zu begegnen, die bestimmte Gruppen und territoriale Bereiche betreffen.

4. Lokale Ansätze zur Förderung der Wettbewerbsfähigkeit vor dem Hintergrund der Globalisierung. Ziele sind insbesondere Programme der lokalen Sozialpolitik, die sozialer Ungleichheit entgegenwirken und das Humankapital fördern sollen.[213]

Derartige Empfehlungen aus dem Kontext der OECD als Interessenverband der entwickelten Marktwirtschaften zielen – wie auch die genannten Programme zur lokalen Entwicklung – nicht auf die Herausbildung nachhaltiger Ökonomien und selbstbestimmter, gerechterer Lebensverhältnisse auf lokaler Ebene, sondern auf die lokale Sicherung und Stabilisierung der gesellschaftlichen Voraussetzungen für die freien Märkte und auf die Schaf-

---

211 European Commission (1995): Local Development and Employment Initiatives. Internal Document March 1995 – SEC 564/95, Luxembourg, S. 7.

212 Vgl. OECD (2002a): Club des Partenaires du Programme LEED. Paris.

213 Vgl. OECD (2002b): LEED on occasion of the 20the Anniversary of the LEED Programme. Paris, S. 7-11.

fung neuer Verwertungsbedingungen des Faktors Arbeit.[214] Diese aktivierende Arbeitsmarkt- und Sozialpolitik ist verbunden mit sozialer und sozialräumlicher Selektion, mit erhöhtem Druck auf Erwerbslose und verstärkter sozialer Kontrolle.[215] Sie verankert die neoliberalen Fundamente Privatisierung, Deregulierung und Flexibilisierung auch in den Bereichen der Stadt- und Regionalentwicklung, kommunalen Sozialpolitik und Arbeitsmarktpolitik.

Mit Blick auf die Erhaltung und Förderung ländlicher und wirtschaftsschwacher Regionen setzt die Kommission der Europäischen Gemeinschaften auf die Förderung genossenschaftlicher Selbstorganisation im lokalen Raum. In ihrer Mitteilung vom Februar 2004 betont sie die wachsende Bedeutung von Genossenschaften für die Regionalentwicklung, Beschäftigungsförderung und soziale Integration und bezeichnet Genossenschaften als „ideale Struktur für die Förderung der Beschäftigung und des sozialen Zusammenhalts."[216] Die nationalen Regierungen und die Genossenschaftsverbände werden aufgefordert, innerhalb der nächsten fünf Jahre gesetzliche, ordnungspolitische und finanzielle Voraussetzungen zur Förderung dieses Sektors zu schaffen.[217]

Auch die europäische Gemeinschaftsinitiative „Equal" zielt auf die Erprobung neuer Wege der Arbeitsmarktpolitik.[218]

In den Programmen der EU und der OECD finden sich explizit oder implizit folgende Analysen als Begründungen für die Bedeutung lokaler Ökonomie:

1. Die Förderung eines kooperativen und lokal vernetzten Sektors ist erforderlich, um Fehler des Marktes zu kompensieren und zu korrigieren.

2. Dieser Sektor ist das stabilisierende ökonomische Rückgrat im lokalen und regionalen Raum, da seine Akteurinnen und Akteure längerfristige soziale und ökonomische Ziele verfolgen und in das Gemeinwesen eingebunden sind.

3. Dieser Sektor eröffnet auch Menschen und Regionen mit geringen Chancen Optionen ökonomischer Teilhabe.

4. Die Organisation als Multi-Stakeholder-Unternehmen und die Vernetzung von Unternehmen und Organisationen auf lokaler Ebene bietet ein höchstes Maß an Stabilität und Bedarfsgerechtigkeit.

---

214 Vgl. OECD (2003): Asset Building and the Escape from Poverty. Paris.
215 Vgl. Rose, Nikolas (2000): a.a.O., S. 72f.
216 Kommission der Europäischen Gemeinschaften (2004): Mitteilung der Kommission an den Rat, das Europäische Parlament, den Europäischen Wirtschafts- und Sozialausschuss und den Ausschuss der Regionen über die Förderung der Genossenschaften in Europa. Brüssel, KOM (2004) 18 endg.
217 Vgl. ebd., S. 16.
218 Vgl. www.equal.de (letzter Zugriff am 15. Juli 2006).

5. Es bedarf zur Erschließung lokaler Potenziale und spezifischer Organisation gesellschaftlich notwendiger Arbeit relevanter lokaler Akteure aus unterschiedlichen Bereichen und einer lokal-spezifischen Vorgehensweise.

5. Neue Soziale Bewegungen und sozial-ökonomische Selbstorganisation – lokale Vielfalt im Schatten der Globalisierung

Es gab immer soziale Wirtschaftsformen, die neben und unter dem dominanten ökonomischen System als Möglichkeit derer existierten, die zu diesem System keinen Zugang hatten. Es gab auch seit Beginn der kapitalistischen Arbeitsorganisation immer Versuche, diesem dominanten System menschengerechtere Alternativen entgegenzusetzen oder solche Wirtschaftsformen zu entwickeln, die nicht primär der privaten Profitmaximierung, sondern den Erfordernissen des Gemeinwesens oder der Befriedigung von Bedürfnissen dienen, die der Markt nicht befriedigt.

Oskar Negt fokussiert die sozialökonomischen Alternativ- und Komplementärformen, die sich in Nischen unterhalb der dominanten Ökonomie erhalten haben oder derzeit neu herausbilden. Es seien vereinzelte Bausteine einer an der vernünftigen Organisation des Gemeinwesens orientierten Ökonomie, deren AkteurInnen sich noch nicht zu einer kollektiven Gegenmacht zusammengefügt hätten. Er unterscheidet zwei grundlegend verschiedene Entstehungshintergründe und stellt fest: Die Kräfte, die sich bewusst aus den „Zellenformen der kapitalistischen Ökonomie ganz herausziehen" und ihr Denken und Handeln an normativen Ansprüchen orientieren, hätten es einfach, nicht aber die versteckten und vereinzelten Ansätze, die aus der Not heraus entstünden.[1]

Soziale Komplementär- und Alternativökonomien entstehen entweder mangels Alternative – z.B. Selbsthilfeökonomien, die als „Kinder der Not"[2] gezeugt werden – oder sie entstehen als reflexive Alternativen, als Formen verantwortlichen und nachhaltigen Wirtschaftens durch AkteurInnen, die durchaus Zugang zur dominanten Ökonomie haben, diese aber aus gesellschaftlicher Verantwortung abwählen. Sozialökonomische Assoziationen aus diesem Kontext sind Gegenentwürfe zu verantwortungslosem und zum Teil höchst willkürlichem Agieren in der Kapitallogik.

Es gilt beide Typen zu erkennen, sowohl als Einzelgebilde als auch in ihren vernetzten Formen, deren wesentliche Gemeinsamkeit in der sozialen Einbindung liegt und die durch diese Gemeinsamkeit in ihrer Differenz die Optionen und Potenziale einer anderen Ökonomie repräsentieren. Welche Ge-

---

1 Negt, Oskar (2001): Arbeit und menschliche Würde. Göttingen, S. 67.
2 Mersmann, Arno/Novy, Klaus (1991): Gewerkschaften Genossenschaften Gemeinwirtschaft. Köln, S. 26.

meinsamkeiten lassen sich trotz der grundsätzlich unterschiedlichen Entstehungskontexte feststellen?

- Die sozialökonomischen Ziele resultieren aus lebensweltlichen Bedarfen und die Lösungen sind in die Lebenswelten eingebunden.
- Ihre Zielsetzungen sind primär oder sekundär sozialer Art.
- Das dominante Koordinationsprinzip ist Kooperation.
- Staat und Weltmarkt sind aus der Perspektive der AkteurInnen beider Entstehungskontexte Problemverursacher.
- Gemeinsam ist ihnen der Aufbau durch Assoziation und Selbstorganisation zur Erreichung des gemeinsamen sozialökonomischen Zieles.
- Die AkteurInnen warten nicht auf eine Lösung von außen – durch den Staat oder externe Marktakteure. Es handelt sich um Bürgerinnen und Bürger, die sich mit sozialökonomischen Zielen zusammenschließen. Sie sind organisierte Formen der Zivilgesellschaft.

Selbsthilfeökonomien mangels Alternativen entstehen als Formen der Existenzsicherung der Beteiligten, reflexive Formen als Alternativen reagieren auf erkannte soziale und ökologische Entwicklungsbedarfe. Der erste Typus findet sich naturgemäß „an der Unterseite der bestehenden Verhältnisse"[3], eher in Ländern der „Dritten Welt", zunehmend aber auch in westlichen Industriestaaten unter den Folgen der Globalisierung neoliberaler Prägung. Der erste Typus repräsentiert (insbesondere im landwirtschaftlichen Sektor) vormoderne Ökonomien, während der zweite Typus der reflexiven Alternativen aber auch Auffanglösungen industrieller Produktion (z.B. Mitarbeiterbetriebe), postindustrielle Lösungen repräsentieren.

An den krassen Widersprüchen und der wachsenden Armut haben insbesondere in den lateinamerikanischen und asiatischen Transformationsstaaten die global vernetzten, sozialen Bewegungen an Organisations- und Definitionsmacht gewonnen. Die sozialökonomischen Belange der Armen und Rechtlosen sind zudem seit geraumer Zeit Gegenstand universitärer Bemühungen zur sozialen Entwicklung. Dieses Kraftfeld könnte den Organisationsprinzipien sozial eingebundener Ökonomie als einer „treibenden Kraft auf dem Weg in die Moderne, die sich (...) zu einer ‚anderen Moderne'"[4] entwickeln wird, als sie bislang in den Staaten und Märkten der „Ersten Welt" durchgesetzt wurde, zu einem stärkeren und reflexiven Durchbruch verhelfen.

Derzeit bilden sich auch in den Wohlfahrtsstaaten in ökonomischen Nischen und auf den Brachen der beschädigten Gemeinwesen sozialökonomische Gegenentwürfe heraus. Sie sind in ihren jeweiligen sozialkulturellen

---

3 Ebd., S. 405.
4 Pankoke, Eckart (2000): Freie Assoziationen. In: Zimmer, Annette/Nährlich, Stefan (Hrsg.): Engagierte Bürgerschaft. Opladen, S. 203.

Kontext eingebunden und ergänzen oder korrigieren die Unzulänglichkeiten des kapitalistischen Marktsystems oder versuchen, sich ihm teilweise zu entziehen. Sie verleihen den AkteurInnen Organisationsmacht gegenüber den übermächtigen Arbeits- und Warenmärkten oder gegenüber einer zunehmend repressiven Sozialpolitik. Akteurinnen sozialer Ökonomien nutzen die Freiheiten des Marktes zur Verfolgung sozialer Ziele oder heben damit die Trennung sozialer und ökonomischer Zielsetzungen in integrierten Ökonomien – z.B. in Genossenschaften – auf. Gemeinwesenarbeit hat allen Grund, solche Ansätze zu erkennen, zu fördern und herauszubilden.

Auch wenn die folgenden Beispiele als Tropfen auf dem heißen Stein wirken, sie sind winzige, aber konsequente lokale Schritte in einem globalen und emanzipatorischen Projekt der gesellschaftlichen Transformation, das sich auf die Werte der Freiheit, Gleichheit und Solidarität stützt. In ihrer Entstehung oder Verteidigung sind sie immer verbunden mit der konfliktiven Überwindung von Widerständen und nicht zuletzt aus diesem Grunde Kontexte des politischen Lernens. Oskar Negt bezeichnet diese Ansätze verantwortlichen lokalen Tätigwerdens als Komponenten der „Gemeinwesenarbeit auf dem Weg zur Weltgesellschaft"[5]

5.1 Sozialökonomische Selbstorganisation

Neue soziale Bewegungen gegen die Enteignungsökonomie haben im letzten Drittel des 20. Jahrhunderts weltweit an Bedeutung gewonnen. Es handelt sich um netzwerkförmige Gruppen, die versuchen, sozialen Wandel durch Protest und zivilen Ungehorsam herbeizuführen, Entwicklungen zu verhindern oder rückgängig zu machen und lokale Alternativen nachhaltiger Entwicklung zu generieren.[6] Millionen Menschen haben in den vergangenen zwei Jahrzehnten „direkt die Formen von Missbrauch, Ausbeutung und Zerstörung der Erde und der Menschheit erfahren. Sie aktivierten sich selbst und ihre Mitmenschen, um etwas gegen den andauernden Zerfallsprozess der Erde zu unternehmen. (...) Sie gründeten Gruppen außerhalb des politischen Staates und des wirtschaftlichen Marktes, um auf lokaler und globaler Ebene dem Missbrauch, den sie um sich herum sahen, wirksam entgegen zu treten. (...) Sie werden von keiner zentralen Macht gesteuert. Sie führen ihre organisatorischen Belange mit Hilfe globaler Netzwerkaktivitäten durch."[7]

Gerade diese heterarchischen Netzwerkstrukturen eignen sich, um eine Verbindung zwischen dem Globalen und dem Lokalen herzustellen, also zwischen dem Widerstand gegen den mächtigen übernationalen Druck und

---

5 Negt, Oskar (2001): a.a.O., S. 554-555.
6 Raschke, Joachim (1985): Soziale Bewegungen. Frankfurt am Main.
7 Perlas, Nicanor (2000): Die Globalisierung gestalten. Frankfurt am Main, S. 19.

dem Kampf um die Erhaltung und Verbesserung der lokalen Lebensmöglichkeiten der Bevölkerung.

In der Geschichte der Solidarökonomie zeigen sich starke Verbindungen zwischen Sozialen Bewegungen gegen politische und ökonomische Entrechtung einerseits und sozialökonomischer Selbsthilfe andererseits. Die solidarökonomischen Utopien des 18. und 19. Jahrhunderts sind geprägt von der Bewegung des frühen Sozialismus, und Einflüsse der christlichen und sozialistischen Freiheitsbewegungen bilden die Wurzeln der alternativen Ökonomien im heutigen Südamerika.[8]

Die Gegenbewegungen zu Entrechtung und Enteignung stiften Identität und stärken die Binnensolidarität derer, die ein gemeinsames Anliegen gegen den dominanten Gegner verteidigen oder eigenständige Alternativen entwickeln. In den unten geschilderten Ansätzen hat Solidarität aber noch eine weitere Dimension. Sozial-, Bildungs- und Gesundheitsgenossenschaften oder die genossenschaftliche Übernahme von Unternehmen in den Bereichen der Daseinsvorsorge als Alternativen zu profitorientierter Privatisierung, beziehen sich auf das ganze Gemeinwesen. Andere Beispiele, insbesondere solche, die auf neue Formen der Enteignung und Entrechtung – z.B. durch das TRIPS-Abkommen – reagieren, haben eine historisch neue, globale Qualität und Reichweite, die über die Grenzen von Klassen und Weltregionen hinaus reicht. Neu ist die organisierte Macht kritischer KonsumentInnen, die über Bewusstseinsbildung und/oder durch Boykottmaßnahmen Solidarstrukturen innerhalb ihres eigenen Nahraums bilden, sich international vernetzen und bis in entfernte Weltregionen oder Konzernzentralen wirken. Durch diese Maßnahmen kritischen Konsums und durch Öffentlichkeitsarbeit begrenzen sie die Macht transnationaler Konzerne und erhöhen den Druck zur Einführung von Regeln, die extreme soziale und ökologische Zerstörungen verhindern. Sie fördern zudem die Herausbildung eigenständiger Solidarökonomien in den betreffenden Ländern.

Neben genossenschaftlichen Gründungen in nahezu allen Bereichen der Produktion und Reproduktion und der Herausbildung von kooperativen Mesostrukturen, die den solidarökonomischen Sektor stabilisieren, lässt sich derzeit in vielen Weltregionen die Bildung alternativer und komplementärer Tausch- und Geldsysteme beobachten, die häufig auf soziale Probleme reagieren oder die Förderung des Gemeinwesens intendieren.

Diese Ansätze – und seien sie noch so unscheinbar – tragen zur Rückbettung des Wirtschaftens in die Lebenszusammenhänge und damit auch zur Stärkung eigenständiger solidarischer Handlungszusammenhänge im Ge-

---

8 Leser De Mello, Sylvia (2005): Historisch theoretischer Rückblick auf die Wurzeln der Solidarischen Ökonomie in Brasilien. In: Müller-Plantenberg, Clarita/Nitsch, Wolfgang/Schlosser, Irmtraud (Hrsg.): Solidarische Ökonomie in Brasilien und Europa. Kassel, S. 77.

meinwesen bei. Sie fördern die Re-Pluralisierung und Re-Lokalisierung der Ökonomie, ohne die nachhaltige Entwicklung nicht vorstellbar ist. Das besondere Potenzial liegt in der Wirkung der lebensweltlichen Handlungsformen und -zusammenhänge im Kontext des Wirtschaftens. Zum Tragen kommen kommunikative Koordinationsmuster und die Wirkungen von Kooperation und Solidargemeinschaften.

Sozialökonomische Alternativen in Form von Assoziationen entstehen derzeit in den Industrieländern im Bereich geldloser Tausch oder in Kooperativen, die im Gemeinwesenverbund agieren. Genossenschaften und genossenschaftliche Fonds sind geradezu ideale Organisationsformen für diese Belange.[9] Als Antworten auf die krisenhaften wirtschaftlichen Entwicklungen übernehmen sie öffentliche und privatwirtschaftliche Aufgaben, um die Grundlagen der eigenen Existenz und der des Gemeinwesens zu sichern. Auch wenn es sich überwiegend um defensive Strategien handelt, sind sie als Teil der Vielfalt eigenständiger sozial eingebundener ökonomischer Alternativen zu betrachten.

Gründungen sozial eingebundener Ökonomien lassen sich in den Industrieländern derzeit in folgenden Bereichen feststellen:

1. Unternehmen der alternativen Arbeitsorganisation der gewerblichen Wirtschaft (Belegschaftsbetriebe), die das Ziel haben, die Erwerbsarbeit vor Ort durch kooperative Betriebsübernahmen zu sichern.

2. Kooperative Unternehmen im Bereich lokaler Arbeitsmarktpolitik mit Frauen und Männern, die am Arbeitsmarkt besonders benachteiligt sind (Existenzsicherungsgenossenschaften).

3. Produktivgenossenschaften überwiegend hochqualifizierter Kräfte, die im Markt und im öffentlichen Sektor keine sicheren Arbeitsplätze mehr finden und ihre Chancen gemeinsam verbessern (Geistkapitalunternehmen).

4. Sozial-, Bildungs-, Kultur und Gesundheitsgenossenschaften, die dem Abbau und den Qualitätseinbußen durch Privatisierung in diesem Bereich entgegen wirken. Gründungen erfolgen durch Anbietende, Nutzende oder als alternative Multi-Stakeholder-Unternehmen. Diese sind auch aus der Perspektive der Emanzipation der TrägerInnen/NutzerInnen zu betrachten, die sich damit von einer Entmündigung durch „Experten" verabschieden.

---

9 Vgl. Elsen, Susanne (2003): Lässt sich Gemeinwesenökonomie durch Genossenschaften aktivieren? In: Flieger, Burghard (Hrsg.): Sozialgenossenschaften. Neu-Ulm, S. 57f.

5. Kooperativen und Fonds, die die öffentliche Infrastruktur und Versorgung (Energie, Wohnen, Transport, Wasser) durch die lokale Bevölkerung gegen Kommerzialisierung sichern.[10]

6. Bemühungen um die lokale Kontrolle von Geld in Form von Komplementärwährungen und lokalen Bankkooperativen.

7. Alternative Währungssysteme auf der Basis von Zeit als Wertmaßstab, die sozialpolitische Zielsetzungen verfolgen.

8. Globale Vernetzung lokaler Initiativen der Interessensvertretungen ökonomisch Benachteiligter und Rechtloser.

9. Solidarische Aktionen von KonsumentInnen und AnlegerInnen organisieren Gegenmacht über die Grenzen der Nationen und Erdteile hinweg und fördern die nachhaltige lokale Produktion in armen Weltregionen.

Folgende Beispiele werden ohne Anspruch auf Vollständigkeit herangezogen, doch kann man in ihnen ein neues Zusammenspiel von Zivilgesellschaft, Politik und Ökonomie mit einer hohen Relevanz für die Gestaltung der Sozialpolitik in der Weltgesellschaft erkennen. Die zivilgesellschaftlichen Formen erweisen sich als Korrektiv, Ergänzung, Alternative oder Gegenmacht gegenüber den Übergriffen der neuen Enteignungsökonomie. Sie sind aber auch als Ergänzungen, Möglichkeiten der Effektivierung und demokratischen Kontrolle, Korrektiv und potenzielle Partner einer gestaltenden und erweiterten aktiven und aktivierenden Sozialpolitik zu erkennen.

5.1.1 Selbstorganisation von Arbeit

Assoziative Selbstorganisation von Arbeit galt in den sozialen Bewegungen der industriellen Revolution als Alternative zur industriekapitalistischen Organisation der Arbeit. „,Assoziation' zielte auf Sozialreformen, die die modernen Prinzipien der Emanzipation und der Solidarität verbinden sollten."[11] Es ging um die freie Arbeit und um eine Verbindung von Arbeiten und besserem Leben.

Diese Vorstellung kollektiver Selbstorganisation von Arbeit steht im krassen Gegensatz zu den aktuellen Empfehlungen zur effizienteren Nutzung des eigenen Arbeitskraftpotenzials im Sinne der „Ökonomie des Selbst".[12] Diese setzt auf „Selbstorganisation" zur Verfolgung individueller Marktchancen und betrieblicher Rationalisierungsziele, auf „Selbstvermarktung" und „Selbstproduktion" als individuelle Verantwortungsübernahme für die Aufrechterhaltung des eigenen Marktwertes und der Wettbewerbsfähigkeit

---

10 Vgl. brand eins, 5. Jahrgang, Heft 7, September 2003, S. 66f.
11 Pankoke, Eckart (2000): a.a.O., S. 190.
12 Bröckling, Ulrich/Krasmann, Susanne/Lemke, Thomas (Hrsg.) (2000): Gouvernementalität der Gegenwart. Frankfurt am Main.

der eigenen Arbeitskraft (Employability).[13] Diese „Ökonomie des Selbst" erscheint zynisch und sozialdarwinistisch. Sie propagiert das Überleben der Stärksten und negiert die Tatsache, dass immer weniger Erwerbsarbeit im Markt gebraucht wird. Sie ist Teil der Ideologie, die Menschen entwertet und dazu zwingt, sich trotz objektiver Chancenlosigkeit als Versager zu fühlen wenn sie nicht dauerhaft erfolgreich sind.

Auch gesellschaftlich sinnvolle Arbeit, die unter Zwang und ohne adäquate Entlohnung verrichtet wird, ist gesellschaftlich nicht legitim. Negt spricht von neuen Grauzonen der Menschenrechtsverletzungen und der Einschränkung demokratischer Mitbestimmungsrechte.[14] Der englische Ökonom James Robertson spricht von „People-centred Development" und meint eine Annäherung an eine wirtschaftliche Entwicklung, die Menschen befähigt, sich selbst zu entwickeln – und zwar in einer Weise, die gleichzeitig die Kapazitäten anderer Menschen vorzugsweise vergrößert und sicherlich nicht verringert.[15] Robertson weist darauf hin, dass es eine falsche Vorstellung sei, von Arbeit-Gebern zu erwarten, dass diese Arbeit und Einkommen für jeden bieten. Dringend erforderlich sei eine Politik, die Menschen befähigt, Arbeit selber zu organisieren.

In einem Plädoyer gegen die „Repressanda 2010" fordern Peter Grottian, Wolf-Dieter Narr und Roland Roth Voraussetzung für eine Politik, in der die betroffenen Menschen sich selbst eine Arbeit geben.[16] Auch der niederländische Ökonom Willem Hoogendijk empfiehlt die aktive Förderung einer lokalen „Wirtschaft von unten" durch Politik, Verwaltung und Soziale Arbeit. Die Politik möge dabei Grund und Gebäude als kooperative Infrastruktur zur Verfügung stellen und anfangen, weitsichtiger und zukunftsorientiert zu denken. Soziale Arbeit solle die Menschen in ökonomischer Selbstorganisation unterstützen, Häuser renovieren, Gemüsegärten anlegen und unabhängige Geldkreisläufe einrichten.[17]

Es geht um die selbstorganisierte Erschließung vorhandener Arbeit zur Existenzsicherung und Bedürfnisbefriedigung und um die Erhaltung der materiellen Grundlagen des Gemeinwesens. Diese Idee ist nicht neu. Auch die Verbindung einzelner Kooperativen zu lokalen Verbünden, der abgestimmte Vertrieb und der Tausch kooperativ erzeugter Waren und sogar die

---

13 Vgl. Modaschl, Manfred (2002): Ökonomien des Selbst. In: Klages, Johanna/Timpf, Siegfried (Hrsg.): Facetten der Cyberwelt. Hamburg, S. 42f.

14 Vgl. Negt, Oskar (2001): a.a.O., S. 472.

15 Robertson, James (1996): People-centred Development. In: Schroedter, Elisabeth/ Soltwedel-Schäfer, Irene/Wolf, Frieder Otto (Hrsg.): Handlungsstrategien gegen Arbeitslosigkeit, Armut und soziale Ausgrenzung auf regionaler und lokaler Ebene. Hamburg, S. 30.

16 Grottian, Peter/Narr, Wolf-Dieter/Roth, Roland (2003): Sich selbst eine Arbeit geben. In: Frankfurter Rundschau vom 29. 11. 2003, Nr. 279, S. 7.

17 Vgl. Hoogendijk, Willem (1996): Die Rückeroberung der Arbeit. In: Stiftung Bauhaus Dessau (Hrsg.): Wirtschaft von unten. Dessau, S. 30.

Einführung eigener Komplementärwährungen, denen als Verrechnungseinheit die Anzahl der aufgewendeten Stunden zugrunde lag, findet sich im frühen 19. Jahrhundert. 1832 gab es in England ca. 500 Co-operative Societies, die versuchten, eine Gegenwirtschaft der arbeitenden Menschen zu etablieren. Mit der schrittweisen lokalen Abschaffung der Wettbewerbswirtschaft sollte auch eine politische Demokratisierung und eine friedliche Revolution der Eigentums- und Distributionsverhältnisse eingeleitet werden.[18]

Ökonomische Selbstorganisation wurde in den sozialen Bewegungen der industriellen Revolution gegen den Druck der Großindustrie aktiviert. „Gegen drohende Verelendung und Ausbeutung setzte die sozialrevolutionäre Programmatik der sozialen Bewegung das Prinzip der ‚Assoziation'. Als programmatische Begriffspolitik stand dies nicht nur im Kontrast zu den traditionellen ‚Korporationen', sondern beanspruchte auch eine Alternative zur industriekapitalistischen ‚Organisation der Arbeit'. ‚Assoziation' zielte auf Sozialreformen, die die modernen Prinzipien der Emanzipation und der Solidarität verbinden sollten."[19]

Bedeutung gewann das Prinzip der assoziativen Selbstorganisation wirtschaftlicher Interessen als Schutz gegen die Risiken des Industriezeitalters im Zusammenschluss des kleinbürgerlichen Mittelstandes in Handel und Handwerk, welche vormals in Korporationen und Zünften organisiert waren. Der Zusammenschluss in Markt-Genossenschaften sicherte bürgerliche Selbstständigkeit in Verbindung mit dem emanzipatorischen liberalen Prinzip und der solidarischen Konstruktion der freien Assoziation.

Es ging um die Sicherung der Marktfähigkeit kleiner Unternehmen einerseits und die emanzipatorische Organisation von Arbeit anderseits. Diese beiden Linien prägen die Geschichte des genossenschaftlichen Wirtschaftens, und die Betonung der sozial-liberalen Tradition des Zusammenschlusses zu Marktgenossenschaften hat in Deutschland zur Vernachlässigung der sozialreformerischen Linie geführt. Die Gründung von Selbstständigenkooperationen ist auch prägend für die derzeitigen Neugründungen in Deutschland. Organisationsfähige FreiberuflerInnen und kleine Unternehmen schließen sich in strategischen Kooperationen zusammen. Dies ist vor dem Hintergrund des verschärften Wettbewerbsdrucks für die Beteiligten und die Regionen sinnvoll.

Und die zweite Linie? Die Selbstorganisation der Arbeit als sozialpolitisches Mittel gegen Ausbeutung und Abhängigkeit von Arbeitgebern, entsprach dem programmatischen Konzept der sozialdemokratischen und sozialistischen Arbeiterbewegung.

---

18 Ebd., S. 67.
19 Pankoke, Eckart (2000): a.a.O., S. 190.

In Frankreich verbreitete Louis Blanc (1811–1882) die Idee der gesellschaftlichen Organisation der Arbeit in staatlichen Werkstätten.[20] Die sozialdemokratische Position in Deutschland entwickelte sich aus der Forderung des Staatssozialisten Ferdinand Lasalle nach staatlich geförderten „Arbeiter-Produktiv-Assoziationen".[21] Aufgrund von Arbeitslosigkeit und Ressourcenrestriktionen sei die sozial geschwächte Selbsthilfe der Arbeiter auf Staatshilfe angewiesen. Er legte in Abgrenzung gegenüber Louis Blanc besonderen Wert auf das Freiheitselement assoziativer Selbstorganisation der Arbeit und distanzierte sich von der liberalen Genossenschaftsidee, die in Deutschland von Schulze-Delitzsch vertreten wurde. Lassalles Bezugsrahmen bildete seine Einschätzung des liberalisierten Arbeitsmarktes und der Folgen des „ehernen Lohngesetzes", welches bei fortschreitender Industrialisierung zu einer weiteren Verschlechterung der Situation der Arbeiter führen würde. Nur wenn die Arbeiter eigene Unternehmen gründen könnten, wäre die Aufhebung dieses Gesetzes möglich „in der friedlichsten, legalsten und einfachsten Weise, indem sich der Arbeiterstand durch freiwillige Assoziationen als sein eigener Unternehmer organisiert. (...) Eben deshalb ist es Sache und Aufgabe des Staates, (...) die Assoziationen des Arbeiterstandes fördernd und entwickelnd in seine Hand zu nehmen und (den Arbeitern) die Mittel und Möglichkeit zu dieser ihrer Selbstorganisation und Selbstassoziation zu bieten (Lassalle 1919)."[22]

Der Sozialpolitiker und Ökonom Gustav Schmoller (1838–1917) bezog sich in seinem Programm einer aufgeklärten Sozialpolitik auf die staatliche Förderung der Selbsthilfe der Arbeiter.[23] Schmoller vertritt eine integrierte Wirtschaftswissenschaft, die Nationalökonomie, historische, soziologische und staatswissenschaftliche Forschung in ihr Denken integriert, um wirtschafts- und sozialpolitische Schlussfolgerungen zu ziehen. Die preußische Staatsidee sollte dazu beitragen, die Klassengegensätze zu mindern. Nationalistische Reaktion und Liberalismus ebenso wie revolutionärer Sozialismus bedrohten nach seiner Vorstellung das Zusammenwachsen des Reiches, welches durch die Sozialpolitik befriedet und integriert werden sollte. In der Fähigkeit zur Selbsthilfe der Arbeiter und ihrer aktiven Förderung sah Schmoller nicht nur eine Strukturfrage, sondern eine sozialstaatliche Kulturfrage. Er forderte 1864 politische Rahmenbedingungen, die problemlösende Selbstaktivierungspotenziale stärken. Die „Umgestaltung muss von innen heraus die Arbeiter ergreifen, die Hauptsache müssen sie somit immer noch selbst thun – das ist ihre Pflicht, ihre wahre Selbsthilfe."[24]

---

20 Vgl. Elsen, Susanne (1998): Gemeinwesenökonomie. Neuwied, S. 66f.
21 Vgl. Pankoke, Eckart (2000): a.a.O., S. 194.
22 Ebd., S. 195.
23 Schmoller, Gustav (1923/1978): Grundriss der Allgemeinen Volkswirtschaftslehre. 2 Bände, unveränderter Nachdruck der Ausgabe von 1923, Berlin.
24 Gustav Schmoller, zitiert nach: Pankoke, Eckart (2000): a.a.O., S. 195.

180 Jahre vor Schmoller war es 1688 der Quäkerphilosoph John Bellers, der als Alternative zu Arbeitslosigkeit und Ausbeutung die Selbstorganisation der Arbeiter in Form „brüderlicher Genossenschaften" empfahl. Er ging davon aus, „dass die Arbeiter überhaupt keinen Arbeitgeber brauchten, solange sie ihre Produkte selber austauschen. Da die Arbeitskraft der Armen die Goldgrube für die Reichen darstelle, meinte Bellers, warum sollten die Armen nicht imstande sein, sich selber zu erhalten, indem sie diese Reichtümer zum eigenen Vorteil ausnützten, und dabei noch etwas übrig behielten? Man brauche sie nur in Form eines ‚Vereins' oder einer Korporation zu organisieren."[25]

Und heute? Das Recht auf Arbeit, welches in Artikel 23 der Erklärung der allgemeinen Menschenrechte enthalten ist, kann nicht bei privaten Arbeit-Gebern eingeklagt werden, wohl aber gegenüber den Staaten. Die staatliche Förderung von Optionen der Erschließung vorhandener Arbeit und der menschengerechten Gestaltung der Arbeitsbedingungen in selbstorganisierten Unternehmen durch Bürgerinnen und Bürger, die arbeiten wollen, wäre ein Gebot der Menschenrechte.

Ökonomische Selbstorganisation schafft noch keine Arbeitsplätze. Wenn sich jedoch Menschen zusammenschließen, um Arbeit zu organisieren, kann dies durch die Bündelung von Kompetenzen und Ressourcen und die gemeinsame verbindende und motivierende Idee erfolgreich sein. Die Ressourceneffizienz resultiert insbesondere aus der Tatsache, dass es keine dysfunktionalen Mittelabflüsse an Arbeit-Geber gibt.

Da benachteiligte Menschen nicht über die ausreichenden materiellen Ressourcen verfügen, um Investitionen tätigen zu können, staatliche Subventionen und wirtschaftspolitische Förderungen die großen Einheiten und die Kapitalgesellschaften bevorzugen und für die Banken nur kreditwürdig ist, wer keine Kredite braucht, bleibt für sie eigentlich nur die Möglichkeit der Kooperation insbesondere in arbeitsintensiven Bereichen. Wie noch zu zeigen sein wird, bietet die unternehmensübergreifende Kooperation und Einbindung in lokale und regionale Wirtschaftskreisläufe und die Konstruktion von „Multi-Stakeholder-Unternehmen" eine Basis der Tragfähigkeit – und kooperative Unternehmen sind im Vergleich zu Kapitalunternehmen aus verschiedenen Gründen die tragfähigere Unternehmensform.

Da der Faktor Arbeit im kapitaldominierten Weltmarkt aber nur wenig Wert besitzt, ist die Selbstorganisation von Arbeit noch kein Garant des gemeinsamen Erfolgs. Dies bedeutet, dass es einer veränderten politischen Weichenstellung bedarf, um die Möglichkeiten sozialökonomischer Lösungen Wirklichkeit werden zu lassen. Es gibt viele Beispiele in Europa, die zeigen, dass assoziative Selbstorganisation von Arbeit auch in arbeitsintensi-

---

25 Polanyi, Karl (1995): The Great Transformation. 3. Auflage, Frankfurt am Main, S. 170.

ven Bereichen dauerhaft und erfolgreich sein kann. Das bekannteste ist das des Genossenschaftskonzerns „Mondragon", der wie viele andere Kooperativen aus Arbeitslosigkeit und Not entstand.

Auch die Europäische Kommission hat längst erkannt, dass Warten auf marktvermittelte Erwerbsarbeit als Lösung des ständig wachsenden Problems Arbeitslosigkeit wenig Sinn macht. Die Empfehlungen zur Förderung lokaler Kooperativen der Kommission der Europäischen Gemeinschaft vom Februar 2004[26] und die impliziten Hoffnungen auf die Potenziale ziviler AkteurInnen zur Lösung der Probleme sind ohne die erforderlichen Ermöglichungsstrukturen wenig realistisch. Sie verdeutlichen aber, dass auch der politische Mainstream die Hoffnungen auf die Selbstheilungskräfte des Marktes nicht uneingeschränkt teilt und die Potenziale ökonomischer Selbstorganisation hoch einschätzt. Die Kommission hat auch verstanden, dass die gewünschte Stärkung genossenschaftlicher Selbstorganisation von Arbeit rechtlicher und ordnungspolitischer Rahmenbedingungen und geeigneter Finanzierungsinstrumente bedarf, die die Nationalstaaten entwickeln sollen.

Die Aneignung von Arbeit und ihrer Erzeugnisse durch die Produzierenden selbst aber trifft den Kern der Ökonomie des Gemeinwesens, die Eigentumsfrage und die Frage des demokratischen Zugangs zum gemeinen Eigenen. Selbstorganisation von Arbeit ist nach André Gorz ein Schritt weg vom Verkauf der Arbeitskraft gegen Geld, die auf einen Arbeit-Geber wartet. Warum, so fragt auch Gorz, „muss die Arbeit immer von jemandem gegeben werden, der sie nicht selbst verrichtet? Warum muss sie immer Warenform – und also auch die Geldform – durchlaufen, um getauscht, anerkannt und verwendet zu werden? Warum tauschen die Mitglieder einer Gemeinschaft ihre Arbeit nicht ohne Vermittler, (...) und passen die produzierten Güter und Dienste nicht so gut und direkt wie möglich den sich ebenfalls ohne Vermittler artikulierten Bedürfnissen und Wünschen an?"[27] Komplementär- und Zeitwährungen erlauben, wie zu zeigen sein wird, eine Erweiterung von Transaktionen gegenüber direktem Tausch zwischen zwei Personen.

5.1.2 Mondragon – der utopische Konzern

Das bekannteste Beispiel eines alternativen Unternehmensverbundes, in dem es gelungen ist, durch Selbstorganisation soziale Ideale und wirtschaft-

---

26 Vgl. Kommission der Europäischen Gemeinschaften (2004): Mitteilung der Kommission an den Rat, das Europäische Parlament, den Europäischen Wirtschaftsrat und Sozialausschuss und den Ausschuss der Regionen über die Förderung der Genossenschaften in Europa. KOM (2004) 18 endg., S. 18.
27 Gorz, André (2000): Arbeit zwischen Misere und Utopie. Frankfurt am Main, S. 149.

lichen Erfolg auf Dauer miteinander in Einklang zu bringen, ist der baskische Konzern „Mondragon", Corporacion Cooperativa – MCC. Die größte Industriekooperative der Welt[28] hat ca. 53.000 MitarbeiterInnen und erwirtschaftete im Jahr 2000 einen Gesamtumsatz von sieben Milliarden Euro.[29] Der Konzern besteht aus 120 genossenschaftlichen Betrieben, die im industriellen Sektor, im Handel, im Bankwesen und in der beruflich-technischen Ausbildung tätig sind. Hauptsitz ist die 25.000 Einwohner-Gemeinde Mondragon in der Nähe von Bilbao.[30] Trotz der regionalen Einbindung produziert auch Mondragon mittlerweile in China, Deutschland, Marokko, Brasilien und Polen.[31]

Keimzelle war eine Ölofenfabrik, die 1956 von 24 Arbeitern und Ingenieuren unter der Leitung des katholischen Priesters Don José Maria Arizmendiarrieta gegründet wurde. Dieser hatte als Journalist im spanischen Bürgerkrieg auf der Seite der Republikaner gekämpft und war nach Krieg und Gefangenschaft der Kirche beigetreten. Nach den Zerstörungen des Bürgerkriegs richtete er mit der baskischen Bevölkerung in Mondragon ein technisches College ein. Die Absolventen dieser Schule gründeten die ersten selbstverwalteten Kooperativen im Leniz-Tal.[32] 1959 wurde die genossenschaftseigene Bank Caja Laboral gegründet, in der der Kapitalstock für weitere Kooperativengründungen entstand. Anfang der 1980er Jahre hatte Mondragon bereits 20.000 Mitglieder. Im Kooperativverbund agierten 85 Industriekooperationen, 43 Schulen, 40 Supermärkte, die Bank, ein Forschungsinstitut sowie die Kranken- und Rentenversicherung. Diese Mixtur erwies sich als stabilisierender Faktor auch in Zeiten wirtschaftlicher Krise. In den 1980er Jahren mussten auch einige andere baskische Kooperativen ihre Werkstore schließen. Mondragon aber überstand die Krise relativ unbeschadet, während im Baskenland insgesamt 150.000 Menschen ihre Arbeit verloren.

Die Wahrscheinlichkeit, in einem wirtschaftlichen Abschwung zu scheitern, ist bei Mitarbeiterbetrieben geringer, da die Kosten der Rezession auf alle

---

28 Vgl. Stumberger, Rudolf (2003): Zwischen Mitarbeiterdemokratie und Markt. In: Zeitschrift für das gesamte Genossenschaftswesen. Band 53, 2003, Heft 3, S. 221-227.

29 Vgl. Centro Corporativo de MCC (2000): MONDRAGON Corporacion Cooperativa: 2000 Annual Report. Mondragon.

30 Vgl. Stumberger, Rudolf (2002a): Halb Markt, halb Sozialismus. In: Mitbestimmung. Heft 4/2002, S. 52.

31 Die Mitarbeiter in den ausländischen Niederlassungen sind normale LohnarbeiterInnen, nicht MitinhaberInnen des Konzerns. Das Unternehmen betont jedoch, dass die Auslandsfirmen früher oder später ebenfalls in das System der Kooperativen überführt werden sollen.

32 Vgl. Duchrow, Ulrich (1997): Alternativen zur kapitalistischen Weltwirtschaft. Mainz, S. 242.

Köpfe im Unternehmen verteilt werden können.[33] Die Krisenbewältigung der 1980er Jahre bei Mondragon erfolgte, indem MitarbeiterInnen, die nicht ausreichend beschäftigt waren, nicht entlassen, sondern auf andere Kooperativen verteilt wurden. Die Arbeitszeiten wurden flexibilisiert und die genossenschaftseigene Bank half mit günstigen Krediten über die Liquiditätsengpässe. Die Wachstumsrate von Mondragon war ab Mitte der siebziger Jahre viermal so hoch wie in der übrigen spanischen Wirtschaft. Mittlerweile ist MCC das achtgrößte Unternehmen Spaniens. Dazu gehören heute die Caja Laboral mit 270 Filialen und der Pensions- und Krankenkasse Lagun-Aro, die Supermarktkette Eroski, Produktionsstätten für Halbleiter, Autoteile und Werkzeugmaschinen und das Herzstück von Mondragon, der Elektrogerätehersteller Fagor, der mit 4.300 Mitarbeitenden einen Umsatz von 700 Millionen Euro macht.

Die soziale Orientierung des Konzerns wurde inspiriert von der katholischen Soziallehre wie von den Ideen der frühen Sozialisten, insbesondere von Robert Owen. Im Zentrum des wirtschaftlichen Geschehens soll der Mensch stehen, der durch selbstbestimmte Arbeit seinen Lebensunterhalt bestreiten kann. Dem Kapital kommt eine dienende Rolle zu. Nicht Gewinnmaximierung, sondern die Schaffung von Arbeitsplätzen und soziale Sicherung waren Zweck der Kooperativengründungen.[34] Im Jahresbericht 2000 bekennt sich MCC zu seiner sozialen und demokratischen Aufgabe: Arbeitsplätze schaffen und die, die es gibt, sichern. Seit Mitte der 1990er Jahre seien 20.000 Arbeitsplätze geschaffen worden.

Bis heute ist Mondragon ein Mitarbeiter-Konzern. Es gilt immer noch das genossenschaftliche Prinzip von einer Stimme pro Person. Demokratie und Selbstbestimmung sind immer noch die zentralen Säulen der Konzernkultur. Zehn Prozent der Erträge gehen in soziale Einrichtungen, 45 Prozent bleiben als Investitionen im Betrieb und 45 Prozent gehen auf die Konten der Mitglieder. In einem Regelwerk wurden zehn Prinzipien der Unternehmenskultur festgeschrieben:

1. Offenheit für alle, unabhängig von Religion, Ethnie und politischer Überzeugung;
2. Gleichheit aller Mitglieder, unabhängig von Alter, Geschlecht, Position oder eingebrachtem Kapital;
3. Selbstbestimmung;
4. Einschränkung von Kapitalmacht;
5. Demokratie;

---

33 Vgl. Whyte, William F./Whyte, Kathleen K. (1988): Making Mondragon: The Growth and Dynamics of the Worker Cooperative Complex. New York.
34 Vgl. Stumberger, Rudolf (2002b): Zwischen Marx und Markt im Baskenland. In: Publik-Forum, Heft 6, 2002, S. 25.

6. Solidarität bei Löhnen (Orientierung an den Tarifen der Region, Lohngefälle soll kleiner sein als in traditionellen Betrieben[35]);

7. Zusammenarbeit – die Kooperativen arbeiten direkt mit anderen Kooperativen zusammen;

8. Sozialer Wandel hin zu einer freieren und gerechteren Gesellschaft;

9. Universalismus in Solidarität mit all jenen, die für die Zukunft einer demokratischen Wirtschaft arbeiten;

10. Aus- und Weiterbildung der MitarbeiterInnen.

Dem internen Werte-Kanon der Unternehmenskultur sind die nach außen gerichteten Betriebsziele beigeordnet. An erster Stelle steht die Kundenzufriedenheit gefolgt von der Rentabilität des Wirtschaftens und dem (internationalen) Wachstum des Konzerns.

5.2 Selbstorganisation gegen die neue Enteignungsökonomie

Die Kritik an der weiteren Deregulierung und Privatisierung öffentlicher Güter weltweit ging von der globalisierungskritischen Bewegung attac aus und hat mittlerweile eine breite Öffentlichkeit alarmiert. Die Regierungen müssen sich mit diesen Widerständen zwar auseinandersetzen, doch die Skepsis vieler Bürgerinnen und Bürger, dass die auf ruinöse Konkurrenz, Unterwanderung sozialer Standards und Privatisierung zielende Deregulierungsdynamik dadurch geschwächt würde, ist berechtigt.[36] Zu mächtig sind die Interessen der Befürworter.

Die aktuelle Privatisierungswelle bedeutet eine Ausweitung der ursprünglichen Akkumulation in neue Bereiche der Enteignung und eine folgenschwere Plünderung des Gemeinwesens.[37] Rosa Luxemburg beschrieb 1913 die beiden Seiten der Kapitalakkumulation, die miteinander verknüpft die geschichtliche Laufbahn des Kapitals ergeben: „Die kapitalistische Akkumulation hat somit als Ganzes, als konkreter geschichtlicher Prozess, zwei verschiedene Seiten. Die eine vollzieht sich in der Produktionsstätte des Mehrwerts (...). Die andere Seite der Kapitalakkumulation vollzieht sich zwischen dem Kapital und nicht-kapitalistischen Produktionsformen. Ihr Schauplatz ist die Weltbühne. (...) Hier treten ganz unverhüllt und offen Gewalt, Betrug, Bedrückung, Plünderung zutage, und es kostet Mühe, unter diesem Wust der politischen Gewaltakte und Kraftproben die strengen Ge-

---

35 Das Lohngefälle bei Mondragon liegt bei eins zu sechs. Dieses Verhältnis wurde ausgehandelt, nachdem das Verhältnis früher bei 4,5 zu eins lag.
36 Arbeitsgruppe alternative Arbeitsmarktpolitik (2005): Memorandum 2005. Köln, S. 38.
37 Zeller, Christian (Hrsg.) (2004): Die globale Enteignungsökonomie. Münster.

setze des ökonomischen Prozesses aufzufinden."[38] Es ist diese von Rosa Luxemburg beschriebene Schwierigkeit, die Logik hinter den unterschiedlichen Formen und Mitteln der individuellen Enteignungen und der Plünderung der Natur und des Gemeinwesens zu erkennen, die den Widerstand der weltweiten Mehrheit der Geschädigten bremst. Es ist ein großer Verdienst der sozialen Bewegungen, diese Zusammenhänge erkennbar zu machen.

Die Beschreibung der ursprünglichen Akkumulation durch Karl Marx umfasst die große Spannbreite der historischen und andauernden Prozesse der Enteignung: die Privatisierung des Bodens, die Umwandlung unterschiedlicher (Nutzungs-) Eigentumsformen in exklusive Privateigentumsrechte und die Unterdrückung der gemeinen Rechte, die Umwandlung der Arbeitskraft in Ware und die Zerstörung und Entwertung alternativer, nicht-marktförmiger Produktion und Konsumtion, imperialistische Aneignung von materiellen, kulturellen und natürlichen Werten, die Monetarisierung von Tausch und Besteuerung, Staatsverschuldung, Entwertungen durch Inflation etc. Die neue Macht der Finanzmärkte und der globale Wettbewerbsdruck beschleunigen diese Enteignungsprozesse, die mittels Kreditwesen und Finanzkapital möglich sind – Kredit und Aktienmanipulation, Dezimierung von Rentenfonds durch Börsen- und Unternehmenscrash etc. Zusätzlich haben sich völlig neue Felder und Formen der Enteignung aufgetan: Biopiraterie in Form von Patentierung und Lizenzierung genetischen Materials, die Veränderung von Saatgut zur Verhinderung der Reproduktion, der Raubbau an den globalen Gemeingütern der Umwelt und die Überführung der öffentlichen Einrichtungen der Gemeinwesen in Privateigentum sind nur einige der Bereiche der globalen Enteignungsökonomie, deren Legalität mit Hilfe des Gewaltmonopols der Staaten abgesichert wird.[39] Diese unheilige Koalition von Markt und Staat treibt weltweit Bürgerinnen und Bürger auf die Straße, die um ihre eigenen Lebensvoraussetzungen und die der nachfolgenden Generationen bangen.

Die Staaten stellen Privatisierung und Deregulierung als unausweichlich dar. Die Bereitstellung öffentlicher Einrichtungen und Güter steht heute entweder unter dem Generalverdacht der Unwirtschaftlichkeit und Ineffizienz, oder es wird mit dem Argument der leeren Staatskassen festgestellt, dass sie zwar wünschenswert, aber nicht bezahlbar seien. Fiskalisch ist die Finanzierung öffentlicher Dienste auf der Einnahmenseite abhängig von privater Wertschöpfung. Entscheidungen über Prioritäten auf der Ausgabenseite sind abhängig von politisch-ökonomischen Machtkonstellationen. Gerade während des Konjunktureinbruchs zu Beginn der 1990er Jahre verschärfte die neoliberale Steuersenkungspolitik zugunsten der Kapitaleinkommen die Erosion der finanziellen Fundamente öffentlicher Dienste. Die

---

38 Luxemburg, Rosa (1913/1975): Die Akkumulation des Kapitals. Berlin, S. 397f.
39 Vgl. Harvey, David (2004): Die Geographie des „neuen" Imperialismus. In: Zeller, Christian (Hrsg.): Die globale Enteignungsökonomie. Münster, S. 196.

„Politik der leeren Kassen" entzieht dem Staat systematisch die potenziellen Umverteilungsmöglichkeiten. Der desolate Zustand der öffentlichen Haushalte ist dann schlagkräftiges Argument für die Privatisierung und Liberalisierung öffentlicher Aufgaben.

Mit dem „Maastrichter Stabilitätspakt" wurden die fiskalpolitischen Möglichkeiten der Staaten weitergehend eingeschränkt und die „Finanzkrise" der Staaten auf Kosten der abhängigen Bevölkerung gelöst – über lohnbezogene Abschöpfungen und über Einsparungen auf der Ausgabenseite für subjektbezogene Transfers und öffentliche Einrichtungen.[40]

„Angesichts des unvermeidbaren Konfliktes zwischen privater Gewinnmaximierung und der Bereitstellung zentraler öffentlicher Güter sollte deren Privatisierung grundsätzlich ausgeschlossen werden."[41] Die Übertragung öffentlicher Güter und Aufgaben auf privatwirtschaftliche Unternehmen hat weit reichende Folgen. Es bedeutet eine Enteignung der Menschen vom historisch erarbeiteten gemeinen Eigenen und einen Entzug der demokratischen Kontrolle über den Zugang zu diesen „Lebensgütern".[42] Zudem ist mit der privatwirtschaftlichen Übernahme vor allem netzgebundener Systeme (insbesondere Wasser) durch global agierende Konzerne eine ungeheure Macht- und Ressourcenkonzentration verbunden. „Im Jahr 1997 wurden mehr als 150 Milliarden US-Dollar an Vermögenswerten aus dem öffentlichen in den Privatsektor transferiert – ungefähr gleichviel wie in den zehn Jahren zuvor."[43] Bürgerinnen und Bürgern, die nicht über die ausreichende Kaufkraft verfügen, werden vom Zugang zu den Möglichkeiten zur Befriedigung grundlegender Bedürfnisse ausgeschlossen.

Die Subsidiaritätsklauseln in den gültigen Landesverfassungen regeln in Deutschland die Frage der Bereitstellung von Leistungen der Daseinsvorsorge durch private oder öffentlich-rechtliche Unternehmen. Messlatte dafür, wer den Zuschlag erhält ist der Zweck des Gemeinwohls.[44] Birgit Mahnkopf argumentiert auf der Basis einer demokratietheoretischen und „demokratiepraktischen" Position. Innerhalb der europäischen Wohlfahrtsregime habe ein nahezu parteien- und länderübergreifender Konsens darüber bestanden, „in einer sozialen Demokratie bestimmte Güter und Dienstleistungen dem Verteilungskampf zu entziehen. Der Marktmechanismus ist prinzipiell nicht in der Lage, die Bedürfnisse aller Menschen zu befriedigen; (...) er gewährleistet v.a. keine Gleichheit der Lebenschancen."[45]

---

40 Vgl. Pelizzari, Alessandro (2004): Besser, billiger, bürgernäher? In: Huffschmid, Jörg (Hrsg.): Die Privatisierung der Welt. Hamburg, S. 22f.
41 Arbeitsgruppe alternative Arbeitsmarktpolitik (2005): a.a.O., S. 39.
42 Vgl. Mahnkopf, Birgit (2004): Wider die Privatisierung öffentlicher Güter. In: Huffschmid, Jörg (Hrsg.): Die Privatisierung der Welt. Hamburg, S. 85.
43 Ebd., S. 21.
44 Ebd., S. 80.
45 Ebd., S. 85.

Wenn es sich bei öffentlichen Gütern um „Lebensgüter" handele, die für ein menschenwürdiges Leben unverzichtbar seien, sei die Frage der Bereitstellung und die der Gewährleistung des Zugangs zu ihnen untrennbar mit der politischen Ordnung als Ganzes verknüpft.[46]

Mit der Privatisierung der öffentlichen Daseinsvorsorge vollzieht sich eine Rückentwicklung von rechtsförmigen zu vertraglichen Austauschbeziehungen. Güter und Dienstleistungen werden dem Marktmechanismus und der Vertragslogik überlassen. Dieses liberale Modell setzt jedoch symmetrische Austauschbeziehungen und ein Machtgleichgewicht voraus. Dabei zielte gerade die Bereitstellung öffentlicher Güter auf die Gewährleistung des Zugangs, auf sozialen Ausgleich und die Einlösung von Teilhaberechten.

Die tatsächlich desolate Finanzsituation und die Furcht vor hohen Folgekosten bei unterlassenen Sanierungen lassen viele Kommunen nach neuen Wegen suchen, um zumindest Teile ihrer Aufgaben erfüllen zu können. Als einer dieser Wege steht die Zusammenarbeit im Rahmen von Public Private Partnership (PPP) in der Diskussion. Darunter wird die Kooperation zwischen öffentlicher Hand und Privatwirtschaft bei der Realisierung von gemeindebezogenen Investitionsvorhaben in Form vertraglicher Modelle verstanden. Beabsichtigt wird damit der Rückzug der öffentlichen Hand aus vielen Bereichen. Sie behält – so die trügerische Hoffnung – lediglich die Kontrolle. PPP-Modelle werden eingesetzt, um private Kapitalressourcen und privates Know-how für öffentliche Projekte zu aktivieren.

Berechtigt sind jedoch Befürchtungen, dass die Befugnisse parlamentarischer Gremien und die gesellschaftliche Beteiligung eingeschränkt werden und Gewinninteressen sich gegen eine bezahlbare Grundversorgung der Bürgerinnen und Bürger richten. Konsolidierungen öffentlicher Haushalte können dadurch sogar stärker als vorher beeinträchtigt werden.

5.2.1 Vergesellschaftung statt Privatisierung – eine Antwort auf das GATS?

Die Frage einer Vergenossenschaftlichung wird bei PPP-Modellen bisher als Lösungsansatz nur selten in Erwägung gezogen. Dabei erscheint für Public Private Partnerships im kommunalen Bereich vor dem Hintergrund der genannten Befürchtungen die Genossenschaft grundsätzlich besonders geeignet zu sein. Bei Genossenschaften stehen nach dem Gesetz nicht die Kapitalverwertung, sondern die Mitgliederziele im Vordergrund. Genossenschaften liegen mit ihrer Ausrichtung zwischen der Funktion der öffentlichen Hand – gemeinwohlorientiert zugunsten der Mitglieder des jeweiligen politischen Verwaltungseinheit – und dem der meisten privatwirtschaftlichen Unternehmen – gewinnorientiert zugunsten der Kapitalgeber zu agie-

---

46 Ebd.

ren. Als besonders geeignet für die Sicherung der Daseinsvorsorge erscheinen Multi-Stakeholder-Genossenschaften.[47]

Multi-Stakeholder-Genossenschaften verkörpern ein breiteres Spektrum von Interessen als die herkömmlichen (mitgliederorientierten) Genossenschaften oder Investororientierte Kapitalgesellschaften. Bei einer Multi-Stakeholder-Genossenschaft müssen unterschiedliche Förderungsaufgaben verfolgt werden. Dies erschwert einerseits die effektive Organisation dieser Genossenschaft, bietet aber auch besondere Chancen, indem unterschiedliche Fähigkeiten, Kompetenzen und Ressourcen zur Bewältigung einer Aufgabe zusammengeführt werden. Diese Aufgaben und deren Erfüllung als besonderen eigenen Förderzweck herauszuarbeiten, so dass sich die verschiedenen beteiligten Gruppen damit identifizieren können, ist in der Gründungs- und Aufbauphase von Multi-Stakeholder-Genossenschaften besonders wichtig, um sie langfristig stabil zu organisieren. Dies lässt sich am besten aufgrund eines gemeinsamen sozialpolitischen Selbstverständnisses gewährleisten. Es ermöglicht der Genossenschaft, gemeindeorientierte Aufgaben zu übernehmen, für die andere Organisationsformen nicht in Frage kommen.

Seit der Ausformulierung und Unterzeichnung des Dienstleistungsabkommens GATS („General Agreement on Trade in Services") zur privatwirtschaftlichen Organisation öffentlicher Dienstleistungen ist die Suche nach Alternativen, die den Zugang für alle Mitglieder des Gemeinwesens sichern, ein Anliegen vieler Bürgerinnen und Bürger weltweit. Das GATS dient der Öffnung der Märkte in gleicher Weise wie das GATT im Bereich des Handels mit Gütern. Kein Dienstleistungssektor ist grundsätzlich vom GATS ausgenommen.

Warum wird die Liberalisierung des Dienstleistungssektors vorangetrieben? Nach dem Zusammenbruch des neuen Marktes sucht das Kapital stabile Anlagemöglichkeiten. Die Begehrlichkeiten kommerzieller Anbieter und Investoren richten sich auf einen Sektor, der in der Zeit sinkender Renditen in anderen Sektoren erhebliche Profite verspricht. Der kommerzielle Handel mit Dienstleistungen gilt als einer der lukrativsten und dynamischsten Wachstumsbereiche der Weltwirtschaft. Alleine die „ökonomische Bedeutung des Bildungssektors ist daran ablesbar, dass die OECD-Staaten Mitte der 1990er Jahre durchschnittlich 5,9 Prozent ihres Bruttoinlandsprodukts für Bildung ausgaben. 80 Prozent dieser Mittel sind unmittelbar öffentliche Ausgaben."[48]

---

47 Die Kommission der Europäischen Gemeinschaft empfiehlt diese vernetzte Organisationsform besonders zur nachhaltigen Entwicklung lokaler und regionaler Räume.

48 Fritz, Thomas/Scherrer, Christoph (2002): GATS: Zu wessen Diensten? Hamburg, S. 61.

Nicht nur Bildung und netzgebundene Infrastrukturen, sondern insbesondere auch Gesundheits- und Altersvorsorge versprechen gute Geschäfte. Dafür müssen freilich sozialstaatliche Sicherungen abgeschafft werden – auf Kosten derer, die nicht über die ausreichende Kaufkraft verfügen. Nach der im GATS enthaltenen Meistbegünstigungsklausel sind grundsätzlich alle einem Land gewährten Vergünstigungen auch allen anderen WTO-Mitgliedsländern zu garantieren.[49] Jeder Anbieter national und international hat damit das gleiche Anrecht auf öffentliche Förderung, die ein Land zahlt, sofern die Angebote nicht unter die „Hoheitsklausel" fallen. Dies ist dann der Fall, wenn Dienstleistungs-Angebote nicht nur von der öffentlichen Hand, sondern auch von privaten Trägern offeriert werden.[50]

Der Gründungsboom lokaler Genossenschaften und Bürgerfonds insbesondere im Sozial- und Gesundheits-, Schul- und Pflegebereich in Finnland, Italien und Japan ist auch eine Antwort der lokalen Bevölkerung auf die Privatisierung und Kommerzialisierung von öffentlichen Einrichtungen und Leistungen.[51] Im Bereich der Wasserversorgung und anderer öffentlicher Dienstleitungen können genossenschaftliche Lösungen den Zugang aller Mitglieder des Gemeinwesens aus eigener Kraft sichern. Dies ist bei sozialen und gesundheitlichen Dienstleitungen und im Bildungsbereich nicht der Fall, wenn sich der Staat aus dem Ausgleich ungleicher Zugangschancen zurückzieht.

Der an der Universität Bern lehrende Geograph Christian Zeller plädiert für neue Formen gesellschaftlicher Aneignung statt der privaten Enteignung öffentlicher Dienste. „Die Herausforderung besteht darin, Methoden zu entwickeln, die eine demokratische Gestaltung und Planung von Infrastruktur, Dienstleistungen und Produktion ermöglichen. (...) Weit davon entfernt, die Gesellschaft verstaatlichen zu wollen, ist vielmehr die Sozialisierung des Staates und der gesamten Wirtschaft anzustreben. Das heißt, die BürgerInnen nehmen ihre Angelegenheiten selbst in die Hand. In diesem Sinne ist ein grundsätzlicher Widerstand gegen die Privatisierung der Krankenhäuser, der Altersvorsorge, der Krankenversicherungen, des öffentlichen Verkehrs und anderer Teile der öffentlichen Verwaltung die Voraussetzung für die Formulierung kohärenter Alternativen."[52] Voraussetzungen von Aneignungsprozessen sind nach Zeller zivile Selbstorganisation und demokratische Kontrolle, die über staatsreformistische Politik hinausgehen. Die Mo-

---

49 Der Grundsatz der Inländerbehandlung besagt, dass zwischen Gebietsansässigen und Gebietsfremden keine Unterschiede gemacht werden dürfen und dass bei Zulassungsverfahren die Bedingungen für beide gleich sein müssen. Siehe auch www.gats-kritik.de und www.gatswatch.org (letzter Zugriff am 15. Juli 2006).
50 Vgl. Süddeutsche Zeitung vom 25./26. Mai 2002.
51 Vgl. Göler von Ravensburg, Nicole (2003): Genossenschaften in der Erbringung Sozialer Dienste. In: Flieger, Burghard (Hrsg.): Sozialgenossenschaften. Neu-Ulm.
52 Zeller, Christian (2004): Zur gesellschaftlichen Aneignung. In: Zeller, Christian (Hrsg.): Die globale Enteignungsökonomie. Münster, S. 303-304.

bilisierung der Zivilgesellschaft reiche für diese Aneignungsprozesse nicht aus. Die Ausweitung der Demokratie in die ökonomische Sphäre sei mit neuen Formen der Gegenmacht und Selbstverwaltung verbunden. „Die entscheidende Voraussetzung ist die Selbsttätigkeit der Menschen, ihre kollektive Aneignung von Rechten, Fähigkeiten, Kreativität, Ressourcen und Macht."[53] Zellers Überlegungen sind sehr weit reichend, denn sie tangieren das grundsätzliche Verständnis gesellschaftlicher Eigentumsfragen – erneut also die Schlüsselkategorie exklusiven und inkludierenden Eigentums, ohne deren Diskussion jede Überlegung zu nachhaltigen Alternativen obsolet ist.

Birgit Mahnkopf warnt mit Recht vor übertriebenen und falschen Hoffnungen auf voraussetzungslose Lösungen jenseits von Staat und Markt. „Fraglos können Akteure der Zivilgesellschaft und soziale Bewegungen als ‚dritte Kraft‘ zwischen Staat und Privatunternehmen einen wichtigen Beitrag zur gemeinwohlorientierten Selbstorganisation der BürgerInnen leisten. Aber alle neueren Beispiele für Selbstorganisation im Rahmen einer ‚solidarischen Ökonomie‘, die auf die Bereitstellung von und den Zugang zu öffentlichen Gütern zielen, sind Ausdruck der Not und keine freiwilligen Veranstaltungen. (...) Wenn die ersten Pflänzchen einer solidarischen Ökonomie (...) nicht auf die Institutionalisierung von Zugangsrechten zu öffentlichen Gütern rechnen können – also ohne diese Rahmung einer sozialen Demokratie in staatlicher Verfassung auskommen müssen –, dürfte ihnen nur ein kurzes Leben beschieden sein."[54]

5.2.2 Selbstorganisation zur Sicherung der Wasserversorgung

Die Abhängigkeit von der Wasserversorgung durch profitorientierte Weltkonzerne und der Verlust demokratischer Kontrolle über den Zugang zu diesem lebensnotwendigen Gut beunruhigt weltweit viele Bürgerinnen und Bürger. Protestaktionen und die Suche nach Alternativen erwachsen insbesondere aus diesem sensiblen Bereich. Die Folgen von Deregulierung, Privatisierung und Liberalisierung öffentlicher Güter und Dienstleistungen, sind gerade bei netzabhängigen Versorgungssystemen – öffentlichen Verkehrssystemen, Telekommunikation, Wasser und Energie – deutlich sichtbar und durch die Erfahrungen der vergangenen Jahre dokumentiert. Der Kampf ums Wasser spielt sich heute global zwischen RWE, E.ON, Vivendi und wenigen anderen Konzernen ab.

Die Übertragung kommunaler Leistungen an Private ist keineswegs ein Garant für die erhoffte Entlastung der Haushalte und die optimale Leistungserbringung. Mit der Übertragung netzgebundener Infrastrukturen auf profitorientierte Versorgungsunternehmen werden die Möglichkeiten der Gewinnerzielung durch die Betreiber genutzt. Diese Möglichkeiten liegen in

---

53 Ebd., S. 312.
54 Mahnkopf, Birgit (2004): a.a.O., S. 92-93.

Preiserhöhungen, der Ausdünnung oder der Einstellung der Versorgung peripherer Räume, der Einsparung bei Wartung und Instandhaltung, einem massiven Personalabbau sowie Verschlechterungen bei Löhnen, Ausbildung und Arbeitsbedingungen.[55]

Gerade im Bereich der Basiseinrichtungen der Daseinsvorsorge können genossenschaftliche Unternehmen die Wahrung der Interessen der BürgerInnen gegen das reine Profitinteresse verteidigen. Dysfunktionale Gewinnabflüsse können direkt ausgeschlossen werden und das Interesse an guter Qualität zu günstigen Preisen verbindet die Betreibenden, da sie gleichzeitig Nutzende sind. Die Gestaltung als Multi-Stakeholder-Genossenschaft kann die örtlichen Belange nachhaltig sichern. Solche Lösungen sind geeignet für die dezentrale Trinkwasserversorgung und Abwasserentsorgung in kleinräumigen Einheiten. Zukunftsweisende Modelle einer regional verankerten Wasserwirtschaft können jedoch auch Genossenschaften größerer Wassereinzugsgebiete sein, bei denen Kommunen oder örtliche Versorgungsbetriebe als Mitglieder beteiligt sein könnten.[56]

Beispiele gibt es aus den verschiedensten Regionen der Welt:

1. Die bolivianische Regierung verabschiedete 1999 auf Druck von IWF und Weltbank ein Gesetz zur Privatisierung der Wasserversorgung. Der US-Konzern Bechtel kaufte die Wasserrechte für Cochabamba. Die Regierung hatte dem Konzern eine Gewinnmarge von 16 Prozent zugesagt. Die Menschen, deren Mindestlöhne bei ca. 60 Dollar monatlich liegen, mussten nun im Monat 20 Dollar für Wasser bezahlen. Wer nicht zahlen konnte, dem wurde das Wasser abgestellt. Für eigene Brunnen mussten nun Gebühren gezahlt werden. Aus Gewerkschaften, Umwelt- und Menschenrechtsgruppen formierte die Bevölkerung die Koalition „La Coordinadora de Defensa del Aqua y de la Vida" und begann zunächst mit Formen des gewaltlosen Widerstandes ihre Ansprüche gegenüber der Regierung zu formulieren. Nach erfolglosen Aktionen der Bewegung rief die Regierung nach Straßenblockaden und Streiks den Notstand aus, verhaftete die Anführenden, schloss die lokale Radiostation und schickte Soldaten in die Stadt. Endlich kündigte die Regierung die Verträge mit dem Konzern, der seinerseits einen Prozess gegen die Regierung eröffnete. In dieser Zeit brach die Wasserversorgung der Stadt zusammen. Daraufhin organisierten die Arbeiter des lokalen Wasserdienstes SEMAPA sich selbst, reduzierten die Preise und schlossen einige Stadtgebiete neu an die Wasserversorgung an. Der Kampf der BürgerInnen von Cochabamba stieß weltweit auf Solidarität, die

---

55 Vgl. Mahnkopf, Birgit (2004): a.a.O., S. 84.
56 Beilage zum „Sächsischen Genossenschaftsblatt" 6/2003, S. II.

auch notwendig sind, da der Konzern Schulden hinterlassen hat und seine Ansprüche weiterhin geltend macht.[57]

2. Die Regulierung der Wasserversorgung ist auch einer der zentralen Schlüssel des ländlichen Commmunity-Development in Indien. Die überwiegend auf Subsistenz basierende Agrarproduktion wird durch gesteuerte, von der Dorfgemeinschaft kontrollierte Wasserversorgung einerseits und die Einführung kollektiver Produktion andererseits effektiviert. Auf der Basis der erlernten kooperativen Fähigkeiten und der gemeinsamen Ressourcen sollen weitere Gemeinschaftseinrichtungen entstehen.

3. Der Gemeinderat wollte Ende der 1990er Jahre die Wasserversorgung des 370-Seelen-Dorfes Ellerhoop in Schleswig Holstein verkaufen. Nur 90 Haushalte sind an das Wasserversorgungssystem angeschlossen, die anderen haben eigene Brunnen. Nach dem Verkauf wären alle Haushalte zwangsweise angeschlossen worden und hätten dafür die Kosten in und außerhalb ihrer Häuser zahlen müssen. Nach einem Bürgerentscheid und zähen Verhandlungen mit dem Gemeinderat erarbeiteten die BürgerInnen einen Geschäftsplan, gründeten eine Genossenschaft, kauften die Wasserpumpe und haben sich damit ihre Versorgung zum Nutzen des Gemeinwesens gesichert.

4. Die Stadt Herten steht seit 1995 wie viele andere Städte aufgrund ihrer Schuldenlage unter Landesaufsicht. Mit dem Verkauf der Stadtwerke an die am Kauf interessierte Deutsche Bank, hätte sie eine Finanzlücke kurzfristig schließen können. Die BürgerInnen gründeten den „Herten-Fonds", der zehn Millionen Euro in Form von Bürgereinlagen sammelte und die Stadtwerke kaufte. Das Bürgerunternehmen ist ökonomisch tragfähig und erwirtschaftet Gewinne. Die Einlagen der BürgerInnen werden mit fünf Prozent verzinst und die Gewinne werden genutzt, um städtische Einrichtungen zugunsten der BürgerInnen zu erhalten.

5.2.3 Organisierter Widerstand gegen das WTO-Abkommen über handelsbezogene Rechte geistigen Eigentums „TRIPS"

In keinem anderen Bereich ist die Beziehung zwischen Mensch und Natur deutlicher erfahrbar als in der Landwirtschaft. Das Wissen um die enge Vernetzung biologischer Systeme und die unmittelbaren und langfristigen Folgen der industriellen Landwirtschaft, die mit dem massiven Einsatz von Düngemitteln, Energie- und Wasserverbrauch, mit Monokulturen, Massentierhaltung und manipuliertem Saatgut einhergeht, hat in den vergangenen zehn Jahren in vielen Weltregionen soziale Bewegungen für die Erhaltung oder Schaffung einer nachhaltige Agrarkultur auf den Plan gerufen. Die in-

---

57 Vgl. Duchrow, Ulrich/Hinkelammert, Franz Josef (2002): Leben ist mehr als Kapital. Oberursel, S. 206-207.

dustrielle Landwirtschaft wurde erkannt als Hauptursache für die Verschmutzung von Böden und Wasser, für wachsende Bodenerosion und die Ausweitung der Wüsten, für die Zerstörung der biologischen Vielfalt, die Erwärmung der Erdatmosphäre, die Gefährdung der menschlichen Gesundheit, das Problem des Welthungers, die Zerstörung lokaler Gemeinschaften und indigener Kulturen, für Verstädterung und das Wachstum von Slums.[58]

Aufgrund der weltweiten Vernetzung bleiben diese Erkenntnisse nicht lokal begrenzt.[59] Das WTO-Abkommen über handelsbezogene Rechte geistigen Eigentums hat insbesondere in Asien und Lateinamerika zur Herausbildung einer starken Gegenmacht einerseits und lokalen Alternativen andererseits geführt.

Die Enteignung intellektueller, kultureller und biologischer Ressourcen trifft insbesondere die Menschen in den Entwicklungsländern und die indigenen Völker. Mit Hilfe des Abkommens über handelsbezogene Rechte geistigen Eigentums „TRIPS" (Trade Related Intellectual Property Rights) erwerben transnationale Konzerne ausschließende Eigentumsrechte über pflanzliches, menschliches und tierisches Leben und können damit Menschen weltweit zu Tributpflichtigen machen. Menschen werden vom Bezug der Produktpaletten der Konzerne zu deren Konditionen abhängig gemacht und Alternativen zu diesem Bezug werden verhindert – eine der wirksamsten Erpressungsstrategien, die überhaupt vorstellbar sind.

Die gravierendste Folge der Privatisierung von Pflanzen als intellektuelles Eigentum ist die Saatgutmonopolisierung. Das gesamte Saatgut der Erde soll nach dem Willen von Monsanto, DuPont, Novartis und anderen Konzernen unter Kontrolle gebracht werden. Die Enteignung vollzieht sich über die Monopolisierung des Saatgutes als erstes Glied der Nahrungskette, über Konzentrationsprozesse und schließlich durch die gentechnische Manipulation. Der Monsanto-Konzern investierte zwischen 1995 und 1998 acht Milliarden US-Dollar in den Ankauf von Saatgutunternehmen weltweit. Er hat mittlerweile für Reis, Mais, Weizen und Baumwolle die beherrschende Stellung am Weltmarkt. Mit dem Kauf des amerikanischen Konzerns „Delta and Pine Land" übernahm er vom US-Landwirtschaftsministerium auch das Patent auf die „Terminator-Technologie".[60] Es ist den Bauern verboten oder es wird durch die Terminatorgene[61] unmöglich gemacht, das eigene Saatgut zu generieren.[62] Das stürzt Menschen in den ärmsten Regionen in weitere Verelendung und nicht selten in Schuldknechtschaft, da sie Kre-

58 Lüpke, Geseko von (2003): Die Alternativen. München, S. 273.
59 Ein Beispiel aus der Agrarkultur ist die Permakultur, in der sich die Teilsysteme in optimaler Weise ergänzen.
60 Vgl. Shiva, Vandana (2004): Geraubte Ernte. Zürich, S. 107-108.
61 Diese Technologie verhindert die Keimfähigkeit von Saatgut.
62 Vgl. Duchrow, Ulrich/Hinkelammert, Franz Josef (2002): a.a.O., S. 126.

dite aufnehmen müssen.[63] Durch die Monopolisierung der Sorten wird die genetische Vielfalt der landwirtschaftlichen Nutzpflanzen reduziert, zerstört und historisches Wissen um die Kultur und Kohabitation von Pflanzen geht verloren.

Besondere Aufmerksamkeit genießt seit vielen Jahren die indische Ökofeministin Vandana Shiva, die im Zusammenhang mit der Bodenreform in Indien für traditionelle Formen des Reisanbaus gekämpft hat. Sie und ihre Bewegung sind treibende Kräfte des Weltsozialforums. Ihr ist es zu verdanken, dass das Elend, welches genmanipuliertes Saatgut über die ärmsten Kleinbauern bringt, bekannt wurde. Gesunde Männer verkauften ihre Nieren an internationale Unternehmen, die aus der Not der Menschen auch auf diese Wiese Profit schlagen. Shiva stellte die wachsenden Selbstmordzahlen unter Kleinbauern, die ihre Existenz verlieren, in diesen Zusammenhang.

Auch die Monopolisierung tierischer und menschlicher Gene bietet ein einträgliches und sicheres Geschäft. Die ca. 140 000 menschliche Gene lassen sich nach der Patentierung für Arzneimittel und therapeutische Verfahren verwerten. Tiere, die durch Patentierung privatisiert sind, sind nicht mehr Eigentum der Viehzüchter. Für jedes neugeborene Tier ist eine Lizenzgebühr an das Unternehmen zu zahlen, welches das Eigentumsrecht am Patent besitzt.

In der „Erklärung indigener Gemeinschaften zu dem WTO-Abkommen über handelsbezogene Rechte geistigen Eigentums" vom Juli 1999 heißt es: „Nein zur Patentierung von Leben! Wir, die indigenen Gemeinschaften aus aller Welt, glauben, dass niemand besitzen kann, was in der Natur existiert, außer der Natur selbst. (...) Die Menschheit ist Teil der Mutter Natur, wir haben nichts geschaffen, und deshalb können wir auch in keiner Weise beanspruchen, die Besitzer von etwas zu sein, was uns nicht gehört. Doch immer wieder wurden uns westliche Eigentumssysteme aufoktroyiert, die unserer Weltanschauung und unseren Werten widersprechen. (...) Die Umsetzung des TRIPS-Abkommens in seiner jetzigen Form wird verheerende soziale und Umweltfolgen haben, die nicht mehr wiedergutzumachen sind."[64] Der Versuch, eine Revision des TRIPS zu erreichen, wurde zuletzt durch die USA und die EU auf der WTO-Konferenz 2001 verhindert.

5.3 Sozialökonomische Selbsthilfe Benachteiligter im Wohlfahrtsstaat

Ein Blick in die Geschichte zeigt, dass die Besitzenden ihre Interessen stets zu organisieren vermochten. Darüber hinaus verfügen sie auch über die Mittel und Wege, die organisierte Interessenvertretung Benachteiligter zu

---

63 Vgl. Arlacchi, Pino (2000): Ware Mensch. München, S. 69f.
64 Duchrow, Ulrich/Hinkelammert, Franz Josef (2002): a.a.O., S. 277f.

verhindern und die zulässigen und anerkannten Formen der Partizipation und Selbstorganisation so zu gestalten, dass sie denen verwehrt sind, die nicht über die nötige Artikulations- und Organisationsfähigkeit verfügen.

Sozialökonomische Alternativen als Möglichkeiten der kollektiven Verbesserung der eigenen und gemeinsamen Lebensbedingungen in Wohlfahrtsstaaten stellen besonders hohe Ansprüche an die Organisationsfähigkeit der Akteure. Den Benachteiligten wird in Wohlfahrtsstaaten gar die Selbsthilfe- und Selbstorganisationsfähigkeit prinzipiell abgesprochen.[65] Gerade im sozialökonomischen Bedingungsgefüge entwickeln sich nach Böhnisch und Schröer heute die Vergesellschaftungsformen von Mitbestimmung und Teilhabe.[66] Doch „die Teilhabe an Selbstorganisation folgt den Spuren einer ‚stillen' Selektivität, sie variiert entlang der Demarkationslinie sozialer Ungleichheit. Und so ergeben sich auch hier alte Ungleichheitsrelationen: Im Gegensatz zu Angehörigen mittlerer und gehobener sozialkultureller Milieus verfügt vor allem die ‚klassische' Klientel, nämlich Personen mit geringem Einkommen, niedriger allgemeiner und beruflicher Bildung und einer nur wenig vernehmbaren öffentlichen Stimme, kaum über das ökonomische, kulturelle und soziale Kapital, das nötig ist, um sich selbstbewusst schöpferisch in Assoziationen einzumischen."[67]

Selbstorganisation als Option im politischen und ökonomischen Bereich ist also kein sozial gleich verteiltes Gut. Aber auch im sozialen Bereich sind diejenigen, die der Selbsthilfe am meisten bedürfen, insbesondere in etatistisch geprägten Wohlfahrtsstaaten, benachteiligt. Ressourcenrestriktionen, aber auch mangelnde Ermöglichungsstrukturen und aktive Verhinderungen wirken in der Weise, dass sie die Selbstorganisation Benachteiligter als einzige Möglichkeit zur Erweiterung der Macht- und Ressourcenlage, verhindern.[68]

Chantal Munsch thematisiert die Tiefenwirkungen sozialer Benachteiligung, die sich in verwehrten Zugängen zu gesellschaftlich erstrebenswerten Gütern und Positionen niederschlagen und sich in ungleichen Macht-, Artikulations- und Interaktionschancen manifestieren.[69] Diejenigen, die über Güter und Positionen verfügen, sind auch in der Lage, „Normalitätskriterien", z.B. bezogen auf Erwerbsarbeit, Bildung, Einkommen, Besitz etc. zu definieren. Die verwehrten Zugänge zu den Lebenschancen werden von den

---

65 Vgl. Elsen, Susanne (1998): a.a.O. sowie Widmaier, Ulrich (1978): Politische Gewaltanwendung als Problem der Organisation von Interessen. Meisenheim.

66 Böhnisch, Lothar/Schröer, Wolfgang (2002): Die soziale Bürgergesellschaft. Weinheim, München, S. 212.

67 Herriger, Norbert (2002): Empowerment in der Sozialen Arbeit. Stuttgart, Berlin, Köln, S. 137.

68 Vgl. Karsch, Thomas (1997): Kollektives Handeln der Armen als Voraussetzung für Entwicklung. Frankfurt am Main, S. 41f.

69 Munsch, Chantal (2005): Die Effektivitätsfalle. Hohengehren, S. 132.

Benachteiligten als persönliches Schicksal erlebt, nicht zuletzt, weil die individualisierende Deutung struktureller sozialer und ökonomischer Probleme dominiert und ihren Niederschlag auch in den sozialen Hilfesystemen findet. Diese sind nicht geprägt von einem „sozialintegrativen Klima" als Teil „sozialstaatlicher Normalität", die Risiken absichert und Selbsttätigkeit fördert.[70] „Die Betroffenen müssen diese verwehrten Zugänge in ihrem Leben immer wieder bewältigen, d.h. sie müssen die Diskrepanz zwischen den gesellschaftlichen Vorstellungen und ihrer eigenen gesellschaftlichen Position, ihrem Nicht-Verfügen über gesellschaftlich als ‚normal' und erstrebenswert definierten Güter und Positionen täglich aushalten und versuchen, in dieser Diskrepanz handlungsfähig zu bleiben und ihren Selbstwert zu bewahren."[71] Dies bedeutet ständige Anstrengungen, trotz Ressourcenrestriktionen die Existenz zu sichern, das eigene Leben zu gestalten und das stete Bemühen um Anerkennung und „Normalität". Gerade solche Lebensbedingungen binden die Kräfte der Betroffenen an die Sicherung ihrer Existenz und die Aufrechterhaltung ihrer Würde. Die sozialökonomische Unsicherheit führt zudem dazu, dass Benachteiligte kaum die Chancen, wohl aber die Risiken alternativer Formen der Existenzsicherung wahrnehmen müssen, da sie alles verlieren können.

Die Theorie kollektiven Handelns nach Mancur Olson erklärt, warum Rückzug, Misstrauen und „Inaktivität" sozialökonomisch benachteiligter Menschen in Wohlfahrtsstaaten durchaus rational ist. Menschen engagieren sich, wenn sie nach einem Vergleich der zu erwartenden Kosten und Nutzen von Handlungsalternativen zu dem Schluss kommen, dass Engagement nicht den ausreichenden Gewinn, wohl aber eine hohe Wahrscheinlichkeit des Misserfolges verspricht. Misserfolge und Sanktionen sind gängige Erfahrungen von Menschen in benachteiligten Lebenssituationen. Ihre Vermeidung durch „Passivität" ist rational. Benachteiligte Menschen können es sich nicht leisten, Risiken einzugehen und sie verlieren ohne ausreichende soziale Sicherheit stabilisierende Alltagsroutinen, wenn sie Handlungsalternativen wählen.

Diese Zusammenhänge verdeutlichen, warum in Wohlfahrtsstaaten, aber auch in Entwicklungs- und Transformationsländern die aktive Förderung sozialökonomischer Selbsthilfe im Kontext gestaltender Sozialpolitik zu denken ist. Im Sinne von Amartya Sen müsste redistributive Sozialpolitik die Voraussetzungen für das Handeln Benachteiligter fördern. Dies bedeutet soziale Sicherheit und die Unterstützung von Partizipation, Organisation und Artikulation, also eine Korrektur ungerechter Ressourcenzuteilung. Die Förderung sozialökonomischer Selbsthilfe als Instrument staatlicher Sozial-

---

70 Ebd., S. 133.
71 Ebd.

politik ist in Deutschland nur schwer zu vermitteln.[72] Ein Grund dafür besteht im Eigeninteresse der Wohlfahrtsverbände und in einem unabgesprochenen Schulterschluss zwischen den Genossenschaftsverbänden und der Lobby der traditionellen Wohlfahrtspflege.[73] Der überwiegend mittelständisch orientierte, liberale deutsche Genossenschaftssektor grenzt sich gegen die Idee der Solidarökonomie und der sozialökonomischen Selbsthilfe Armer ab[74] und die Wohlfahrtsverbände sind bemüht, sich das Monopol über den lukrativen, überwiegend staatsfinanzierten Markt der Verwertung der nicht Verwertbaren zu sichern.

Es ist leicht nachvollziehbar, dass sozialökonomische Innovationen gerade in den Gesellschaften, in denen Markt und Staat viele Jahre die institutionellen Säulen etablierter und sektoral getrennter Bereiche getragen haben, auf die massivsten Lern- und Veränderungsresistenzen stoßen, dies umso mehr, wenn die Lösungen die etablierten Zuständigkeiten tangieren und in Frage stellen.

Die Selbstorganisation im Sozialbereich und damit die Emanzipation der AdressatInnen stehen dem Interesse der Vertreter der organisierten Lobby der Benachteiligten entgegen – eine scheinbar absurde Situation. Bis heute gibt es keine Voraussetzungen für kooperative Selbsthilfe im Sozialbereich, z.B. in Form von Sozialgenossenschaften als eigenständige Alternativen zu den Angeboten der Wohlfahrtsverbände. Diese verlören ihren Einfluss und insbesondere die Mittel für den Unterhalt ihres umfangreichen institutionellen Gefüges, denn der besondere ökonomische Vorteil genossenschaftlicher Organisation liegt ja gerade darin, dass dysfunktionale Mittelabflüsse verhindert und die Ressourcen im Kreislauf der kooperativen Nutzung bleiben. Die Idee der sozialökonomischen Selbsthilfe als sozialpolitische Ergänzung und Alternative rührt an den Grundfesten der Arbeitsteilung von marktwirtschaftlichem System und Sozialer Sicherung.[75]

„Alternative Handlungsvarianten zur Notbewältigung werden interpretiert im Zusammenhang bisheriger Erfahrungen – Erfolge und Niederlagen – und meist führt erst das Scheitern anderer Durchsetzungsversuche (...) zum Rückgriff auf Formen der kollektiven Selbstversorgung. (...) Selbsthilfe ist

---

72 Vgl. Flieger, Burghard (2003): Sozialgenossenschaften. Neu-Ulm; brand eins, 5. Jahrgang, Heft 7, September 2003, S. 66.

73 Durch eine Initiative des Bundesvereins zur Förderung des Genossenschaftswesens und des Paritätischen Wohlfahrtsverbandes gibt es allerdings seit 2000 Bemühungen zur Schaffung von Voraussetzungen zur Einführung von Idealgenossenschaften in Deutschland.

74 Dies wird weiter unten ausgeführt. Vgl. Elsen, Susanne (2004): Bürgerschaftliche Aneignung gegen die Enteignungsökonomie. In: SOZIAL EXTRA, Heft 7-8, 2004, S. 42-49.

75 Vgl. Bauer, Rudolph (2000): Chancen ökonomischer Selbstorganisation. In: Elsen, Susanne/Lange, Dietrich/Wallimann, Isidor (Hrsg.): Soziale Arbeit und Ökonomie. Neuwied, S. 158f.

strukturell gegenüber anderen Handlungsformen benachteiligt; sie bedarf nämlich eines hohen Ausmaßes an Organisationserfahrung und Disziplin und eines Mindestmaßes an finanzieller Selbstbeteiligung."[76] Nicht nur die Förderung von Entwicklungsperspektiven artikulationsschwacher Menschen, diese jedoch in besonderer Weise, bedarf der Unterstützung. Einerseits sind die Betroffenen besonders unterstützungsbedürftig, weil sie von Entwertungserfahrungen geprägt sind, andererseits sind die zu organisierenden sozialökonomischen Handlungsfelder hoch komplex, denn sie tangieren alle zentralen Lebensbereiche und stehen zudem in einem Kraftfeld diverser verhindernder Kräfte.[77]

Es ist auch zu bedenken, dass gerade benachteiligte Menschen sich mit der Vorstellung kooperativer Alternativen erst auseinandersetzen müssen. In Wohlfahrtsstaaten ist die Idee sozialökonomischer Selbsthilfe nicht mehr im kollektiven Gedächtnis verankert wie in Transformations- und Entwicklungsländern, in denen sie im Alltag präsent ist. Benachteiligte in Wohlfahrtsstaaten sind zwar in ihrem Alltag mehr als andere auf viele Formen gegenseitiger Hilfe und Selbsthilfe angewiesen und in diesem Sinne keineswegs unfähig zur Selbsthilfe. Doch dieses Potenzial hat außerhalb benachteiligter Milieus keinen Tauschwert. Zielgerichtete, zwangsläufig auch formalisierte Selbstorganisation im sozialökonomischen Bereich, erfordert anderes und mehr. Selbstorganisation ist ein Lernprozess. "We have a focus on long-term objectives."[78] Aus einer Vielfalt von Gründen, die ohne Anspruch auf Vollständigkeit aufgeführt wurden, ist diese Langzeitperspektive erforderlich.[79]

Ein Beispiel für Befähigung zu sozialökonomischer Selbstorganisation in einer Wohnungsgenossenschaft in einem amerikanischen Slumdistrikt stellt Herbert Rubin dar. Das Wohnungsunternehmen soll von den BewohnerInnen selber kontrolliert und getragen werden und der Weg bis dahin wird als systematischer Lernprozess gestaltet. Das Projekt wurde initiiert von einer Community-based Development Organisation (CBDO). Die BewohnerInnen erwerben unter fachlicher Begleitung die Kompetenzen zum Management ihrer Wohnungsgenossenschaft. "Over a period of approximately three years, the cooperative will assume management responsibilities ...The step-by-step conversion will enable the cooperative to gain the necessary

---

76 Mersmann, Arno/Novy, Klaus (1991): a.a.O., S. 33-34.
77 Vgl. Elsen, Susanne/Ries, Heinz A./Löns, Nikola/Homfeldt, Hans-Günther (Hrsg.) (2000): Sozialen Wandel gestalten – Lernen für die Zivilgesellschaft. Neuwied.
78 Rubin, Herbert J (1994): There aren't going to be any bakeries here if there is no money to afford jellyrolls: The organic theory of community based development. In: Social Problems, Vol. 41, No. 3, August 1994, S. 408.
79 Ich habe dies an anderer Stelle ausführlich ausgeführt. Vgl. Elsen, Susanne (2003): a.a.O.

skills for managing their own homes while under supervision of the CBDO."[80]

Es gibt aktuelle und historische Beispiele assoziativer Selbsthilfe Benachteiligter, die sich gegen die Entwertung im Zuge sozialstaatlicher Behandlung stellen und damit auch, wie Ulrich Duchrow betont, Gegenkulturen leben. Wenn sich Menschen zusammenschließen, gemeinsam ihre Möglichkeiten nutzen und für das Lebensnotwendige „zusammenarbeiten und teilen, bestehen mitten in einem von Eigentum, Geld, Markt sowie politischer Unterdrückung gekennzeichneten System alternative Möglichkeiten. Dabei werden Menschen von Opfern zu Subjekten."[81] Sie backen kleine Brötchen gegen den eigenen Hunger, doch wirken sie nicht selten als Sauerteig, der weitere Brote treibt.

Wohnungslose Menschen in Wohlfahrtsstaaten haben die unterste Stufe des sozialen Absturzes erreicht. Trotz der strukturellen Ursachen – insbesondere Einkommensverlust durch Arbeitslosigkeit und marktförmige Organisation der Wohnungsversorgung – überwiegen individualisierende, v.a. psychiatrisch-neurologische und psychologische Ansätze zur Erklärung von Wohnungslosigkeit. Wohnungslose werden zudem als „Ordnungsproblem" betrachtet und entsprechend ordnungspolitisch behandelt.[82] Die dominanten „Hilfeformen" gehen von individuellen Defiziten und Behandlungsbedürftigkeiten aus. Therapeutische und pädagogische Behandlungen dominieren immer noch dieses sozialpolitische Handlungsfeld. Ambulante und teilstationäre Hilfen übertreffen zwar nach einer Erhebung der BAG Wohnungslosenhilfe von 1997 mittlerweile die Zahl der stationären Einrichtungen, doch auch diese Einrichtungen, deren Öffnung auf Druck von Akteuren außerhalb der organisierten Wohnungslosenhilfe seit Ende der 1970er Jahre basiert, haben den Heilungsgedanken nicht aufgegeben. Es ist ein gut florierender, erzwungener Tauschhandel: Brot und Bett gegen Therapie.[83] Dieser Tauschhandel mit den „geringsten der Brüder" nutzt insbesondere den überwiegend kirchlich getragenen Hilfesystemen, die neben der institutionellen Förderung von sozialstaatlichen Subjektförderungen profitieren.[84] Sozialpolitische Innovation ist unter diesen Bedingungen nur von außerhalb des organisierten Hilfesystems zu erwarten. Versuche sozialökonomischer Selbstorganisation tun sich in Deutschland erwartungsgemäß schwer.

In mehr als 400 „Emmaus-Gemeinschaften" in 40 Ländern weltweit leben und arbeiten wohnungslose Menschen und andere sozial und ökonomisch

---

80 Rubin, Herbert (1994): a.a.O., S. 415.
81 Duchrow, Ulrich/Hinkelammert, Franz Josef (2002): a.a.O., S. 38.
82 Wohnungslose unterliegen dem Gesetz über öffentliche Sicherheit und Ordnung (SOG), ein Residuum der Behandlung „Nichtsesshafter" im deutschen Faschismus.
83 Gillich, Stefan/Nieslony, Frank (2000): Armut und Wohnungslosigkeit. Köln, S. 152.
84 Rechtsbasis ist das Bundessozialhilfegesetz, insbesondere §72 BSHG.

Ausgegrenzte zusammen, geben sich materielle und soziale Sicherheit und eine kulturelle Orientierung. Sie gewinnen ihren Selbstwert zurück, weil sie in einer Gemeinschaft mit anderen Betroffenen leben und etwas in die Gemeinschaft einbringen können. Gründer der Emmaus-Gemeinschaften ist der französische Armenpriester Abbé Pierre, der 1949 Notleidende und Obdachlose in ein abbruchreifes Haus aufnahm, es mit den neuen BewohnerInnen in Stand setzte und, als viele Menschen ohne Habe und Rechte zu den neuen Gemeinschaft kamen, gemeinsam mit diesen auf einem nahe gelegenen Grundstück aus den Trümmern neue Häuser baute. Die Gemeinschaft nannte sich nach ihrer Tätigkeit in der Verwertung von Schutt und Müll „die Lumpensammler von Emmaus". Die Emmaus-Gemeinschaften sichern auch heute einen Teil ihres Lebensunterhalts durch die Aufarbeitung von Wohlstandsmüll und leisten damit einen wertvollen Beitrag zur ökologischen Nachhaltigkeit.[85]

In Deutschland existieren nur vier Einrichtungen der Gemeinschaft, in Frankreich sind es dagegen zweihundert. Die deutschen Gemeinschaften sind nur wenig bekannt und organisieren sich jenseits der überwiegend staatsfinanzierten Hilfesysteme ohne öffentliche Zuwendungen. Im Gegensatz zu Frankreich, wo sich Emmaus kämpferisch für die Erhaltung und Ausweitung der Teilhabe- und Freiheitsrechte der Armen und Wohnungslosen einsetzt, mischen sich die deutschen Gemeinschaften trotz ihrer politischen Unabhängigkeit nicht in die Tages- und Grundsatzpolitik ein.

Ende der 1980er Jahre schlossen sich BewohnerInnen einer Notunterkunft für Wohnungslose in Bologna zu einer Selbsthilfegruppe zusammen um die Rechte der Menschen „senza fissa dimora" gegen soziale Ausgrenzung einzufordern. Im Jahr 1993 gründeten sie „Piazza Grande", die erste Straßenzeitung in Italien. In eigenen Beiträgen schrieben die Wohnsitzlosen über ihre Lebenssituation und über relevante sozialrechtliche und sozialpolitische Fragestellungen. Produktion und Verkauf eröffneten den Betroffenen die Möglichkeit der Schaffung einer Öffentlichkeit für die zentralen Fragen Arbeitslosigkeit, Armut und Wohnungsnot und eine zusätzliche Einkommensquelle. 1994 wurde der Verein „L'Associazione Amici di Piazza Grande" gegründet. Er besteht aus Betroffenen und ehemals Betroffenen sowie freiwilligen UnterstützerInnen. Zweck des Vereins ist die Suche nach selbst organisierten, innovativen sozialpolitischen und sozialkulturellen Ansätzen der Integration ausgegrenzter Menschen in der Stadt und Region Bologna. Die Arbeit soll auf gleicher Augenhöhe durch Betroffene geleistet werden. 1995 gründete der Verein die ersten Produktivgenossenschaften mit sozialer Zielsetzung. Die „Officine di Via Libia" organisieren eine Nähwerkstatt, eine Werkstatt für kleine Dienste, eine Fahrradwerkstatt, ein kunsthandwerkliches Atelier zur Herstellung von Masken, eine Anlage zur Wiederverwertung von Papier und Pappe und ein eigenes sozialkulturelles

---

85 Vgl. Duchrow, Ulrich (1997): a.a.O., S. 236-237.

Zentrum in dem regelmäßig Kulturveranstaltungen stattfinden. Seit dem Jahr 2000 ist der Verein als anerkannter Träger sozialer Dienstleistungen Träger eigener Notunterkünfte und Wohnungen für Wohnungslose, er ist verantwortlich für die Direktversorgung von Menschen auf der Straße und bildet Betroffene zu „Avvocati die Strada" aus. Unterstützt wurde die Gründung dieser aufsuchenden Rechtsberatung für Menschen auf der Straße durch eine Gruppe freiwilliger JuristInnen, die geeignete ehemalige Betroffene schulen und unterstützen. In Aushandlungsprozessen mit den örtlichen Autoritäten gelang es den Verantwortlichen des Vereins, die Anerkennung der Sozialverwaltung Bolognas zu bekommen. Die Klientel auf den Straßen Bolognas hat sich in den vergangenen Jahren stark verändert. Es sind überwiegend junge und minderjährige MigrantInnen, die zunächst eines geschützten Raumes bedürfen, den der Verein bietet. Das wichtigste Medium der Kommunikation und der Schaffung einer Öffentlichkeit für die Belange des Vereins bildet seit dem Jahr 2000 der Kulturverein „La Fraternal Compagnia". Massimo Macchiavelli, Theaterwissenschaftler und selbst ehemals Wohnsitzloser, ist der Leiter dieses ungewöhnlichen und höchst erfolgreichen Theaters, welches die Themen der sozial Ausgeschlossenen aufgreift und gesellschaftlich vermittelt. 2003 wurden weitere Sozialgenossenschaften unter dem Namen „Fare Mondi" gegründet. Dazu gehören Kooperativen im Bereich der Aufbereitung gebrauchter Computer der Verkauf gebrauchter Waren, ein Räum- und Umzugsdienst, die Bewirtschaftung, Instandhaltung und Reinigung der öffentlichen Toilettenanlagen in Bologna, Tätigkeiten im Grünflächenbereich und die Herstellung von Parkbänken. Um die Belange Ausgegrenzter, Armer und Wohnungsloser wirksam vertreten zu können, haben die „Amici di Piazza Grande" ein Netzwerk zahlreicher privater und öffentlicher Organisationen in der Stadt und Region Bologna gegründet und arbeiten mit diesen zusammen.[86] Dieses Beispiel verdeutlicht eine mehrdimensionale sozialpolitische Innovation „von unten", in der Benachteiligung durch Beteiligung im kulturellen, sozialen, ökonomischen und politischen Bereich bekämpft wird.

1996 gründete der wohnungslose Peter Kranawetvogl „die Ameise e.V." als Trägerverein für Selbsthilfeprojekte wohnungsloser Menschen in München. Unterstützt von einem Münchener Journalisten, bezogen im November 1999 wohnungslose Menschen mit ihren Hunden einige Wohnwagen auf dem „Gnadenacker", einem der letzten verbliebenen Felder im Münchener Stadtgebiet.

Die Stadt drohte mit Räumung. Zwangsgelder in Höhe von ca. 35.000 DM wegen ungenehmigter Nutzung wurden verhängt, die der Pächter regelmäßig zahlte. Die Stadt bemühte schließlich das bayerische Verwaltungsgericht, damit das Gelände geräumt werde, doch die Richter bestärkten die

---

86 Informationen auf der Basis eines Besuchs in Bologna im November 2006. Siehe auch: www.piazzagrande.it.

BewohnerInnen, weiterzumachen. Als der Streit mit der Stadt eskalierte, fuhr der Pächter zum Bundespräsidenten nach Berlin, der ihn im Rahmen der „Aktion Gemeinsinn" für seine Zivilcourage auszeichnete.

Zeitweise wohnten 20 obdachlose Menschen auf dem Gnadenacker, eine Duldung bis zum Beginn der Bebauung wurde erreicht. Der „Club", wie er sich nannte, war gut organisiert mit Vorstand, Mitgliedern, Beirat, Beiträgen und der Gnadenackerordnung, die acht Rechte und Pflichten sowie erläuternde Artikel umfasste. Bei Verletzung der Regeln drohte den Betroffenen der Ausschluss. Der Verein suchte als Dauerlösung einen Bauernhof oder ein Haus mit großem Grundstück. Die individuelle Lebensgestaltung und das Engagement für die Gemeinschaft sollten jedem im Rahmen einer erweiterten Gnadenackerordnung selbst überlassen und die Miete sollte selbst aufgebracht werden.

Erneut wurden übergeordnete Interessen gegen die Bewohner des Gnadenackers bemüht. Der Sprecher des Münchener Planungsreferates führte an, dass im Flächennutzungsplan das Gelände als landwirtschaftliche Nutzfläche ausgewiesen sei. Man habe das Sozialreferat um eine sozial verträgliche Lösung ersucht. Die Gnadenackerbewohner lehnten die angebotene Unterkunft im Männerwohnheim und in Wohnungen ab, in denen sie auf ihre Hunde, ihre Gemeinschaft und insbesondere auf ein weitgehend selbst bestimmtes Leben hätten verzichten müssen. Sie schlugen vor, Holzhütten aufzustellen und in die Bundesgartenschau zu integrieren.[87] Am 14. April 2005 räumten 70 Polizisten den Gnadenacker. Noch am Tag zuvor hatte der Petitionsausschuss des Bayerischen Landtags an die Stadt appelliert, eine Alternative zur Realisierung der Vorstellungen der Gnadenacker-BewohnerInnen zu suchen. Die zehnjährige Geschichte des Versuchs der Selbsthilfe wohnungsloser Menschen in München fand damit ihr Ende.[88]

5.4 Ansätze der Transformation in Lateinamerika

In den Ländern Lateinamerikas sind die politischen und ökonomischen Folgen des Kolonialismus, der Militärdiktaturen und der Globalisierung neoliberaler Prägung in besonders krasser Weise sichtbar. Diesen Verwerfungen steht die Rückbesinnung auf die eigenen kulturellen Traditionen und eine konfliktfähige Zivilgesellschaft gegenüber. Die wachsende Armutsbevölkerung in den ausufernden Städten hat zu den modernen Arbeitsmärkten keinen Zugang und die Bevölkerung auf dem Land keinen Zugang zu den modernen Warenmärkten, während gleichzeitig lokale Märkte und Subsistenzmöglichkeiten zerstört werden. In allen Ländern Lateinamerikas gibt es

---

87 Vgl. „Gnadenacker passt nicht zum Renommierprojekt" in: Süddeutsche Zeitung vom 30. Dezember 2003.

88 Vgl. „Die Vertreibung aus dem ungenehmigten Paradies" in: Süddeutsche Zeitung vom 15. April 2005.

Landflucht, die ausgelöst wird durch die Landnahme großer Konzerne in den Sektoren Landwirtschaft, Energiegewinnung, Abbau von Bodenschätzen und durch die Armutssituation der Landbevölkerung.[89]

Der neoliberalen Wirtschaftspolitik wird in organisierten zivilgesellschaftlichen Protesten und zuletzt auch in einer Reihe von Wahlen in verschiedenen Ländern Lateinamerikas eine immer deutlichere Absage erteilt. Den Bemühungen der USA, die Gesamtamerikanische Freihandelszone (FTAA) schrittweise auf ganz Südamerika auszuweiten, stellt sich seit der Wahl von Hugo Chavez in Venezuela 1999 eine Entwicklung gegenüber, die in Lateinamerika eine völlig veränderte Ausgangssituation schafft. Mit Chavez begann eine andere ideologische Richtung in Lateinamerika an Bedeutung zu gewinnen, die in der internationalen Diskussion als „Sozialismus des 21 Jahrhunderts" bezeichnet wird. Anfang 2003 kam in Brasilien „Lula" da Silva und kurze Zeit später Nestor Kirchner in Argentinien an die Macht. Es folgten 2004 Uruguay, 2005 Bolivien und 2006 Chile.

Die regionale Integration Lateinamerikas im bolivarianischen Sinne nimmt derzeit als Gegenpol zu den Versuchen der USA, die Freihandelszone auf den lateinamerikanischen Subkontinent auszuweiten, durch transnationale politische und wirtschaftliche Zusammenschlüsse und Handelsabkommen zwischen den lateinamerikanischen Staaten, konkrete Formen an. In der Region wird mittlerweile von einer neuen Epoche gesprochen. Im April 2005 unterzeichneten diese Staaten in Havanna das Gründungsdokument der „Bolivarianischen Alternative für Amerika" (Alba). Das Programm zielt auf wirtschaftliche Integration der Region, allerdings im genauen Gegensatz zur Freihandelszone FTAA. Es strebt die Lösung zentraler ökonomischer, sozialer, gesundheitlicher und ökologischer Probleme an. Alle wirtschaftliche – kleine und große Unternehmen, Genossenschaften, staatseigene Unternehmen – sowie soziale Akteure sollen einbezogen werden. Das Programm sieht keine Subventionen vor, doch sollen anspruchsberechtigte Betriebe durch Kredite, Technologien und Ausrüstungen gefördert werden. Dies betrifft insbesondere Mitarbeiterbetriebe, Kooperativen und Kleinproduzenten in Landwirtschaft, Industrie, Handel und Dienstleistung.[90]

In keiner Region der Welt sind die kulturellen, politischen und ökonomischen Transformationsprozesse deutlicher wahrnehmbar. Getragen werden sie von einer Vielzahl gesellschaftlicher Bewegungen, in denen kulturelle, religiöse und politische Artikulation zusammen fallen.[91] Die Bewegungen

---

89 Flock, Wigbert/Jungblut, Hans-Joachim (2001): Soziale Arbeit in Lateinamerika. In: Otto, Hans-Uwe/Thiersch, Hans (Hrsg.): Handbuch Sozialarbeit/Sozialpädagogik. Neuwied, S. 1622f.
90 Jahrbuch Lateinamerika Nr. 29 (2005): Neue Optionen lateinamerikanischer Politik. Münster.
91 Zelik, Raul (2006): Venezuelas „bolivarianischer Prozess". In: Soziale Kämpfe in Lateinamerika. PROKLA 142, 36. Jahrgang, Nr. 1, März 2006, S. 37.

haben ihre Wurzeln in den Erfahrungen von Unterdrückung und Ausbeutung durch die spanischen und portugiesischen Conquistadores und in den Freiheitskriegen, die sich bis heute in Romanen, Filmen und Liedern finden. Angeknüpft wird an die klassischen sozialen Bewegungen des Subkontinents, die Ende des 19. und Anfang des 20. Jahrhunderts insbesondere durch anarchistisch orientierte italienische und spanische Immigranten geprägt wurden.[92]

Die Traditionen der ländlichen Armutsökonomie und die sich ausbreitenden städtischen Überlebensformen der Armen werden derzeit Teil eines zivilgesellschaftlich getragenen reflexiven und emanzipatorischen Prozesses der Suche nach Bedingungen einer eigenen Wirtschaftspolitik, die an die Ideen der Entwicklungsökonomie anknüpft. Armut, Demokratie und Autonomie in all ihren Aspekten sind die wesentlichen Triebkräfte dieser Entwicklung alternativer Formen sowohl der sozioökonomischen Aktionen als auch des institutionellen und legalen Aufbaus von Formen der politischen Steuerung und Kontrolle.[93] Traditionelle Formen des Wirtschaftens, alte und neue Armutsökonomien und von Belegschaften organisierte Auffanglösungen gewerblicher Unternehmen, die den Konzentrationsprozessen und der Konkurrenz nicht gewachsen waren, stehen auf der einen, ein sich rücksichtslos ausweitender, am Weltmarkt orientierter Sektor auf der anderen Seite.

In Lateinamerika wird in diesen Bewegungen die dritte Kraft der Zivilgesellschaft erfahrbar.[94] Noam Chomsky schildert seine Eindrücke von den aufbrechenden lateinamerikanischen Gesellschaften: Das sind „sehr vitale und dynamische Gesellschaften (...). Gesellschaften, die zugleich vor gewaltigen Problemen stehen. Was mir sofort auffiel war, dass niemand dort je die Frage nach dem großen strategischen Plan zur Beseitigung dieses oder jenes Übels stellte."[95]

Die neuen sozialen Bewegungen beschränken sich nicht mehr nur auf die Defensive. Sie greifen vielmehr die Strategien einer zum Neoliberalismus alternativen Entwicklungsstrategie für Lateinamerika auf, die u.a. auf den Ideen des Entwicklungsökonomen Celso Furtado basieren.[96] Entwicklung ist für Furtado nicht Ziel, sondern nur Mittel, um die soziale und kulturelle Situation der Mehrheiten zu verbessern. Sie bedeute insbesondere eine Ver-

---

92 Bruckmann, Monica/Dos Santos, Theotonio (2006): Soziale Bewegungen in Lateinamerika. In: Soziale Kämpfe in Lateinamerika. PROKLA 142, 36. Jahrgang, Nr. 1, März 2006, S. 7.

93 Sanchez Bajo, Claudia (2005): Visionen der sozialen und solidarischen Ökonomie. In: Müller-Plantenberg, Clarita/Nitsch, Wolfgang/Schlosser, Irmtraud (Hrsg.): Solidarische Ökonomie in Brasilien und Deutschland. Kassel, S. 39.

94 Chomsky, Noam (2001): Die politische Ökonomie der Menschenrechte. Grafenau, S. 114.

95 Chomsky, Noam (2001): a.a.O., S. 114.

96 Furtado, Celso (1998): El capitalismo global. Mexico.

besserung hinsichtlich der Rolle von ProduzentInnen als Subjekte der Geschichte. Entwicklung ist für Furtado ein mehrdimensionaler Prozess sozialen Wandels, der Ökonomie, Gesellschaft, Politik und Kultur gleichermaßen erfasst.[97]

Fortschritt zugunsten der Mehrheiten würde jedoch nicht mit Hilfe des Marktes erzielt werden können, sondern durch staatliche Umverteilungspolitik, die Organisation der ProduzentInnen und die Schaffung und Veränderung gesellschaftlicher Institutionen. In seiner Entwicklungsökonomie vertritt er neben den Zielen nachhaltiger Entwicklung das Ziel der Importsubstitution, die Schaffung von endogenen Akkumulationsgrundlagen, die Ausrichtung der wirtschaftlichen Dynamik am Binnenmarkt sowie die Bekämpfung extremer Armut auf der einen und extremer Reichtumskonzentration auf der anderen Seite.[98]

Furtado geht davon aus, dass eine alternative Strategie nur das Ergebnis des Kampfes sozialer Bewegungen sein könne, der die an Veränderung interessierten sozialen Gruppen an die Macht bringe. Zahlreiche Gruppierungen verteidigen heute die Kultur und die gesellschaftlichen Lebensgrundlagen gegenüber den entfesselten Marktkräften und verfolgen authentische und nachhaltige Entwicklung.[99] Dazu gehören traditionelle und neue Formen dessen, was in dieser Weltregion als „Économia popular y Solidaria" bezeichnet wird. Die Idee und Praxis des solidarischen Wirtschaftens, z.B. die der Kooperativen, ist in Lateinamerika im kollektiven Gedächtnis und im Alltag präsent. Sie haben verschiedene Wurzeln, die aus den Debatten über Armut und den indigenen Ökonomien hervorgehen. Außerdem lassen sich die europäischen Wurzeln verfolgen, denn Millionen europäischer Immigranten brachten Ende des 19. Jahrhunderts die Ideen und Projekte solidarischer Ökonomie mit.

Économia popular y solidaria ist in Lateinamerika sichtbarer Teil der Kulturkraft Zivilgesellschaft, dem Untersystem einer Gesellschaft, in dem Sinn und Identität entstehen.[100] Die lateinamerikanische Weltregion bildet mittlerweile den Kristallisationspunkt der weltweiten, globalisierungskritischen Bewegung für eine andere Globalisierung (Altermondialisten).[101]

- Insbesondere der wirtschaftliche Kollaps Argentiniens im Jahr 2001 machte deutlich, dass dieses Land sich in eine Richtung entwickelte, "as

---

97 Guillén, Arturo R. (2006): Die Notwendigkeit einer alternativen Entwicklungsstrategie. In: Soziale Kämpfe in Lateinamerika. PROKLA 142, 36. Jahrgang, Nr. 1, März 2006, S. 98.
98 Ebd., S. 110.
99 Perlas, Nicanor (2000): a.a.O., S. 17.
100 Ebd., S. 14.
101 Haug, Wolfgang Fritz (2005): Zivilgesellschaft. In: Wissenschaftlicher Beirat von attac (Hrsg.): ABC der Globalisierung. Hamburg, S. 212-213.

if it were a laboratory for the most perverse affects of globalization."[102] Es sind insbesondere gebildete und organisationsfähige Gruppen, die die sozialökonomische Bewegung tragen, denn mehr als 50 Prozent der Bevölkerung leben unter der Armutsschwelle.

- Das Weltsozialforum in Porto Alegre bekommt mittlerweile ebenso viel öffentliche Aufmerksamkeit wie der Weltwirtschaftsgipfel. Die Belange der Bevölkerung und die Übergriffe transnationaler Konzerne oder ihrer politisch nicht legitimierten Lobby haben eine globale Öffentlichkeit.

- Die zapatistischen und bolivarianischen Bewegungen und die brasilianische Bewegung der Landlosen, die die Rechte der Bevölkerung gegen diese Übergriffe verteidigen, haben in den letzten Jahren an Organisationsfähigkeit gewonnen.

- Die Organisationsfähigkeit der Bewegungen und die systematische Entwicklung nachhaltiger sozialökonomischer Alternativen ist nicht zuletzt darauf zurück zu führen, dass verschiedene Universitäten alternative Entwicklungsstrategien und die „Économia Solidaria y Popular" als Forschungs- und Entwicklungsbereich aufgriffen haben. Auf der anderen Seite haben soziale Bewegungen eigene Qualifikationssysteme aufgebaut. Dadurch gelingt es, die konkrete Praxis zu erweitern und zu qualifizieren, den Wissenschaftsdiskurs voranbringen und politikwirksame Reformen einzuleiten, wie das Beispiel Brasilien zeigt.

- Die südamerikanische Gemeinschaft der Nationen „Alba" setzt dem Programm der neoliberalen Globalisierung einen expliziten Gegenentwurf entgegen.

Die Gestalt, die in Lateinamerika in Umrissen erkennbar wird, hat politische Relevanz bezogen auf die Frage: „Wie steuert sich gesellschaftliche Entwicklung abseits der westlichen Rationalitäten moderner Marktwirtschaft und moderner Staatlichkeit?"[103] Diese, von Eckart Pankoke für postkoloniale Gesellschaften formulierte Frage ist relevant auch für die westlichen Gesellschaften, die mit den Möglichkeiten technologischer, kultureller und sozialer Art auch ihre eigene Erschöpfung hervorbringt.[104]

Der derzeitige zivilgesellschaftliche Aufbruch in Lateinamerika und die Entfaltung sozialökonomischer Gegenentwürfe gegen Entrechtung und Enteignung öffnet den Blick für Möglichkeiten jenseits der erschöpften westlichen Moderne. Er verdeutlicht aber auch die Tiefenwirkungen der emanzipatorischen Sozial- und Bildungsarbeit in der Tradition Paulo Freires,[105] der

---

102 López, Fernando (2003): Some Notes on the Argentine Anarchist Movement in the Emergency. In: Perspectives on Anarchist Theory. Volume 7, Number 2, Fall 2003, S. 12.
103 Pankoke, Eckart (2000): a.a.O., S. 203.
104 Lutz, Ronald (Hrsg.) (2005): Befreiende Sozialarbeit. Oldenburg, S. 13.
105 Freire, Paulo (1973): Pädagogik der Unterdrückten. Reinbek bei Hamburg.

Theologie der Befreiung sowie der Gegenentwürfe des 19. und 20. Jahrhunderts. Die Saat ging in den vergangenen zwanzig Jahren auf in einem gewachsenen Bewusstsein, in Organisations- und Artikulationsfähigkeit und einer Stärkung der eigenen sozioökonomischen Existenzbasis der indigenen Gemeinschaften und der Armen in den Städten und auf dem Land.

Die Transformationsprozesse brechen mit den an alte Abhängigkeiten gebundenen Organisationsmustern und führen an ihrer Stelle neue Partizipations-, Informations- und Assoziationsformen ein. Die Restrukturierung basiert auf lokalen Ressourcen, auf der Förderung der Selbstorganisation der Bevölkerung und auf der Erschließung der endogenen Potenziale. Hierarchische Organisationen werden durch Netzwerke, zentralisierte und spezialisierte Strukturen durch dezentralisierte, demokratische und lebensweltliche Prozesse ersetzt. Gesellschaftliche Entwicklung steuert sich über die Lebenszusammenhänge der Zivilgesellschaft. Die Logik der Zivilgesellschaft hebt die Trennungen zwischen kulturellem, sozialem und ökonomischem System auf und bezieht sich auf die sozialkulturellen und sozialökonomischen Zusammenhänge.

Die folgenden Fragmente sozialökonomischer Problemlösungen jenseits von Staat und Markt im Kontext alter oder neuer zivilgesellschaftlicher Zusammenschlüsse sind als Elemente einer anderen Modernisierung, die sich in demokratischen und vernetzten Alternativ- und Komplementärstrukturen formiert, zu betrachten.

5.4.1 Rückkehr zur Tauschwirtschaft: Argentinien 2001

Die Explosion sozialer Konflikte im Dezember 2001 in Argentinien ist Teil einer politischen Legitimationskrise der Regime nach der Militärdiktatur bis 1983 und Beispiel für die sozialökonomische Organisationsfähigkeit der Zivilgesellschaft in einem Land, in dem die Krise des Marktes sein völliger Zusammenbruch und die Handlungsunfähigkeit des Staates, die Versorgung der Bevölkerung nicht mehr gewährleistete.

Die knapp zehnjährige Regierung unter Carlos Menem, die der Bevölkerung Lebensqualität versprach, veräußerte öffentliche Einrichtungen, schwächte die Arbeitnehmerrechte und brachte die Zahl der Arbeitslosen auf ein Viertel der ökonomisch aktiven Bevölkerung – zusätzlich zu dem bereits ökonomisch und sozial ausgegrenzten Viertel.[106] Seit 1997 führte in Argentinien die Kombination aus rasant steigender Arbeitslosigkeit, Firmenzusammenbrüchen und unkontrollierbaren Erhöhungen der Lebenshaltungskosten dazu, dass viele Menschen den Zugang zum Markt verloren. 1998 erreichte die Wirtschaftskrise Argentinien endgültig. Löhne und Gehälter konnten nicht mehr gezahlt werden, die Banken wurden geschlossen

---

106 López, Fernando (2003): a.a.O., S. 11-15.

und private Konten sollten beschlagnahmt werden. Das ehemalige neoliberale Musterland Argentinien wurde zurückgeworfen auf die Verhältnisse einer Tauschwirtschaft. Insbesondere der Mittelstand wurde von der Krise erfasst.

Lopez charakterisiert die argentinische Entwicklung als "radical social transformation in which countless experiences in self-management and self-government were carried out (...) throughout the entire country."[107] Rund 3000 dezentrale clubs del trueque (Tauschbörsen) mit ca. 600.000 Mitgliedern organisierten die Versorgung der Bevölkerung durch den Tausch von Waren und Dienstleistungen. Etwa hundertfünfzig zusammengebrochene Unternehmen wurden als Kooperativen durch die Belegschaften übernommen und dadurch ca. 12.000 Arbeitsplätze gerettet.[108] Um den Tausch landesweit organisieren zu können, wurde der „credito" als alternative Währung eingeführt, die nicht gegen Zinsen ausgeliehen werden und damit die Bereicherung von Habenden auf Kosten Bedürftiger unterbinden sollte. Es ist die alte Idee des „Freigeldes"[109] nach dem argentinischen Wirtschaftswissenschaftlers Silvio Gesell (1862–1930), die reanimiert wurde.

In der Zeit von Ende 2001 bis Mitte 2004 entwickelte sich unter dem instabilen offiziellen Wirtschaftssystem eine relativ stabile Alternativ- und Komplementärstruktur. Eingebunden war das System in soziale Bewegungen, insbesondere die Arbeitslosenorganisationen (Piqueteros), denen auch die genossenschaftliche Belegschaftsübernahme verschiedener Unternehmen gelang. Neben der sozialökonomischen Selbsthilfe waren die Alternativ- und Komplementärstrukturen Teil einer Bewegung zur Implementation von Nachbarschaftsversammlungen zur Stärkung der politischen Selbstorganisationskräfte. Drei Jahre nach dem Zusammenbruch des Marktes und der vollkommenen Handlungsunfähigkeit des Staates hatte die argentinische Bevölkerung nicht nur eine Parallelökonomie, sondern eine Art Parallelgesellschaft mit eigenen Organisationen, Unternehmen und Führern implementiert.[110] Laut offizieller Statistik lebt auch heute mehr als die Hälfte der Bevölkerung des Landes in Armut.

Die politische Selbstorganisation wird getragen von Arbeitslosenorganisationen, die sowohl den politischen Kampf für soziale Rechte führen als auch einen Teil der staatlichen Sozialhilfezahlungen kontrollieren. Die Verteilung der Sozialhilfemittel wurde in die Hände von dezentralen Komitees gelegt, um die korrupten Klientelstrukturen zu durchbrechen. Die aktive Beteiligung in den Arbeitslosenorganisationen ist für die Mitglieder verpflichtend. Sie sind tätig in sozialen Basiseinrichtungen in den Stadtteilen,

---

107 Ebd., S. 12.
108 Grüttner, Anne: Aufbruch der Armen. In: DIE ZEIT, Nr. 17/15. April 2004, S. 30.
109 Dies ist Geld, welches nicht verzinst, sondern mit einem Umlaufanreiz versehen ist, um Tausch zu fördern.
110 Vgl. Süddeutsche Zeitung vom 17./18. April 2004, S. 26.

bei der Essensausgabe an Bedürftige, der Kinderbetreuung oder der Herstellung von Lebensmitteln, die in den Zentralen verteilt werden. 70 Prozent der Mitglieder der Arbeitslosenorganisationen sind Frauen. Die argentinische Soziologin Gabriela Delamata von der Universität San Martin, die sich auf die Arbeitslosenorganisation in Argentinien spezialisiert hat, geht davon aus, dass diese Gruppen landesweit ca. 500.000 Menschen mobilisieren.

Der Erfolg und das schnelle Anwachsen des Sektors bargen nicht nur die Gefahr des Verlustes der bindenden ideellen Kraft,[111] die Unüberschaubarkeit brachte es mit sich, dass auch in diesem System die Marktkräfte destruktiv wirken konnten. Es wurde versäumt, verbindliche Regeln zu schaffen. Die noch bestehenden Tauschclubs haben feste Regeln und Kontrollen eingeführt. Die Euphorie aber ist erst einmal erloschen.

5.4.2 Innovationswerkstätten für die Entwicklung der Solidarökonomie in Brasilien

Die brasilianischen Besitzverhältnisse an Grund und Boden spiegeln die Kolonialgeschichte und die Geschichte des Sklavenhandels wieder.[112] Zwei Prozent der Grundeigentümer besitzen 43 Prozent der urbaren Böden. Der portugiesische König teilte seinen Bischöfen, Generälen und Kurtisanen jeweils ein Stück der Atlantikküste zu und diese erweiterten die Parzellen, die der indigenen Bevölkerung geraubt wurden, ins Landesinnere. 90 Millionen Hektar Land gelten heute als Kolonisationsböden, als so genannte „capitanias" die formal irgendwelchen Latifundienbesitzern gehören und nicht bestellt werden. Auch nach der Ausrufung der brasilianischen Republik 1888 haben sich die capitanias erhalten – angesichts der landlosen Bauern ein mörderisches System. Der Besitz ist nicht ins Grundbuch eingetragen – ein Geschäft für jene, die Rechtstitel, fälschen um Boden an kapitalstarke Investoren zu übertragen.[113]

Brasilien produziert jährlich ca. 100 Millionen Tonnen Getreide. Wenn die urbaren Böden genutzt würden, könnte der Ertrag verdreifacht werden. Doch unter US-amerikanischem Einfluss wird überwiegend in kapitalintensiver Weise durch multinationale Großunternehmen für den Export produziert. Für den Inlandsmarkt werden billigere Lebensmittel auf dem Weltmarkt eingekauft, im Jahr 2001 im Umfang von neun Milliarden Dollar.

Die brasilianische Landlosenbewegung kämpft unter harten und gefährlichen Bedingungen um die Beseitigung der massiven Ungleichheit bezo-

---

111 Freystedt, Volker (2003): Geld, das allen dient. In: Zukünfte. 12. Jahrgang Heft 44, Sommer 2003, S. 30.
112 Leser de Mello, Sylvia (2005): a.a.O., S. 25f.
113 Vgl. Ziegler, Jean (2003): Die neuen Herrscher der Welt. München, S. 274.

gen auf Besitz und Kontrolle von Land und in diesen Bemühungen findet sie Unterstützung durch engagierte Kräfte an brasilianischen Universitäten.

Sylvia Leser de Mello lehrt an der Universität von São Paulo Sozialpsychologie und leitet die von der Universität geförderten Innovationswerkstätten für den Aufbau von Unternehmen der Solidarischen Ökonomie.[114] Sie arbeitet zudem im Nationalen Sekretariat für Solidarische Ökonomie im Brasilianischen Arbeitsministerium. In den so genannten „Incubadores" (Innovationswerkstätten) begleitet eine interdisziplinäre Gruppe von ProfessorInnen und postgradualen StudentInnen die Gründungs- und Entwicklungsphase der Kooperativen und bietet die nötige Resilienz für deren Stabilisierung. Auch das Nationale Sekretariat für Solidarische Ökonomie im Arbeitsministerium fördert diesen Prozess der wirtschaftlichen Pluralisierung.

Die Aufbauarbeit ist die der klassischen Gemeinwesenarbeit. Sie zielt zunächst auf Bewusstseinsbildung und die Formierung von Aktionsgruppen durch Bürgerversammlungen und bildet dann Institutionen heraus, mittels derer sich Menschen im Gemeinwesen organisieren. Mit Hilfe von Kleinstkrediten werden kooperative Unternehmensgründungen ermöglicht. Der gesamte Prozess der Formierung wird als Lernkontext gestaltet und dadurch stabilisiert.

Von zentraler Bedeutung ist die Koordination der Einzelkooperativen auf der Mesoebene. Die Verbindungen werden hergestellt um gezielt Synergie durch Kooperation zu ermöglichen.[115] Die GründerInnen der Innovationswerkstätten verfolgen mit ihrer Bildungsarbeit die Herausbildung einer selbstbewussten solidarischen Wirtschaftskultur.

Brasilien erlebt derzeit einen bemerkenswerten Aufbruch der solidarökonomischen Bewegung. Leser berichtet von mehr als 2000 Menschen, die am ersten brasilianischen Treffen der Solidarischen Ökonomie im Juli 2004 teilnahmen.[116]

5.4.3 Die brasilianische Bewegung der Landlosen

Die brasilianische Bewegung der Landlosen (MST) ist Teil der Bewegung der Kleinbauern, Viehzüchter, Landarbeiter und Pächter unter der Dachorganisation „Via Campesina". Sie verfügt über eine enorme, sozialkulturell fundierte Mobilisierungskraft und ist auch anderen sozialen Bewegungen

---

114 Diese Werkstätten werden als „Incubadora Tecnologica de Cooperativas Populares" (ITCP) bezeichnet.
115 Singer, Paul (2005): Ist es möglich, armen Gemeinschaften Entwicklung zu bringen? In: Müller-Plantenberg, Clarita/Nitsch, Wolfgang/Schlosser, Irmtraud (Hrsg.): Solidarische Ökonomie in Brasilien und Deutschland. Kassel, S. 114-116.
116 Leser de Mello, Sylvia (2005): a.a.O., S. 87.

zum strategischen Vorbild geworden.[117] Silvia Leser de Mello sieht in der Landlosenbewegung ein außerordentliches Beispiel für das Zusammenwirken der historischen und aktuellen Kräfte, die in Brasilien für die neue Solidarwirtschaft und gegen Knappheit von Land und Nahrung kämpfen.[118] Die Bewegung ist beeinflusst von der radikalen katholischen Befreiungstheologie, der starken brasilianischen Gewerkschaftsbewegung und von linken Kräften unterschiedlicher Tendenzen.

Die Grundforderung von MST lässt sich zusammenfassen als Forderung nach Wasser, Boden und Saatgut. Damit repräsentiert sie den Kern des Kampfes um die Ernährungssouveränität Brasiliens. Nicht so sehr die Radikalität der Bewegung scheint ihre Stärke zu begründen, als vielmehr die Formen der Besetzung und gemeinschaftlichen Bewirtschaftung ungenutzten Bodens und einer nachhaltigen ländlichen Ökonomie, die auf Bodenreform basiert.[119]

Die gemeinschaftsbasierten Formen der sozialökonomischen Selbsthilfe haben nach Leser de Mello eine gemeinschaftsübergreifende politische Dimension. Auch wenn „die familiäre Landwirtschaft als konservative Form der Organisation von Kleinbauern gesehen wird, so hat sie doch eine direkte Beziehung mit der Solidarischen Ökonomie. Wenn sich die Familien in Genossenschaften organisieren, dann verleihen sie den traditionellen Formen der gegenseitigen Hilfe ein politisches Modell."[120]

MST vertritt die Interessen von 23 Millionen bäuerlichen Familien. Nach Angaben von MST warten noch ca. vier Millionen landlose Menschen auf ein Stück Boden, um ihre Grundbedürfnisse befriedigen zu können. Diese Familien strömen in die Megastädte und bevölkern die Favelas. MST praktiziert seit der Gründung 1984 eine gefährliche, jedoch mittlerweile auch politikwirksame Praxis der sozialproduktiven Landnahme und hat seitdem für 250.000 Familien so genannte „assentamentos" geschaffen. Diese genossenschaftlichen Neusiedlungen wurden durch Landbesetzungen, Enteignungen der Grundstücke und Zahlung von staatlichen Entschädigungen legalisiert.

„Accampamentos", gemeinschaftliche Besetzungen, bilden die Basis der neuen Solidarökonomie im ländlichen Brasilien. Doch die erfolgreiche An- und Übereignung ist nicht der Regelfall. Nur die Hälfte der Besetzungen mündet in eine legalisierte Genossenschaft und der Weg dorthin ist lebensgefährlich. Über 1800 Aktivistinnen und Aktivisten sind seit 1984 den

117 Veranstaltung an der Fachhochschule München, FB 11, am 18.10.2005 mit VertreterInnen von MST und dem brasilianischen Kommunikationswissenschaftler Adilson Cabral, der seit mehreren Jahren Filmdokumente über MST erstellt.
118 Leser de Mello, Sylvia (2005): a.a.O., S. 85.
119 Bruckmann, Monica/Dos Santos, Theotonio (2006): a.a.O., S. 14.
120 Leser de Mello, Sylvia (2005): a.a.O., S. 86.

Attentaten von Todesschwadronen und „Pistoleros", den bezahlten Killern der Latifundienbesitzer, zum Opfer gefallen. Etwa 100.000 Familien leben derzeit noch in den „accampamentos", in wilden Camps auf besetzten Boden oder – nach der Vertreibung durch die Militärpolizei – auf dem elf Meter breiten Streifen links und rechts der Nationalstraßen, welcher staatliches Hoheitsgebiet ist.

Die brasilianische Landlosenbewegung wird gefördert durch die „bolivarische Revolution"[121] in Venezuela. Geplant ist z.b. die Einrichtung landwirtschaftlicher Schulen und die Schulung von Fachkräften für gesundheitliche Basisversorgung im Rahmen der MST mit Hilfe Venezuelas.

5.4.4 Die Gewerkschaft der arbeitenden Kinder in Peru

In verschiedenen Ländern Lateinamerikas, Afrikas und Asiens sind arbeitende Kinder und Jugendliche dazu übergegangen, ihre Rechte selber einzufordern, ihre Belange selber zu organisieren. MANTHOC, das „movimento de adoloscentes y ninos trabajadores hijos obreros christianos", entstand 1978 in Lima als Vorreiter der Bewegung der Selbstorganisation arbeitender Kinder und Jugendlicher. Diese wollen sich nicht von Hilfsorganisationen und helfenden Erwachsenen bevormunden zu lassen.[122] Gleichwohl spielen Erwachsene eine unterstützende Rolle. Sie werden von den Kindern und Jugendlichen in Funktionen gewählt und ihre Aufgaben – beispielsweise die juristische Vertretung – werden durch die Kinder bestimmt. Ein Drittel der für MANTHOC tätigen Erwachsenen waren als Kinder und Jugendliche selber Mitglieder der Bewegung.[123]

Im Gegensatz zu vielen Hilfsprogrammen, die arbeitende Kinder aus ihrem Lebens- und Arbeitsumfeld herauslösen und mit dem Lebensnotwendigen versorgen, nichts jedoch an den zugrunde liegenden Strukturen und ausbeuterischen Missständen ändern, akzeptiert die Bewegung der arbeitenden Kinder grundsätzlich Arbeit als Lebensgrundlage, zielt aber auf wirksame Maßnahmen zur Einforderung der Rechte auf Bildung und auf die Verbesserung der Arbeits- und Lebensbedingungen.

MANTHOC ist Gewerkschaft, sozial- und arbeitsmarktpolitische Lobby, Zentrum der sozialkulturellen Integration, soziale Infrastruktureinrichtung

---

121 Simón Bolívar (1783–1830) gilt als der „Liberdador" Lateinamerikas im 19. Jahrhundert. Er war den Werten der französischen Revolution verbunden und vertrat die Einheit Lateinamerikas gegen die spanischen Besatzer.

122 Vgl. Liebel, Manfred (1996): Wir sind die Gegenwart. Kinderbewegungen in Lateinamerika. In: Holm, Karin/Dewes, Jürgen (Hrsg.): Neue Methoden der Arbeit mit Armen. Frankfurt am Main, S. 73f.

123 Holm, Karin (1997): Straßenkinder und arbeitende Kinder in Lateinamerika. In: Adick, Christel (Hrsg.): Straßenkinder und Kinderarbeit. Frankfurt am Main, S. 182.

und Kreditgenossenschaft in der Trägerschaft und unter Kontrolle der arbeitenden Kinder selber. Es lässt sich kaum ein überzeugenderes Beispiel für Empowerment im Sinne der Aneignung personaler, sozialer und struktureller Macht der Machtlosen benennen. Mittlerweile wurde in verschiedenen Städten Perus eine ausgereifte Versorgungsinfrastruktur eingerichtet. MANTHOC unterhält Schulen und Ausbildungsstätten, die auf die Bedürfnisse der Kinder und Jugendlichen zugeschnitten sind, Kinder- und Jugendhäuser, die Schutz gewähren und den gegenseitigen Austausch fördern und mittlerweile auch einen eigenen solidarisch finanzierten Unterstützungsfonds, aus dem finanzielle Hilfen, z.B. für die Gründung eines eigenen Betriebes, gewährt werden.

Neben der sozialen und ökonomischen Selbsthilfe und Selbstorganisation sind politische Arbeit für die Verbesserung der Rechtslage der arbeitenden Kinder und intensive Zusammenarbeit mit sozialen Bewegungen national und international zentrale Ziele der Bewegung der arbeitenden Kinder.

5.4.5 Die Politik sozialökonomischer Entwicklung in Venezuela

Kaum ein anderes Land der Welt hat in den vergangenen Jahrzehnten so tiefgreifende Transformationsprozesse durchlaufen wie Venezuela. Trotz des Ölreichtums leben 80 Prozent der Bevölkerung in Armut. Mehr als 80 Prozent des BIP erwirtschaftet die hochmoderne Ölindustrie, die jedoch weniger als zwei Prozent der Bevölkerung beschäftigt. Das Land ist gezeichnet von dieser wirtschaftlichen Monostruktur und der damit verbundenen Abhängigkeit. Das fruchtbare Land ist entvölkert. 90 Prozent der Menschen leben in der Stadt und 70 Prozent der Lebensmittel müssen importiert werden.

Die 1999 verabschiedete Verfassung verspricht eine soziale und partizipatorische Demokratie, die Orientierung am Binnenmarkt und Importsubstitution v.a. durch die intensive Förderung lokaler Produktionsgenossenschaften. Innenpolitisch nutzt die Regierung unter Hugo Chavez die Bodenschätze, um eine alternative ökonomische Entwicklung und umfassende Sozial- und Bildungsprogramme für die ärmsten Bevölkerungsschichten zu finanzieren.[124] Ein Motto lautet deshalb: „Öl zu säen, um eine andere Ökonomie entstehen zu lassen." Die Regierung setzt auf die systematische Herausbildung einer pluralen Ökonomie in Verbindung mit umfassenden Sozial- und Bildungsprogrammen. Eckpunkte der politischen, sozialen und ökonomischen Transformation sind der Aufbau basisdemokratischer lokaler und regionaler Entscheidungsstrukturen, die Bildung allgemein zugänglicher Gesundheits- und Bildungssysteme sowie die aktive Herausbildung einer lokalen Basisökonomie[125] durch die Gründung staatlicher Unternehmen, die

124 Zelik, Raul (2006): a.a.O., S. 23.
125 Scheer, André (2004): Kampf um Venezuela. Essen.

Restrukturierung verlassener Produktionsanlagen und die Gründung tausender kleiner Produktivgenossenschaften.[126] Außenpolitisch investiert die Regierung in politische und ökonomische Bündnisse gegen die Dominanzansprüche der USA.

Die neue Verfassung des Landes schreibt differenziert politische, soziale und ökonomische Rechte,[127] sowie die Rechte auf Bildung fest. Definiert sind auch Diskriminierungsverbote und ein Privatisierungsverbot für Rohstoffe und geistiges Eigentum.[128] Geregelt sind basisdemokratische Verfahren in Form von Plebiszit und die Förderung der „Économia popular y alternativa".[129] Venezuela hat also die Politik der sozialökonomischen Repluralisierung in seiner Verfassung verankert: „El estado promoverá y protegerá destinadas mejorar la economia popular y alternativa."[130]

Welche Ziele kennzeichnen den bolivarianischen Transformationsprozess?

1. die Bedeutung, die der Bildung und Erziehung des Volkes beigemessen wird,
2. die lateinamerikanische Integration,
3. soziale Gerechtigkeit,
4. die Erringung nationaler Souveränität,
5. die Entwicklung eigenständiger lateinamerikanischer Lösungsmodelle.[131]

Das von der Basisalphabetisierung bis zur Universität durchlässige Bildungssystem integriert die Bildung von Kooperativen und die Befähigung der Mitglieder insbesondere in den Bereichen Landwirtschaft und Handwerk. Das Bankensystem ist strikt gehalten, 31,5 Prozent der Kredite an landwirtschaftliche Projekte, Wohnbauprogramme, lokale Beschäftigung und Mikrokredite für Kleinunternehmen zu vergeben.

In den zahllosen Barrios (Armenvierteln) von Caracas finden sich Ansätze sozialkultureller und sozialökonomischer Gemeinwesenarbeit, die u.a. auf allen öffentlichen Flächen – an den peripheren Hängen über der Stadt ebenso wie im Zentralpark – den Anbau von biologisch kultiviertem Gemüse fördert. Ca. 400.000 Menschen sind in die Programme zur Förderung lokaler Ökonomie eingebunden. Sie erhalten im Verlauf ihrer Schulung Geld zur Existenzsicherung und einen Zuschuss zur kooperativen Existenzgrün-

---

126 Forero, Juan: As Venezuela Revolutionizes, Boardrooms become more restless. In: The New York Times, Articles selected by Süddeutsche Zeitung, November 2, 2005, S. 1.
127 Constitución de la Republica Bolivariana de Venezuela, Conforme a la Gaceta Nr. 5.453 de fecha 24 de marzo de 2000. Impresa Nacional, Artikel 112f.
128 Venezuela scheint als einziges Land der Welt ein Verbot des TRIPS-Abkommens verfassungsrechtlich verankert zu haben.
129 Artikel 118, S. 124-125.
130 Ebd.
131 Zelik, Raul (2006) a.a.O., S. 33-34.

dung. Seit Beginn des Programms wurden ca. 70.000 Kleinstkooperativen gegründet. So wie die Gründung der Kooperativen sind diese Aktivitäten Teil der „Vuelvan Caras", einer gezielten staatlichen Strategie zur Herausbildung einer lokalen Basisökonomie insbesondere im landwirtschaftlichen und handwerklichen Bereich, aber auch im Bereich von Handel und Kleingewerbe. Ziele sind eine stärkere Importsubstitution sowie die Schaffung von Arbeitsplätzen. Die Produkte sollen zu günstigen Preisen auf den lokalen Märkten angeboten werden, um dazu beizutragen, die grundlegenden Bedürfnisse der Mehrheit der Armen zu befriedigen.[132]

Dieser Prozess, der sich „in Stadtteilkomitees, Piratenradios, städtischen Gemüsegärten, bolivarianischen Aktionsgrüppchen etc. herstellt, kann nicht politisch repräsentiert werden."[133] In Ermangelung funktionierender staatlicher Strukturen und zur Gewährleistung der Akzeptanz greifen die Verantwortlichen in den politischen Organen auf Basisinitiativen zur Umsetzung insbesondere der Lösungen im Bereich sozialer Entwicklung und Bildung zurück. Es geht dabei um den Aufbau einer provisorischen alternativen Staatlichkeit in Form von lokalen „Missiones", die außerhalb der Ministerien angesiedelt sind und die Aufgaben in ihren jeweiligen Zuständigkeiten in Selbstorganisation erledigen. Ziel der Regierung ist es, die mangelnden eigenen Potenziale für eine alternative Entwicklungspolitik zu kompensieren und durch die Modellprojekte im Bildungs- und Sozialbereich bzw. im Aufbau der lokalen Ökonomie durch genossenschaftliche Gründungen zu beweisen, dass ein endogener Entwicklungsweg tragfähig ist.

Das Beispiel Venezuela zeigt, wie die lokale Gestaltung des Sozialen aussehen kann, in deren Zentrum sozial eingebundenes plurales Wirtschaften, verbunden mit der Dezentralisierung und Demokratisierung aller gesellschaftlichen Bereiche, steht.[134] Es sind Versuche einer diversifizierenden Transformation von Wirtschaft, Politik und Gesellschaft in einem Land, in dem die weit überwiegende Mehrheit der Bevölkerung in Armut lebt und welches aufgrund seiner Ölvorkommen lange Zeit die Frage nach der Ökonomie für die Versorgung der lokalen Bevölkerung ebenso vernachlässigt hat, wie die der nachhaltigen Armutsbekämpfung und der demokratischen Teilhabe.

---

132 Im September 2004 kündigte Präsident Chavez die Gründung eines Ministeriums für soziale Ökonomie an.
133 Zelik, Raul (2006): a.a.O., S. 34.
134 Kollektiv p.i.s.o. 16 (2004): Venezuela. Welcome to our Revolution. München.

5.5 Soziales Entrepreneurship und Community Education

Ökonomische Selbstorganisation hängt, wie jede gesellschaftliche Innovation, von individuellen und kollektiven Akteuren ab, die unkonventionelle und experimentelle Lösungen entwickeln. Diese PionierInnen sind in Politik, Wirtschaft, Wissenschaft und Zivilgesellschaft zu finden.[135]

Der deutsche Unternehmer Götz Werner verbindet die Einführung eines bedingungslosen Grundeinkommens für alle BürgerInnen mit der erweiterten Idee des Entrepreneurships als Freiheit und Fähigkeit eigenständig im Sinne des Ganzen zu denken und zu handeln und sieht darin die Vision eines neuen Gemeinwesens.[136]

Sozialökonomisches Entrepreneurship kann sich auf neuartige Formen der eigenständigen Existenzsicherung benachteiligter Gruppen und Regionen ebenso beziehen wie auf nachhaltige sozialpolitische Lösungen im Gemeinwesen oder einen weit reichenden sozialen Wandel. Es geht um neue Verbindungen wirtschaftlicher, sozialkultureller und technologischer Ansätze, die auf personales, soziales und politisches Empowerment zielen und geeignet sind, soziale Probleme zu lösen.

Der Exil-Armenier James Tufenkian und der Exil-Tibeter Tsetan Gyurman sind zwei dieser Querdenker. Seit Beginn der 1990er Jahre haben sie gemeinsam innovative Geschäftsideen entwickelt und in zahlreichen Unternehmen in Armenien und Nepal ihre Philosophie des „Necessarily Ethical Development" (need) umgesetzt. Ihre Kritik gilt den Abhängigkeit erzeugenden humanitären Hilfen, die sie mit der Lebenserhaltung von Koma-Patienten vergleichen. Sobald sie abgeschaltet würden, sei es aus. In gleicher Weise kritisieren sie philanthropische Hilfen und erheben mit ihrem need-Konzept den Anspruch, wirtschaftlichen Erfolg und sozialen Wandel zu verbinden. Tufenkian und Gyurman fördern sozialökonomische Projekte, die „neu und risikoreich, aber viel versprechend sind."[137] Sie dienen insbesondere der eigenständigen Existenzsicherung armer Menschen und Regionen.

Auch die Programme der Weltbank zielen auf Entrepreneurship in Form von Kleingewerbegründungen als Mittel zur Armutsbekämpfung weltweit und binden dadurch nicht zuletzt handlungsfähige AkteurInnen in den

---

135 Pioniere, die neue Kombinationen durchsetzen, bezeichnete der österreichische Ökonom Joseph Schumpeter (1883–1950) als Entrepreneurs. Diese müssten nicht Fabrikbesitzer, sondern könnten durchaus auch Organe einer sozialistischen Gesellschaft oder Häuptlinge eines Stammes sein. Vgl. Schumpeter, Joseph A. (1987): Theorie der wirtschaftlichen Entwicklung. Berlin.

136 www.unternimm-die-zukunft.de (letzter Zugriff am 15. Juli 2006).

137 Lochbihler, Claus (2005): Der wohltätige Teppichhändler In: brand eins, 7. Jahrgang, Heft 10, Dezember 2005, S. 112-116.

Marktmechanismus ein.[138] Bei allen nachweisbaren Erfolgen dieser Programme muss bedacht werden, dass die Förderung von Mikrounternehmen politisch gesteuerte Umverteilung nicht ersetzt, sondern dass Sozial-, Bildungs- und Gesundheitssysteme die Voraussetzungen für den Erfolg dieser Form der Wirtschaftspolitik in armen Weltregionen bilden, sonst erreichen sie nicht die Ärmsten. „Die Logik des Überlebens ist eine andere als die des Unternehmertums. Risiken können nur diejenigen eingehen, für die ein Fehlschlag nicht lebensbedrohlich ist. (...) Akkumulation schließlich wird durch den universalen Zwang erschwert, mit aktuell Bedürftigen zu teilen. Diese Praxis ist für arme Gemeinschaften mit extrem volatilen Einkommen überlebenswichtig. In dieser Situation verpuffen die gängigen Interventionen der Kleingewerbeförderung nahezu wirkungslos."[139]

Als sozialpolitisches Konzept sozialökonomischer Innovation jedoch kann die Förderung von Entrepreneurship wirksam werden.[140] Auch in den Wohlfahrtsstaaten braucht es zur Innovation des Sozialbereichs unkonventionelle NetzwerkerInnen, QuerdenkerInnen und Frauen und Männer, die neue Kombinationen zwischen getrennten Bereichen realisieren. Das Kauffmann Center for Entrepreneurial Leadership an der Stanford University definiert Kriterien für soziales Entrepreneurship: "Social entrepreneurs are change agents in the social sector. They have bold ideas about how to address relevant social or economic problems. (…) The social mission is paramount. (…) Entrepreneurs pursue new opportunities in a flexible way. They are driven by a determined vision to overcome a specific social need, developing innovative means to address social problems and making improvements along the way. (…) Entrepreneurs act boldly using available resources. They take risk and develop new strategies to leverage resources in order to achieve their social missions. (…) Social entrepreneurs inspire groups of people to effect social change."[141]

Dieses Profil ist anschlussfähig an ein Verständnis von Gemeinwesenarbeit jenseits der etatistischen Tradition. Als AkteurInnen sozialen Wandels stoßen soziale Entrepreneurs insbesondere in etatistischen Systemen mit ihren Vorstellungen auf massive Widerstände. Es gibt sozialpolitische Querdenker in Geschichte und Gegenwart und überall auf der Welt. Zu ihnen gehört Muhammad Yunus, der sich auf die Situation der KleinstunternehmerInnen bezieht, die ihrerseits Entrepreneurs sind; zu ihnen zählt auch Jane Addams, die 1860 in Chicago geborene Begründerin der sozialreformerischen Com-

---

138 Dies ist nicht selten verbunden mit der Zerstörung traditioneller Subsistenz- und Eigentumsformen.
139 Berner, Erhard (2005): Hilf-lose Illusionen. In: Entwicklung und Zusammenarbeit. 46. Jahrgang, Juni 2005, S. 249.
140 Dettling, Warnfried (2001): Die Stadt und ihre Bürger. In: Schuster, Wolfgang/ Dettling, Warnfried (Hrsg.): Zukunft Stadt. Stuttgart, Leipzig, S. 33.
141 www.celcee.edu (letzter Zugriff am 15. Juli 2006).

munitywork.[142] Ein virtuoser sozialer Entrepreneur ist Heinz Ries, der Gründer und langjährige Vorstandsvorsitzende des Unternehmensverbundes „Genossenschaft am Beutelweg" in Trier. Lange vor dem Programm „soziale Stadt" hat er das Konzept der integrativen Sanierung eines sozialen Brennpunktes konzipiert und nachhaltige soziale Lösungen durch kreatives lokalökonomisches Wirken erzielt.

„Ashoka" ist der Name der weltweit bekanntesten Organisation sozialer Entrepreneurs mit mehr als 1500 Mitgliedern in 50 Ländern und einem jährlichen Fördervolumen von 17 Millionen Dollar. Sie entstand 1982 mit den Ideen und dem Startkapital der Inderin Gloria de Souza, die das indische Schulsystem dahingehend reformierte, dass das selbstständige Denken in den Schulen systematisch gefördert wurde. Souzas didaktisches Konzept wurde von Unicef auch auf andere Länder übertragen. Ashokas Auftrag ist die Verbindung von ökonomischem Denken und sozialem Auftrag. Ashoka stellt für bis zu fünf Jahren Mittel und Know-how zur Verfügung, um neue sozialökonomische Lösungen umzusetzen.[143]

Das nordthailändische Projekt „School for Life", welches auf Initiative der Deutschen Faltin und Zimmer gegründet wurde, folgt den Vorgaben der thailändischen Regierung, die in einer Bildungsreform 1999 die Weiterentwicklung berufsbildender Schulen zu „Entrepreneurial Schools"[144] beschlossen hat. Das Lernziel lautet: Erziehung zum UnternehmerInnentum, welches ohne die Plünderung der ökologischen, sozialen und ökonomischen Ressourcen auskommt und einen Beitrag zur Verbesserung der Lebensqualität leistet.[145] Die kooperative Trägerschaft und die lokale Einbindung dieses Projektes in Chiang Mai wurde von Faltin und Zimmer nach dem Community-Education-Ansatz als Lernkontext für Community-Development angelegt. Es öffnet sich für die Bedingungen und Optionen des lokalen und regionalen Umfelds und ist Kristallisationspunkt für eine partizipative nachhaltige Entwicklung der Region.

Diese Verbindung von Entrepreneurship und Community-Education hat Tradition und derzeit entstehen neue Ansätze mit wirtschaftlichen und sozialen Zielsetzungen auch an deutschen Schulen. Community-Education bezieht sich auf politische, soziale oder wirtschaftliche Defizite, die einzelne Gruppen oder das ganze Gemeinwesen betreffen und die individuelle oder gemeinschaftliche Entwicklung behindern. „Entwicklung meint hier folgerichtig (...) ebenfalls die strukturelle, soziale und ökonomische Entwicklung

142 Vgl. Addams, Jane (1913): Zwanzig Jahre Soziale Frauenarbeit in Chicago. München.
143 Yorker, Ümit (2005): Ein Club von Verrückten. In: brand eins, 7. Jahrgang, Heft 10, Dezember 2005, S. 24.
144 Vgl. Zimmer, Jürgen/Puntasen, Apichai/Suksirikul, Somchai/Wawsri, Ornuma (2001): The Development of Entrepreneurial Schools in Thailand. Bangkok.
145 www.school-for-life.org (letzter Zugriff am 15. Juli 2006).

der Community."[146] Auch genossenschaftliche Schülerfirmen, zum Beispiel die unten dargestellte Komplementärwährung „Chiemgauer", sind diesem Ansatz zuzuordnen. Sie verfolgen die Zielsetzung, wirtschaftliches Wissen, Kreativität, Selbstverantwortung, Selbstständigkeit und kooperative Kompetenzen von Schülerinnen und Schülern zu fördern.

5.6 Brücken bauen – die Macht der KonsumentInnen

Als letztes Beispiel für sich herausbildende Komplementärökonomien seien Ansätze genannt, in denen kritische KonsumentInnen ihren Einfluss in Form solidarischer Brücken zwischen der reichen und der armen Welt geltend machen. Bürgerinnen und Bürger können ihre Kauf- oder Investitionsentscheidungen nutzen, um Markt, Politik und Gesellschaft Zeichen zu setzen. Sie sind sich der Tatsache bewusst, dass sie sich mit Kauf- und Investitionsentscheidungen mitschuldig machen an extremen Formen von Ausbeutung und der Zerstörung der ökologischen Lebensgrundlagen, und dass der kurzfristig billige Konsum von Waren, die unter ökologischen und sozialen Dumpingkonditionen erzeugt werden, unmittelbar in die Wohlstandsgesellschaften zurückwirkt.

Mit der globalen Vernetzung sozialer und ökologischer Bewegungen und den umfassenden und schnellen Informationswegen ist KonsumentInnenkritik zu einem wirksamen Korrektiv ökologischer und sozialer Auswüchse des entgrenzten Marktes geworden. Markenkleidung, Blumen, Teppiche, Kaffee, Fußbälle und Sportschuhe – die zum Teil statusträchtigen Konsumgüter für kaufkräftige Kunden – werden zunehmend nach den humanen, sozialen und ökologischen Bedingungen ihrer Produktion und Distribution beurteilt. Von der Gewinnung der Rohstoffe über Weiterverarbeitung und Transport bis hin zur Vermarktung und Entsorgung des Abfalls – die gesamte Wertschöpfungskette wird hinterfragt.[147] Es ist der Verdienst von Naomi Klein, mit ihrem Bestseller „no logo" eine breite Öffentlichkeit erreicht zu haben.[148]

Einerseits haben KonsumentInnen durch Boykott und Informationskampagnen mächtigen Konzernen erhebliche Imageschäden zugefügt und sie zu Verhaltensänderungen gezwungen. Andererseits wächst die Zahl der solidarischen Handelspartnerschaften durch die direkte Förderung fairen und nachhaltigen lokalen Wirtschaftens in Drittweltländern.[149]

---

146 Buhren, Claus G. (1994): Community Education als innere Schulreform. Dortmund, S. 9.
147 Vgl. Ulrich, Peter (2002): Der entzauberte Markt. Freiburg, Basel, Wien, S. 113.
148 Klein, Naomi (2002): No logo! München.
149 Vgl. www.oxfam.de (letzter Zugriff am 15. Juli 2006).

5.6.1 Förderung lokalen Wirtschaftens durch Handelspartnerschaften – das Prinzip Fair Trade

Seit den 1980er Jahren werden in den westlichen Industrieländern Handels- partnerschaften gegründet, die auf die Sicherung der sozialen Rechte be- nachteiligter ProduzentInnen und ArbeiterInnen in Entwicklungsländern, die Förderung nachhaltiger lokaler Produktion und Bewusstseinsbildung bezogen auf die Praxis des konventionellen Welthandels, zielen. Die einzel- nen, oft von Kirchen getragenen Aktionen haben seitdem durch internatio- nale Vernetzung und die wachsende Zahl kritischer KonsumentInnen an Definitions- und Organisationsmacht gewonnen.

Es erweist sich als wirksam, wenn das wachsende individuelle Verantwor- tungsbewusstsein gegenüber den ProduzentInnen eine Stütze in den Rah- menbedingungen des Konsumentenschutzes – etwa der vollständigen Pro- duktdeklaration – erhält. Seit 1996 kooperieren die europäischen und welt- weiten Dachverbände des Fairen Handels unter der Bezeichnung „FINE" und verfolgen gemeinsam die Ziele ökonomische Gerechtigkeit, soziale Verantwortung und ökologische Verträglichkeit. Der Beitrag der Organisa- tionen zur Unterstützung kleiner und benachteiligter ProduzentInnen im Weltmarkt ist mittlerweile nicht mehr zu unterschätzen.

Die Organisationen des Fairen Handels verpflichten sich primär zur Ver- besserung von Handelsbedingungen durch die Zahlung fairer Preise gemäß regionaler Maßstäbe sowie durch langfristige Beziehungen. Die Absiche- rung der Rechte der ProduzentInnen durch die Zahlung fairer Löhne und die Gestaltung sozial verantwortbarer, sicherer und gesunder Arbeitsplätze sowie die Förderung umweltverträglicher Produktionsmethoden sind expli- zite Zielsetzungen der Organisationen des Fairen Handels. Sie unterstützen darüber hinaus die ProduzentInnen organisatorisch, finanziell und tech- nisch, fördern Aus- und Weiterbildung und haben sich der Bewusstseinsbil- dung zur Veränderung des konventionellen Welthandels verpflichtet.

Zu den Akteuren des Fairen Handels gehören neben den Produzenten die li- zenzierten Importeure, die Rohware zum Fairhandelspreis einkaufen und sie auch an konventionelle Verarbeiter in den Industrieländern verkaufen. Nur wer sich vertraglich verpflichtet, beim Einkauf der Rohstoffe die Krite- rien des fairen Handels einzuhalten, darf die Produkte mit einem Transfair- Siegel kennzeichnen. Dieses Siegel wird seit 1992 durch einen Zusam- menschluss von Organisationen aus Verbraucherschutz, Kirche, Bildung, Umwelt und Sozialarbeit erteilt. Sie handeln nicht selbst, sondern wollen mit der Siegelvergabe insbesondere konventionelle Handelsunternehmen zur Aufnahme fair gehandelter Waren ins Sortiment motivieren und dadurch auch normale VerbraucherInnen erreichen.[150] „Rugmark" beispiels-

---

150 Vgl. Verbraucher Initiative e.V. (2004): Verbraucher konkret. Sonderheft Fairer Handel, 1/2004.

weise ist ein internationales Siegel für fair gehandelte Teppiche, die ohne ausbeuterische Kinderarbeit hergestellt werden. Ebenso „Care & Fair", ein Siegel des europäischen Teppichhandels gegen illegale Kinderarbeit.[151]

1997 wurde gemeinsam mit anderen Initiativen die Dachorganisation FLO[152] gegründet, die Strategien und Richtlinien für die Besiegelung festlegt und Aktivitäten auf der Produzentenebene koordiniert. Sie wacht darüber, dass die Produzenten die Bedingungen des fairen Handels erfüllen. Anerkannt wird nur, wer faire Löhne zahlt, die ArbeiterInnen sozial absichert, grundlegende Menschenrechte berücksichtigt und keine Kinder arbeiten lässt. Umweltverträglicher Anbau wird gefördert und Bioware wird besser bezahlt.

5.6.2 Gemeinwesenarbeit auf dem Weg zur Weltgesellschaft – ein Beispiel aus München

Die Präambel des Generaldokumentes „Agenda 21" der Konferenz der Vereinten Nationen für Umwelt und Entwicklung vom Juni 1992 in Rio de Janeiro fordert „globale Partnerschaften" in der „Einen Welt" als Grundlage nachhaltiger Entwicklung[153] und die UNESCO-Kommission für Kultur und Entwicklung stellt fest: „Die Menschheit steht vor der Herausforderung umzudenken, sich umzuorientieren und gesellschaftlich umzuorganisieren, kurz: neue Lebensformen zu finden."[154] Diese Aussage stellt zentrale Vorstellungen des westlichen Modells von „Entwicklung" in Frage. Der mit globalen Partnerschaften verbundene Perspektivenwechsel erfordert Teilen und auf gleicher Ebene voneinander und miteinander über Grenzen von Kulturen und Weltregionen hinweg zu lernen. Dieses Projekt ist Gemeinwesenarbeit in der „Einen Welt".

Oskar Negt entwickelt in seiner Abhandlung über „Gemeinwesenarbeit auf dem Weg zur Weltgesellschaft" in Anlehnung an Hans Jonas[155] ein solches normatives Handlungsverständnis von Gemeinwesenarbeit als lokalem Handeln in globaler Verantwortung.[156] Diese Verantwortung stellt den Zusammenhang zu alltäglichen Entscheidungen für das her, was die Würde von Menschen und die soziale und ökologische Evolutionsfähigkeit nicht gefährdet.

151 Vgl. www.rugmark.de und www.fian.de (letzter Zugriff am 15. Juli 2006).
152 Vgl. www.fairtrade.net (letzter Zugriff am 15. Juli 2006).
153 Bundesumweltministerium (1994): Agenda 21. Bonn, S. 9.
154 Deutsche UNESCO-Kommission (1997): Unsere kreative Vielfalt. Bericht der Weltkommission „Kultur und Entwicklung" (Kurzfassung). 2. Auflage, Bonn, S. 18.
155 Jonas, Hans (1984): Das Prinzip Verantwortung. Frankfurt am Main.
156 Negt, Oskar (2001): a.a.O., S. 539f.

Die Arbeit der „Lokalen Agenda 21" München im Bereich Fairer Handel steht in dieser Tradition. Die intensive Netzwerk- und Lobbyarbeit, die Erwirkung politischer Entscheide, Bildungsmaßnahmen, Informations- und Boykottaktionen sowie die ideelle und finanzielle Förderung und Unterstützung von traditionellen und alternativen Lebens- und Produktionsformen in Lateinamerika, Asien und Afrika haben über den Zeitraum der vergangenen zehn Jahren die Themen „fairer Konsum", „gerechte Preise" und „die Macht der KonsumentInnen" politikfähig gemacht. Hunderte von Schulen, Kindergärten, Geschäften, Kirchengemeinde, Vereinen und insbesondere die Landeshauptstadt München haben sich der Bewegung angeschlossen. Orangensaft, Shrimps, Bälle, Blumen, Kaffee, Tee und Schokolade, Teppiche, Kleidung, Papier, Pflaster- und Grabsteine sowie Coltan stehen auf der Liste der Produkte, die nach den Kriterien sozialer und ökologischer Verträglichkeit geprüft werden. Die Münchener Kampagne gegen ausbeuterische Kinderarbeit machte Schule und wurde inzwischen von neun weiteren deutschen Großstädten übernommen.

Ausbeuterische Kinderarbeit ist Folge und Grund von Armut weltweit. Nach Schätzungen der Internationalen Arbeitsorganisation (ILO) von 2002 sind weltweit 211 Millionen Kinder zwischen fünf und elf Jahren zur Arbeit gezwungen, um ihre Existenz und die ihrer Familien zu sichern. Die meisten arbeitenden Kinder leben im asiatisch-pazifischen Raum, in Afrika südlich der Sahara sowie in Lateinamerika und der Karibik. Viele von ihnen arbeiten unter Bedingungen extremer Ausbeutung und Gefährdung ihrer körperlichen und psychischen Entwicklung. Als ausbeuterische Kinderarbeit werden alle Formen der Sklaverei, der Prostitution sowie das Heranziehen zu Tätigkeiten verstanden, die für die Gesundheit, Sicherheit und Sittlichkeit der Kinder schädlich sind.

Nicht-ausbeuterische Arbeitsbedingungen wurden durch die Internationale Arbeitsorganisation in der „Declaration on Fundamental Principles and Rights at Work" formuliert. Danach ist gewerkschaftliche Assoziationsfreiheit gewährleistet, Zwangsarbeit und alle Diskriminierungen bezüglich der Arbeitsbedingungen sind verboten. In der Konvention 182 verbietet die ILO generell Kinderarbeit. Über 100 Staaten haben diese Konvention unterzeichnet.

Der Soziologe Manfred Liebel[157] stellt sich seit Jahren gegen das generelle Verbot von Kinderarbeit und stellt fest, dass es zu einfach sei, Gesetze zu erlassen, die wirkungslos blieben. Ebenso wirkungslos ist die Schulpflicht, die gegen die Arbeit von Kindern gestellt wird. Solange den Erwachsenen in den armen Ländern keine existenzsichernden Löhne bezahlt werden und solange wohlhabende KonsumentInnen in den reichen Ländern von billigen

---

157 Vgl. Liebel, Manfred/Overwien, Bernd/Recknagel, Albert (2002): Arbeitende Kinder stärken. Frankfurt am Main.

Produkten aus Kinderhand profitieren, wird es Ausbeutung von Kindern geben.

Die Kampagne des „Münchener Nord Süd Forums" und der „Agenda 21 Eine Welt" gegen „ausbeuterische Kinderarbeit" startete Anfang 2002. Sie zielte in vier Richtungen:

• Bewusstseinsbildung durch Bildungsarbeit an Schulen, in Vereinen und Gruppen, um kritisches KonsumentInnentum zu fördern;

• Arbeit mit Vertreterinnen und Vertretern der lokalen Politik und Verwaltung um auf gesamtstädtischer Ebene einen Boykott des Kaufs von Waren zu erwirken, die durch ausbeuterische Kinderarbeit erzeugt wurden;

• Arbeit mit dem örtlichen Einzelhandel mit dem Ziel, keine Waren aus ausbeuterischer Kinderarbeit zu verkaufen.

• Gleichzeitig unterstützen die Gruppen des Nord Süd Forums Projekte der Selbsthilfe und Selbstorganisation von arbeitenden Kindern und die Einrichtung von Schulen und sozialen Unterstützungssystemen.

Im Juli 2002 beschloss der Münchener Stadtrat aufgrund dieser Kampagne, keine Produkte mehr aus ausbeuterischer Kinderarbeit zu kaufen. Die Stadt verpflichtete sich damit, für ihre Verwaltung, für Schulen, Kindergärten und Wirtschaftsbetriebe nur noch Produkte zu kaufen, bei denen dies sichergestellt ist. Es geht um Fußbälle für den Sportunterricht, Sportartikel und Sportbekleidung, Spielwaren für Kindergärten, Teppiche in städtischen Gebäuden, um Lederwaren und Pflastersteine. Schirmherr der Kampagne „made by kinderhand" war der Profi-Fußballer Giovane Elber, der als Kind nach der Schule als Orangenpflücker arbeiten musste, um zum Unterhalt der Familie beizutragen.

Die Stadt München fördert diese Gemeinwesenarbeit der Agenda 21 und des Nord Süd Forums in dreifacher Weise, durch die Zuschüsse zu deren Arbeit, die Bereitstellung des „EineWeltHauses" und durch die Unterstützung der Ziele ihrer Arbeit.

5.6.3 Zusammenfassung

Weltweit lässt sich derzeit der Aufbruch unterschiedlicher sozialökonomischer Assoziationen beobachten, die als noch nicht verbundene Ansätze einer „pluralen Ökonomie von unten" betrachtet werden können. Auch wenn diese Ansätze noch in den Kinderschuhen stecken, sind sie praktische Konkretisierungen theoretischer Möglichkeiten und dies macht ihre Bedeutung aus.

Sozialreformerische Ideen können erst durch soziale Bewegungen hindurch gesellschaftliche Gestalt annehmen. Einzelne, lokal begrenzte, scheinbar inferiore Versuche werden dann erkennbar als Bausteine dessen, was Oskar Negt als „Zweite Ökonomie", als Ökonomie des Gemeinwesens bezeichnet.

In Anbetracht der immanenten Krisenhaftigkeit und der sozial und ökologisch destruktiven Wirkungen des kapitalistischen Weltmarktes drängt sich die Frage der Sicherung der Grundbedürfnisse für alle Menschen auf. Die Förderung kollektiver Handlungsfähigkeit und die Sicherung der materiellen Lebensgrundlagen der Gemeinwesen ist eine vorrangige gesellschafts- politische Aufgabe.

Werden Bevölkerungsgruppen und ganze Regionen mangels Kaufkraft vom Zugang zu Ressourcen ausgegrenzt, dann geht es um die Alternative der sozialen und ökonomischen Selbstorganisation der Bevölkerung auf lokaler Basis. Dabei kann es nicht um die Schaffung lokaler Notgemeinschaften gehen, sondern um die aktive Gestaltung sozial eingebundenen Wirtschaftens im Lokalen und Regionalen als erweiterte sozialpolitische Aufgabe.

Ein eindrucksvolles, weil auch wirtschaftlich sehr erfolgreiches Beispiel gibt die baskische Industriegenossenschaft Mondragon, in der Arbeit mit Selbstbestimmung und Demokratie zusammengebracht wird. Beispiele für lokale Kämpfe und Aktionen gegen die Privatisierung finden sich etwa auf dem Sektor der Wasserversorgung, wie die Auseinandersetzungen in der bolivianischen Stadt Cochabamba zeigten.

Lokales Wirtschaften lässt sich schließlich auch durch Handelspartnerschaften nach dem Fair-Trade-Prinzip fördern, mit dem die Einhaltung von sozialen und ökologischen Produktions-Standards garantiert werden kann.

6. Geld für die Belange des Gemeinwesens

Marktwirtschaften sind Geldwirtschaften und von der Logik des Geldes her sind ihre Bewegungsgesetze zu verstehen. Geld ist nicht nur Tauschmittel oder Wertmaßstab, es entwickelt ein Eigenleben, welches es befähigt, gegen die Interessen von Menschen und Gemeinwesen zu wirken. „So wird die geldvermittelte Distanzierung von Personen möglich, so entbettet sich die Wirtschaft aus der Gesellschaft, so entkoppelt sich das Geld aus der Wirtschaft, um dann aber seine Logik der Wirtschaft aufzudrücken, die die Gesellschaft zwingt, ihr als ‚Sachzwängen' zu gehorchen."[1] Geld wird vor allem im Sinne von Kredit und Schuld definiert, also nicht als Medium des Tauschs und der Zirkulation von Waren und Dienstleistungen. Es ist Geld, welches sich selbstreferenziell auf Geld bezieht.

Geht es um die Frage der nachhaltigen Entwicklung der Gemeinwesen und der Herausbildung sozial eingebundenen Wirtschaftens, so ist die Auseinandersetzung mit Geld unerlässlich.

1. Wir müssen die Funktionen von Geld verstehen.

2. Es ist wichtig, die Eigenlogik von Geld im Kapitalismus zu erkennen und Geld nicht als neutrales Tauschmittel zu sehen.

3. Die gesellschaftlichen Auswirkungen des Zinsmechanismus müssen verstanden werden.

4. Die gefährlichen Potenziale der ungebundenen Finanzmärkte und die vollkommene Erpressbarkeit der Gemeinwesen durch Finanztransfers müssen erkannt werden.

5. Es gilt, eigenständige Tauschmittel für die nachhaltige Entwicklung der Gemeinwesen zu generieren.

Zu 1.) Geld wird gemeinhin als „wertneutral" betrachtet. Man geht davon aus, dass es in Transaktionsprozessen die Beziehungen der Menschen, die sich seiner bedienen, nicht beeinflusst. Es ist uns nur wenig bewusst, wie sehr das generalisierte, entpersonalisierte Tauschmedium Geld soziale Beziehungen beeinflusst. Geld ist Tauschmittel, Recheneinheit und Mittel der Wertbewahrung. Geld als „gesetzliches" Zahlungsmittel zeichnet sich aus durch geringe Transaktionskosten. Darunter sind die erforderlichen Ressourcen und möglichen Risiken zu verstehen, die mit der Übertragung von Leistungen zwischen Vertragspartnern entstehen. Dabei sind die Fragen zu berücksichtigen, ob eine Leistung erbracht wird und wie sie erbracht wird,

---

1 Altvater, Elmar/Mahnkopf, Birgit (2004): Grenzen der Globalisierung. 6. Auflage, Münster, S. 109.

also welche Qualität sie hat. Im Fall des Tauschmediums Geld sind die Risiken für beide Vertragspartner begrenzt. Das bürgerliche Vertrags-, Schuld- und Wirtschaftsrecht und die Gerichtsbarkeit sichern die Durchsetzung der Zahlungsansprüche. Die Qualität des Zahlungsmittels wird im Binnen- wie im Außenverhältnis durch die Zentralbanken gewährleistet, die eine Monopolstellung in der Emittierung der jeweiligen Landeswährung innehaben.[2]

Zu 2.) Die Möglichkeit, Geld dem Tauschkreislauf zu entziehen und zu horten, macht es zum Spekulationsmedium. Das gängige Wirtschafts- und Finanzsystem basiert darauf, höchstmögliche Zinserträge zu erwirken und deshalb Geld auf den Banken zu kumulieren. Diese versuchen durch Kreditvergaben und Spekulationen auf den internationalen Finanzmärkten eine maximale Rendite zu erzielen. Etwa 98 Prozent der umlaufenden Geldmenge werden für Finanzspekulationen, Konzernfusionen und Kreditvergaben benutzt. Geld, welches z.B. vor Ort als Spareinlage eingezahlt wird, fließt aus der Region und dient der Kapitalmehrung der „Global Player".[3] Mit diesem Modell des verzinsten Geldes wird also Kapitalkonzentrationen, Wettbewerbsdruck der Unternehmen, ökologische Zerstörung, Arbeitsplatzabbau und die Polarisierung von Arm und Reich finanziert. Die internationalen Finanzmärkte dominieren die Weltwirtschaft ebenso wie sie die lokale Wirtschaft zerstören.

Zu 3.) Der Zinsmechanismus hat für die Menschen, die Kredite in Anspruch nehmen müssen, und für ganze Gesellschafts- und Wirtschaftssysteme zum Teil ruinöse Folgen.[4] Dieses Wissen ist nicht neu und ein Zinsverbot findet sich in allen drei Offenbarungsreligionen und in vielen traditionellen Gesellschaften. Die Schuldknechtschaft besitzloser Arbeitskräfte in zahlreichen asiatischen und lateinamerikanischen Ländern ist auf die Kumulation von Zinsen zurückzuführen. Der Zinsmechanismus ist die treibende Kraft für die Notwendigkeit des Wirtschaftswachstums – auch auf Kosten des Lebensstandards. Der Zusammenhang zwischen Zinsen und Inflation beruht auf der Tatsache, dass Zinsen und Zinseszinsen und dadurch Schulden schneller wachsen als Einkommen und realökonomische Wertschöpfung. Darüber hinaus fördert der Zins soziale Ungleichheit zwischen Menschen, Gemeinwesen und Weltregionen, da er die Konzentration von Reichtum bei denen fördert, die Geld gegen Zins verleihen – auf Kosten derer, die dafür zahlen müssen.

---

2 Vgl. Offe, Claus/Heinze, Rolf G. (1990): Organisierte Eigenarbeit. Frankfurt, New York, S. 271.

3 Vgl. Brunnhuber, Stefan/Klimenta, Harald (2003): Wie wir wirtschaften werden. Frankfurt, Wien.

4 Kennedy, Margrit (1991): Geld ohne Zinsen und Inflation. München; Lietaer, Bernard A. (2002): Das Geld der Zukunft. München.

Das eindrücklichste aktuelle Beispiel für den vollkommenen wirtschaftlichen Ruin durch Schulden, Zinsen und Inflation bietet Argentinien. Der Schuldenberg, den die Militärs nach dem verlorenen Falklandkrieg und tiefer Wirtschaftskrise hinterließen war der Grund dafür, dass sich Argentinien den Strukturanpassungsprogrammen des IWF und der Weltbank unterwerfen musste: Privatisierung von Staatsunternehmen, Kürzung und vollkommene Abschaffung von Sozialprogrammen, Dollarbindung des Peso, Anreize für ausländische Investoren, Öffnung der Märkte und Verteuerung der Exporte. Auch wenn die neoliberale Umstrukturierung des Landes bereits unter der Militärdiktatur bis 1983 begann, ist doch die durch Schulden und Zinslast erzwungene Austeritätspolitik von IWF und Weltbank als Hauptursache des wirtschaftlichen und gesellschaftlichen Zusammenbruchs auszumachen.[5] Die Regierung Carlos Menem erfüllte alle Auflagen, bereicherte sich selbst und trieb das Land endgültig in den Ruin. Durch die Öffnung der Märkte wurde die einheimische Konkurrenz zurückgedrängt. Zwischen 1994 und 1999 verschwanden 250.000 kleine und mittlere Unternehmen vom argentinischen Markt. Inflation, Arbeitslosigkeit und Verelendung stiegen und die öffentlichen Einnahmen gingen rasant zurück. Die Zinsen auf die alten Schulden erhöhten sich rasch und das Land musste IWF und Weltbank um stand-by-Kredite und die Vermittlung privater Gläubiger bitten. Immer mehr Geld floss aus dem Land ab. Die Bindung des Peso an den Dollar sollte zur Lösung des Problems beitragen, doch sie wurde zum Verhängnis. Der einheimische Markt wurde von Billigimporten überschwemmt und erneut brachen viele Unternehmen zusammen. Gleichzeitig brachen die letzten sozialen Sicherungssysteme zusammen. Mehr als 50 Prozent der Bevölkerung lebte 2000 unter der Armutsgrenze und täglich starben bis zu 50 Kinder an Hunger.[6] Die Universitäten, Schulen und Krankenhäuser wurden geschlossen. Die Menschen konnten keine Mieten, Versicherungen, Energie, Lebensmittel etc. mehr bezahlen und die Elendsviertel bevölkerten sich mit Mittelschichtsangehörigen, während insbesondere junge und gebildete Menschen das Land verließen.

Zu 4.) Die Instabilität, die den Finanzmärkten innewohnt, ist einer der folgenreichsten Mängel des Marktmechanismus. Die Konzentration sozial ungebundenen Kapitals an internationalen Finanzmärkten bedeutet eine historisch einzigartige Ansammlung von Macht. Die Steuerungsmacht hat sich von der Ebene der Einzelstaaten auf die globale Ebene und aus dem öffentlichen in den privaten Bereich verlagert, der von kurzfristigen Gewinninteressen beherrscht ist und nicht zuletzt deshalb zu riskanten, unreflektierten Aktivitäten neigt.[7] Oskar Negt bezeichnet diese Verselbstständigung der

---

5 Waldmann, Peter (1996): Argentinien. In: Berne, Walther u.a. (Hrsg.): Handbuch der Geschichte Lateinamerikas. Band II. Stuttgart, S. 933.
6 Fischer Weltalmanach 2002. Frankfurt am Main 2001, S. 81f.
7 Vgl. Passet, René (1994): Die verpassten Chancen des Immateriellen. In: Le Monde Diplomatique, Juli 1994.

Geldmacht und der Finanzströme, die bisher in den Alltagszusammenhang der Erwerbs- und Arbeitsgesellschaft eingebettet waren, als bedrohlichste Abspaltung von Wirklichkeitssegmenten. „Geld emanzipiert sich von der Substanz, die ihm einen materialen und lokalen Charakter gibt."[8] Gerät diese ungebundene Macht in schleichende Prozesse des Niedergangs oder in den wasserfallartigen Zusammenbruch, reißt sie die Gesellschaften mit sich.[9]

George Soros, der erfolgreichste Börsenspekulant der Nachkriegszeit, verortet die globalen Gefahren des Marktes in der Störungsanfälligkeit der internationalen Finanzmärkte. „Angesichts der entscheidenden Rolle, die das internationale Finanzkapital für das Schicksal der Länder spielt, liegt es nahe, von einem kapitalistischen Weltsystem zu sprechen (...) Meine Voraussage für die Zukunft, soviel sei jetzt schon verraten, lautet: Das kapitalistische Weltsystem steht unmittelbar vor seiner Auflösung."[10] Soros prognostiziert den Zerfall des kapitalistischen Weltsystems aufgrund der offensichtlichen Unfähigkeit der internationalen Finanzfachleute. Die „Angst infolge der Weltfinanzkrise an der Peripherie (sei) so stark, dass einzelne Länder bereits damit begonnen hätten, aus dem kapitalistischen Weltsystem auszusteigen, wenn sie nicht ohnehin schon auf der Strecke geblieben sind."[11]

Die Forderung einer 0,25-prozentigen Besteuerung von internationalen Finanztransaktionen über die „Tobin Tax"[12] zur Finanzierung der Belange der Bürgerinnen und Bürger gab der weltweit erfolgreichen sozialen Bewegung attac das verbindliche Ziel und den Namen[13]. Sie ist der kleinste gemeinsame Nenner der mächtigen und pluralen Bewegung gegen die Globalisierung neoliberaler Prägung. Die Überlegung ist so einleuchtend, dass sie weltweit von den unterschiedlichsten gesellschaftlichen Kräften – von Kirchen, Gewerkschaften, Parteien, Initiativen, kleinen und mittleren Unternehmen – geteilt wird. Die Verfolgung dieser Idee ist eine zentrale Frage der Weltgesellschaft.[14]

---

8 Vgl. Negt, Oskar (2001): Arbeit und Menschliche Würde. Göttingen, S. 64.
9 Vgl. Soros, George (2000): Die Krise des globalen Kapitalismus. Frankfurt am Main, S. 217.
10 Ebd., S. 139-140.
11 Ebd.
12 Diese Steuer ist benannt nach dem Wirtschafts-Nobelpreisträger James Tobin, der 1971 eine (geringfügige) Besteuerung von internationalen Devisentransaktionen zur Stabilisierung der Wechselkurse und der Unterbindung kurzfristiger, riskanter Spekulationen vorschlug.
13 Attac steht für „Association pour une Taxation des Transactions financières pour l'Aide aux Citoyens", auf Deutsch „Verein für eine Besteuerung von Finanztransaktionen zum Wohle der Bürger".
14 Vgl. Elsen, Susanne (2000): Über den Zusammenhang lokaler und globaler Entwicklungen und die Konsequenzen für die Gemeinwesenarbeit. In: Elsen, Susanne/

Zu 5.) Der Mechanismus der Desinvestition einerseits und der Revitalisierung der Gemeinwesen mit Hilfe eigener Finanzierungsinstrumente andererseits, wird in einschlägigen Publikationen zur Gemeinwesenentwicklung außerhalb des deutschsprachigen Raums dargestellt, da dieser sozioökonomische Zusammenhang die Grundlage professioneller Problemanalysen und Interventionsstrategien bildet. "Neighbourhoods of the poor are economically and socially dependent regions from which wealth has been extracted and little returned. The metaphor of wealth being extracted from the neighbourhood is both an explanation for the problems the community faces and a guide for tactics for combating these problems. Building locally controlled assets becomes a community goal."[15] "The key to rebuild disadvantaged communities is in developing sustainable local economies as a resource base – human, social and physical. In some instances the human, social and physical capital has to be rebuilt brick by brick."[16]

Eigene Finanzierungsinstrumente spielen für die Entwicklung ökonomisch und sozial benachteiligter Gemeinwesen eine zentrale Rolle, denn in diesen Gemeinwesen wirkt sich die negative Seite des so genannten „positiven Feedbacks" aus, also die Tatsache, dass mehr Kapital in die wohlhabenden Regionen fließt. „Folglich geraten die ärmeren Gebiete weiter ins Hintertreffen, und den dort lebenden Menschen bleibt oft nichts anderes übrig, als sich in investitionsstarken Gegenden Arbeit zu suchen. Sie ziehen in die expandierenden Gegenden und ihre Ausgaben verstärken dadurch dort den Einkommenszuwachs, was wiederum die Möglichkeit weiterer Investitionen verbessert. Ein entscheidender Faktor für die Abwanderung junger Menschen aus den ländlichen Gebieten ist die Tatsache, dass deren Eltern zugelassen haben, dass ihre Ersparnisse vom herkömmlichen Banksystem außerhalb ihrer Heimat angelegt wurden."[17] Besonders für Ostdeutschland verdeutlicht das Zusammenwirken des demographischen Wandels, des Rückgangs der Wohnbevölkerung, der hohen Arbeitslosigkeit und der weiteren Minderung der Haushalteinkommen den beschleunigten Abfluss von Ressourcen aus Regionen jenseits der Prosperitätszentren.

Der Finanzexperte Bernard Lietaer vertritt die Auffassung, dass es angesichts der ungelösten gesellschaftlichen Fragen und der Störungsanfälligkeit der Finanzsysteme der Herausbildung lokal oder regional gebundener Alternativ- und Komplementärwährungen bedarf, die soziales Kapital generieren

---

Lange, Dietrich/Wallimann, Isidor (Hrsg.): Soziale Arbeit und Ökonomie. Neuwied, S. 182-183.

15 Rubin, Herbert J. (1994): There aren't going to be any bakeries here if there is no money to afford jellyrolls: The organic theory of community based development. In: Social Problems, Vol. 41, No. 3, August 1994, S. 411.

16 Kretzmann, John P./McKnight, John L. (1993): Building Communities from the inside out. Chicago, S. 288.

17 Douthwaite, Richard/Diefenbacher, Hans (1998): Jenseits der Globalisierung. Mainz, S. 132.

und es sozialproduktiv investieren.[18] Die Herausbildung eigenständiger Formen nachhaltigen Wirtschaftens erfordert eine eigene monetäre Ressourcenbasis, die den lokalen und regionalen Wirtschaftskreisläufen die Werterhaltung und Wertschöpfung gewährleistet. Neben Komplementär- und Alternativwährungen, die lokalen und regionalen Tausch aktivieren und stabilisieren, bedarf es gängiger Währung, die den Belangen des Gemeinwesens dient und es mit dem Marktsystem verbindet.

Geld hat also für die Belange des Gemeinwesens dienende Funktion. Die Finanzwirtschaft folgt einer anderen Logik. Geld wird eingesetzt, um mehr Geld zu erzielen. Es wird dort investiert, wo die höchste monetäre Rendite zu erzielen ist. Investitionsentscheidungen werden getroffen nach den Kriterien Rentabilität, Liquidität und Sicherheit. Bereits kleine und mittlere Unternehmen sind nach dieser Logik nicht „kreditwürdig". Wie sehr gilt dies erst für nicht „rentable" lokale Projekte und Unternehmen, die den Belangen des Gemeinwesens dienen? Diese können nicht mit Geld finanziert werden, das unter hohem Gewinnzwang steht.

Die Finanzierung von kleinen Unternehmen und sozialen Einrichtungen gewinnt mit dem Inkrafttreten der „Basel II" Richtlinien ab 2007 an Brisanz. Basel II wurde nach spektakulären Fehlinvestitionen zur Risikokontrolle für international tätige Großbanken entwickelt, doch diese Richtlinien erfordern zwingend eine Alternative für kleine und mittlere Unternehmen und lokale und regionale Banken und Sparkassen. Kreditkonditionen werden nach Basel II in Abhängigkeit von der Bonität des Kreditnehmers im Einzelfall geregelt. Gerade sozial und ökonomisch innovative Unternehmen gehen jedoch hohe Risiken ein und haben im Allgemeinen kein oder wenig Eigenkapital. Nicht nur AkteurInnen einer innovativen lokalen Ökonomie machen diese Richtlinien Sorgen. Gewerkschaften und Mittelstandsvereinigungen befürchten, dass die Kreditversorgung von kleinen und mittleren Unternehmen noch schwieriger wird. „Basel II" könnte auch Konjunkturkrisen verschärfen, denn die Banken müssen nach diesen Richtlinien gefährdeten Unternehmen die Kreditzinsen erhöhen und reiten sie damit erst recht in die Krise.

Die Enquete-Kommission „Globalisierung der Weltwirtschaft" des Bundestages stellt in ihrem Schlussbericht fest, dass die Globalisierung der Finanzmärkte den Zugang zu Kapital nicht verbessert und „die Verdrängung von regional tätigen öffentlichen oder öffentlich geförderten Sparkassen, Depot- und Kreditbanken oder dem genossenschaftlichen Sektor negative Wirkungen auf eine tragfähige Wirtschaftsstruktur"[19]hat. In Deutschland gehören mehr als 90 Prozent der Unternehmen zu den kleinen und mittleren und sie

---

18 Lietaer, Bernard A. (2002): Das Geld der Zukunft. München.
19 Deutscher Bundestag (2002): Schlussbericht der Enquete-Kommission: Globalisierung der Weltwirtschaft – Herausforderungen und Antworten. Drucksache 14/9200. Berlin, S. 89.

beschäftigen 70 Prozent der ArbeitnehmerInnen. Die Enquete-Kommission riet, die Kreditversorgung kleiner und mittlerer Unternehmen sowie privater Haushalte zu sichern und Basel II nicht zuzustimmen, wenn nicht sicher gestellt sei, dass die Vorgaben insgesamt nicht zu höheren Kreditbelastungen der Gesamtwirtschaft und der genannten KreditnehmerInnen führen.[20] Auch der Kommission der Europäischen Gemeinschaft ist dieses Problem bekannt. Sie regt in der Empfehlung an Rat und Parlament zur Förderung von Genossenschaften in Europa an, auf den nationalen Ebenen innovative Lösungen bei der Finanzierung von Genossenschaften zu erleichtern. Auf der Ebene der Europäischen Union sollten die vom Europäischen Investitionsfonds verwalteten Finanzierungsinstrumente für kleine und mittlere Unternehmen den Genossenschaften zugänglich gemacht werden.[21]

Im Genossenschaftssektor geht erneut Italien beispielhaft voran. Mit dem Gesetz Nr. 59 vom 31.1.1992 wurde die Möglichkeit eröffnet, dass das Vermögen liquidierter Genossenschaften sowie drei Prozent des zu versteuernden Jahreseinkommens agierender Genossenschaften in einen Gegenseitigkeitsfonds zur Förderung und Stabilisierung des sozialökonomischen Sektors eingezahlt werden. Auch in Frankreich und Großbritannien haben Genossenschaftsbewegungen eigene Investitionsfonds eingerichtet.[22]

Es ist also erforderlich, zur Finanzierung der Belange des Gemeinwesens eigene Wege zu gehen und eine eigenständige Ressourcenbasis zu kreieren. Geld für die Belange des Gemeinwesens müsste sich auszeichnen durch:

- einen geringen Rentabilitätsdruck,
- die Orientierung an gemeinschaftlichen Nutzenkriterien und
- eine geringe Mobilität.[23]

Diese Überlegungen sind keineswegs neu. Die Bereitschaft der Bürgerinnen und Bürger, Geld lokal zu kontrollieren, ist aus verschiedenen Gründen groß, aber nicht erwünscht, denn bürgerschaftliche Kontrolle steht der gewünschten Eigendynamik der Geldwirtschaft entgegen. Die Verlockungen des „neuen Marktes" in den 1990er Jahren haben dazu beigetragen, dass auch KleinstsparerInnen ihr Glück mit dem großen Geld gesucht haben. Sie mussten schmerzhaft dazulernen. Viele haben ihre privaten Rücklagen verloren oder sogar für ihre Einsätze Kredite aufgenommen. Neben den priva-

---

20 Vgl. ebd., S. 114.
21 Vgl. Kommission der Europäischen Gemeinschaften (2004): Mitteilung der Kommission an den Rat, das Europäische Parlament, den Europäischen Wirtschaftsrat und Sozialausschuss und den Ausschuss der Regionen über die Förderung der Genossenschaften in Europa. KOM (2004) 18 endg., S. 11.
22 Vgl. www.esfin-ides.com und www.cooperativeaction.coop (letzter Zugriff am 15. Juli 2006).
23 Vgl. Musil, Robert (2001): Geld, Raum und Nachhaltigkeit. Magisterarbeit an der Universität Wien, S. 70.

ten sind es zudem die öffentlichen Verluste, denn die Folgen von Fehlspe-kulation und Betrug sind vom Gemeinwesen zu tragen. Die großen Banken werden trotz des nicht bezifferbaren Schadens fortfahren, sich so zu verhal-ten, als sei nichts geschehen, solange private Haushalte und lokal eingebun-dene Unternehmen nicht bereit sind, „mit den Füßen abzustimmen". Die großen Banken ihrerseits tun dies bereits seit längerer Zeit. Sie sortieren Kunden, die nicht ausreichende Gewinne versprechen, aus und schließen ihre Filialen da, wo es sich nicht lohnt.

In der Frage, wie erste Schritte zur Schaffung eigenständiger Finanzie-rungsinstrumente im lokalen Kontext gegangen werden können, empfiehlt Richard Douthwaite zunächst die Zusammenstellung einer Gruppe fähiger und vertrauenswürdiger Leute zur Beratung, Unterstützung und Prüfung von Projekten und Unternehmen, die unterstützt werden sollten. Dies sei zunächst wichtiger als die Suche nach Kapital. Die soziale und ökologische Rendite eines Projektes solle gleichrangig bewertet werden. Eine eigenstän-dige Bank wäre eher als Beteiligungsunternehmen zu konzipieren. „Nur wenn genügend solcher alternativer Banken vorhanden sind, in die die Menschen das Vertrauen haben, auch ihre Ersparnisse zu ihrer Altersvor-sorge zu investieren, wird es möglich sein, dass eigenständige lokale Öko-nomien wirklich wieder neu entstehen."[24]

Die alte Idee der Bindung des Geldes an das Gemeinwesen wäre in unserer Zeit wieder leicht vermittelbar. „Die lokale Bindung von Geldanlagen und Kreditnahmen impliziert viele Vorteile. Das Gemeinwesen ist die optimale Bezugsgröße, in der Menschen die Wirkungen von Investitionen und Desin-vestitionen unmittelbar nachvollziehen können. (...) Es fördert verantwort-lichen Umgang mit Geld und das Interesse an der Mitentscheidung über In-vestitionen im Gemeinwesen. (...) Die Selbstbestimmung über den Einsatz des eigenen Geldes, die Kontrolle über Investitionen durch territoriale Bin-dung wären Gewichte, die Bürgerinnen und Bürger zugunsten lokaler und regionaler Banken auf die Waage legen können, wenn sie dürfen. Eben dies können sie in Deutschland nicht."[25] Cooperative Credit Unions, Commu-nity-Development Credit Unions oder Sparvereine, wie sie in Kanada, Aus-tralien, USA oder verschiedenen Ländern Europas zur Stärkung einer Re-gion von Bürgerinnen und Bürgern gegründet wurden, sind in Deutschland nicht zugelassen. Nach §3 des Kreditwesengesetzes (KWG) ist in Deutsch-land das so genannte „Zwecksparen" verboten.

---

24 Douthwaite, Richard/Diefenbacher, Hans (1998): a.a.O., S. 180.
25 Elsen, Susanne (1998): Gemeinwesenökonomie. Neuwied, S. 249-250.

6.1 Die letzte Bastion Wilhelm Raiffeisens

Sparvereine sind keineswegs überkommene Formen der Selbsthilfe. Die Sparerbewegung wurde z.b. nach den Einschränkungen der Bargeldauszahlungen in Argentinien seit Anfang 2001 eine der stärksten Selbsthilfebewegungen und Ausgangspunkt der Stadtteilorganisationen (assembleas barreales).

Wilhelm Raiffeisens Selbsthilfekasse ist Vorbild von Sparvereinen und Kreditgenossenschaften weltweit. Raiffeisen, Bürgermeister des kleinen Dorfes Weyerbusch im Westerwald, gründete 1845 einen „Hülfsverein zur Unterstützung unbemittelter Landwirte" und 1846 den Verein zur „Selbstbeschaffung von Brod und Früchten". Er unterstützte damit die Bauern, die durch Wucherkredite von den großen Geldinstituten nach Missernten und Hungersnöten in den Ruin getrieben wurden[26].

Im Heimatland des Urmodells der Sparvereine kämpft der „einzige antikapitalistische Bankdirektor Deutschlands"[27] um Raiffeisens Idee – auch gegen den Verbund der Raiffeisenbanken. Seine Tapferkeit in diesem Kampf machte Fritz Vogt zum Medienstar. Das Münchener Werkstattkino zeigte im August 2004 den Dokumentarfilm „Schotter wie Heu", der ihm gewidmet ist. Vogt, der heute 76-jährige Leiter der kleinsten deutschen Bank, kämpft seit Jahrzehnten verbissen und bisher erfolgreich gegen Übernahmen, Fusionen, teure Investitionen und insbesondere für die Erhaltung der Idee seiner Raiffeisenkasse – Friedrich Wilhelm Raiffeisens Idee der Selbsthilfe und Selbstverantwortung.

Die Genossenschafts- und Raiffeisenbanken in Deutschland haben sich längst den „Sachzwängen" der globalen Finanzmärkte gebeugt. Nicht so Fritz Vogt. „(...) Heute sind die kleinen Leute dem Großkapital fast wieder so ausgeliefert wie damals."[28] Vogts kleine Kasse in Gammesfeld bei Rothenburg ob der Tauber hat 600 Kunden. Vogt arbeitet alleine, ohne Faxgerät und Computer, in seiner Filiale steht Mobiliar aus den 1960er Jahren. Dass neue Investitionen seine Kunden zahlen müssten, ist für Vogt nicht in Ordnung und auch nicht notwendig. „Ich sehe ja ein, dass man in der Raumfahrt einen Computer braucht. Aber was in einer Bank abgeht, ist dermaßen einfach: Einer hat Geld, der bringt es zur Bank. Der andere braucht welches und holt es sich ab."[29]

Der konsequent wirtschaftliche Umgang mit dem Geld seiner Kunden bringt diesen überzeugende Vorteile: Für Guthaben auf dem Girokonto bekommen sie drei Prozent Zinsen – die deutsche Bank zahlt ein Sechstel da-

---

26 Kreisverwaltung Altenkirchen – Kreisarchiv (Hrsg.) (1988): Friedrich Wilhelm Raiffeisen. Altenkirchen.
27 Rühle, Alex: Kampf der Raiffeisenkasse. In: Süddeutsche Zeitung vom 30. Juli 2004.
28 Fritz Vogt, zit. nach Rühle (2004).
29 Ebd.

von. Ein Kredit kostet in Gammesfeld vier Prozent und die Kontoführung ist kostenlos.

Vogt beweist gegen alle Gerichtsverfahren, dass man so mit Geld umgehen kann, dass es den Menschen und dem Gemeinwesen dient. Derzeit kämpft er gegen das Bundesamt für Finanzdienstleistungen, welches mit einer neuen Regelung zum Tod kleiner, nicht primär profitorientierter Kreditinstitute beitragen wird. Bisher zahlte jede Bank jährlich 0,07 Prozent ihrer Bilanzsumme als Gebühr. Das war für die Raiffeisenkasse Gammesfeld bis 2003 ein Betrag von ca. 100 Euro. Zukünftig sollen alle Banken, egal wie viel sie umsetzen, einen Grundbetrag von 4.000 Euro zahlen. Vogt weigert sich. Es wird einen weiteren Prozess geben und Vogt kann nicht in den Ruhestand gehen.

6.2 Community-Development Credit Unions

Raiffeisens Tradition des bürgerschaftlichen Engagements zur Bereitstellung, Erhaltung und Mehrung dienenden Kapitals für das Gemeinwesen und seine Bürgerinnen und Bürger lebt fort in den Cooperative Credit Unions, die in USA, Kanada und Großbritannien wichtige Funktionen für die Aufrechterhaltung und Rekonstruktion des Gemeinwesen übernehmen. Seit den 1970er Jahren hat sich ein ganzes Spektrum selbsthilfebasierter und gemeinwesenbezogener Finanzierungsinstrumente herausgebildet. Zu ihnen zählen Community-Development banks, foundations, direct contributions, micro-loan funds, Community-Development Loan funds und Community Credit Unions.[30] Sie alle verfolgen das Ziel, nicht kreditwürdigen Menschen und Gemeinwesen die finanziellen Mittel zur Verfügung zu stellen, die diese brauchen, um wieder Kontrolle über wichtige Bereiche ihres Lebens zu gewinnen und die Gemeinwesen zu revitalisieren, die durch Desinvestition in eine soziale und ökonomische Abwärtsspirale geraten sind.[31] "The most important characteristic these institutions share is a mission to work towards the economic development of a community and its residents (...) They target a specific geographical area, use credit as a tool for revitalization and empowerment, provide technical assistance and education on financial matters, and work in partnership with other community organizations."[32]

Die „International Association of Investors in the Social Economy" (INAISE) mit Sitz in Brüssel verbindet weltweit über drei Dutzend der größeren Institutionen in diesem Bereich untereinander. Eine der bekanntesten ist „Mercury Provident", die „Bank ohne Geld", wie die Gründer sie bezeichnen. Sie verbinden Verleiher und Leihende aus dem Bereich der sozia-

---

30 Vgl. Kretzmann, John, P./McKnight, John L. (1993): a.a.O., S. 293f.
31 Vgl. Elsen, Susanne (1998): a.a.O., S. 248f.
32 Douthwaite, Richard (1996): Short Circuit. Dublin, S. 153f.

len Ökonomie durch direkten Kontakt.[33] Dies ist eines der Spezifika alternativer Finanzierungssysteme mit sozialer Zielsetzung. Die Anonymität zwischen Kreditnehmenden und Kreditgebenden wird aufgehoben und ein Höchstmaß an Transparenz über die Situation beider hergestellt, was die gegenseitigen Verbindlichkeit und das Vertrauen stärkt.

Von besonderem Interesse sind die auf die Gemeinwesenentwicklung spezialisierten sozialen Banken. "Community-Development Credit Unions have made lending available to individuals, normally shut out of the financial market for the start-up or expansion of business, the purchase or remodeling of homes, or for education."[34] Neben Krediten für Individuen werden über die Communitybanks auch Projekte von Organisationen der Gemeinwesenentwicklung finanziert.

Diese Banken sind meist kooperative Verbünde, die ihre Ressourcen – Geld, Bürgerschaftliches Engagement und Einfluss – bündeln, um ihre gemeinsamen Ziele zu verfolgen. "In every case, a cooperative effort was needed to start a democratically-controlled local financial institution that could and would respond to particular credit and banking needs of low-income communities."[35] Erfolgreiche Credit Unions nutzen die Heterogenität der sozialökonomischen Lagen der örtlichen Bevölkerung im Sinne solidarischer Brücken. Geschäftsleute und Mitglieder der Mittelklasse erhöhen mit ihren Einlagen die Möglichkeiten. Sie sind zudem als Volunteers wichtig. Sie müssen ihr Kapital im eigenen Gemeinwesen generieren und dürfen nur innerhalb der Grenzen dieses Gemeinwesens Kredite vergeben. Nur 20 Prozent der Einlagen dürfen externe Mittel sein. Diese Einschränkung wurde Mitte der 1990er Jahre gemacht (als sich erwies, dass die lokalen Kreditsysteme höchst erfolgreich sind) und stellt nun eine große Hürde für arme Gemeinwesen dar. Es sind insbesondere Kirchen, Stiftungen oder solidarische Sponsoren, die Geld von außen zur Förderung benachteiligter Gemeinwesen einbringen.

Community-Development Loan Funds (CDLFs) und Community-Development Credit Unions (CDCUs) unterstützen und fördern nicht nur die Gemeinwesenentwicklung finanziell, sondern sind selbst Akteure dieses Prozesses. Sie regen an und vernetzen, unterstützen soziale Initiativen, beraten und führen Bildungsveranstaltungen mit Bezug zur Lebenssituation der Menschen im Gemeinwesen durch. So reagierte beispielsweise die vor 20 Jahren gegründete Syracuse Cooperative Federal Credit Union auf den starken Zuzug von Latinos: Ihr Newsletter hat spanische Beiträge und spanisch sprechende Zuwanderer arbeiten als Volunteers, um ihre Landsleute einzubeziehen. Innerhalb der vergangenen fünf Jahre hat sich der Anteil der Lati-

---

33 Vgl. Conaty, Pat (1996): Das Geld vom Herrn zum Diener machen. In: Stiftung Bauhaus Dessau (Hrsg.): Wirtschaft von unten. Dessau, S. 185f.
34 Kretzmann, John, P./McKnight, John L. (1993): a.a.O., S. 295.
35 Ebd.

nos unter den Mitgliedern der Credit Union auf ca. zehn Prozent erhöht. Das entspricht ihrem Anteil an der Bevölkerung. Diese Genossenschaftsbank hat eine eigene Kreditkarte mit dem Namen „Common Cents". Sie stärkt die lokale Wirtschaft und sponsert lokale Einrichtungen, deren Bezugsberechtigung demokratisch festgelegt wurde. Dazu gehören u.a. das Community-Radio, das Community-Center, die Civil Liberties Union, ein Jugendprojekt und verschiedene andere soziale und kulturelle Initiativen.[36]

Die Vergabe von Krediten in benachteiligten Stadtteilen ist für die Kreditgeber nicht die riskanteste Anlagemöglichkeit. Der Erfolg der Investitionen englischer Community-Development Loan Funds (CDLF) in dem Bereich des „sozialen Wohnungswesens, der Kreditvergabe für nicht-profitorientierte Organisationen sowie der Unterstützung von Kleinstgewerbe ist ähnlich wie bei Kreditgenossenschaften hoch einzuschätzen, die Verlustrate liegt unter einem Prozent."[37]

In den USA legt das „Community Reinvestment"-Gesetz von 1973 fest, dass Banken eine soziale Verantwortung gegenüber den Sparern und Kreditnehmern im lokalen Bereich haben, in dem ihre Zweigstellen niedergelassen sind. Was aber, wenn diese Filialen geschlossen werden? Richard Douthwaite stellt überzeugend dar, wie die South Shore Bank, Chicago – ein hoffnungsloses Gemeinwesen transformieren kann. Er geht aus von der These dass Desinvestition und Ressourcenabfluss, Schritte hin zur Schaffung und Schließung von lokalen Wirtschaftskreisläufen erfordern (short circuits). "In deteriorating neighbourhoods, capital flows out of the area; people cease upgrading their homes, and landlords fail to maintain their buildings; property values fall; store owners quit investing in their business and close or move; and neighbourhood residents lose hope, stop investing effort in education and developing work skills, and fall into unemployment. (…) Revitalizing such neighbourhoods requires recognition that disinvestment is itself a market phenomenon and, consequently, will only be reserved by fundamentally reinvigorating neighbourhood markets."[38]

Der South Shore District am Lake Michigan war in den 1940er und 1950er Jahren eines der beliebtesten Wohngebiete der Stadt. Bis in die späten 1960er Jahre war es ein Wohngebiet der weißen Mittelklasse. Nur zehn Jahre später – die weiße Mittelklasse zog nach und nach in die Vorstädte – hatte South Shore einen Anteil von 70 Prozent schwarzer Bevölkerung. Mit den weißen Einwohnern gingen auch die Banken und 1973 gab es nur noch drei Banken für 78.000 Menschen. Zwei waren schlecht geführt und wurden von einem Treuhänder der Regierung geschlossen. Die dritte, die South Shore Bank, arbeitete so erfolgreich, dass sie den Antrag stellte, eine Ge-

---

36 Vgl. die Website der Syracuse Cooperative Federal Credit Union
www.syrcoopfcu.org (letzter Zugriff am 15. Juli 2006).
37 Conaty, Pat (1996): a.a.O., S. 190.
38 Douthwaite, Richard (1996): a.a.O., S. 150f.

schäftsstelle im Zentrum von Chicago eröffnen zu können, um dann die Filiale in South Shore zu schließen. Von den 33 Millionen Dollar aus South Shore Einlagen flossen nur 120.000 Dollar als Kredite an die BewohnerInnen des Stadtteils zurück. In einen Stadtteil, von dem man befürchtete, dass er zum Slum werde: "Essentially, Chicago's banks had made a self-fulfilling prophecy: because they expected South Shore to decline, they refused to lend in the area, thus making certain that the predicted decline would occur."[39] 1973 kam die Wende: Die Bank wurde verkauft und von einem jungen idealistischen Team geleitet, das in einer anderen Bank gute Erfahrungen mit sozial gebundenen Investitionen gemacht hatte.

Der Leiter des neuen Bankerteams, berichtete über seine ersten Tage in der South Shore Bank: Zunächst habe er den „Speiseraum des Direktors" geschlossen, so dass alle MitarbeiterInnen im gleichen Raum speisten. Dann wurden alle MitarbeiterInnen der Kreditabteilungen zusammengerufen und man sagte ihnen, dass sie von nun an die Kreditvergabe im Stadtteil South Shore weniger restriktiv handhaben sollten. Zudem passte sich die Bank bei den Öffnungszeiten den Quartierbewohnern an: "The bank was profitable but its previous management just had not understood the changes taking place in the area. For example, the bank closed early each afternoon, preventing working people using it. We went round to all the voluntary organizations in the district (...) in order to learn from them."[40] Ausschlaggebend für die Verabschiedung des Community Reinvestment Gesetz von 1973 durch den Kongress war der Erfolg der South Shore Bank im Bereich der integrierten Sanierung benachteiligter Wohngebiete. Es wurden Darlehen zur Erhaltung und Renovierung der besseren Bausubstanz in South Shore zur Verfügung gestellt. Das war bemerkenswert, weil diese Häuser innerhalb eines der „red-lined districts" lagen –Wohngebiete, die als "very high-risk" Bereiche für die Vergabe von Krediten gekennzeichnet waren. Das war vier Jahre, bevor die South Shore Bank, die nun über die notwendige finanzielle Stärke verfügte, anfing, in die Sanierung hoch verdichteter und heruntergekommener Mietwohnanlagen zu investieren: "Once the bank felt able to lend on apartment blocks it concentrated on several close together in a part of South Shore where their renovation would be most obvious, to try to change the inhabitants' perception of the area. By the end of 1993 the bank had financed the renovation of more than nine thousand flats, over a third of the total in the entire district."[41]

Der Erfolg dieser Praxis ist auch auf den Umfang der eingesetzten Mittel zurück zu führen. Andere Banken wären, so Douthwaite, ebenso wie öffentliche Programme wenig erfolgreich, da sie eben nicht genug investiert hätten. Dieses Argument ist durchaus einleuchtend: Die Sanierung eines Teil-

---

39 Ebd.
40 Ebd., S. 151.
41 Ebd.

bereiches innerhalb eines Gemeinwesens mit besonderem Entwicklungsbedarf führt zur Bildung einer Insel, die in der Brandung nicht lange bestehen kann. Erst die flächendeckende Sanierung bringt Erfolg. Deutschland und einige andere europäische Länder haben in diesem Bereich einen erheblichen Entwicklungsbedarf. Eine Nische haben sich in Deutschland die anthroposophischen Banken in Form von Finanzierungsgemeinschaften geschaffen und die Hamburger TRION-Genossenschaft vermittelt nach dem Vorbild von Mercury Provident zwischen Kreditgebern und Kreditsuchenden. Beide Ansätze sind jedoch der klassischen sozialstaatlichen Klientel nicht zugänglich.

Abschließend soll noch ein brückenbildendes Nord-Süd-Modell für lokale Projektfinanzierung vorgestellt werden. Die Ecumenical Development Cooperative Society (EDCS), eine weltweit agierende Kreditgenossenschaft, wurde 1975 vom Ökumenischen Rat der Kirchen gegründet. Sie unterstützt die Starthilfe kleiner alternativer Unternehmen im Bereich fairer Handel, landwirtschaftlicher und handwerklicher Produktion sowie Projekte im Bereich Stadtentwicklung und Umweltschutz. 1996 verwaltete die EDCS ein Anteilskapital von 150 Mio. DM und arbeitete mit 240 Partnerorganisationen in 60 Ländern zusammen. Mitglieder der Kreditgenossenschaft sind kirchliche Institutionen auf der ganzen Welt und 30 Förderkreise mit insgesamt ca. 18.000 Personen. Für die AnlegerInnen erfüllt diese Bank die Kriterien des ethischen Investments.

Die dargestellten speziellen Finanzierungsformen für die Belange des Gemeinwesens sind insbesondere deshalb so wichtig, weil sie gegenüber dem herkömmlichen Kreditwesen auf der Basis anderer Kriterien der „Bonität" und Kreditwürdigkeit agieren und diesen eine politisch hochbrisante Analyse zugrunde legen:

- Der Marktmechanismus selbst erzeugt das Problem der Desinvestition.
- Desinvestition verursacht weitere ökonomische und soziale Kosten.
- Die kumulativen Folgen sind weder mit Hilfe des Marktmechanismus alleine noch mit Hilfe individuumszentrierter Sozialpolitik oder Sozialer Arbeit zu lösen.
- Desinvestitionsfolgen in einem Gemeinwesen kann nur mit erhöhter Investition in humanes, soziales und ökonomisches Kapital begegnet werden.
- Herkömmliche Banken befriedigen die Belange des Gemeinwesens nicht.

Investitionen in die arbeitsplatzwirksame Infrastruktur des Gemeinwesens bewirken einen Zugewinn an materiellem Kapital und zeitigen Wirkungen auf den Ebenen des Human- und Sozialkapitals.

6.3 Neue Stiftungen – verlässliche Finanzierungsquellen für das Gemeinwesen?

Das sich ausweitende Stiftungswesen in Europa,[42] insbesondere die wachsende Zahl von „Bürgerstiftungen", ist im Zusammenhang mit dem Rückzug des Staates aus der sozialen Versorgung sowie der öffentlichen Finanznot zu sehen.[43] Auf dem Markt der Institutionen, die um SpenderInnen werben, sind nach Angaben des Deutschen Zentralinstituts für soziale Fragen zwischen 14.000 und 80.000 Akteure tätig.[44] In einem harten Verdrängungswettbewerb kümmern sich professionell geschulten Fundraiser um „Erbschaftsmarketing" und bedienen die Marktlücke, die sie im Spendensammeln entdeckt haben.[45] Nach Schätzungen der Datenbank des deutschen Stiftungswesens[46] existieren derzeit in Deutschland ca. 9000 Stiftungen.[47]

Im modernen Stiftungswesen dominieren Förderstiftungen gegenüber dem alten operativen Stiftungstyp klassischer Anstaltsstiftungen.[48]Sie verstehen sich als konzeptionell arbeitende Einrichtungen, die Projekte mit exemplarischem Charakter durchführen.[49] Durch das Gesetz zur Modernisierung des Stiftungsrechts 2002 und die Reform des Stiftungssteuerrechtes in Deutschland 2000 wurden Gründungen vereinfacht und die steuerliche Absetzbarkeit von Zuwendungen verbessert und damit der Anreiz für Zustiftungen und Einzelstiftungen erhöht.[50]

Stiftungen sind die klassische Form, in der dem Stifterwillen durch die Ausstattung mit einem Vermögen nachhaltige Wirkung verliehen wird.[51] Die Festschreibung des Stifterwillens hat formal hohe Verbindlichkeit, denn nach einer wirksam gewordenen Stiftung ist das gewidmete Vermögen für

---

42 Vgl. Neue Zürcher Zeitung vom 21. August 2000.

43 Vgl. Merkle, Hans L. (2001): Bürgerengagement und Stiftungsidee. In: Schuster, Wolfgang/Dettling, Warnfried (Hrsg.): Zukunft Stadt. Stuttgart, Leipzig, S. 237.

44 Vgl. Süddeutsche Zeitung vom 20. Dezember 2002.

45 Ein Drittel der Erblasser in Deutschland hat nach Einschätzung der Bundesarbeitsgemeinschaft Sozialmarketing (BSM) der deutschen Fundraiser keine gesetzlichen Nachkommen.

46 Der Bundesverband Deutscher Stiftungen hat eine umfangreiche Datenbank zum deutschen Stiftungswesen erstellen lassen, welche kontinuierlich aktualisiert wird. Vgl. Brummer, Elisabeth (Hrsg.) (1996): Statistiken zum deutschen Stiftungswesen, Maecenata Management, München.

47 Vgl. Münkner, Hans-H. (2000): Unternehmen mit sozialer Zielsetzung. Neu-Ulm, S. 61.

48 Vgl. Toepler, Stefan (2000): Organisations- und Finanzstruktur der Stiftungen in Deutschland. In: Zimmer, Annette/Nährlich, Stefan (Hrsg.): Engagierte Bürgerschaft. Opladen, S. 218.

49 Vgl. Bertelsmann Stiftung (1992): Tätigkeitsbericht 1992. Gütersloh, S. 62.

50 Das Gesetz trat am 1. September 2002 in Kraft. Vgl. Regierung von Oberbayern (2002): Leitfaden für die Errichtung einer Stiftung. München.

51 Vgl. Sprengel, Rainer (2000): Stiftungen und Bürgergesellschaft. In: Zimmer, Annette/Nährlich, Stefan (Hrsg.): Engagierte Bürgerschaft. Opladen, S. 240.

den Stifter nicht mehr reprivatisierbar. Der patrimonialen Logik des Gebens entspricht die undemokratische Organisationsform der Stiftung.

6.3.1 „Mäzenatentum light" – Bürgerstiftungen

Der Bundesverband der Volksbanken und Raiffeisenbanken empfiehlt Unternehmen aus steuerlichen Gründen Bürgerstiftungen, da diese staatlich gefördert würden. Zu diesem Zweck sollten Unternehmen das Startkapital für eine Stiftung einbringen und dann ihre Kontakte nutzen, um „Zustifter" zu finden, die das Stiftungskapital erhöhen. Politik und Wirtschaft sollten zwar sozial eingebunden sein, die Verantwortung müssten aber die Bürgerinnen und Bürger selbst übernehmen.

Gegenüber dem herkömmlichen unternehmerischen „Corporate Giving" beinhaltet diese Empfehlung die Möglichkeit, demokratischere Modelle, insbesondere im Bereich der sozialen Ökonomie, zu fördern. Ein Transfer von Mitteln über lokale Stiftungen aus kapitalintensiven Unternehmensbereichen hinein in die Entwicklung und Förderung des Sektors der arbeitsintensiven sozialen Ökonomie könnte so gedacht werden.

Sind Community-Foundations („Bürgerstiftungen") prinzipiell demokratischere und verlässliche Finanzierungsquellen für die Belange des Gemeinwesens in Zeiten leerer Kassen? Bürgerstiftungen sind nicht grundsätzlich neu, sondern sie knüpfen am traditionellen Stiftungswesen an, das geprägt wurde von wohlhabenden Bürgerinnen und Bürgern, die innerhalb ihrer Gemeinden ihren partikularen Vorstellungen durch Stiftungsgründungen Wirkungen verliehen. Sie sind aber im Gegensatz zu den traditionellen privaten Stiftungen keine reinen Instrumente der Wohltätigkeit großer Unternehmen oder reicher StifterInnen, die nach persönlichen Ideen Projekte fördern.

Die Idee der „Bürgerstiftung" besteht darin, neue Finanzquellen und bürgerschaftliches Engagement für soziale und kulturelle Zwecke in einem lokalen Raum zu verbinden und durch den Aufbau von Stiftungskapital und gemeinwohlorientierte Aufgaben zu fördern, damit diese unabhängiger von staatlichen Mitteln und kurzfristigem privaten Sponsoring werden. Alle Bürgerinnen und Bürger eines begrenzten Umfeldes sollen mit kleinen Beträgen zu Spendern und Spenderinnen werden können und durch Zustiftungen von Unternehmen und GroßspenderInnen soll das Stiftungsvermögen vermehrt werden. Wer Geld zustiften, jedoch selbst unmittelbar über die Mittelverwendung entscheiden möchte, hat die Möglichkeit einer Unterstiftung.[52]

---

52 Vgl. Forum Deutscher Stiftungen (2002): Bürgerstiftungen in Deutschland. Band 15. Berlin.

Kriterien wurden in Anlehnung an die Definitionen des „Transatlantic Community Foundation Network" definiert,[53] z.b. die Unhängigkeit von Regierungen, politischen Institutionen, Spendern oder anderen Organisationen.[54] Auf europäischer Ebene fördert das European Foundation Centre (efc) die Anpassung der rechtlichen und steuerlichen Möglichkeiten zur Förderung des Stiftungswesens in Europa.[55]

Community Foundations entstanden zu Beginn des 20. Jahrhunderts in den USA. Die älteste ist die 1914 in Cleveland gegründete Community Foundation. In den Vereinigten Staaten gibt es heute mehr als 600 dieser Stiftungen mit einem Vermögen von mehr als 25 Milliarden Dollar.[56] In Deutschland entstanden seit den ersten Gründungen 1996/1997 ca. 100 Bürgerstiftungen.[57] Stiften ist im Rahmen einer Bürgerstiftung kein anonymes Geben für einen abstrakten Zweck, losgelöst von der Lebenswelt des Gebenden. Bürgerstiftungen ermöglichen Mäzenatentum im Kleinen und eröffnen die Möglichkeit, „GönnerIn" für „die gute Sache" zu sein.

Aber: Hoffnungen in Bürgerstiftungen als unabhängige und demokratische Finanzierungsquellen für die Belange des Gemeinwesens sind aus vielen Gründen fehl am Platz. Bürgerstiftungen sind keineswegs demokratische Alternativen, denn die staatliche Unabhängigkeit der Stiftungen bedeutet für die NutznießerInnen nicht zwangläufig einen Zugewinn an Freiheit. Die Logik der Hilfeform perpetuiert, wie Böhnisch und Schröer darstellen,[58] nicht nur das patrimoniale Gönnen traditioneller Stiftungen, sondern sie vertieft und verbreitet die Kluft zwischen den Bürgerinnen und Bürgern,

---

53 Vgl. Bertelsmann Foundation (Hrsg.) (1999): Bürgerstiftungen in der Zivilgesellschaft. Gütersloh.

54 Wie wichtig diese Forderung ist, zeigt die missbräuchliche Verwendung des Begriffs „Bürgerstiftung" durch die politischen Parteien, die vermittels ihrer Ratsfraktionen in Ulm eine solche Institution geschaffen haben. Bürgerinnen und Bürger werden zu Spenden und Zustiftungen aufgefordert, doch diese Stiftung unterliegt weder der Kommunalaufsicht noch der Gemeindeordnung.

55 Community Foundations kommen aus der Perspektive des efc tragende Rollen in der Stärkung des sozialen Kapitals auf lokaler Ebene zu: "The response to a crisis in local project and service funding offered by the community foundation model as a locally accountable source of permanent funds available for changing priority needs and reinforcement of philanthropy by bringing it within the reach of more people and more companies, encouraging and helping them to give constructively and strategically." European Foundation Centre (1997): Annual General Assembly and Conference Report. Brussels, S. 20.

56 Vgl. Nährlich, Stefan: Gemeinsam mehr erreichen. In: Volksbanken und Raiffeisenbanken. Verlagsbeilage zur Frankfurter Allgemeinen Zeitung vom 10. September 2002.

57 Vgl. Netzwerke Deutschland: Arbeitskreis Bürgerstiftung im Bundesverband Deutscher Stiftungen, Berlin. International: Transatlantic Community Foundations Network, Bertelsmann Stiftung, Gütersloh.

58 Böhnisch, Lothar/Schröer, Wolfgang (2002): Die soziale Bürgergesellschaft. Weinheim, München, S. 55.

die von ihrem ökonomischen und kulturellen surplus den Bedürftigen etwas abgeben, die diese freiwilligen Wohltaten entgegennehmen (müssen). Diese Logik erzeugt und verfestigt die Asymmetrie zwischen den Mitgliedern des Gemeinwesens, die bürgerschaftliche Teilhaberechte aktiv ausüben und denjenigen, denen freiwillig, situativ und partikular Unterstützung gewährt wird. Bürgerinnen und Bürger zahlen nicht nur hohe Steuern, Abgaben und Sozialleistungen, und sollen zunehmend ihre eigenen gesundheitlichen, sozialen und lebenszyklischen Risiken privat absichern. Nun soll ihnen das Privileg des Mäzenatentums für die „gute Sache" eröffnet werden.

Auch die Hoffnung auf verlässliche alternative Finanzierungsquellen für soziale Aufgaben scheint nicht gerechtfertigt. Gerade die schwierige Wirtschaftslage scheint kein guter Nährboden für Stiftungslösungen zu sein. Die Einnahmen der Stiftungen brechen derzeit weg, weil sich das eingesetzte Vermögen am Kapitalmarkt kaum vermehrt. Auch politische Signale zeitigen rasch Wirkung. Im Herbst 2002 plante der Bundesfinanzminister den Spendenabzug für Körperschaften abzuschaffen.

Sind Bürgerstiftungen generell als Institutionen für die Gestaltung des Sozialen zu vernachlässigen? Nein, Bürgerstiftungsmodelle könnten in einer sozialpolitischen Einbindung sehr wohl zu interessanten Partnern für innovative Projekte und sozialökonomische Unternehmen im lokalen und regionalen Raum werden. Sinnvoll wäre ihre Ausgestaltung als „Innovations- und Entwicklungsfonds", durch den materielle und immaterielle Ressourcen für nachhaltige soziale und ökonomische Projekte und Unternehmen zur Verfügung stehen, um damit die Voraussetzungen gesellschaftlicher Teilhabe benachteiligter und ausgegrenzter BürgerInnen zu fördern.[59] Die Bereitstellung von Start- und Risikokapital ebenso wie von Wissen und Engagementbereitschaft der Bürgerinnen und Bürgern könnte den Sektor der sozialen Ökonomie stärken. Dieser Entwicklungsfonds könnte einerseits in vergleichbarer Weise wirken wie Community-Credit-Systems[60] und andererseits bürgerschaftliches Engagement als nicht monetäre Ressource mit gleichem Ziel koordinieren. Das Problem besteht jedoch darin, dass gerade in benachteiligten Gebieten diesen auf Freiwilligkeit sowie ausreichender Ressourcenbasis sich gründenden bürgerschaftlichen Fonds die Voraussetzungen fehlen.

6.3.2 Die italienischen Bürgerstiftungen

Mit dem entsprechenden Kapitalstock und der Vorstellung, innovative lokale Lösungen zu fördern, können Bürgerstiftungen durchaus etwas im Gemeinwesen bewegen. Als Beispiel seien die italienischen Bürgerstiftungen

---

59 Vgl. Mutz, Gerd: Das Münchener Modell. Auf www.socialscience.de (letzter Zugriff am 15. Juli 2006).
60 Vgl. Elsen, Susanne (1998): a.a.O., S. 248f.

genannt. Die Gründungswelle der Stiftungen in den vergangenen 15 Jahren ist auf die Privatisierung der ehemals staatlichen Banken im Jahr 1987 zurückzuführen. Quasi über Nacht wurden in Norditalien rund 80 gemeindeorientierte Bankenstiftungen mit einem Vermögen von ca. sieben Milliarden DM gegründet.[61] Die Gremien der neuen Bankenstiftungen mussten nach den Vorgaben mit politisch unabhängigen Vertretern besetzt werden. Die Gründungen gaben dem gemeinnützigen Sektor, insbesondere den lokalen Genossenschaften und Sozialgenossenschaften, Auftrieb.

Die wirkungsvollsten Stiftungen sind der Lombardische Sparkassenverband Cariplo. Cariplo ist die größte Stiftung Italiens mit einem Vermögen von heute ca. sieben Milliarden Euro, die aus der Privatisierung der Cassa die Risparmio der Lombardei stammen. Sie fördert jährlich gemeinnützige Projekte mit ca. 130 Millionen Euro in der ganzen Lombardei. Auf der Suche nach einem eigenen Profil wurde der Typus der Bürgerstiftung gewählt, der einen starken Bezug zur jeweiligen Lokalität hat. Die Cariplo-Stiftung fördert Bürgerstiftungen in der Lombardei und stößt Gründungen mit finanzieller Unterstützung, Beratung und Vernetzung an. Die finanzielle Unterstützung der Gründung durch Cariplo erfolgt durch die Bereitstellung eines Grundstockvermögens in Höhe von ca. fünf Millionen Euro. Die Zinsen dieses Vermögens erhält die jeweilige Bürgerstiftung zur Unterstützung gemeinnütziger Projekte.[62] Cariplo unterstützt eine Vielzahl kleinerer lokal eingebundener Projekte, die von Vereinen, Nichtregierungsorganisationen und Initiativen über Projektvorschläge an die Gemeinden beantragt werden. Voraussetzung für die Förderung ist, dass die Vorhaben den BewohnerInnen der Gemeinde zugute kommen.[63]

6.3.3 Eine Stiftung für sozialen Wandel und soziale Bewegung

Mit ihren demokratischen Strukturen und Zielsetzungen ist die im Jahr 2002 gegründete „Bewegungsstiftung"[64] in verschiedener Hinsicht für Deutschland ein Novum. Nicht die Stifterinnen und Stifter selbst geben sich eine omnipotente Stellung, sondern ein paritätisch besetzter Stiftungsrat entscheidet über die Förderpolitik der Stiftung. Dabei kommt auch die Intention zum Ausdruck, die Begegnung zwischen StifterInnen und ZuschussnehmerInnen auf gleiche Augenhöhe zu bringen. Die geförderten Projekte selber sind mit einem Sitz, VertreterInnen aus der Wissenschaft mit Blick

---

61 Vgl. Ripp, Winfried (2000): Bürgerstiftungen. In: Soziale Arbeit, 49. Jahrgang, Heft 10-11, 2000.

62 Vgl. Casadei, Bernardino (2000): Bürgerstiftungen und die Kultur des Gebens in Italien. In: Bundesverband Deutscher Stiftungen: Forum Deutscher Stiftungen. Band 7. Berlin, S. 125.

63 Vgl. Neue Zürcher Zeitung vom 21. August 2000.

64 Vgl. www.bewegungsstiftung.de (letzter Zugriff am 15. Juli 2006).

auf soziale Bewegungen ebenso wie Personen des öffentlichen Lebens mit je zwei Stimmen im Rat vertreten.

Ziel der Stiftung ist es, soziale Bewegungen darin zu unterstützen, ihre Arbeit effizient und erfolgreich zu gestalten und beispielsweise die Fluktuation engagierter und kompetenter Aktivistinnen aufgrund der Notwendigkeiten der eigenen Existenzsicherung für eine gewisse Zeit zu verhindern. Einer der Förderschwerpunkte ist deshalb das Patenschaftsprojekt „BewegungsarbeiterInnen". AktivistInnen erhalten von PatInnen über die Stiftung die finanziellen Mittel, um sich ganz ihrer Arbeit am sozialen Wandel widmen zu können. Derzeit sind sieben BewegungsarbeiterInnen auf diese Weise tätig. Darüber hinaus fördert die Bewegungsstiftung Vernetzung, Fortbildung und Kommunikation von Bewegungen, schult und berät in den Bereichen Fundraising, Öffentlichkeitsarbeit und Qualitätssicherung und veranstaltet Tagungen zu relevanten Themen. Mit dem Trainingsprogramm „Movement Action Success Strategy", das auf Erkenntnissen der Bewegungsforschung basiert, schult sie BürgerInnen für konkretes politisches Handeln im Kontext progressiver sozialer Bewegungen.

Die Bewegungsstiftung ist rege und jung, aber finanziell bisher noch nicht sehr üppig ausgestattet. Bisher haben 50 Personen insgesamt 850.000 Euro an Kapital eingebracht.

Die deutsche Bewegungsstiftung hat ihr Vorbild im amerikanischen „Haymarket People's Fund", der 1974 nach dem berühmten Chicagoer ArbeiterInnenaufstand von 1886 benannten Stiftung für sozialen Wandel.[65] Sie finanziert nicht nur soziale Aktion und Soziale Bewegungen, sondern fördert auch gemeinwesenorientierte Aktivitäten durch Training und strategische Hilfen für „grassroot"-AktivistInnen. Die Haymarket-Stiftung ist eine von fünfzehn Stiftungen in verschiedenen Regionen der USA, die sich unter dem Namen „Funding Exchange" zusammengeschlossen haben und die Idee „change, not charity" miteinander teilen.[66]

6.4 Regionale Komplementärwährungen

Eine Strategie, innerhalb einer Region die internen wirtschaftlichen Transaktionen von externen Geldflüssen unabhängiger zu machen, besteht darin, für diesen Zweck spezielle Währungen zu verwenden. Innerhalb eines überschaubaren Territoriums ist die Wahrscheinlichkeit, dass ein bestimmter Anteil der Kaufkraft, die eine Person oder Organisation einbringt, an sie zurückkommt, erheblich höher als in einer großen Wirtschaftseinheit.

---

65 Die Ereignisse im Kampf um den Achtstunden-Arbeitstag werden eindrücklich geschildert bei Addams, Jane (1913): Zwanzig Jahre Soziale Frauenarbeit in Chicago. München.

66 Vgl. www.haymarket.org (letzter Zugriff am 15. Juli 2006).

Der bekannteste Verfechter (antispekulativer) komplementärer Währungen war der in Österreich geborene und dann in Argentinien tätige Silvio Gesell (1862–1930). Er ging von der These der Überlegenheit des Geldes gegenüber Waren und Arbeitskraft durch seine „Streikfähigkeit" aus. Geld kann zurückgehalten werden, bis sich die Austauschbedingungen zu seinen Gunsten verbessern. Die von ihm empfohlene Alternative „Freigeld" impliziert einen „Umlaufzwang" durch eine jährliche Reduktion des Nennwertes der Komplementärwährung. Als zweite Säule zur Verhinderung leistungslosen Einkommens und zur Förderung gerechter Einkommensverteilung sieht Gesell ein Bodenreformkonzept, welches Bodenwertsteigerungen und Grundrenten verhindert.[67]

Regionale Komplementärwährungen lassen sich in Europa über einen Zeitraum von mehr als tausend Jahren nachweisen. Sie hatten die Funktion lokaler und regionaler Wirtschaftsförderung und sorgten für geringe Inflationsraten. Grundsätzlich gab es im Mittelalter ein diversifiziertes Währungssystem, welches auf zwei tragenden Säulen ruhte: Dem Gold- und Silbergeld, welches von den Herrschenden emittiert wurde und als Verrechnungseinheit im Fernhandel diente und den Münzen, die von lokalen weltlichen Autoritäten und Klöstern ausgegeben wurden. Diese lokalen Währungen spielten die weitaus größere Rolle, da sie für den alltäglichen Gebrauch im Austausch von Gütern benutzt wurden, während die Hauptwährung aus Gold und Silber als Sicherheit aufbewahrt oder im selteneren, überregionalen Handel Verwendung fand. Die regionale Begrenztheit der Nebenwährungen sorgte dafür, dass das Geld in der Region blieb und dass vornehmlich mit regionalen Produkten gehandelt wurde. Dass sich dieses komplementäre System in Europa im Verlauf der vergangenen ca. dreihundert Jahre weitgehend auflöste, basiert hauptsächlich auf dem Machtzuwachs des Staates, der sich das Geldmonopol aneignete.

Duale Währungssysteme haben sich dennoch in verschiedenen Weltregionen erhalten und sie entstehen seit etwa zwanzig Jahren weltweit neu.[68] Die derzeitige Ausbreitung ist auf das wachsende Bewusstsein für die Mängel und die Störungsanfälligkeit der weltwirtschaftlichen Prozesse und die Erfordernisse nachhaltigen regionalen Wirtschaftens zurückzuführen. Darüber hinaus spielt – wie am Beispiel Japan zu zeigen sein wird – das Schwinden des Vertrauens in die Wertbeständigkeit des Geldes und eine Rückbesinnung auf soziale und lokale Einbindung eine Rolle bei der Suche nach alternativen, wertbeständigen Tauschmedien.

Der Finanzwissenschaftler Bernard Lietaer stellt die Funktion von Geld dar als eine Vereinbarung innerhalb einer Gemeinschaft über ein bestimmtes

---

67 Vgl. Gesell, Silvio (1916/1991): Die natürliche Wirtschaftsordnung durch Freiland und Freigeld. Lütjenburg.
68 Vgl. Kennedy, Margrit/Lietaer, Bernard A. (2004): Regionalwährungen. München, S. 73.

Medium zum Austausch von Gütern und Dienstleistungen.[69] Wenn Geld ein Austauschmedium auf der Basis einer Übereinkunft in einer Gemeinschaft sei, so könnten wir auch zu neuen Übereinkünften über ein Austauschmedium gelangen, welches Aspekte integriert, die einen nachhaltigen Wohlstand sichern. Als ein neues Agreement bezeichnet Lietaer die Einführung regionaler Komplementärwährungen. Er begründet die Einführung regionaler Komplementärwährungen mit den zu lösenden sozialen und ökologischen Problemen, die ein anderes Wirtschaften erforderten und mit den beobachtbaren Anzeichen von Deflation auch in Europa.

Lietaer stellt das Medium auch in den Zusammenhang der sozialen und ökonomischen Handlungsfähigkeit der Gemeinwesen angesichts eines möglichen Zusammenbruchs des gängigen Währungssystems. Der Wertverlust des Geldes ist ein stetiger Prozess. Auf der Basis gesicherter internationaler Daten ist festzustellen, dass auch die stabilsten Währungen – die Deutsche Mark und der Schweizer Franken – im Zeitraum zwischen 1970 und 2000 sechzig Prozent ihres ursprünglichen Wertes eingebüßt haben. Der US-Dollar verlor im gleichen Zeitraum 75 Prozent, das britische Pfund gar 90 Prozent. Die Weltbank stellt fest, dass in den vergangenen 25 Jahren siebenundachtzig Länder den Zusammenbruch ihres Währungssystems erlebten.[70]

Komplementär- und Alternativwährungen erleben derzeit auch in Deutschland eine Gründungswelle. Diese ist nicht nur auf das wachsende Bewusstsein für die Logik und Krisenanfälligkeit von Geld zurückzuführen. Die VertreterInnen alternativer und komplementärer Währungssysteme sind im deutschsprachigen Raum mittlerweile sehr einflussreich und haben zahlreiche Modellvorhaben angestoßen. Diese Ansätze und die Diskurse, die mit ihnen einhergehen sind als Beiträge für die nachhaltige Entwicklung lokaler und regionaler Räume von Bedeutung. Doch entsteht mitunter der Eindruck, dass die Möglichkeiten überschätzt und ein Mittel zum Zweck wird. Die Protagonisten der Alternativgeldbewegung haben eine starke Mittelschichtorientierung und sind kaum in der Lage, die für die Einbeziehung Benachteiligter notwendige andere Logik zu verstehen.[71] Komplementär- und Alternativwährungen erleichtern und fördern der Tausch in überschaubaren Territorien und dies kann die Bemühungen um nachhaltige Entwicklung stärken. Diese Bemühungen aber, die Initiativen, Projekte und Unternehmen nachhaltiger Entwicklung sind der Zweck, Komplementär- und Alternativwährungen ihr Schmiermittel. Ein Beispiel ist das „Netz soziale

---

69 Vgl. Lietaer, Bernard A. (2002): Das Geld der Zukunft. München. Lietaer war für die belgische Zentralbank mit der Einführung des ECU beauftragt. Er war professioneller Währungsspekulant eines der größten und erfolgreichsten Hedgefonds und Finanzberater multinationaler Unternehmen und verschiedener Regierungen. Er ist heute Professor an der Naropa University, Colorado, USA.
70 Vgl. Kennedy, Margrit/Lietaer, Bernard A. (2004): a.a.O., S. 53.
71 Menschen, die unter ständigem Geldmangel leiden, sind z.B. nicht bereit, mit Geld zu experimentieren.

Ökonomie Basel", ein Verbund von Organisationen, Initiativen und Unternehmen, der Arbeitslosengewerkschaft und der Armutspartei mit ihrem Alternativgeld.[72] Hier wurden auch bewusst sozialökonomisch benachteiligte Menschen einbezogen.

Komplementär- und Alternativwährungen sind Medien einer anderen Wirtschaftskultur, sie folgen einer der Ökonomisierung menschlicher Beziehungen entgegengesetzten Logik und haben dienende, nicht den wirtschaftlichen Transaktionsprozess beherrschende Funktion. Sie können dazu beizutragen, die Regionen zu stärken, um Lebensbedingungen und kulturelle Verschiedenheiten von Menschen und Regionen und die Lebensrechte anderer Lebewesen zu respektieren.

Komplementäre Währungen sind auch Medien der tendenziellen Abkoppelung von den Weltmarktprozessen mit dem Ziel, in den Regionen eine stärkere Kontrolle über wirtschaftliche Transaktionen zu gewinnen und ökonomische Probleme selbst bestimmt lösen zu können. Sie gewährleisten zudem die Berücksichtigung der spezifischen Bedürfnisse der Bevölkerung bei der Versorgung mit Waren und Dienstleistungen.

Der Begriff des Komplementären erklärt Sinn und Funktion. Beide Systeme, Standardwährung und Regionalwährung, sind nicht ursächlich miteinander verbunden. Beide sind jedoch erforderlich, um notwendige Funktionen zu übernehmen, welche von der jeweils anderen Währung nicht übernommen werden können. Während die Standardwährung den ungehinderten Austausch von Gütern und Dienstleistungen im internationalen Bereich gewährleistet, fördert eine regionale Währung stabiles und nachhaltiges Wirtschaften im regionalen Raum. Gegenüber direkten Formen des Tausches erweitern Komplementärwährungen die Variationsbreite der Aktivitäten und lösen sie aus zu engen gemeinschaftlichen Bindungen, da sie die Transaktionskostenvorteile regulären Geldes mit alternativem Tausch kombinieren.

6.4.1 Rechtliche Rahmenbedingungen

Im Gegensatz zu anderen Weltregionen stellt sich im deutschsprachigen Raum schnell die Frage der rechtlichen Zulässigkeit von Alternativen. Dies ist der etatistischen Prägung gezollt, beruht jedoch auch auf den historischen Erfahrungen, dass Alternativen zu Markt und Staat, sobald sie ernst zu nehmen sind, Gefahr laufen, verhindert, vernichtet oder verboten zu werden. Diese These lässt sich für den Bereich der ökonomischen Selbstorganisation generalisieren.

In der Zeit der Weltwirtschaftskrise wurden die österreichischen und deutschen Projekte durch den Gesetzgeber und die Zentralbank bekämpft, unter-

---

72 Vgl. www.viavia.ch (letzter Zugriff am 15. Juli 2006).

bunden oder gesetzlichen Regelungen unterworfen.[73] So wurde 1929 in Erfurt die „Wära-Tauschgesellschaft" gegründet. Wära-Wechselstellen wurden in vielen Städten eingerichtet und nach zwei Jahren waren mehr als tausend Unternehmen Mitglied der Tauschgesellschaft. Mit Hilfe von Wära wurde in Schwanenkirchen im Bayerischen Wald ein Braunkohle-Bergwerk – der größte Arbeitgeber des Gebietes – nach dem Konkurs 1931 von einem Bergbauingenieur ersteigert. Keine Bank gab ihm Kredit, wohl aber das neu gegründete Wära-Finanzkonsortium. Der Kredit in Höhe von 50.000 Reichsmark wurde zum größten Teil in Wära gezahlt, ebenso die Löhne der sechzig Beschäftigten. Der Handel und das Gewerbe im Ort lebten wieder auf. Doch die Brüningschen Notverordnungen vom Oktober 1931 definierten die Wära als Notgeld und verboten die Tauschgesellschaft.

Das berühmteste Experiment mit Komplementärwährungen ist das der „Arbeitswertscheine", welches 1932 im Tiroler 4000-Seelen Dorf Wörgl initiiert wurde. 500 Menschen waren arbeitslos und weitere 200 Familien vollkommen mittellos. Durch öffentliche Infrastrukturmaßnahmen sollte Arbeit geschaffen und lokale Entwicklung in Gang gesetzt werden. Da nur wenig Geld in der Gemeindekasse war und der Bürgermeister dieses nicht mit dem ersten Projekt verausgaben wollte, überzeugte er Verwaltung und Geschäftsleute von einem Geldexperiment nach Gesells Modell einer „natürlichen Wirtschaftsordnung". Innerhalb von einem Jahr sank die Arbeitslosenquote um 25 Prozent. Privatwirtschaftliche und öffentliche Arbeitsplätze, Handel und Konsum blühten auf. Eine Brücke über die Salzach, ein Schwimmbad und eine Skischanze wurden gebaut, während das soziale Elend in der Umgebung wuchs. Als dann weitere Gemeinden sich dem System anschließen wollten und das Interesse von außen zunahm, verbot die Wiener Nationalbank das erfolgreiche Experiment.[74]

An der Frage, ob komplementäre Währungen als „Geld" bezeichnet werden können, macht sich die rechtliche Zulässigkeit fest. Sofern Komplementärwährungen in einer Region die gesetzliche Währung in nennenswertem Umfang substituieren können, gelten sie als Nebengeld oder Geldsubstitute, für die banken- und währungsrechtliche Vorgaben Beachtung finden müssen. Dies gilt nicht für die Bonussysteme, die mittlerweile von vielen Unternehmen als Loyalitätsanreize vergeben werden. Komplementärwährungen müssen sich nach §35 des Gesetzes über die Bundesbank (BBankG) optisch erkennbar und in ihrem Namen von den Nationalwährungen unterscheiden.

Auch wenn die Komplementärsysteme volkswirtschaftlich eine noch geringe Rolle spielen, sind sie es offensichtlich in Deutschland wert, parla-

---

73 Vgl. Godschalk, Hugo (2004): Währungs- und bankrechtliche Aspekte. In: Kennedy, Margrit/Lietaer, Bernard A. (Hrsg.): Regionalwährungen. München, S. 218f.
74 Vgl. Bihl, Eric (2003): Geld mit Verfallsdatum. In: ZUKÜNFTE, 12. Jahrgang, Sommer 2003, S. 28.

mentarisch thematisiert zu werden. Seit Mitte der 1990er Jahre verbreiten sich in Deutschland Kooperations- und Tauschbörsen und sofort stand die Klärung der rechtlichen Zulässigkeit insbesondere der Teilnahme von TransfergeldbezieherInnen zur Diskussion. Am 22. Januar 1997 wurde auf eine kleine Anfrage im Bundestag eine Stellungnahme des Bundesministeriums für Familie, Senioren, Frauen und Jugend über die rechtlichen Rahmenbedingungen von Tauschsystemen abgegeben. Dabei ging es um Einkommens- und Umsatzsteuerpflicht sowie um die Anrechenbarkeit von Einkünften aus Tauschaktivitäten auf Arbeitslosengeld- und Sozialhilfebezug, die Vereinbarkeit mit der Gewerbeordnung und die Frage, inwiefern es sich bei Leistungen in Tauschsystemen um Schwarzarbeit handelt.

In Bezug auf Einkommenssteuer (§22, Nr. 3 EStG) und Umsatzsteuergesetz (§19) sowie bezogen auf die Gewerbeordnung gelten Erheblichkeitsgrenzen. In der Regierungsstellungnahme wird deutlich, dass die Regelungen bezüglich der Teilnahme von Sozialhilfeberechtigten an Tauschleistungen rigide sind. So zählen zum anrechenbaren Einkommen im Sinne des Bundessozialhilfegesetzes (§76 Abs.1 BSHG) auch Dienst- und Naturalleistungen. Werden im Rahmen von Tauschsystemen Leistungen mit Sachwerten, Zahlungsersatzmitteln oder anderen Dienstleistungen abgegolten, stellen diese grundsätzlich sozialhilferechtlich zu berücksichtigendes Einkommen dar.[75] Die TeilnehmerInnen sind danach zur Offenlegung der Einkünfte (§60 SGB I) aus Tauschaktivitäten verpflichtet. Eine weitere Frage ist die der Steuerpflicht beteiligter Personen und Unternehmen. Es wird empfohlen, in Streitfällen auf die Berechnung des „geldwerten Vorteils" zu verweisen, der zur Berechnung von Einkommensanteilen herangezogen wird, die nicht in Geld gezahlt werden.[76]

Der ehemalige Zentralbanker Lietaer schildert, dass bisher die Zentralbanken Komplementärwährungen weitgehend ignorierten, sofern sie nicht zu erfolgreich wurden. Die neuseeländische Zentralbank hat einen positiven Schritt in Richtung Komplementärwährungen unternommen. Sie toleriert diese „nicht nur, sondern sieht in ihnen ein Mittel zum Abbau der Arbeitslosigkeit, bei dem sie gleichzeitig die Inflation der Landeswährung im Griff behalten kann."[77] In der neuseeländischen Praxis wird eine differenzierte Wahrnehmung der wirtschaftlichen Situation eines Landes durch Vertreter der Zentralbank offensichtlich. Die Zentralbank hat die nationale Situation im Blick. Regionale Disparitäten jedoch lassen sich nur mit Hilfe gebietsspezifischer Lösungen angehen. Aus diesem Grunde fördern Neuseeland

---

75 Vgl. Hoffmann, Günter (1998): Tausche Marmelade gegen Steuererklärung. München, Zürich, S. 140.
76 Vgl. Brandenstein, Pierre/Corino, Carsten/Petri, Thomas (1997): Tauschringe. In: Juristische Wochenschrift, 50. Jahrgang, Heft 13, S. 825-831.
77 Lietaer, Bernard A. (2002): a.a.O., S. 339.

und auch Australien Komplementärwährungen in den Regionen, die am stärksten von Arbeitslosigkeit betroffen sind.

6.4.2 Komplementärwährungen und die des Gemeinwesens

Das gängige Wirtschaftssystem belohnt das Anhäufen von Geld durch Verzinsung. Der wichtigste Mechanismus neuer regionaler Komplementärwährungen zielt auf das Gegenteil einer Verzinsung, also auf den Verfall der Währung durch Aufbewahrung. Regionalgeld soll ständig in Umlauf sein und so die regionale Wertschöpfung stimulieren. Es ist auf eine bestimmte Region beschränkt. Die Transaktionen beziehen sich also auf dieses Gebiet. Damit wird der Kapitalabfluss verringert. Alternativ- und Komplementärwährungen können als Medium des politischen, sozialkulturellen und sozialökonomischen Community-Empowerment in Form einer Stärkung lokaler Identität sowie der Nutzung und Kontrolle örtlicher Ressourcen und der Verhinderung dysfunktionaler Ressourcenabflüsse wirken.[78]

Der Quäker John Bellers[79] schlug zur Schaffung von Arbeit bereits 1696 vor, die ArbeiterInnen durch Arbeitszertifikate zu entlohnen, die sie gegen Güter einlösen oder an andere verkaufen konnten. Die Idee ist also nicht neu. Neu ist ihr Entstehungshintergrund als Antwort auf die Probleme der postindustriellen Gesellschaft. Für sozial und ökonomisch benachteiligte Gebiete sind der Abfluss von Kapital, die Verlagerung von Firmen und der Verlust von Arbeitsplätzen der Beginn einer Abwärtsspirale, die sie mit herkömmlichen Mitteln nicht aufzuhalten in der Lage sind.[80] Das von BürgerInnen und Unternehmen in Banken eingezahlte Geld fließt aus den Regionen in die großen Finanzzentren und von dort dahin, wo das meiste Geld zu verdienen ist. Die Volksrepublik China, Taiwan und Hongkong zogen beispielsweise 2003 fast 70 Prozent des gesamten Investitionskapitals an.

Richard Douthwaite schildert diesen Mechanismus am Beispiel Westirland: Das Verhältnis von Einlagen zu Darlehen beträgt nach Schätzungen 2:1. In peripheren Regionen liegt es oft auch bei 4 bis 6:1. Investitionen überregionaler Finanzinstitutionen werden nicht in diesen peripheren Regionen getätigt. Das Geld kommt bei Kreditbedarf höchstens zu den im Weltmarkt festgelegten Kapitalmarktkonditionen zurück.[81] Aus dieser Perspektive können Komplementärwährungen auch als sozialpolitische Instrumente betrachtet werden. Gerade der Ressourcenabfluss aus benachteiligten Gemeinwesen ist einer der Hauptgründe für die Abwärtsspirale, aus der segregierte Ar-

---

78 Vgl. Kretzmann, John/McKnight, John L. (1993): a.a.O.
79 Vgl. ebd.
80 Kennedy, Margrit/Lietaer, Bernard A. (2004): a.a.O., S. 100.
81 Vgl. Douthwaite, Richard/Diefenbacher, Hans (1998): a.a.O., S. 135.

mutsquartiere entstehen. Eine Unterbrechung und Umkehr erfordert Ansätze der Schließung der Ressourcenkreisläufe.[82]

Lietaer schildert Beispiele der alternativen lokalen Wirtschaftsförderung in Massachusetts und Kalifornien, wo sich Kleinunternehmen in Landwirtschaft und Gastronomie mit Hilfe lokaler Komplementärwährungen erfolgreich in der Region behaupten können. Mit Hilfe von „Farm-Preserve-Notes", die vom Landwirtschaftsministerium zugelassen wurden, wird kleinen Farmern Betriebskapital zur Verfügung gestellt. Diese lösen die Scheine gegen Dollar ein und für die Scheine erhalten die Käufer Produkte aus der nächsten Ernte zu ermäßigten Preisen. Das Beispiel ist interessant in Hinblick auf die Erhaltung dezentraler und kleiner landwirtschaftlicher Produktionsstätten.

Die Systeme machen aus sozialer und ökonomischer Sicht Sinn.[83] Kleine Unternehmen können sich dadurch besser gegen den überregionalen Verdrängungswettbewerb der Großunternehmen wappnen, die nicht partizipieren können, da sie nicht eingebunden sind.

Regionale Komplementärwährungen bergen das Potenzial, durch lokal eingebundenes wirtschaftliches Alltagshandeln soziale Beziehungen auf Gegenseitigkeit zu fördern, neue Gemeinschaften zu stiften und traditionelle Gemeinschaften zu erhalten. Ein noch immer tragfähiges, traditionelles Komplementärsystem existiert beispielsweise auf Bali. Es beruht auf der festen Einbindung in „Banjars" – in basisdemokratische Nachbarschaften – und hat eine hohe integrative und schützende Funktion für die Bevölkerung, deren Kultur und eigenständige Wirtschaft unter dem massiven Einfluss des Massentourismus gefährdet sind. Die Banjar ist die grundlegende zivile Organisationseinheit, die über die Vorhaben im lokalen Raum entscheidet und die notwendigen Ressourcen generiert. Zentral für die integrative und ausgleichende Kraft ist das komplementäre System von gängiger Währung und der Zeitwährung „nayahan banjar", was als „Arbeit für das Gemeinwohl" zu übersetzen ist. Die Geld- bzw. Zeiteinheiten, die die Mitglieder der Banjar aufzubringen haben, werden genau erfasst. Ein mehrfacher Entzug aus der Verpflichtung hat das Verwirken der Unterstützung durch die Mitglieder der Banjar zur Folge, was in einer gemeinschaftszentrierten Gesellschaftsform folgenschwer ist. Die sozioökonomische Ausgleichsfunktion besteht zwischen den Mitgliedern, die viel Geld, aber wenig Zeit haben und umgekehrt, aber auch darin, dass in ärmeren Banjars zeitaufwendigere Projekte angegangen werden können.[84]

Neue regionale Komplementärwährungen nutzen die Möglichkeiten gesellschaftspolitischer Steuerung für außerökonomische Zielsetzungen. Ein

---

82 Vgl. Rubin, Herbert (1994): a.a.O., S. 401f.
83 Vgl. Lietaer, Bernard, A. (2002): a.a.O., S. 296f.
84 Vgl. Kennedy, Margrit/Lietaer, Bernard A. (2004): a.a.O., S. 40f.

komplementäres Währungssystem ist also nie nur ökonomischer Selbstzweck. Es besteht immer aus Transaktionen und Interaktionen, erzeugt und nutzt Sozialkapital und fördert soziales Lernen: „...ohne soziale Lernprozesse werden die wichtigsten Bestandteile eines solchen Konzepts – die da heißen: Solidarität, Transparenz und demokratische Kontrolle – nicht zu realisieren sein."[85] Dem Geld wird in diesen Systemen nicht die beherrschende, sondern eine dienende Funktion zugewiesen. Die ökonomische Effizienz einer Währung wird mit neuen Möglichkeiten der Förderung sozialer und ökologischer Ziele verbunden.[86]

Kennedy und Lietaer diskutieren eine Grundstruktur aus drei Elementen zur Gewährleistung hoch effektiver Komplementärsysteme: ein Gutscheinsystem, welches als zusätzliches Zahlungsmittel dient, einen Kooperationsring, der bargeldlos Dienstleistungen und Waren gegeneinander verrechnet und eine gemeinnützige Mitgliederbank, die nicht den Gesetzen des Wachstums unterliegt, sondern eine nachhaltige Spar- und Kreditpolitik betreibt.[87]

6.4.2.1 Der „Chiemgauer"

Christian Gelleri, Lehrer für Wirtschaftskunde am Waldorfgymnasium in Prien am Chiemsee, gründete 2002 mit sieben Schülerinnen das Unternehmen „Chiemgau regional".[88] Nahezu alle Geschäftsleute, Vereine und soziale Einrichtungen, ebenso wie zahlreiche Bürgerinnen und Bürger, beteiligen sich an diesem Versuch, eine Basis für die Zusammenarbeit in der Region zu schaffen und demokratisch über die Verwendung des Geldes in der Region mitzubestimmen.[89] Mit dem „Chiemgauer" können Waren und Dienstleistungen bei den Unternehmen erworben werden, die an diesem Konzept der regionalen Wirtschaftsförderung beteiligt sind. Die Geschäftsleute können die Gutscheine bei einer zentralen Ausgabestelle gegen Euro einlösen, bezahlen dann jedoch eine Umtauschgebühr von fünf Prozent. Sie können die Gutscheine auch für Einkäufe bei anderen Unternehmen oder anteilmäßig zur Bezahlung ihrer Mitarbeitenden einsetzen. In diesem Fall bleibt der volle Wert erhalten.

Die Geschäftsleute haben einen Gewinn trotz der eventuellen Umtauschgebühr, da das Tauschmedium die Loyalität der KundInnen gegenüber den beteiligten Unternehmen fördert. Vereine und gemeinnützige Unternehmen kaufen den „Chiemgauer" und erhalten einen Bonus von drei Prozent. Von den Überschüssen aus der Service-Gebühr und der Umlaufsicherung in Hö-

---

85 Ebd., S. 116.
86 Vgl. ebd., S. 216.
87 Vgl. ebd., S. 103f.
88 www.chiemgauer-regional.de (letzter Zugriff am 15. Juli 2006).
89 Vgl. Gelleri, Christian (2003): Chiemgauer Regiogeld. In: ZUKÜNFTE, 12. Jahrgang, Heft 44, Sommer 2003, S. 31.

he von jährlich acht Prozent werden Vorhaben zur Förderung von Bildung, Kultur, Soziales und Ökologie in der Region gefördert.

6.4.2.2 „WIR"

1934 wurde in Zürich das älteste noch heute existierende Komplementärwährungssystem „WIR" mit damals 16 Mitgliedern gegründet. Ein Jahr später hatte das System 2950 Mitglieder und heute mehr als 80.000. Im Jahr 1994 konnte es einen Jahresumsatz von mehr als 2,5 Milliarden Schweizer Franken nachweisen. Mitglieder sind überwiegend kleine und mittlere Unternehmen. WIR agiert in vier Sprachen, hat ein eigenes Bankgebäude und verschiedene Regionalbüros. Der Wert des WIR ist an den Schweizer Franken gebunden.

Der Name steht für „Wirtschaftsring-Genossenschaft", sollte aber auch im Sinne der Gründer einen Gegenentwurf zu „ich" darstellen. Auch diese Gründung erfolgte zunächst gegen heftige Widerstände von Banken und konventioneller gewerblicher Wirtschaft.

Mitglieder haben im WIR-System folgende Vorteile: Die Kommission bei Verkäufen ist auf 0,6 Prozent beschränkt. Über ein wechselseitiges Kreditsystem können die Mitglieder Kredite zu geringen Zinssätzen erhalten. Damit dient WIR als Puffer gegen Zinserhöhungen der Landeswährung oder gegen besondere Bonitätsauflagen, wie sie im Vertrag zu Basel II vorgesehen sind. Sie bekommen Zugang zu einem interessanten Kundenstamm und erhalten zusätzliche Serviceleistungen wie z.B. Veröffentlichungen und Werbung bei den Mitgliedern.

WIR steht für ein ausgereiftes und längerfristig gewachsenes Komplementärsystem in einem Land, das wie kaum ein anderes als Zentrum der internationalen Finanzmärkte gilt. Es vermittelt eine Vorstellung vom ökonomischen Potenzial eines Komplementärsystems.[90]

6.5 Nicht-monetärer Tausch –
Zeitwährungen als sozialpolitische Instrumente

Gegenüber geldvermittelten Tauschbeziehungen ist die Transaktionskostensituation in informellen Tauschbeziehungen komplexer und im Gegensatz zu regulärem Geld sind die Transaktionen in nicht-monetären Tauschsystemen nicht rechtlich abgesichert. Grundlage der nicht-monetärer Transaktion ist Vertrauen. Was VerkäuferInnen auf informellen Märkten als Kompensation von Leistungen erwerben, sind Ansprüche auf Gegenleistungen möglicherweise unbekannter Art, gegenüber einem ggf. unbekannten Teilnehmer des Netzes. Das bedeutet eine erhebliche Vertrauensinvestition und die

---

90 Vgl. Lietaer, Bernard A. (2002): a.a.O., S. 292-294.

Leistungserbringenden müssen einen Grund haben, der diese Investition subjektiv rechtfertigt[91] oder es bedarf der Konstruktion von Anreiz- und Kontrollmechanismen, wie sie in den neuen Tauschsystemen und Komplementärwährungen entwickelt wurden.

Folgende Vorteile sind mit nicht monetären Tauschsystemen verbunden:

• Überschaubare Assoziationen, in denen primäre Beziehungen möglich sind, rekonstruieren die Vorteile traditioneller Tauschgemeinschaften.[92]

• Die lokale Tauschwährung kann nicht als Instrument wirtschaftlicher Macht gegen andere Beteiligte verwendet werden.

• In Verbindung mit nicht gedeckten sozialen Bedürfnissen, der wachsenden Kritik am monetarisierten Markt und dem schwindenden Vertrauen in die Wertbeständigkeit des Geldes erklärt sich die steigende Attraktivität nicht-monetärer Tauschaktivitäten.

André Gorz bezeichnet die neuen Formen des nicht-monetären Tauschs in Kooperationsringen (SELs = systèmes d'echange locaux) als Notlösungen, Zeichen neuer „Subjektivität" und als „Exodus", „der neue, der Staatsgewalt und dem Geld entzogene Gesellschaftlichkeiten hervorbringt zugleich. Die Kooperationsringe sind die potenziell radikale Antwort auf die Unmöglichkeit einer großen Masse von Arbeitslosen, ihre Arbeitskraft zu verkaufen. Sie stellen als Antwort darauf den ökonomischen Tausch auf eine andere Basis."[93]

Die politische Ökologie hat Interesse an Zeitwährungssystemen, da sie zur Relokalisierung der Ökonomie beitragen und deren Dynamik erhöhen. Aus sozialpolitischer Perspektive lassen sich vielfältige Potenziale nichtmonetärer Tauschsysteme benennen. In verschiedenen Ländern wurden diese Potenziale erkannt und Systeme der Förderung entwickelt, die für die Gesellschaften Europas als Beitrag zur Bewältigung der Transformation der Industriegesellschaften von Interesse sind.

Am Beispiel Bali wurde die prinzipielle Funktionsweise eines alten und noch funktionierenden komplementären Zeitsystems vorgestellt. Zusätzliche Bedeutung erhalten die regionalen Komplementärsysteme heute als Medien zur Förderung ökosozialer Entwicklung und als alternatives Netz insbesondere angesichts einer alternden Gesellschaft, die zudem das Vertrauen in die sozialen Sicherungssysteme verliert. Aus sozialpolitischer Perspektive sind die neuen Zeitwährungen von Interesse. Sie stärken die

---

91 Vgl. Offe, Claus/Heinze, Rolf G. (1990): a.a.O., S. 276.
92 Das zu schnelle Wachstum des argentinischen „Credito" führte, wie oben ausgeführt, dazu, dass Qualitätskontrolle und Überschaubarkeit verloren gingen.
93 Gorz, André (2000): Arbeit zwischen Misere und Utopie. Frankfurt am Main, S. 147-148.

Grundversorgung der lokalen Bevölkerung, festigen die soziale Einbindung und öffnen auch Benachteiligten neue Handlungsoptionen.

Aus dieser Sicht bemerkenswert ist z.b. die Reaktion der japanischen Bevölkerung auf den Vertrauensverlust in das Finanzsystem. Innerhalb kurzer Zeit wurden mehr als 130 lokale und regionale Währungen eingeführt, deren Wertmaßstab Arbeit ist. Wie am Beispiel der japanischen Furei-Kippu-Systeme, einer komplementären Währung im Bereich bürgerschaftlicher sozialer Dienstleistungen zu zeigen sein wird, können Zeitwährungen heute aus verschiedenen Gründen als Medien einer gestaltenden Sozialpolitik in der Bürgergesellschaft betrachtet werden. Zeit hat in diesen Währungssystemen die gleichen Funktionen wie Geld: sie ist Tauschmedium, Recheneinheit und Mittel der Wertaufbewahrung. Um diese zu gewährleisten, bedienen sich die neuen Zeitwährungen sowohl des Gutscheinsystems als auch der elektronischen Erfassung.

Gegenüber dem gesetzlichen Zahlungsmittel hat Zeit einige Vorteile: Sie ist wertstabil, denn Zeit gewinnt oder verliert nichts über längere Zeit. Zins und Inflation können einem Zeitguthaben nicht schaden oder zusätzlich nutzen. Alle Menschen verfügen über Zeit, auch und besonders diejenigen, die wenig Geld haben und ihr Arbeitsvermögen im monetarisierten Markt nicht einbringen können. Durch Zeit könnten Arbeiten für private und öffentliche Auftraggeber im Gemeinwesen erschlossen werden, für die kein Geld vorhanden ist. Nicht zuletzt fördern die Möglichkeiten der Zeitwährungen die Bildung und Nutzung von Human- und Sozialkapital. Sie gehen von der Tatsache aus, dass jeder Mensch „kreditwürdig" ist. Sie beruhen auf dem Vertrauen in Fähigkeiten, die jeder Mensch besitzt, die er selber weiterentwickelt und die andere nutzen können.

Gorz diskutiert die potenzielle soziale Innovation durch Kooperationsringe in Verbindung mit einem bedingungslosen Grundeinkommen für alle. Nach seinen Vorstellungen sind alle Gesellschaftsmitglieder in unregelmäßiger Weise im Erwerbsarbeitsmarkt tätig und nutzen dort erworbene Fähigkeiten auch im mikrosozialen Bereich der kooperativen Selbstversorgung. Kooperationsringe bilden nach Gorz den Kern einer multiaktiven Tätigkeitsgesellschaft.[94]

Japan steht im Weltvergleich an der Spitze der Bewegung zur Implementierung komplementärer Währungen mit sozialen und ökologischen Zielsetzungen. 1950 konzipierte die Japanerin Teruko Mizishima in Osaka die erste Zeitwährung als Antwort auf die Frage, wie in Zukunft Alte, Kranke, Behinderte und Kinder versorgt werden können. 1973 gründete Mizishima im Kontext der japanischen Frauenbewegung die „Volunteer Labor Bank". Wenige Jahre später hatte sich ein Netzwerk mit mehr als 3000 Mitgliedern

---

94 Ebd.

in ganz Japan gebildet, welches gegenseitige Hilfe im Bereich Pflege und Kinderversorgung, Hausarbeit, Geburt, usw. organisierte.

1986 entwickelte Edgar Cahn, Professor an der Columbia Law School in den USA nach dem Vorbild der Volunteer Labor Bank das Time-Dollar-Konzept, welches ursprünglich nur in einer Altenwohnanlage Anwendung finden sollte. Hauptziel war die Förderung des sozialen Austauschs zwischen den AkteurInnen in den Einrichtungen und die Förderung ihrer Potenziale. Inzwischen gibt es zahlreiche Einrichtungen und Initiativen, die sich des Tauschmediums Zeit bedienen. Einer der Gründe für die Ausbreitung liegt wohl darin, dass die amerikanischen Steuerbehörden Tausch in Time-Dollars als steuerfrei erklärt haben. In vergleichenden Studien in Altenwohnheimen wurde festgestellt, dass die BewohnerInnen dort, wo Time-Dollar-Systeme praktiziert werden, reger miteinander in Kontakt stehen, sie gemeinsame Aktivitäten durchführen und der Gesundheitszustand der tauschaktiven BewohnerInnen besser war als der in Heimen ohne diese Systeme. Bemerkenswert ist ein Schritt der Krankenkasse „Elderplan" in Brooklyn, New York, die 25 Prozent der Beiträge für ihre Seniorenprogramme in Time-Dollars akzeptiert. Auf der „Care Bank" von Elderplan lassen ca. 120 Mitglieder monatlich etwa 800 geleistete Arbeitsstunden eintragen. Zu den Handlungsfeldern gehört ein Heimreparaturservice, der aktiv wird, bevor häusliche Unfälle entstehen. Elderplan profitiert davon ebenso wie von der Tatsache, dass die Mitglieder weniger gesundheitliche Probleme haben.[95]

Die Potenziale von Zeitwährungen wurden mittlerweile für die unterschiedlichsten sozialen Zwecke erkannt. Sie können einen Beitrag leisten zur sozialen Integration sozial und ökonomisch ausgegrenzter Menschen, zur Humanisierung von häuslichen Leistungen für Alte und Kranke, zur Bereitstellung von Bildung oder zur Erschließung vorhandener Arbeit im Gemeinwesen. Ein höchst wirksames System zur Einführung von Reziprozitätsnormen in der Arbeit mit Jugendlichen im Münchener Stadtteil Hasenbergl ist der „Lichttaler". Kinder und Jugendliche erhalten für das Einbringen ihrer Potenziale diese virtuelle Währung, mit der sie den Zugang zu gewünschten Bildungs- und Freizeitangeboten erwerben können. Sie erteilen z.B. jüngeren Kindern Unterricht in Breakdance und erwerben mit den verdienten Lichttalern die professionelle Unterstützung bei der Herstellung einer eigenen CD.[96]

Zeitwährungen implizieren eine Kritik an „sozialtechnokratischer Professionalisierung", die Laienkompetenzen diskreditiert.[97] Gerade im Bereich von häuslichen Dienstleistungen, auf den die Pflegedienste der Wohlfahrts-

---

95 Vgl. Lietaer, Bernard A. (2002): a.a.O., S. 312-314.
96 Vgl. www.ghettokids.de (letzter Zugriff am 15. Juli 2006).
97 Diese Diskussion wird insbesondere von Offe und Heinze geführt, siehe Offe, Claus/Heinze, Rolf G. (1990): a.a.O.

verbände und privater Anbieter einen Monopolanspruch erheben, sind Zeit-währungssysteme interessant. Im Folgenden wird ein System vorgestellt, welches in Hinblick auf die nötige Transformation einer „alternden Gesellschaft" von Interesse ist, sowie ein zweites, welches verdeutlicht, wie erfolgreich gesellschaftlich notwendige Arbeit in einem brasilianischen Ghetto organisiert wird und wie aus dieser Tätigkeit synergetische Problemlösungen generiert werden.

Erstes Beispiel: Im Jahr 2002 erklärte der japanische Minister für Wirtschaft und Industrie, dass der Einsatz von Komplementärwährungen auf lokaler Ebene nötiges Geld bereitstellen würde und zur Bekämpfung der Deflation beitragen könne.[98] Mehr als 130 verschiedene Lokalwährungen sind in Japan mittlerweile im Umlauf. Einer der Gründe scheint das schwindende Vertrauen der Bürgerinnen und Bürger in das reguläre Finanzsystem zu sein, das seit Jahren in der Krise steckt. „Besonders ältere Menschen sind unsicher geworden und suchen Sicherheit in einer lokalen Währung, die ihnen Hilfe in der Not garantiert", erklärt ein Sprecher der Sawayaka Welfare Foundation, die seit 1991 die Einführung von Lokalwährungen vorantreibt."[99] Auftrieb erhielt diese japanische Selbsthilfebewegung und damit auch die Zeitwährungssysteme 1995, als ein schweres Erdbeben die Region von Kobe erschütterte und die staatliche Hilfe bei weitem nicht ausreichte. Freiwillige lösten damals die drängenden Probleme in vielen Bereichen.

1998 wurden gesetzliche Rahmenbedingungen für die Zeitwährungssysteme „Furei-Kippu" (Pflegebezugs-Tickets) geschaffen. Es handelt sich um lokale Netzwerke im Bereich nachbarschaftlicher Hilfe, insbesondere für Alte. Der Hintergrund: Die Bevölkerung Japans altert schneller als die anderer moderner Industriestaaten und das Sozialsystem ist mit der steigenden Zahl der Pflegebedürftigen überfordert, denn auch in Japan ist der Trend zur Kernfamilie unumkehrbar. Die Verrechnungseinheit ist in diesem System die Zeit und nicht der Yen und die Zeiteinsätze werden elektronisch auf Zeitbankkonten erfasst. 330 Kommunen haben sich bisher dem Furei-Kippu-System angeschlossen.

Die Kleinstadt Yamamoto geht noch ein Stück weiter. Nach den ersten Erfahrungen im Furei-Kippu-System sollen die Formen des Tauschs erweitert werden. Alles, was die Bürgerinnen und Bürger zum Leben in der Stadt benötigen, sollen sie mit der lokalen Währung „Love" (local value exchange) bezahlen können. Die Umsätze in den kleinen Geschäften stiegen um durchschnittlich fünf Prozent, während landesweit der Konsum um durchschnittlich drei Prozent zurückging. „Gerade für Gemeinschaften mit einem hohen Anteil älterer Menschen können die komplementären Währungen ei-

---

98 Vgl. Lietaer, Bernard A. (2002): a.a.O., S. 170.
99 Vgl. Kunz, André: Wo „Liebe" Geld kaufen kann. In: Süddeutsche Zeitung vom 7. Januar 2003.

nen Belebungseffekt erzielen. (...) Dabei spielt ein wichtiger Faktor mit, nämlich die Intensivierung der sozialen Beziehungen."[100]

Zweites Beispiel: Die brasilianische Millionenstadt Curitiba bedient sich seit dreißig Jahren einer komplementären Währung, deren Wertmaßstab Zeit (bzw. Arbeit) ist und die auf die Schaffung von Arbeit und die Lösung sozialer Probleme zielt. Das Projekt begann 1971, als der Architekt Jaime Lerner zum Bürgermeister der Stadt gewählt wurde. Curitiba ist eine der Städte, die im Zeitraum von 1942 bis 1992 ein Bevölkerungswachstum von 120.000 auf 2,5 Millionen Einwohner zu bewältigen hatte. Viele der zugewanderten Menschen leben in den Favelas und die Müllentsorgung in diesen wilden Wohngebieten in den äußeren Bezirken der Städte ist ein drängendes Problem. Kein Wagen der Müllabfuhr gelangt in die Favelas und Lerner verfügte nicht über die Mittel, um die Favelas abzureißen und Straßen zu bauen.

So wurde aus der Not eine andere Lösung geboren, die Schule machte. Am Rande des Ghettos wurden Container zur getrennten Entsorgung von Müll und Wertstoffen aufgestellt. Wer einen Sack vorsortierten Mülls ablieferte, erhielt einen Busfahrschein und für die Trennung von Müll in Schulen wurden die Kinder mit Stiften und Schulheften belohnt. Siebzig Prozent der Haushalte sind in das System „Müll, der kein Müll ist" einbezogen und alleine in den ärmeren Vierteln wurden 11.000 Tonnen Müll gegen fast eine Million Busgutscheine und 1200 Tonnen Lebensmittel eingetauscht. Mehr als hundert Schulen lieferten mehr als 200 Tonnen Müll ab und bezogen 1,9 Millionen Schulhefte für ärmere SchülerInnen.

Die Müllentsorgung und Wertstoffwirtschaft sind nicht die einzigen Probleme, die in Curitiba mit Hilfe von Komplementärwährung gelöst wurden. Ein Programm zur Schaffung von Wohnungen im sozialen Wohnungsbau und zur Renovierung historischer Gebäude wurde mit Komplementärwährungen aufgelegt. Die Stadt verfügt über das dichteste Netz sozialer, Bildungs- und Kultureinrichtungen und dennoch ist die Steuerabgabe der BürgerInnen nicht höher als in anderen brasilianischen Städten. Auch das Durchschnittseinkommen der BewohnerInnen Curitibas ist höher als das in anderen Städten Brasiliens. Die höhere Kaufkraft resultiert nicht zuletzt aus der Tatsache, dass 30 Prozent des Einkommens aus nicht konventioneller Landeswährung besteht.[101]

6.6 Mikro-Finanzsysteme für Arme

Der Zugang zu Krediten und damit der Zugang zum Markt sind mehr als zwei Dritteln der Menschen weltweit verwehrt. Kreditwürdig zu sein heißt eigentlich, in der Lage und bereit zu sein, das geliehene Geld zurückzuzah-

---

100 Ebd.
101 Vgl. Bihl, Eric (2003): a.a.O., S. 29.

len. Diese Bereitschaft und Fähigkeit wird jedoch den Armen und Mittellosen – vollkommen zu Unrecht – abgesprochen.

Die Situation von Menschen, die keine andere Alternative haben als Kredite bei privaten Wucherern aufzunehmen, ist gleichzusetzen mit einer modernen Form der Sklaverei. Alleine in Indien leben nach einer Untersuchung der Gandhi Peace Foundation mindestens 2,24 Millionen Menschen in Schuldknechtschaft. Das gleiche Schicksal teilen viele Millionen Menschen weltweit.

Hauptursachen der Sklaverei sind Armut, Arbeitslosigkeit und die Zerstörung der traditionellen Subsistenzwirtschaft.[102] Der mittellose Schuldner muss aufgrund einer notwendigen Geldausgabe auf dem informellen Geldmarkt ein Darlehen aufnehmen. Da es sich bei der Transaktion um ein privates Vertragsverhältnis handelt, ist juristisch kein Straftatbestand festzustellen.

Es ist dem bengalischen Wirtschaftswissenschaftler Muhammad Yunus zu verdanken, dass er die Verschuldungssituation seiner Landsleute als soziales Problem erkannte und eine nachhaltige ökonomische Lösung durch ein Banksystem entwickelte, welches den Armen hilft und nicht umgekehrt. Er ist durch Gründung der „Grameen-Bank" im Jahr 1976 der Pionier und intellektuelle Führer der Bewegung der Kleinkreditbanken.

Grameen beruht nicht nur auf Solidarität und nutzt diese im Binnenverhältnis zur Kreditsicherung, sondern durch die Praxis wird auch Sozialkapital gebildet. Seit ihrer Gründung hat die Grameen-Bank in Bangladesch 1.138 Filialen errichtet. Sie arbeitet dezentral in ca. 40.000 Dörfern und hat derzeit 2,4 Millionen Mitglieder und KreditnehmerInnen, die nach und nach zu Sparern werden und mit ihren Einlagen selbst Geld bereitstellen. 92 Prozent der Mitglieder sind Frauen. Insgesamt wurde bis 1999 ein Sparvolumen von mehr als 220 Millionen US-Dollar aufgebaut. Im gleichen Zeitraum wurden 2,7 Milliarden US-Dollar für selbstständige Beschäftigung vergeben. Wietere Kleinstkredite dienen dem Bau von einfachen Häusern. Die Einzelkredite haben einen Umfang von ca. 150 US-Dollar. Gemessen am Kreditvolumen ist Grameen die größte Bank in Bangladesch.

Die Bank gehört mittlerweile zu 90 Prozent den Mitgliedern und KreditnehmerInnen. Grameen vergibt nicht nur Kredite, sondern agiert auf der Basis von ökonomischem und sozialem Empowerment, um nachhaltige Verbesserungen der Lebenssituation mit den betroffenen Menschen einzuleiten. Insbesondere konnten sich im Verlauf der vergangenen Jahrzehnte durch diese Programme viele Frauen der unteren Schichten und Kasten aus traditionellen familiären und sozialen Abhängigkeiten befreien und im sozialen und politischen Leben ihre Position verbessern. So haben sich in den Dör-

---

102 Vgl. Arlacchi, Pino (2000): Ware Mensch. München, S. 156f.

fern Frauengruppen gebildet, die sich wirksam gegen männliche Gewalt und Aggression durchsetzen, über den gemeinsamen Besitz von Produktionsmitteln ökonomische Macht erlangen konnten oder KandidatInnen in politische Gremien delegiert haben.[103]

Der gesamte Aufbau der genossenschaftsähnlichen Grameen-Bank beruht auf 67.000 Lern- und Entwicklungszentren, in denen jeweils sechs bis zehn Selbsthilfegruppen organisiert sind. Diese „Solidaritätsgruppen" formieren sich aus je fünf Frauen, die eine Bürgengemeinschaft bilden.[104] Sie erlernen mit Unterstützung der MitarbeiterInnen von Grameen die Grundlagen der Entwicklung und Sicherung ihrer kooperativen oder individuellen Geschäftsideen und die Voraussetzungen für den Umgang mit den Kleinstkrediten der Gruppe. Gemeinsames Lernen der KreditnehmerInnen und die soziale Kontrolle durch die Gruppe sichern den Erfolg des Modells. Zunächst erhalten zwei Mitglieder der Gruppe die ersten Kredite. Zahlen diese die wöchentlichen Raten zurück, erhalten zwei weitere Mitglieder einen Kredit. Erst zum Schluss ist die Gruppenleiterin berechtigt, selbst einen Kredit zu bekommen.

Es muss erwähnt werden, dass einer der Hauptverursacher der Verschuldungsspirale der ländlichen Bevölkerung auf dem indischen Subkontinent, der Chemie- und Biotechnikkonzern Monsanto, versuchte, die Kleinkreditbewegung zu unterwandern und den Vorsitz des internationalen Gipfels der Kleinkredite zu übernehmen. Dann versuchte Monsanto die Bewegung für die eigenen Zwecke zu nutzen. Muhammad Yunus machte zunächst den Fehler, in ein Joint Venture mit dem Konzern einzutreten. Allerdings intervenierten VertreterInnen der Umweltbewegung und der Entwicklungszusammenarbeit und forderten Grameen auf, diese Kooperation zu beenden. Im Juli 1998 kündigte Yunus an, dass sich die Grameen-Bank aus den Geschäftsbeziehungen mit Monsanto zurückziehe.[105]

Neben allen positiven Effekten müssen potenzielle Gefahren berücksichtigt werden, die mit diesem Lösungsansatz verbunden sind. Es besteht z.B. die Gefahr, dass traditionelle gemeinschaftszentrierte Formen des Wirtschaftens und noch bestehende Subsistenzstrukturen zugunsten der Produktion für den Markt vernachlässigt und zerstört werden. Das Programm bietet die Möglichkeit, sich als Kleinkapitalistin zu bewähren und dies zieht naturgemäß Wettbewerb, Verdrängung, Marktengpässe und Preiszusammenbrüche nach sich.

---

103 Vgl. Duchrow, Ulrich (1997): Alternativen zur kapitalistischen Weltwirtschaft. Mainz, S. 249.

104 Vgl. Kropp, Erhard (2001): Armutsbekämpfung durch Sparen und Kredit. In: NETZ Partnerschaft für Entwicklung und Gerechtigkeit, Bangladesch Zeitung, Heft 1/2001, März 2001, S. 2.

105 Vgl. Perlas, Nicanor (2000): Die Globalisierung gestalten. Frankfurt am Main, S. 60.

Hinzu kommen negative Effekte des Erfolgsmodells, die durch Kräfte erzeugt werden, die seit dem politischen Einlenken der Weltbank von der Idee zu profitieren suchen. Die Weltbank propagiert die Zwischenschaltung von Nichtregierungsorganisationen (NROs) zwischen geldgebender Bank – die ihrer Profitlogik folgt – und den KreditnehmerInnen. Grameen vertritt hingegen ein integriertes Modell. Mit der Einschaltung von NROs hat sich deren Eigenlogik in das Modell geschlichen, was negative Effekte erzeugen kann. So sind inzwischen verschiedene NROs zu Kreditdurchlauforganisationen geworden, die Kredite von Banken zu drei bis fünf Prozent Zinsen aufnehmen und sie zu zwölf bis 20 Prozent an die Zielgruppen weitergeben.[106] Durch ein Überangebot an Kleinstkrediten verzichten diese Anbieter zum Teil auch auf die mit der Kreditvergabe verbundene Bildungsarbeit und dadurch kommt es vermehrt wieder zu Geschäftszusammenbrüchen und Überschuldungen der KreditnehmerInnen – ein weiteres Beispiel für die Herauslösung sozialer Verantwortung aus der ökonomischen Transaktion.

6.6.1 Zusammenfassung

Eine zentrale Rolle für die sozial eingebundene Ökonomie spielt „Geld in dienender Funktion", ein Tauschmittel, welches sozialökonomische Transaktionen fördert, jedoch nicht der Eigenlogik der höchst möglichen Gewinnerzielung steht. Seit den 1970er Jahren hat sich ein ganzes Spektrum von selbsthilfebasierten und gemeinwesenorientierten Finanzierungsinstrumenten herausgebildet. Zu ihnen zählen auf die Entwicklung des Gemeinwesens hin spezialisierte Banken wie die nordamerikanischen „Community-Development banks" oder die „Community Credit Unions".

Eine zunehmend wichtige Rolle spielen in der sozialpolitischen Diskussion um alternative Finanzierungsmöglichkeiten auch Stiftungen. Bürgerstiftungen knüpfen an das traditionelle Stiftungswesen an, doch anstelle des wohlhabenden Mäzens sollen hier alle BürgerInnen ihr Engagement und ihr Geld für die Finanzierung sozialer und kultureller Zwecke im Lokalen einbringen. Obwohl derartige Stiftungen nicht Staat und Gemeinden bei der Finanzierung sozialer Zwecke ersetzen können und sollen, wäre ihre Funktion als „Innovations- und Entwicklungsfonds" – z.B. durch die Bereitstellung von Risikokapital – sinnvoll.

In einer pluralen, sozial eingebundenen Ökonomie spielen regionale Alternativ- und Komplementärwährungen eine wichtige Rolle. Derartige Währungssysteme sind an eine Region gebunden und können dem Abfluss von Geld hin zu den Finanzzentren einen Riegel vorschieben. Sie sind Medien

---

106 Vgl. Houscht, Martin Peter (2001): Mikrokredit-Fieber in Bangladesch – Kritische Anmerkungen aus entwicklungspolitischer Sicht. In: NETZ Partnerschaft für Entwicklung und Gerechtigkeit, Bangladesch Zeitung, Heft 1/2001, S. 9.

der tendenziellen Abkoppelung von den Weltmarktprozessen und zielen auf die stärkere regionale Kontrolle der Ökonomie durch die BürgerInnen. Gestärkt werden die Produzenten vor Ort und zugleich kann die Komplementärwährung der Förderung sozialer und ökologischer Ziele dienen. Beispiele dafür existieren weltweit und haben eine lange Tradition. Für eine Komplementärwährung auf nichtmonetärer Basis steht die Zeitwährung, in der die zum Tausch angebotene Lebenszeit als Berechnungsmittel dient. Diese Systeme bieten auch mittellosen Menschen Möglichkeiten wirtschaftlicher Teilhabe.

7. Genossenschaften und sozial-
ökonomische Gemeinwesenentwicklung

Genossenschaften sind in vielen Weltregionen als Urform überfamiliärer sozialökonomischer Selbstorganisation zu betrachten. Es ist nicht überraschend, dass derzeit diese oft einzige Option sozialökonomischer Teilhabe von Menschen, die aufgrund von Ressourcenrestriktionen keine Chancen am Markt haben, auch in den Industrieländern wieder ins Bewusstsein gelangt. Es geht bei dieser Rückbesinnung insbesondere um die Beschäftigungswirksamkeit genossenschaftlichen Wirtschaftens. Zunehmend werden genossenschaftliche Lösungen auch als geeignete Form der Sicherung öffentlicher Güter und des Zugangs für alle erkannt.

Die Förderung genossenschaftlicher Selbsthilfe gilt in der internationalen Diskussion und in der Praxis des Community Development[1] als Instrument eigenständiger lokaler Entwicklung und sozialer Problemlösung. Genossenschaften verfügen über das Potenzial, im lokalen und regionalen Raum vorhandene Arbeit zu erhalten und neue Handlungsfelder zu erschließen, den Zugang zu Einrichtungen und Leistungen der Daseinsvorsorge zu sichern und zur Existenzsicherung und sozialen Integration – auch benachteiligter Bevölkerungsgruppen – beizutragen. Als soziale und wirtschaftliche Gemeinschaften, die in den Lebenskontext des Gemeinwesens eingebunden sind, generieren sie Sozialkapital und fördern die soziale Kohäsion. Sie implizieren zudem die Voraussetzungen für die Einleitung von Prozessen nachhaltiger Entwicklung im lokalen oder regionalen Raum. Im Verbund ökonomischer und nichtökonomischer Organisationen können Genossenschaften gerade durch ihre sozialkulturelle Einbindung zu stabilisierenden sozialökonomischen Faktoren im Gemeinwesen werden.

Bezogen auf die Herausbildung pluralen, sozial eingebundenen Wirtschaftens sind Genossenschaften als Entwicklungskeime der sozialökonomischen Innovation zu betrachten.

Sie haben vier gesellschaftspolitische Funktionen:

1. die Errichtung von countervailing power (Gegenmachtfunktion);

2. die Erprobung und Durchsetzung anderer bzw. neuer Verhaltensweisen (Schrittmacherfunktion);

---

1 Campfens, Hubert (1999): Community Development Around the World. Toronto, Buffalo, London.

3. die gesellschaftspolitische Aufgabe der funktionsfähigen Alternative zu privaten Unternehmen (Keimzellen- oder Alternativfunktion);

4. die Funktion, die Vielgestaltigkeit des sozialen Lebens zu erweitern (Pluralitätsfunktion).[2]

Die vom Internationalen Genossenschaftsbund (ICA) definierten Prinzipien stehen in der hundertfünfzigjährigen Tradition der „Rochdaler Pioniere"[3], die die sozialreformerische Genossenschaftspraxis begründeten: freiwillige und offene Mitgliedschaft; demokratische Willensbildung; wirtschaftliche Mitwirkung der Mitglieder; Autonomie und Unabhängigkeit; Ausbildung, Fortbildung und Information; Kooperation mit anderen Genossenschaften; Vorsorge für die Gemeinschaft der Mitglieder.[4] Für die heute ca. eine Million Genossenschaften mit über 750 Millionen Mitgliedern in fünf Kontinenten, deren Verbände der Allianz angehören, sind diese Statuten bindend, auch wenn sich unter unterschiedlichen historischen und politisch-ökonomischen Bedingungen die Praxis unterscheidet. Diese Allianz der Genossenschaften kann als globale Bewegung der lokalen und sozial eingebundenen Ökonomie betrachtet werden. Als zentrale genossenschaftliche Prinzipien gelten weltweit nach wie vor: freiwilliger Ein- und Austritt; demokratische Verwaltung (one person, one vote); Unterordnung des Gewinnstrebens unter den Förderungszweck; Kapital hat keine beherrschende Stellung.[5] Es ist kaum verwunderlich, dass diese Prinzipien nie unumstritten waren und dass insbesondere die Lobby der von professionellem Management dominierten Marktgenossenschaften – die in Deutschland dominiert – die soziale Funktion und die Nachrangigkeit des Gewinns ablehnt.

Mit der Betonung von Solidarität, Kooperation, Egalität und der dienenden Funktion von Kapital – sowohl als normative Ansprüche als auch als konkrete Handlungsprinzipien – steht die Genossenschaftsidee quer zur dominanten Ökonomie. Dieser Gegenstandspunkt wird insbesondere durch die Funktion genossenschaftlichen Eigentums betont. Der Begriff „Genossenschaft" leitet sich ab aus dem gemeinsamen Nutzen von Lebensgütern und Produktionsmitteln.[6] Durch Genossenschaften kann nachhaltig Nutzungseigentum[7] erhalten und erzeugt werden, welches nicht ausschließt, sondern

---

2 Engelhardt, Werner Wilhelm (1978): Sind Genossenschaften Gemeinwirtschaftliche Unternehmen? Köln, S. 51.

3 Die „redlichen Pioniere von Rochdale" gründeten Mitte des 19. Jahrhunderts die erste Konsumgenossenschaft und gelten als die Väter der modernen Genossenschaftsbewegung.

4 Elsen, Susanne (1998): Gemeinwesenökonomie. Neuwied, S. 69-71.

5 Laurinkari, Juhani/Brazda, Johann (1990):Genossenschaftliche Grundwerte. In: Laurinkari, Juhani (Hrsg.): Genossenschaftswesen. München, Wien, S. 71.

6 Haug, Wolfgang Fritz (1998): Eigentum. In: Historisch-Kritisches Wörterbuch. Berlin, Hamburg.

7 Ries, Heinz (2001): Wohnen, Arbeiten, Teilhaben als Basis einer lokalen Ökonomie. In: Sahle, Rita/Scurrell, Babette (Hrsg.): Lokale Ökonomie. Freiburg, S. 48.

die Teilhabe aller, auch der ökonomisch schwächeren Gesellschaftsmitglieder, sichert.

Ein zentraler Aspekt nachhaltigen Wirtschaftens kann in Genossenschaften zum Tragen kommen. Die sozialen und ökologischen Folgen werden in die wirtschaftlichen Handlungsvollzüge integriert, denn das genossenschaftliche Identitätsprinzip und das Vor-Ort Prinzip implizieren Handlungsfolgenabschätzung, da soziale und ökologische Folgen des Wirtschaftens nicht ohne unmittelbares Feedback externalisiert werden können.[8]

Genossenschaftliche Potenziale scheinen auch als Instrumente sozial-, arbeitsmarkt- und wirtschaftspolitischer Krisenbewältigung erkannt zu werden. Sie werden von der Europäischen Union und der Internationalen Arbeitsorganisation als Möglichkeiten zur eigenständigen sozialökonomischen Problemlösung in städtischen und ländlichen Krisenregionen empfohlen. Die Europäische Kommission setzt auf die arbeitsmarktpolitischen Potenziale zugunsten benachteiligter Regionen und Bevölkerungsgruppen, da lokale Genossenschaften andere Rentabilitätsmaßstäbe anlegen, in vernetzten lokalen Strukturen Synergien erzeugt werden können und die Nutzung freiwilligen bürgerschaftlichen Engagements als sozialproduktives Kapital möglich ist.

Genossenschaften bergen tatsächlich dieses Potenzial, doch sie folgen gegenüber primär profitorientierten Unternehmen einem erweiterten sozial-ökonomischen Zielsystem und sind deshalb nicht nach einzelbetriebswirtschaftlichen Maßstäben primär profitorientierter Unternehmen zu messen. Die normativen Ansprüche, die erweiterten Zielsysteme und die konkreten Handlungsprinzipien stehen dem ökonomischen Mainstream entgegen. In diesem Gegenwind stehen genossenschaftliche Lösungen insbesondere in den westlichen Industrieländern in einem komplexen Konfliktfeld. Gerade im Zusammenhang genossenschaftlicher Selbstorganisation benachteiligter gesellschaftlicher Gruppierungen in den Wohlfahrtsstaaten sind deshalb die materiellen und nichtmateriellen Voraussetzungen zu bedenken, denn die sozialökonomische Selbsthilfe tangiert die Machtzentren des Staates, die dominanten Interessen des Marktes und die wohl organisierten und staatlich alimentierten traditionellen Organisationen der Wohlfahrtspflege.

Die Vorstellung einer genossenschaftlichen Gegenmacht Benachteiligter gegen die dominante Marktmacht ist ebenso unrealistisch wie die Idee, in genossenschaftlicher Selbsthilfe seien ökonomische Felder, die die gewerbliche Wirtschaft aufgrund mangelnder Rentabilität nicht erschließt oder der Staat aufgrund leerer Kassen privatisiert, voraussetzungslos zu organisieren. Sozialökonomische Selbsthilfe als sozialpolitische Aufgabe erfordert die Schaffung von Räumen der Resilienz, institutionelle Öffnungen des

---

8 Mersmann, Arno/Novy, Klaus (1991): Gewerkschaften Genossenschaften Gemeinwirtschaft. Köln, S. 31.

Wirtschaftssystems und nicht zuletzt ermöglichende materielle und immaterielle Voraussetzungen. Selbsthilfekräfte von Menschen, die in dieser Kunst nicht geübt sind, lassen sich zudem nicht ad hoc, aufgrund kurz- oder mittelfristiger wirtschaftspolitischer Erfordernisse und Überlegungen mobilisieren.[9] Die aufwendige, schwer zu realisierende und mühsam aufrecht zu erhaltende genossenschaftliche Organisationsform stellt gerade in den Industrieländern hohe Anforderungen an ihre Stakeholder.[10]

Die Doppelnatur der Genossenschaft als Wirtschaftsunternehmen einerseits und als soziale Gemeinschaft andererseits verweist auf einen potenziellen Konflikt zwischen verschiedenen Handlungslogiken. Das Wirtschaftsunternehmen erfordert ökonomisch zweckrationales, die Personengemeinschaft partizipativ solidarisches Handeln. Der alltägliche Betrieb von Kooperativen erfordert nicht nur das Aushalten von Spannungen zwischen widerstrebenden Polen, sondern das bewusst organisierte Konfliktmanagement des Organisationswiderspruchs.[11]

In der Geschichte lässt sich nachweisen, dass zum Mittel gemeinschaftlicher ökonomischer Selbstversorgung in den Industrieländern nur dann gegriffen wurde, wenn andere Formen der Reproduktion ausfallen oder als nicht mehr akzeptabel wahrgenommen werden. Varianten der Bewältigung von Krisen werden gewählt im Zusammenhang bisheriger Erfahrungen. Diese beziehen sich auf gewerkschaftliche Auseinandersetzung und die Ausschöpfung von Arbeitsmarktangeboten sowie karitative oder staatlichfürsorgerische Hilfen.[12] Genossenschaftliche Gründungswellen verlaufen keineswegs spiegelbildlich zu den Wellen wirtschaftlicher Auf- und Abschwünge, sondern mit einer gewissen zeitlichen Verzögerung,[13] da Leidensdruck, Organisationsbereitschaft und -fähigkeit sowie eine finanzielle Mindestausstattung Voraussetzungen sind.

Unter den derzeitigen wirtschaftlichen und sozialpolitischen Bedingungen sind Leidensdruck und Mangel an Alternativen zwar gegeben, die Möglichkeiten erfolgreicher ökonomischer Selbstorganisation – insbesondere im Bereich von Sozial-, Produktiv- und Wohnungsgenossenschaften – sind aber vor dem Hintergrund verschärfter Konkurrenz auf den Märkten und erschwerter Zugänge zu Krediten eher schwieriger geworden. Genossen-

---

9 Beywl, Wolfgang/Jäger, Wieland (1994b): Großbetriebliche Wirtschaftskultur im Niedergang? In: Beywl, Wolfgang/Jäger, Wieland (Hrsg.): Wirtschaftskulturen und Genossenschaften im vereinten Europa. Wiesbaden, S. 200.

10 Elsen, Susanne (1998): a.a.O., S. 71f.

11 Patera, Mario (1990): Genossenschaftliche Förderbilanz. In: Laurinkari, Juhani (Hrsg.): a.a.O., S. 287.

12 Novy, Klaus/Prinz, Michael (1985): Illustrierte Geschichte der Gemeinwirtschaft. Berlin, Bonn, S. 12.

13 Flieger, Burghard (1996): Produktivgenossenschaften als fortschrittfähige Organisation. Marburg, S. 62.

schaftliche Selbsthilfe kann unter diesen Restriktionen die Probleme der Massenarbeitslosigkeit, der gesellschaftlichen Ausgrenzung und Segregation nicht lösen, aber sie könnte einen Beitrag zur Einleitung nachhaltiger sozialökonomischer Lösungen leisten. Die sozialökonomische Selbsthilfe Benachteiligter in genossenschaftlicher Form ist keine Alternative zu sozialstaatlicher Sicherung, aber sie wäre ein wirksames Instrument nachhaltiger Sozialpolitik. Das setzt den politischen Willen voraus, Kooperation und Selbstorganisation im Gemeinwesen als sozialpolitisches Potenzial der Zivilgesellschaft institutionell zu „fördern – wie marktliches und staatlichmachtorientiertes."[14] Damit würde sich das Zusammenspiel von Zivilgesellschaft, Markt und Staat selbst zugunsten ziviler Lösungen verändern.

7.1 Die besondere Eignung von Genossenschaften für die Gemeinwesenökonomie

Vor 150 Jahren hatten die „redlichen Pioniere von Rochdale" die Vision einer unabhängigen Gemeinschaft, die den Menschen eine Alternative zu Arbeitslosigkeit, ausbeuterischen Arbeitsbedingungen, Bildungsmangel und Armut bieten sollte. Dieses genossenschaftliche Urmodell ist nicht aus einzelbetrieblicher Perspektive, sondern als lokales Verbundsystem sozialökonomischer Kooperativen zu betrachten und dies macht es für die Gemeinwesenökonomie besonders interessant. Ausgehend von einer Konsumgenossenschaft, die den Mitgliedern Produktion und Distribution guter Waren des täglichen Bedarfs sicherte, sollte durch die Verwendung der Gewinne schrittweise die weitere soziale und wirtschaftliche Besserstellung der Mitglieder erreicht werden. Häuser für die Mitglieder wurden erworben und erbaut und Waren für den Konsumverein produziert. Um Arbeit für Arbeitslose oder diejenigen zu schaffen, die unter dauernden Lohnsenkungen zu leiden hatten, wurden Ländereien gepachtet und erworben, um sie durch die Mitglieder des Konsumvereins zu bebauen, die arbeitslos waren oder deren Erwerb unzureichend war. Aus eigenen Mitteln wurde die Unterrichtstätigkeit an der Schule finanziert. Die Interessen aller sollten sich durch den Konsumverein zum gemeinsamen Interesse entwickeln.

Die sozialökonomische Entwicklung dieses Modells folgt den Bedürfnissen der Mitglieder und der Logik des Gemeinwesens. In kooperativer Form werden vorhandene Potenziale mit lokalem Bedarf verknüpft, Solidarität spielt in der Einzelorganisation und im Gemeinwesen eine zentrale Rolle, das Kapital hat eine dienende Funktion zugunsten eines komplexen Zielsystems. Ressourcenflüsse werden gezielt gelenkt und aus der Kombination rentabler und sozialer Aufgaben erwächst ein zivilgesellschaftlich getrage-

---

14 Opielka, Michael (1990): Alte Genossenschaften und neue Gemeinschaften. In: neue praxis 3/1990, S. 232.

ner sozialökonomischer Verbund zugunsten der Mitglieder und des Gemeinwesens.

Die Gründung der Rochdaler Pioniere kann als Vorbild für die Gestaltung gemeinwesenökonomischer Lösungen angesehen werden. Die Bedeutung von Genossenschaften für die Gemeinwesenökonomie liegt darin, dass sie von den Betroffenen selbst getragen werden. Als Kinder der Not beruhen sie darauf, dass Menschen ihre Kräfte summieren, um Aufgaben zu bewältigen, die sie alleine nicht schaffen könnten. „Primär sind Genossenschaften Formen der sozialen Selbsthilfe, in denen der Markt für die Beteiligten ausgeschaltet wird."[15] Das Identitätsprinzip besagt, dass Konsumenten eigene Lieferanten, Mieter eigene Vermieter, Kreditnehmer eigene Kreditgeber, Arbeitnehmer eigene Arbeitgeber sind. Dieses Prinzip ermöglicht also die Ausschaltung des Zwischenhandels und teilweise auch der Marktinteressen, unmittelbare Kontrolle und selbstaktives statt Kundenverhalten. Es bietet darüber hinaus einen hervorragenden Ausgangspunkt für sozialpolitische Bemühungen zur Einleitung von Selbstorganisationsprozessen, sowohl hinsichtlich der Treffsicherheit staatlicher Mittel (keine Mitnahmeeffekte) als auch hinsichtlich der Mobilisierung von Selbsthilfebereitschaft, wodurch der staatliche Mitteleinsatz verstärkt wird.[16] Das Identitätsprinzip ermöglicht auch ein höchstes Maß bedarfsgerechten Wirtschaftens. Eine Seniorengenossenschaft agiert z.B. nach den Vorstellungen ihrer Mitglieder, ein genossenschaftlicher Kindergarten berücksichtigt unmittelbar die Interessen der Eltern und Kinder, eine kleine Wohnungsgenossenschaft erfüllt direkt die Wünsche ihrer Mitglieder, die genossenschaftliche Organisation von Dienstleistungen gewährleistet bedarfsgerechte Leistungen, relativ sichere Arbeitsplätze und verhindert Selbstausbeutung durch Scheinselbstständigkeit.

Genossenschaftliche Zusammenschlüsse haben also handfeste ökonomische Gründe. Die Vorteile liegen in der Ausschaltung funktionsloser Gewinne, in Kostenvorteilen z.B. bei Konsum- und Bezugsgenossenschaften, in der Mobilisierung brachliegender Ressourcen durch die Bereitschaft zu freiwilliger Arbeit, in der Förderung von Qualitätsbewusstsein sowie in der Material- und Zeitökonomie durch die Identität von Wirtschaftenden und Nutzern.[17] Genossenschaftlich organisierte lokale Unternehmen können auch in weniger rentablen Bereichen am ehesten kostendeckend arbeiten und Arbeitsplatzsicherheit gewährleisten, denn die erwirtschafteten Erträge kommen unmittelbar denjenigen zugute, die sie erarbeitet haben, bzw. sie

---

15 Novy, Klaus (1986): Remoralisierung der Ökonomie? In: Schwendter, Rolf (Hrsg.): Die Mühen der Ebene. München, S. 194.
16 Novy, Klaus (1986): Renaissance der Genossenschaften. In: Berger, Johannes/ Domeyer, Volker/Funder, Maria/Voigt-Weber, Lore (Hrsg.): Selbstverwaltete Betriebe im der Marktwirtschaft. Bielefeld, S. 91.
17 Mersmann, Arno/Novy, Klaus (1991): a.a.O., S. 33.

fließen zurück in die Stabilisierung und Weiterentwicklung des Unternehmens. Gerade für benachteiligte Quartiere spielt diese Option der Beeinflussung von Ressourcenströmen eine zentrale Rolle.[18]

Das genossenschaftliche Förderprinzip – festgelegt in Artikel 1 der Satzungen – räumt der Förderung der Mitglieder höchste Priorität ein. Reduziert man allerdings das Förderprinzip auf die Besserstellung der Mitglieder, wie dies im deutschen Genossenschaftswesen betont wird, negiert man den erweiterten sozialen Anspruch, der in der Genossenschaftsgeschichte immer eine zentrale Rolle spielte. Das genossenschaftliche Demokratieprinzip impliziert zwei wesentliche Komponenten: Erstens vollzieht sich der Zusammenschluss von Wirtschaftssubjekten zu Genossenschaften nach demokratischen Regeln und „der persönliche Bezug sowie die Regelung des Stimmrechtes (ein Mitglied/eine Stimme) prägen formal die Strukturen dieses sozialen Systems.“[19] Zweitens bedingt die Gleichstellung der Mitglieder die personale „Neutralisierung des Kapitals“.[20] Nicht die Kapitalbeteiligung als reine Anlageform, sondern der persönliche Einsatz bestimmen die Möglichkeiten der Gestaltung der Geschäftspolitik.[21] Genossenschaften sind aufgrund dieser Zielsetzungs- und Entscheidungsautonomie die letzten Bastionen gegen die vollständige Kommerzialisierung zahlreicher Bereiche in Wirtschaft und Gesellschaft – sofern die Mitglieder sich dieser Stärke bewusst sind und sie nicht veräußern.

Der Druck zur Angleichung von Personen- und Kapitalgesellschaften wächst, denn die personale Bindung von Entscheidungen, die de facto mit dem Demokratieprinzip verbunden ist, kann ein wirksamer Schutz gegen die Übernahme. Nicht nur der Kommerzialisierung der Daseinsvorsorge, sondern generell der Übernahme von Unternehmen steht die potenzielle Autonomie von Assoziationen entgegen, denn nicht Kapitaleigner, sondern die TeilhaberInnen mit nominellen Entscheidungsrechten bestimmen über die Belange. Unternehmen und Unternehmensgruppen sind längst selbst zu Handelswaren geworden. Es wird noch zu zeigen sein, dass gerade in einer Zeit, in der die Bedeutung ökonomischer und sozialer Assoziation wächst, einflussreiche politische Kräfte diese letzte Möglichkeit der Sicherung von Zugang und Teilhabe im Gemeinwesen als Gefahr für ihre Übernahmestrategien erkannt haben und sie mit Macht auszuhebeln versuchen.

18 Kretzmann, John P./McKnight, John L. (1993): Building Communities from the inside out. Chicago.
19 Blümle, Ernst-Bernd (1990): Die Genossenschaft als Zusammenschluss von Wirtschaftssubjekten und als Gemeinschaftsbetrieb. In: Laurinkari, Juhani (Hrsg.): a.a.O., S. 79.
20 Vierheller, Rainer (1990): Die Gleichstellung der Mitglieder der Genossenschaft. In: Laurinkari, Juhani (Hrsg.): a.a.O., S. 161.
21 Ebd., S. 161.

Freie, kooperative Zusammenschlüsse von Personen können unter bestimmten Rahmenbedingungen Gegenmodelle zu den Abhängigkeiten und Zwangsmaßnahmen von Staat und Markt sein. Dies zeigt der Genossenschaftssektor in Italien. Insbesondere im Kontext der Diskussion um den befähigenden Staat und der Überlegungen zu einer aktivierenden Sozialpolitik wäre die aktive Förderung und Innovation der Voraussetzungen für genossenschaftliche und sozialgenossenschaftliche Lösungen zur Neuorganisation öffentlicher und privater Belange sowie zur Übernahme der Aufgaben, die aus veränderten gesellschaftlichen Bedarfen resultieren, von hohem Interesse. Die genossenschaftlichen Grundprinzipien Selbsthilfe, Selbstkontrolle und Selbstverwaltung könnten verstanden werden als Operationalisierungen des Subsidiaritätsprinzips. Unmittelbare Betroffenheit erzeugt besser als jede verordnete Politik die Motivation, selbst Lösungsprozesse aktiv zu tragen. Das demokratische Ordnungsprinzip der Subsidiarität – des Vorrangs der kleineren gegenüber den übergeordneten Einheiten – gründet auf der Tatsache, dass kleine Kollektive Solidarität und Selbstorganisationsfähigkeiten mobilisieren.[22]

In Deutschland werden Genossenschaften, wie noch zu zeigen sein wird, reduktionistisch als eine Unternehmensform neben anderen angesehen, die sich ausschließlich im Markt zu behaupten hat. Ihr Gründungshintergrund – meist ein ungelöstes soziales Problem – macht sie zu einer marginalen und marginalisierten Unternehmensform.

Eine der Folgen des Zwangs der deutschen Genossenschaften, im Wettbewerb des Marktes ohne Anerkennung als eigenständige Wirtschaftskultur und ohne eigene kooperative Mesostrukturen[23] zu überleben, ist der Wachstumsdruck. Gerade die den Sektor dominierenden Genossenschaftsbanken haben sich zu immer größeren Einheiten zusammengeschlossen. Von den 31.000 deutschen Genossenschaften im Jahr 1938 sind nur noch 8.000 übrig geblieben. Diese jedoch haben 20 Millionen Mitglieder, das ist mehr als eine Verdreifachung der Mitgliedschaft.[24] Große Einheiten entfernen sich jedoch von der genossenschaftlichen Wirtschaftskultur. Das genossenschaftliche „Kirchturmprinzip" steht für die Gewährleistung von Überschaubarkeit. Kleine Einheiten, die den Beteiligten ermöglichen, sich mit den gemeinsamen Zielen zu identifizieren, ihr wirtschaftliches Handeln im gesamten Kontext zu durchschauen und verantwortlich zu entscheiden, sind zentrale Voraussetzungen genossenschaftlichen Handelns. Wo genos-

---

22 Grosskopf, Werner (1995): Subsidiarität, Ökonomie und Genossenschaften. In: Zeitschrift für das gesamte Genossenschaftswesen, Sonderheft: Hundert Jahre Genossenschaftliches Spitzeninstitut. Göttingen, S. 56.

23 Gemeint sind fördernde Verbundstrukturen, eigene Finanzierungsinstrumente und ein eigenständiges wirtschaftskulturelles Verständnis.

24 Püschel, Wolfram (2004): Neue Genossenschaften durch neue Förderung? In: Wohnbund Informationen. Heft 3/2004, S. 15.

senschaftliche Unternehmen und Unternehmensverbünde größere Zuschnitte erreicht haben, gewährleistet die Untergliederung in kleinere Einheiten dieses besondere Erfordernis kooperativer Personengesellschaften, wie am Beispiel Mondragon sichtbar wird.

Genossenschaften sind als Personengesellschaften lernende Organisationen und unmittelbar gebunden an die Personen, die sie betreiben, an ihre Lebenslage, ihre Einstellungen und Lebensphasen. Zum Ausruhen fehlt das Kapitalpolster, aber auch eine Delegation der Managementaufgaben an MitarbeiterInnen und Nichtmitglieder kann Probleme zeitigen. Insbesondere Produktivgenossenschaften sind auf permanente aktive Gestaltung durch Aushandeln und Vermitteln angewiesen. Bezüglich dieser Organisationsspezifik sind sie Teile einer dynamischen sozialen Gemeinwesenentwicklung.

Das wirtschaftskulturelle Potenzial von Genossenschaften beruht auf der Verknüpfung scheinbarer Gegensätze, auf dem „Sowohl-als-Auch". Es beruht auf:

- Individualismus und Solidarität,
- Innovation und Tradition,
- ökonomischem Handeln und sozialen Zielen,
- Freiheit und Bindung.

Genossenschaftsmitglieder sind zugleich:

- UnternehmerInnen und ArbeitnehmerInnen,
- MieterInnen und VermieterInnen,
- NutzerInnen und AnbieterInnen.

Die genossenschaftlichen Zielsetzungen, Koordinationsprinzipien, Rollensysteme und Organisationsspezifika liegen quer zu den institutionalisierten Unterscheidungen, Standardisierungen, Normen und Rollen der industriegesellschaftlichen Moderne, die trennscharfe Grenzen zwischen Handlungssphären zieht und klare Zuständigkeiten, Verantwortungsbereiche und Kompetenzen zuweist.[25] Dies setzt die Genossenschaften, aber auch andere sozialökonomische Lösungen den Versuchen der herkömmlichen gesellschaftlichen Institutionen aus, die Klarheit der Grenzziehungen zu erhalten oder wiederherzustellen. Die lebensweltlichen Potenziale – Assoziation, Freiwilligkeit und Solidarität – bergen die extrafunktionalen Kräfte, Grenzen zwischen Handlungssphären und Lebensbereichen aufzuheben und ganzheitliche Lösungen entstehen zu lassen. Genossenschaften sind:

- Organisationen der Zivilgesellschaft und agieren im Wirtschaftssystem.

---

25 Beck, Ulrich/Bonß, Wolfgang/Lau, Christoph (2004): Entgrenzung erzwingt Entscheidung. In: Beck, Ulrich/Lau, Christoph (Hrsg.): Entgrenzung und Entscheidung. Frankfurt am Main, S. 16.

- Sie erwirtschaften Gewinne, agieren jedoch nicht primär profit-orientiert.
- Sie können Einrichtungen der Wohlfahrtspflege und Produktivbetriebe gleichzeitig sein.

Durch diese Organisationsspezifika werden Genossenschaften in Zeiten schnellen Wandels in vielen Weltregionen zu Gebilden lebensnaher Lösungen. Es ist die Kraft der Selbstorganisation „unterhalb der Schwelle, an der sich die Organisationsziele von den Orientierungen und Einstellungen der Organisationsmitglieder ablösen und wo die Ziele vom Bestandserhaltungsinteresse verselbstständigter Organisationen abhängig werden."[26] Die sozialpolitische Gestaltung von genossenschaftlicher Gemeinwesenökonomie müsste durch die Einbindung dieser Lösungen in die Lebensvollzüge des Gemeinwesens solche Verselbstständigung weitgehend unterbinden und den Organisationen gleichwohl die nötige Stabilität verleihen. Das Prinzip „Genossenschaft" ist ein auf viele gesellschaftliche Bereiche übertragbares Organisationsmodell nachhaltiger Entwicklung.

7.2 Genossenschaften als Organisationen der „Sozialen Ökonomie im Dritten Sektor"

Die Diskussion um den „Dritten Sektor" spiegelt den vergeblichen Versuch trennscharfer Grenzziehungen zwischen Lebensbereichen und Handlungssphären wieder. Als Negativabgrenzung werden dem „Ditten Sektor" Organisationen zugeordnet, die weder eindeutig dem Markt noch dem Staat zuzuordnen sind. Diese Negativabgrenzung stellt die Säulen Staat und Markt ins Zentrum und ordnet ihnen uneindeutige und plurale Handlungslogiken unter, welche sich jedoch nicht nur in den Organisationsformen jenseits von Staat und Markt finden.

Amitai Etzioni führte diesen Begriff vor dreißig Jahren in die sozialwissenschaftliche Diskussion ein und sprach von einem "third alternative, indeed sector (which) has grown between the state and the market sector."[27] Er meint damit die Organisationen und Handlungsbereiche, in denen Leistungen im öffentlichen Interesse und für das allgemeine Wohl erstellt werden. Das sind z.B. Stiftungen, Vereine, Versicherungen auf Gegenseitigkeit und Wohlfahrtsverbände, aber auch Genossenschaften, denn diese agieren nicht primär profitorientiert. Kennzeichnend sind neben spezifischen Organisationsformen und Zielsetzungen die Handlungslogiken Assoziation, Gestaltung, Freiwilligkeit und Solidarität. Diese Handlungslogiken beschränken sich keineswegs auf die Erbringung sozialer und kultureller Leistungen im öffentlichen Interesse, sondern sie bilden den Kern der „Sozialen Ökonomie

---

26 Habermas, Jürgen (1985): Die neue Unübersichtlichkeit. Frankfurt am Main, S. 160.
27 Etzioni, Amitai (1973): The Third Sector and Domestic Missions. In: Public Administration Review 33, 1973, S. 314.

im Dritten Sektor"[28], die den Bereich selbstorganisierter Produktion und Organisation sozialer und wirtschaftlicher Leistungen jenseits von Staat und Markt umfasst. Es handelt sich um Formen der Selbstorganisation von BürgerInnen, die z.b. aus Mangel an existenzsichernder Arbeit, der Unterversorgung mit sozialen und gesundheitlichen Diensten oder auch als Alternative zur Privatisierung von Einrichtungen der Daseinsvorsorge unternehmerisch auf kooperativer Basis tätig werden. Genossenschaftliche Gemeinwesenökonomie ist diesem Sektor der Sozialen Ökonomie zuzuordnen.

In der europäischen Diskussion und insbesondere in der romanischen Praxis ist dieser erweiterte Begriff der „Sozialen Ökonomie" gebräuchlich. In diesem Verständnis wird von einem eigenständigen sozialen und sozialökonomischen Sektor ausgegangen. Die „Charta der Économie Sociale" von 1982 definiert die Soziale Ökonomie als sozioökonomische Reformbewegung „zwischen zügellosem Kapitalismus und bürokratischem Sozialismus, mit dem Ziel, Antworten auf die wirtschaftlichen und geistigen Fragen der modernen Menschen zu finden, für die weder die herkömmlichen kommerziellen Unternehmen noch der Staat Lösungen bieten."[29] Diese Idee und Praxis der Économie Sociale rührt an den Grundfesten der Arbeitsteilung von marktwirtschaftlichem System und flankierender sozialer Sicherung, da sie Wirtschaften und soziale Zielsetzungen nicht polarisiert, sondern integriert.[30]

Kriterien der Économie Sociale in der europäischen Diskussion sind:

1. Gewinnverwendung (nicht die der Gewinnerzielung, die außer Frage steht),
2. demokratische Organisationsweise,
3. dienende Funktion des Kapitals,
4. ihr Beitrag zur Lösung struktureller und sozialer Probleme, maßgeblich im Beschäftigungsbereich.

Die Charta umfasst sieben Artikel, die die Koordinationsprinzipien des Sektors konkretisieren. Diese Kriterien fanden Eingang in verschiedene europäische und nationale Programme zur Förderung der „Lokalen Ökonomie".

Die genannten Kriterien lassen sich verschiedenen Organisations- und Unternehmensformen zuordnen und es wird deutlich, dass es sich um eine eigene Wirtschaftskultur, nicht aber um einen in sich geschlossenen Sektor handelt, der lediglich die Mängel und Fehler von Markt und Staat korrigiert. Soziales Wirtschaften ist eine eigenständige Logik und Form wirt-

---

28 Pankoke, Eckart (2000): Freie Assoziationen. In: Zimmer, Annette/Nährlich, Stefan (Hrsg.): Aktive Bürgerschaft. Opladen, S. 203.
29 Münkner, Hans-H. (1995): Économie Sociale aus deutscher Sicht. Marburg.
30 Bauer, Rudolph (2000): Chancen ökonomischer Selbstorganisation. In: Elsen, Susanne/Lange, Dietrich/Wallimann, Isidor (Hrsg.): Soziale Arbeit und Ökonomie. Neuwied, S. 158f.

schaftlichen Handelns mit sozialen Zielsetzungen, wie sie insbesondere in genossenschaftlichen Lösungen vorfindbar ist. Es handelt sich um Wirtschaften, welches aus einem konkreten Mangel entsteht, auf Kooperation und Solidarität beruht, überwiegend demokratisch organisiert wird und in dem Kapital dienende Funktion hat. Diese Zielsetzungen, Handlungslogiken und Organisationsformen überschreiten die Grenzen zwischen Staat, Markt und Lebenswelt. Sie erzeugen gerade durch diese Grenzüberschreitungen neue Möglichkeitsstrukturen und bedarfsgerechte Lösungen. Bestimmend für die Handlungslogik der Sozialen Ökonomie im „Dritten Sektor" ist das Paradigma der Intermediarität, der prozessualen Entgrenzungen und neuen Kombinationen institutioneller Arrangements. Es geht um die Brücke zwischen den heterogenen und getrennten Sphären von politisch-administrativem und ökonomischem System und den Belangen und Potenzialen der Lebenswelten. Rudolph Bauer bezeichnet diese Vermittlungsleistungen als „transversale Übergänge"[31] und sieht in ihnen das eigentliche Erkenntnisinteresse einer zu entwickelnden Theorie des „Dritten Sektors".

Bis heute gibt es massiven Widerstand deutscher Genossenschaftsverbände gegen eine Verortung des Genossenschaftswesens im Dritten Sektor. Die diesem Sektor eigene romanische Tradition aktiver Förderung lokaler Genossenschaften als zivilgesellschaftlich verankerte Instrumente staatlicher Sozialpolitik ist in Deutschland nur schwer vermittelbar.[32]

Doch Aussagen über den Beitrag von Genossenschaften zum Gemeinwohl lassen sich einer verbreiteten Auffassung nach auch dann machen, wenn ihre Mitglieder aus ihrem Gewinnstreben heraus kooperieren, dabei jedoch bewusst oder unbewusst im Dienste öffentlicher Aufgaben stehen. Genossenschaften fördern sozial und wirtschaftlich schwächere oder gefährdete Gruppen und erfüllen damit eine öffentliche Aufgabe. Genossenschaften sind insoweit de facto „gemeinnützig"[33] und erfüllen sozialpolitische Aufgaben.

Gerhard Weisser nennt weitere Kriterien, die die Gemeinwohlorientierung von Genossenschaften nach Maßgabe des zentralen Kriteriums „Erfüllung öffentlicher Aufgaben" legitimieren. Sie seien „Gegengewichte gegen gesellschaftlich begünstigte Ellenbogenfreiheit (...) vermehren die institutionelle Vielgestaltigkeit der Gesellschaft und begünstigen das Entstehen von Gemeinschaft."[34] Ähnlich argumentierte Walter Hesselbach. Er rechnet die Genossenschaften neben den öffentlichen Unternehmen den nichterwerbswirtschaftlich orientierten, gemeinwirtschaftlichen Unternehmen zu.

---

31 Bauer, Rudolph (2005): Ist der „Dritte Sektor" theoriefähig? In: Birkhölzer, Karl/ Klein, Ansgar/Priller, Eckhard/Zimmer, Annette (Hrsg.): Dritter Sektor/Drittes System. Wiesbaden, S. 109.
32 Vgl. Beiträge in: Flieger, Burghard (Hrsg.) (2003): Sozialgenossenschaften. Neu-Ulm sowie brandeins, 5. Jahrgang, Heft 7/September 03, S. 66.
33 Gerhard Weisser zit. nach Engelhardt, Werner Wilhelm (1978): a.a.O., S. 18.
34 Ebd.

„Grundsätzlich handelt es sich bei Genossenschaften um Unternehmen, die nicht von vornherein gemeinwirtschaftlich sind. Die Mehrzahl der deutschen Genossenschaften ist dennoch gemeinwirtschaftlich orientiert, indem und soweit sie nämlich der Besserung der Lebenslage von gesellschaftlichen Gruppen dienen, denen gegenüber die Gesellschaft eindeutige Verpflichtungen hat; insofern sie also sozialpolitische Aufgaben lösen.“[35]

Was Wolfgang Seibel als „funktionalen Dilettantismus“ bezeichnet,[36] bezieht sich auf die Tatsache, dass der „Dritte Sektor“ in Deutschland, der weit überwiegend aus den traditionellen Wohlfahrtsverbänden besteht, in den staatlichen Verwaltungsvollzug eingebaut ist und immer dann den Auftrag zum Agieren erhält, wenn staatliches und marktliches Versagen nicht mit den verursachenden Systemen in Verbindung gebracht werde sollen. Dem Sektor wird in Deutschland eine kompensierende und gleichzeitig entpolitisierende Funktion zugewiesen. Eine oppositionelle oder korrigierende Rolle und insbesondere sozialökonomische Alternativen sind unter diesen Bedingungen nicht erwünscht.

7.3 Empfehlungen der Internationalen Arbeitsorganisation und der Europäischen Union

Im Juni 2002 verabschiedete die Internationale Arbeitskonferenz die Empfehlung Nr. 193 zur Förderung von Genossenschaften.[37] Sie betont die Bedeutung der Genossenschaften für die Schaffung von Arbeitsplätzen, die Mobilisierung von Ressourcen und die umfassende Beteiligung der Bevölkerung an der sozialen und wirtschaftlichen Entwicklung. Die Globalisierung erfordere stärkere Formen menschlicher Solidarität auf nationaler und internationaler Ebene, um eine gerechtere Verteilung der Vorteile der Globalisierung zu ermöglichen. Hervorgehoben wird z.B. die „Rolle der Genossenschaften bei der Umwandlung von häufig marginalen, nur dem Überleben dienenden Tätigkeiten in gesetzlich geschützte Arbeit.“[38]

Die Empfehlungen zur Förderung von Genossenschaften zielen erstens auf die Stärkung der Identität auf der Basis der genossenschaftlichen Werte Demokratie, Gleichheit, Solidarität und Gerechtigkeit sowie der von der ICA definierten Genossenschaftsprinzipien. Zweitens werden politische Maßnahmen gefordert, um die Potenziale der Genossenschaften zu fördern und die Mitglieder in der Verfolgung ihrer Ziele, v.a. der Schaffung dauerhafter

---

35 Hesselbach, Walter (1971): Die gemeinwirtschaftlichen Unternehmen. Frankfurt am Main, S. 157.
36 Seibel, Wolfgang (1994): Funktionaler Dilettantismus. Erfolgreich scheiternde Organisationen im „Dritten Sektor“ zwischen Staat und Markt. 2. Auflage, Baden-Baden.
37 Internationale Arbeitskonferenz des Internationalen Arbeitsamtes (2002): Empfehlung betreffend die Förderung der Genossenschaften (Empfehlung Nr. 193). Genf.
38 Ebd., II, 9.

und menschenwürdiger Beschäftigungsmöglichkeiten, zu unterstützen. Bemerkenswert ist die Forderung, „einen eigenen lebensfähigen und dynamischen Wirtschaftssektor zu entwickeln, der den sozialen und wirtschaftlichen Bedürfnissen der Gemeinschaft gerecht wird."[39] Verstärkt wird dieser Anspruch in Kapitel II, Absatz 6: „Eine ausgeglichene Gesellschaft erfordert einen starken öffentlichen und privaten Sektor sowie einen starken Sektor, der Genossenschaften, auf dem Gegenseitigkeitsprinzip beruhende und andere soziale und nichtstaatliche Organisationen umfasst." Genossenschaften werden hier, dem romanischen Verständnis entsprechend, dem sozialwirtschaftlichen Sektor zugerechnet.

Die beiden Ziele, Förderung der besonderen wirtschaftskulturellen Identität von Genossenschaften und die politische Förderung eines eigenständigen, nicht primär profitorientierten genossenschaftlichen Sektors und seiner rechtlichen, ordnungspolitischen und finanziellen Voraussetzungen, sind von hoher gesellschaftspolitischer Relevanz. Diese Forderungen manifestieren ein sozialreformerisches Verständnis von Genossenschaften, welches v.a. in Deutschland abgelehnt wird. Vergleichbare Forderungen fanden sich in den Diskussionsentwürfen der EU-Kommission im Vorfeld der im Februar 2004 verabschiedeten Empfehlungen zur Förderung der Genossenschaften in Europa.[40] Entsprechende Positionen fehlen jedoch in der endgültigen Fassung der EU-Empfehlungen, was dem wachsenden Einfluss neoliberaler Kräfte in der EU zuzuschreiben ist. Dieser Einfluss wirkt sich auch innerhalb des genossenschaftlichen Sektors selbst aus.

Generell wird eine Degenerierung von personengesellschaftsrechtlichen und eine Verstärkung von kapitalgesellschaftsrechtlichen Elementen bei Genossenschaften in den westlichen Industriestaaten beobachtet. Neoliberale Kräfte innerhalb der Weltbank und der Europäischen Kommission erklären derzeit öffentlich, dass sich Genossenschaften in konventionelle Kapitalgesellschaften transformieren sollten[41] und die Arbeitgeberseite lehnt die Einrichtung oder Erhaltung von Sonderkonditionen für Genossenschaften vehement ab, auch wenn von diesen gleichzeitig erwartet wird, dass sie Arbeitsplätze schaffen, zur Armutsbekämpfung beitragen und soziale Inklusion der Ausgegrenzten leisten sollen.[42]

---

39 Ebd., I, 4.
40 Beispielsweise das Working Document of the Commission Services: Co-operatives in Enterprise Europe, December 2001.
41 Nach der Definition des IASB (International Accounting Standard Board) sind Genossenschaftseinlagen als Unternehmensschulden zu kategorisieren. Dies führt zu negativen Bewertungen der Bonität bei Kreditvergaben und setzt das Unternehmen der Gefahr aus, weit unter Wert von Käufern übernommen zu werden. Nur das demokratische nominale Stimmrecht kann einer solchen Übernahme entgegenwirken.
42 Roelants, Bruno/Sanchez Bajo, Claudia (2005): Strategische Akteure der Entwicklung in der Genossenschaftswelt seit 1990. In: Müller-Plantenberg, Clarita/Nitsch,

Claudia Sanchez Bajo stellt fest: „Weit entfernt davon, nur ein neuer öffent-
lich-privater ‚Wohlfahrtsmix' und eine Quelle von billigen sozialen Diensten zur Integration von Bürgern mit besonderen Schwierigkeiten oder
Nachteilen zu sein – wie man zurzeit in Europa träumt – muss man weiter
gehen und sich der aktuellen Herausforderungen bewusst werden. Das
Wichtigste wäre, wie es im 19. Jahrhundert war, die Existenz zu verteidigen
und das Recht auf freie Vereinigung der freien Kooperation, mit oder ohne
Vertragsschließung und mit sozioökonomischen nicht-spekulativen Zwecken unter Gleichen (...). Die Betriebe der Sozialwirtschaft sind eines der
letzten großen Hindernisse für die Merkantilisierung von Betrieben im Allgemeinen, der sozialen Funktionen, die sie gewährleisten (soziale Dienste,
Wohnung, Einbeziehung in Arbeit, etc.) und des lokalen territorialen Be-
zugs. Sie sind eine wichtige Quelle der Arbeit aber auch der betrieblichen
Autonomie, der Kooperation in der Wirtschaft (...) mit der Fähigkeit, solidarische Netze herauszubilden (...).“[43]

Die Potenziale von Genossenschaften als Organisationsform nachhaltiger
Entwicklung liegen gerade in der Verbindung sozialer und ökonomischer
Zielsetzungen. Dies betont auch die Empfehlung der Internationalen Arbeitskonferenz in Kapitel II, Absatz 7: „Die Förderung von Genossenschaften (...) sollte als eine der Stützen der nationalen und internationalen wirtschaftlichen und sozialen Entwicklung angesehen werden. (...) es sollten
ihnen nicht weniger günstige Bedingungen wie anderen Unternehmens- und
Vereinigungsformen gewährt werden. Die Regierungen sollten gegebenenfalls Unterstützungsmaßnahmen für die Tätigkeiten von Genossenschaften
einführen, die bestimmten sozial- und staatspolitischen Zielen dienen, wie
Beschäftigungsförderung oder die Entwicklung von Tätigkeiten, die benachteiligten Gruppen oder Regionen zugute kommen.“ Als Fördermaßnah-
men werden Darlehen, Zuschüsse, Zugang zu Programmen für öffentliche
Arbeiten und Vorkehrungen im öffentlichen Beschaffungswesen genannt.
(...) Empfohlen wird auch „die Einrichtung eines autonomen Systems für
die Finanzierung von Genossenschaften.“[44]

Verschiedene europäische Länder haben für ihren expandierenden Genossenschaftssektor in den vergangenen Jahren eigene Investitionsfonds gegründet.[45] Diese Lösung wird in der neuen Empfehlung der EU-Kommis-

Wolfgang/Schlosser, Irmtraud (Hrsg.): Solidarische Ökonomie in Brasilien und
Deutschland. Kassel, S. 14.

43 Sanchez Bajo, Claudia (2005): Visionen der sozialen und solidarischen Ökonomie.
In: Müller-Plantenberg, Clarita/Nitsch, Wolfgang/Schlosser, Irmtraud (Hrsg.): Solidarische Ökonomie in Brasilien und Deutschland. Kassel, S. 51.

44 Internationale Arbeitskonferenz des Internationalen Arbeitsamtes (2002): a.a.O., III,
12c.

45 Z.B. Frankreich (ESFIN/IDES) oder das Vereinigte Königreich (Coop Action).
Italien hat mit dem Gesetz Nr. 59 vom 31. Dezember 1992 die Einrichtung von Gegenseitigkeitsfonds zur Förderung von Genossenschaften ermöglicht.

sion[46] nicht aufgegriffen – so wie keine der Empfehlungen, die sich auf die Förderungswürdigkeit aufgrund der Beiträge zur gesellschaftlichen Problemlösung und sozialökonomischen Entwicklung beziehen. Dies ist ein Signal für die Abkehr der Kommission von der Verortung der Genossenschaften in einem nicht primär profitorientierten Sektor nach romanischer Tradition. Es ist ein Sieg der Marktgenossenschaften im Klima neoliberaler EU-Politik. Statt der Zulassung eigener Fonds fordert die Kommission nun die Mitgliedstaaten auf, Maßnahmen zur Förderung von Unternehmensfinanzierungen auch den Genossenschaften zugänglich zu machen.[47]

Für den Bereich der Wohnungsgenossenschaften finden in Deutschland Vorschläge zur Schaffung eigener Finanzierungsinstrumente in den aktuellen Empfehlungen der Expertenkommission „Wohnungsgenossenschaften" im Auftrag des Bundesministeriums für Verkehr, Bau- und Wohnungswesen, in Verbindung mit neuen Möglichkeiten der Alterssicherung, Berücksichtigung.

In der Begründung der Empfehlungen zur Förderung von Genossenschaften in Europa bezieht sich die EU-Kommission auf die Entschließung Nr. 193 der Internationalen Arbeitskonferenz und bestätigt erneutes Interesse an Genossenschaftsfragen auf internationaler Ebene. Gegenüber früheren Diskussionsentwürfen wird die soziale Bedeutung von Genossenschaften jedoch relativiert: „Alle Genossenschaften sind im wirtschaftlichen Interesse ihrer Mitglieder tätig, aber einige stellen ihre Tätigkeit darüber hinaus in den Dienst von sozialen oder ökologischen Zielen."[48] Hervorgehoben wird der positive und zunehmend wichtiger werdende Beitrag von Genossenschaften „auf dem Gebiet der Beschäftigungspolitik, der sozialen Eingliederung, der Regionalentwicklung und der Entwicklung des ländlichen Raums sowie der Landwirtschaft."[49]

In der älteren Diskussionsgrundlage der Empfehlungen vom Dezember 2001 wird unter dem Kapitel "The added Value and Contribution of Co-operatives to Community Objectives" eine deutlichere Sprache gesprochen. Es wird hervorgehoben, dass „die kooperative Formel" in besonderer Weise geeignet sei, Fehler des Marktes zu korrigieren ("to correct market failures"); zur regionalen Stabilität beizutragen und strukturellen Wandel abzufedern ("take a longer-term view being based on maximising stakeholders benefits rather than shareholder value. (...) Co-operatives will be less likely to withdraw from a particular region or sector because its capital

---

46 Kommission der Europäischen Gemeinschaften (2004): Mitteilung der Kommission an den Rat, das Europäische Parlament, den Europäischen Wirtschaftsrat und Sozialausschuss und den Ausschuss der Regionen über die Förderung der Genossenschaften in Europa. KOM (2004) 18 endg.

47 Ebd:, S. 10-11.

48 Ebd., S. 4.

49 Ebd., S. 5.

could be more profitably employed elsewhere. (…) they can often survive and succeed in circumstances where investor-owned business would be deemed unviable"). Es wird festgestellt, dass Genossenschaften in der Lage seien "(to) generate trust and create and maintain social capital due to democratic governance and economic participation."[50]

Die besonderen Potenziale, die in der doppelten Natur als soziale und ökonomische Organisationen begründet sind, würden es rechtfertigen, dieser Unternehmensform besondere Konditionen zu gewähren. Sie sollen Arbeitsplätze sichern und schaffen, wo der Marktmechanismus versagt, gegen Armut und soziale Ausgrenzung wirken, im wenig rentablen, arbeitsintensiven Bereich mit überwiegend benachteiligten Gruppen wirken und all dies unter den gleichen Bedingungen wie profitorientierte Unternehmen, die soziale und ökologische Kosten externalisieren.

Die neue Empfehlung der EU-Kommission setzt auf besseres Verständnis der genossenschaftlichen Unternehmensform in den Mitgliedstaaten und ihr Potenzial zur Privatisierung staatlicher Aufgaben. Besondere Bedeutung haben nach Einschätzung der Kommission Genossenschaften: zur Stärkung der Marktposition kleiner und mittlerer Unternehmen zur Organisation des Dienstleistungssektors, insbesondere im Gesundheits- und Sozialbereich, in denen das stärkste Wachstum von Genossenschaften zu verzeichnen sei; zur Übernahme von Betrieben durch die MitarbeiterInnen und zur ländlichen Regionalentwicklung.

Dass die Empfehlung keineswegs im Konsens der Mitgliedstaaten entstanden ist, wird insbesondere bei der Frage nach eigenen Finanzierungsinstrumenten und steuerlicher Behandlung von Genossenschaften deutlich. Es wird erwähnt, dass Belgien, Italien und Portugal der Meinung seien, dass die Einschränkungen aufgrund des besonderen Charakters des genossenschaftlichen Vermögens eine spezielle steuerliche Behandlung rechtfertige. Die EU-Kommission fordert immerhin ein angemessenes Verhältnis rechtlich zugestandener Vorteile für Genossenschaften, die zusätzlichen gesellschaftlichen Nutzen erbringen. Eindringlich gewarnt wird jedoch vor „unlauterem Wettbewerb".[51]

Während die Empfehlung Genossenschaften im wirtschaftlichen Sektor in den Wettbewerb integriert, ohne die selbst definierten besonderen Leistungen durch eigene Förderinstrumente oder eine besondere Stellung zu honorieren, wird für soziale Genossenschaften von den Mitgliedstaaten die Schaffung einer speziellen Rechtsform gefordert.

---

50 Working Document of the Commission Services: Co-operatives in Enterprise Europe, December 2001.
51 Kommission der Europäischen Gemeinschaften (2004): a.a.O., S. 16.

Damit werden die sozialökonomischen Zielsetzungen der Genossenschaften, die eine große Rolle in der Sozial-, Wirtschafts- und Kulturgeschichte spielten, marginalisiert. Es ist das Besondere am Wesen der Genossenschaften, dass sie soziale und wirtschaftliche Ziele integriert umzusetzen vermögen.[52] Das Soziale ist nach den zitierten Empfehlungen nun Sache eigener Sozialgenossenschaften, während Marktgenossenschaften den Gesetzen des Marktes folgen. Für genossenschaftliche Unternehmen im Wirtschaftssektor stehen dann Wettbewerb und Gewinn im Zentrum. Sie müssen sich primär im Markt bewähren und aufgrund ihrer Ausgangsbedingungen – insbesondere Kapitalschwäche und Agieren in wenig profitablen Bereichen – werden sie sich Soziales kaum leisten können. Damit werden das Identitätsprinzip und insbesondere das genossenschaftliche Demokratieprinzip, mit der Konsequenz der personalen Neutralisierung des Kapitals, nur schwer zu halten sein.

Die dramatische Verschlechterung der ökonomischen Lebensbedingungen erwerbsloser Menschen erzwingt jedoch geradezu kooperative Formen sozialökonomischer Selbsthilfe jenseits von reinen Profitbetrieben einerseits und reinen Idealvereinigungen andererseits. Das gesellschaftliche Innovationspotenzial liegt gerade da, wo Soziales und Ökonomie zu sozialökonomischen Lösungen im Gemeinwesen verknüpft werden. Dies zeigen historische Modelle, wie das der Rochdaler Pioniere oder aktuelle Genossenschaftsverbünde wie Mondragon im Baskenland oder die Genossenschaft am Beutelweg in Trier. Ein nicht primär profitorientierter Sektor könnte die Resilienz und den Experimentierraum für sozialökonomische Innovation gewährleisten. Es sind die Möglichkeits- und Verhinderungsstrukturen, die über die Entstehung sozialökonomischer Innovationen entscheiden und für Deutschland lässt sich feststellen, dass die Verhinderungsstrukturen überwiegen.

Bei der Frage nach den Chancen sozialökonomischer Innovation ist ein weiterer Aspekte zu berücksichtigen: Kooperative Selbsthilfe müsste den betroffenen Menschen als Alternative zu Arbeitslosigkeit und prekärer Erwerbsarbeit vorstellbar sein, damit sie zur Realisierung gelangt. Wenn sich die Externalisierung des Wirtschaftens aus den sozialkulturellen Lebenszusammenhängen jedoch auch in den Köpfen der Menschen niedergeschlagen hat und die Modelle fehlen, fehlt auch die Vorstellung von der Möglichkeit als motivierende Kraft für die Schaffung einer anderen Wirklichkeit.

---

52 Münkner, Hans-H. (Hrsg.) (2002): „Nutzer-orientierte" versus „Investor-orientierte" Argumente für eine besondere Betriebswirtschaftslehre förderwirtschaftlicher Unternehmen. Göttingen, S. 2f und S. 12f.

7.4 Die spezifische Situation des Genossenschaftssektors in Deutschland

Der Umgang mit den Grenzüberschreitungen und Uneindeutigkeiten einer „Sozialen Ökonomie" im „Dritten Sektor" fällt einem etatistischen System wie dem deutschen besonders schwer und die Versuche, solche Formen zu verhindern, zu marginalisieren oder zu neutralisieren und sie in die „Normalität" zu integrieren, lassen sich nachzeichnen. Antonin Wagner vergleicht den Versuch der kategorialen Systematisierung der sozialökonomischen Unternehmen im „Dritten Sektor" mit dem Versuch der Bestimmung des Schnabeltiers, welches vor zweihundert Jahren aufgrund seiner physiognomischen Merkmale die Naturforscher vor das Rätsel stellte, ob es sich um einen Fisch, einen Vogel oder einen Vierfüßer handele.[53]

Der „Dritte Sektor" in Deutschland ist nicht nur weitgehend in die staatlichen Regelungssysteme eingebaut und damit nur sehr begrenzt als Teil der organisierten Zivilgesellschaft zu bezeichnen. Es lässt sich im „Ditten Sektor" deutscher Prägung auch eine starke Abgrenzung gegenüber wirtschaftlichen Aktivitäten[54] – etwa im Genossenschaftssektor – feststellen. Der Gesetzgeber sorgt mit seinem Zuwendungsrecht und mit steuerlichen Regelungen dafür, dass Dritt-Sektor-Organisationen in den für sie vorgesehenen Zuständigkeitsbereichen verbleiben. Die traditionellen Organisationen der Wohlfahrtspflege ihrerseits zeigen aufgrund der umfassenden Einbindung[55] und der Begrenzung auf soziale Dienstleistungserbringung im Staatsauftrag kaum Bereitschaft zur Innovation oder sozialökonomischen Grenzüberschreitung, denn dadurch würden sie riskieren, ihre Förderungswürdigkeit aufs Spiel zu setzen.

Die zweite stabile Flanke der Verhinderung kooperativer Selbstorganisation bildet der deutsche Genossenschaftssektor. In ihrem Beitrag äußern Wolfgang Beywl und Wieland Jäger 1994 ihre Befürchtungen bezüglich des deutschen Einflusses auf die europäischen Wirtschaftskulturen als „soziokulturelles Entwicklungsprojekt": „Deutschland ist sicherlich zu klein, um wesentliche Teile anderer europäischer Ökonomien aufzukaufen. Aber ist es nicht doch groß und beharrlich genug, seinen hegemonialen Anspruch auf Definition einer europaweiten Wirtschaftskultur durchzusetzen? Ein Anschauungsbeispiel hierfür bietet die Politik der großen deutschen Genossenschaftsverbände auf dem europäischen Parkett, insbesondere ihr Kampf

---

53 Wagner, Antonin (2002): Nonprofit Organisationen oder Sozialökonomie. In: Elsen Susanne/Friesenahn, Günter/Lorenz, Walter (Hrsg.): Für ein soziales Europa. Mainz, S. 187.

54 Zimmer, Annette/Priller, Eckhard (2005): Der Dritte Sektor im aktuellen Diskurs. In: Birkhölzer, Karl/Klein, Ansgar/Priller, Eckhard/Zimmer, Annette (Hrsg.): Dritter Sektor/Drittes System. Wiesbaden, S. 63.

55 Nokielski, Hans/Pankoke, Eckart (1996): Post-korporative Partikularität. In: Evers, Adalbert/Olk, Thomas (Hrsg.): Wohlfahrtspluralismus. Opladen, S. 143.

gegen ‚moralische' oder sozialpolitische Elemente in Unternehmenszielen oder in der Betriebsführung."[56]

Die für die deutsche Genossenschaftstradition typische Abgrenzung gegenüber sozialen Zielsetzungen hat eine mehr als hundertjährige Geschichte. Im Gegensatz zu den mittelständischen Genossenschaften und ihren Verbänden, die das deutsche Genossenschaftswesen dominieren, waren die ökonomischen Selbsthilfeformen der Arbeiterbewegung Teil einer umfassenderen politischen, sozialen und kulturellen Emanzipationsbewegung. „In der Arbeiterbewegung setzten sich diejenigen Selbsthilfeformen durch, die verallgemeinerungsfähig waren, ihr Wirken nicht strukturell nur auf eine Teilgruppe beschränkten."[57] Sie verstanden sich also nicht nur als Organisationen, die der wirtschaftlichen Besserstellung einer Sondergruppe im Markt dienen, sondern als Alternativen zu Privateigentum, Konkurrenz und Marktwirtschaft.[58]

Der 1864 gegründete deutsche Genossenschaftsverband entstand als Lobby der selbstständigen Handwerker und Gewerbetreibenden, die sich in strategischen Kooperationen zu Hilfsgenossenschaften zusammengeschlossen hatten. Diese Kooperationen entstanden als Zusammenschlüsse gegen die Bedrohungen durch die Großindustrie „von oben", grenzten sich aber gegen die proletarische Bewegung und ihre emanzipatorischen Ansprüche ab, da diese als Bedrohung „von unten" wahrgenommen wurde. Entlang dieser Grunddifferenz erfolgte die Spaltung des deutschen Genossenschaftswesens bis zu seiner Gleichschaltung im Faschismus. Es ist die Scheidelinie zwischen Genossenschaftswesen und Sozialreform in Deutschland und die Trennungslinie zwischen dem deutschen Verständnis von Genossenschaften im Markt und der Vorstellung von Genossenschaften als Organisationen der Sozialen Ökonomie, wie in der romanischen Tradition. Auf dem Genossenschaftstag 1902 in Kreuznach wurde der Ausschluss von 98 sozialreformerisch orientierten Genossenschaften aus dem deutschen Genossenschaftsverband vollzogen.[59] Kurze Zeit vorher hatte sich die sozialreformerische von der auf individuellen Besitz zielenden Baugenossenschaftsbewegung abgespalten. Der aus der Arbeiterbewegung hervorgegangene sozialreformerische Flügel hielt am Gemeinschaftseigentum und an der genossenschaftlichen Alternative zur privaten Wohnungswirtschaft fest.[60]

Klaus Novy vertritt die These, dass die Bemühungen der sozialreformerischen Genossenschaften um formelle parteipolitische Neutralität durch die Abwehrkämpfe der Privatwirtschaft in Form von Liefer- und Bezugsboy-

---

56 Beywl, Wolfgang/Jäger, Wieland (1994a): Prolog. In: Beywl, Wolfgang/Jäger, Wieland (Hrsg.): a.a.O., S. 23.
57 Novy, Klaus/Prinz, Michael (1985): a.a.O., S. 13.
58 Mersmann, Arno/Novy, Klaus (1991): a.a.O., S. 29.
59 Flieger, Burghard (1996): a.a.O., S. 55.
60 Mersmann, Arno/Novy, Klaus (1991): a.a.O., S. 30.

kotten, Agitation, steuerlicher Diskriminierung und Stigmatisierung der Mitglieder – bis 1919 durften Beamte nicht Mitglieder in Konsumgenossenschaften werden – den sozialreformerischen Flügel politisierte und die interne Solidarität förderte. Die zahlreichen genossenschaftlichen Gründungen der Weimarer Republik, geprägt von freigewerkschaftlichen Strömungen, wurden wie alle sozialreformerischen Organisationen in der Ära des Nationalsozialismus aufgelöst, zwangsweise zusammengeschlossen und gleichgeschaltet.

Für die sozialreformerischen Genossenschaften in Deutschland war diese Zäsur verbunden mit dem Verlust der ganzen Traditionslinie. Neuere Gründungen, die sich auf diese Tradition beziehen, stehen – so wie ihre historischen Vorläufer – dem Unverständnis und der Abwehr der Genossenschaftsverbände gegenüber. Nach den Vorstellungen der Repräsentanten des deutschen Genossenschaftswesens bilden Genossenschaften und ihre Verbundorganisationen keinen alternativen Wirtschaftssektor, sondern gehören eindeutig zum privaten Sektor.[61] Es gibt zwar auch in Deutschland „alternative" genossenschaftliche Unternehmen, doch sie agieren ungeschützt im Gegenwind.

Im europäischen Raum haben sich zwei Traditionen herausgebildet, die sich primär in der Frage unterscheiden, ob Genossenschaften gemeinwohlorientiert agieren oder ausschließlich der wirtschaftlichen Besserstellung ihrer Mitglieder dienen. Die erste, gemeinwohlorientierte Ausrichtung steht in der Tradition der Rochdaler Pioniere. Die zweite, liberale Variante der Genossenschaftstradition, geht auf den deutschen Genossenschaftspionier Hermann Schulze-Delitzsch zurück und prägte das deutsche Genossenschaftswesen.[62] Ökonomische Selbsthilfe in Produktivgenossenschaften wurde als Alternative zum kapitalistischen Markt verhindert. Dies hat im internationalen Vergleich zu einer Sonderentwicklung geführt, welche eine eigenständige genossenschaftliche Bedarfsökonomie sowie die genossenschaftliche Sozial- oder Solidarökonomie nicht hat entstehen lassen.

Mit der Abkehr von sozialen Zielsetzungen ging in Deutschland eine Ökonomisierung der Genossenschaftswissenschaft einher. Bisher verfügt das Genossenschaftswesen nicht über eine eigene Betriebswirtschaftslehre, die die besonderen förderwirtschaftlichen und sozialen Zielsetzungen berücksichtigt.[63]

1991 erklärte der damalige Wirtschaftsminister Jürgen Möllemann auf der Mitgliederversammlung des Deutschen Raiffeisen-Verbandes: „Es scheint mir, die Kommission will der Gemeinschaft das französische Modell der

---

61 Münkner, Hans-H. (1995): a.a.O., S. 23.
62 Wagner, Antonin (2002): a.a.O., S. 185f.
63 Dülfer, Eberhard (1995): Betriebswirtschaftslehre der Genossenschaften und vergleichbarer Kooperative. Göttingen.

‚Économie Sociale' als dritten Weg zwischen Unternehmensbereich und öffentlichem Sektor aufdrücken. In der Bundesrepublik gibt es keine ‚Économie Sociale' dieser Prägung."[64] Auf der anderen Seite scheinen die konservativen deutschen Genossenschaftsverbände ihre rein marktorientierte Logik der europäischen Ebene aufdrücken zu wollen.[65]

Besonders im produktivgenossenschaftlichen Bereich zeigt sich die deutsche Sonderposition. Laut Wolfgang Beywl und Burghard Flieger „erklärt die europäische Führungsrolle der Bundesrepublik bei den Kreditgenossenschaften und die Tatsache, dass sie bei Produktivgenossenschaften zu den Schlusslichtern zählt, vieles von der seitens der BRD betriebenen europäischen Genossenschaftspolitik."[66] Während die produktivgenossenschaftliche Organisation von Arbeit im gesellschaftlichen Leben verankert ist, sind Kreditgenossenschaften von der Verwertung des mobileren Kapitals dominiert.

Der Zentralverband genossenschaftlicher Großhandels- und Dienstleistungsunternehmen setzte sich in seinem Geschäftsbericht 89/90 ausdrücklich „dagegen zu Wehr, wenn den Genossenschaften eine Sonderrolle, etwa auch zur Erreichung sozialer Ziele wie Arbeitsplatzsicherung oder Umweltschutz zugewiesen wird."[67]

Diese Aussagen stammen aus einer Zeit, als nach dem Ende der Systemkonkurrenz der Glaube in die Kräfte der freien Märkte noch ungebrochen war und Deutschland als wirtschaftlich starkes Land in Europa auftrat. Seit kurzer Zeit kann wieder eine stärkere Selbstdarstellung der Genossenschaftsbanken als soziale Unternehmen beobachtet werden. Was, außer dem besonderen Status und dem historischen Hintergrund der genossenschaftlichen Kreditvereine könnte ihre Eigenständigkeit verteidigen in einer Zeit, wo Fusionen und Übernahmen im verschärften globalen Wettbewerb alltäglich sind?

Nun kommt unter dem Druck der ökonomischen und sozialen Probleme Bewegung ins Genossenschaftswesen. Der Referentenentwurf zur Novellierung des Genossenschaftsrechtes ebenso wie der Entwurf des Gesetzes zur Einführung der Europäischen Genossenschaft traten im August 2006 in Kraft. Die Novellierungen umfassen vereinfachte Gründungsmöglichkeiten

64 Beywl, Wolfgang/Flieger, Burghard (1994): Produktionsgenossenschaften als Option einer europäischen Économie Sociale. In: Beywl, Wolfgang/Jäger, Wieland (Hrsg.): a.a.O., S. 192.
65 Bauer, Rudolph (2000): a.a.O., S. 171.
66 Beywl, Wolfgang/Flieger, Burghard (1994): a.a.O., S. 187.
67 Ebd.

für kleine Kooperativen und Regelungen, die für Genossenschaften mit arbeitsmarkt- und sozialpolitischen Zielsetzungen von Bedeutung sind.[68]

7.5 Lokale Handlungsfelder genossenschaftlicher Gemeinwesenökonomie

Lokale Genossenschaften bilden in Entwicklungs-, Transformations- und Industrieländern gleichermaßen soziale, gesundheitliche und ökonomische Basisstrukturen zur Bedarfsdeckung der Gemeinwesen. Neben der Organisation von Arbeit werden in Kooperativen Einkauf und Vermarktung für Kleinerzeuger in Handwerk und Landwirtschaft organisiert, Produktions- und Konsumkredite bereitgestellt oder Kranken-, Sterbe- und Lebensversicherungen auch ärmeren Mitgliedern ermöglicht. Darüber hinaus übernehmen Genossenschaften viele soziale Aufgaben, zum Beispiel die Versorgung von Alten, Kindern und Behinderten, die Schaffung von Wohnraum für sozial benachteiligte Bevölkerungsgruppen, die Einführung neuer Technologien, die Abfallwiederverwertung, die Erzeugung und Verteilung erneuerbarer Energien und den Umweltschutz.[69] Lokale Genossenschaften reagieren auf soziale Probleme und spezifische Bedürfnisse und verfügen dadurch über die Möglichkeiten, sozialökonomische Lösungen unter Nutzung der lokalen Potenziale zu konstruieren.

Genossenschaftliche Unternehmen und Verbundsysteme sind besonders geeignet, folgende Funktionen zu erfüllen:

1. Die Verbindung nachhaltiger lokaler Entwicklung mit sozialökonomischer Institutionenbildung. Genossenschaften sind aus diesem Grund auch in der Entwicklungszusammenarbeit von Bedeutung.

2. Die Erhaltung und Schaffung lokaler Basisstrukturen der Produktion von Gütern und Dienstleistungen, in arbeitsintensiven Bereichen für lokale Bedarfe. Die Verbindung lokaler Arbeitsmarkt- und Wirtschaftsförderung für eine nachhaltige Entwicklung erfordert genossenschaftliche Basisstrukturen.

3. Die Bereitstellung der sozialen und gesundheitlichen Infrastruktur, des Bildungswesens und der Lebensgüter zur Gewährleistung des Zugangs auch für ökonomisch benachteiligte Menschen, legt die genossenschaftliche Organisation – jenseits des höchsten zu erzielenden Profits – nahe.

4. Die kooperative Organisation sozialer, ökonomischer und kultureller Belange von Bürgerinnen und Bürgern in den Bereichen Arbeiten, Wohnen,

---

68 Dazu gehört beispielsweise die Zulassung kleiner Genossenschaften mit nur drei Mitgliedern und vereinfachten Prüfungen der Jahresabschlüsse sowie die Einrichtung des Status „investierender" Mitglieder.

69 Göler von Ravensburg, Nicole (2003): Genossenschaften in der Erbringung Sozialer Dienste. In: Flieger, Burghard (Hrsg.): Sozialgenossenschaften. Neu-Ulm, S. 79.

intergeneratives Zusammenleben und wohnortnahe Dienstleistungen, ist eine Aufgabe aktiver und gestaltender Sozialpolitik.

In der Geschichte der wirtschaftlichen Selbsthilfe der Arbeiterbewegung lassen sich die Versuche nachzeichnen, der ökonomischen Ausbeutung, Unterversorgung und Abhängigkeit selbst organisierte Alternativen entgegenzustellen. Neben der Abhängigkeit von einem Arbeit-Geber, sind es die von Kredit- und Wohnungsgebern und den Händlern der Waren des täglichen Bedarfs. „Ist die Ausbeutung des Arbeiters durch den Fabrikanten so weit beendigt, dass er seinen Arbeitslohn bar ausgezahlt erhält, so fallen die anderen Teile der Bourgeoisie über ihn her, der Hausbesitzer, der Krämer, der Pfandleiher usw."[70] Marx und Engels thematisierten im Manifest der Kommunistischen Partei 1848 die Ansatzpunkte wirtschaftlicher Selbsthilfe. Neben der Selbstorganisation von Arbeit in Form von Produktivgenossenschaften sind es Wohnungs-, Konsum- und Kreditgenossenschaften.

Die nachhaltige Wirkung lokaler Primärgenossenschaften als sozialökonomische Kerne der Gemeinwesenentwicklung erfordert die Integration in eigene Verbundsysteme sowie weitgehend unabhängige Förderungs- und Lobbystrukturen auf regionaler und überregionaler Ebene. Beispiele erfolgreicher Genossenschaften in allen Weltregionen bestätigen dies:

- Die baskische Industriekooperative Mondragon ist ein Konstrukt aus im Verbund agierenden Kooperativen in den unterschiedlichsten Bereichen, die sich synergetisch ergänzen und durch die Diversifikation relative Stabilität bei branchenspezifischen Einbrüchen gewährleisten können.
- Durch die genossenschaftliche Organisation von 2 Millionen Milchproduzenten in der Milchunion Anand konnte Indien zum größten Milchproduzenten weltweit avancieren.
- Die brasilianische Genossenschaftsgruppe UNIMED, der 93.000 Ärzte und mehr als 8.000 Krankenhäuser und Kliniken angehören, deckt ein Viertel des Bedarfes medizinischer Versorgung des Landes.
- Unter dem Dach des italienischen Genossenschaftsverbundes Gino Matarelli sind ca. 1000 kleine Sozial- und Gesundheitsgenossenschaften verbunden, die die soziale Entwicklung Italiens maßgeblich beeinflussen.[71]

Nicht ohne Grund gibt es derzeit auch in den Industrieländern im Bereich der Selbstorganisation von Arbeit genossenschaftliche Neugründungen. Hinzu kommen unter dem Druck der Privatisierung Sozial-, Bildungs- und Gesundheitsgenossenschaften sowie genossenschaftliche Multi-Stakeholder-Unternehmen zur Sicherung öffentlicher Güter.

---

70 Marx, Karl/Engels, Friedrich (1848/1974): Manifest der Kommunistischen Partei. Stuttgart, S. 32.
71 Roelants, Bruno/Sanchez Bajo, Claudia (2005): a.a.O., S. 17.

Vor dem Hintergrund der aktuellen sozial- und arbeitsmarktpolitischen Probleme und der Erfordernisse nachhaltiger Entwicklung liegen Überlegungen über die Herausbildung eines bedarfsorientierten lokalen Basissektors nahe, die seit Anfang der 1990er Jahre diskutiert wurden.[72] Alle ökonomische Bereiche und öffentliche Aufgaben, die die Grundversorgung der lokalen Bevölkerung betreffen, könnten im Sektor gemeinwesenorientierter Basisökonomie gestaltet werden. Klaus Novy empfahl bereits 1984: „Krisenpolitische und ökologische Gründe sprechen dafür, Lebensbereiche und Teilsektoren den Kapital- und Wachstumszwängen zu entziehen und sie bedarfswirtschaftlich, z.B. genossenschaftlich zu organisieren."[73] Es geht um Wohnen, Transport, haushalts- und personenbezogene Dienstleistungen, Bildung, Kultur, nähräumliche Produktion und Distribution von Lebensmitteln etc. Es sind die grundlegenden ökonomischen Belange, die im Lebenszusammenhang des Gemeinwesens organisiert werden können und soziale und ökonomische Handlungsvollzüge in die Gestaltung des Alltags reintegrieren.

Die Erschließung der Arbeit im Gemeinwesen in durchlässige Formen der Eigenarbeit, des Tauschs, der Nachbarschaftshilfe und Erwerbsarbeit, der Kooperativökonomie und des politischen, ökologischen und sozialen Engagements wäre möglich. Den sozialökonomischen Kern bilden kooperative Verbundsysteme und Netzwerke genossenschaftlicher Unternehmen, die die zentralen Belange des Gemeinwesens bedarfsorientiert organisieren.

Es sei auf die jüngste wohnungspolitische Diskussion verwiesen, die die Tür in diese Richtung einen Spalt weit öffnet.[74] Sie setzt sich mit dem Fragenkomplex der nachhaltigen sozialen Sicherung der alternden Bevölkerung, den schrumpfenden Städten und Regionen, der Wohnraumnot von Familien mit Kindern und der Sicherung von bezahlbarem Wohnraum für die wachsende Gruppe derer auseinander, die auf diesen Wohnraum angewiesen sind. Erstmals seit vielen Jahren werden wieder die sozialen Zielsetzungen der genossenschaftlichen Organisation von Wohnen an zentraler Stelle diskutiert. Aus dem Kontext genossenschaftlichen Wohnens wird die Selbstorganisation ökonomischer und sozialer Belange bis hin zur Entwicklung eigener Finanzierungssysteme vorgeschlagen.

---

72 Elsen, Susanne (2000): Lokale Handlungskonzepte als Antworten auf Massenarbeitslosigkeit, wachsende Armut und soziale Ausgrenzung. In: Elsen, Susanne/ Ries, Heinz A./Löns, Nikola/Homfeldt, Hans-Günther (Hrsg.): Sozialen Wandel gestalten – Lernen für die Zivilgesellschaft. Neuwied, S. 236.
73 Zit. nach Beywl, Wolfgang/Flieger, Burghard (1993): Genossenschaften als moderne Arbeitsorganisation. Studienbrief der Fernuniversität Hagen.
74 Bundesministerium für Verkehr, Bau und Wohnungswesen (Hrsg.) (2004a): Bericht der Expertenkommission Wohnungsgenossenschaften. Berlin.

7.5.1 Produktivgenossenschaften als arbeitsmarktpolitische Alternativen?

Die Selbstorganisation von Arbeit ist als die genossenschaftliche Urform wirtschaftlicher Selbsthilfe zu betrachten. Konstitutives Prinzip von Produktivgenossenschaften ist „die in der klassischen Verbindung von ‚Arbeit und Genuss' geforderte Bedürfnisorientierung, welche den Unternehmenszweck nicht über den Gewinn (...), sondern über die Förderung auch der sozialen Bedürfnisse und Interessen, etwa das kollegiale Wohlbefinden, das Ethos der Solidarität oder die Sicherung des Arbeitsplatzes"[75] definierte. Die Selbstorganisation von Arbeit ist aus der Perspektive ökonomisch Benachteiligter, die oft nicht mehr als ihre Arbeitskraft besitzen, die wichtigste und nicht selten einzige Ressource.

Wie das Beispiel Mondragon zeigt, können gerade Produktivgenossenschaften im Verbund als stabilisierende Faktoren in benachteiligten Regionen wirken:„Das Interesse von Produktivgenossinnen an regional gebundenen Arbeitsplätzen ist langfristiger als das von Investoren. Produktivgenossenschaften können insofern das ‚Rückgrat' einer Region bilden (...). Sie sind Ausgangspunkt für die Schaffung einer kooperativen Infrastruktur (...). Ein kooperatives Netz in der Region ermöglicht nicht zuletzt, dass Gewinne dort reinvestiert werden und das Humankapital gebunden bleibt."[76]

Das Identitätsprinzip kann insbesondere in Produktivgenossenschaften ein hohes Maß an Engagement der Mitglieder freisetzen, denn sie arbeiten für die eigene gemeinsame Sache. Produktivgenossenschaftliche Gründungen sind gegenüber anderen Rechtsformen mit einem wesentlichen Vorteil verbunden: Die Gründungskosten sind gegenüber anderen wirtschaftlichen Rechtsformen (GmbH oder AG) geringer. Genossenschaften sind zudem unbegrenzt rechtsfähig, begrenzen aber die Haftung auf die gezeichneten Anteile, bzw. das eingebrachte Eigenkapital.

Kooperative Unternehmensgründungen wären insbesondere aus arbeitsmarktpolitischer Sicht unter fördernden Rahmenbedingungen interessante Alternativen. Immer noch werden sie jedoch, z.B. im Rahmen der Beratungen zur Existenzgründung, kaum berücksichtigt. Die im deutschen Sozialgesetzbuch III verankerte Förderung im Rahmen der Arbeitsmarktpolitik bezieht sich nur auf selbstständige ArbeitgeberInnen, nicht aber auf Unternehmen ohne ArbeitgeberInnen. Genossenschaften sind durch diese Beschränkungen von Eingliederungszuschüssen (§§225ff), von Überbrückungsgeld (§§57ff.) sowie vom Existenzgründungszuschuss (§421/Ich-AG) ausgeschlossen. Nur wenn die zukünftigen Genossenschaftmitglieder sich vorher selbstständig machen und dann eine Genossenschaft gründen, lassen sich diese Nachteile vermeiden.

---

75 Pankoke, Eckart (2000): a.a.O., S. 196.
76 Beywl, Wolfgang/Flieger, Burghard (1994): a.a.O., S. 196.

Eine vergleichende Studie beschäftigungspolitisch aktiver Organisationen des „Dritten Sektors" in Berlin und Los Angeles weist nach, dass die arbeitsmarkt- und sozialpolitischen Rahmenbedingungen die Betätigungsfelder entscheidend prägen.[77] So finanzieren sich die Berliner Organisationen überwiegend aus öffentlichen Geldern und verbleiben im engen Bereich der Beschäftigungsförderung, während dies in Los Angeles zwar auch der Fall ist, jedoch in geringerem Ausmaß. Die AutorInnen kommen zu dem Schluss, dass die größere Unabhängigkeit von öffentlichen Verwaltungen dazu führt, dass die Organisationen in Los Angeles aus Aktivitäten in der Beschäftigungsförderung aussteigen und lukrativere Nischen suchen. Sie sind zudem eher in der Lage, eigenständig tragfähige Unternehmen zu gründen. Während sich in Berlin knapp ein Drittel der öffentlich geförderten Organisationen auf die Beschäftigungsförderung benachteiligter Gruppen konzentriert und dabei im zugewiesenen Handlungs- und Aufgabenfeld verharrt, sind in Los Angeles vor allem kooperative „multi-services Unternehmen" zu identifizieren, die in zahlreichen Feldern im Gemeinwesen tätig sind.

Die geringe Verbreitung von Produktivgenossenschaften in Deutschland hat historische Wurzeln. Da Ferdinand Lassalle in der Aufhebung des Unternehmergewinns durch Selbstassoziation der Arbeiter die „legalste und einfachste" Weise der Besserstellung der Arbeiter sah, forderte er die fördernde Hand des Staates, um diese Selbstorganisation Mittelloser zu ermöglichen.[78] Herrmann Schulze-Delitzsch hingegen, dessen Einfluss in Deutschland dominiert, lehnte diese Hilfe ab, da sie den Auslesemechanismus zugunsten besonders tüchtiger Arbeiter verhindere.[79] Lassalles Wunsch nach Demokratisierung der Wirtschaft teilte Delitzsch nicht. Die aktuellen Fragen der staatlichen Förderung von Genossenschaften als wirksame Form aktiver Arbeitsmarkt- und Sozialpolitik weist also historische Bezüge auf.

Die produktivgenossenschaftliche Organisation von Arbeit ist mit besonderen Herausforderungen verbunden, die neben den überwiegend externen auch interne Gründe haben. Bei genauer Betrachtung sind jedoch die internen Herausforderungen nicht unabhängig von den externen zu bewerten. Das häufig gegen Produktivgenossenschaften herangeführte „Oppenheimersche Transformationsgesetz" verweist auch auf die mangelnde Akzeptanz und Förderung als soziale und wirtschaftliche Organisationen. „(...) nur äußerst selten gelangt eine Produktivgenossenschaft zur Blüte. Wo sie aber

77 Eicke, Volker/Grell, Britta/Mayer, Margit/Sambale, Jens (2004): Nonprofit-Organisationen und die Transformation. Münster.
78 Jenaczek, Friedrich (1970): Ferdinand Lassalle: Reden und Schriften. München, S. 181.
79 Flieger, Burghard (1996): a.a.O., S. 46.

zur Blüte gelangt, hört sie auf, eine Produktivgenossenschaft zu sein."[80] Nach Oppenheimer, dem Bodenreformer, Professor für Nationalökonomie und Gründer des ersten Kibbuz, scheitern Genossenschaften im Markt an Kapitalschwäche oder an ihrem Erfolg im Markt, indem sie ihre Ideale aufgeben.

Eine Antwort auf den von Oppenheimer beschriebenen Problemdruck sind vertikale Verbundsysteme in einem eigenständigen Sektor, der sich durch ökonomische Kreisläufe, stabilisierende Mesostrukturen und soziale Netze formiert. Solange die außerökonomischen Zielsysteme genossenschaftlicher Selbsthilfe jedoch ignoriert werden und Genossenschaften die Verortung in einer eigenständigen sozialen Ökonomie verwehrt wird, sind diese Bedingungen nicht gegeben.

Auf der anderen Seite sind Reformen nicht in Strukturen alleine festzuschreiben. Genossenschaften bleiben von den beteiligten Menschen, ihren Lernprozessen und Lebenszyklen abhängig. Sie sind keine Modelle, sondern gelebte prozessuale Formen und als solche anfälliger als profitwirtschaftliche oder staatlich-rechtliche Strukturen.[81] Auch dies spricht für die Einbindung in eine Wertegemeinschaft, die die moralische Orientierung nicht dem Überlebenskampf eines einzelnen Kooperativunternehmens überlässt.

7.5.1.1 Selbsthilfegenossenschaften

Der Begriff „Selbsthilfegenossenschaft" erscheint absurd angesichts der Tatsache, dass Genossenschaften als Urform sozialökonomischer Selbsthilfe betrachtet werden können. Geht es um die Belange der Gemeinwesenökonomie und um die sozialökonomische Teilhabe Benachteiligter, müssen wir richtigerweise von „geförderter Selbsthilfe" sprechen. Es geht um die Ermöglichung auf der einen, um die Befähigung auf der anderen Seite. Die Ressourcenrestriktionen sozialökonomisch Benachteiligter erfordern die Kompensation der damit verbundenen Zugangsbarrieren auf beiden Ebenen. Die Forderungen Lassalles verweisen auf die Überlegungen zur materiellen Staatshilfe als Voraussetzung genossenschaftlicher Selbsthilfe Mittelloser. Gustav Schmoller sah eine solche Förderung – auch im Sinne der Befähigung der Arbeiter zur kooperativen Selbsthilfe – als Aufgabe einer „sozialwissenschaftlich aufgeklärten Sozialpolitik."[82]

Die Bereitstellung von Mitteln z.B. in Form günstiger Kredite und eine begleitete Gründungsphase reichen jedoch nicht aus, um sozialökonomische

---

80 Oppenheimer, Franz (1896): Die Siedlungsgenossenschaft. Versuch einer positiven Überwindung des Kommunismus durch Lösung der Genossenschaftsfrage und der Agrarfrage. Leipzig, S. 45.
81 Mersmann, Arno/Novy, Klaus (1991): a.a.O., S. 36.
82 Pankoke, Eckart (2000): a.a.O., S. 195.

Selbsthilfe insbesondere in ausdifferenzierten und versäulten Systemen entwickelter Industrieländer nachhaltig zu gestalten. Dieses Institutionengefüge muss sich zugunsten neuer Akteure und institutioneller Arrangements öffnen.

Während im internationalen Raum wirtschaftliche Selbsthilfe und Genossenschaften gleich gesetzt werden, spricht man neuerdings in Deutschland von „Selbsthilfegenossenschaften", wenn es sich um Gründungen zur Existenzsicherung von Menschen in sozialökonomischen Notlagen handelt.[83] Der Gründungshintergrund von Selbsthilfegenossenschaften ist also primär ein sozialpolitischer. Es geht um die Bekämpfung von Armut und Arbeitslosigkeit, die soziale Integration Benachteiligter und die Erschließung von Handlungsfeldern in Gemeinwesen mit besonderem Entwicklungsbedarf. Es sind Zielsetzungen jenseits reiner Profitorientierung, aber auch jenseits reiner Wohlfahrtspflege. Selbsthilfegenossenschaften sind Unternehmen, die mit ökonomischen Mitteln insbesondere soziale Ziele verfolgen. Dennoch müssen sie wirtschaftlich effizient handeln.

Die Gründung von Selbsthilfegenossenschaften kann unter sozial- und arbeitsmarktpolitischer Perspektive als Ziel und Mittel gesehen werden. Die genossenschaftliche Form ist nicht nur geeignet, wirtschaftlichen Zwecken zu dienen, sondern kann gleichzeitig auch soziale Funktionen verfolgen und damit soziale und wirtschaftliche Tätigkeiten parallel umsetzen. Der „Mittelcharakter" der Genossenschaft kommt dadurch zum Ausdruck, dass in keiner anderen Unternehmensform durch das Selbstverständnis und die Strukturen so viele Chancen für Partizipation bestehen. Die Partizipationsgrade reichen von der umfassenden Information zu betrieblichen Belangen über Mitwirkung an betrieblichen Entscheidungsprozessen bis hin zur Selbstbestimmung. In der Regel herrscht, besonders da, wo die Beschäftigten auch Eigentümer sind, eine partizipative Grundhaltung.

Flieger stellt fest, dass die Personengruppen, die im Fokus arbeitsmarkt- und sozialpolitischer Bemühungen zur Förderung eigenständiger Existenzsicherung stehen, Merkmale aufweisen, die früheren GenossenschaftsgründerInnen zugeschrieben wurden. Diese Zuschreibungen führten dazu, dass die liberale Genossenschaftslobby den Armen die Selbsthilfefähigkeit absprach. Die Zugangsbarrieren wurden so hoch gelegt, dass sie für Mittellose kaum zu überwinden waren und sind.

Seit zwanzig Jahren arbeitet der „Bundesverein zur Förderung des Genossenschaftsgedankens"[84] mit dem Ziel der Innovation des deutschen Genossenschaftswesens. Diese politische Arbeit ist von grundlegender Bedeutung, denn ohne die Akzeptanz ökonomischer Selbsthilfe Benachteiligter

---

83 Flieger, Burghard (2003): Qualifizieren als Hilfe zur Selbsthilfe. In: Flieger, Burghard (Hrsg.): Sozialgenossenschaften. Neu-Ulm, S. 133f.
84 www.genossenschaftsgedanke.de (letzter Zugriff am 15. Juli 2006)

durch die Vertreter des Genossenschaftswesens, werden sozial- und arbeitsmarktpolitische Gründungen kaum eine Chance haben, es sei denn, der Problemdruck erzeugt Parallelstrukturen zugunsten der Zulassung und Förderung von Genossenschaften im „Dritten Sektor".[85]

Es bedarf in der Gründungsphase von Unternehmen, die in nicht unmittelbar profitablen Feldern agieren, der finanziellen Förderung und unterstützenden Hilfe sowie der Qualifizierung. Die Verstetigung, Stabilisierung und
Weiterentwicklung erfordert die Einbindung in vertikale Netzwerkstrukturen auf regionaler Ebene. Zur Förderung von Selbsthilfegenossenschaften
fordert Flieger z.B. in der Gründungsphase staatlich gestützte Kombilöhne
sowie die Einrichtung einer qualifizierenden und unterstützenden kooperativen Infrastruktur.[86]

Wie könnte eine Strategie aussehen, die die zentralen Genossenschaftsprinzipien in ihrer ursprünglichen Bedeutung aufgreift, um eine Transformation
zugunsten sozialreformerischer Produktivgenossenschaften einzuleiten?
Der förderwirtschaftliche Auftrag unterscheidet Genossenschaften von anderen Unternehmensformen. Hauptzweck einer Genossenschaft ist die Förderung der Mitglieder. Dies könnte bedeuten, dass Selbsthilfegenossenschaften ihren speziellen Auftrag der Selbsthilfe in der Satzung verankern,
beispielsweise, indem unter §2 steht: (1) Zweck der Genossenschaft ist die
wirtschaftliche und soziale Förderung der Selbsthilfe der Mitglieder durch
gemeinschaftlichen Geschäftsbetrieb; eine nachhaltige Verbesserung der
Lebensbedingungen durch Schaffung von Arbeitsplätzen; die Eigeninitiative der Mitglieder zu nutzen und ihre Bereitschaft und Fähigkeit zur Übernahme von Verantwortung zu stärken; (2) Gegenstand des Unternehmens
sind die Entwicklung und Durchführung von beschäftigungswirksamen sozialen, kulturellen und ökologischen Projekten und Dienstleistungen und
die Beschaffung von Arbeit.[87] Auf diese Weise wäre das Förderprinzip mit
seiner Zuspitzung auf den Selbsthilfeaspekt als wichtiges Charakteristikum
einer Selbsthilfegenossenschaft formalrechtlich verankert.

7.5.1.2 Genossenschaftliche Auffanglösungen

Produktivgenossenschaftliche Gründungen erfolgen insbesondere als Antworten auf Arbeitslosigkeit in Zeiten und Regionen wirtschaftlicher Regres-
sion. Sie haben für die von Arbeitslosigkeit betroffenen Menschen soziale

---

85 Innerhalb der geradezu monopolistischen Verbändestruktur der deutschen Prüforga-
nisationen, die sich über Jahrzehnte verfestigt hat, ist die Gründung des Prüfungs-
verbandes der Sozial- und Wirtschaftsgenossenschaften e.V. eine Innovation. Dieser
Prüfverband hat sich auf die Gründung von kleinen, selbsthilfeorientierten Genossenschaften spezialisiert: www.pruefverband.de (letzter Zugriff: 15.07.2006).
86 Flieger, Burghard (1999): Genossenschaftsgründungen mit Kombilohn. Berlin, S. 9-
10.
87 Diese Überlegungen hat Burghard Flieger in einem nicht veröffentlichten Beitrag
2005 formuliert.

und ökonomische Auffangfunktion. Die genossenschaftliche Übernahme gewerblicher Unternehmen durch die MitarbeiterInnen ist eine mögliche Alternative zur Schließung des Unternehmens. Nach dem wirtschaftlichen Zusammenbruch in Argentinien wurden Hunderte von Unternehmen durch die Belegschaften weitergeführt und viele von ihnen in Selbstverwaltungs-betriebe überführt. Die Erhaltung demokratischer Selbstverwaltungsstruktu-ren auch nach der erfolgreichen Integration in den Markt ist damit aller-dings nicht gesichert.[88]

Übernahmen durch die MitarbeiterInnen werden seit einigen Jahren auch von der EU-Kommission als wirtschaftspolitische Instrumente empfohlen:[89] „Die Arbeitnehmer haben am Fortbestand ihres Unternehmens ein besonde-res Interesse und verstehen oft viel von dem Unternehmen, in dem sie ar-beiten. Zur Übernahme und Leitung eines Unternehmens fehlen ihnen je-doch die entsprechenden finanziellen Mittel und die erforderliche Unterstüt-zung. Durch die sorgfältige und schrittweise Vorbereitung der Übertragung auf die in einer Arbeitnehmer-Genossenschaft zusammengeschlossenen Ar-beitnehmer kann die Überlebensrate von Unternehmen steigen."[90]

„Ein Beispiel für ein entsprechendes System ist die kollektive Beteiligung der Arbeitnehmer am Unternehmensergebnis und die Vermögensbildung zugunsten einer Arbeitnehmergenossenschaft, so dass mit diesem Vermö-gen gegebenenfalls die Übernahme des Unternehmens durch die Arbeitneh-mer finanziert werden kann. Die Kommission fordert die Mitgliedstaaten auf, zu prüfen, wie derartige Regelungen, die die Übernahme von Unter-nehmen durch die Arbeitnehmer ermöglichen, mittels Anreizen gefördert werden können."[91]

Die genossenschaftliche Übernahme eines Unternehmens, insbesondere dann, wenn es sich auf einen regionalen Markt bezieht, ist als eine Möglich-keit der Sicherung von Erwerbsarbeit zu betrachten. Die wirtschaftlichen Vorteile der Genossenschaftsform können dabei zum Tragen kommen. Die Erträge kommen den Mitgliedern direkt und vollständig zugute und dys-funktionale Abflüsse werden verhindert. Auffanglösungen sind jedoch nicht unproblematisch. Zu den potenziellen internen Problemen kommen Fragen der nachhaltigen Überlebensfähigkeit am Markt, die sich unter erhöhtem Konkurrenzdruck im gesamten arbeitsintensiven Bereich stellen. Durch die gezielte Vernetzung im territorialen Raum, die Schaffung von Verbundsys-temen sowie Produktinnovation und Innovation von Vermarktungsstrate-gien können sich jedoch genossenschaftliche Auffanglösungen stabilisieren.

---

88 Diese Informationen stammen aus Gesprächen mit dem Ökonomen Adolpho Buffa, wirtschaftswissenschaftliche Fakultät, Universität Cordoba, Argentinien.
89 Empfehlung aus dem Jahr 1994 (94/1069/EG vom 7.12.1994, ABl. L 385 vom 31.12.1994, S. 14).
90 Kommission der Europäischen Gemeinschaften (2004): a.a.O., S. 11.
91 Ebd.

Die Empfehlungen der Kommission beziehen sich auf die Transformation von kleineren und mittleren Unternehmen überwiegend in den Bereichen handwerklicher und landwirtschaftlicher Produktion, die territorial eingebunden sind.

7.5.1.3 Professionsgenossenschaften

Als „Professionsgenossenschaften" werden kooperative Zusammenschlüsse überwiegend gut qualifizierter Personen zur gemeinsamen Verfolgung ihrer Interessen am Markt bezeichnet. Bekannt sind „Sozietäten" im Bereich freier Berufe. Vordergründig handelt es sich um rein strategische Kooperation von Fachkräften mit technischen und akademischen Ausbildungen, die bis vor wenigen Jahren sichere und gut bezahlte Anstellungen in Wirtschaft, Wissenschaft und Verwaltung fanden. Vorläufer der neuen Professionsgenossenschaften sind die Zusammenschlüsse von Handwerkern ohne eigene Betriebe.

Die Unsicherheit und Prekarisierung der Arbeitsverhältnisse führt dazu, dass sich diese Kräfte zusammenschließen, um gemeinsam ein breiteres Angebotsspektrum bieten zu können, die Gründungs- und Betriebskosten für ein eigenes Unternehmen durch gemeinsame Infrastruktur zu senken, in der Auftragsbeschaffung und -bearbeitung bessere Chancen zu haben, aber auch um fachlichen und kollegialen Austausch zu pflegen. Der kooperative Zusammenschluss ist mit vielen Vorteilen für die Beteiligten verbunden und erfordert nicht die Aufgabe der Tätigkeit als Einzelanbietende. Professionsgenossenschaften sind für qualifizierte Fachkräfte interessante Kompromisse zwischen Selbstständigkeit und Anstellungsverhältnis in einem Großunternehmen.

Im Gegensatz zur Tätigkeit in einem Großunternehmen können akademisch gebildete WissensproduzentInnen ihr Wissen nicht nur ergebnisorientiert organisieren, sondern langfristig an sich und das Kooperativ binden.[92] Es handelt sich um die gemeinschaftliche wirtschaftliche Selbsthilfe surplusfähiger FreiberuflerInnen beispielsweise im IT-Bereich, im Architektur- und Ingenieurwesen und in dienstleistungsbezogenen Beratungsdiensten. Der Trend zu freiberuflicher Tätigkeit hat auch Fachleute in den Bereichen Soziales, Pflege, Gesundheit, Kultur und Bildung erreicht. Der Zusammenschluss in Anbietergenossenschaften ist gerade in diesem, von den einflussreichen Organisationen der Wohlfahrtspflege besetzten Bereich mit vielen Vorteilen für AnbieterInnen und NutzerInnen verbunden, denn auch hier gilt: Dysfunktionale Mittelabflüsse werden verhindert und Ressourcen kommen den Leistungserbringenden zugute.

Als Reaktion auf die Kostenentwicklungen im Gesundheitswesen und auf die mit der Privatisierung verbundene Ausdünnung des Angebotes wurden

---

92 Beywl, Wolfgang/Flieger, Burghard (1993): a.a.O., S. 159.

in den vergangenen Jahren in Schweden, Spanien, Kanada und USA durch den Zusammenschluss von Leistungserbringern – teilweise in Kooperation mit den LeistungsnutzerInnen – genossenschaftliche Einrichtungen im Gesundheitsbereich entwickelt. Der genossenschaftlichen Organisation „Autogestio Sanitaria" in Barcelona gehören z.b. mehr als 4.000 ÄrztInnen als Mitglieder an, die ca. 200.000 Menschen versorgen, die wiederum in der Nutzergenossenschaft organisiert sind. Besondere Bedeutung und besonderen Umfang haben die Zusammenschlüsse von ÄrztInnen und Pflegekräften in Brasilien erlangt. Aufgrund der schlechten medizinischen Infrastruktur und der mangelnden Beschäftigungsmöglichkeiten schlossen sich 1967 die ersten Gruppen medizinischer Fachkräfte als Genossenschaften zusammen. Inzwischen sind 73.000 brasilianische ÄrztInnen Mitglieder von UNIMED. Sie betreiben Gemeinschaftspraxen, Krankenhäuser, Laboratorien und ein weites Netzwerk individuell agierender ÄrztInnen im ganzen Land. Das brasilianische Beispiel machte Schule in Argentinien, Chile, Costa Rica, Paraguay und Malaysia, USA, Portugal, Schweden, Großbritannien und Polen.[93]

Die sozialkulturelle Einbindung ins Gemeinwesen ist gerade für diese Genossenschaften notwendig, um partizipativ und bedarfsgerecht zu agieren. Der 1988 erlassene „Community Care Act" fördert in Großbritannien die Zusammenarbeit staatlicher Stellen mit lokalen Kooperativen im Bereich der Betreuung von Kindern, Menschen mit Behinderung und alten Menschen und ermöglicht dadurch die Integration der lokalen Potenziale in Familie, Nachbarschaft oder Freiwilligendiensten.

Lokale Professionsgenossenschaften sind, auch wenn die Kooperation aus rein marktstrategischen Gründen vollzogen wurde, wichtige Partner im Prozess der Gemeinwesenentwicklung.

7.5.1.4 Erzeuger-Verbraucher-Genossenschaften

Erzeuger-Verbraucher-Genossenschaften sind in besonderer Weise geeignet, in ländlichen Strukturen sowie zwischen städtischen Gebieten und dem ländlichen Umfeld, lokale und regionale Ökonomien und damit die Existenz der ProduzentInnen und die Versorgung der KonsumentInnen mit Lebensmitteln zu sichern. Sie gewährleisten zudem ökologisch nachhaltige Produktion und Distribution, was nach zahlreichen Lebensmittelskandalen auf wachsendes Interesse stößt.

In der Vermarktung landwirtschaftlich produzierter Nahrungsmittel kommen 70 bis 80 Prozent des Preises, den der Verbraucher zahlt, dem Einzel-, Zwischen- und Großhandel zugute. Die genossenschaftliche Organisation des Absatzes im regionalen Raum ermöglicht die Ausschaltung dieses enormen Mittelabflusses, der insbesondere kleine Produzenten belastet. Direkt-

---

93 Göler von Ravensburg, Nicole (2003): a.a.O., S. 83-84.

vermarktung und lokale Weiterverarbeitung landwirtschaftlicher Produkte gewinnen an Bedeutung. 1998 wurden 20 Prozent der Ökoprodukte in Deutschland direkt vermarktet.[94] Die systematische Verknüpfung von Erzeugern, weiterverarbeitendem lokalen Handel und Verbrauchern kann eine wirksame Strategie zur Stärkung der lokalen und regionalen Ökonomie sein. Denkbar ist die Förderung durch regionale Komplementärwährungen.

In der 1984 gegründeten Erzeuger-Verbraucher-Genossenschaft „Tagwerk" haben sich Verbraucher, Metzger, Bauern, Bäcker und Gärtner zusammengeschlossen, um Produktion und Verbrauch örtlich erzeugter biologischer Lebensmittel zu fördern und damit der Umweltzerstörung und dem Verlust von Arbeitsplätzen im ländlichen Raum praktisch entgegenwirken zu können. Die erfolgreiche Genossenschaft hat mittlerweile 500 Mitglieder. Gegründet wurde sie von Umweltschützern der Region nördlich von München. Sie bezogen nach und nach die zunächst skeptischen Landwirte in die Genossenschaft ein. Kreative Vermarktungsstrategien und werbewirksame Slogans haben zum Erfolg beigetragen. Dazu gehört die Förderung ökologischer Landwirtschaft, artgerechte Tierhaltung, regional orientiertes Wirtschaften und die Erhaltung heimischer Strukturen und traditioneller Berufe. In sieben eigenen Läden und auf vielen Wochenmärkten werden die erzeugten Produkte direkt vermarktet. Jeder Laden kauft bei den Bauern der eigenen Umgebung ein. Zudem gibt es einen Lieferservice. Die überregionale Vermarktung findet über das Bioland-Label statt. Neben der Lebensmittelvermarktung betreibt die Genossenschaft ein Seminar- und Tagungszentrum und ein Ökohotel, das 1998 den Ökobau-Preis erhielt. Darüber hinaus kooperiert die Genossenschaft mit europäischen Partnern in der Trägerschaft eines Öko-Reiseunternehmens. 48 Personen sind regelmäßig in der Genossenschaft beschäftigt, davon 46 in Teilzeit. Die überwiegende Mehrheit von ihnen ist Mitglied.[95]

7.5.2 Wohnungsgenossenschaften und Gemeinwesenentwicklung

Die Geschichte der Schaffung und Sicherung bezahlbaren und lebensgerechten Wohnraums für Mittellose und Bedürftige in Deutschland, erweist sich als zentrale, bis heute aktuelle sozialpolitische Frage. Vor dem Hintergrund von Dauerarbeitslosigkeit, unsicheren Erwerbseinkommen und Alterssicherungen ist sicheres und bezahlbares Wohnen eine brennende sozialpolitische Frage. Wohnungspolitik als Sozialpolitik jedoch weicht in Deutschland seit den 1980er Jahren immer mehr der Eigenheimförderung auf der einen, der nur punktuellen Intervention in gefährdeten Stadtgebieten mit besonderem Entwicklungsbedarf auf der anderen Seite. In jüngster Zeit wird wieder auf die Nutzung genossenschaftlicher Potenziale zur Lösung

---

94 Öko-Institut e.V. (1999): Globalisierung in der Speisekammer. Band 1. Freiburg, S. 105.

95 Weitere Informationen: www.tagwerk.net (letzter Zugriff am 15. Juli 2006).

dieses sozialpolitischen Problems gesetzt und eine Verbindung von Wohnungspolitik, Altersicherung und der Suche nach investiven Mitteln für die wenig rentable Wohnungswirtschaft intendiert. Erstmals findet z.B. für den Bereich der Wohnungsgenossenschaften die lange geforderte Zulassung kleiner Genossenschaften mit der entsprechend veränderten internen Gliederung und einer geringeren Zahl von Gründungsmitgliedern Berücksichtigung.[96]

Das Feld genossenschaftlicher Selbsthilfe wurde im Wohnungswesen historisch als letztes bestellt, auch wenn die Wohnungsfrage von Beginn der Arbeiterbewegung an eine große Rolle spielte. Mehr noch als bei der Gründung von Produktivgenossenschaften stellt sich beim Wohnungsbau das Finanzierungsproblem. Der Zusammenschluss bedürftiger Wohnungssuchender alleine ist ohne Aussicht auf jeden Erfolg.[97] Der hohe Organisations- und Finanzbedarf bei der Schaffung von Wohnraum warf stets die Frage von Förderungsstrukturen auf. Es handelt sich bei Wohnungsgenossenschaften für bedürftige Gruppen also nie um reine Selbsthilfe.

Der christlich-konservative Genossenschaftspionier Victor A. Huber schlug in einer 1848 veröffentlichten Schrift als Vorstufe „republikanischer Genossenschaften" „aristokratische oder monarchische Genossenschaften" vor, die von Angehörigen der Oberschicht vorzufinanzieren seien. Huber bezeichnete diese solidarökonomische Genossenschaftsform als „latente Association".[98] Die „Berliner gemeinnützige Baugesellschaft" entstand 1848 auf Betreiben Hubers. Finanzielle Basis waren nicht-börsenfähige Aktien, die mit vier Prozent verzinst wurden. Aus eigentumslosen Arbeitern sollten über Formen des Mietkaufs arbeitende Eigentümer werden. Die Ausweitung dieses Modells stieß schnell an seine Grenzen, da sich nicht genügend Philanthropen fanden und immer wiederkehrende Wirtschaftskrisen und Arbeitslosigkeit die Zahlungsfähigkeit der Mieter untergruben.

Gegen Ende des 19. Jahrhunderts widmeten sich vermehrt Kommune und Staat der Förderung des Arbeiterwohnungsbaus durch antispekulative Methoden und Finanzierungsinstrumente in Verbindung mit der 1889 eingerichteten Alten- und Invalidenversicherung. Als gemeinnützige Anlage der Versicherungseinlagen bot sich die Einrichtung eines Wohnungsfürsorgefonds zur Förderung des Arbeiterwohnungsbaus an. Gustav v. Schmoller begründete im „Mahnruf in der Wohnungsfrage" 1890 die Einrichtung dieses Wohnungsfürsorgefonds zur staatlichen Förderung des Wohnungsbaus: „Die besitzenden Klassen (...) müssen endlich einsehen, dass (...) dies nur eine bescheidene Versicherungssumme ist, mit der sie sich schützen gegen Epidemien und gegen die socialen Revolutionen, die kommen müssen,

---

96 Vgl. Bundesministerium für Verkehr, Bau und Wohnungswesen (Hrsg.) (2004a): Bericht der Expertenkommission Wohnungsgenossenschaften. Berlin.
97 Novy, Klaus/Prinz, Michael (1985): a.a.O., S. 36.
98 Ebd.

wenn wir nicht aufhören, die unteren Klassen in unseren Großstädten durch ihre Wohnungsverhältnisse zu Barbaren, zu tierischem Dasein herabzudrücken."[99]

Staatlicher, philanthropischer, unternehmerischer und wohltätiger Wohnungsbau entsprachen nicht den emanzipatorischen Bestrebungen der Arbeiterbewegung. Wer aber „sollte die organisatorische und finanzielle Fremdhilfe gewähren, die für jede Gründung unerlässlich war, aber nicht in eine politische und sozial-kulturelle Bevormundung ausarten durfte?"[100] Die Wohnreformen aus der organisierten Arbeiterschaft seit dem Ende des 19. Jahrhunderts haben zwei Wurzeln. Die Wohnreformen „von oben" seit Mitte des 19. Jahrhunderts ermöglichten wenige Jahrzehnte später mittels Nutzung der demokratischen Genossenschaftsstrukturen die Einflussnahme sozialreformerischer Kräfte innerhalb der bestehenden Wohnungsgenossenschaften. Die bürgerlichen Gründer wurden ab- und die sozialistisch-freigewerkschaftlichen und sozialdemokratischen Kräfte in die Gremien hinein gewählt.

Die zweite Linie verweist auf die Gründungswelle genossenschaftlicher Spar- und Bauvereine seit 1885 mit einem sozialreformerischen Genossenschaftstyp, welcher der Sozialdemokratie programmatisch nahe stand. Sie basierten im Gegensatz zu den philanthropischen Genossenschaften auf gemeinschaftlichem Nutzungseigentum mit lebenslangem Wohnrecht. Sie entzogen den Wohnungsbau den spekulativen Zwängen, was sich auch in der Bebauungsdichte und der Bodennutzung niederschlug. Es entstanden Arbeiterwohnsiedlungen mit grünen Höfen, Spielplätzen und Gemeinschaftseinrichtungen. Die sozialreformerischen Wohnungsgenossenschaften definierten sich als Kristallisationspunkte einer umfassenden sozialkulturellen Lebensreform. „Diese auf Gemeinschaftseigentum ruhenden Genossenschaften, die sich bewusst verbandspolitisch von dem mittelständisch dominierten Allgemeinen Verband (...) abgespalten hatten, wurden Träger der Städtebaureform und neuer Wohnkultur sowie neuer Lebensformen."[101]

Der Sozialdemokrat Paul Kampffmeyer äußerte sich im Jahr 1900 über die sozialisierenden Wirkungen von Wohnungsgenossenschaften, die auf Gemeinschaftseigentum beruhen: „Man darf wohl sagen, jenes umfassende Gemeingefühl, das sich in den Arbeitern bei allen ihren wirtschaftlichen Bestrebungen regt, es erhält in den Baugenossenschaften mit gemeinschaftlichem Hausbesitz eine reiche Nahrung. In diesen Vereinen arbeitet der Genossenschaftsgedanke rüstig fort. (...) Aus der Genossenschaft wird

---

99 Zit. nach Novy, Klaus/Prinz, Michael (1985): a.a.O., S. 40.
100 Ebd., S. 46.
101 Ebd.

vielleicht eine Art Lebensgemeinschaft. (...) Da steht vor uns ein in sich geschlossenes, harmonisch sich auslebendes Gemeinwesen."[102]

Er schildert, wie sich unmittelbar nach Bezug der ersten Häuser des Berliner Spar- und Bauvereins soziale, ökonomische und kulturelle Aktivitäten entfalteten: Bereits im ersten Winter wird gemeinschaftlich das Feuermaterial bezogen, kurze Zeit später eine Konsumgenossenschaft, dann eine Bäckerei gegründet. Die Überschüsse dienen der Finanzierung von Wohlfahrtszwecken. Es entsteht eine Bibliothek und es werden Vorlesungen gehalten, ein Männergesangsverein und eine Vergnügungskommission werden gegründet und es bildet sich eine Gruppe für das „Genossenschaftliche."[103]

Dieses Modell ist mit Blick auf heutige sozialpolitische Fragen ebenso aktuell wie die Finanzierungsformen: Die Baugenossenschaften mussten fünfzehn Prozent der Baukosten selber aufbringen. Diese Finanzierung hatte folgende vier Grundlagen:

- Alle Mitglieder erwarben Anteilsscheine, die durch wöchentliche Kleinbeträge angespart wurden.
- Die Baugenossenschaften betrieben Sparvereine, in denen die Sparleistungen der Mitglieder verzinst wurden und für Bautätigkeiten Verwendung finden konnten.
- Die Genossenschaften nahmen viele Mitglieder auf, die ihrerseits Anteile kauften. Die Vergabe der Wohnungen erfolgte durch Los.
- In vielen Genossenschaften konnte Geld durch die Arbeitsleistung beim Bau (Muskelhypothek) ersetzt werden. Die Mitglieder bekamen die Leistungen dann auf ihren Anteilen gutgeschrieben.

Vorstand und Aufsichtsrat arbeiteten ehrenamtlich und konnten Verwaltungskosten vermeiden. Die Mitglieder kümmerten sich um Pflege und Erhalt des gemeinsamen Eigentums. Da Genossenschaften für ärmere Menschen bauten und deren Selbsthilfe mobilisieren konnten, wurden sie vom Staat z.B. durch günstigere Kredite, Steuernachlässe aufgrund der Gemeinnützigkeit und die Abgabe von Boden im Erbbaurecht begünstigt. Im Gegenzug mussten sich die Baugenossenschaften zum Weiterbau verpflichten. Während 1908 in Deutschland nur 764 Baugenossenschaften bestanden, waren es zwanzig Jahre später 4132.

Heute gibt es in Deutschland rund 2.000 Wohnungsgenossenschaften mit insgesamt ca. drei Millionen Mitgliedern und einem Bestand von ca. 2,2 Millionen Wohnungen. In diesen professionell geführten und meist großen

---

102 Kampffmeyer, Paul (1900): Die Genossenschaften im Rahmen eines nationalen Wohnungsreformplanes. Göttingen, S. 31-33, zitiert nach Mersmann, Arno/Novy, Klaus (1991): a.a.O., S. 127.
103 Ebd.

Wohnungsgenossenschaften ist vom ursprünglichen Genossenschaftsgeist nicht mehr viel zu spüren. Dies liegt nicht nur an gesellschaftlichen Individualisierungstendenzen, sondern an den Größenzuschnitten der Genossenschaften, die „Rentabilität" gewährleisten sowie den Anforderungen, die der Gesamtverband der Wohnungswirtschaft (GdW) an das professionelle Management stellt.

Unter dem derzeitigen gesellschaftspolitischen Problemdruck scheint nun wieder Bewegung in die Genossenschaftslandschaft zu kommen. Wohnungsgenossenschaften werden als Instrumente der Sozialpolitik entdeckt, ohne ihnen den entsprechenden Sonderstatus der Gemeinnützigkeit einzuräumen. Die partizipative Gestaltung der Stadtentwicklung und des Stadtumbaus in Kooperation mit der Wohnungswirtschaft ist aus wohnungs-, arbeitsmarkt- und sozialpolitischer Perspektive nahe liegend und keineswegs neu. In den 1970er Jahren wurden Formen der Partizipation Betroffener an quartiersbezogenen Entscheidungsprozessen institutionalisiert und seit den 1980er Jahren zunehmend selbst initiierte und eigenverantwortlich durchgeführte Aktivitäten der BewohnerInnen gefördert.[104] Die fachliche Diskussion um die Rolle vermittelnder und aktivierender intermediärer Instanzen führten überwiegend die planungsbezogene Soziologie und die Raumplanung und auch die Gemeinwesenarbeit.[105] In den 1990er Jahren wurden Programme integrierter Stadt- und Regionalentwicklung in städtischen und ländlichen Krisenregionen Europas zum politischen Mainstream. Auch wenn das Bund-Länder-Programm „die soziale Stadt" Schwerpunktsetzungen im Bereich der Bewohnerorientierung in der integrierten Entwicklung von „Quartieren mit besonderem Entwicklungsbedarf" suggeriert, darf dies nicht darüber hinwegtäuschen, dass die Idee der Bewohnerorientierung in der Gestaltung von Wohn- und Wohnumfeld seit Ende der 1990 Jahre generell gegenüber der Orientierung an den Belangen von Investoren weit zurückgetreten ist. Investitionen in den sozialen Wohnungsbau und die öffentliche Infrastruktur sind zudem stark rückläufig und die Bereitstellung von Grund und Boden durch die Städte folgt anderen Vorzeichen als einer sozialen Nutzung. Die Schaffung und Erhaltung bezahlbaren Wohnraums litt Ende der 1990er Jahre unter den lukrativeren Investitionsalternativen im neuen Markt und die Prioritätensetzung der Kommunen in Planung und Investitionen folgte den Kriterien der Standortpolitik und der Privatisierung öffentlicher Bestände.

Vor dem Hintergrund des staatlichen Rückzugs aus allen sozialen Verantwortungsbereichen und des Problemdrucks der Kommunen werden nun die

---

104 Selle, Klaus (1991): Mit den Bewohnern die Stadt erneuern. Der Beitrag intermediärer Organisationen zur Entwicklung städtischer Quartiere. Beobachtungen aus sechs Ländern (Bände 1-6). Dortmund/Darmstadt.

105 Müller, C. Wolfgang/Nimmermann, Peter (1973): Stadtplanung und Gemeinwesenarbeit. München.

Wohnungsgenossenschaften als „geborene Partner" zur „Sicherung der Wohnraumversorgung für sozial benachteiligte Bevölkerungsgruppen",[106] des Stadtumbaus in schrumpfenden Regionen, der Quartiersentwicklung sowie der Schaffung wohnortnaher Infrastruktur wieder entdeckt.[107] Die Bundesregierung rief im Sommer 2002 die „Expertenkommission Wohnungsgenossenschaften" ein, um die „genossenschaftliche Idee zu sichern" und „angesichts weit reichender Veränderungsprozesse in Deutschland"[108] nach neuen Wegen zu suchen. Als besondere Herausforderungen werden genannt:

- Der demographische Wandel, ein zu erwartender Bevölkerungsrückgang und eine erhebliche Veränderung der Altersstruktur.

- Die Notwendigkeit des Rückbaus der staatlich organisierten Wohlfahrt verbunden mit einem Umbau der Altersvorsorge und einer Reduzierung der Kosten für die Gesundheitsversorgung.

Dabei wird betont, dass neue Wege bei erheblicher Verringerung staatlicher Hilfen auf mehr privatem Engagement aufbauen. Genossenschaften hätten sich in der Vergangenheit als Organisationsform der organisierten Selbsthilfe bewährt. Sie hätten auch das Potenzial, „eine positive Funktion in einer bürgergesellschaftlichen Entwicklung zu übernehmen und Antworten auf anstehende Fragen der Zukunft zu geben."[109] Betont werden die besonderen Herausforderungen an Kommunen, preisgünstigen Wohnraum vor dem Hintergrund des Auslaufens der Bindungen der sozialen Wohnraumförderungen und durch wachsende Armut zu sichern.[110] Erwähnt wird auch der Mehrwert, den Genossenschaften gegenüber anderen Organisationsformen bieten, z.B. Schutz vor Verdrängung aufgrund von Gemeinschaftseigentum, welches keinen spekulativen Preissteigerungen unterliegt. „Insofern erfüllen Wohnungsgenossenschaften idealtypisch, (...), die Anforderungen, die ein moderner Staat an Organisationen der Bürgergesellschaft stellt. Sie (....) können positive Funktionen für eine bürgergesellschaftliche Entwicklung haben, wenn sie in geeigneter Weise ein „öffentliches Gut" produzieren, das heißt, wenn sie nachweislich einen integrativen Beitrag

---

106 Beuerle, Iris (2004): Stellungnahme zu den Ergebnissen der Expertenkommission. In: wohnbund informationen. Heft 3/04, S. 5.
107 Bundesministerium für Verkehr, Bau- und Wohnungswesen (Hrsg.) (2004b): Wohnungsgenossenschaften – Potenziale und Perspektiven. Berlin.
108 Bundesministerium für Verkehr, Bau- und Wohnungswesen (2004): Wohnungsgenossenschaften – Potenziale und Perspektiven. Bericht der Expertenkommission Wohnungsgenossenschaften. Kurzfassung. In: wohnbund informationen. Heft 3/04, S. 33.
109 Ebd.
110 Hilgen, Manfred (2004): Expertenkommission Wohnungsgenossenschaften. Ergebnis, Folgerungen. In: wohnbund informationen. Heft 3/04, S. 9.

leisten, der über die individuellen Interessen der einzelnen Mitglieder hinausgeht."[111]

An anderer Stelle wird dargestellt, dass Wohnungsgenossenschaften prädestiniert seien „zur Übernahme weitergehender sozialer, gesellschaftlicher beziehungsweise staatlicher Aufgaben."[112] Zur Ausgestaltung der Übernahme öffentlicher Aufgaben werden nach dem Wohnraumförderungsgesetz Public Private Partnership-Projekte empfohlen, die Gegenleistungen z.B. in Form der verbilligten Abgabe von Boden aus öffentlicher Hand ermöglichen.

Mit der Betonung der sozialpolitischen Potenziale der Genossenschaften im Wohnbereich wird de facto ihr gemeinnütziger Charakter anerkannt, der jedoch sowohl der Genossenschaftsform allgemein als auch dem Wohnungswesen in Deutschland nicht (mehr) zugestanden wird. Die Fülle und Breite sozialpolitischer Aufgaben, die den Wohnungsgenossenschaften nach diesem Bericht angetragen werden, sollen weitestgehend ohne staatliche Förderung geleistet werden. Es wird durchaus betont, dass alle drei potenziell zur Verfügung stehenden Finanzierungsquellen – Eigenmittel, Fremdmittel und staatliche Förderungen – in Zukunft schwächer ausgeprägt sein werden. Es bestehe „die Gefahr einer Diskrepanz zwischen dem Bedarf (...) und dem Angebot an Finanzierungen. (...) Hinzukommen veränderte Inhalte der Bankenregulierung im Rahmen von ‚Basel II', dem insbesondere Wohnungsgenossenschaften eher mit Sorge entgegen sehen."[113]

Mehrfach wird erwähnt, dass Wohnungsgenossenschaften aus eigener Kraft Wege suchen sollen, Kapital zu mobilisieren. In diesem Zusammenhang werden unterschiedliche Finanzierungsstrategien vorgeschlagen, z.B. Mitgliederdarlehen, die Gründung eigener wohnungsgenossenschaftlicher Spareinrichtungen, die Aufnahme stiller Gesellschafter, die zusätzliche Zeichnung von Geschäftsanteilen, Mietkaufmodelle und insbesondere die Entwicklung von Altersvorsorgeprodukten, die preisgünstiges Wohnen im Alter gewährleisten sollen. Ein solches Modell bestünde nach Vorstellung der Expertenkommission im Erwerb zusätzlicher Geschäftsanteile, die sich im Alter wohnkostenmindernd auswirken. Das Modell sollte in die Riesterförderung integriert werden.

Als eigenständige sozialpolitische Finanzierungssysteme sind diese Vorschläge durchaus interessant. Für Wohnungsgenossenschaften in benachteiligten Wohnquartieren und ihre BewohnerInnen sind sie wenig relevant. Wohnungsgenossenschaften insbesondere im Osten Deutschlands sind belastet durch nicht vermietbare Altbestände, schrumpfende Regionen und die soziale Entmischung der Wohnquartiere. Ihr Finanzbedarf ist hoch, doch

---

111 Bundesministerium für Verkehr, Bau- und Wohnungswesen (2004): a.a.O., S. 34.
112 Ebd., S. 40.
113 Bundesministerium für Verkehr, Bau- und Wohnungswesen (2004): a.a.O., S. 36.

die Einkommen der Mitglieder sind zu niedrig, um über zusätzliche Einlagen die Liquidität zu sichern.

Angesichts der demographischen Entwicklung bieten sich tatsächlich Wohnungsgenossenschaften als Organisationen der Entwicklung des Gemeinwesens in nachbarschaftlicher Selbstorganisation an. Die Suche nach neuen Formen des intergenerativen Zusammenlebens, die Erschließung von Erwerbsarbeit und Nachbarschaftshilfe im Bereich wohnungsnaher und personenbezogener Dienstleistungen könnte die Wohnungsgenossenschaften in ihrer sozialkulturellen Form wieder beleben. Die Schaffung von Formen des Community Care, insbesondere für ältere Menschen, wird in Zukunft an Bedeutung gewinnen.

In vielen Ländern innerhalb und außerhalb Europas lässt sich beobachten, dass sich Wohnungsgenossenschaften den sozialpolitischen Erfordernissen stellen, die aus den alternden Gesellschaften resultieren. Sie entwickeln adäquate Wohnmöglichkeiten für ältere Menschen und übernehmen zusätzliche Aufgaben in der nahräumlichen Versorgung mit Waren, häuslichen und personenbezogenen Dienstleistungen, der Verpflegung, der Gesundheitsdienste und der sozialkulturellen Einrichtungen. Zum Teil sind dies Reaktionen auf den Druck der liberalen Regierungen zur Privatisierung sozialer Dienste.

Wohnungsgenossenschaften werden die sozialpolitischen Hoffnungen nicht erfüllen können ohne fördernde rechtliche, steuerliche, finanzielle und ordnungspolitische Rahmenbedingungen und ohne die Rückbesinnung des Genossenschaftswesens auf seine eigene wirtschaftskulturelle Identität. Wichtigste Voraussetzung ist die Öffnung der Genossenschaftsform für die Selbsthilfe Benachteiligter.

Ein Beispiel für die sozialpolitischen Potenziale von Wohnungsgenossenschaften ist die „Genossenschaft am Beutelweg" in Trier. Bei diesem Unternehmen wird deutlich, dass der gemeinschaftliche Immobilienbesitz die wichtigste materielle Voraussetzung für die Verbesserung der Wohnbedingungen und insbesondere der Schaffung existenzsichernder Arbeit für die benachteiligten BewohnerInnen war. In dieser Konstellation konnten das reichlich eingebrachte bürgerschaftliche Engagement von außen, die „Muskelhypothek" der Mitglieder und die Kredite aus dem sozialen Wohnungsbau sozialproduktiv wirksam werden. Diese Konstellation wirkte als Resilienz, die eine eigenständige arbeitsplatzwirksame Weiterentwicklung in Form der Gründung von Tochterunternehmen ermöglichte. Die Genossenschaft hat sich auf diese Weise in einem Problemquartier in Trier in den vergangenen elf Jahren zu einem Unternehmensverbund entwickelt, der heute über mehr als 450 Wohneinheiten und Gewerbebetriebe mit zeitweise mehr als 70 Arbeitsplätzen verfügt.[114] NutzungseigentümerInnen sind die

---

114 Die Autorin ist Mitbegründerin und langjährig bürgerschaftlich im Unternehmensverbund engagiert.

BewohnerInnen des Stadtteils selbst. Sie verfügen über lebenslanges Wohnrecht, übertragbar auf ihre Kinder.

Es darf nicht darüber hinweg gesehen werden, dass der ungewöhnliche Unternehmensverbund in einem höchst komplexen Konfliktfeld lokaler, regionaler und überregionaler Politik, organisierter Handwerkerschaft Banken, örtlicher Wohnungswirtschaft, traditionellen Wohlfahrtsverbänden und vielen anderen Gegnern und Konkurrenten steht. Überleben in einem solchen Gegenwind erfordert eine schlagkräftige Lobby an den unterschiedlichsten Stellen in Wirtschaft, Politik und Gesellschaft. Ein solches Unternehmen, welches den Vorstellungen von Staat, Markt, Wohlfahrtslobby und Genossenschaftswesen widerspricht, muss auf einflussreiche PromotorInnen setzen können. Die sozial benachteiligten StadtteilbewohnerInnen verfügen nicht über eine ausreichende Machtbasis, um in einem solchen Konfliktfeld bestehen zu können. Sie sind weder als WählerInnen noch als KonsumentInnen interessant, ihre Abhängigkeit von Transfergeld macht sie eher zu Opfern von Repression als zu Anspruchsberechtigten und die Darlehen des sozialen Wohnungsbaus werden selten zugunsten des ärmsten Fünftels der Bevölkerung eingesetzt.

Es gibt viele Gründe dafür, dass es diese Genossenschaft und ihre Tochterunternehmen nach 15 Jahren immer noch gibt. Der bedeutendste Stabilisationsfaktor besteht in dem Netz bürgerschaftlich engagierter Frauen und Männer aus Politik, Kirche, Wissenschaft, Wirtschaft und Gesellschaft, die sich wie ein Schutzwall um das Projekt formiert haben und gemeinsam mit den BewohnerInnen das Interesse haben, ihr Unternehmen zu verteidigen und stark zu machen.

Bei diesem Beispiel handelt es sich um einen solidarökonomischen genossenschaftlichen Unternehmensverbund,[115] der zudem innerhalb von Handlungsfeldern agiert, die als gemeinnützig zu bezeichnen wären: die Schaffung und Erhaltung günstigen Wohnraums, die menschenwürdige Gestaltung eines benachteiligten Stadtgebietes und die Schaffung von Erwerbsarbeit und Ausbildung für sozial Benachteiligte. Die Genossenschaft am Beutelweg ist eine Genossenschaft mit ausschließlich sozialpolitischen Zielsetzungen. Der formale Status des Unternehmensverbundes und die Erfolgskriterien sind jedoch ausschließlich die des Marktes.

Die Übertragbarkeit dieses sozialpolitischen Modells, welches täglich die Voraussetzungen seines Überlebens schaffen muss, ist an ordnungspolitische, rechtliche und förderungslogische Veränderungen gebunden, wie sie beispielsweise im italienischen Genossenschaftswesen üblich sind. Grundvoraussetzung ist und bleibt die Verortung von Genossenschaften mit sozi-

---

115 Flieger, Burghard (2003): Sozialgenossenschaften als Perspektive für den sozialen
     Sektor in Deutschland. In: Flieger, Burghard (Hrsg.): Sozialgenossenschaften.
     Neu-Ulm, S. 15f.

alen Zielsetzungen – und zwar nicht nur der Genossenschaften in klassischen Handlungsfeldern der Sozialen Arbeit – in einem eigenständigen sozialökonomischen Sektor.

7.5.3 Sozial-, Bildungs- und Gesundheitsgenossenschaften

Neue Genossenschaften entstehen derzeit insbesondere in den Bereichen Bildung und Erziehung, Gesundheit, Pflege und soziale Dienste. In Spanien und Japan sind es vor allem Schulkooperativen, in Italien Sozialgenossenschaften zur Integration Benachteiligter, in USA und Asien Genossenschaften für studentische Serviceangebote, in asiatischen Ländern genossenschaftliche Universitäten, in Schweden Kindertagesstätten und Dienste für ältere Menschen, in USA und Spanien Gesundheitsgenossenschaften und in Japan Krankenhausgenossenschaften. Nach Angaben der internationalen Genossenschaftsallianz wurden alleine in Finnland im Zeitraum zwischen 1993 und 1998 über 700 neue Genossenschaften, darunter 350 Professionsgenossenschaften gegründet.[116] Während kommerziell motivierte Privatisierungen insbesondere mit einem Abbau von Arbeitsplätzen verbunden ist, kann angenommen werden, dass durch Vergenossenschaftlichungen personennaher Dienste Beschäftigungsmöglichkeiten erhalten und neu geschaffen werden. Die genossenschaftliche Organisation dieser für das Gemeinwesen zentralen Bereiche resultiert je nach politisch-ökonomischer Ausgangssituation der Regionen aus unterschiedlichen Intentionen. Die Vergenossenschaftlichung ist neben der Beschäftigungswirksamkeit auch mit Steuerungsvorteilen verbunden. Die örtliche Einbindung und Kontrolle, die Verringerung opportunistischer Verhaltensweisen der Mitglieder sowie die Verhinderung dysfunktionaler Mittelabflüsse bergen erhebliche Potenziale effizienter Organisation.

Genossenschaftsgründungen erfolgen aktuell in den Industrieländern, in den Bereichen, in denen staatliche Systeme der Daseinsvorsorge abgebaut werden oder in den Transformations- und Entwicklungsländern in jenen Tätigkeitsfeldern, in denen Familien und Nachbarschaften die traditionellen Sorgeformen nicht mehr selbstverständlich leisten oder in denen noch keine öffentlichen Strukturen existierten.[117]

Die Europäische Kommission hat die Potenziale dieses Genossenschaftssektors erkannt. In ihrer Mitteilung vom Februar 2004 stellt sie fest: „Da genossenschaftlich organisierte Unternehmen ein wirksames Instrument zur Erreichung sozialer Ziele sind, haben einige Mitgliedstaaten zur Erleichte-

---

116 International Cooperative Information Center: How the ICA contributes to the Aims of the United Nations. www.uwcc.wisc.edu/icic/orgs/ica/index.html (letzter Zugriff am 15. Juli 2006).

117 International Cooperative Information Center: Progress towards a Cooperative Health and Social Care Sector (1996). www.wisc.edu (letzter Zugriff: 15.07.2006)

rung derartiger Aktivitäten spezielle Rechtsformen geschaffen, die durchaus erfolgreich sind und das Interesse anderer Mitgliedstaaten geweckt haben, die ähnlichen Problemen gegenüberstehen."[118] Die Hauptabteilung „Grundsatzpolitische Koordinierung und Nachhaltige Entwicklung" der Vereinten Nationen hat auf der Basis einer weltweiten Studie Kriterien für die Entwicklung genossenschaftlicher Untenehmen im sozialen Sektor definiert und betont dabei v.a. die Notwendigkeit der aktiven Unterstützung durch die nationalen Genossenschaftsverbände und die Rolle engagierter PromotorInnen, die die Entwicklungen vor Ort in Gang setzen.[119]

Es lassen sich unter den neuen Sozial-, Gesundheits- und Bildungsgenossenschaften nach ihrem Gründungshintergrund und der Mitgliederstruktur verschiedene Typen unterschieden:

1. Genossenschaften Betroffener
2. Professionsgenossenschaften
3. Solidargenossenschaften
4. Professions-/Nutzergenossenschaft
5. Multi-Stakeholder-Genossenschaften

Gründungen von Menschen mit sozialen und gesundheitlichen Beeinträchtigungen sind Folge und Voraussetzung von Empowermentprozessen und wirksame Schritte zur gesellschaftlichen Emanzipation und Integration der Betroffenen. Genossenschaften sind geradezu ideale Organisationen für die Einleitung und Ausweitung personaler, sozialer und struktureller Empowermentprozesse.[120] Die Bündelung von Kräften und Ressourcen ermöglicht den Beteiligten die soziale, ökonomische und politische Teilhabe. Gleichzeitig schafft genossenschaftliches Agieren die materiellen und nicht-materiellen Voraussetzungen des Prozesses und seiner Weiterentwicklung.

Das genossenschaftliche Identitätsprinzip und das Demokratieprinzip gewährleisten die unmittelbare Selbstkontrolle, Selbstorganisation und Selbstbestimmung in Fragen, die tief in das persönliche Leben der Betroffenen reichen. Die genossenschaftliche Organisation eigener und gemeinsamer Belange bietet damit einen umfassenden Kontext für die Gestaltung des eigenen Lebens und des Zusammenlebens im Gemeinwesen. Sie stellen insbesondere eine Alternative zu professionellen Hilfsdiensten dar, deren Angebote, Mittelverwendung und Organisationsstrukturen von den Bedürfnissen der Nutzenden oft weit entfernt sind. Die Emanzipation der Betroffenen

---

118 Kommission der Europäischen Gemeinschaften (2004): a.a.O., S. 12.

119 International Cooperative Information Center: Progress towards a Cooperative Health and Social Care Sector (1996). www.wisc.edu (letzter Zugriff am 15. Juli 2006).

120 Elsen, Susanne (2003): Lässt sich Gemeinwesenökonomie durch Genossenschaften aktivieren? In: Flieger, Burghard (Hrsg.): Sozialgenossenschaften. Neu-Ulm, S. 57-79.

durch genossenschaftliche Gründungen ist auch und vor allem ein Votum gegen die Expertokratien im Sozial- und Gesundheitswesen. Genossenschaftsgründungen von Menschen mit Behinderung, z.B. Assistenzgenossenschaften, sind inspiriert von der „Independent living"-Bewegung, die ausgehend vom vereinigten Königreich in den 1970er Jahren die Emanzipation von Menschen mit Behinderung in ganz Europa beeinflusst hat.

Genossenschaftsgründungen Betroffener haben im Sozial-, Bildungs- und Gesundheitswesen eine wachsende Bedeutung. Die Organisationen sind noch jung, haben sich von den Intentionen der GründerInnen noch nicht entfernt und sind wichtige Kristallisationspunkte im Gemeinwesen. Sie binden bürgerschaftliches Engagement ein und sind gerade deshalb besonders wirksam.

Nach Angaben des International Cooperative Information Centers nahmen 1995 weltweit 39 Millionen Menschen die Gesundheitsdienste nutzereigner Genossenschaften in Anspruch.[121] Ein Beispiel aus Japan: Erste Gründungen genossenschaftlicher Gesundheitsdienste und Krankenhäuser erfolgten in Japan Mitte der 1960er Jahre durch die ca. 6000 Agrargenossenschaften mit dem Ziel der gesundheitlichen Versorgung der ärmeren ländlichen Bevölkerung. Heute verfügen japanische Konsum- und Agrargenossenschaften über ca. 50.000 Betten in eigenen Krankenhäusern sowie über mehr als 4500 Ärzte und fast 30.000 Pflegekräfte. Neben kurativen Aufgaben im Gesundheits- und Pflegebereich konzentrieren sich die Gesundheitskooperativen auf Präventiv- und Aufklärungsmaßnahmen. Mitglieder sind überwiegend gesunde ältere Menschen, die in den Genossenschaftsstrukturen und – angeboten aktiv mitarbeiten. Den zivilgesellschaftlichen Kern der Institutionen im Gemeinwesen bilden die Netze der so genannten Han-Gruppen[122] von drei bis zehn Personen, die sich in Gesundheitsfragen gegenseitig beraten und kontrollieren und damit nachhaltig und dezentral Vorsorge und erste Hilfe gewährleisten. Die leitenden Mitglieder werden in Lehrgängen zu Fragen der Gesundheitsförderung der Pflege, der sozialen Sicherheit und im Bereich genossenschaftlicher Organisationstätigkeit geschult. Die Bedeutung des Pflegebereiches wächst angesichts der Tatsache, dass die japanische Gesellschaft früher als die der westlichen Industriestaaten altert. Die genossenschaftlichen Dienste im Pflege- und Gesundheitsbereich haben darauf reagiert und ein diversifiziertes Angebotsspektrum häuslicher und personenbezogener Dienstleistungen entwickelt. Neben der Versorgung mit Konsumgütern und Mahlzeiten sind dies z.B. ambulante Badedienste.

In Schweden haben Betroffene in den vergangenen Jahren mit Genossenschaftsgründungen auf den Umbau des Wohlfahrtsstaates und die Privati-

---

121 International Cooperative Information Center: Progress towards a Cooperative Health and Social Care Sector (1996): a.a.O.
122 Vgl. Göler von Ravensburg, Nicole (2003): a.a.O., S. 82.

sierung des öffentlichen Sektors reagiert. 66 Prozent der privaten Tagesstätten werden inzwischen genossenschaftlich getragen, insbesondere im Bereich der Kindertagesstätten.[123] Mit der Vergenossenschaftlichung der Einrichtungen erhalten die Eltern die örtlichen Versorgungsstrukturen und gewinnen zudem stärkere demokratische Kontrolle über die Einrichtungen. Ähnliche Entwicklungen verzeichnen Finnland und Kanada, wo es 800 genossenschaftliche Kindertagesstätten gibt und in USA lassen ca. 50.000 Familien ihre Kinder in genossenschaftlichen Tagesstätten betreuen.[124]

Die bemerkenswerteste Entwicklung ist wohl die im Bereich der Gründung genossenschaftlicher Schulen und Universitäten – auch in wohlhabenden Ländern. Das genossenschaftliche Urmodell der Rochdaler Pioniere verweist auf die Tradition, Überschüsse in die Bildung der Mitglieder oder in eigene Schulen zu investieren. Diese Tradition der Verbindung genossenschaftlichen Wirtschaftens mit Alphabetisierungs- und Bildungsangeboten findet sich weltweit u.a. in der Entwicklungszusammenarbeit. Es gibt jedoch auch autonome Schul- und Universitätsgenossenschaften in Asien, Europa und den Vereinigten Staaten. Im Norden Italiens, insbesondere in der Region Trient, sind 216 Schulgenossenschaften mit 45.000 Mitgliedern im nationalen Genossenschaftsbund Confcooperative organisiert, der einen eigenen Schulsektor eingerichtet hat. In Spanien gibt es ca. 800 Schulgenossenschaften mit ca. 25.000 SchülerInnen und mehr als 1000 LehrererInnen. Die neuen Gründungen gingen überwiegend vom Lehrpersonal aus und sind Reaktionen auf die Verschlechterungen im staatlichen Schulwesen. „In Schweden werden von über hundert genossenschaftlichen Gruppen ehemalige Staatsschulen geleitet, die insbesondere in kleinen Städten von einer Schließung bedroht waren. Dabei handelt es sich vielfach um Eltern-Lehrer-Genossenschaften."[125]

Einen weiteren Typ genossenschaftlicher Schuleinrichtungen bilden solche, die StudentInnen und SchulabgängerInnen auf das berufliche Leben und auf genossenschaftliche Existenzgründungen vorbereiten. Solche Einrichtungen gibt es in Frankreich, Schweden, Portugal, Großbritannien, Rumänien und Ungarn, wo 80 Fachhochschulen und Berufsbildungseinrichtungen mit insgesamt 15.000 StudentInnen und 900 Lehrenden genossenschaftlich organisiert sind. In Kanada, den Vereinigten Staaten und Japan sind seit dem Ende des 19. Jahrhunderts Universitätsgenossenschaften im gesamten Spektrum studentischer Serviceleistungen tätig. Sie tragen eigene Kreditgenossenschaften, Reiseveranstalter, Sprachschulen, Versicherungsdienste, Wohnungs- und Einkaufgenossenschaften. In Japan gehörten 1996 dem Nationalen Verband der Universitätsgenossenschaften „192 primäre Hochschulgenossenschaften, neun Geschäftsvereinigungen und zwei interuniversitäre

123 Eltern haben in Schweden ein Recht auf subventionierte Ganztagsbetreuung.
124 Vgl. Göler von Ravensburg, Nicole (2003): a.a.O., S. 88.
125 Ebd., S. 91-92.

Genossenschaften an, die über 1,24 Millionen Einzelmitglieder verfügten."[126] Die japanische Dachorganisation hat auch Gründungen in anderen asiatischen Ländern gefördert. In Korea, Vietnam, Malaysia, Singapur und Indien wurden insbesondere seit Mitte der 1970er Jahre Universitätsgenossenschaften gegründet und in nationalen Dachverbänden organisiert.

Zu den universitären Genossenschaften sind auch Forschungs- und Entwicklungsinstitute zu zählen. In Argentinien ist es z.b. das „Gabinete de Estudios y Promocion del Cooperativimo Sanitario", welches die Entwicklung von Genossenschaften im Gesundheitsbereich fördert und in Italien das nationale Konsortium der Sozialgenossenschaften „Gino Matarelli", welches Forschung und Entwicklung im Bereich der Sozialkooperativen zum Gegenstand hat.

7.5.4 Solidargenossenschaften

Solidargenossenschaften definiert Flieger als Sozialgenossenschaften, in denen „ein größerer Teil der innerhalb der Genossenschaft zur Verfügung gestellten Leistungen (...) nicht bezahlt, sondern durch Arbeitstausch oder Arbeit zugunsten anderer ohne Entgelt eingebracht"[127] werden. Nicht nur freiwillige Arbeit, Know-how und Einfluss nicht selbstnutzender Genossenschaftsmitglieder oder -promotorInnen, sondern auch materielle Ressourcen können aus solidarischen Erwägungen eingebracht werden. Das genossenschaftliche Identitätsprinzip von Leistungserbringenden und Leistungsnutzenden wird im Fall der Solidargenossenschaften aufgehoben.

Die Fähigkeiten und Möglichkeiten zur Vertretung eigener und gemeinsamer Interessen und die Option wirksamer sozialökonomischer Selbstorganisation folgen der Demarkationslinie sozialer Ungleichheit. Bürgerinnen und Bürger, die aufgrund ihrer sozialökonomischen Lage surplusfähig sind, sind auch organisationsfähig.[128] Eigenständige sozialökonomische Projekte und Unternehmen benachteiligter Menschen sind meist auf die Unterstützung durch surplusfähige BürgerInnen angewiesen, dies insbesondere in den wohlhabenden Weltregionen, in denen sozialökonomische Selbsthilfe marginalisiert und aus dem kollektiven Gedächtnis verbannt wurde. Die vielfältigen Restriktionen, die mit sozialökonomischer Benachteiligung einhergehen, sind eine sozialkulturell belastende Hypothek und bieten eine Erklärung für die Vorurteile der deutschen Genossenschaftswirtschaft, Arme seien nicht selbsthilfefähig. Wie sollten sie es auch sein innerhalb eines

---

126 Ebd., S. 93.
127 Flieger, Burghard (2003): Sozialgenossenschaften als Perspektive für den sozialen Sektor in Deutschland. In. Flieger, Burghard (Hrsg.): Sozialgenossenschaften. Neu-Ulm, S. 15.
128 Böhnisch, Lothar/Schröer, Wolfgang (2002): Die soziale Bürgergesellschaft. Weinheim, München, S. 210.

Systems institutioneller und finanzieller Zugangsbarrieren und Reglementierungen.

Keine gesellschaftliche Gruppe verfügt über stärkere Selbsthilfefähigkeiten als die der Armen. Mangels Alternative und aufgrund des aufeinander Angewiesenseins sind benachteiligte Menschen meist dauerhaft in stabile Verpflichtungs- und Entlastungsnetzwerke eingebunden. Sie verfügen also über ein hohes Maß bindenden Sozialkapitals. Die Binnenkohäsion ist zwar Voraussetzung der kooperativen Wertschöpfung, sie steht jedoch auch den Aktivitäten entgegen, die die engen Grenzen der Traditionen und Verpflichtungen oder auch der sozialstaatlich zuerkannten Handlungsräume überschreiten. Die Investition in das bindende Sozialkapital Benachteiligter, die Förderung von Binnenkohäsion reicht nicht, um eigenständige Formen der Sozialen Ökonomie entstehen zu lassen. Es bedarf der Herstellung von Ermöglichungsstrukturen im intermediären Raum, in dem sich solche Ökonomien entwickeln können und es bedarf der Wirkung brückenbildenden Sozialkapitals als Ausgleich asymmetrischer Austauschbeziehungen. Darüber hinaus ist zu bedenken, dass sozialökonomische Selbsthilfe meist einem starken Gegenwind der etablierten Institutionen ausgesetzt ist und mehr noch als andere Unternehmen organisatorische und politische Fähigkeiten erfordert.

Genossenschaftliche Gründungen in benachteiligten Gemeinwesen bieten eine reale Option zur wirksamen Investition, eigenständigen Ertragsnutzung und nachhaltigen Sicherung der Dividende sozialen Kapitals durch seine ProduzentInnen. Der Brückenschlag zwischen benachteiligten und eher privilegierten Gruppen ist wichtig, weil die Benachteiligten Verbündete brauchen, wenn der sozialpolitische Ausgleich nicht mehr konsensfähig ist. Als PromotorInnen sind vor allem solche Kräfte interessant, die über Ressourcen verfügen, die den Benachteiligten direkt nicht zugänglich sind, z.B. aus Wissenschaft und Wirtschaft.[129] Dabei ist von reziproken Beziehungen auszugehen, nicht von Akten karitativer Nächstenliebe. In der Tätigkeit der PromotorInnen als Hilfe zu Selbsthilfe muss sich die demokratische Unternehmenskultur von Genossenschaften wieder erkennen lassen. Identitätsprinzip und Demokratieprinzip werden dann zum Lernziel in einem gemeinsam zu gestaltenden Prozess, in dem prinzipiell genossenschaftliche Rollen und Funktionen nicht dauerhaft an die surplusfähigen PromotorInnen gebunden sind.

Was aber ist das Eigeninteresse solcher PromotorInnen? Gratifikationen können darin bestehen, dass diese AkteurInnen ihrem „Gewissen"[130] folgen oder die Gelegenheit nutzen, außerhalb ihrer beruflichen oder privaten Einbindungen soziale, ökonomische und politische Räume zugunsten von Zie-

---

129 Raschke, Joachim (1985): Soziale Bewegungen. Frankfurt, New York, S. 340.
130 Ebd., S. 340.

len zu gestalten, die ihnen wichtig sind. Auch die Wertschätzung für ihr Engagement oder der Zugewinn an gesellschaftlichem Einfluss können motivieren.[131] Die Engagementbereitschaft von Bürgerinnen und Bürgern beruht auch auf Sinndefiziten, die aus reglementierten Alltagsverläufen resultieren oder aus Kränkungen aufgrund der Vergeudung von Humankapital durch das Erwerbsarbeitssystem. Heute sind qualifizierte, engagierte und kritische BürgerInnen und Bürger auf der Suche nach sinnvollen Tätigkeitsfeldern. Nicht wenige von ihnen werden frühzeitig aus anspruchsvollen Erwerbsarbeitskontexten „freigesetzt" und ihr Humankapital findet kein gesellschaftlich produktives Feld.

Zurück zum Beispiel der Genossenschaft am Beutelweg in Trier: Das Netz engagierter Frauen und Männer aus allen gesellschaftlichen Schichten und Bereichen bringen brückenbildendes Sozialkapital ein und wirken damit auch ausgleichend auf ungleiche Machtverhältnisse. Wie beim Beispiel Toynbee-Hall in London vor 100 Jahren oder beim Beispiel Hull-House in Chicago vor 90 Jahren ging die Gründungsinitiative von der Universität aus. Die Nutzung wissenschaftlicher Definitionsmacht kann ein wirksames Mittel des Machtausgleichs sein. Nicht nur die benachteiligten BewohnerInnen lernen an diesem Modell, sondern alle Beteiligten und, wie sich über die lange Zeit zeigt, auch Gegner. So wirkt diese unkonventionelle sozialökonomische Problemlösung auch auf den politischen Mainstream.

7.6 Genossenschaftliche Verbünde, lokale Wirtschaftskreisläufe und die Herausbildung von Mesostrukturen

Genossenschaften verfolgen gegenüber anderen gewerblichen Unternehmen komplexere ökonomische und außerökonomische Zielfunktionen. Als Einzelunternehmen müssen sie sich schutzlos der profitorientierten Konkurrenz stellen. „Derart überfordert, verwundert das Schicksal vieler isolierter Genossenschaften nicht, die der Konkurrenz erlagen. Andere haben sich der komplexen Aufgabenstruktur, aber auch ihrer sozialen Verantwortung entzogen und sich in Kapitalgesellschaften umgewandelt."[132]

Historische wie aktuelle Beispiele zeigen, dass erfolgreiches genossenschaftliches Wirtschaften auf der Bildung horizontaler und vertikaler Verbundstrukturen und verbundinterner Kreisläufe beruht. Verbund- und Netzwerkstrukturen schaffen Möglichkeiten, die Abhängigkeiten vom Markt zu reduzieren, synergetisch zu wirken, eine gemeinsam nutzbare, kooperative

---

131 Flieger, Burghard (2003): Sozialgenossenschaften als Perspektive für den sozialen Sektor in Deutschland. In: Flieger, Burghard (Hrsg.): Sozialgenossenschaften. Neu-Ulm.

132 Mersmann, Arno/Novy, Klaus (1991): a.a.O., S. 36.

Infrastruktur zu schaffen und sich gemeinsam politisch und wirtschaftlich zu stärken. Verbundstrukturen bilden sich als institutionelles Umfeld und dezentralisierte Folgeinstitutionen einzelner Kooperativen sowie als normativ stabilisierendes Netzwerk heraus. Diese Mesostrukturen spiegeln Prozesse einer funktionalen Differenzierung des Genossenschaftssektors in bestimmten Regionen, in denen die Effekte zwischen den Einheiten systematisch gefördert und die infrastrukturellen und normativen Voraussetzungen einer eigenständigen Wirtschaftskultur entwickelt werden. Das bekannteste Beispiel für einen starken politisch und ökonomisch einflussreichen, regional und überregional vernetzten Genossenschaftssektor bietet Italien.

Die baskische Industriekooperative „Mondragon" oder die „Genossenschaft am Beutelweg" in Trier haben im Laufe ihres Entwicklungsprozesses z. B. kooperative Tochterunternehmen herausgebildet. Die Verbünde entstanden in lokalen Vernetzungen aus der internen Dynamik der Primärkooperativen, der Erschließung weiterer Handlungsfelder der systematischen Einbindung in das lokale Umfeld. Gleiche Zielsetzungen über einen anderen Weg verfolgen die Genossenschaft „Netz Soziale Ökonomie" in Basel,[133] die indische Milch Union Anand und die brasilianische UNIMED. Sie sind Sekundärgenossenschaften, unter deren Dach Primärgenossenschaften gefördert und stabilisiert werden. Während also im ersten Fall ausgehend von einer Primärkooperative weitere in der Logik des Bedarfes und der Möglichkeiten als Verbund im lokalen Umfeld entstehen, bilden Sekundärgenossenschaften das Dach für Zusammenschlüsse von Unternehmen und sozialen Organisationen, die nach demokratischen, sozialen und ökologischen Prinzipien agieren. Sie gewährleisten auf horizontaler und vertikaler Ebene die Ermöglichungsstrukturen für die Gründung neuer und die Einbindung bestehender Organisationen und Unternehmen.

Wie am Beispiel des Genossenschaftssektors in Italien zu zeigen sein wird, zielt die aktive politische Förderung des Sektors neben rechtlichen und ordnungspolitischen Maßnahmen auf die Herausbildung regionaler und überregionaler, vertikaler Unterstützungsstrukturen, die dem Genossenschaftssektor Stabilität verleihen. Die politische Förderung selbst ist jedoch auf den Einfluss der branchenbezogenen oder richtungsorientierten Genossenschaftsverbünde zurückzuführen. Von besonderer Bedeutung sind die eigenen Finanzierungssysteme. Aber auch in anderer Weise wirken sich die horizontalen Verbundstrukturen stärkend auf das italienische Genossenschaftswesen aus. Große Genossenschaften, z. B. die „COOP Italia", fördern kleine Produktivgenossenschaften als Zulieferer. Bezogen auf die wirt-

---

133 Seit Januar 2005 emittiert das Netz eine Alternativwährung und hofft durch Anreizstrukturen, die mit der Nutzung der Währung verbunden sind, den internen Kreislauf zu stärken und zu erweitern und die Kultur des sozialen Wirtschaftens zu verbreiten. Weitere Informationen unter: www.viavia.ch (letzter Zugriff: 15.7.2006).

schaftskulturelle Selbstdefinition wirkt das horizontale genossenschaftliche Solidaritätsprinzip über die Betriebe und ihre Verbände hinaus. Die großen Genossenschaften haben sich seit einigen Jahren selbst zur sozialen Bilanzierung verpflichtet und führen jährlich zwei Prozent ihrer Gewinne für soziale Zwecke ab und fördern damit die Entstehung und Stabilität von Sozialgenossenschaften.

In Italien scheint der Einfluss der verschiedenen genossenschaftlichen Kräfte der Branchen oder ideologischen Richtungen mit ihren Zugängen zu den jeweiligen politischen Entscheidungsstrukturen positiv auf ein politisch förderndes Klima gewirkt zu haben, bis hin zur Festschreibung in der Verfassung.[134] Die jeweiligen horizontalen Verbundsysteme christdemokratischer, sozialistischer oder kommunistischer Orientierung, die sich im Markt oder bezogen auf ihre Wertebasis konkurrierend gegenüber stehen, haben auf der vertikalen Ebene ihre gemeinsamen Ziele erreichen können.[135]

Insbesondere in Deutschland wirkt die Dominanz der Genossenschafts- und Raiffeisenbanken verhindernd auf die Positionierung des Genossenschaftswesens, sowohl auf horizontaler als auch auf vertikaler Ebene. Auf europäischer Ebene wiederum scheint die Vielfalt der Interessen und Traditionen der Verbände einer einstimmigen Lobby entgegen zu stehen.

Die nationalen genossenschaftlichen Dachverbände und deren Zusammenschlüsse auf europäischer und internationaler Ebene könnten prinzipiell die erforderlichen überlokalen vertikalen Strukturen zur Förderung und Stabilisierung genossenschaftlicher Unternehmen bilden. Sie wären auch potenziell eine politische Lobby für kooperative Wirtschaftskulturen. Die Zusammenschlüsse vollzogen sich jedoch, wie erwähnt, überwiegend in Richtungsverbänden – z.B. in Italien und Belgien – oder nach Genossenschaftsarten und Branchen, wie in Deutschland oder Großbritannien. Auch auf der Ebene der Europäischen Gemeinschaft sind die Genossenschaftsverbände zunächst nach Branchen organisiert. Hinzu kommt, dass eine kodifizierte genossenschaftliche Rechtsform, wie in Deutschland, die Ausnahme bildet. In vielen anderen Ländern wird genossenschaftliches Wirtschaften in Sonderformen von Aktiengesellschaften oder in wirtschaftlichen Vereinen organisiert, die sich den Genossenschaftsprinzipien verpflichten.[136] Die potenzielle Macht des Genossenschaftssektors kommt aufgrund dieser Parzellierung nicht zur Entfaltung.

---

134 In Artikel 45 der italienischen Verfassung von 1947 ist die Förderung der genossenschaftlichen Wirtschaft von Staats wegen festgeschrieben.
135 Randow, Matthias von (1994): Genossenschaftsförderung in Italien. In: Jäger, Wieland/Beywl, Wolfgang (Hrsg.): Wirtschaftskulturen und Genossenschaften im vereintem Europa. Wiesbaden, S. 79f.
136 Beywl, Wolfgang/Flieger, Burghard (1994): a.a.O., S. 189.

Für die Genossenschaftsverbände wäre der aktuelle soziale und ökonomische Problemdruck eine Chance, Genossenschaften als Instrumente der Selbsthilfe neue Bedeutung zukommen zu lassen. Die etablierten deutschen Genossenschaften identifizieren sich jedoch, wie ausgeführt wurde, nicht mit dieser Rolle. Die Gründung der europäischen Vertretung der Produktivgenossenschaften (CECOP) als politische Lobby im Jahr 1979 könnte Grund zur Hoffnung auf Innovation in dem Bereich der Genossenschaften geben, der auf der Selbstorganisation von Arbeit basiert, denn Produktivgenossenschaften haben überwiegend einen arbeitsmarkt- oder sozialpolitischen Hintergrund.

7.7 Multi-Stakeholder-Genossenschaften – Modelle der sozialen Kommunalpolitik?

Während genossenschaftliche Verbundsysteme auf lokaler und regionaler Ebene sowie überregionale Dachverbände der Stabilisierung der Einzelbetriebe, der Nutzung von Synergieeffekten und der politischen Lobby des Sektors dienen, zielt die kooperative Trägerschaft genossenschaftlicher Unternehmen als Multi-Stakeholder-Organisation v.a. auf sozial- und arbeitsmarktpolitische Innovation im lokalen und regionalen Raum. Sie ermöglichen es, örtliche Ressourcen besser zu nutzen und Aufgaben von öffentlichem Interesse zuverlässig und effektiv zu organisieren.

Multi-Stakeholder-Organisationen verknüpfen mehr Interessen als herkömmliche mitgliederorientierte Genossenschaften oder investororientierte Kapitalgesellschaften und sind komplexere Konstruktionen. Zwei oder mehrere Gruppen mit unterschiedlichen Förderinteressen schließen sich unter einem organisatorischen Dach zusammen.

Multi-Stakeholder-Genossenschaften entstehen derzeit in verschiedenen europäischen Ländern und werden insbesondere aus sozial- und arbeitsmarktpolitischen Motiven aktiv gefördert. Genossenschaften zur sozialen und wirtschaftlichen Integration von arbeitslosen oder benachteiligten Jugendlichen und jungen Erwachsenen werden in Italien getragen von den Betroffenen selbst, ihren Freunden und Familienangehörigen, Verbänden, Kirchen, Unternehmen, Vereinen und öffentlichen Einrichtungen. Produktivgenossenschaften auf der Basis von Multi-Stakeholder-Konstruktionen sind interessante Modelle für eine zukunftsfähige soziale Kommunalpolitik:

• Sie ermöglichen die sozialproduktive Nutzung unterschiedlicher Ressourcen und die Verknüpfung von spezifischen Bedarfen und Angeboten. Als Verbünde und in Kooperation mit der gewerblichen Wirtschaft sowie durch Anschubförderung des Staates können lokale Produktivgenossenschaften, die der Integration benachteiligter Gruppen dienen, eigenständig ökonomisch tragfähig werden. Sie sind in Vernetzungen und Verknüpfungen im Gemeinwesen anzulegen, denn die einzelnen Organisationen entfalten ihre Wirkungen über längere Zeiträume in dieser Einbindung.

- Multi-Stakeholder-Genossenschaften sind geeignet, um komplexere Aufgaben auf lokaler Ebene effektiv zu organisieren. In kommunalen Multi-Stakeholder-Genossenschaften könnten (mit entsprechender Förderung) Bürgerinnen und Bürger ihre Belange in Kooperation mit öffentlichen und privaten Akteuren weitgehend selbst regeln. Beispiele sind Schulgenossenschaften, die von Eltern, Lehrenden, Alumni und anderen lokalen Organisationen getragen sind. Als Tochterunternehmen können Schülergenossenschaften in der Trägerschaft von Schülerinnen und Schülern, Alumni, Lehrerinnen und Lehrern sowie Bürgerinnen und Bürgern – beispielsweise im Bereich nachbarschaftlicher Dienstleistungen – tätig sein.

- Kommunale Genossenschaften können als „Private-Public-Partnership"[137] öffentliche Aufgaben übernehmen, die ansonsten unerledigt blieben. Ein Zusammenschluss aus öffentlichen Einrichtungen, Arbeitslosen, fördernden BürgerInnen, Unternehmen, Bürgerstiftungen, Vereinen, Kirchen etc., wäre in der Lage, in einer Genossenschaft die Erschließung notwendiger Arbeit und die Förderung der Lebensqualität der Gemeinde zum Förderzweck erklären. In dieser Variante greifen Gemeinden zur organisierten Selbsthilfe, um gemeinsame Probleme zu lösen.[138] Die Erträge dienen der Weiterentwicklung des Förderzwecks und dadurch dem Gemeinwesen.

Gegenüber herkömmlichen Formen des „Private-Public-Partnership" (PPP), in denen die Kooperationsbeziehung meist zugunsten des privatwirtschaftlichen Partners gestaltet wird, ist in der Variante der genossenschaftlichen Kooperation nicht privates Profitinteresse die steuernde Kraft. In herkömmlichen PPP liegen die Risiken des Projektes meist beim öffentlichen Kooperationspartner, der sich nur kurzfristig durch die Partnerschaft mit der Wirtschaft Entlastungen erhoffen kann. Die privatwirtschaftlichen Partner haben ein Geschäftsinteresse und für sie muss sich der Deal immer rechnen. Öffentliche Partner habe die Pflicht der Bereitstellung von Versorgungsleistungen. Die beiden Interessen sind nicht immer vereinbar.

Die Finanznot der Städte legt den Handschlag mit Unternehmen jedoch nahe. Alleine der Investitionsbedarf in Schulen, Kindergärten und Krankenhäusern wird derzeit in Deutschland auf 150 Milliarden Euro geschätzt.[139] Kommunale Multi-Stakeholder-Genossenschaften (Kooperationsgesell-

---

137 Unter „Private-Public-Partnership" wird eine Kooperation zwischen öffentlicher Verwaltung und Wirtschaft verstanden. Den Hintergrund bildet meist die Finanzknappheit der Kommunen. Projekte zielen oft auf die Erhaltung der Versorgungswirtschaft oder auf Stadtentwicklung.
138 Münkner, Hans-H. (2000): Unternehmen mit sozialer Zielsetzung. Neu-Ulm, S. 118f.
139 Szymanski, Mike: Allianz der Schwachen. In: Süddeutsche Zeitung Nr. 52 vom 4. März 2005, S. 26.

schaften)[140] können langfristig gemeindenahe Versorgung und den Zugang für möglichst alle Bürgerinnen und Bürger in folgenden Bereichen sichern:

- öffentliche Versorgungssysteme (z.b. Wasser, Energie),
- soziale und gesundheitliche Einrichtungen,
- Organisation örtlich notwendiger Arbeit,
- Stadtentwicklung, Sanierung von Gebäuden und Infrastruktur der Gemeinde;
- ökologische Entwicklung,
- Bewältigung der Anforderungen einer alternden Gesellschaft.

Die Steuerung dieser Kooperationsgesellschaften sollte dem genossenschaftlichen Demokratieprinzip entsprechen, um die Dominanz mächtiger Stakeholder zu verhindern. Multi-Stakeholder-Genossenschaften sind auch unter beschäftigungspolitischem Blickwinkel als Alternative zu anderen Formen der Unternehmensgründung zu betrachten.

Der luxemburgische Unternehmensverbund „Objectif Plein Emploi" (OPE)[141] hat sich zu einem modellhaften Multi-Stakeholder-Unternehmen nach genossenschaftlichen Kriterien entwickelt. Als Netzwerk aus Gewerkschaften, Gemeinden, Verbänden, Bildungseinrichtungen und Initiativen, erschließt OPE vorhandene arbeitsintensive Tätigkeiten und innovative Felder zum Beispiel im Bereich der Renaturierung, des Wasser- und Holzbaus, der Sanierung, der sozialen Dienste, der haushaltsnahen Dienstleistungen, der ökologischen Entwicklung, der ländlichen Erwachsenenbildung, der Ausbildung und Integration benachteiligter Jugendlicher und neuerdings auch der Ausbildung von GemeinwesenarbeiterInnen, die diese Aufgaben koordinieren. OPE steht mit 120 Gemeinden in Vertragsbeziehungen. Interessant ist, dass OPE selbst Angebote an die Gemeinden formuliert und die arbeitsmarkt- und sozialpolitischen Zielsetzungen in „Paketlösungen" integriert. Dies ermöglicht der Organisation ein hohes Maß an Flexibilität und Eigenständigkeit in der Angebotsstruktur und der Leistungserbringung, die insbesondere den benachteiligten MitarbeiterInnen zugute kommt.

7.8 Der italienische Genossenschaftssektor

In Italien wird der Genossenschaftssektor von unterschiedlichen gesellschaftlichen Kräften getragen. Diese Basis beruht auf einer historisch begründeten Kooperation zwischen Gewerkschaftsbewegungen und Genossenschaftsverbänden und der Interessenkohärenz von Arbeiterbewegung

---

140 Ebd.
141 Der Verbund nannte sich früher „Action Sociale pour Jeunes". Vgl. Biever, Romain/Theis, Ute (2000): Action Sociale pour Jeunes. In: Elsen, Susanne, Ries, Heinz A./Löns, Nikola/Homfeldt, Hans-Günther (Hrsg.): Sozialen Wandel gestalten – Lernen für die Zivilgesellschaft. Neuwied, S. 251f. Siehe auch die Website des Verbundes: www.ope.lu (letzter Zugriff am 15. Juli 2006).

und liberalem Staat. Die sozialpolitische Einbindung des Genossenschaftssektors und das gemeinwirtschaftliche Verständnis italienischer Genossenschaften unterscheiden sich deutlich von der deutschen Tradition und Entwicklung."[142]

Die historischen Wurzeln des Genossenschaftswesens liegen in Italien in der Kooperativbewegung der abhängigen Landarbeiter (Braccianti) und den genossenschaftlichen Verbindungen der kleinen Handwerker. Arbeitsmigranten gründeten 1884 die „Colonia Agricola Ravenna", 1886 entstand die „rote LEGA", der nationale Bund der Kooperativen und Unterstützungseinrichtungen. 1919 folgte die christliche Konföderation der italienischen Genossenschaften.[143] Die Koexistenz unterschiedlicher Richtungsverbände erwies sich über viele Jahrzehnte als starke Lobby, die eine prokooperative Politik und Gesetzgebung bewirkte.

Beispielhaft für die Entwicklung genossenschaftlicher Alternativen zur industriellen Arbeit ist der Zuwachs von Produktivgenossenschaften in Italien im Zeitraum von 1980 bis 1990 (von 17.880 auf 37.339).[144] Sicher liegt die starke Durchwirkung der italienischen Wirtschaftskultur mit genossenschaftlichen Unternehmen auch in der Tatsache begründet, dass lebensweltliche Strukturen mit familiären Einbindungen, kleinen Netzen und lokalen Orientierungen noch verbreitet sind und Kleingewerbe, Handwerk, Handel und Landwirtschaft beeinflussen. Doch mit vormodernen Residuen alleine lässt sich der italienische Kooperativismus nicht erklären. Er ist tief verankert in Wirtschaft, Politik und Zivilgesellschaft, genießt eine hohe Autonomie und eigenständige Identität. Im Gegensatz zu Deutschland hat das Genossenschaftswesen hier auch den Faschismus überstanden.

Italien ist wohl das einzige europäische Land, in dem die Förderung von Genossenschaften und ihren Prinzipien Verfassungsrang genießen. In der Verfassung von 1947 wurde die Unterstützung genossenschaftlicher Wirtschaft durch den Staat festgeschrieben. In Artikel 45 heißt es: „Die Republik anerkennt die gesellschaftliche Funktion der Genossenschaft mit Selbsthilfecharakter und ohne die Zielsetzung des privaten Gewinnstrebens. Das Gesetz fördert sie und begünstigt ihr Wachstum mit den dafür geeigneten Mitteln und garantiert ihren Charakter und ihre Zielsetzungen durch entsprechende Kontrollen."[145] Dieser Verfassungsartikel wurde 1971 im Gesetz Nr. 127 präzisiert. Dem Ministerium für Arbeit und Sozialfürsorge obliegt es danach, Initiativen zu ergreifen, um die Entwicklung des Genossenschaftswesens, die Verbreitung seiner Prinzipien und die Qualifizierung ge-

---

142 Elsen, Susanne (1998): a.a.O., S. 246.
143 Ebd., S. 245.
144 Haensch, Dieter (1997): Soziale und Dienstleistungs-Kooperativen in Italien. In: Heckmann, Friedrich/Spoo, Eckart (Hrsg.): Wirtschaft von unten. Heilbronn, S. 153.
145 Randow, Matthias von (1994): a.a.O., S. 83.

nossenschaftlicher Führungskräfte zu fördern. Seit 1977 gibt es als Mittel zur Bekämpfung der Jugendarbeitslosigkeit ein Gesetz zur Förderung von Beschäftigungsgenossenschaften für Jugendliche.[146]

Seit Erlass des Gesetzes zur Regelung von Sozialgenossenschaften im Jahr 1991[147] sind zahlreiche Kooperativen im Gesundheits- und Sozialbereich oder Produktivgenossenschaften mit sozial- und beschäftigungsorientierter Zielsetzung entstanden. Das Gesetz unterscheidet zwei Typen von Sozialgenossenschaften: 1. die genossenschaftliche Organisation von Diensten im Sozial- und Gesundheitsbereich und 2. die genossenschaftliche Organisation von Arbeit jenseits von Staat und Markt als beschäftigungspolitische Alternative für benachteiligte Gruppen. Besonders die zweite Variante ist angesichts der Krise der Arbeitsgesellschaft von Bedeutung. Diese Sozialgenossenschaften arbeiten in der Landwirtschaft, im Handwerk, in Industrie und Handel. Die Förderungswürdigkeit dieses produktivgenossenschaftlichen Typs mit sozialer Zielsetzung erfordert einen Anteil von mindestens 30 Prozent Mitglieder mit sozialen Integrationsproblemen. Im Verwaltungsrat der Kooperative müssen 30 Prozent der Sitze von Angehörigen der benachteiligten Zielgruppen besetzt sein.[148] Die Mitglieder mit Beeinträchtigungen sind von den obligatorischen Sozialabgaben befreit. Neben den genannten Sozialgenossenschaften werden auch solche gefördert, die im ökologischen Bereich tätig sind.[149] Darüber hinaus genießen Produktivgenossenschaften mit sozialer Zielsetzung Steuervergünstigungen und die bevorzugte Behandlung bei der Vergabe von Staatsaufträgen.[150] In den ersten zehn Jahren nach In-Kraft-Treten des Gesetzes Nr. 381/91 wurden ca. 6000 Genossenschaften mit sozialer Zielsetzung gegründet, in denen rund 147.000 Personen hauptamtlich tätig waren.[151]

Die einzelnen Kooperativen sind Mitglieder in einer der Dachorganisationen und auf regionaler Ebene eingebunden in Konsortien. Diese bilden den operativen und politischen Rückhalt, die kooperative Infrastruktur und politische Lobby des Genossenschaftswesens. Die regionalen Konsortien akquirieren Aufträge und koordinieren die Erledigung zwischen den einzelnen Kooperativen. Die zwölf Sozialgenossenschaften, die z.B. in der Provinz Brescia in der Landschaftspflege tätig sind, sind im Konsortium „Sol.Co. Verde" vernetzt. Die regionalen Konsortien der Sozialgenossenschaften sind zusammengeschlossen im „Consortio Nazionale della Cooperazione di

---

146 Elsen, Susanne (1998): a.a.O., S. 246.

147 Instituto Italiano degli Studi Cooperativi „Luigi Luzzatti" (1992): Legge 8 novembre 1991, n.381 – Disciplina delle cooperative sociali, Roma, S. 18f.

148 Als solche gelten Langzeitarbeitslose, Haftentlassene, Menschen in sozial benachteiligten Lebenssituationen, Psychiatrieerfahrene etc.

149 Elsen, Susanne (1998): a.a.O., S. 247.

150 Pankoke, Eckart (2000): a.a.O., S. 202.

151 Centrostudi Legacoop: Legacoop in cifre pre-consuntivi 2003 e stime 2004. Unter: www.legacoop.it (letzter Zugriff am 15. Juli 2006).

Solidaritá Sociale Gino Mattarelli". Die Tätigkeitsbereiche des nationalen Konsortiums liegen in der Aus-, Fort und Weiterbildung der Genossenschaftsmitglieder, im „general contracting", im Bereich der Forschung und Publikation sowie in der Beratung von Kooperativen und Gründungsinitiativen.[152]

7.9 Voraussetzungen und Rahmenbedingungen

Ohne Unterstützung oder gar gegen den Widerstand der Genossenschaftsverbände sind Reformperspektiven wenig begründet. „Viel wäre gewonnen, wenn die etablierten deutschen Genossenschaftsverbände ihre Bedenken gegen Unternehmen mit sozialer Zielsetzung in der Rechtsform der Genossenschaft fallen lassen würden. Dann könnten auch politische Entscheidungsträger leichter für diese Idee gewonnen werden, die sich andernfalls mit Recht fragen, warum sie eine Entwicklung unterstützen sollten, die selbst innerhalb der Genossenschaftsbewegung umstritten ist."[153]

Angesichts des verkrusteten Verbandswesens bedarf es der Herausbildung eigener vertikaler und horizontaler Verbundsysteme der kleinen, arbeitsmarkt- und sozialpolitisch motivierten Genossenschaften. Der „Bundesverein zur Förderung des Genossenschaftsgedankens" hat in den vergangenen Jahrzehnten wichtige Reformimpulse für das deutsche Genossenschaftswesen gegeben und die sozial- und arbeitsmarktpolitische Komponente eingebracht. Diesem Verein ist auch die Herstellung einer Verbindung zwischen Genossenschaftswesen und Wohlfahrtspflege zu verdanken, die der Herausbildung von Selbsthilfe- und Sozialgenossenschaften in Deutschland zum Durchbruch verhelfen könnte.

Zur Erschließung der sozialpolitischen Potenziale des genossenschaftlichen Sektors bedarf es v.a. folgender Reformen:

- Anerkennung der sozial- und arbeitsmarktpolitischen Ziele mit einem differenzierten Instrumentarium ähnlich dem Gemeinnützigkeitsgesetz, verbunden mit Erleichterungen bei Steuern, Auftragsvergaben oder Förderungen, nach Maßgabe der Selbstverpflichtung bezogen auf soziale und ökologische Aufgaben, Gewinnverzicht etc.;
- Übernahme der Kosten für betreuende Gründungsprüfung bei beschäftigungswirksamen oder sozialen Genossenschaften – wie bei Einzelunternehmen;
- Anschubfinanzierungen für Genossenschaften, die Arbeitsplätze sichern oder schaffen;
- Schaffung eigener Finanzierungsinstrumente;

---

152 Elsen, Susanne (1998): a.a.O., S. 247.
153 Münkner, Hans-H. (2000): a.a.O., S. 121.

- Erweiterung der Mitgliedschaft um öffentliche und private Förderer, ehrenamtliche HelferInnen, Begünstigte, und ArbeitnehmerInnen (Multi-Stakeholder-Genossenschaften) und Regelung von Wahl- und Stimmrechten der verschiedenen Mitgliederkategorien;
- Gesetzliche Anerkennung des Status fördernder GenossInnen bei sozial und ökologisch orientierten Genossenschaften, Abzugsfähigkeit der fördernden Genossenschaftsanteile sowie von Spenden;
- Einführung eines Kontrollgremiums fördernder Genossenschaftsmitglieder mit Kontrollrechten über nichtwirtschaftliche Zielsetzungen.

Von zentraler Bedeutung ist die Zulassung kleiner Genossenschaften und die dazu erforderlichen rechtlichen Voraussetzungen[154] sowie die Öffnung von Genossenschaften für die Selbsthilfe Benachteiligter, verbunden mit den dazu erforderlichen Ermöglichungsstrukturen.[155]

Dies bedeutet eine Rückbesinnung auf die sozialreformerischen Wurzeln der Genossenschaftsbewegung und steht im Einklang mit den Prinzipien des Internationalen Genossenschaftsbundes (ICA). Das dadurch zu erwartende Wachstum des Genossenschaftssektors könnte längerfristig den Fortbestand des Genossenschaftswesens in Deutschland sichern, das nicht nur verkrustet und einseitig kapitaldominiert ist, sondern dessen Mitgliedsorganisationen hoffnungslos überaltert sind.[156]

7.9.1 Zusammenfassung

„Der Begriff „Genossenschaft" (...) weist zurück weit vor die Schwelle der industriellen Moderne. Aber indem er dort Gegenbilder zur modernen Welt aufnimmt, programmiert er zugleich Alternativen zur Systemrationalität industrieller Kapitalverwertung – nicht als Rückfall vor die Moderne, sondern auch im Vorgriff auf „Wege in eine andere Moderne".[157]

Genossenschaften agieren an den Nahtstellen von System und Lebenswelt, von privaten Haushalten, Zivilgesellschaft, Wirtschaftssystem und Staat und bergen das Potenzial, die sozialökonomischen Belange dieser Bereiche in spezifischer und bedarfsgerechter Weise zu organisieren.

Die Einbindung in den sozialen Kontext der Lebenswelten verleiht Genossenschaften sozialökonomische Entwicklungs- und Transformationspotenziale wie keiner anderen Unternehmensform. Diese Potenziale erweisen sich in vormodernen ebenso wie in postindustriellen Kontexten.

---

154 Die entsprechende Reform des Genossenschaftsrechts trat im August 2006 in Kraft.
155 Diese sind im neuen Genossenschaftsrecht nicht enthalten.
156 Münkner, Hans-H. (2000): a.a.O., S. 288-292.
157 Pankoke, Eckart (2000): a.a.O., S. 189.

Das Identitätsprinzip und das Demokratieprinzip haben Modellcharakter zur Neugestaltung auch außerwirtschaftlicher Organisationen im Bereich von Politik und Gesellschaft, da sie direkte Teilhabe der Mitglieder ermöglichen. Genossenschaftliche Organisationsweisen ermöglichen durch Nutzungseigentum und spezifische Gewinnverwendung nachhaltige, erhaltende und produktive Nutzung von materiellen Ressourcen und sozialem Kapital zugunsten der Mitglieder und des Gemeinwesens. Dies macht sie aus sozialpolitischer Perspektive interessant. Sie sind keine Alternative zum Sozialstaat, sondern implizieren Möglichkeiten der Effektivierung des Ressourceneinsatzes, der Erzeugung von Synergie und der Schaffung demokratischer und bedarfsgerechter Strukturen.

Besondere Bedeutung gewinnt vor dem Hintergrund von Massenarbeitslosigkeit und existenzieller Not das beschäftigungswirksame Potenzial. Um dieses Potenzial auch in Deutschland entfalten zu können, wäre die Anerkennung als Unternehmen der Sozialen Ökonomie in einem eigenständigen „Dritten Sektor", verbunden mit entsprechenden ordnungspolitischen und förderrechtlichen Rahmenbedingungen, eine Grundvoraussetzung.

8. Die sozialökonomische Entwicklung des Gemeinwesens

Gemeinwesenarbeit ist in Abgrenzung zu Ansätzen fürsorgerischer Sozialer Arbeit eine sozialkulturelle und demokratiepolitische Interventionsstrategie mit dem Ziel der Gestaltung sozialer Räume und der demokratischen Selbstermächtigung der BürgerInnen. Sie hat ihre Wurzeln in Ansätzen der emanzipatorischen Bildungsarbeit, der demokratischen Entwicklung lokaler Räume, der Macht ausgleichenden Community-Action und des Aufbaus eigenständiger Bürgerorganisationen. Neuere Bezüge finden sich in Konzepten der nachhaltigen Entwicklung und der Herausbildung eigenständiger lokaler Ökonomien in diesem Kontext.

Der Begriff „Gemeinwesen" ist aufgrund seiner Prämissen – Teilhabe aller Bürgerinnen und Bürger und die demokratische Organisation des Zusammenlebens – für Überlegungen zur sozialökonomischen Entwicklung von besonderer Bedeutung. Er impliziert die grundsätzlichen Kriterien und Voraussetzungen demokratischer und nachhaltiger sozialökonomischer Entwicklung.

Im internationalen Raum hat Gemeinwesenarbeit in den vergangenen 15 Jahren zunehmend sozialökonomische Ansätze einbezogen. Ihr Auftrag wäre es heute, auch in den Industriestaaten auf der Basis der Analyse der veränderten sozialökonomischen Bedingungen zukunftsfähige Alternativen zu finden und Residuen sozial eingebundenen Wirtschaftens im lokalen Raum als Zukunftsmodelle zu erkennen. Ansätze der Arbeit in und mit Gemeinwesen, die in den letzten Jahrzehnten und in vielen Weltregionen entwickelt wurden, sind für die Suche nach einer zeitgemäßen Handlungstheorie zu adaptieren. Es bedarf der Entwicklung spezifischer Forschung und zeitgemäßer Methoden für die sozialökonomische Gemeinwesenentwicklung. Nicht zuletzt bedarf es der Rückbesinnung der Sozialen Arbeit auf dieses hoch komplexe Feld und der Integration in die Ausbildung.

Auf welche handlungstheoretischen Fragen und Ansätze kann ein solches Projekt aufbauen?

1. Machtausgleich ist eine zentrale Voraussetzung individueller und kollektiver gesellschaftlicher Teilhabe und demokratischer Entwicklung. Diese basieren auf horizontalen Austauschbeziehungen[1] und realen Handlungschancen. Asymmetrische, auf Machtgefällen basierende Bezie-

---

1 Staub-Bernasconi, Silvia (1995): Systemtheorie, soziale Probleme und soziale Arbeit. Bern, Stuttgart, Wien, S. 245.

hungen beruhen auf längerfristigen vertikal geregelten Abhängigkeitsbeziehungen zwischen mindestens zwei Menschen oder größeren sozialen Systemen. Dieses Gefälle führt zu Unterschieden in der Verfügung und/oder Kontrolle über Machtchancen oder Machtquellen. Analysen der Ursachen und Wirkungen von Macht und Machtlosigkeit sowie Strategien und Methoden des Machtausgleichs sind zentrale Bestandteile nahezu aller fachtheoretischen Wurzeln der Gemeinwesenarbeit. Die Ansätze zielen auf die Begrenzung der Macht der Mächtigen und den Zugewinn an Handlungsoptionen der Machtlosen. Sozialökonomische Entwicklung, die einen Zugewinn an Handlungschancen und materiellen Ressourcen impliziert, ist gleichzeitig Mittel und Ziel strukturellen Empowerments.

2. Reflexive Bewusstseinbildung und Emanzipation durch die Fähigkeit der Entschlüsselung und Überwindung der Abhängigkeiten der eigenen Lebensverhältnisse ist das zweite, mit dem ersten untrennbar verbundene Ziel umfassender Gemeinwesenarbeit. Die sozialökonomische Lebenssituation bildet den zentralen Kontext von Reflexion und Transformation. Dies ist heute unter den Bedingungen der Atomisierung der gesellschaftlichen Zusammenhänge und der Vereinzelung sozialpolitisch bearbeitbarer Tatbestände von erheblicher Bedeutung. Gemeinwesenarbeit ist als politische Bildungsarbeit zu gestalten.

3. Insbesondere im angloamerikanischen Raum wurden in den vergangenen Jahren Methoden der sozialökonomischen Gemeinwesenarbeit entwickelt, die es wahrzunehmen und für spezifische sozialkulturelle Kontexte und territoriale Spezifika anzupassen gilt.[2]

4. Wirksame Interessenorganisation der Benachteiligten, der Aufbau tragfähiger Organisationen und kollektiver Lösungen im Gemeinwesen ist das dritte, ebenfalls mit den beiden vorher genannten Ansätzen untrennbar verbundene Mittel und Ziel umfassender Gemeinwesenarbeit. Ziel ist es, Soziales Kapital für die Interessen der Benachteiligten sozialproduktiv nutzbar zu machen. Dabei gilt es, die Kraftfelder von Konsens und Konflikt als Kontexte sozialen Wandels zu erkennen und zu gestalten.

5. Die Förderung der bewussten Dreigliederung der Gesellschaft und die Stärkung der Zivilgesellschaft als dritte Kraft neben Staat und Markt erfordern neue Verknüpfungen zwischen lebensweltlichen, politischen, wirtschaftlichen und kulturellen Belangen. Neue institutionelle Arrangements auf allen gesellschaftlichen Ebenen und zwischen verschiedenen gesellschaftlichen Bereichen sind zu konstruieren. Dafür bedarf es der

---

2 Vgl. Kretzmann, John P./McKnight, John L. (1993): Building Communities from the inside out. Chicago; oder die Website des community business scotland network: www.cbs-network.org.uk (letzter Zugriff am 15. Juli 2006).

Vermittlung zwischen den Akteuren im intermediären Raum[3] durch professionelle ModeratorInnen, die den normativen Kriterien und demokratisierenden Zielsetzungen der Gemeinwesenarbeit verpflichtet sind. Konkret lebbar werden neue institutionelle Arrangements im lokalen Raum der als Kristallisationspunkt aller Lebenszusammenhänge zum Experimentierfeld zukunftsfähiger Entwicklungen zu gestalten ist.

6. Die Konzeption neuer Unternehmensformen mit sozialen Zielsetzungen, die Herausbildung netzwerkförmiger Mesostrukturen und die Konstruktion von Kreislaufökonomien (short circuits) bilden einen neuen Entwicklungsbedarf sozialökonomischer Gemeinwesenentwicklung. Im Zentrum steht die Förderung kooperativer Handlungsmuster und transversaler Konstruktionsformen auf verschiedenen Ebenen und zwischen unterschiedlichen Akteuren. Kooperation muss in der Konkurrenzgesellschaft wieder erlernt und die transversale Koordination getrennter gesellschaftlicher Systeme und Sektoren muss nicht nur zugelassen, sondern bewusst gefördert werden.[4]

8.1 Macht, sozialer Raum und kollektive Selbstorganisation

Soziale Arbeit als Profession und Disziplin vertritt die Perspektive derer, die in der vertikalen Anordnung der Gesellschaft auf die unteren Ränge verwiesen werden. Soll sich die Waage gesellschaftlicher Machtverteilung zu einem größeren Gleichgewicht zugunsten der Benachteiligten neigen, ist die Schale der Mächtigen durch Verteilungs- und Begrenzungsregeln zu beeinflussen, die der Machtlosen durch den Zugewinn an individueller und assoziativer Gestaltungsmacht und an materieller Teilhabe als deren Voraussetzung.

Silvia Staub-Bernasconi bringt die Unterscheidung zwischen begrenzender und behindernder Macht sowie die daraus resultierenden Macht ausgleichenden Arbeitsweisen in die Handlungstheorie der Sozialen Arbeit ein. Behinderungsmacht folge gesellschaftlichen Konstruktionsprinzipien, die von den Mächtigen bestimmt und „von unten" nicht veränderbar seien. Begrenzungsmacht hingegen sei die auf integrale Demokratie und gerechte Verteilung zielende, ausgleichende Macht, die der Gier der Mächtigen

3 Selle, Klaus (Hrsg.) (1991): Der Beitrag intermediärer Organisationen zur Entwicklung städtischer Quartiere Beobachtungen aus sechs Ländern (Bde. 1-7), Dortmund.
4 Wenn die unterschiedlichen Logiken auch nur zweier, scheinbar benachbarter Politikbereiche aufeinander stoßen, resultiert daraus nicht selten die Handlungsunfähigkeit von beiden. Die Zusammenlegung von Sozial- und Arbeitslosenhilfe und die erforderliche Zusammenarbeit der Arbeits- und der Sozialagenturen musste in München mit Hilfe interkultureller Trainingsmaßnahmen ermöglicht werden.

Grenzen setze.[5] Macht und Machtlosigkeit manifestieren sich nach Staub-Bernasconi in der Ausstattung mit materiellen und immateriellen Gütern – dazu gehören Erkenntniskompetenz, symbolische Ausstattung, Handlungskompetenz und Mitgliedschaften –, den daraus resultierenden Chancen, den vertikalen Differenzierungen einer Gesellschaft, die Zugänge ermöglichen oder verhindern sowie in vergesellschafteten Werten und Kriterien als Vorstellungen über wünschenswerte und unerwünschte soziale Sachverhalte.[6]

Chancen oder Ausgrenzung, soziale Ungleichheit und soziale Gerechtigkeit werden an konkreten Orten sichtbar. Sie bilden sich jedoch grundlegend im gesellschaftlichen, nicht im geographischen Raum und sind auch nur dort wirklich zu beeinflussen. „Die in konkreten abgrenzbaren Sozialräumen erkennbaren Sozialstrukturen, Lebensverhältnisse, Nutzungs- und Wahrnehmungsmuster (…) sind (…) Ausdruck gesellschaftlicher Ungleichheits- und Machtverhältnisse, der Positionierung von Personen und Gruppen im gesellschaftlichen Raum.“[7] Sozialraumsensible Soziale Arbeit, die diesen Erkenntnissen Rechnung trägt, zielt auf materielle Umverteilung und die Herstellung von Machtausgleich im Wissen um hierarchisch und heterogen ausgestattete gesellschaftliche Räume. Sie impliziert, über die Aktivierung quartiersimmanenter Ressourcen hinauszugehen und Differenzen in der Ausstattung mit Kapital zu thematisieren.

Trotz der Tatsache, dass gesellschaftliche Teilhabe makrosozial im gesellschaftlichen Raum konstituiert wird und auch nur dort wirklich beeinflussbar ist, erhalten konkrete mikrosoziale Räume neue Bedeutung in der sozialpolitischen Diskussion und Intervention. Lokale Räume sollen die Folgen der überlokalen bis globalen Umbrüche auffangen. Da, wo die sozialen Folgeprobleme sichtbar kumulieren, sollen sie durch die Mobilisierung der endogenen Potenziale gelöst werden.

Sozialräumliche Kapitalbildung und die produktive Nutzung ihrer Zinsen erfordert jedoch gesellschaftliche Investitionen in die Bewältigung von Ausschluss und der darauf basierenden sozialökonomischen Entwicklung benachteiligter Quartiere. Die Logik sozialstaatlicher Zuwendungen müsste aber durchbrochen werden, wenn dadurch Exklusionsprozesse nicht noch verstärkt werden sollen. Transfers und Dienstleistungen müssen an eigenständige Formen der Problembewältigung angepasst werden, die die Betroffenen praktizieren.

---

5 Staub-Bernasconi, Silvia (1995): a.a.O., S. 245-249.

6 Heiner, Maja/Meinhold, Marianne/von Spiegel, Hiltrud/Staub-Bernasconi, Silvia (1994): Methodisches Handeln in der Sozialen Arbeit. Freiburg, S. 12-46.

7 Riege, Marlo/Schubert, Herbert (2005): Konzeptionelle Perspektiven. In: Kessl, Fabian/Reutlinger, Christian/Maurer, Susanne/Frey, Oliver (Hrsg.): Handbuch Sozialraum. Wiesbaden, S. 251.

Die Theorie des sozialen Raums nach Pierre Bourdieu ist für Überlegungen zur sozialökonomischen Gemeinwesenentwicklung von Bedeutung, denn sie erklärt die Wirkung der Tiefenstrukturen sozialstruktureller Lebensbedingungen auf die Lebensoptionen von Menschen.[8] Bourdieu definiert die entscheidenden Ausstattungsvorteile, Austauschchancen und Zugänge zu gesellschaftlichen Machtpositionen sowie ihre gesellschaftsstrukturierenden und bewusstseinsbildenden Wirkungen.[9] Er unterscheidet ökonomisches, kulturelles und Soziales Kapital als Ressourcen, die die Ausstattung eines Menschen, aber auch seine Möglichkeiten ihrer Nutzung und seine Positionierung in einem „sozialen Raum" bestimmen. Erkennbar wird die Stellung in einem sozialen Raum nicht nur an Besitz, Ansehen, Einfluss oder Bildung, sondern auch daran, wie und wofür diese Güter verwendet werden. Die soziale Stellung eines Akteurs ist zu definieren innerhalb der Verteilungsstruktur der wirksamen Machtmittel, primär der des ökonomischen, aber auch des kulturellen und Sozialen Kapitals.

Die Verfügung über ein bestimmtes Ausmaß, eine spezifische Zusammensetzung und Nutzungsmöglichkeit der Kapitalsorten prägt den alltäglichen Lebensstil und die Zugangschancen zu gesellschaftlichen Positionen, die Möglichkeiten also, in Konkurrenz mit anderen das vorhandene Kapital einzusetzen, zu mehren oder seine Zusammensetzung zu optimieren. Als „Habitus" bezeichnet Bourdieu diese Alltagspraxis, die auf den weitgehend unbewussten Erfahrungen, Wahrnehmungen und Bewertungen in den Herkunftskreisen beruhen, die sich unter der Haut einschreiben und die nicht leicht abzulegen sind.[10]

„Die sozialen Akteure bedingen, vermittelt über soziale und historisch zustande gekommene Wahrnehmungs- und Bewertungskategorien, aktiv die Situation, die sie bedingt. Man kann sogar sagen, dass die sozialen Akteure nur in dem Maße determiniert sind, in dem sie sich selber determinieren."[11] Die objektiven Machtverhältnisse reproduzieren sich also in den jeweiligen Wahrnehmungen der sozialen Welt, da sie auch im Bewusstsein der Akteure stecken. „Dadurch, dass der Sozialraum nicht nur den räumlichen Strukturen, sondern auch den Denkstrukturen, welche ja selbst zu einem guten Teil das Produkt einer Einverleibung dieser Strukturen darstellen, eingeschrieben ist, ist der Raum auch der Ort, wo Macht sich behauptet und ma-

8 Bourdieu, Pierre (1995): Sozialer Raum und Klassen. Frankfurt am Main.
9 Bourdieu, Pierre (1983): Ökonomisches Kapital, kulturelles Kapital, soziales Kapital. In: Kreckel, Reinhard (Hrsg.): Soziale Ungleichheiten. Sonderband 2: Soziale Welt. Göttingen.
10 Bourdieu, Pierre (1989): Die männliche Herrschaft. In: Dölling, Irene/Krais, Beate (Hrsg.): Ein alltägliches Spiel. Frankfurt am Main, S. 171.
11 Bourdieu, Pierre/Wacquant, Lois (1996): Reflexive Anthropologie. Frankfurt am Main, S. 170.

nifestiert, wobei sie in ihren subtilsten Formen als symbolische Gewalt zweifellos weitgehend unbemerkt bleibt."[12]

Wenn man sich diesen Zusammenhang von gesellschaftlichen Lebensbedingungen, Persönlichkeitsentwicklung, Handlungsmöglichkeiten und Wahrnehmung mit dem Blick auf unterprivilegierte gesellschaftliche Gruppen vergegenwärtigt, dann entdeckt man die Ideologie der Beschwörung der ungeahnten Chancen, die jeder Mensch in unserer Gesellschaft hätte, etwas aus seinem Leben zu machen.[13] Gerade diejenigen, die aufgrund von Ressourcenrestriktionen am meisten auf ihre Selbsthilfe- und Selbstorganisationskräfte angewiesen wären, verlieren im Verlauf der „Sozialisation in die Schwäche" die Potenziale, die ihnen Handlungschancen eröffnen könnten. Hinzu kommen Verhinderungsstrukturen, die solche Anstrengungen wirksam blockieren.

Die Mitglieder der unteren Klasse – bei Bourdieu die Arbeiterklasse – heute insbesondere diejenigen in prekären Beschäftigungssituationen, Erwerbsarbeitslosigkeit und ökonomischer Ausgrenzung – sind geprägt vom bedrohlichen Mangel an ökonomischem Kapital und vom Mangel an verwertbarem, Sozialem und inkorporiertem kulturellen Kapital. Ihre Wahrnehmung der sozialen Welt aber versperrt die Möglichkeit der Sicht auf (kollektive) politische, soziale und ökonomische Handlungsalternativen. Das Beispiel Arbeitslosigkeit zeigt, dass dieses Massenphänomen auf der Ebene individueller Verarbeitung verbleibt und individuelle Ungewissheiten, Ängste, Hoffnungslosigkeit und Nöte erzeugt. Diese Tiefenwirkung fremder Macht auf die Machtlosen, wird in der psychosozialen Fachdiskussion als „erlernte Hilflosigkeit"[14] bezeichnet.

8.2 Strategien des Machtausgleichs

Bourdieus Theorie verhindert vorschnelle Schlüsse über die Möglichkeiten zur Herstellung symmetrischen Austauschs. Sie zeigt aber auch Ansätze für Strategien des Machtausgleichs als Voraussetzung sozialer, politischer und ökonomischer Teilhabe und erster Schritte der Herausbildung eigenständiger Handlungsalternativen jenseits vertikaler Abhängigkeiten die im Aufbrechen der individuellen und seriellen Erfahrungen sozialer Benachteiligungen und der Herstellung von Kollektivität bestehen.

---

12 Bourdieu, Pierre et al. (1997/2005): Das Elend der Welt. Konstanz, S. 120.
13 Keupp, Heiner (1995): Gesundheit als Lebenssouveränität. In: Störfaktor, Heft 2, 1995, S. 17.
14 Der Begriff stammt von Martin E.P. Seligman, siehe auch Seligmann, M.E.P. (1975/1995): Erlernte Hilflosigkeit. 5. Auflage, Weinheim.

Es gibt ein Mittel gegen Behinderungsmacht, nämlich die Neutralisierung von Ohnmacht, von der Macht abhängt.[15] Die Stiftung horizontaler Verknüpfungen ist ein wirksames Mittel gegen vertikale Abhängigkeiten und Ausgangspunkt gemeinsamer Selbstvertretungsansprüche Benachteiligter. Zwei Komponenten spielen dabei eine Rolle: Das Teilen von Erfahrungen der „Sozialisation in die Schwäche"[16] durch die kritische Reflexion der Wahrnehmung der sozialen Welt und der Aufbruch in gemeinsame Selbstvertretung durch soziale, politische oder ökonomische Teilhabe und Einmischung. „Die Fähigkeit, etwas explizit, öffentlich zu machen, (...), was bislang wegen fehlender objektiver oder kollektiver Existenz auf der Ebene individueller bzw. serieller Erfahrungen verblieb (...) stellt eine außergewöhnliche gesellschaftliche Macht dar: die, eine Gruppe zu schaffen durch Schaffung des common sense, des ausdrücklichen Konsenses der ganzen Gruppe."[17] Binnenkohäsion ist Voraussetzung von Konfliktfähigkeit.

Machtausgleich bedeutet, sozialen Wandel durch Veränderungen grundlegender gesellschaftlicher Strukturen zu bewirken.[18] Verändert sich die Position von Machtunterlegenen, so ist dies nur möglich durch die Abgabe von Macht der Überlegenen, die jedoch nicht freiwillig teilen. Es handelt sich also im Kontext sozialen Wandels immer um latente oder offene Konfliktszenarien. Diese konflikthaften Veränderungen als zu gestaltende Lern- und Aneignungskontexte, die auf dem von Bourdieu betonten common sense der benachteiligten Akteure beruhen, finden sich in den Ansätzen der politischen Gemeinwesenarbeit bei Saul Alinsky, der emanzipatorischen Erwachsenenbildung bei Paulo Freire sowie in sozialen Bewegungen und Alternativökonomien. Dahin weisen drei Ansätze des professionellen Communityworks, die miteinander zu verknüpfen sind: Erstens die reflexive Bewusstseinsbildung, zweitens die Förderung der kollektiven Organisationsfähigkeit durch horizontale Verbindungen und drittens die Konstruktion sozialökonomischer Alternativ- und Komplementärstrukturen, die der Teilhabe aller an gesellschaftlichen Ressourcen des Gemeinwesens dienen.

Prozesse der Aneignung von Gestaltungsmacht durch zivilgesellschaftliche Akteure werden aktuell dokumentiert durch die weltweite Bewegung gegen die Enteignung durch die neoliberale Globalisierung. Diese Bewegung besteht aus einem Netzwerk lokaler „one-issue-initiatives", die mit einem konkreten Anliegen, welches sie unmittelbar tangiert über Schritte der Machtaneignung in der globalen Zivilgesellschaft politikfähig wird.

---

15 Mathiesen, Thomas (1986): Macht und Gegenmacht. Überlegungen zu wirkungsvollem Widerstand. München.
16 Herriger, Norbert (2002): Empowerment in der Sozialen Arbeit. 2. Auflage, Berlin, Köln, S. 111.
17 Bourdieu, Pierre (1985): a.a.O., S. 19.
18 Vgl. Raschke, Joachim (1985): Soziale Bewegungen. Frankfurt, New York.

Dieser Prozess wird in der neueren sozialwissenschaftlichen Diskussion als „Empowerment" bezeichnet. Es handelt sich dabei um „einen konflikthaften Prozess der Umverteilung von politischer Macht, in dessen Verlauf Menschen oder Gruppen von Menschen aus einer Position relativer Machtunterlegenheit austreten und sich ein Mehr an demokratischem Partizipationsvermögen und politischer Entscheidungsmacht aneignen."[19] Gerade im Zusammenhang ökonomischer Selbstorganisation benachteiligter gesellschaftlicher Gruppierungen sind die Konflikthaftigkeit des Ansinnens und seine materiellen und nichtmateriellen Voraussetzungen sehr ernst zu nehmen. Die Versuche des Machtausgleichs in Form selbst organisierter sozialökonomischer Teilhabe tangieren das mächtigste gesellschaftliche System, welches stets Alternativen zur kommerziellen Verwertung gesellschaftlicher Ressourcen wirksam zu verhindern wusste.

8.2.1 Sozialökonomische Selbstorganisation und Empowerment

Seit ca. zehn Jahren wird „Empowerment" zum leitenden Paradigma der Sozialen Arbeit und angesichts der Tatsache, dass auch dieses Paradigma, welches aus Alltagsbeobachtungen sozialen Wandels und politischen Lernens durch und in sozialen Bewegungen abgeleitet wurde, in den Dienst neoliberaler Strategien des Sozialabbaus gestellt wird, ist die Klärung dessen, was im Kontext sozialökonomischer Selbstorganisation unter „Empowerment" zu verstehen ist, unerlässlich.

Empowerment meint die Stärkung von Autonomie und Selbstbestimmung und das Erkämpfen ihrer Voraussetzungen. Beschrieben wird ein meist konflikthafter Entwicklungsprozess, in dem Menschen die Kraft gewinnen, die sie benötigen, um ein besseres Leben nach eigenem Drehbuch führen zu können. Es geht um die Beeinflussung der strukturell ungleichen Verteilung von Ressourcen, Macht und Einflußnahme zugunsten Benachteiligter.[20] In der derzeitigen Diskussion um den „aktivierenden Staat" wird den Bezugsberechtigten sozialstaatlicher Leistungen Passivität, Unfähigkeit und untätiges Schmarotzertum unterstellt. Diese perfiden Unterstellungen erzeugen Scham, Vereinzelung und gesellschaftliche Spaltung. Zugleich werden und wurden Möglichkeiten der sozialpolitischen Förderung kollektiver Selbsthilfe und Selbstorganisation nicht zugelassen. Es ist genau dieser Kontext, der Resignation und Passivität der Bezugsberechtigten erzeugt.

Die Wirkung der wiederholten Erfahrung des Ausgeliefert-Seins wird als „erlernte Hilflosigkeit" bezeichnet.[21] Sie wird Menschen zur Haltung, die immer wieder erleben müssen, dass alle ihre Anstrengungen, Belastungen und Notsituationen zu beeinflussen, fehlschlagen. „Erlernte Hilflosigkeit"

---

19 Herriger, Norbert (2002): a.a.O., S. 12.
20 Klöck, Tilo (Hrsg.) (1998): Solidarische Ökonomie und Empowerment. Neu Ulm.
21 Seligmann, M.E.P. (1975/1995): a.a.O.

schlägt sich in der Persönlichkeitsstruktur in dreifacher Weise nieder: Sie untergräbt erstens das Wünschen, die Vorstellungen von einem besseren Leben, die Erwartungen und Motivationen als Anreize menschlichen Handelns, sie vermindert die Handlungsbereitschaft und mündet in Passivität und resignativem Rückzug.[22] Sie erzeugt zweitens Formen selbstbezogener Kognition, die die Annahmen eigener Unfähigkeit totalisieren und mögliche Problemlösungswege nicht mehr wahrnehmen lassen. Sie führt drittens mit der Erfahrung der Unkontrollierbarkeit der eigenen Lebensbedingungen auf emotionaler Ebene zu Depression und Rückzug.[23] Professionelle Arbeit zur Selbstbemächtigung von Menschen in Situationen der Ausgrenzung und Chancenlosigkeit zielen nicht zuletzt auf das Wiedererlernen von Wünschen und Zukunftsorientierung, die Erfahrung und Reflexion kollektiver Betroffenheit und der Freude an der Erfahrung gemeinsamer Handlungsfähigkeit.[24]

Den Gegenpol möglicher Reaktionsweisen auf die Erfahrung der Chancenlosigkeit bildet „Reaktanz" als aggressive, widerständige oder auch kriminelle Form der Gegenwehr, wie sie insbesondere von chancenlosen Jugendlichen zu erwarten ist, die sich auf diese Weise aneignen, was ihnen strukturell vorenthalten wird.[25]

Was aber motiviert Menschen, die von Entwertungserfahrungen geprägt sind, zur Organisation eigener und gemeinsamer Belange? Community-Organizing nach Saul Alinsky zielt insbesondere auf diesen ersten, schwierigen Schritt der Mobilisierung und Artikulation eigener und gemeinsamer Anliegen benachteiligter Menschen in einem lokalen Zusammenhang. Dafür bedarf es nach Alinsky eines kommunikativen Zugangs der frei von Moral und Druck ist. Es geht um Dialog, der im Erfahrungsbereich des Menschen liegen muss. Mobilisierbar sind die konkreten Lebensinteressen von Einzelnen und Gruppen in spezifischen Betroffenheitslagen, ihre Relevanzstrukturen und nicht abstrakte Zielsetzungen.[26]

Sozialökonomische Selbsthilfe, die eine Aussicht auf konkrete Verbesserungen der Lebensbedingungen oder auf Möglichkeiten eigenständiger Existenzsicherung eröffnet, ist von höchster Relevanz für Menschen, denen diese Möglichkeit vorenthalten wird und denen aus ökonomischen Gründen

---

22 Marie Jahoda und Paul Lazarsfeld stellen dies in ihrer soziographischen Studie über das Dorf Marienthal dar. Der Motivationsverfall wird unter der Bezeichnung „die müde Gemeinschaft" geschildert: Jahoda, M./Lazarsfeld, P./Zeisel, H. (1975): Die Arbeitslosen von Marienthal. Frankfurt am Main, S. 55f.
23 Herriger, Norbert (2002): a.a.O., S. 61.
24 Saul Alinsky betont an verschiedenen Stellen die Notwendigkeit, strategische Settings so anzulegen, dass die Beteiligten an ihren Aktionen Spaß haben; vgl. Alinsky, Saul (1993): Anleitung zum Mächtigsein. Bornheim.
25 Brändle-Ströh, Markus (1999): Sozialpsychologie. 10. Ausgabe, Hochschule für Soziale Arbeit, Zürich.
26 Alinsky, Saul (1993): a.a.O.

auch attraktive alternative Betätigungsfelder fehlen. Gemeinsames produktives Agieren ist gleichzeitig Voraussetzung und Resultat des Prozesses, der schrittweisen Wiederaneignung von Gestaltungsoptionen der eigenen Lebenszusammenhänge. Die damit verbundenen Kontrollerfahrungen beruhen auf personalen Selbstveränderungen von Einzelnen und Gruppen durch Erfahrungen von Handlungsfähigkeit und verstärken diese gleichzeitig. Menschen, die keinen ausreichenden Zugang zu Ressourcen haben, mischen sich in politische, ökonomische und soziale Zusammenhänge ein und initiieren dadurch ein kollektives Projekt mit dem Ziel der Umverteilung und Korrektur sozialer Ungleichheiten.[27]

Diese Einmischung und Aneignung wirken über die individuelle und die Gruppenebene hinaus und initiieren sozialen Wandel im Sinne veränderter Machtkonstellationen im Gemeinwesen, tangieren Verhalten und Einstellung der Beteiligten und die gesellschaftlichen Strukturen, welche die Chancen und Benachteiligungen bedingen. Die Beteiligten erfahren, dass sie den wachsenden Abhängigkeiten durch die Stärkung lokaler materieller und kultureller Fundamente des Zusammenlebens etwas entgegenhalten können. Dieses Community-Empowerment ist Ausgangspunkt und Ziel professioneller Bemühungen und lebensweltlicher Prozesse, die sich gegen Abhängigkeiten und die Enteignung von Lebensgrundlagen und Handlungschancen richten, seien es die brasilianischen Landlosen oder BewohnerInnen benachteiligter Quartiere in westlichen Industrieländern, die unter den Folgen sozialökonomischer Polarisierung und Spaltung leiden.

Lokale Genossenschaften, Alternativwährungen, Tausch- und Kreditsysteme sind Grundlagen dieser Emanzipationsstrategien auf lokaler Ebene. Es sind „empowering organizations", die personale und soziale Selbstveränderung bewirken können. Als „empowered organizations" sind sie Resultate dieser Prozesse und gleichzeitig Akteure strukturellen Empowerments auf der Ebene der Gemeinwesen. Dies fördert Schritte zu „empowered communities", verbunden mit lokalökonomischen Alternativen freier Assoziationen von Bürgerinnen und Bürgern. Sie bewirken letztendlich eine Machtverschiebung zugunsten ziviler Selbstorganisation gegenüber Staat und Markt.

Empowerment setzt gesellschaftliche Handlungschancen voraus. "Empowerment means giving choices and enabling the poor to gain assets."[28] Auf personale Befähigung zielende Ansätze professioneller Unterstützung bleiben wirkungslos, wenn nicht materielle, rechtliche und politische Rahmenbedingungen die Selbstorganisationsprozesse Benachteiligter fördern und

---

27 Herriger, N. (2002): a.a.O.
28 Rubin, Herbert J (1994): There aren't going to be any bakeries here if there is no money to afford jellyrolls: The organic theory of community based development. In: Social Problems, Vol. 41, No. 3, August 1994, S. 416.

erneute Misserfolgserlebnisse verhindern.[29] "Teaching individuals what is possible, encouraging them to acquire personal assets and skills requires that they also see Potenzial within their own communities. (…) Empowerment occurs as people (…) recognize opportunity within the community."

Produktives, kooperatives Agieren im Gemeinwesen, die Verbesserung der eigenen und gemeinsamen physischen Lebensvoraussetzungen ist ein idealer Kontext für die Einleitung und Ausweitung personaler und struktureller Empowermentprozesse. Die Bündelung von Kräften und Ressourcen ermöglicht den Beteiligten soziale, ökonomische und politische Teilhabe und die individuelle und gemeinschaftliche Erfahrung von Handlungsfähigkeit. Gleichzeitig schafft sie die materiellen Voraussetzungen des Prozesses und seiner Weiterentwicklung.[30]

Die Erhaltung, Bewirtschaftung und Zuteilung von Ressourcen und die Verhinderung dysfunktionaler Ressourcenabflüsse zur Stärkung der lokalen Basis sind wirksame Wege strukturellen Empowerments.[31] Gerade der Ressourcenabfluss aus benachteiligten Gemeinwesen ist einer der Hauptgründe für die Abwärtsspirale, die segregierte Armutsquartiere entstehen lässt. Eine Unterbrechung und Umkehr hin zu „empowered communities" ist, wie oben dargestellt wurde, durch die tendenzielle Schließung der Ressourcenkreisläufe möglich.[32] "Neighborhoods of the poor are economically and socially dependent regions from which wealth has been extracted and little returned. The metaphor of wealth being extracted from the neighborhood is both an explanation for the problems the community faces and a guide for tactics for combating the problems."[33]

Durch Reinvestitionen im lokalen Verbund der Unternehmen und Organisationen können die physischen Grundlagen des Gemeinwesens erhalten und erweitert werden. Die Strategie der Bildung von short-circuits[34] mit dem Ziel der (Re-) Lokalisierung von Versorgung, ökonomischer und sozialer Integration der lokalen Bevölkerung ist ein zentraler Aspekt der nachhaltigen Sicherung der Lebensgrundlagen aus politischer, ökologischer, sozialer und ökonomischer Perspektive. Die Ansätze personalen und strukturellen Empowerments sind über die spezifische Situation benachteiligter Quartiere hinaus von hoher Relevanz.

---

29 Vgl. Elsen, Susanne/Ries, Heinz A./Löns, Nikola/Homfeldt, Hans-Günther (Hrsg.) (2000): Sozialen Wandel gestalten – Lernen für die Zivilgesellschaft. Neuwied.

30 Elsen, Susanne (2003): Lässt sich Gemeinwesenökonomie durch Genossenschaften aktivieren? In: Flieger, Burghard (Hrsg.): Sozialgenossenschaften. Neu-Ulm, S. 57f.

31 Vgl. Kretzmann, John/McKnight, John L. (1993): a.a.O.

32 Rubin, Herbert (1994): a.a.O., S. 401f.

33 Ebd., S. 411.

34 Douthwaite, Richard (1996): Short circuit. Dublin.

Die „organische Theorie des Community-Development" stellt den Zusammenhang zwischen personalem und strukturellem Empowerment ins Zentrum. "Empowerment for the individual comes about gaining the resources (...) both in an economic sense and in terms of individual character development – that create a basis for independent growth. (...) These theories articulate an ecological-individual linkage by portraying a symbiotic connection between the physical changes made to the geographic community and the social and personal changes that affect individuals within the community."[35]

Empowerment als Befähigung und Ermächtigung der Menschen, die im globalen Konkurrenzkampf nicht mithalten können, mit dem Ziel, in kooperativer Weise ihre Lebensgrundlagen zu sichern, ist eine Strategie, die weltweit als zentrale Entwicklungsaufgabe erkannt wird.[36] Es wäre aber fatal anzunehmen, dass voraussetzungslos durch Community-Empowerment die sozialen und ökonomischen Probleme der Dauerarbeitslosigkeit zu lösen seien. Mit gezielter Förderung jedoch und unter bestimmten Rahmenbedingungen können kooperative lokale Lösungen ihre nachhaltigen Wirkungen auf personaler und struktureller Ebene entfalten.[37] Wenn sozialökonomische Selbstorganisation Benachteiligter sich nicht nur an Widerständen aufreiben soll, bedarf es der Öffnung der etablierten gesellschaftlichen Systeme, der materiellen und immateriellen Rahmung und innovativer institutioneller Arrangements zu ihrer Ermöglichung. Diese Voraussetzungen jedoch werden mit hoher Wahrscheinlichkeit bereits auf strukturellen Empowermentprozessen beruhen, da sie in einem konfliktträchtigen sozialen, politischen und ökonomischen Kräftefeld verortet sind und selbst Veränderungen gesellschaftlicher Machtstrukturen erfordern. Die Herstellung kollektiver Organisationsfähigkeit ist die Aufgabe professioneller Gemeinwesenarbeit.

8.2.2 Community-Organizing – Organisation der Machtlosen

Der in einem Chicagoer Slum aufgewachsene Saul Alinsky (1909–1972), Basisdemokrat und Vordenker der Empowermentidee, geht mit seinem Konzept des community-organizing, der Selbstorganisation der Interessen Benachteiligter (havenots), von der Perspektive sozialen Wandels durch Konflikt und Machtumverteilung aus. Die Ausgangsthese Alinskys ist die Feststellung, dass die Interessen der Machtlosen gesellschaftlich nicht in organisierter Form vertreten sind und dass es deshalb des Aufbaus von Artikulationsfähigkeit auf lokaler Ebene bedarf. "Unlike middle class residents,

35 Rubin, Herbert (1994): a.a.O., S. 409.
36 Z.B. Cobb, John B. Jr. (2000): Economics for the Common Good. In: Ihmig, Harald (Hrsg.): Wochenmarkt und Weltmarkt. Bielefeld; Douthwaite, Richard (1996): Short circuit. Dublin; sowie die Beiträge von Colin Hines, Tim Lang, Helena Norberg-Hodge und Jerry Mander in: Mander, Jerry/Goldsmith, Edward (Hrsg.) (2002): Schwarzbuch Globalisierung. 3. Auflage, München.
37 Elsen, Susanne (2003): a.a.O., S. 57f.

whose political and economic interests may be served by a host of voluntary or professional associations, poor people are more dependent on their residential areas as a basis of political and interest group representation. The absence of strong local instrumental organizations in lower class neighborhoods may lead to an increased sense of alienation and powerlessness, or in some cases (...) to the physical destruction of parts of the community."[38]

Artikulationsschwache Gruppierungen zur demokratischen Teilhabe zu befähigen, ist Alinskys Ziel. Durch systematische Mobilisierung der Machtlosen ist es möglich, wirksame Interessenvertretung aufzubauen. Die so mobilisierten Ressourcen müssen jedoch durch Organisationsstrukturen stabilisiert und erweitert werden.[39] Der Prozess des Aufbaus der Organisationsfähigkeit Benachteiligter vollzieht sich durch das Erkennen gemeinsamer Interessen und die Bündelung von Kräften, um in Konfliktsituationen mit dominanten Gegnern Handlungsfähigkeit erfahrbar zu machen. Für Alinsky ist Konflikt das Feuer unter dem Kessel der Demokratie.[40]

Alinsky ist ein Virtuose auf der Klaviatur der Machtstrategien. Er unterscheidet in seiner Machtdefinition zwischen demokratisch gestaltender und zerstörender Macht. „Macht ist eine wesentliche Lebenskraft, die immer wirkt, entweder zur Veränderung der Welt oder zur Verhinderung von Veränderung. Macht oder organisierte Tatkraft kann tödlicher Explosionsstoff oder ein lebensrettendes Heilmittel sein."[41] Sein Ansatz wurde vielfach in der deutschen Fachliteratur der Sozialen Arbeit falsch interpretiert, denn er ist zweifelsohne mit staatsfinanzierter und befriedender Sozialarbeit nicht vereinbar. Alinsky ist keineswegs militant, sondern neben Gandhi der prominenteste Vertreter des gewaltlosen Widerstandes. Er ist auch nicht „am äußersten linken Rand des politischen Spektrums angesiedelt",[42] sondern seine Vorstellungen stehen denen de Tocquevilles nahe.[43] Wenn er sich selbst als „Radikalen" bezeichnet,[44] so erklärt er dies im Wortsinn aus der Position der Graswurzel-Demokratie. Alinskys Methoden sind auch nicht zu reduzieren auf Konfliktstrategien, sondern Formen politischer Bildung. Er schürt keine Konflikte um ihrer selbst willen, sondern bringt damit den Stein ins Rollen und generiert gleichzeitig Soziales Kapital zugunsten des gemeinsamen Kontos der Benachteiligten. Konfliktkonstellationen dienen im Kontext des Community-Organizing der Herstellung des Bewusstseins gemeinsamer Betroffenheit und der Erhöhung der Binnenkohäsion Benach-

---

38 Reitzes, Donald C./Reitzes, Dietrich C. (1984): Alinsky's Legacy. In: Research in Social Movements, Conflicts and Change. Volume 6. Greenwich/London, S. 38.
39 Raschke, Joachim (1985): a.a.O., S. 269f.
40 Alinsky, Saul (1984): a.a.O., S. 25.
41 Ebd., S. 38.
42 Herriger, Norbert (2002): a.a.O., S. 30.
43 Tocqueville, Alexis de (1835/1994): Über die Demokratie in Amerika: Stuttgart.
44 Alinsky, Saul (1974): Die Stunde der Radikalen. Berlin, Freiburg, München.

teiligter. Gleichzeitig sind sie die Lern- und Erprobungskontexte kooperativen Agierens und Erfahrungsräume personalen und strukturellen Empowerments auf der Basis von gemeinsamem Handeln. Alinskys Strategien liegen seine unterschätzten sozialwissenschaftlichen Erkenntnisse über urbane Probleme, die Komplexität von Machtstrukturen und verändernden Dynamiken von Konsens und Konflikt zugrunde.

Der Aufbau der Community-Organizations basiert auf der Einbindung lokaler Schlüsselpersonen und Organisationen. Langfristiges Ziel aller Strategien ist: "…to enable the community, through the organization, to broaden its voice and participation in city-wide decision making and to establish direct lines of influence with external organizations whose programs and policies directly influence the local community."[45] Aus der Tatsache, dass die potenzielle Stärke der Machtlosen darin besteht, dass sie viele sind, leitet er seine Strategien des Aufbaus von Gegenmacht ab. „Es ist die Macht der aktiven Beteiligung der Bürger, die eine vereinigte Stärke für ein gemeinsames Ziel schafft."[46]

Die „havenots" verfügen weder über ökonomisches, noch über kulturelles oder Soziales Kapital als Machtquellen. Alinskys berühmt gewordene Strategien folgen einem durchdachten und theoriebasierten Programm der gezielten Nutzung der wenigen Möglichkeiten, über die benachteiligte Menschen als Quellen für den Aufbau gemeinsamer Interessenvertretung verfügen. Diese implizieren auch die gezielte Nutzung der Schwächen und Interessen der Gegner. Die Strategien wirken stets gleichzeitig als Machtbegrenzung der „haves" und als personale und strukturelle Bemächtigung der „havenots".

Zusammenschlüsse zu gemeinsamen Interessenvertretung basieren auf organisierbaren gemeinsamen Interessen, die als solche erkannt worden sind. Heinrich Popitz stellt in seinen Überlegungen über Prozesse der Machtbildung die überlegene Organisationsfähigkeit der Privilegierten dar.[47] Die gemeinsame Sicherung von Eigentumsinteressen ist die wirksamste Interessenvertretung und Machtsicherung. Auch wenn objektiv die gemeinsamen Interessen und Betroffenheitslagen der Benachteiligten überdeutlich sind, werden sie aufgrund der eigenen Wahrnehmung der sozialen Welt durch die Betroffenen als individuelle Probleme gedeutet. Das erste Ziel der Arbeit eines professionellen Organizers ist es deshalb, das Bewusstsein unter den BewohnerInnen eines Gemeinwesens herzustellen, dass viele ihrer privaten Nöte gemeinsam geteilte soziale Probleme darstellen.

Die Regeln, welche Alinsky als Grundlage für den Aufbau durchsetzungsfähiger Bürgerorganisationen erarbeitete, sind als generalisierbare hand-

---

45 Reitzes, Donald C./Reitzes, Dietrich C. (1984): a.a.O., S. 39.
46 Alinsky, Saul (1984): a.a.O., S. 38.
47 Popitz, Heinrich (1992): Phänomene der Macht. Tübingen, S. 190f.

lungswissenschaftliche Anleitungen nutzbar. Ansatzpunkt der Mobilisierung eines Gemeinwesens ist die mühsame Arbeit, das Eigeninteresse der BewohnerInnen mit Hilfe lokaler Schlüsselpersonen zu erreichen. Alinsky argumentiert, dass Menschen nur in ihren eigenen Interessen motivierbar seien.[48] Der weitere Verlauf des Prozesses macht Platz für die Erfahrung gemeinsamer Betroffenheiten und Interessen und ihre abgestimmte Vertretung. 150 Jahre vor Alinsky schrieb Alexis de Tocqueville: „In den demokratischen Ländern ist die Lehre von den Vereinigungen die Grundwissenschaft; von deren Fortschritt hängt der Fortschritt aller ab."[49]

Eine weitere Erkenntnis findet in Alinskys Strategien Anwendung: "Common interests and not territory, is the key to unifying residents and creating a vital community".[50] Das gemeinsame Interesse muss nach Alinsky jedoch immer wieder sozial konstruiert werden. Community-Organizing ist „intentional creation of community". Der Aufbau der Bürgerorganisation lebt vom Herauskristallisieren und Verfolgen von „issues", von spezifischen, erreichbaren Zielsetzungen. Die Fokussierung auf erreichbare Ziele spielt für den Mobilisierungserfolg von sozialen Bewegungen eine große Rolle.[51]

8.2.3 Sozialökonomische Gemeinwesenentwicklung als politische Bildungsarbeit

Die zweite fachhistorische Wurzel weist zu den Bildungskonzepten des Paulo Freire. Auch Freire (1921–1997) leitet sein Konzept der Volkspädagogik aus einer Analyse des Wirkungsgefüges struktureller Macht ab. Gesellschaftliche Machtentfaltung (religiöse, ökonomische, politische) erzeugt eine Kultur des Schweigens. „Die Macht der einen braucht die Dummheit der anderen. Der Vorgang ist dabei nicht der, dass bestimmte (…) Anlagen des Menschen plötzlich verkümmern oder ausfallen, sondern dass unter dem überwältigenden Eindruck der Machtentfaltung dem Menschen seine innere Selbstständigkeit geraubt wird und dass dieser nun (…) darauf verzichtet, zu den sich ergebenden Lebenslagen ein eigenes Verhalten zu finden."[52]

Die Aktualität des Ansatzes liegt in der Bewusstseinsbildung durch Alltagsentschlüsselung und alternativer Lösungssuche. Es geht um die Re-Organisation der Kontrolle über Alltagszusammenhänge und die Erweiterung der optionalen Vielfalt von Menschen, die von der Teilhabe am gesellschaftlichen Reichtum und der Möglichkeit eines guten Lebens ausgeschlossen

---

48 Alinsky, Saul: (1984): a.a.O., S. 40.
49 Tocqueville, Alexis de (1835/1994): a.a.O., S. 253.
50 Dieses Zitat stammt aus dem letzten Interview mit Saul Alinsky in seinem Todesjahr 1972. Es wurde veröffentlich im Playboy Magazine, March 1972, S. 115.
51 Raschke, Joachim (1985): a.a.O., S. 171f.
52 Freire, Paulo (1973): Pädagogik der Unterdrückten. Reinbek bei Hamburg, S. 13.

sind. Seine Erziehung der Selbstbefreiung geht aus von der Erkenntnis, dass die Internalisierung der Entwertungserfahrungen Benachteiligter vor dem Hintergrund eines grundlegenden Verständnisses der Ursachen ihrer Lebenslage zur Entäußerung kommen muss, um Energien für Veränderungsprozesse freizusetzen. Die Bildungskonzepte zielen auf die Herstellung der Einheit von Denken und Handeln im Lernen in und an konkreten Lebenssituationen. Sie zielen auf die Übereinstimmung von innerem und äußerem Gemeinwesen.

Bildung versteht sich bezogen auf den Erwerb von Kompetenzen zur kollektiven Bewältigung lebenspraktischer Probleme. Lernen und Handeln ist auf einen konkreten gemeinsamen Veränderungswunsch hin ausgerichtet und die Beteiligten gewinnen in einem handlungsorientierten Prozess Kraft und Vertrauen.[53]

Freire befasst sich mit der Frage, wie Menschen, die durch die Erfahrungen der Machtlosigkeit geprägt sind, wieder beginnen, schrittweise die Kontrolle über ihre Lebenszusammenhänge zu bekommen. Er bezeichnet diesen ersten Schritt als „Entmythologisierung". Menschen erlangen ein transitivkritisches Bewusstsein, mit sie die Ursachen ihrer Lebenssituation erkennen und die Bereitschaft und Fähigkeit zur Veränderung gemeinsam mit anderen Betroffenen entwickeln.[54] Er beschreibt den Prozess der Befreiung als Umwandlung eines Menschen, der sich in seiner Machtlosigkeit als Objekt begreift, in die eines Subjektes, das seine Lebenswelt aktiv und produktiv zu gestalten vermag. Lehrende und Lernende in diesem Prozess „sind beide Subjekt nicht nur bei der Aufgabe, die Wirklichkeit zu enthüllen und dadurch zu einer kritischen Erkenntnis zu kommen, sondern in der Aufgabe, diese Erkenntnis neu zu schaffen. Indem sie durch gemeinsame Reflexion und Aktion zu dieser Erkenntnis der Wirklichkeit gelangen, entdecken sie sich selbst als ihre dauernden Neuschöpfer."[55]

Politische Bildung nach Paulo Freire ist dominiert von Elementen, die die konkreten Lebenswelten ihrer AdressatInnen zum Ort und Ausgangspunkt machen. Diese Ansätze finden sich in der Theoriegeschichte der emanzipatorischen Sozialarbeit bei Jane Addams oder John Dewey[56] ebenso wie in neuen Ansätzen lebensweltorientierter Erwachsenenbildung in der Tradition des Community-Education.[57] „Erfahrung als Probieren umfasst zugleich Veränderung. (...) Durch Erfahrung lernen heißt das, was wir den Dingen tun,

53 Davey, Brian (1996): Strategien gegen Armut und Umweltzerstörung. In: Stiftung Bauhaus Dessau (Hrsg.):Wirtschaft von unten. Dessau, S. 42.
54 Schwendter, Rolf (2001): Gesellschaftsbilder des 20. Jahrhunderts. Hamburg.
55 Freire, Paulo (1973): a.a.O., S. 55.
56 Vgl. Elsen, Susanne (1998): Gemeinwesenökonomie. Neuwied, S. 270.
57 Dazu gehören beispielsweise die Lernzirkel der Frauen in Mikrokreditsystemen oder die Entrepreneurial Schools für Straßenkinder und -jugendliche in asiatischen und südamerikanischen Ländern.

und das, was wir von ihnen erleiden, nach rückwärts und vorwärts in Verbindung bringen. Bei dieser Sachlage aber wird das Erfahren zu einem Versuchen, zu einem Experiment mit der Welt zum Zwecke ihrer Erkennung."[58]

Hauptmittel sind die dialogisch-rekonstruktive Entschlüsselung von Alltag und/oder die Neukonstruktion von Alltagszusammenhängen in kooperativ erreichbaren Schritten, die die Erfahrung gemeinsamer Handlungsfähigkeit befördern kann. Alltagsorientiertes Lernen als personale und gesellschaftliche Entwicklung braucht einen Ort für gemeinsame Aktion und Reflexion nach dem Vorbild der Settlement-Houses, sozialkulturellen Kristallisationspunkten nach dem Vorbild der Einrichtungen zur Zeit des beginnenden 20. Jahrhunderts.[59]

Noch immer fehlt eine zeitgemäße Lerntheorie sozietalen Lernens als kooperative Kompetenzentwicklung zur Bewältigung komplexer Probleme. Mit dem von Heinz A. Ries geprägten Begriff „sozietal" wird Bezug genommen „auf umfassende soziale Systeme, wie etwa Gewerkschaften, Kirchen, Großkonzerne, Kommunen, Regionen, große Nonprofit-Organisationen.[60] Selbstverständlich sei auch sozietales Lernen abhängig vom Lernen Einzelner. Doch bedeute dies noch nicht die lernende Veränderung größerer sozialer Systeme. Auch die Theorien, die der Managementlehre, der Organisationsentwicklung, der systemischen Beratung oder der Gruppendynamik zugrunde lägen, befassten sich, obwohl sie sich mit Lernen kleinerer sozialer Gebilde befassten, mit diesem Gegenstand nur aus der Perspektive des Lernens von Individuen im System. Ries diskutiert den Paradigmenwechsel von individuums- zu gesellschaftszentriertem Lernen mit dem Ziel, die demokratische Entwicklung der Zivilgesellschaft als Learning Society zu fördern.[61]

Dieses Ziel beschreibt die Aufgabe, Lernkontexte und Ermöglichungsstrukturen auf lokaler Ebene bereit zu stellen, um die Aufgaben nachhaltiger Entwicklung ebenso wie die Bewältigung und Überwindung der Folgen ökonomischer und sozialer Ausgrenzung zum Ausgangspunkt handlungsorientierten Lernens zu machen. „Politische Bildung als Ermöglichungsraum der Herausbildung demokratischer Haltungen und Kompetenzen wird (aber auch) in einem Regierungssystem gebraucht, das die Bürgerinnen und Bürger als kritische und teilnehmende Subjekte mit eigenen Vorstellungen von Politik braucht, um den gesamtgesellschaftlichen Herausforderungen begegnen zu können."[62]

---

58 Dewey, John (1993): Demokratie und Erziehung. Weinheim, Basel, S. 186-187.
59 Addams, Jane (1913): Zwanzig Jahre Soziale Frauenarbeit in Chicago. München.
60 Ries, Heinz A. (2000): Demokratie und Zivilgesellschaft als Learning Society. In: Elsen, Susanne/Ries, Heinz/Löns, Nikola/Homfeldt, Hans Günther (Hrsg.): Sozialen Wandel gestalten – Lernen für die Zivilgesellschaft. Neuwied, S. 27.
61 Ebd., S. 26f.
62 Fritz, Karsten/Maier, Katharina/Böhnisch, Lothar (2006): Politische Erwachsenenbildung. Weinheim, München, S. 186.

Amitai Etzioni veröffentlichte in seinem 1968 erschienen Buch „The active society" eine Theorie kollektiver Akteure und bringt einen weiteren handlungstheoretischen Aspekt in die hier relevante Diskussion.[63] Etzioni, der der kommunitaristischen Strömung zugehörig ist, betont die Bedeutung der Verankerung gesellschaftlicher Strukturen in den Handlungen von Akteuren, die nicht automatisch mit individuellen Akteuren gleich zu setzen sind. Der zentrale Begriff von Etzionis Theorie ist der des kollektiven Akteurs. Zu einem kollektiven Akteur wird ein Kollektiv erst dann, wenn es über ausreichend stabile Binnenverhältnisse verfügt und eine gewisse Zielgerichtetheit des Verhaltens aufweist.

Über die Fähigkeit zielgerichteten Handelns verfügen nach Etzioni organisierte Kollektive, nicht jedoch unorganisierte Bewegungen. Kollektive Akteure haben damit ein gewisses Potenzial an Autonomie, in dem sie sich Ziele setzen und diese verfolgen können. Autonomie steht in Verbindung mit der Fähigkeit zur Selbsttransformation aufgrund interner Entwicklungen sowie externer Veränderungen und der Fähigkeit der Selbstkontrolle. Kollektive Akteure haben nach Etzioni die Fähigkeit, Informationen zu sammeln und zu verarbeiten sowie Ereignisse und Themen zu fokussieren. Die Aneignung und Nutzung von Wissen erfolgt ebenfalls durch kollektive Akteure. Wissen befindet sich also nicht nur im Bewusstsein von Individuen, sondern auch kollektive Einrichtungen sind Wissensträger und Lernende. Dies ist nicht identisch mit dem Lernen der Organisationsmitglieder. Der kollektive Akteur kann sich auch selbst zum Gegenstand machen und so das Niveau reflexiver Handlungsfähigkeit erreichen. Für Etzioni ist die Selbststeuerungsfähigkeit von kollektiven Akteuren eine Möglichkeit gesamtgesellschaftlicher Steuerung. Dieser Möglichkeit stünden jedoch mangelnde Kontroll- und Konsensfähigkeit kollektiver Akteure und die Verteilung gesellschaftlicher Macht, insbesondere Wissensdifferenzen zwischen gesellschaftlichen Akteuren, im Wege.[64]

8.3 Gemeinwesenentwicklung als Experimentierfeld neuer institutioneller Arrangements

Die Prozesse des tief greifenden Strukturwandels generieren insbesondere auf örtlicher Ebene neue Organisations-, Rollen- und Handlungsmuster die als Potenzial für die Bewältigung der Transformation erkannt und gefördert werden müssten. Initiativen, soziale Bewegungen, Verbünde, Netzwerke, lokale Partnerschaften und andere hybride Organisationsformen, die sich in der Zivilgesellschaft formieren und in Politik und Wirtschaft hinein wirken,

---

63 Etzioni, Amitai (1975): Die aktive Gesellschaft: Eine Theorie gesellschaftlicher und politischer Prozesse. Opladen.
64 Adloff, Frank (2002): Die Konflikttheorie kollektiver Akteure. In: Bonacker, Thorsten (Hrsg.): Sozialwissenschaftliche Konflikttheorien. Opladen, S. 361f.

haben an Bedeutung gewonnen. Sie spiegeln die Vermischung und Entgrenzung von Strukturelementen verschiedener gesellschaftlicher Sektoren und die Herausbildung sozial eingebundener und bedarfsspezifischer Lösungen im wirtschaftlichen, sozialen und politischen Bereich. Die lokale Ebene als Kristallisationspunkt der unterschiedlichsten Lebensbereiche, ermöglicht diese integrierten Ansätze und neuen Verknüpfungen in lebensweltlichen Einbindungen.

In Kapitel fünf wurden Beispiele dieser Art dargestellt: Das Modell Porto Alegre schildert die demokratische und dezentralisierte Entscheidungsfindung von Bürgerinnen und Bürgern über die Verwendung des städtischen Haushalts, die dargestellten Alternativen zur Privatisierung im Bereich der Daseinsvorsorge und des Sozial- und Gesundheitswesens verdeutlichen, dass der Zugang für alle BürgerInnen gewährt werden kann, gemeinschaftliche Eigentums- und Nutzungsformen zum Beispiel im Wohnbereich dienen der Versorgung derer, die nicht über die nötige Kaufkraft verfügen und produktivgenossenschaftliche Formen können das sozialökonomische Rückgrat einer Region bilden. All diese Lösungen verfolgen komplexe Zielsysteme und sind nicht nach eindeutigen und reduktionistischen Kriterien zu messen.

Entscheidend wird es sein, ob diese neuen Formen als evolutionäres Potenzial erkannt und zugelassen werden und in der Anpassung gesellschaftlicher Normen und neuer institutioneller Arrangements zugunsten der Belange von Menschen und Gemeinwesen ihren Niederschlag finden. „Von reflexiv-modernen Institutionalisierungsformen und Akteurskonstellationen kann (...) dann die Rede sein, wenn die unterschiedlichen Formen des Sowohl-als-Auch (Pluralität, Unsicherheit, Ambivalenz, Kontingenz) von den Akteuren institutionell erkannt und anerkannt werden."[65]

Es wurde aufgezeigt, dass – gerade in den reichen Industriestaaten – gesellschaftliche Innovation insbesondere dann, wenn sie die Einseitigkeit der Rationalität des neoklassischen Wirtschaftssystems hinterfragt, verhindert, neutralisiert oder marginalisiert wird. Beck stellt die Frage: „Inwieweit werden Kontrollnormen der Ersten Moderne in der Zweiten Moderne durch Konstitutivnormen ersetzt, durch Normen also, die zugleich Raum für Unsicherheit und Entscheidungen geben?"[66]

Die Internalisierung der strukturellen Widersprüche, denen hybride Organisationen ausgesetzt sind, führt über kurz oder lang zur Resignation ihrer AkteurInnen und zum Ende der Modelle. Dies wurde am Beispiel des Umgangs von Politik und Genossenschaftsverbänden mit Genossenschaften gemeinwohlorientierter Ausrichtung dargestellt. Diese Innovation muss so-

---

65 Beck, Ulrich/Lau, Christoph (Hrsg.) (2004): Entgrenzung und Entscheidung. Frankfurt am Main, S. 54.
66 Ebd.

zialpolitisch gewollt sein. Benachteiligten Menschen dies als Alternative zu bieten, ohne den erforderlichen politischen Willen und angemessene Ermöglichungs- und Förderstrukturen, kommt der Aufforderung gleich, sich an den eigenen Haaren aus dem Sumpf zu ziehen.

Eine Schlüsselkategorie lebensdienlicher institutioneller Arrangements im Gemeinwesen sind Eigentums- und Nutzungsformen, die allen Bürgerinnen und Bürgern Zugang zu den Lebensgrundlagen gewähren. Inklusives Nutzungseigentum ist nicht zuletzt eine zentrale Voraussetzung nachhaltiger Entwicklung. Es wurde dargestellt, welche Widerstände mit der Erhaltung oder der Schaffung von Alternativen zu veräußerbarem Privateigentum verbunden sind. Diese Frage trifft in das Zentrum der kapitalistischen Wirtschafts- und Gesellschaftsordnung.

In Deutschland tut man sich sehr schwer mit der Vorstellung, dass es neben der traditionellen Erwerbsarbeit andere öffentlich anerkannte und gleichwertige Tätigkeiten in einem bürgerschaftlichen Bereich geben soll. Dabei ist diese Perspektive in einer Gesellschaft, in der viele Menschen keinen Zugang zur Erwerbsarbeit haben, eine zentrale Frage gesellschaftlicher Teilhabe. Seit mehr als fünfundzwanzig Jahren werden Konzepte für die Pluralisierung des Arbeitsverständnisses und zur Erschließung gesellschaftlich sinnvoller und notwendiger Arbeit entwickelt. Es existiert bisher jedoch trotz aller Rhetorik um die Bürgergesellschaft und den aktivierenden Staat kein gesellschaftliches Aktivmodell über die individuelle Selbstsorge und die Pflicht zur Entlastung des Sozialstaates hinaus. Die Frage aber ist: „Wie können Teilhaberechte außerhalb der Erwerbsarbeit und neben dem Staat gesichert werden, wo kann der Mensch entsprechende Kontexte finden, in denen er trotz vorübergehender oder längerfristiger Exklusion aus dem Erwerbsarbeitsmarkt sozial gleichgestellt partizipieren kann?[67] Inwieweit also gelingt es in Bezug auf diese zentrale Frage, ein neues Ordnungsgerüst zu entwickeln, das die Menschen in der teils frei gewählten, teils erzwungenen und als Überforderung erfahrenen Gestaltung von Arbeit und Leben besser als bisher unterstützt.[68] Dabei sind insbesondere Potenziale gemeinsamer Arbeits-, Lern- und Lebensformen zu beachten.

Es bleiben zahlreiche offene Fragen nach Passungen, Folgeproblemen und Zusammenhängen zwischen neuen und alten institutionellen Arrangements: „Welche Nebenfolgen zeitigen neue Institutionen in benachbarten Handlungsfeldern? Welche Probleme bringt die Pluralisierung von Arbeitsformen mit sich – beispielsweise für das Arbeitsrecht, die Arbeitslosenversicherung, die Koordination von Lebensplänen oder die Reorganisation der Freizeit? Lässt sich im Zuge der Pluralisierung von Biographien und Verge-

---

67 Fritz, Karsten/Maier, Katharina/Böhnisch, Lothar (2006): a.a.O., S. 186.
68 Mutz, Gerd (2001): Der souveräne Arbeitsgestalter in der zivilen Arbeitsgesellschaft. In: Aus Politik und Zeitgeschichte. B 21/2001, S. 14f.

meinschaftungsformen auch eine Individualisierung der Institutionen beobachten?

Inwieweit hebt das Sowohl-als-Auch mit den klaren Unterscheidungen zugleich die Voraussetzungen für eine Organisation des politischen Widerstands auf und kann überhaupt noch um eine andere Zukunft gestritten werden, wo sich klare Oppositionen auflösen? Oder gleichen sich die gegensätzlichen Standpunkte der Sowohl-als-Auch-Bedingungen so stark an, dass politische Auseinandersetzungen immer mehr den Charakter von Binnenkonflikten annehmen?"[69]

8.4 Sozialökonomische Gemeinwesenentwicklung als Gegenstand wissenschaftlicher Ausbildung

In den vergangnen zwanzig Jahren ist in vielen Regionen der Welt in enger Verbindung von Wissenschaft und Praxis das transdisziplinäre Feld der sozialökonomischen Entwicklung des Gemeinwesens innerhalb der Disziplin und Profession der Sozialen Arbeit entwickelt worden. An den Beispielen der brasilianischen „Incubadores", der an die Universität von Sao Paolo angegliederten Entwicklungsnetzwerke für lokale Genossenschaften oder der Projekte für die Förderung der économia popular y solidaria der bolivarianischen Universität in Caracas, wurde die neue Verbindung zwischen universitärer Forschung und Lehre und der innovativen sozialökonomischen Entwicklung des Gemeinwesens dargestellt, die in der Professionsgeschichte der Sozialen Arbeit in und mit Gemeinwesen eine zentrale Rolle spielte. Die Integration sozialökonomischer Entwicklung des Gemeinwesens in die Ausbildung und Praxis sozialer Arbeit bedeutet den wichtigsten Entwicklungsbedarf dieser Profession und Disziplin, die als Einzige die Gestaltung des Sozialen zum Gegenstand hat.

Gemeinwesenentwicklung in Forschung, Lehre und Praxisentwicklung ist ein ureigenes Feld Sozialer Arbeit als transdisziplinäre Profession. Dies erscheint aus der Perspektive der Traditionen und der derzeitigen Rückwärtsbewegungen der Sozialen Arbeit hin zur Armutsverwaltung, Kontrolle und Behandlung Benachteiligter keineswegs als selbstverständlich. „Gerade weil der Individualisierungsprozess persönliche Schuldzuschreibungen an die Betroffenen (...) begünstigt und strukturelle Zusammenhänge verdunkelt, muss eine übergreifende Sichtweise gefördert (...) werden. Sozial- und politikwissenschaftliche Erklärungsmethoden verdienen angesichts um sich greifender Theoriefeindlichkeit und ‚Politikverdrossenheit' mehr Beachtung."[70]

69 Beck, Ulrich/Lau, Christoph (Hrsg.) (2004): a.a.O., S. 55-56.
70 Butterwegge, Christoph (2001): Wohlfahrtsstaat im Wandel. Opladen, S. 222.

So wie die sozialökonomische Entwicklung des Gemeinwesens neuer institutioneller Arrangements bedarf, ist dies für die Praxis und Ausbildung des Community-Development der Fall. Eine professionelle Tätigkeit an der kreativen Zerstörung verkrusteter Strukturen und Machtkonstellationen und die Neukonstruktion pluraler und hybrider Lösungsansätze im lokalen Raum erfordern die relative institutionelle und finanzielle Unabhängigkeit der Professionellen, die das Mandat eigenständiger zivilgesellschaftlicher Entwicklungen vertreten. Dies aber bedeutet, dass Professionelle der sozialökonomischen Gemeinwesenarbeit ihre Tätigkeit in gemeinwesenökonomischen Formen organisieren.

Die Ausbildung für dieses gesellschaftliche Entwicklungsfeld erfordert die Integration von relevantem Analyse-, Erklärungs-, Werte- und Handlungswissen aus verschiedenen Disziplinen, Forschungs- und Praxisansätzen und sie muss zwingend die internationale Diskussion und Praxis aufgreifen. Auch die Ausbildung also erfordert neue institutionelle Arrangements zwischen zu konzipierenden Ansätzen der Praxisentwicklung und der aktivierenden gemeinwesenorientierten Forschung sowie des transdisziplinären Zuschnitts im Fokus der sozialökonomischen Gemeinwesenentwicklung und der Weiterentwicklung einer Handlungswissenschaft sozialökonomischer Gemeinwesenentwicklung.

Dieser Herausforderungen stellt sich der europäische Masterstudiengang „Gemeinwesenentwicklung, Quartiermanagement und Lokale Ökonomie", der seit 2003 Frauen und Männer aus verschiedenen Ländern Europas mit unterschiedlichen diziplinären und beruflichen Hintergründen für das Forschungs- und Handlungsfeld sozialökonomischer Gemeinwesenentwicklung qualifiziert.[71] Er steht damit in der Tradition anderer aktueller und historischer Ausbildungsprojekte und verbindet die Erschließung und Innovation des konkreten Praxisfeldes mit der Ausbildung.

---

71 Dieser Studiengang wurde von der Autorin entwickelt und in Zusammenarbeit mit Kolleginnen und Kollegen aus Deutschland und Europa erstmals 2003 durchgeführt: www.macd.fhm.edu

Literatur

Addams, Jane (1913): Zwanzig Jahre Soziale Frauenarbeit in Chicago. München.

Adloff, Frank (2002): Die Konflikttheorie kollektiver Akteure. In: Bonacker, Thorsten (Hrsg.): Sozialwissenschaftliche Konflikttheorien. Opladen.

Afheldt, Horst (1996): Wohlstand für niemand? 2. Auflage, München.

Alinsky, Saul (1971): Rules for Radicals. New York.

Alinsky, Saul (1974): Die Stunde der Radikalen. Berlin, Freiburg, München.

Alinsky, Saul (1993): Anleitung zum Mächtigsein. Bornheim.

Altner, Günther (2004): Ein Wert an sich. Vielfalt und Nachhaltigkeit. In: Politische Ökologie, Heft 91-92.

Altvater, Elmar/Mahnkopf, Birgit (2004): Grenzen der Globalisierung. 6. Auflage, Münster.

Arbeitsgruppe Alternative Wirtschaftspolitik (2005): Memorandum 2005. Köln.

Arendt, Hannah (2001): Vita activa oder vom tätigen Leben. 12. Auflage, München.

Arlacchi, Pino (2000): Ware Mensch. München.

Backhaus-Maul, Holger/Janowicz, Cedric/Mutz, Gerd (2001): Unternehmen in der Bürgergesellschaft. In: Blätter der Wohlfahrtspflege, 148. Jahrgang, Heft November/Dezember 2001.

Baudrillard, Jean (2002): Der Terror und die Gegengabe. In: Le Monde diplomatique, November 2002.

Bauer, Rudolph (2000): Chancen ökonomischer Selbstorganisation. In: Elsen, Susanne/Lange, Dietrich/Wallimann, Isidor (Hrsg.): Soziale Arbeit und Ökonomie. Neuwied.

Bauer, Rudolph (2005): Ist der „Dritte Sektor" theoriefähig? In: Birkhölzer, Karl/Klein, Ansgar/Priller, Eckhard/Zimmer, Annette (Hrsg.): Dritter Sektor/ Drittes System. Wiesbaden.

Beck, Ulrich (1986): Risikogesellschaft. Auf dem Weg in eine andere Moderne. Frankfurt am Main.

Beck, Ulrich (1993): Die Erfindung des Politischen. Frankfurt am Main.

Beck, Ulrich/Bonß, Wolfgang/Lau, Christoph (2004): Entgrenzung erzwingt Entscheidung. In: Beck, Ulrich/Lau, Christoph (Hrsg.): Entgrenzung und Entscheidung. Frankfurt am Main.

Beck-Gernsheim, Elisabeth (1993): Individualisierung. In: Keupp, Heiner (Hrsg.): Zugänge zum Subjekt. Frankfurt am Main.

Bellah, Robert, N./Madsen, Richard/Sullivan, William/Swindler, Anne/Tipton, Steven M. (1992): Gegen die Tyrannei des Marktes. In: Zahlmann, Christel (Hrsg.): Kommunitarismus in der Diskussion. Berlin.

Benhabib, Seyla (1989): Der verallgemeinerte und der konkrete Andere. In: List, Elisabeth/Studer, Herlinde (Hrsg.): Denkverhältnisse, Feminismus und Kritik. Frankfurt am Main.

Benhabib, Seyla (1993): Demokratie und Differenz. In: Brumlik, Micha/ Brunkhorst, Hauke (Hrsg.): Gemeinschaft und Gerechtigkeit. Frankfurt am Main.

Bennholdt-Thomsen, Veronika/Mies, Maria/Werlhof, Claudia von (1992): Frauen, die letzte Kolonie. 3. Auflage, Zürich.

Berking, Helmuth (1996): Zur Anthropologie des Gebens. Frankfurt am Main.

Berking, Helmuth (1999): Über die Zivilisierung ökonomischer Eliten. In: Gewerkschaftliche Monatshefte, 50. Jahrgang, Januar 1999.

Berner, Erhard (2005): Hilf – lose Illusionen. In: Entwicklung und Zusammenarbeit. 46. Jahrgang, Juni 2005.

Bertelsmann Forschungsgruppe Politik (Hrsg.) (2002): Gemeinsinn. Gütersloh.

Bertelsmann Foundation (Hrsg.) (1999): Bürgerstiftungen in der Zivilgesellschaft. Gütersloh.

Bertelsmann Stiftung (1992): Tätigkeitsbericht 1992. Gütersloh.

Beuerle, Iris (2004): Stellungnahme zu den Ergebnissen der Expertenkommission. In: wohnbund informationen. Heft 3/04.

Beywl, Wolfgang/Flieger, Burghard (1993): Genossenschaften als moderne Arbeitsorganisation. Studienbrief der Fernuniversität Hagen.

Beywl, Wolfgang/Flieger, Burghard (1994): Produktionsgenossenschaften als Option einer europäischen Économie Sociale. In: Beywl, Wolfgang/Jäger, Wieland (Hrsg.): Wirtschaftskulturen und Genossenschaften im vereinten Europa. Wiesbaden.

Beywl, Wolfgang/Jäger, Wieland (1994a): Prolog. In: Beywl, Wolfgang/Jäger, Wieland (Hrsg.): Wirtschaftskulturen und Genossenschaften im vereinten Europa. Wiesbaden.

Beywl, Wolfgang/Jäger, Wieland (1994b): Großbetriebliche Wirtschaftskultur im Niedergang? In: Beywl, Wolfgang/Jäger, Wieland (Hrsg.): Wirtschaftskulturen und Genossenschaften im vereinten Europa. Wiesbaden.

Bickle, Peter (2000): Kommunalismus. Band I. München.

Biesecker, Adelheid (1994): Wir sind nicht zur Konkurrenz verdammt. In: Politische Ökologie, Sonderheft Nr. 6, September 1994.

Biesecker, Adelheid (1996): Kooperation, Netzwerk, Selbstorganisation. In: Biesecker, Adelheid/Grenzdörffer, Klaus (Hrsg.): Kooperation, Netzwerk, Selbstorganisation. Pfaffenweiler.

Biesecker, Adelheid/Kesting, Stefan (2003): Mikroökonomik. München, Wien.

Biever, Romain/Theis, Ute (2000): Action Sociale pour Jeunes. In: Elsen, Susanne, Ries, Heinz A./Löns, Nikola/Homfeldt, Hans-Günther (Hrsg.): Sozialen Wandel gestalten – Lernen für die Zivilgesellschaft. Neuwied.

Bihl, Eric (2003): Geld mit Verfallsdatum. In: ZUKÜNFTE, 12. Jahrgang, Sommer 2003.

Birkhölzer, Karl/Klein, Ansgar/Priller, Eckard/Zimmer, Annette (2005): Theorie, Funktionswandel und zivilgesellschaftliche Perspektiven des Dritten Sektors. In: Birkhölzer, Karl/Klein, Ansgar/Priller, Eckard/Zimmer, Annette (Hrsg.): Dritter Sektor/Drittes System. Wiesbaden.

Blau, Peter (1976): Konsultationen unter Kollegen. In: Conrad, Wolfgang/Streeck, Wolfgang (Hrsg.): Elementare Soziologie. Opladen.

Blümle, Ernst-Bernd (1990): Die Genossenschaft als Zusammenschluss von Wirtschaftssubjekten und als Gemeinschaftsbetrieb. In: Laurinkari, Juhani (Hrsg.): Genossenschaftswesen. München, Wien.

Böhnisch, Lothar/Schröer, Wolfgang (2002): Die soziale Bürgergesellschaft. Weinheim, München.

Bonß, Wolfgang: Das Ende der Normalität. In: Politische Ökologie, 16. Jahrgang, Nr. 54, Mai/Juni 1998.

Bourdieu, Pierre (1983): Ökonomisches Kapital, kulturelles Kapital, soziales Kapital. In: Kreckel, Reinhard (Hrsg.): Soziale Ungleichheiten. Sonderband 2: Soziale Welt. Göttingen.

Bourdieu, Pierre (1985): Sozialer Raum und „Klassen". Frankfurt am Main.

Bourdieu, Pierre (1989): Die männliche Herrschaft. In: Dölling, Irene/Krais, Beate (Hrsg.): Ein alltägliches Spiel. Frankfurt am Main.

Bourdieu, Pierre (1995): Sozialer Raum und Klassen. Frankfurt am Main.

Bourdieu, Pierre/Wacquant, Lois (1996): Reflexive Anthropologie. Frankfurt am Main.

Bourdieu, Pierre et al. (1997/2005): Das Elend der Welt. Konstanz.

Bourgeois, Léon (1912): Solidarité. Paris.

Brändle-Ströh, Markus (1999): Sozialpsychologie. 10. Ausgabe, Hochschule für Soziale Arbeit, Zürich.

Brandenstein, Pierre/Corino, Carsten/Petri, Thomas (1997): Tauschringe. In: Juristische Wochenschrift, 50. Jahrgang, Heft 13.

Bröckling, Ulrich/Krasmann, Susanne/Lemke, Thomas (Hrsg.) (2000): Gouvernementalität der Gegenwart. Frankfurt am Main.

Bruckmann, Monica/Dos Santos, Theotonio (2006): Soziale Bewegungen in Lateinamerika. In: Soziale Kämpfe in Lateinamerika. PROKLA 142, 36. Jahrgang, Nr. 1, März 2006.

Brummer, Elisabeth (Hrsg.) (1996): Statistiken zum deutschen Stiftungswesen, Maecenata Management, München.

Brunnhuber, Stefan/Klimenta, Harald (2003): Wie wir wirtschaften werden. Frankfurt, Wien.

Bürsch, Michael (2001): Wirtschaft und Gesellschaft. In: Blätter der Wohlfahrtspflege, 148. Jahrgang, Heft November/Dezember 2001.

Buhren, Claus G. (1994): Community Education als innere Schulreform. Dortmund.

Bundesministerium für Verkehr, Bau- und Wohnungswesen (2004): Wohnungsgenossenschaften – Potenziale und Perspektiven. Bericht der Expertenkommission Wohnungsgenossenschaften. Kurzfassung. In: wohnbund informationen. Heft 3/04.

Bundesministerium für Verkehr, Bau und Wohnungswesen (Hrsg.) (2004a): Bericht der Expertenkommission Wohnungsgenossenschaften. Berlin.

Bundesministerium für Verkehr, Bau- und Wohnungswesen (Hrsg.) (2004b): Wohnungsgenossenschaften – Potenziale und Perspektiven. Berlin.

Bundesumweltministerium (1994): Agenda 21. Bonn.

Bundesverband Deutscher Stiftungen (2000): Forum Deutscher Stiftungen. Band 7. Berlin.

Bundesverband Deutscher Stiftungen (2002): Bürgerstiftungen in Deutschland. Band 15. Berlin.

Busch-Lüty, Christiane (1994): Nachhaltige Entwicklung als Ziel. In: Biesecker, Adelheid (Hrsg.): Ökonomie als Raum sozialen Handelns. Bremen.

Busch-Lüty, Christiane (1994): Ökonomie als Lebenswissenschaft. In: Politische Ökologie, Sonderheft Nr. 6, September 1994.

Butterwegge, Christoph (2001): Wohlfahrtsstaat im Wandel. 3. Auflage, Opladen.

Campfens, Robert (1999): Community-Development around the world. Toronto, Buffalo, London.

Cantzen, Rolf (1997): Weniger Staat, mehr Gesellschaft. Grafenau.

Casadei, Bernardino (2000): Bürgerstiftungen und die Kultur des Gebens in Italien. In: Bundesverband Deutscher Stiftungen: Forum Deutscher Stiftungen. Band 7. Berlin.

Castel, Robert (2005): Die Stärkung des Sozialen. Hamburg.

Centro Corporativo de MCC (2000): MONDRAGON Corporacion Cooperativa: 2000 Annual Report. Mondragon.

Chomsky, Noam (2001): Die politische Ökonomie der Menschenrechte. Grafenau.

Cobb, John B. Jr. (2000): Economics for the Common Good. In: Ihmig, Harald (Hrsg.): Wochenmarkt und Weltmarkt. Bielefeld.

Cohen, Jean/Arato, Andrew (1994): Civil Society and Political Theory. Massachusetts.

Conaty, Pat (1996): Das Geld vom Herrn zum Diener machen. In: Stiftung Bauhaus Dessau (Hrsg.):Wirtschaft von unten. Dessau.

Cornel, Heinz (Hrsg.) (2002): Neue Kriminalpolitik und Soziale Arbeit. Baden-Baden.

Coser, Lewis A (1972): Theorie sozialer Konflikte. Neuwied, Berlin.

Cremer-Schäfer, Helga (2004): Nicht Person, nicht Struktur: In: Kessl, Fabian/Otto, Hans-Uwe (Hrsg.): Soziale Arbeit und Soziales Kapital. Wiesbaden.

Dahme, Heinz-Jürgen/Wohlfahrt, Norbert (2003): Aktivierungspolitik und der Umbau des Sozialstaates. In: Dahme, Heinz-Jürgen/Otto, Hans-Uwe/Trube, Achim/Wohlfahrt, Norbert (Hrsg.): Soziale Arbeit für den aktivierenden Staat. Opladen.

Dahme, Heinz-Jürgen/Otto, Hans-Uwe/Trube, Achim/Wohlfahrt, Norbert (Hrsg.) (2003): Soziale Arbeit für den aktivierenden Staat. Opladen.

Dahrendorf, Rolf (1992): Moralität, Institutionen und die Bürgergesellschaft. In: Merkur, Nr. 7/1992.

Dahrendorf, Rolf (1995): Über den Bürgerstatus. In: Brink, B. van den/Reijen, W. van (Hrsg.): Bürgergesellschaft, Recht und Demokratie. Frankfurt am Main.

Daly, Herman E. (1999): Wirtschaft jenseits von Wachstum. Salzburg, München.

Davey, Brian (1996): Strategien gegen Armut und Umweltzerstörung. In: Stiftung Bauhaus Dessau (Hrsg.):Wirtschaft von unten. Dessau.

Dettling, Warnfried (1995): Politik und Lebenswelt. Gütersloh.

Dettling, Warnfried (2001): Die Stadt und ihre Bürger. In: Schuster, Wolfgang/Dettling, Warnfried (Hrsg.): Zukunft Stadt. Stuttgart, Leipzig.

Deutsche Gesellschaft für die Vereinten Nationen e.V. (1996): Bericht über die menschliche Entwicklung. Bonn.

Deutsche UNESCO-Kommission (1997): Unsere kreative Vielfalt. Bericht der Weltkommission „Kultur und Entwicklung" (Kurzfassung). 2. Auflage, Bonn.

Deutscher Bundestag (2002): Schlussbericht der Enquete-Kommission: Globalisierung der Weltwirtschaft – Herausforderungen und Antworten. Drucksache 14/9200. Berlin.

Dewey, John (1993): Demokratie und Erziehung, Weinheim, Basel.

Dobkowski, Michael N./Wallimann, Isidor (1998): The Coming Age of Scarcity. Preventing Mass Death and Genocide in the Twenty-first Century. Syracuse, New York.

Douthwaite, Richard (1996): Short Circuit. Dublin.

Douthwaite, Richard/Diefenbacher, Hans (1998): Jenseits der Globalisierung. Mainz.

Dubiel, Helmut (1991): Die Ökologie der gesellschaftlichen Moral. In: Müller-Doom, Stefan (Hrsg.): Jenseits der Utopie. Frankfurt am Main.

Draheim, Georg (1952): Die Genossenschaft als Unternehmenstyp. Göttingen.

Duchrow, Ulrich (1997): Alternativen zur kapitalistischen Weltwirtschaft. Mainz.

Duchrow, Ulrich/Hinkelammert, Franz Josef (2002): Leben ist mehr als Kapital. Oberursel.

Dülfer, Eberhard (1995): Betriebswirtschaftslehre der Genossenschaften und vergleichbarer Kooperative. Göttingen.

Duttweiler, Gottlieb: (1942): Wir Brückenbauer. Mitgliederzeitschrift der Migros-Genossenschaft vom 30. Juli 1942.

Ehrenreich, Barbara (2001): Arbeit poor. München.

Eicke, Volker/Grell, Britta/Mayer, Margit/Sambale, Jens (2004): Nonprofit-Organisationen und die Transformation. Münster.

Elsen, Susanne (1998): Gemeinwesenökonomie. Neuwied.

Elsen, Susanne (1999): Kombilohnmodell – vor Risiken und Nebenwirkungen wird gewarnt. In: Rote Revue, Nr.3/1999, 77. Jahrgang.

Elsen, Susanne (2000): Lokale Handlungskonzepte als Antworten auf Massenarbeitslosigkeit, wachsende Armut und soziale Ausgrenzung. In: Elsen, Susanne/Ries, Heinz A./Löns, Nikola/Homfeldt, Hans-Günther (Hrsg.): Sozialen Wandel gestalten – Lernen für die Zivilgesellschaft. Neuwied.

Elsen, Susanne (2000): Über den Zusammenhang globaler und lokaler Entwicklungen. In: Elsen, Susanne/Lange, Dietrich/Wallimann, Isidor (Hrsg.): Soziale Arbeit und Ökonomie. Neuwied.

Elsen, Susanne (2000): Zivile Gesellschaft gestalten. In: Elsen, Susanne/Ries, Heinz/Löns, Nikola/Homfeldt, Hans-Günther (Hrsg.): Sozialen Wandel gestalten – Lernen für die Zivilgesellschaft. Neuwied.

Elsen, Susanne (2003): Lässt sich Gemeinwesenökonomie durch Genossenschaften aktivieren? In: Flieger, Burghard (Hrsg.): Sozialgenossenschaften. Neu-Ulm.

Elsen, Susanne (2004): Bürgerschaftliche Aneignung gegen die Enteignungsökonomie. In: SOZIALEXTRA, 28 Jahrgang, Heft 7-8, 2004.

Elsen, Susanne (2005): „Lokale Ökonomie" als Strategie der Beschäftigungspolitik? In: Forum Sozial. Heft 2, 2005.

Elsen, Susanne/Lange, Dietrich/Wallimann, Isidor (Hrsg.) (2000): Soziale Arbeit und Ökonomie. Neuwied.

Elsen, Susanne/Ries, Heinz A./Löns, Nikola/Homfeldt, Hans-Günther (Hrsg.) (2000): Sozialen Wandel gestalten – Lernen für die Zivilgesellschaft. Neuwied.

Engelhardt, Werner Wilhelm (1978): Sind Genossenschaften Gemeinwirtschaftliche Unternehmen? Köln.

Empfehlungen der EU Kommission/European Commission (1993): Local Development and Employment Initiatives. Brüssel/Luxembourg.

Enquete-Kommission „Zukunft des Bürgerschaftlichen Engagements" des Deutschen Bundestages (2000): Bericht Bürgerschaftliches Engagement. Opladen.

Etzioni, Amitai (1973): The Third Sector and Domestic Missions. In: Public Administration Review 33, 1973.

Etzioni, Amitai (1975): Die aktive Gesellschaft: Eine Theorie gesellschaftlicher und politischer Prozesse. Opladen.

EU-Kommission (1995): Lokale Initiativen zur wirtschaftlichen Entwicklung. Brüssel, Luxembourg.

European Commission (1995): Local Development and Employment Initiatives. Internal Document March 1995 – SEC 564/95, Luxembourg.

European Foundation Centre (1997): Annual General Assembly and Conference Report. Brussels.

Evers, Adalbert/Olk, Thomas (1996): Wohlfahrtspluralismus. Opladen.

Faltin, Günter/Zimmer, Jürgen (1995): Reichtum von Unten. Berlin.

Fehr, Ernst/Schwarz, Gerhard (Hrsg.) (2002): Psychologische Grundlagen der Ökonomie. Zürich.

Flieger, Burghard (1996): Produktivgenossenschaften als fortschrittfähige Organisation. Marburg.

Flieger, Burghard (1999): Genossenschaftsgründungen mit Kombilohn. Berlin.

Flieger, Burghard (2003): Qualifizieren als Hilfe zur Selbsthilfe. In: Flieger, Burghard (Hrsg.): Sozialgenossenschaften. Neu-Ulm.

Flieger, Burghard (2003): Sozialgenossenschaften als Perspektive für den sozialen Sektor in Deutschland. In: Flieger, Burghard (Hrsg.): Sozialgenossenschaften. Neu-Ulm.

Flieger, Burghard (Hrsg.) (2003): Sozialgenossenschaften. Neu-Ulm.

Flock, Wigbert/Jungblut, Hans-Joachim (2001): Soziale Arbeit in Lateinamerika. In: Otto, Hans-Uwe/Thiersch, Hans (Hrsg.): Handbuch Sozialarbeit Sozialpädagogik. Neuwied.

Freire, Paulo (1973): Pädagogik der Unterdrückten. Reinbek bei Hamburg.

Freystedt, Volker (2003): Geld, das allen dient. In: Zukünfte. 12. Jahrgang Heft 44, Sommer 2003.

Friedman, Milton (1981): The Invisible Hand in Economics and Politics. Money and Inflation. (Vortrag) Nankang, Taiwan.

Friedman, Milton (1984): Kapitalismus und Freiheit. Berlin.

Fritz, Karsten/Maier, Katharina/Böhnisch, Lothar (2006): Politische Erwachsenenbildung. Weinheim, München.

Fritz, Thomas/Scherrer, Christoph: GATS (2002): Zu wessen Diensten? Hamburg.

Froessler, Rolf/Lang, Markus/Selle, Klaus/Staubach, Reiner (Hrsg.) (1984): Lokale Partnerschaften. Basel, Boston, Berlin.

Fuchs, Christian (2001): Soziale Selbstorganisation im Informationsgesellschaftlichen Kapitalismus. Books on Demand.

Furtado, Celso (1998): El capitalismo global. Mexico.

Galbraith, John Kenneth (2005): Die Ökonomie des unschuldigen Betrugs. München.

Galtung, Johan (2000): Die Zukunft der Menschenrechte. Frankfurt, New York.

Ganzert, Christian/Burdick, Bernhard/Scherhorn, Gerhard (2004): Empathie, Verantwortlichkeit, Gemeinwohl. Wuppertal Institut für Klima, Umwelt, Energie. Wuppertal, Papers Nr. 142, Mai 2004.

Gasche, Urs/Guggenbühl, Hanspeter/Vontobel, Werner (1996): Das Geschwätz von der freien Marktwirtschaft. Zürich.

Gelleri, Christian (2003): Chiemgauer Regiogeld. In: ZUKÜNFTE, 12. Jahrgang, Heft 44, Sommer 2003.

Gesell, Silvio (1916/1991): Die natürliche Wirtschaftsordnung durch Freiland und Freigeld. Lütjenburg.

Gettkant, Andreas (1993): Nach dem Erdgipfel. Global verantwortliches Handeln für das 21. Jahrhundert. EINE Welt, Texte der Stiftung Entwicklung und Frieden, Bonn.

Giddens, Anthony (1997): Jenseits von Links und Rechts. Frankfurt am Main.

Gillich, Stefan/Nieslony, Frank (2000): Armut und Wohnungslosigkeit. Köln.

Godschalk, Hugo (2004): Währungs- und bankrechtliche Aspekte. In: Kennedy, Margrit/Lietaer, Bernard A. (Hrsg.): Regionalwährungen. München.

Göler von Ravensburg, Nicole (2003): Genossenschaften in der Erbringung Sozialer Dienste. In: Flieger, Burghard (Hrsg.): Sozialgenossenschaften. Neu-Ulm.

Goldsmith, Edward (2002): Das letzte Wort. In: Mander, Jerry/Goldsmith, Edward (Hrsg.): Schwarzbuch Globalisierung. 2. Auflage, München.

Gorz, André (1998): Enteignung und Wiederaneignung der Arbeit. In: Gewerkschaftliche Monatshefte, 49. Jahrgang, Heft Juni/Juli 1998.

Gorz, André (2000): Arbeit zwischen Misere und Utopie. Frankfurt am Main.

Gray, John (1999): Die falsche Verheißung. Berlin.

Grosskopf, Werner (1995): Subsidiarität, Ökonomie und Genossenschaften. In: Zeitschrift für das gesamte Genossenschaftswesen. Sonderheft: Hundert Jahre Genossenschaftliches Spitzeninstitut. Göttingen.

Gubitzer, Luise (1989): Geschichte der Selbstverwaltung. München.

Guggenberger, Bernd (1997): Initiative für Bürgersinn. Entwurf eines kommunitaristischen Manifests. In: Die Neue Gesellschaft/Frankfurter Hefte 7/1997.

Guillén, Arturo R. (2006): Die Notwendigkeit einer alternativen Entwicklungsstrategie. In: Soziale Kämpfe in Lateinamerika. PROKLA 142, 36. Jahrgang, Nr. 1, März 2006.

Gutmann, Amy/Thompson, Dennis (1996): Democracy and Disagreement. Cambridge.

Habermas, Jürgen (1985): Die Neue Unübersichtlichkeit. Frankfurt am Main.

Habermas, Jürgen (1991): Erläuterungen zur Diskursethik. Frankfurt am Main.

Habermas, Jürgen (1998): Theorie des Kommunikativen Handelns. 2 Bände. Frankfurt am Main.

Habermas, Jürgen (2000): Euroskepsis, Markteuropa. In: Ulrich, Peter/Maak, Thomas (Hrsg.): Die Wirtschaft in der Gesellschaft. Bern, Stuttgart, Wien.

Händeler, Erik (2003): Die Geschichte der Zukunft. Moers.

Haensch, Dieter (1997): Soziale und Dienstleistungs-Kooperativen in Italien. In: Heckmann, Friedrich/Spoo, Eckart (Hrsg.): Wirtschaft von unten. Heilbronn.

Hamm, Bernd/Neumann, Ingo (1996): Siedlungs-, Umwelt- und Planungssoziologie. Opladen.

Hamm, Bernd (2006): Die soziale Struktur der Globalisierung. Berlin.

Harlander, Tilman (1979): Regionale Entwicklung in der Emilia Romagna. Frankfurt, New York.

Harribey, Jean-Marie (2004): Das Gerede von der Nachhaltigkeit. In: Le Monde diplomatique, Juli 2004.

Harvey, David (1999): The Limits to Capital. 2nd edition, Oxford.

Harvey, David (2004): Die Geographie des „neuen" Imperialismus. In: Zeller, Christian (Hrsg.): Die globale Enteignungsökonomie. Münster.

Haug, Wolfgang Fritz (1998): Eigentum. In: Historisch-Kritisches Wörterbuch. Berlin, Hamburg.

Haug, Wolfgang Fritz (2005): Zivilgesellschaft. In: Wissenschaftlicher Beirat von attac (Hrsg.): ABC der Globalisierung. Hamburg.

Hayek, Friedrich A. von (1969): Freiburger Studien. Gesammelte Aufsätze. Tübingen.

Hayek, Friedrich A. von (1979): Liberalismus. Tübingen.

Heiner, Maja/Meinhold, Marianne/von Spiegel, Hiltrud/Staub-Bernasconi, Silvia (1994): Methodisches Handeln in der Sozialen Arbeit. Freiburg.

Henderson, Hazel (1997): Macht beide Seiten zu Gewinnern! Oder Leben jenseits des globalen ökonomischen Krieges. In: Weizsäcker, Ernst Ulrich von (Hrsg.): Grenzen – los? Berlin, Basel, Boston.

Hengsbach, Friedhelm (1999): Demokratische Verteilungsgerechtigkeit. In: Gewerkschaftliche Monatshefte, 50 Jahrgang, Heft 1/1999.

Herlyn, Ulfert/Lakemann, Ulrich/Lettko, Barbara (1991): Armut und Milieu. Basel, Boston, Berlin.

Herriger, Norbert (2002): Empowerment in der Sozialen Arbeit. 2. Auflage, Stuttgart, Berlin, Köln.

Hesselbach, Walter (1971): Die gemeinwirtschaftlichen Unternehmen. Frankfurt am Main.

Hettlage, Robert (1988): Wann kommt der „homo cooperativus"? In: Geschichte und Gegenwart. 7. Jahrgang, Heft 2, Juni 1988.

Hettlage, Robert (1990): Die anthropologische Konzeption des Genossenschaftswesens in Theorie und Praxis. In: Laurinkari, Juhani (Hrsg.): Genossenschaftswesen. München, Wien.

Hilgen, Manfred (2004): Expertenkommission Wohnungsgenossenschaften. Ergebnis, Folgerungen. In: wohnbund informationen. Heft 3/04.

Hines, Colin/Lang, Tim (2002): Der neue globale Schutz des Lokalen. In: Mander, Jerry/Goldsmith, Edward (Hrsg.): Schwarzbuch Globalisierung. München.

Hoffmann, Günter (1998): Tausche Marmelade gegen Steuererklärung. München, Zürich.

Holm, Karin (1997): Straßenkinder und arbeitende Kinder in Lateinamerika. In: Adick, Christel (Hrsg.): Straßenkinder und Kinderarbeit. Frankfurt am Main.

Hoogendijk, Willem (1996): Die Rückeroberung der Arbeit. In: Stiftung Bauhaus Dessau (Hrsg.): Wirtschaft von unten. Dessau.

Houscht, Martin Peter (2001): Mikrokredit-Fieber in Bangladesch – Kritische Anmerkungen aus entwicklungspolitischer Sicht. In: NETZ Partnerschaft für Entwicklung und Gerechtigkeit, Bangladesch Zeitung, Heft 1/2001, März 2001.

Iben, Gerd (1995): Sozialethik, Marktwirtschaft und Gemeinsinn. In: Aus Politik und Zeitgeschichte, B 51/1995.

Illich, Ivan (1978): Fortschrittsmythen. Reinbek bei Hamburg.

Internationale Arbeitskonferenz des Internationalen Arbeitsamtes (2002): Empfehlung betreffend die Förderung der Genossenschaften (Empfehlung Nr. 193). Genf.

Istituto Italiano degli Studi Cooperativi „Luigi Luzzatti" (1992): Legge 8 novembre 1991, n.381 – Disciplina delle cooperative sociali, Roma.

Jahoda, M./Lazarsfeld, P./Zeisel, H. (1975): Die Arbeitslosen von Marienthal. Frankfurt am Main.

Jahrbuch Lateinamerika Nr. 29 (2005): Neue Optionen lateinamerikanischer Politik. Münster.

Jehle, Peter (2001): Gemeinwesen. In: Haug, Wolfgang Fritz (Hrsg.): Historisch-Kritisches Wörterbuch des Marxismus. Band 5. Hamburg.

Jenaczek, Friedrich (1970): Ferdinand Lassalle: Reden und Schriften. München.

Jochimsen, Maren/Knobloch, Ulrike/Seidl, Irmi (1994): Vorsorgendes Wirtschaften. In: Busch-Lüty, Christiane/Jochimsen, Maren/Knobloch, Ulrike/Seidl, Irmi (Hrsg.): Vorsorgendes Wirtschaften. Politische Ökologie, Sonderheft Nr. 6, September 1994.

Jonas, Friedrich (1969): Geschichte der Soziologie. Band III. Hamburg.

Jonas, Hans (1984): Das Prinzip Verantwortung. Frankfurt am Main.

Kappe, Stefan (2000): Bürgerstiftungen im Aufbruch. In: Zimmer, Annette/ Nährlich, Stefan (Hrsg.): Engagierte Bürgerschaft. Opladen.

Karsch, Thomas (1997): Kollektives Handeln der Armen als Voraussetzung für Entwicklung. Frankfurt am Main.

Karstedt, Susanne (2004): Linking capital. In: Kessl, Fabian/Otto, Hans-Uwe (Hrsg.): Soziale Arbeit und Soziales Kapital. Wiesbaden.

Kauffmann, Franz-Xaver (1997): Herausforderungen des Sozialstaats. Frankfurt am Main.

Kaufmann, Franz-Xaver/Krüsselber, Hans-Günter (Hrsg.) (1984): Markt, Staat und Solidarität bei Adam Smith. Frankfurt, New York.

Kennedy, Margrit (1991): Geld ohne Zinsen und Inflation. München.

Kennedy, Margrit/Lietaer, Bernard A. (2004): Regionalwährungen. München.

Kessler, Wolfgang (2002): Weltbeben. Oberursel.

Keupp, Heiner (1995): Gesundheit als Lebenssouveränität. In: Störfaktor, Heft 2, 1995.

Kittsteiner, Heinz-Dieter (1984): Ethik und Teleologie: Das Problem der „unsichtbaren Hand" bei Adam Smith. In: Kaufmann, Franz-Xaver/Krüsselberg, Hans-Günter (Hrsg.): Markt, Staat und Solidarität bei Adam Smith. Frankfurt am Main, New York.

Klöck, Tilo (Hrsg.) (1998): Solidarische Ökonomie und Empowerment. Neu Ulm.

Kollektiv p.i.s.o. 16 (2004): Venezuela. Welcome to our Revolution. München.

Kommission der Europäischen Gemeinschaften (2004): Mitteilung der Kommission an den Rat, das Europäische Parlament, den Europäischen Wirtschaftsrat und Sozialausschuss und den Ausschuss der Regionen über die Förderung der Genossenschaften in Europa. KOM (2004) 18 endg.

Koslowski, Peter (1993): Politik und Ökonomie bei Aristoteles. Tübingen.

Krätke, Michael (2002): Europäischer Wohlfahrtsstaat und transnationale Sozialpolitik. In: Widerspruch. 22. Jg. Heft 42, 1. Halbjahr 2002.

Krätke, Stefan (1995): Stadt Raum Ökonomie. Basel, Boston, Berlin.

Kreisverwaltung Altenkirchen – Kreisarchiv (Hrsg.) (1988): Friedrich Wilhelm Raiffeisen. Altenkirchen.

Kretzmann, John P./McKnight, John L. (1993): Building Communities from the inside out. Chicago.

Kropp, Erhard (2001): Armutsbekämpfung durch Sparen und Kredit. In: NETZ Partnerschaft für Entwicklung und Gerechtigkeit, Bangladesch Zeitung, Heft 1/2001, März 2001.

Krummacher, Michael/Kulbach, Roderich/Waltz, Viktoria/Wohlfahrt, Norbert (2003): Soziale Stadt – Sozialraumentwicklung – Quartiersmanagement. Opladen.

Küng, Thomas (1996): Gebrauchsanweisung für die Schweiz. München.

Labonté-Roset, Christine (2000): Ohne Nationalökonomie keine Sozialarbeit. In: Elsen, Susanne/Lange, Dietrich/Wallimann, Isidor (Hrsg.): Soziale Arbeit und Ökonomie. Neuwied.

Lafontaine, Oskar (1997): Internationale Zusammenarbeit im Zeitalter der Globalisierung. In: Möhring-Hesse, Matthias/Emunds, Bernhard/Schroeder, Wolfgang (Hrsg.): Wohlstand trotz alledem. Alternativen zur Standortpolitik. München.

Lange, Dietrich (2000): Wirtschaftlichkeit und Soziale Arbeit. In: Elsen, Susanne/ Lange, Dietrich/Wallimann, Isidor (Hrsg.): Soziale Arbeit und Ökonomie. Neuwied.

Lanz, Stefan (2000): Der Staat verordnet die Zivilgesellschaft. In: Widersprüche, Heft 78, Dez. 2000.

Latouche, Serge (2003): Circulus virtuosus. In: Le Monde diplomatique, November 2003.

Latouche, Serge (2005): Nachdenken über ökologische Utopien. In: Le Monde diplomatique, November 2005.

Laurinkari, Juhani/Brazda, Johann (1990):Genossenschaftliche Grundwerte. In: Laurinkari, Juhani (Hrsg.): Genossenschaftswesen. München, Wien.

Laville, Jean-Louis/Sainsaulieu, Renaud (1997): Sociologie de l`association. Paris.

Leggewie, Claus (2003): Die Globalisierung und ihre Gegner. München.

Leser De Mello, Sylvia (2005): Historisch theoretischer Rückblick auf die Wurzeln der Solidarischen Ökonomie in Brasilien. In: Müller-Plantenberg, Clarita/Nitsch, Wolfgang/Schlosser, Irmtraud (Hrsg.): Solidarische Ökonomie in Brasilien und Europa. Kassel.

Liebel, Manfred (1996): Wir sind die Gegenwart. Kinderbewegungen in Lateinamerika. In: Holm, Karin/Dewes, Jürgen (Hrsg.): Neue Methoden der Arbeit mit Armen. Frankfurt am Main.

Liebel, Manfred/Overwien, Bernd/Recknagel, Albert (2002): Arbeitende Kinder stärken. Frankfurt am Main.

Lietaer, Bernard A. (2002): Das Geld der Zukunft. München.

Lindlacher, Peter (2002): Aufbruch zu neuer Stiftungskultur. In: Gregory, Alexander/Lindlacher, Peter (Hrsg.): Stiftungen nutzen. Neu-Ulm.

Lochbihler, Claus (2005): Der wohltätige Teppichhändler In: brand eins, 7. Jahrgang, Heft 10, Dezember 2005.

López, Fernando (2003): Some Notes on the Argentine Anarchist Movement in the Emergency. In: Perspectives on Anarchist Theory. Volume 7, Number 2, Fall 2003.

Lüpke, Geseko von (2003): Die Alternativen. München.

Lutz, Ronald (Hrsg.) (2005): Befreiende Sozialarbeit. Oldenburg.

Luxemburg, Rosa (1913/1975): Die Akkumulation des Kapitals. Berlin.

Maaser, Wolfgang (2003): Normative Diskurse der neuen Wohlfahrtspolitik. In: Dahme, Heinz-Jürgen/Otto, Hans-Uwe/Trube, Achim/Wohlfahrt, Norbert (Hrsg.): Soziale Arbeit für den aktivierenden Staat. Opladen.

Mahnkopf, Birgit (2004): Wider die Privatisierung öffentlicher Güter. In: Huffschmid, Jörg (Hrsg.): Die Privatisierung der Welt. Hamburg.

Mander, Jerry: Gegen die steigende Flut. In: Mander, Jerry/Goldsmith, Edward (Hrsg.) (2000): Schwarzbuch Globalisierung. München.

Marx, Karl/Engels, Friedrich (1848/1974): Manifest der Kommunistischen Partei. Stuttgart.

Marx, Karl/Engels, Friedrich (1958): Werke (MEW). Band I. Berlin (DDR).

Mathiesen, Thomas (1986): Macht und Gegenmacht. Überlegungen zu wirkungsvollem Widerstand. München.

Mead, Lawrence M. (1986): Beyond Entitlement. The Social Obligations of Citizenship. New York.

Meadows, Dennis (1972): Die Grenzen des Wachstums. Stuttgart.

Merkle, Hans L. (2001): Bürgerengagement und Stiftungsidee. In: Schuster, Wolfgang/Dettling, Warnfried (Hrsg.): Zukunft Stadt. Stuttgart, Leipzig.

Mersmann, Arno/Novy, Klaus (1991): Gewerkschaften Genossenschaften Gemeinwirtschaft. Köln.

Mies, Maria/Shiva, Vandana (1995): Ökofeminismus. Zürich.

Modaschl, Manfred (2002): Ökonomien des Selbst. In: Klages, Johanna/Timpf, Siegfried (Hrsg.): Facetten der Cyberwelt. Hamburg.

Müller, Wolfgang C. (1988): Wie Helfen zum Beruf wurde. Band 1. Weinheim, Basel.

Müller, C. Wolfgang/Nimmermann, Peter (1973): Stadtplanung und Gemeinwesenarbeit. München.

Münkner, Hans-H. (1995): Économie Sociale aus deutscher Sicht. Marburg.

Münkner, Hans-H. (2000): Unternehmen mit sozialer Zielsetzung. Neu-Ulm.

Münkner, Hans-H. (Hrsg.) (2002): „Nutzer-orientierte" versus „Investor-orientierte" Argumente für eine besondere Betriebswirtschaftslehre förderwirtschaftlicher Unternehmen. Göttingen.

Munsch, Chantal (2003): Lokales Engagement und soziale Benachteiligung. In: Munsch, Chantal (Hrsg.): Sozial Benachteiligte engagieren sich doch. Weinheim, München.

Munsch, Chantal (2005): Die Effektivitätsfalle. Hohengehren.

Musil, Robert (2001): Geld, Raum und Nachhaltigkeit. Magisterarbeit an der Universität Wien.

Mutz, Gerd (2001): Der souveräne Arbeitsgestalter in der zivilen Arbeitsgesellschaft. In: Aus Politik und Zeitgeschichte, B 21/2001.

Mutz, Gerd (2003): Zivilgesellschaftliche Entwicklung in Südostasien. In: Aus Politik und Zeitgeschichte, B 35-36/2003.

Narr, Wolf-Dieter/Roth, Roland (1996): Wider die verhängnisvolle neue Bescheidenheit. In: PROKLA, Heft 103, 1996.

Narr, Wolf-Dieter/Roth, Roland (1998): Menschenrechte und globaler Kapitalismus. In: Widerspruch. 18. Jahrgang, Heft 35, Juli 1998.

Negt, Oskar (1995): Die Krise der Arbeitsgesellschaft. In: Aus Politik und Zeitgeschichte, B 15/1995.

Negt, Oskar (1997): Organisationsphantasie für kollektive Alternativen. In: Heckmann, Friedrich/Spoo, Eckart (Hrsg.): Wirtschaft von unten. Heilbronn.

Negt, Oskar (2001): Arbeit und menschliche Würde. Göttingen.

Nokielski, Hans/Pankoke, Eckart (1996): Post-korporative Partikularität. In: Evers, Adalbert/Olk, Thomas (Hrsg.): Wohlfahrtspluralismus. Opladen.

Novy, Klaus (1986): Remoralisierung der Ökonomie? In: Schwendter, Rolf (Hrsg.): Die Mühen der Ebene. München.

Novy, Klaus (1986): Renaissance der Genossenschaften. In: Berger, Johannes/ Domeyer, Volker/Funder, Maria/Voigt-Weber, Lore (Hrsg.): Selbstverwaltete Betriebe in der Marktwirtschaft. Bielefeld.

Novy, Klaus/Prinz, Michael (1985): Illustrierte Geschichte der Gemeinwirtschaft. Berlin, Bonn.

OECD (2002a): Club des Partenaires du Programme LEED. Paris.

OECD (2002b): LEED on occasion of the 20the Anniversary of the LEED Programme. Paris.

OECD (2003): Asset Building and the Escape from Poverty. Paris.

Oelschlägel, Dieter (1979): Gemeinwesenarbeit – eine Problemskizze. In: Jahrbuch der Sozialarbeit 3. Reinbek bei Hamburg.

Olson, Mancur (1991): Umfassende Ökonomie. Tübingen.

Olson, Mancur (1998): Die Logik kollektiven Handelns. 4. Auflage, Tübingen.

Offe, Claus (1984): Arbeit als soziologische Schlüsselkategorie. In: Offe, Claus (1984): Arbeitsgesellschaft – Strukturprobleme und Zukunftsperspektiven. Frankfurt am Main.

Offe, Claus/Heinze, Rolf G. (1990): Organisierte Eigenarbeit. Frankfurt, New York.

Opielka, Michael (1990): Alte Genossenschaften und neue Gemeinschaften. In: neue praxis 3/1990.

Opielka, Michael (1997): Leitlinien einer sozialpolitischen Reform. In: Aus Politik und Zeitgeschichte, B 48-49/1997.

Opielka, Michael (2004): Sozialpolitik. Reinbek bei Hamburg.

Oppenheimer, Franz (1896): Die Siedlungsgenossenschaft. Versuch einer positiven Überwindung des Kommunismus durch Lösung der Genossenschaftsfrage und der Agrarfrage. Leipzig.

Otto, Hans-Uwe/Ziegler, Holger (2004): Sozialraum und sozialer Ausschluss. In: neue praxis 3/2004.

Pankoke, Eckart (1994): Zwischen Enthusiasmus und Dilettantismus. In: Vogt, Ludgera/Zingerle, Arnold (Hrsg.): Ehre. Frankfurt am Main.

Pankoke, Eckart (2000): Freie Assoziationen. In: Zimmer, Annette/Nährlich, Stefan (Hrsg.): Engagierte Bürgerschaft. Opladen.

Passet, René (1994): Die verpassten Chancen des Immateriellen. In: Le Monde Diplomatique, Juli 1994.

Passet, René (1996): La Sécu entre deux chaises. In: Transversales, No. 37, Januar/Februar 1996.

Passet, René (2001): Plädoyer für eine humane Wirtschaftspolitik. In: Le Monde diplomatique, Februar 2001.

Patera, Mario (1990): Genossenschaftliche Förderbilanz. In: Laurinkari, Juhani (Hrsg.): Genossenschaftswesen. München, Wien.

Pelizzari, Alessandro (2004): Besser, billiger, bürgernäher? In: Huffschmid, Jörg (Hrsg.): Die Privatisierung der Welt. Hamburg.

Perlas, Nicanor (2000): Die Globalisierung gestalten. Zivilgesellschaft, Kulturkraft und Dreigliederung. Frankfurt am Main.

Polanyi, Karl (1979): Ökonomie und Gesellschaft. Frankfurt am Main.

Polanyi, Karl (1995): The Great Transformation. 3. Auflage, Frankfurt am Main.

Püschel, Wolfram (2004): Neue Genossenschaften durch neue Förderung? In: Wohnbund Informationen. Heft 3/2004.

Putnam, Robert D. (2001): Gesellschaft und Gemeinsinn. Gütersloh.

Randow, Matthias von (1994): Genossenschaftsförderung in Italien. In: Jäger, Wieland/Beywl, Wolfgang (Hrsg.): Wirtschaftskulturen und Genossenschaften im vereinten Europa. Wiesbaden.

Popitz, Heinrich (1992): Phänomene der Macht. Tübingen.

Raschke, Joachim (1985): Soziale Bewegungen. Frankfurt, New York.

Rawls, John (1979): Eine Theorie der Gerechtigkeit. Frankfurt am Main.

Regierung von Oberbayern (2002): Leitfaden für die Errichtung einer Stiftung. München.

Reich, Robert (2002): The Future of Success. Wie wir morgen arbeiten werden. München, Zürich.

Reifner, Udo (1994): Social Investment. In: Mayer, Jörg (Hrsg.): Eigenständige städtische Ökonomie. Loccumer Protokolle 27/94.

Reitzes, Donald C./Reitzes, Dietrich C. (1984): Alinsky's Legacy. In: Research in Social Movements, Conflicts and Change. Volume 6. Greenwich/London.

Ricardo, David (1817/1972): Grundsätze der politischen Ökonomie und der Besteuerung. Hrsg. v. Fritz Neumark, Frankfurt am Main.

Riege, Marlo/Schubert, Herbert (2005): Konzeptionelle Perspektiven. In: Kessl, Fabian/Reutlinger, Christian/Maurer, Susanne/Frey, Oliver (Hrsg.): Handbuch Sozialraum. Wiesbaden.

Ries, Heinz A. (2000): Demokratie und Zivilgesellschaft als Learning Society. In: Elsen, Susanne/Ries, Heinz/Löns, Nikola/Homfeldt, Hans-Günther (Hrsg.): Sozialen Wandel gestalten – Lernen für die Zivilgesellschaft. Neuwied.

Ries, Heinz A. (2000): Vision für einen Stadtteil. In: Elsen, Susanne/Ries, Heinz A./Löns, Nikola/Homfeldt, Hans-Günther (Hrsg.): Sozialen Wandel gestalten – Lernen für die Zivilgesellschaft. Neuwied.

Ries, Heinz (2001): Wohnen, Arbeiten, Teilhaben als Basis einer lokalen Ökonomie. In: Sahle, Rita/Scurrell, Babette (Hrsg.): Lokale Ökonomie. Freiburg.

Ries, Heinz. A./Elsen, Susanne u.a. (Hrsg.) (1997): Hoffnung Gemeinwesen. Neuwied.

Ripp, Winfried (2000): Bürgerstiftungen. In: Soziale Arbeit, 49. Jahrgang, Heft 10-11, 2000.

Rifkin, Jeremy (1985): Das Ende der Arbeit und ihre Zukunft. Frankfurt, New York.

Robertson, James (1996): People-centred Development. In: Schroedter, Elisabeth/ Soltwedel-Schäfer, Irene/Wolf, Frieder Otto (Hrsg.): Handlungsstrategien gegen Arbeitslosigkeit, Armut und soziale Ausgrenzung auf regionaler und lokaler Ebene. Hamburg.

Roelants, Bruno/Sanchez Bajo, Claudia (2005): Strategische Akteure der Entwicklung in der Genossenschaftswelt seit 1990. In: Müller-Plantenberg, Clarita/ Nitsch, Wolfgang/Schlosser, Irmtraud (Hrsg.): Solidarische Ökonomie in Brasilien und Deutschland. Kassel.

Rose, Nikolas (2000): Tod des Sozialen? In: Bröckling, Ulrich/Krasmann, Susanne/ Lemke, Thomas (Hrsg.): Gouvernementalität der Gegenwart. Frankfurt am Main.

Roth, Jürgen (1997): Absturz. Das Ende unseres Wohlstands, München, Zürich.

Roth, Roland (1997): Die Rückkehr des Sozialen. In: Forschungsjournal Neue Soziale Bewegungen, Heft 2/1997.

Roth, Roland (2000): Bürgerschaftliches Engagement – Formen, Bedingungen, Perspektiven. In: Zimmer, Annette/Nährlich, Stefan (Hrsg.): Engagierte Bürgerschaft. Opladen.

Roth, Roland (2001): Soziale Bewegungen. In: Otto, Hans-Uwe/Thiersch, Hans (Hrsg.): Handbuch Sozialarbeit/Sozialpädagogik. Neuwied.

Rubin, Herbert J (1994): There aren't going to be any bakeries here if there is no money to afford jellyrolls: The organic theory of community based development. In: Social Problems, Vol. 41, No. 3, August 1994.

Rüstow, Alexander (2001): Die Religion der Marktwirtschaft. Münster.

Salomon, Alice (1997): Frauenemanzipation und soziale Verantwortung. Ausgewählte Schriften. Band 1. Neuwied.

349

Sanchez Bajo, Claudia (2005): Visionen der sozialen und solidarischen Ökonomie. In: Müller-Plantenberg, Clarita/Nitsch, Wolfgang/Schlosser, Irmtraud (Hrsg.): Solidarische Ökonomie in Brasilien und Deutschland. Kassel.

Scheer, André (2004): Kampf um Venezuela. Essen.

Schmid, Susanne/Wallimann, Isidor (1998): Armut: Der Mensch lebt nicht vom Brot allein. Bern, Stuttgart, Wien.

Schmidt-Bleek, Friedrich (1994): Wieviel Umwelt braucht der Mensch. Basel, Boston, Berlin.

Schmoller, Gustav (1923/1978): Grundriss der Allgemeinen Volkswirtschaftslehre. 2 Bände, unveränderter Nachdruck der Ausgabe von 1923, Berlin.

Schui, Herbert/Ptak, Ralf/Blankenburg, Stefanie u.a. (1997): Wollt Ihr den totalen Markt? Hamburg.

Schumpeter, Joseph A. (1987): Theorie der wirtschaftlichen Entwicklung. Berlin.

Schwendter, Rolf (2001): Gesellschaftsbilder des 20. Jahrhunderts. Hamburg.

Seibel, Wolfgang (1994): Funktionaler Dilettantismus. Erfolgreich scheiternde Organisationen im „Dritten Sektor" zwischen Staat und Markt. Baden-Baden.

Seligmann, M.E.P. (1975/1995): Erlernte Hilflosigkeit. 5. Auflage, Weinheim.

Selle, Klaus (1991): Mit den Bewohnern die Stadt erneuern. Der Beitrag intermediärer Organisationen zur Entwicklung städtischer Quartiere. Beobachtungen aus sechs Ländern (Bände 1-6). Dortmund/Darmstadt.

Sen, Amartya (1985): Commodities and Capabilities. Amsterdam.

Sen, Amartya (2000a): Der Lebensstandard. Hamburg.

Sen, Amartya (2000b): Ökonomie für den Menschen. München, Wien.

Sennett, Richard (1998): Der flexible Mensch. Berlin.

Shiva, Vandana (2004): Geraubte Ernte. Zürich.

Simmel, Georg (1992): Gesamtausgabe 11. Soziologie. Untersuchungen über die Form der Vergesellschaftung. 5. Auflage, Frankfurt.

Singer, Paul (2005): Ist es möglich, armen Gemeinschaften Entwicklung zu bringen? In: Müller-Plantenberg, Clarita/Nitsch, Wolfgang/Schlosser, Irmtraud (Hrsg.): Solidarische Ökonomie in Brasilien und Deutschland. Kassel.

Smith, Adam (1759/1985): Theorie der ethischen Gefühle. Hrsg. v. Walther Eckstein, Hamburg.

Smith, Adam: (1776/1993): Der Wohlstand der Nationen. Eine Untersuchung seiner Natur und seiner Ursachen. 6. Auflage, München.

Sommerfeld, Peter (2004): Sind gesellschaftliche Probleme gemeinschaftlich lösbar? In: Kessl, Fabian/Otto, Hans-Uwe (Hrsg.) Soziale Arbeit und Soziales Kapital. Wiesbaden.

Soros, George (2000): Die Krise des globalen Kapitalismus. Frankfurt am Main.

Soto, Hernando de (1992): Marktwirtschaft von unten. Die unsichtbare Revolution in Entwicklungsländern. Zürich.

Sprengel, Rainer (2000): Stiftungen und Bürgergesellschaft. In: Zimmer, Annette/ Nährlich, Stefan (Hrsg.): Engagierte Bürgerschaft. Opladen.

Staub-Bernasconi, Silvia (1995): Systemtheorie. Bern, Stuttgart, Wien.

Staub-Bernasconi, Silvia (2000): Seitenwechsel. In: Elsen, Susanne/Lange, Dietrich/Wallimann, Isidor (Hrsg.): Soziale Arbeit und Ökonomie. Neuwied.

Staub-Bernasconi, Silvia (2003): Enjoying Life on the Base of a Scientific Theory of Needs. In: Hering, Sabine/Waaldijk, Berteke (Hrsg.): History of Social Work in Europe (1900–1960). Opladen.

Staubach, Reiner (1995): Kleine Schritte gegen Ausgrenzung. In: Bischoff, Ariane/ Selle, Klaus/Sinning, Heidi (Hrsg.): Informieren, Beteiligen, Kooperieren. Dortmund.

Stegbauer, Christian (2002): Reziprozität. Wiesbaden.

Steinmetz, Bernd/Elsen, Susanne/Seibel, Friedrich Wilhelm (2004): Der Bologna-Prozess in Europa. Weimar.

Stiglitz, Joseph (2002): Die Schatten der Globalisierung. Berlin.

Stiglitz, Joseph (2004): Die Roaring Nineties. Berlin.

Stumberger, Rudolf (2002a): Halb Markt, halb Sozialismus. In: Mitbestimmung. Heft 4/2002.

Stumberger, Rudolf (2002b): Zwischen Marx und Markt im Baskenland. In: Publik-Forum, Heft 6.

Stumberger, Rudolf (2003): Zwischen Mitarbeiterdemokratie und Markt. In: Zeitschrift für das gesamte Genossenschaftswesen. Band 53, 2003, Heft 3.

Tocqueville, Alexis de (1835/1994): Über die Demokratie in Amerika. Stuttgart.

Toepler, Stefan (2000): Organisations- und Finanzstruktur der Stiftungen in Deutschland. In: Zimmer, Annette/Nährlich, Stefan (Hrsg.): Engagierte Bürgerschaft. Opladen.

Touraine, Alain (1984): Le retour de l'acteur. Paris.

Ulrich, Peter (1997): Integrative Wirtschaftsethik. Bern, Stuttgart, Wien.

Ulrich, Peter (1998): Neue Wirtschaftsbürgerrechte. In: Widerspruch. 18. Jahrgang/ Heft 35, Juli 1998.

Ulrich, Peter (2002): Der entzauberte Markt. Freiburg, Basel, Wien.

Ulrich, Peter/Maak, Thomas (2000): Lebensdienliches Wirtschaften, in: Ulrich, Peter/Maak, Thomas (Hrsg.): Die Wirtschaft in der Gesellschaft. Bern, Stuttgart, Wien.

Uske, Hans (1995): Das Fest der Faulenzer. Duisburg.

van der Loo, Hans/van Reijen, Willem (1992): Modernisierung. München.

Verbraucher Initiative e.V. (2004): Verbraucher konkret. Sonderheft Fairer Handel, 1/2004.

Vierheller, Rainer (1990): Die Gleichstellung der Mitglieder der Genossenschaft. In: Laurinkari, Juhani (Hrsg.): Genossenschaftswesen. München, Wien.

Wagner, Antonin (2002): Nonprofit Organisationen oder Sozialökonomie. In: Elsen Susanne/Friesenahn, Günter/Lorenz, Walter (Hrsg.): Für ein soziales Europa. Mainz.

Waldert, Helmut (2001): Kleine Kredite für Kleine Leute. In: SKOLAST Zeitschrift der Südtiroler Hochschülerinnenschaft Bozen, Heft 1/2001.

Waldmann, Peter (1996): Argentinien. In: Berne, Walther u.a. (Hrsg.): Handbuch der Geschichte Lateinamerikas, Bd. II, Stuttgart.

Weber, Max (1904): Die „Objektivität" sozialwissenschaftlicher und sozialpolitischer Erkenntnisse. In: Winckelmann, J. (Hrsg.): Max Weber: Soziologie. 4. Auflage, Stuttgart.

Wendt, Wolf Rainer (1995): Geschichte der Sozialen Arbeit. Stuttgart.

Wendt, Wolf Rainer (1996): Bürgerschaft und zivile Gesellschaft. In: Wendt, Wolf Rainer: Zivilgesellschaft und soziales Handeln. Freiburg.

Wendt, Wolf-Rainer (2000): Bewirtschaftung des Sozialen in Humandiensten. In: Elsen, Susanne/Lange, Dietrich/Wallimann, Isidor (Hrsg.): Soziale Arbeit und Ökonomie. Neuwied.

Werner, Klaus/Weiss, Hans (2001): Schwarzbuch Markenfirmen. Wien.

Wex, Thomas (1995): Selbsthilfe und Gesellschaft. In: Engelhardt, Hans Dietrich/ Simeth, Angelika/Stark, Wolfgang (Hrsg.): Was Selbsthilfe leistet. Freiburg.

Whyte, William F./Whyte, Kathleen K. (1988): Making Mondragon: The Growth and Dynamics of the Worker Cooperative Complex. New York.

Widmaier, Ulrich (1978): Politische Gewaltanwendung als Problem der Organisation von Interessen. Meisenheim.

Wieland, Josef (2000): Die neue Organisationsökonomik. In: Ortmann, Günther/ Sydow, Jörg/Türk, Klaus (Hrsg.): Theorien der Organisation. 2. Auflage, Wiesbaden.

Williamson, Oliver E. (1990):Die ökonomischen Institutionen des Kapitalismus. Tübingen.

Yorker, Ümit (2005): Ein Club von Verrückten. In: brand eins, 7. Jahrgang, Heft 10, Dezember 2005.

Yunus, Muhammad (1998): Grameen. Eine Bank für die Armen der Welt. Bergisch-Gladbach.

Zelik, Raul (2006): Venezuelas „bolivarianischer Prozess". In: Soziale Kämpfe in Lateinamerika. PROKLA 142, 36. Jahrgang, Nr. 1, März 2006.

Zeller, Christian (Hrsg.) (2004): Die globale Enteignungsökonomie. Münster.

Zeller, Christian (2004): Zur gesellschaftlichen Aneignung. In: Zeller, Christian (Hrsg.): Die globale Enteignungsökonomie. Münster.

Ziegler, Jean (2003): Die neuen Herrscher der Welt. München.

Zimmer, Annette/Priller, Eckhard (2005): Der Dritte Sektor im aktuellen Diskurs. In: Birkhölzer, Karl/Klein, Ansgar/Priller, Eckhard/Zimmer, Annette (Hrsg.): Dritter Sektor/Drittes System. Wiesbaden

Zimmer, Jürgen/Puntasen, Apichai/Suksirikul, Somchai/Wawsri, Ornuma (2001): The Development of Entrepreneurial Schools in Thailand. Bangkok.

Zoll, Rainer (2000): Was ist Solidarität heute? Frankfurt am Main.

Zürcher, Markus Daniel (1989): Solidarität, Anerkennung und Gemeinschaft. Tübingen, Basel.